AW

Die in diesem Buch präsentierten Arbeiten sind rasch und unabhängig voneinander entstanden. Beim Aussortieren habe ich bemerkt, dass unter ihnen ein gewisser Zusammenhang besteht. So habe ich sie arrangiert, als würden sie sich untereinander Geschichten erzählen.

Adelhard Winzer, geboren in Karlshuld/Bayern, verbrachte die ersten Kinderjahre auf dem Bauernhof seines Onkels, Mitbegründer verschiedener Bands, Reisen durch Europa, Kinderbuchveröffentlichung „Andreas", Georg Lentz Verlag, München, Bankangestellter, Bankkaufmann, intensive Schreib- und Zeichentätigkeit, Ausstellungen in Neuburg an der Donau, München und Umgebung, zwei Stücke im Cantus Theaterverlag, Eschach: „Krethi und Plethi" – „Das Korkenspiel", weitere Buchveröffentlichungen: „Die Sprachgrenze" – „Lügengeschichten" – „Stockholm Blues", BoD, Books on Demand, Norderstedt, lebt im Chiemgau.

ADELHARD
WINZER
HUNDERT
ZEICHNUNGEN
Privatarchiv

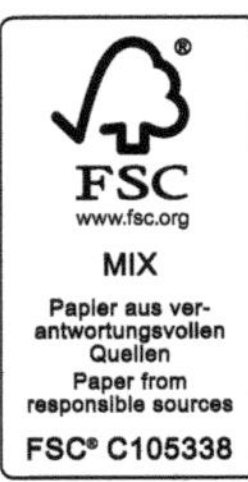

Bibliografische Information der
Deutschen Nationalbibliothek: Die Deutsche
Nationalbibliothek verzeichnet diese Publikation
in der Deutschen Nationalbibliografie. Detaillierte
bibliografische Daten sind im Internet über
http://dnb.dnb.de abrufbar.

© 2018 Adelhard Winzer
Herstellung und Verlag:
BoD – Books on Demand, Norderstedt
Umschlaggestaltung:
Adelhard Winzer

ISBN 978-3-744885737

HUNDERT ZEICHNUNGEN

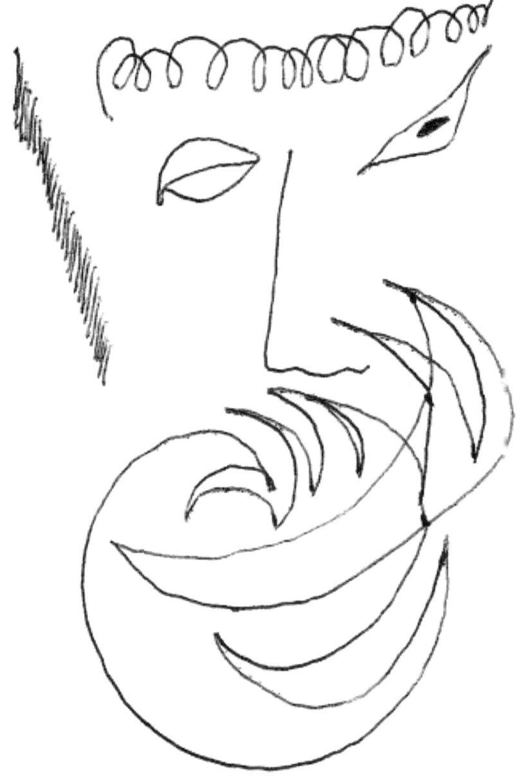

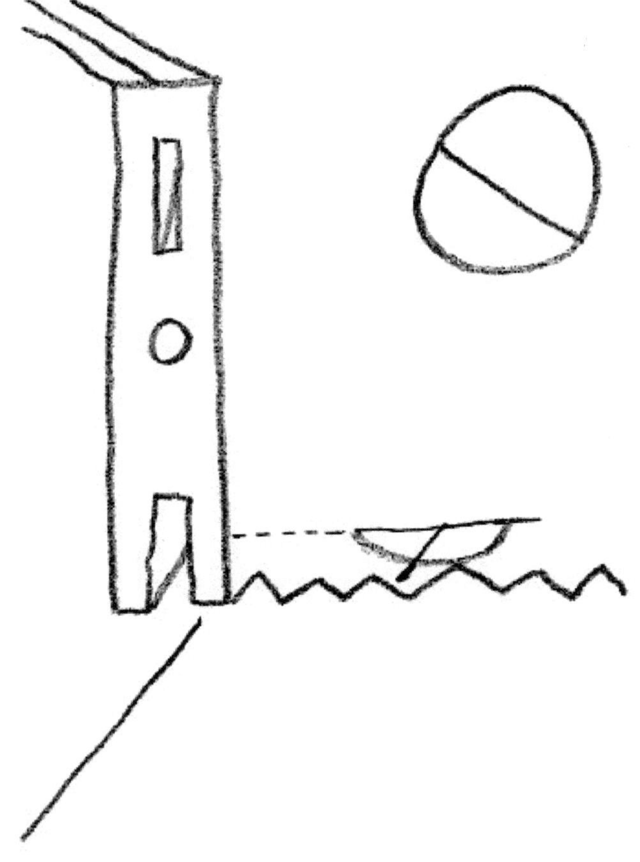

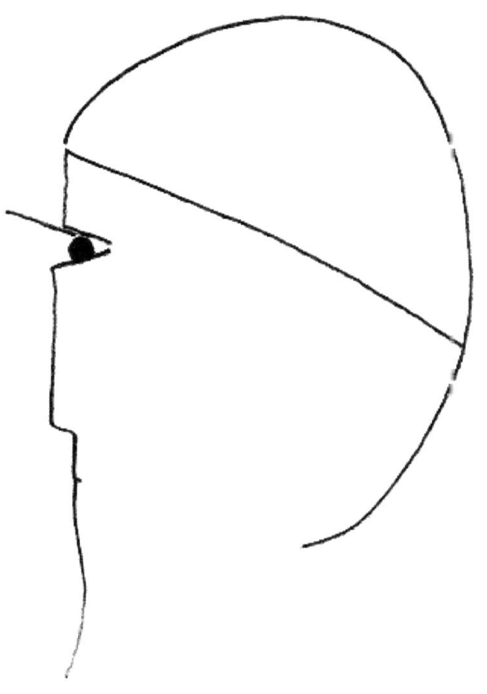

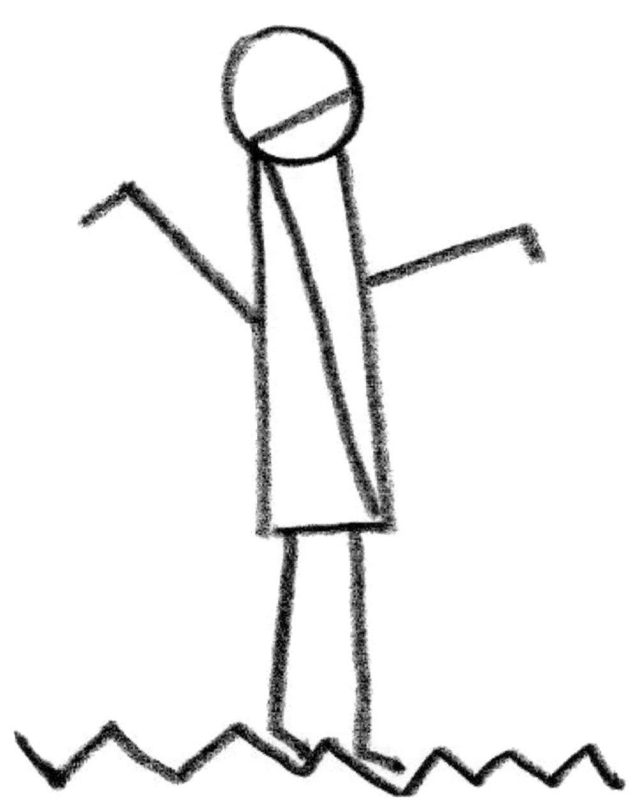

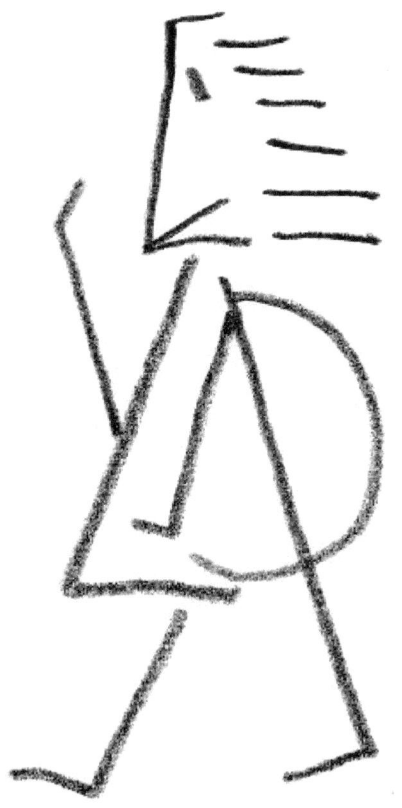

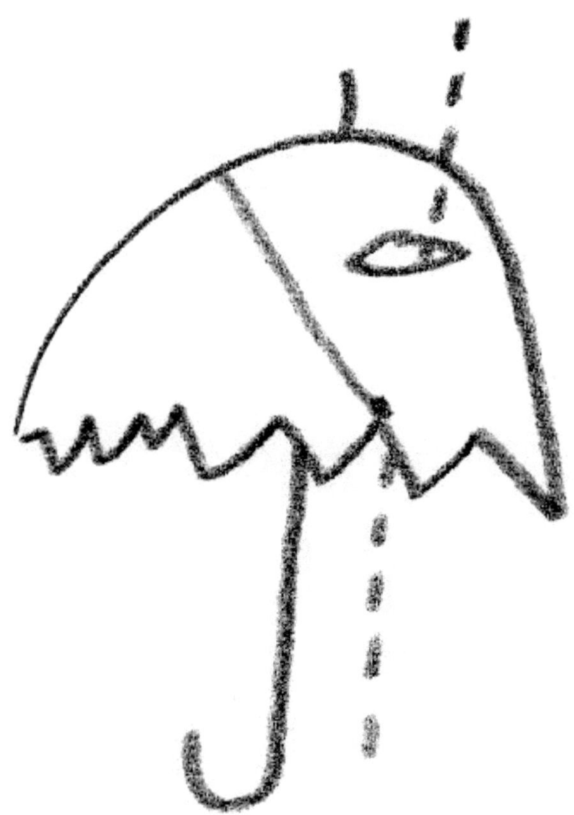

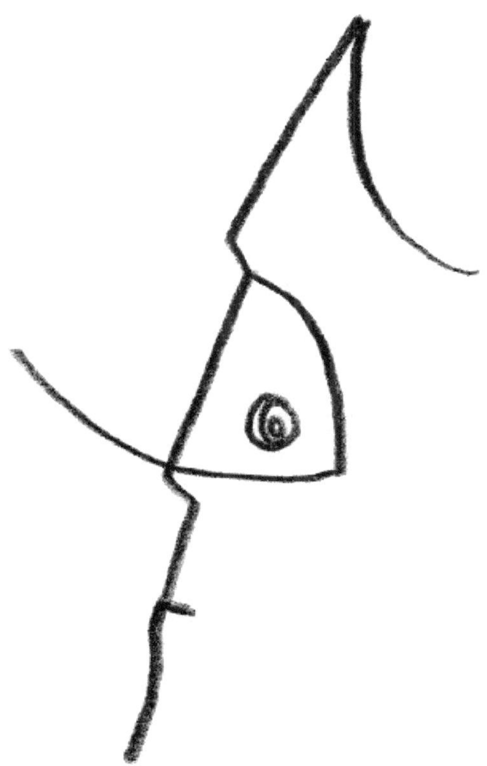

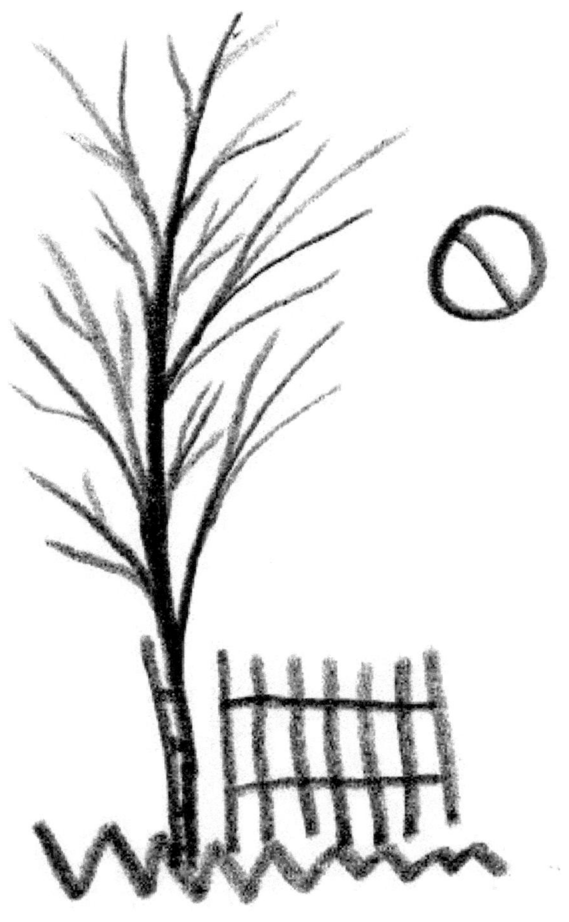

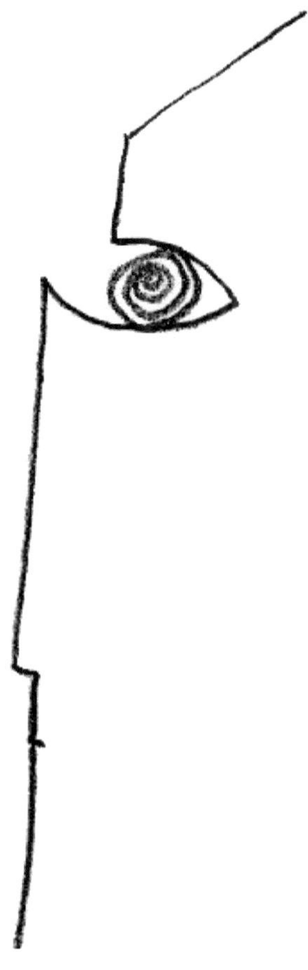

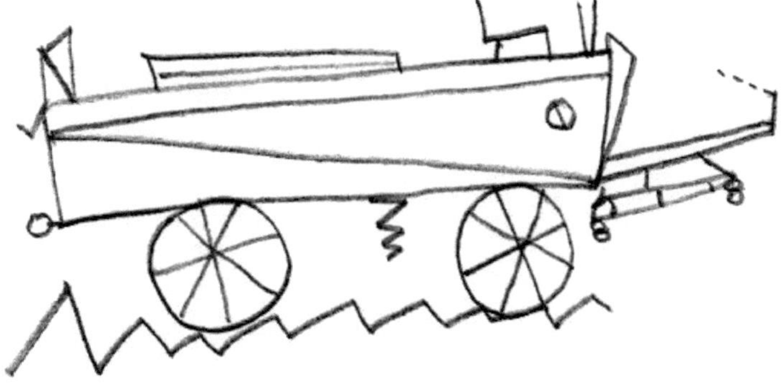

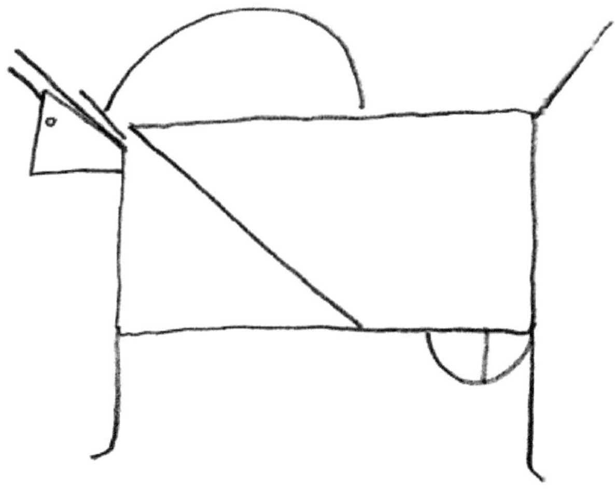

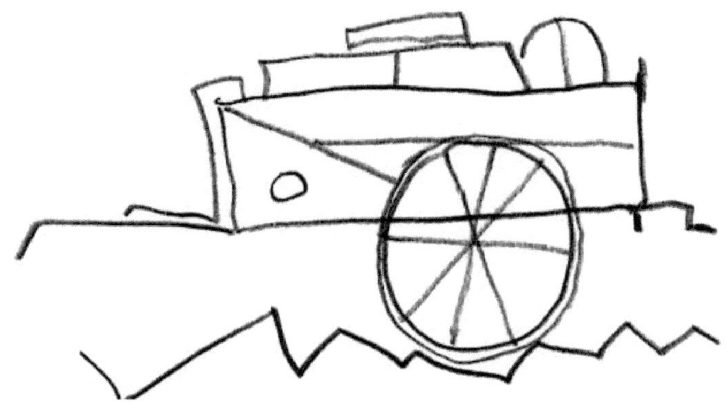

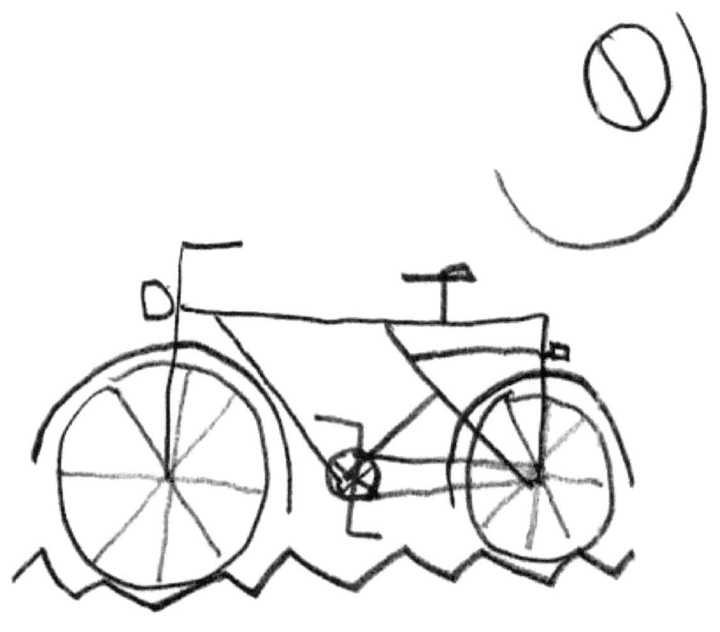

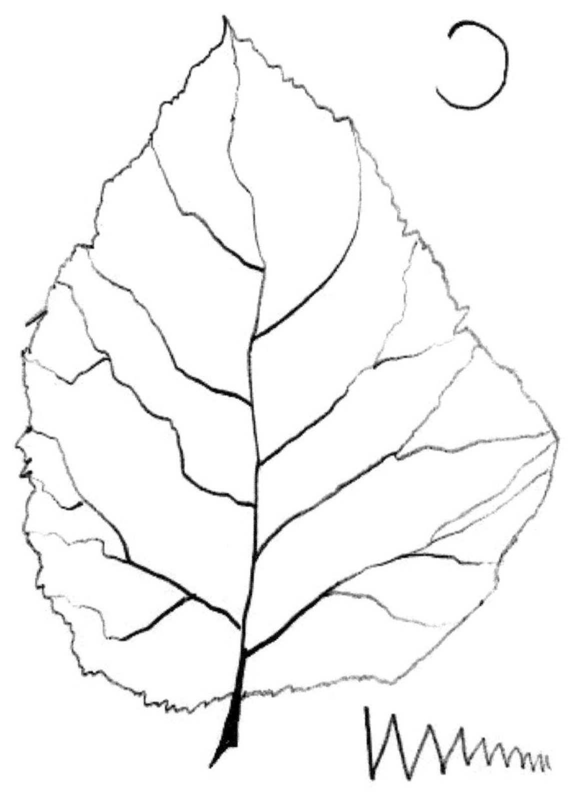

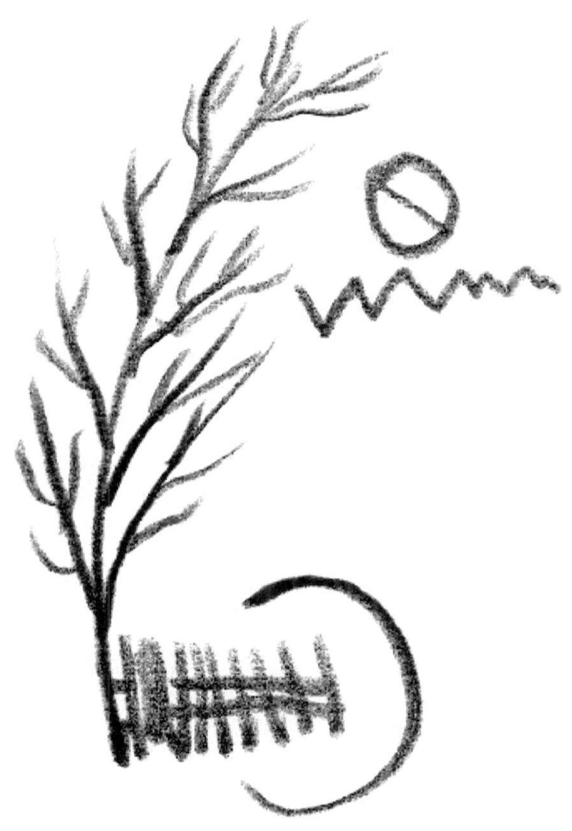

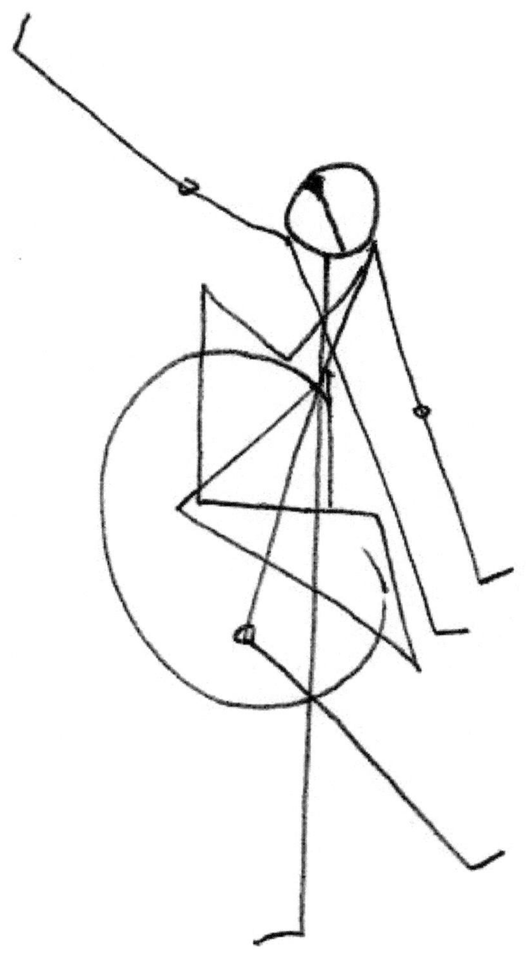

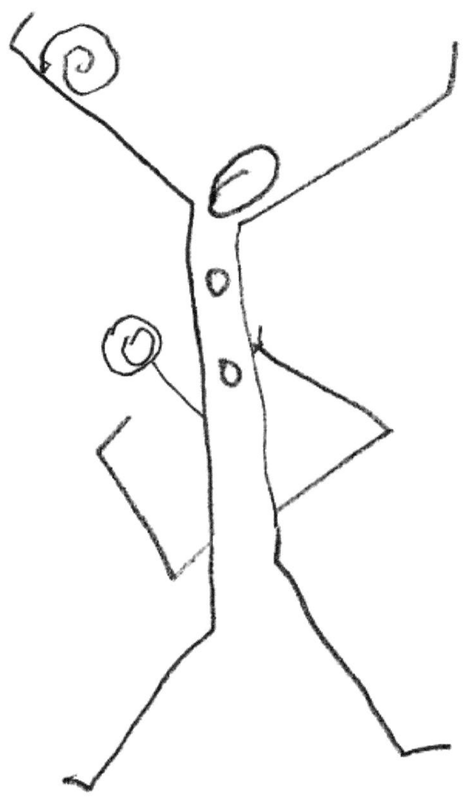

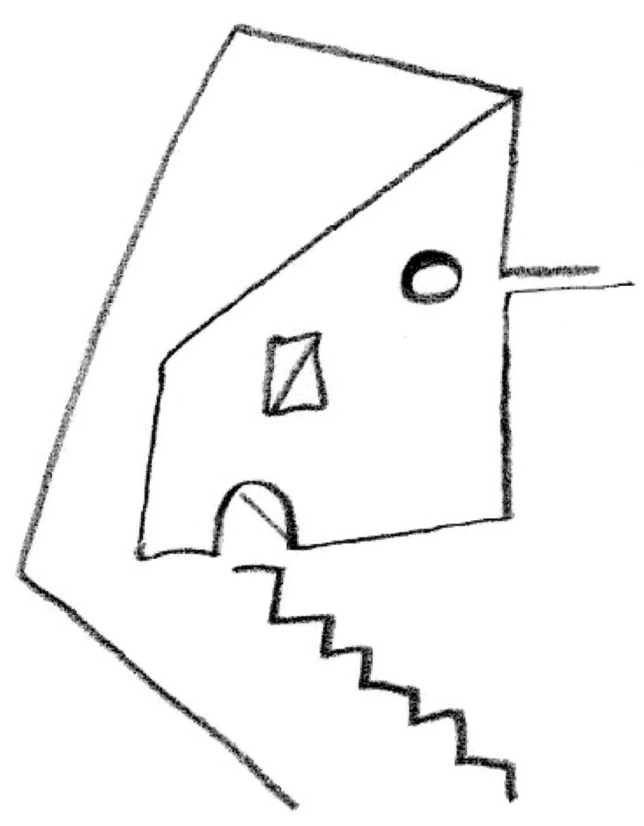

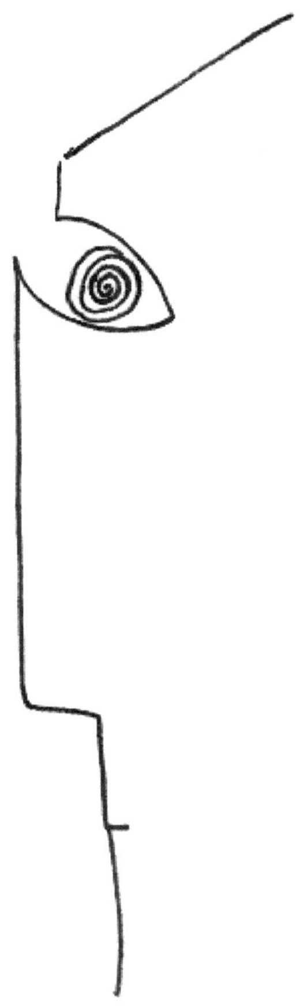

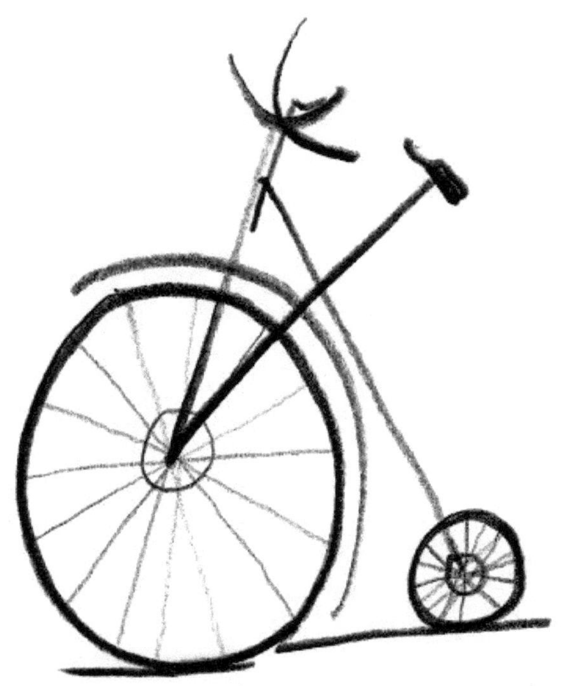

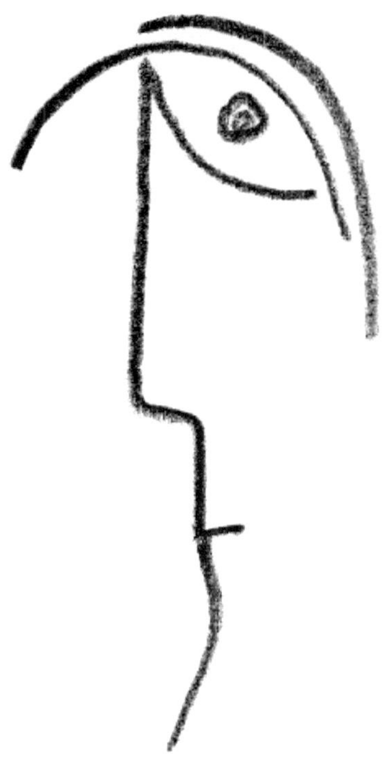

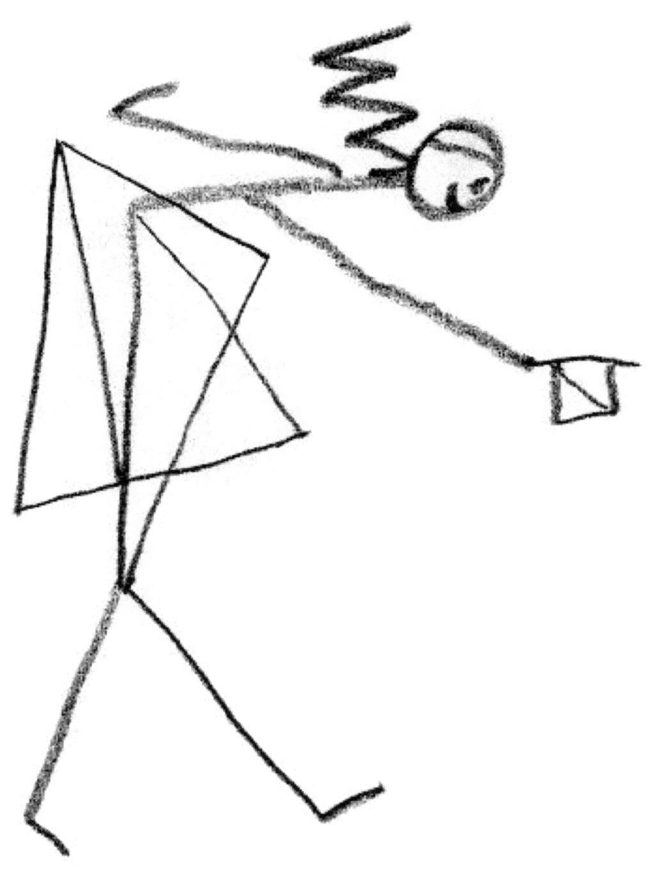

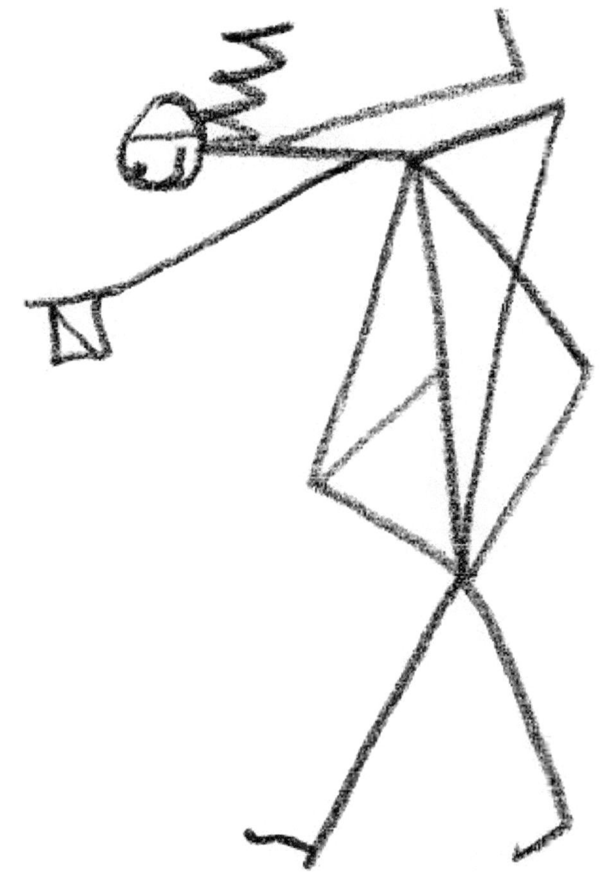

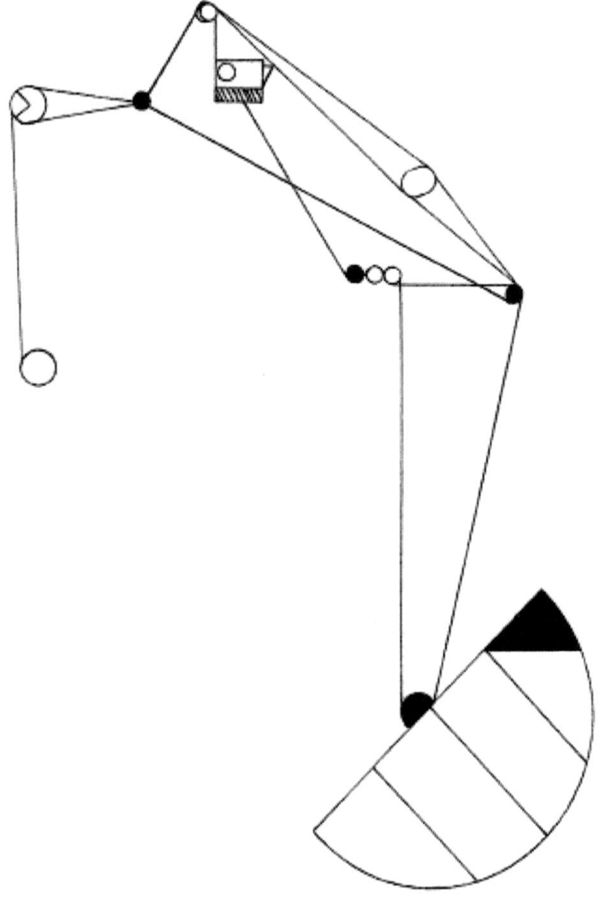

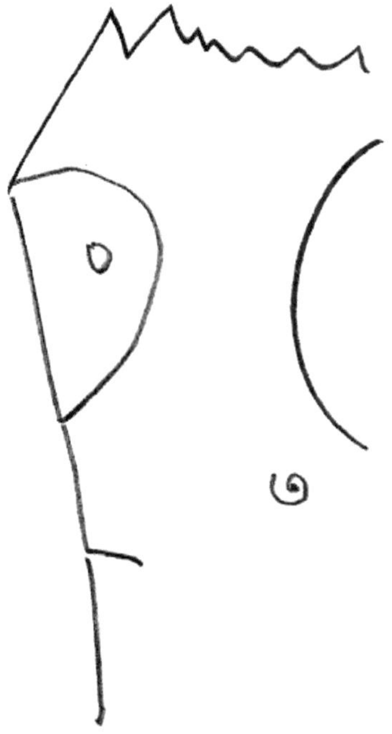

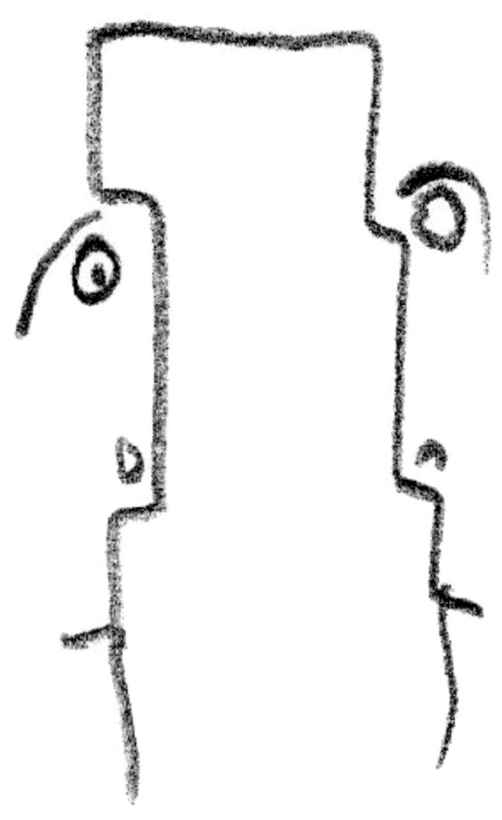

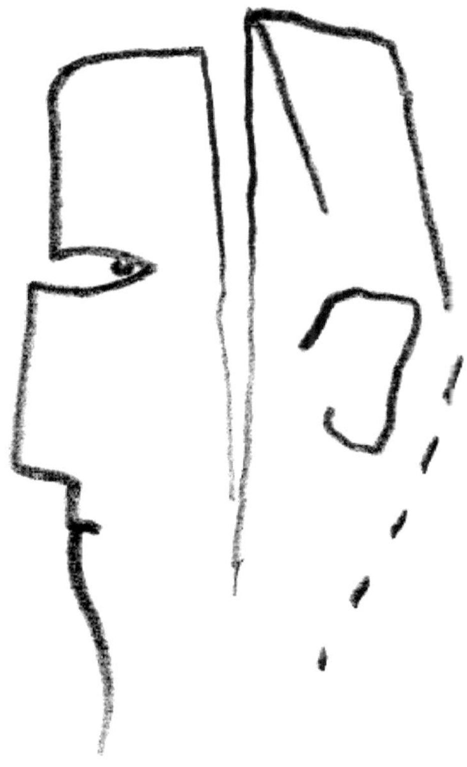

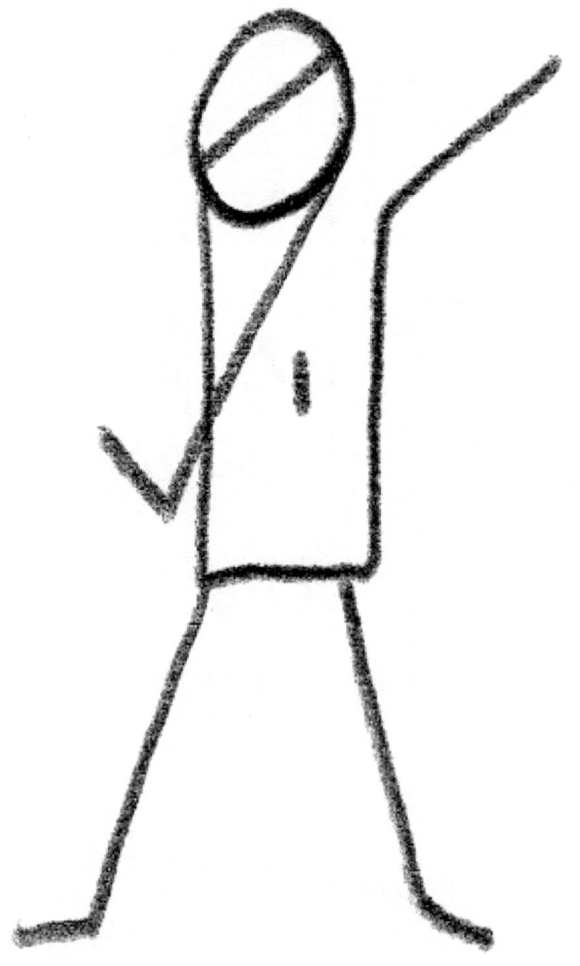

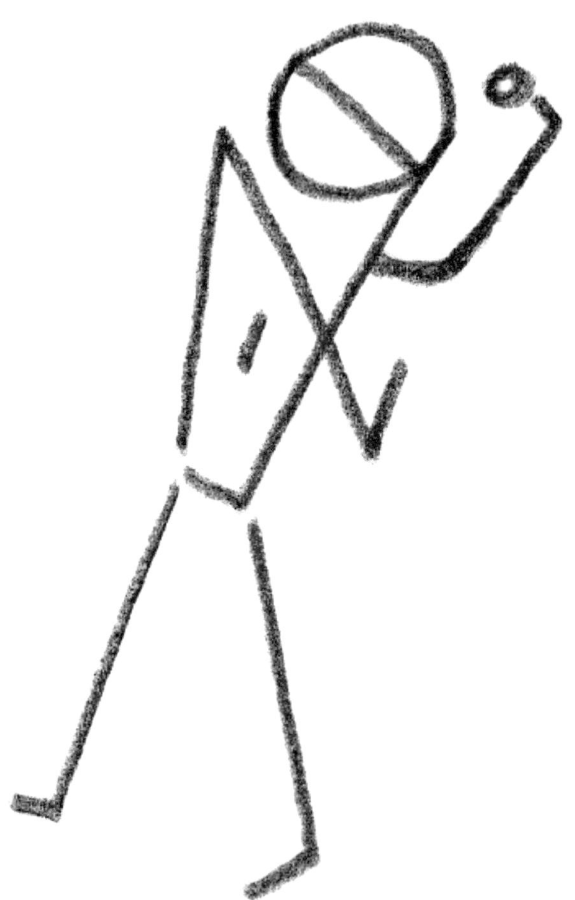

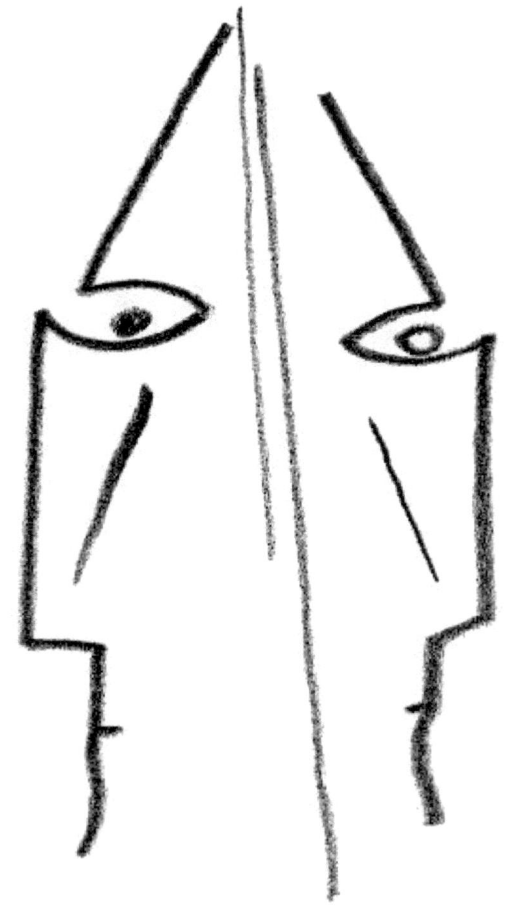

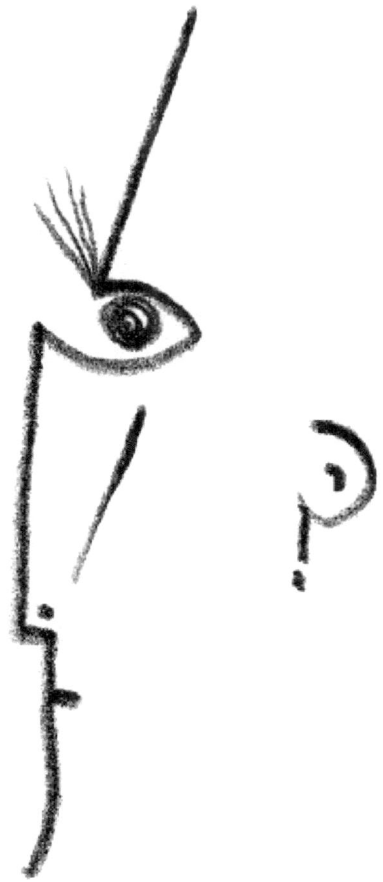

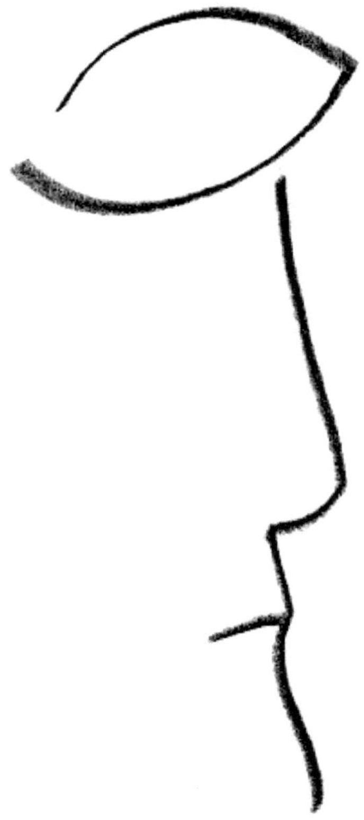

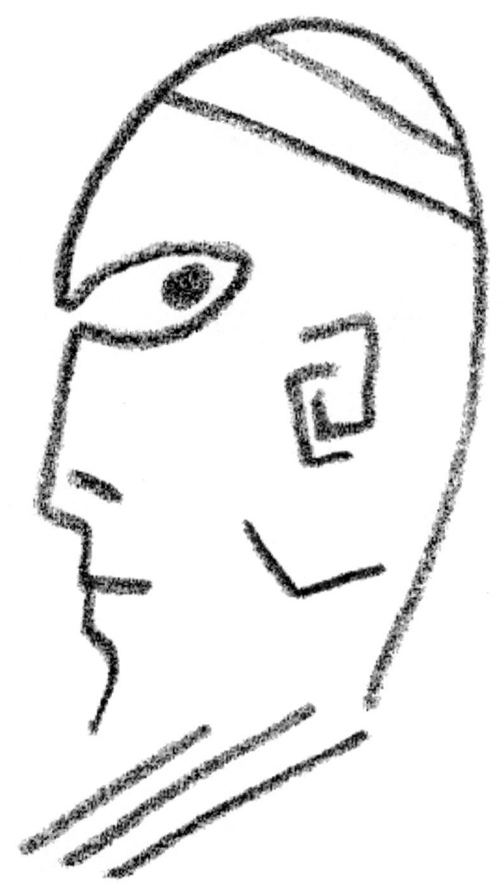

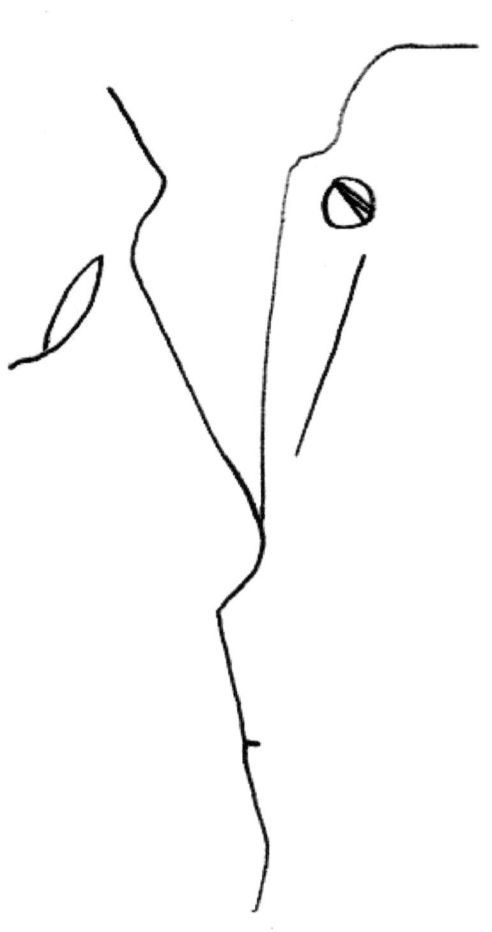

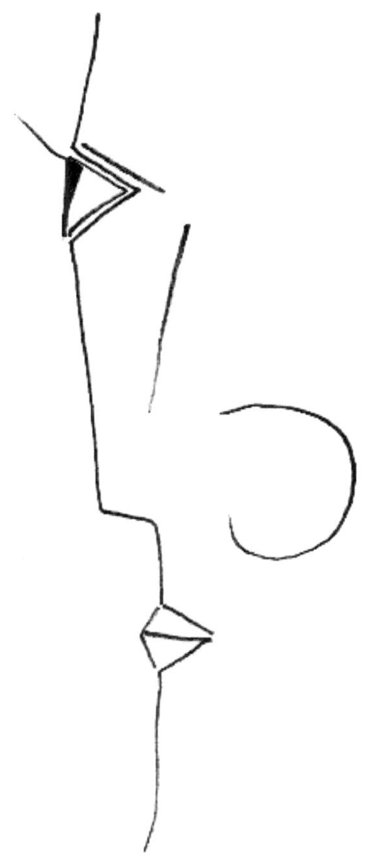

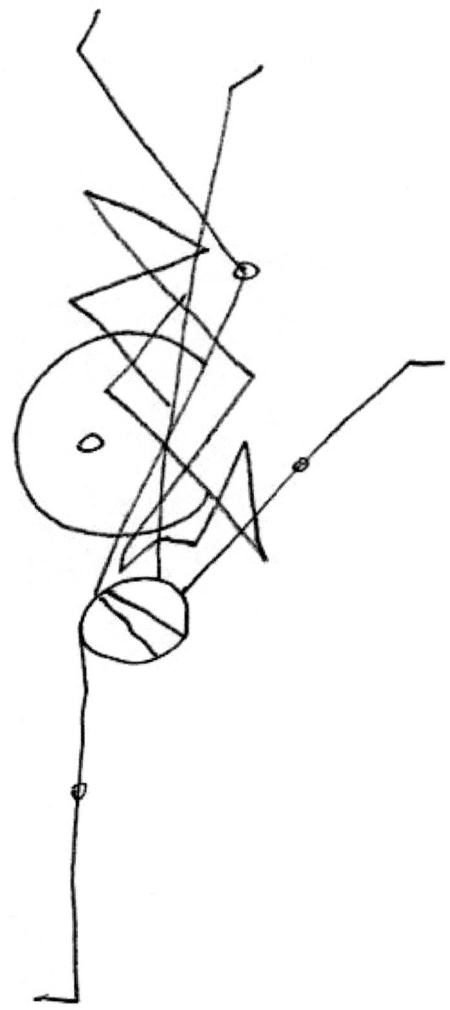

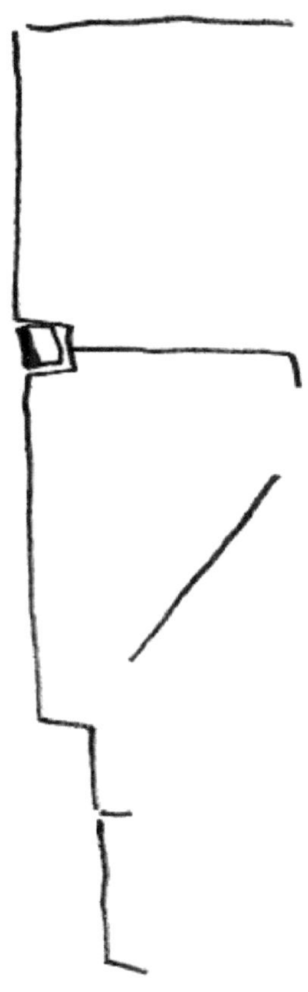

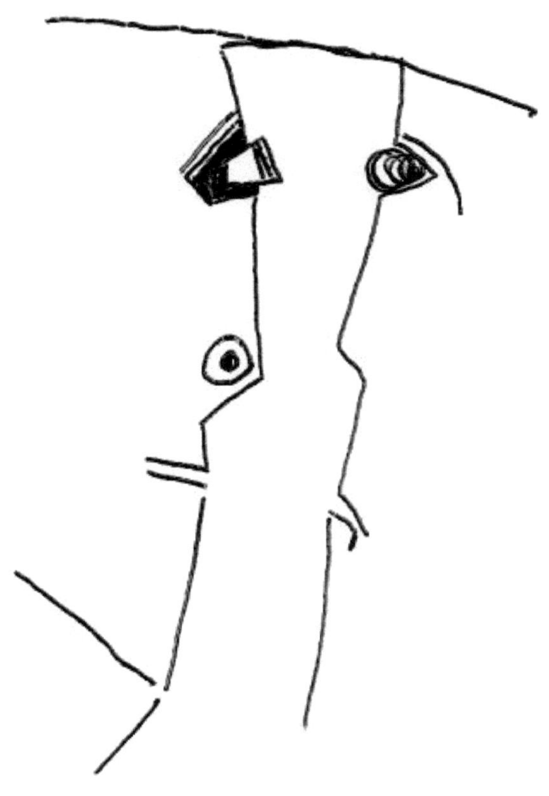

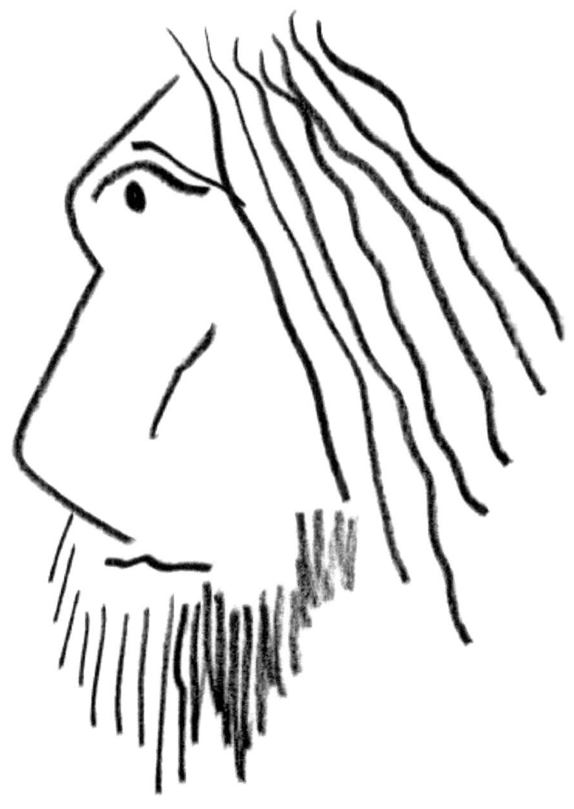

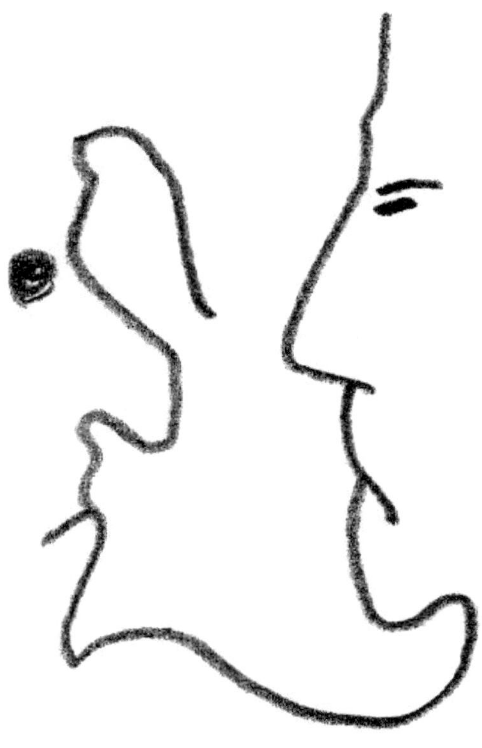

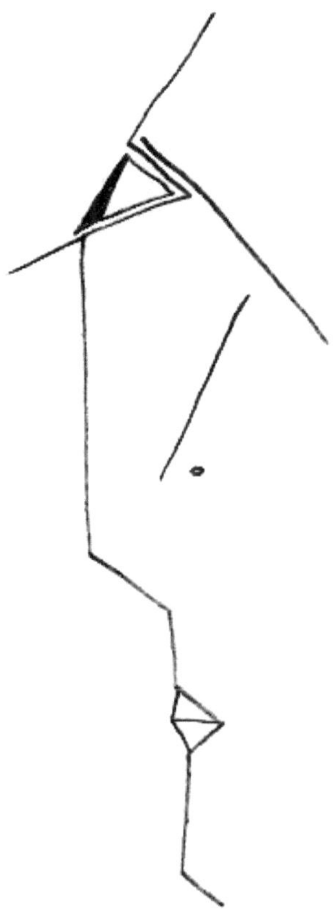

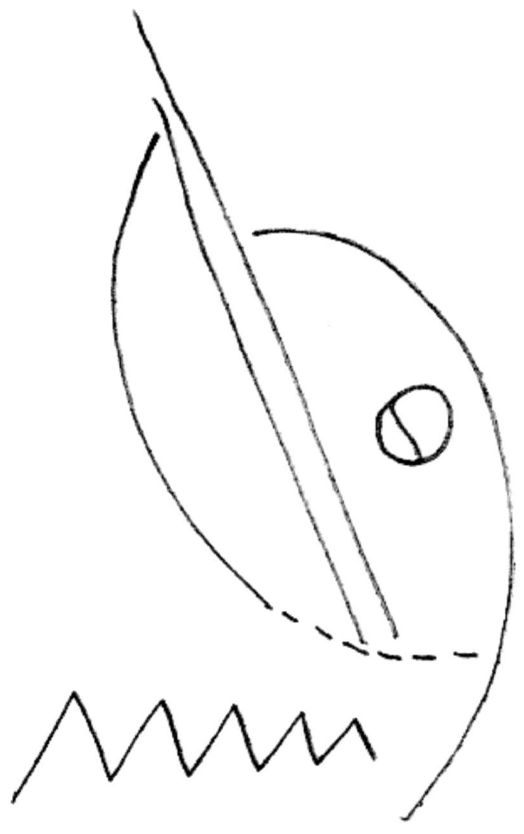

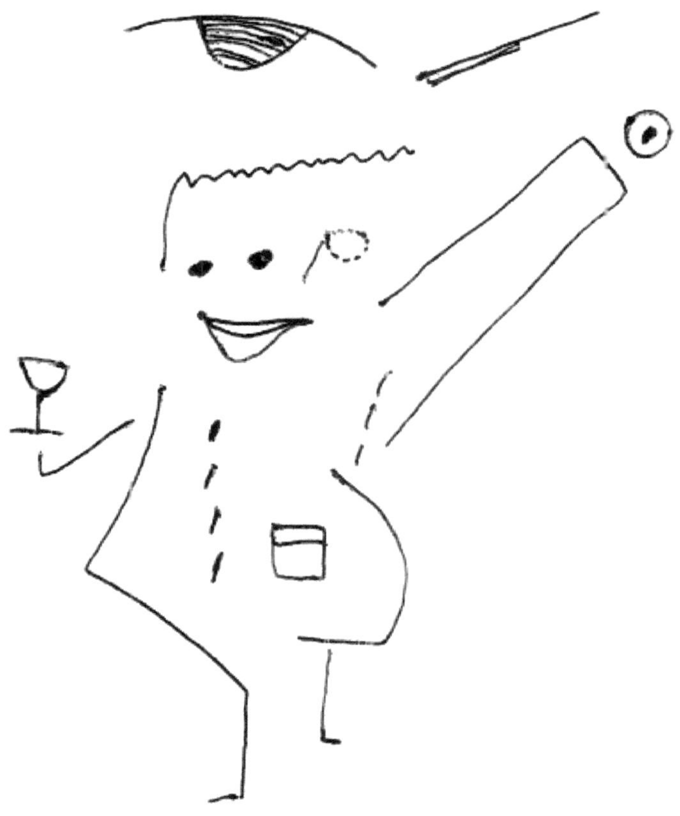

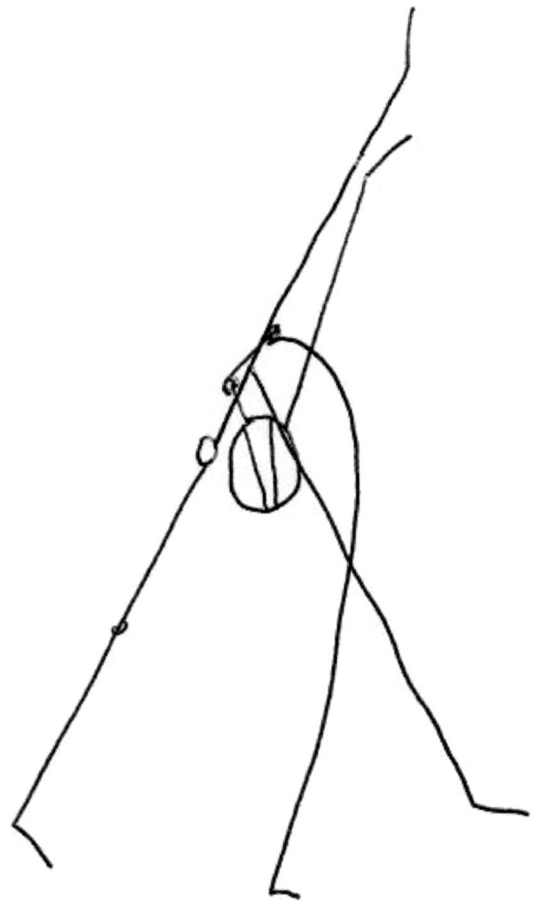

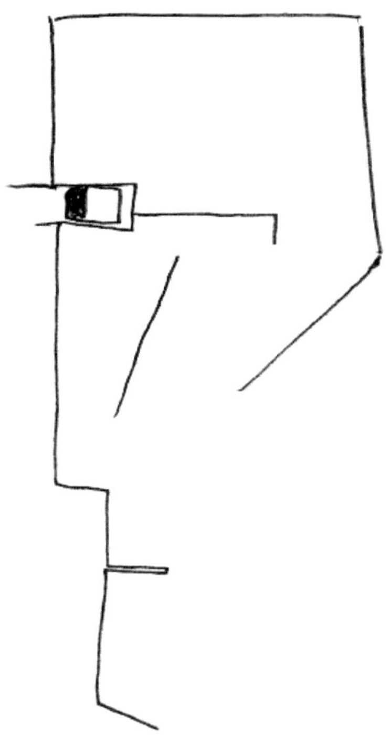

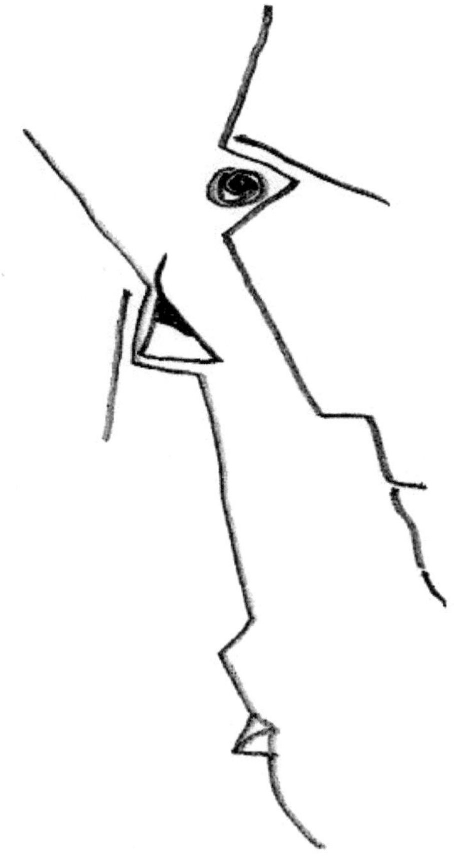

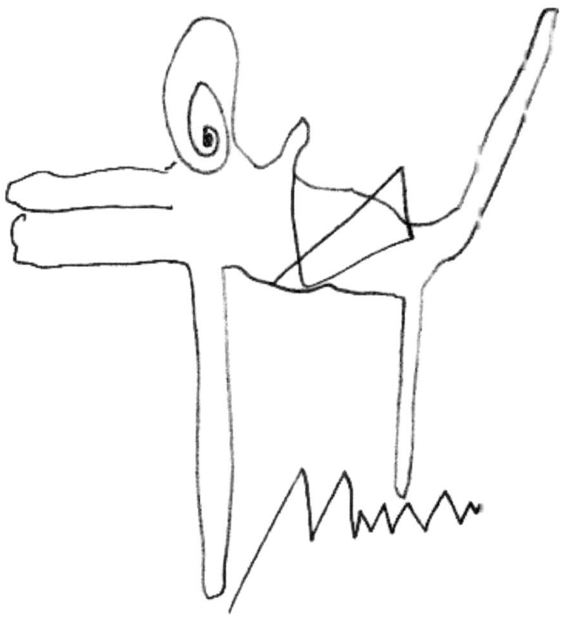

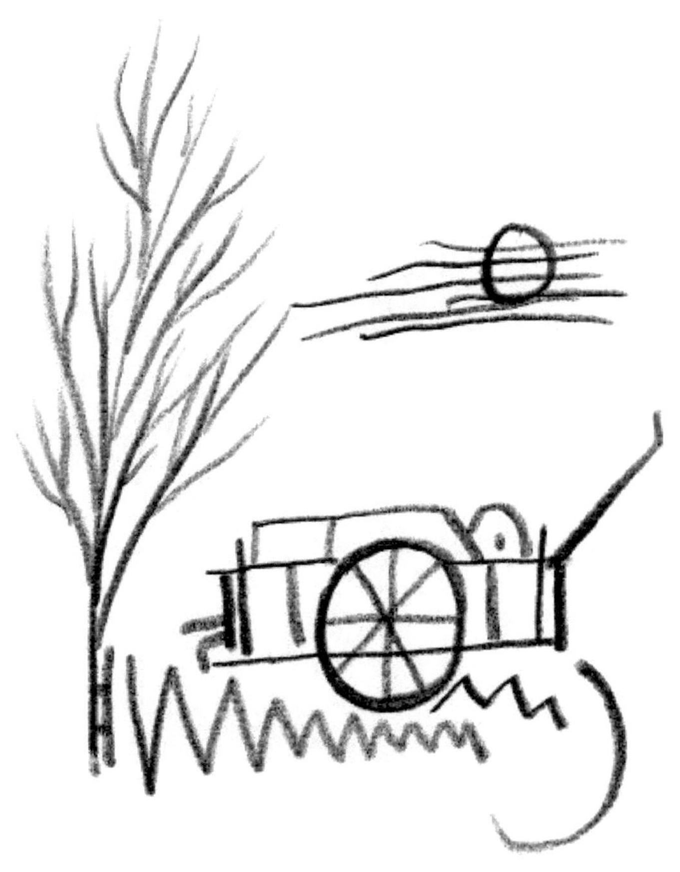

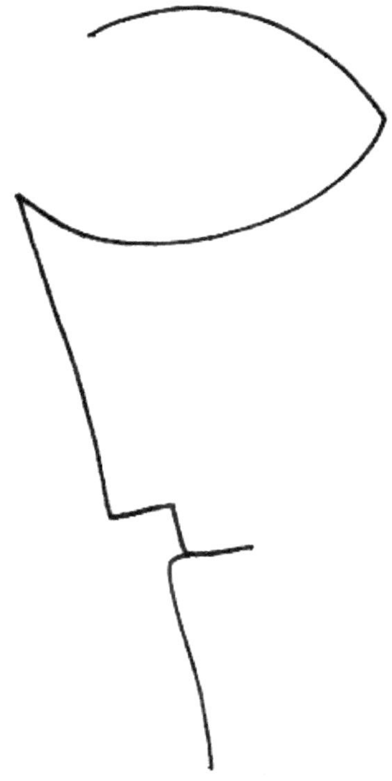

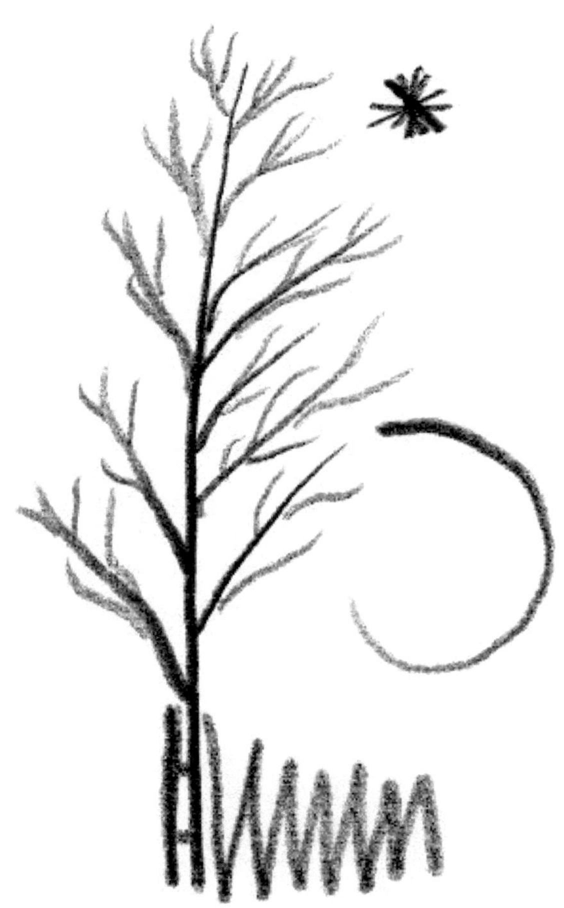

50

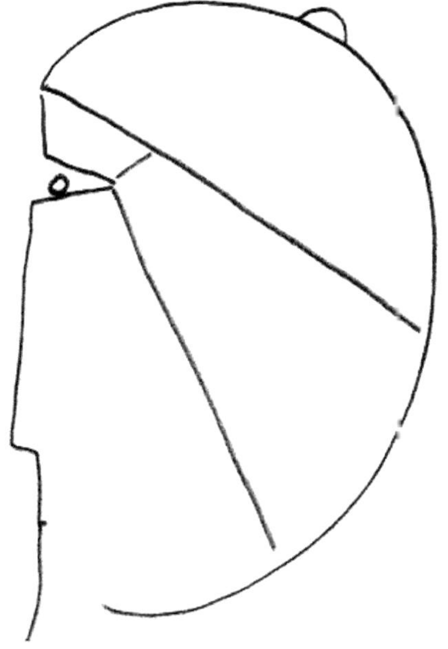

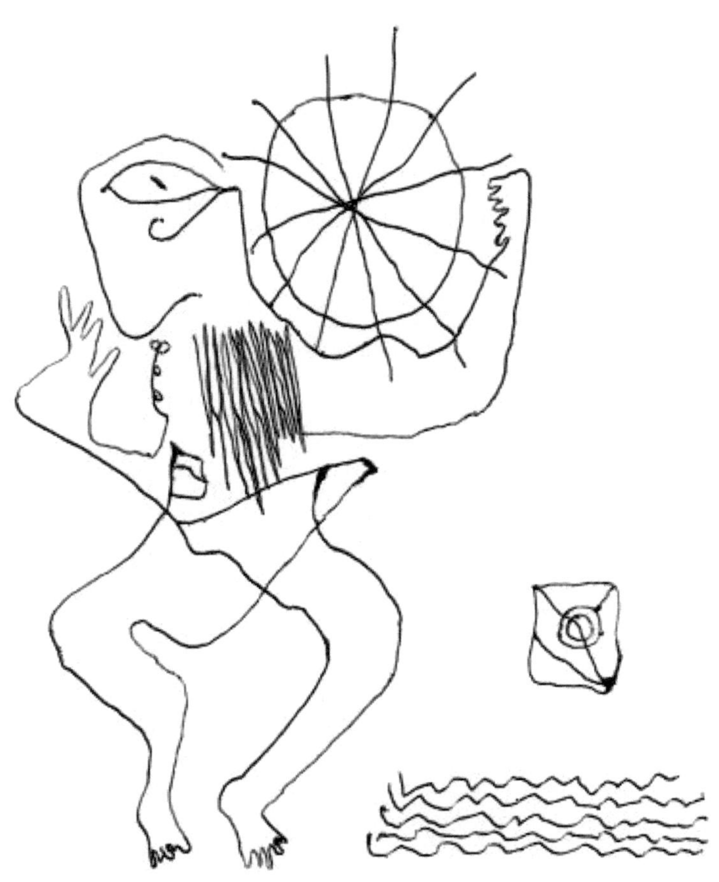

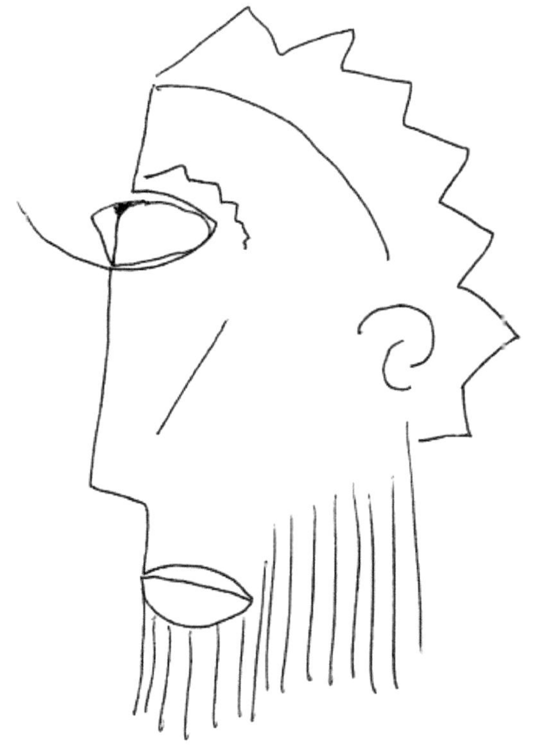

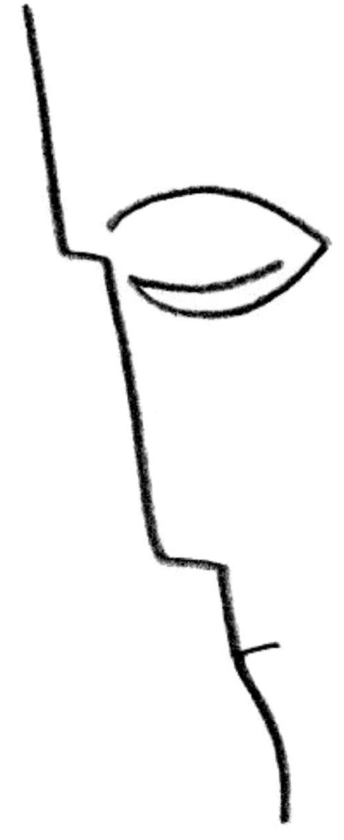

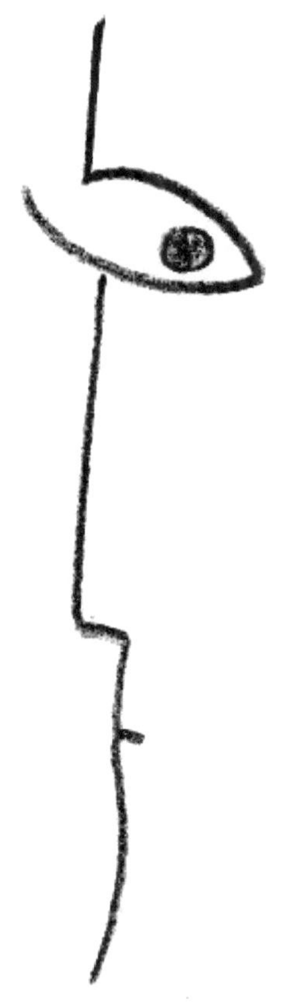

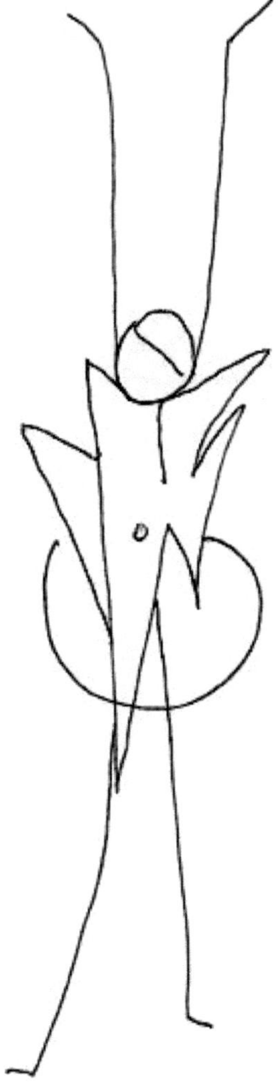

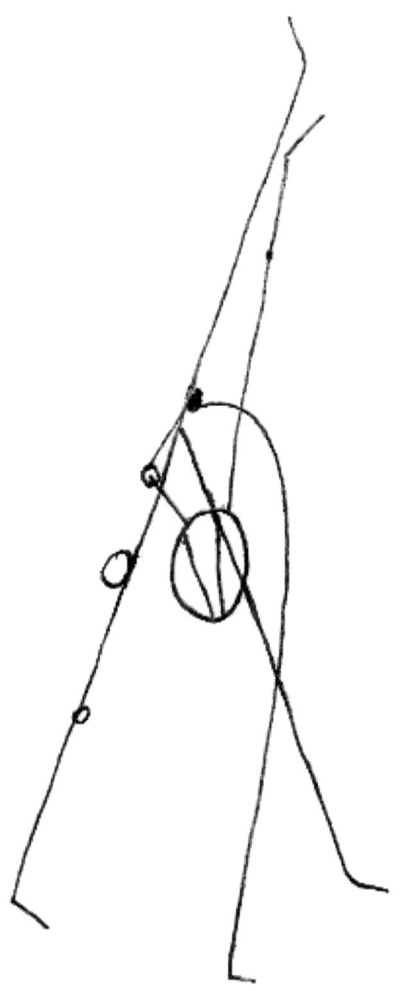

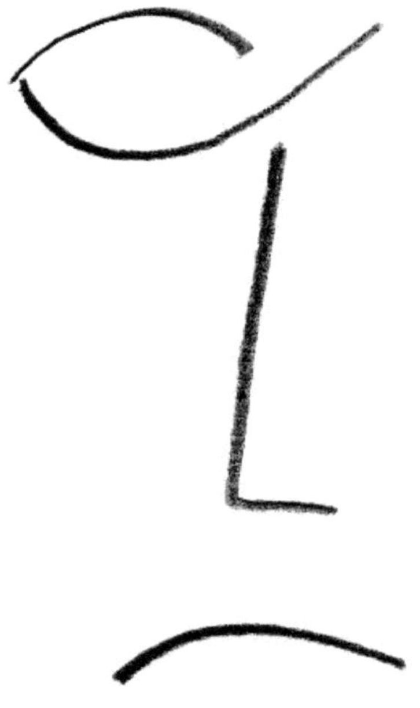

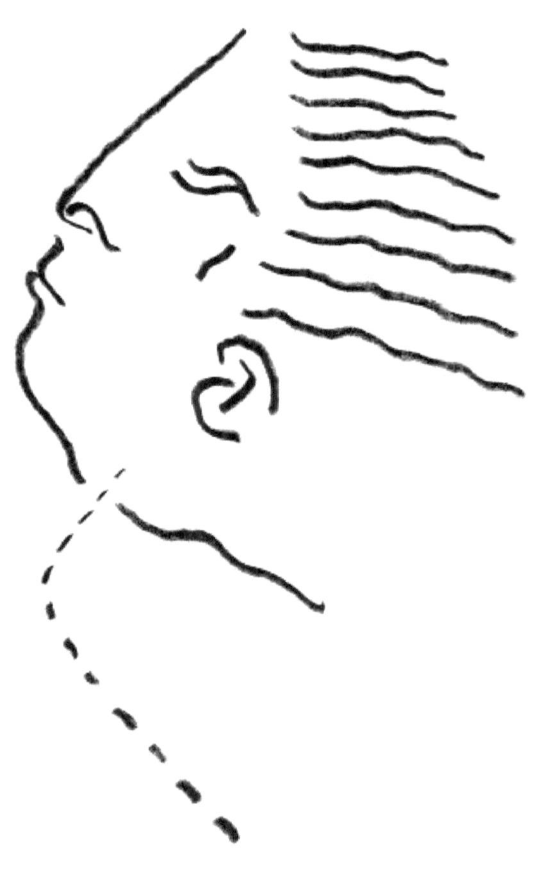

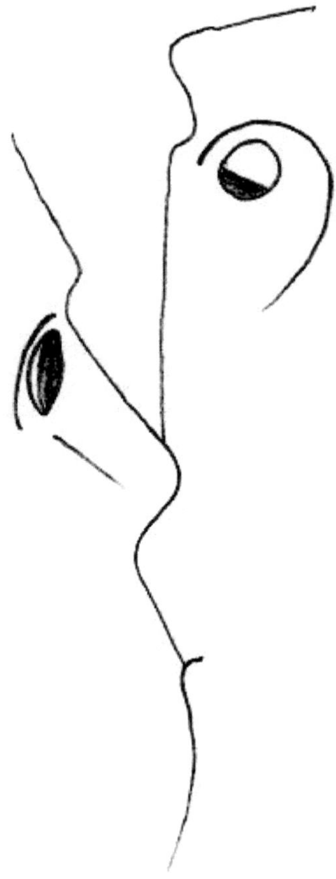

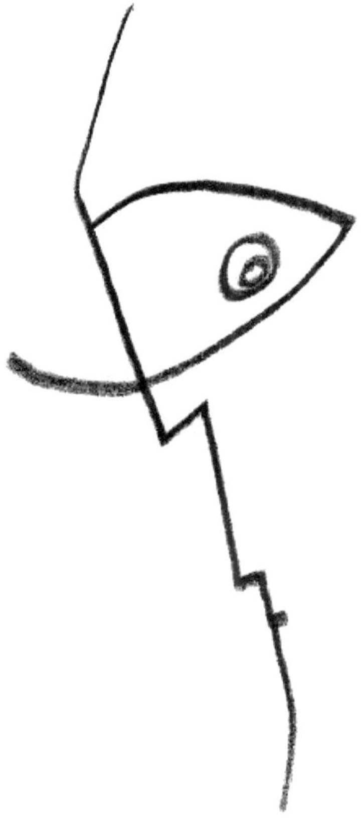

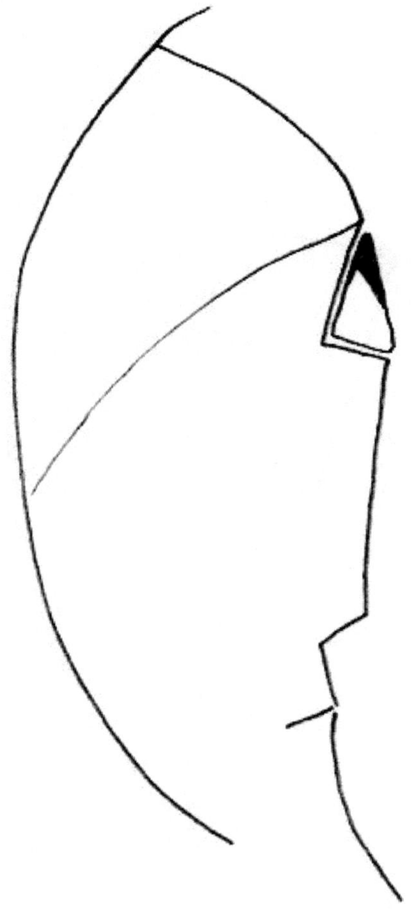

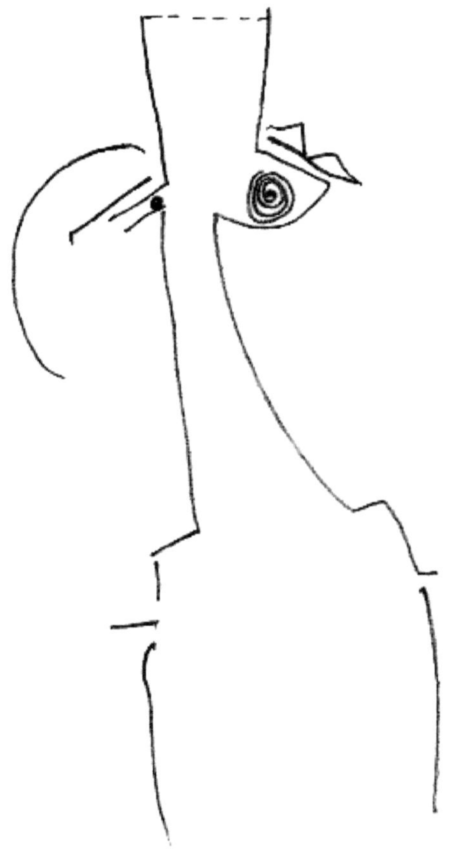

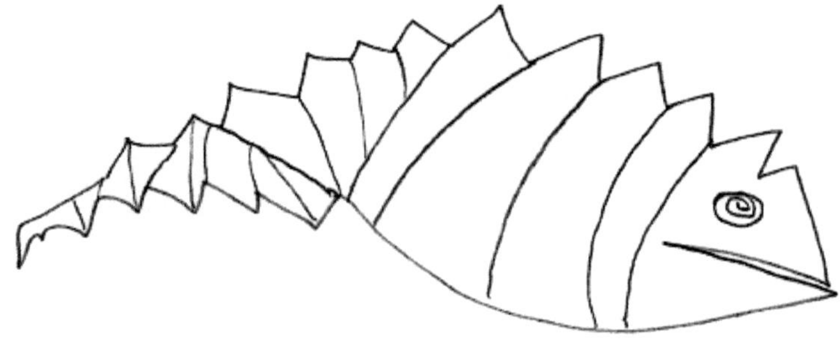

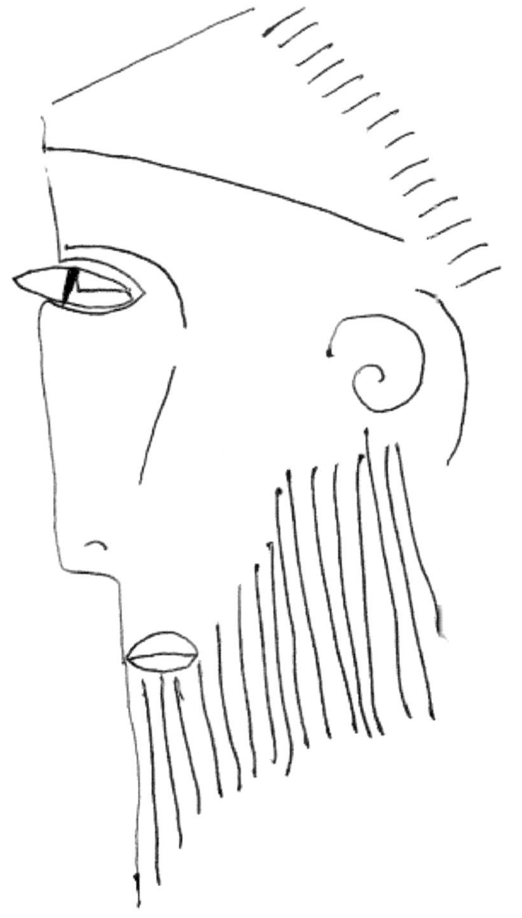

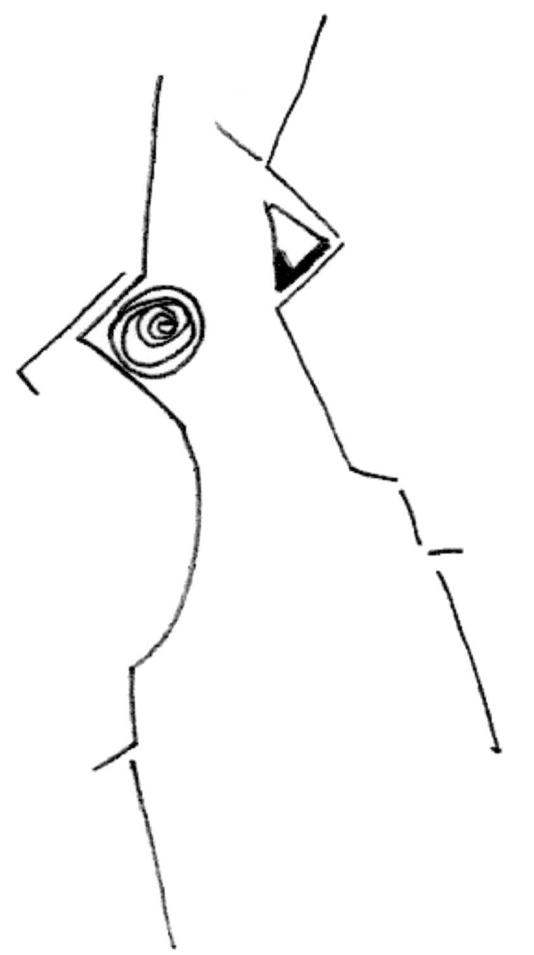

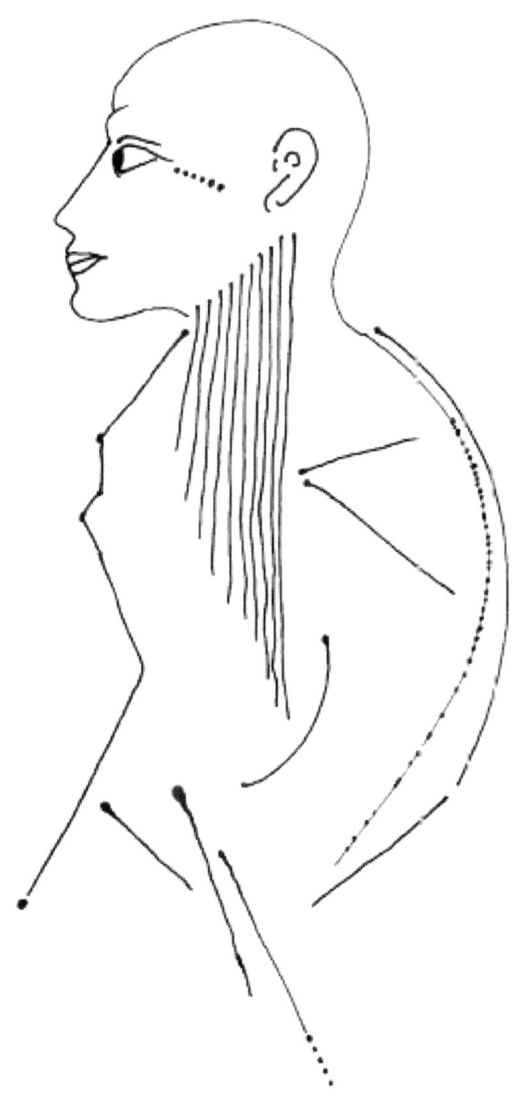

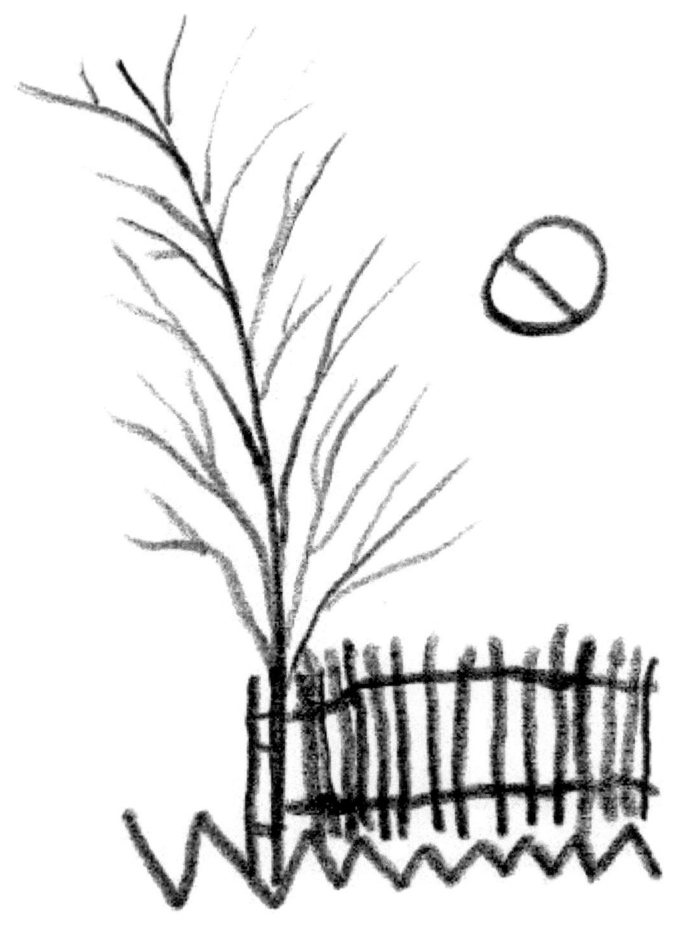

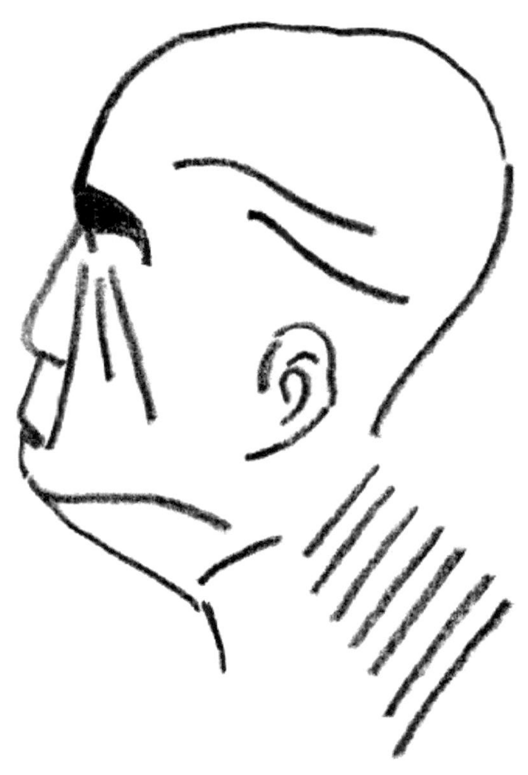

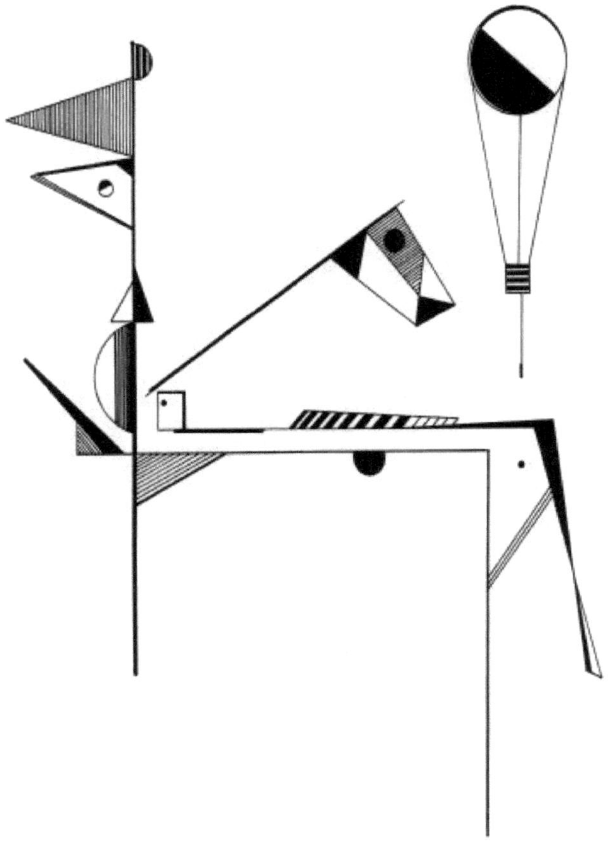

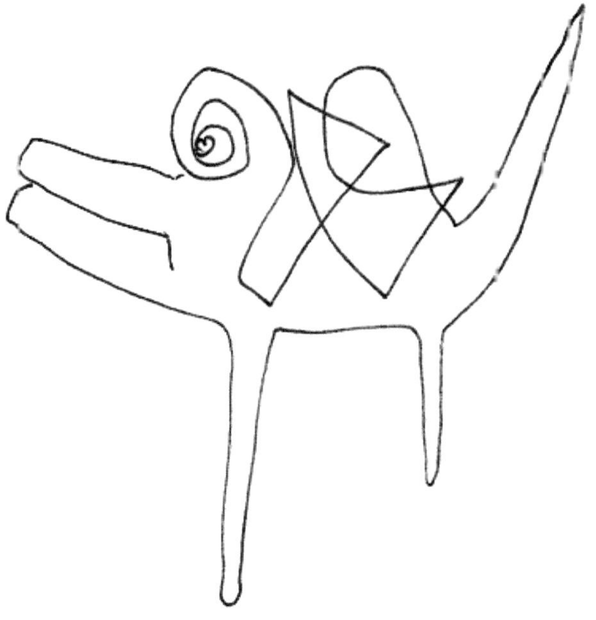

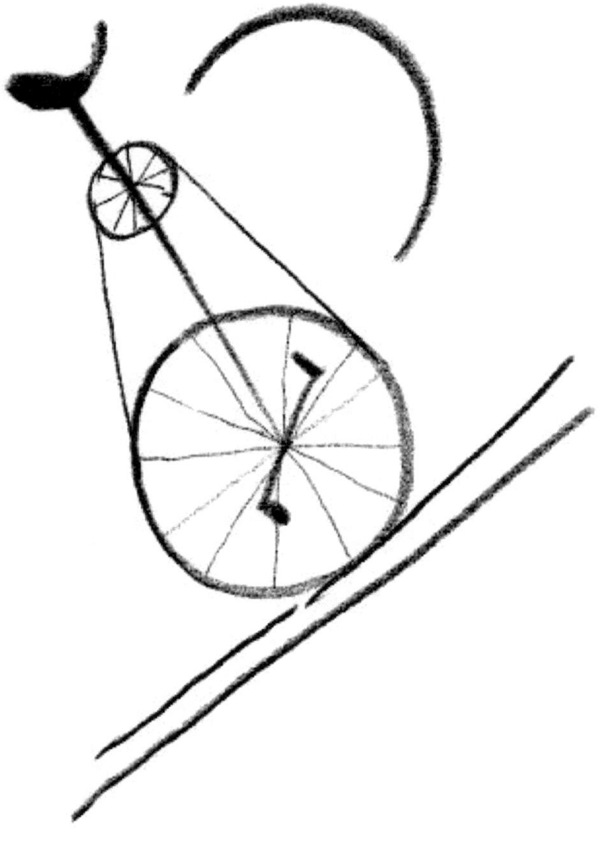

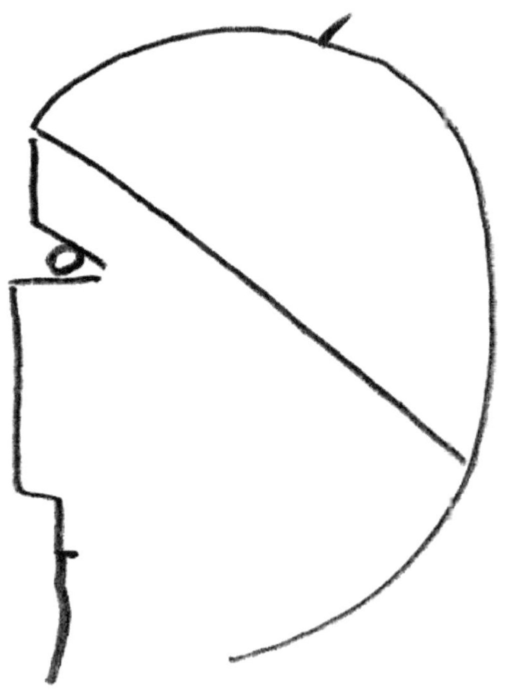

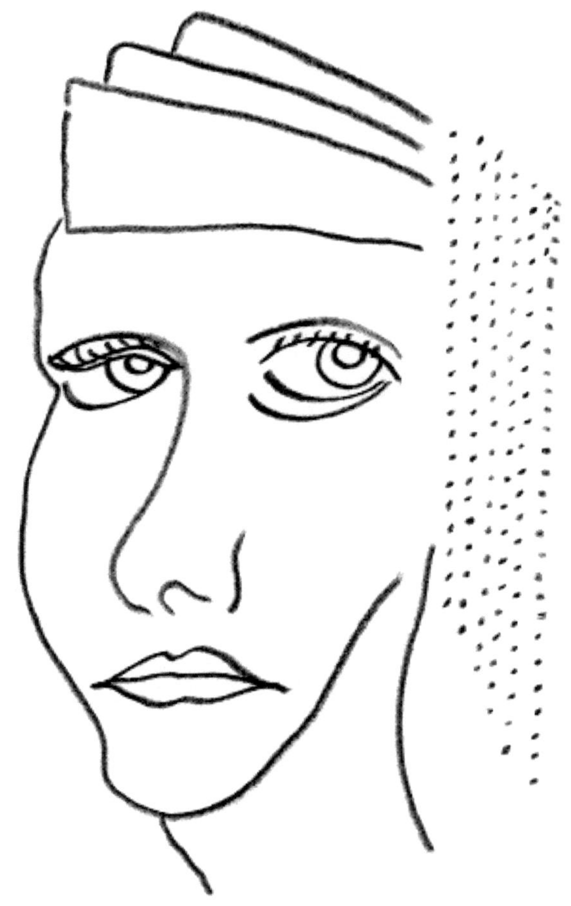

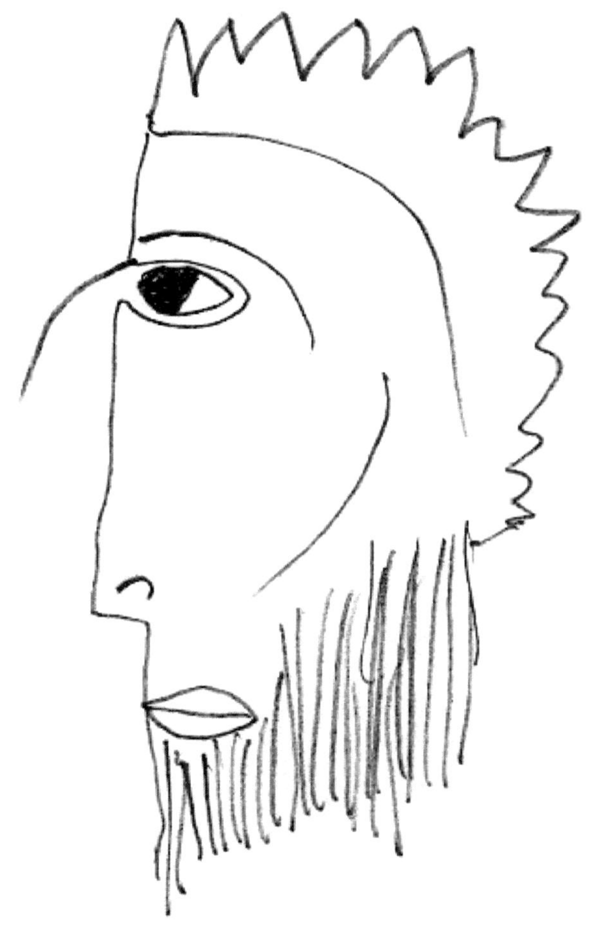

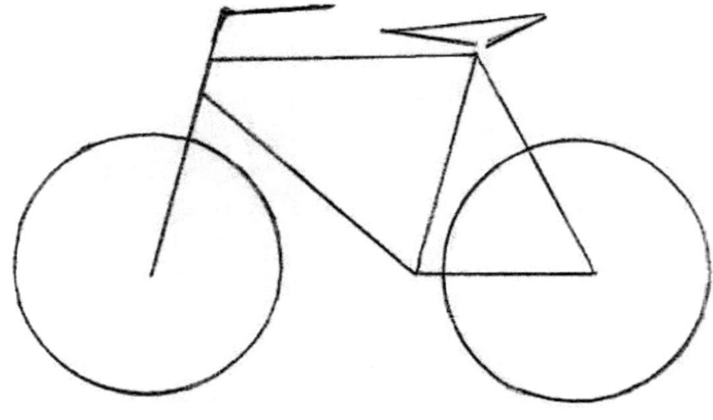

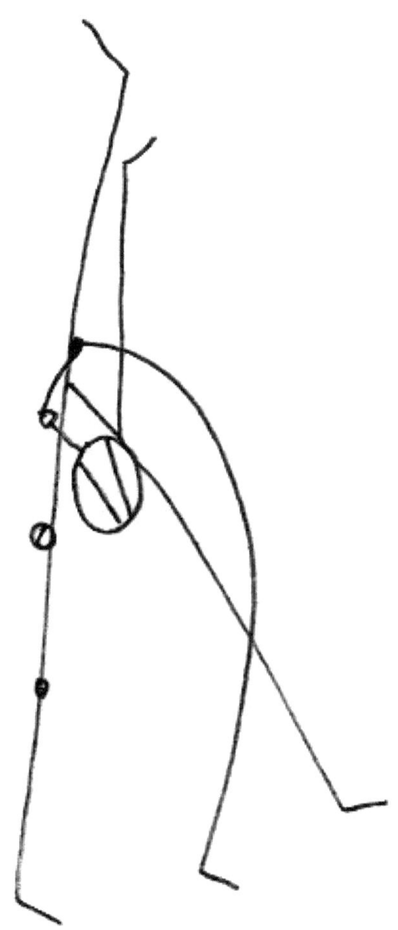

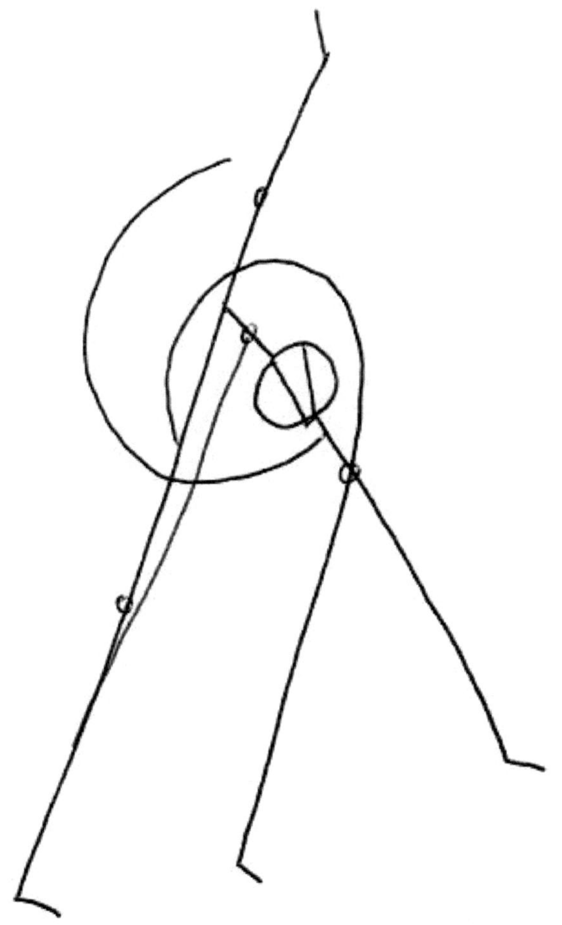

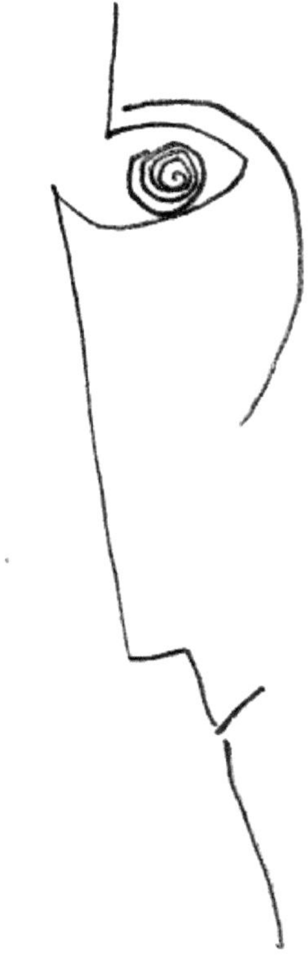

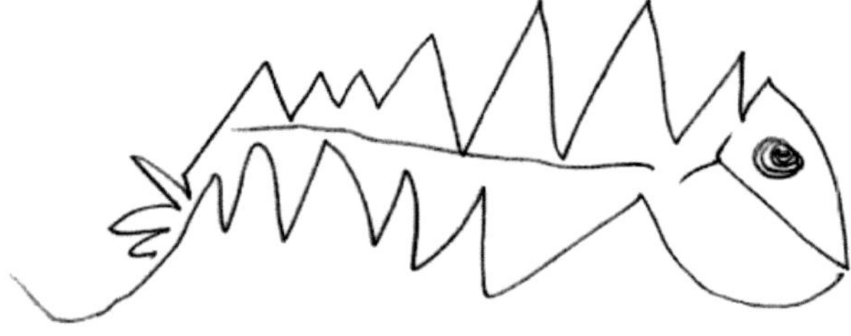

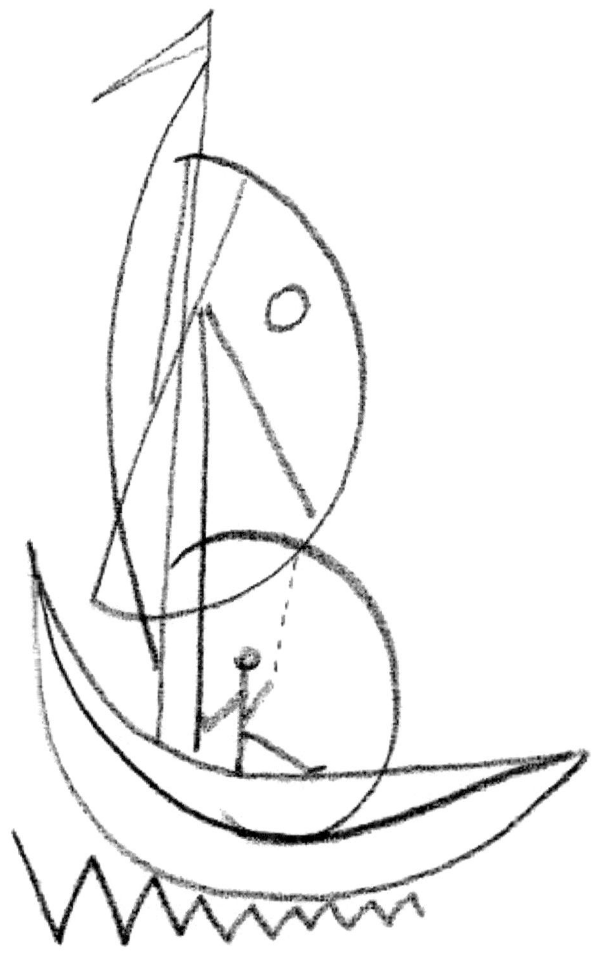

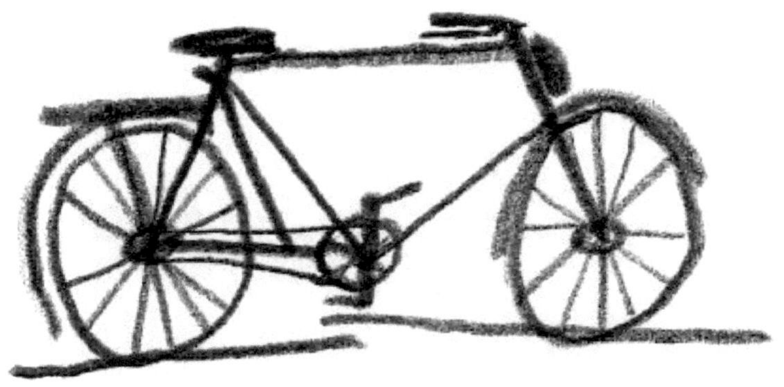

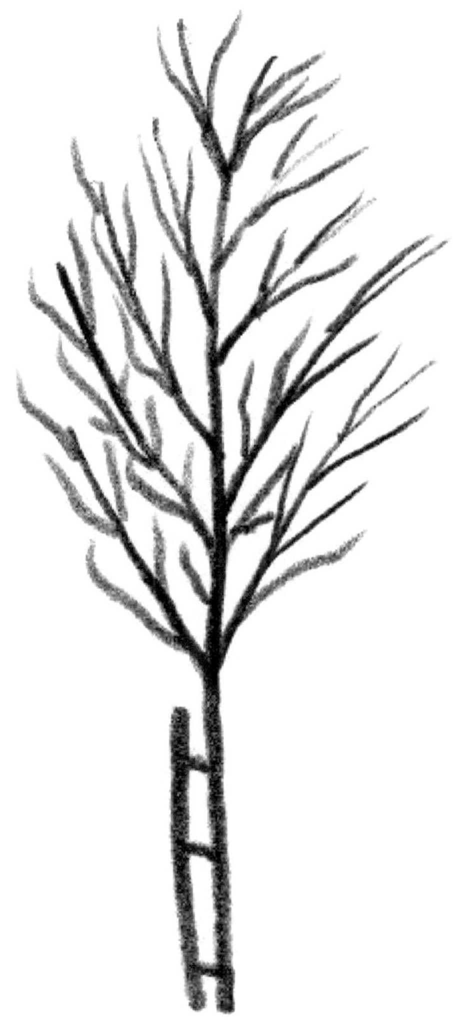

83

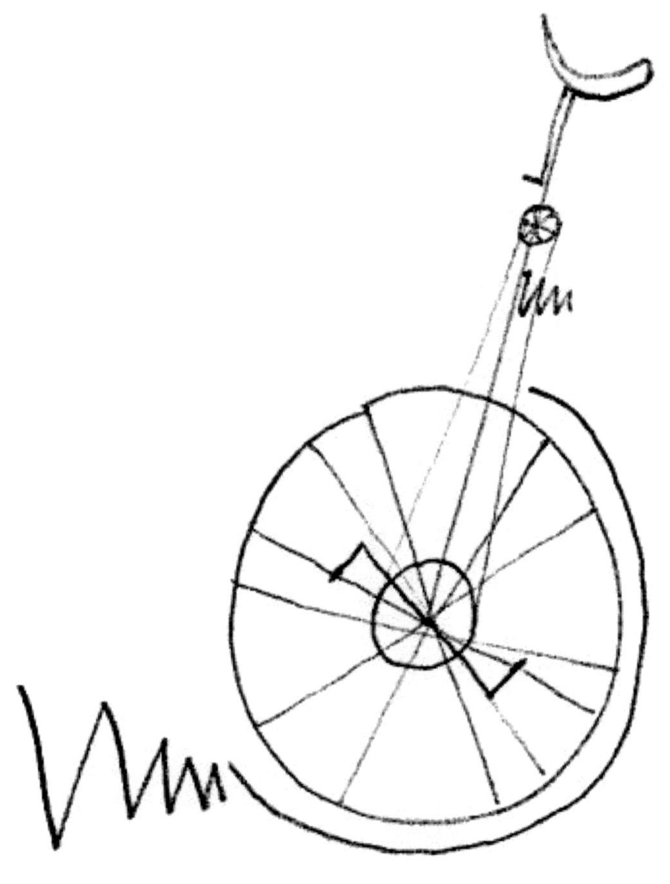

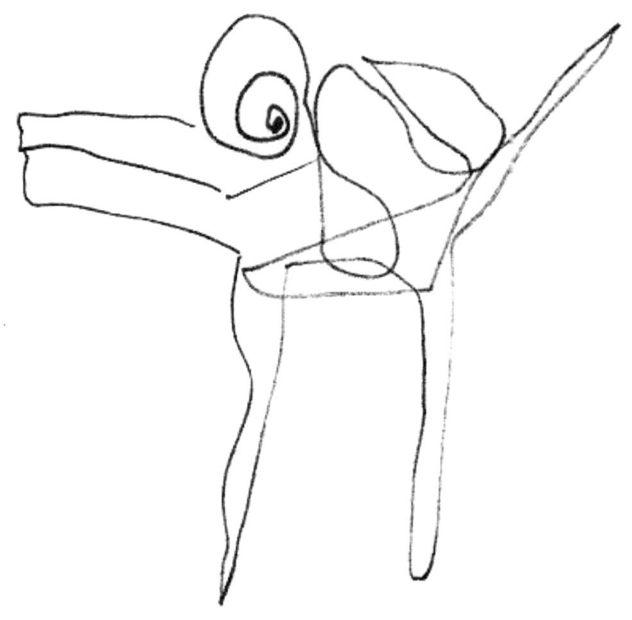

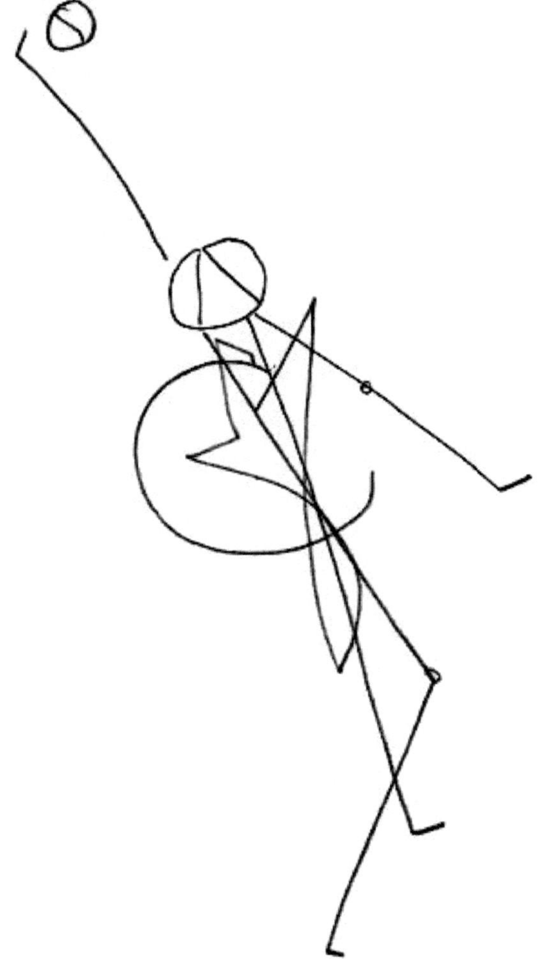

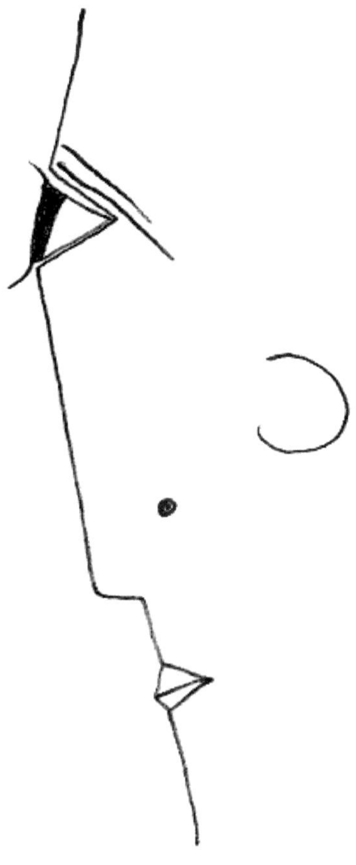

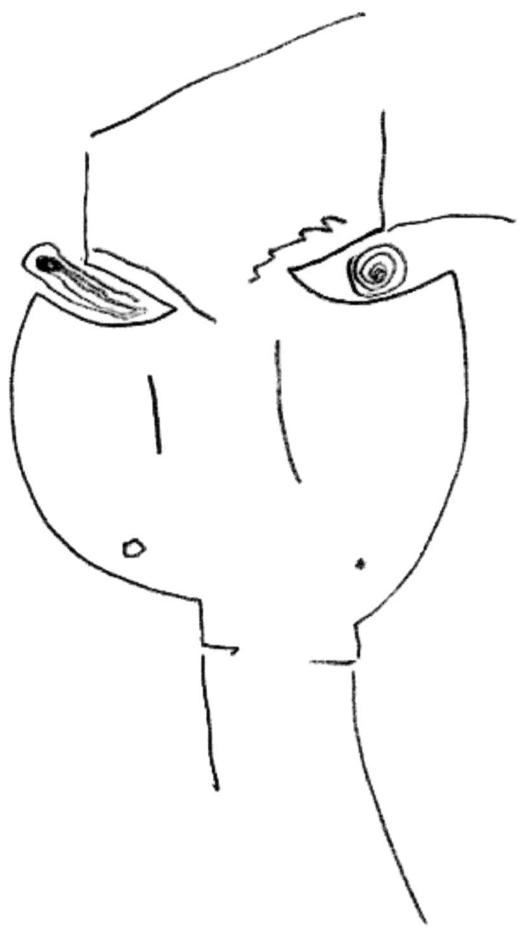

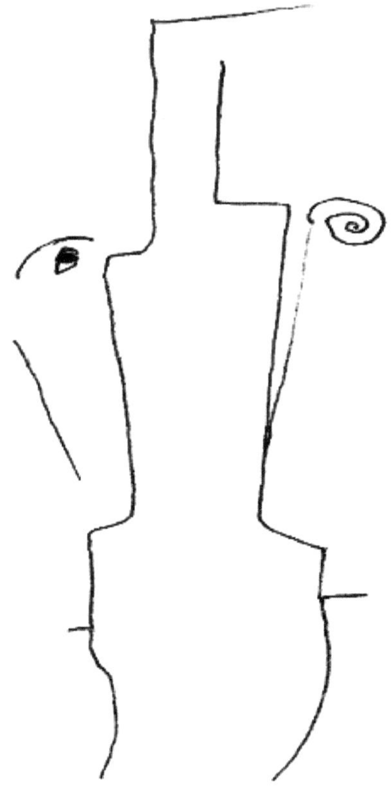

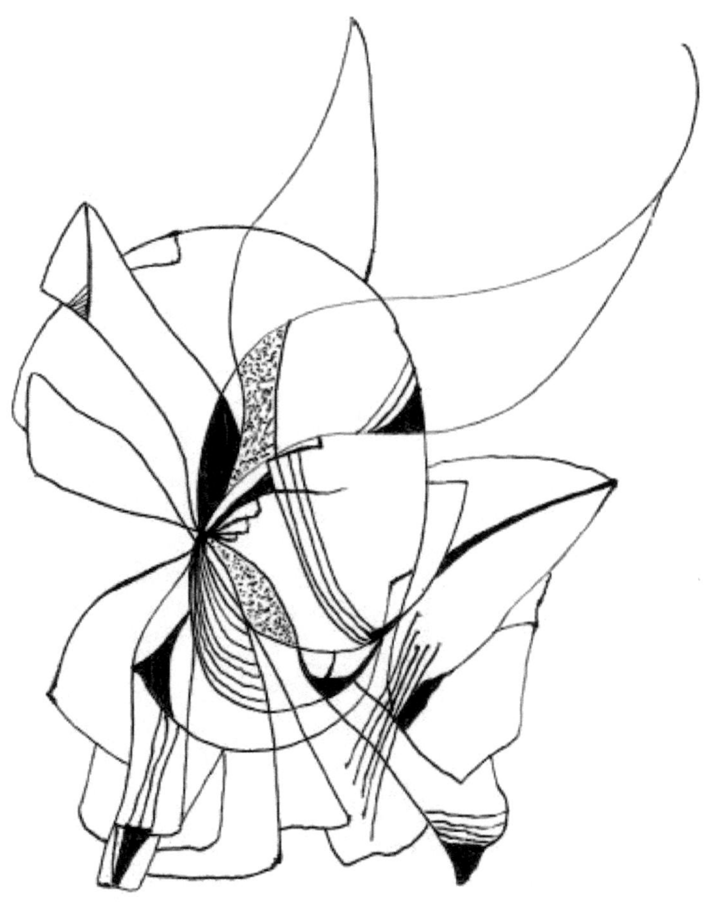

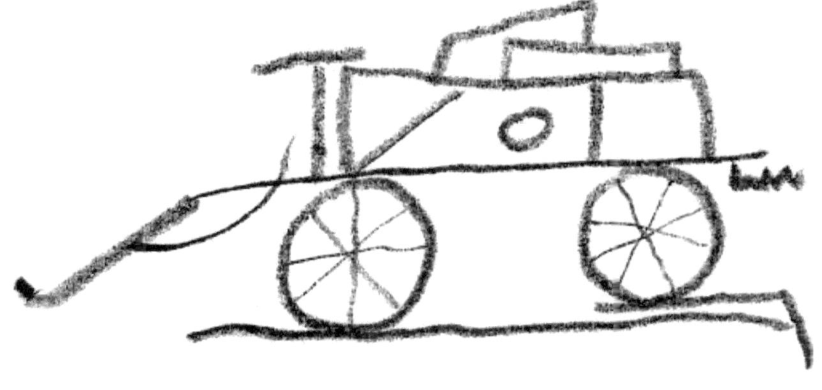

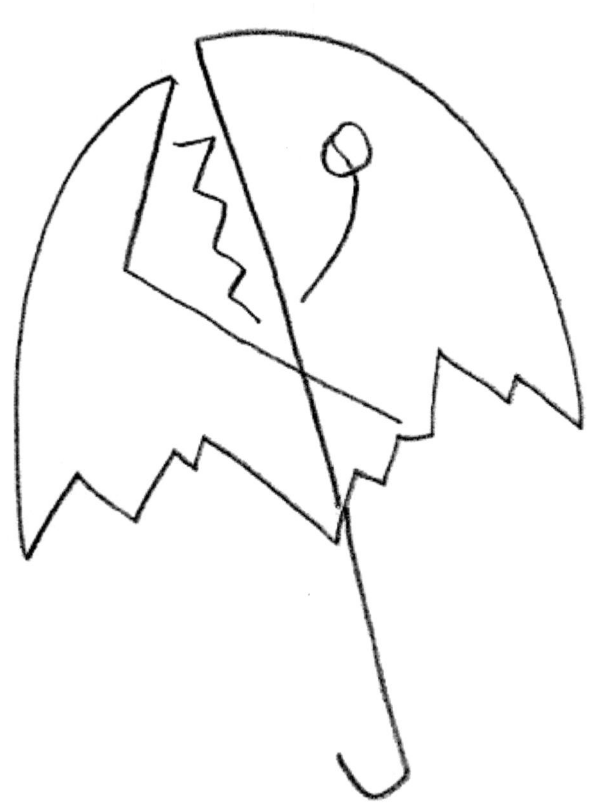

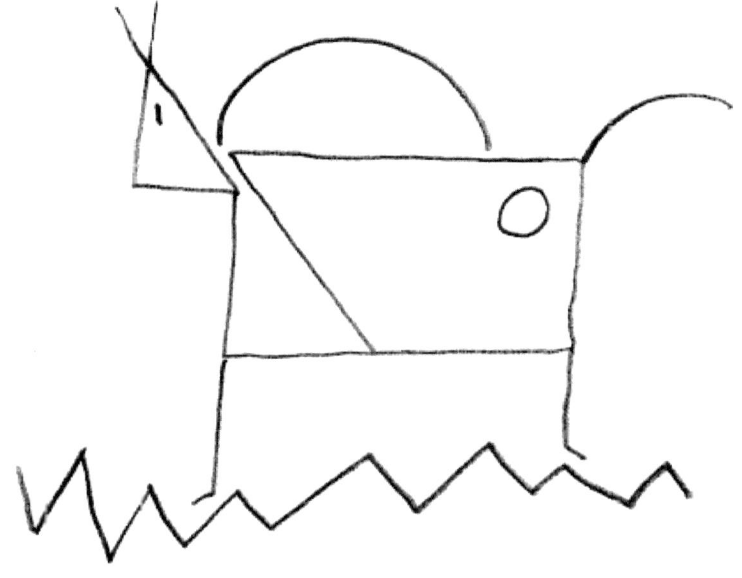

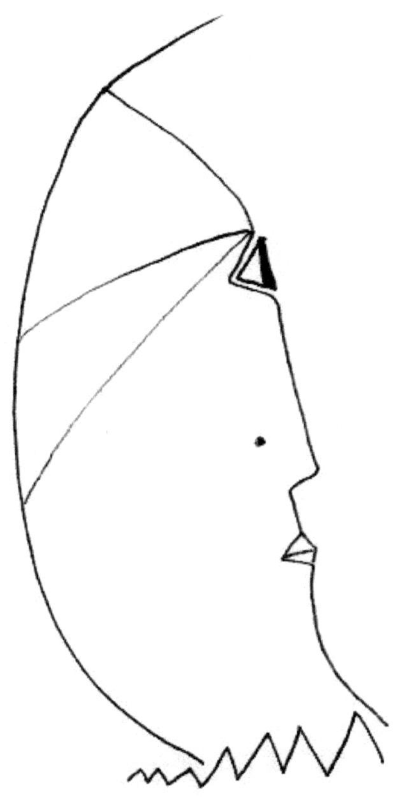

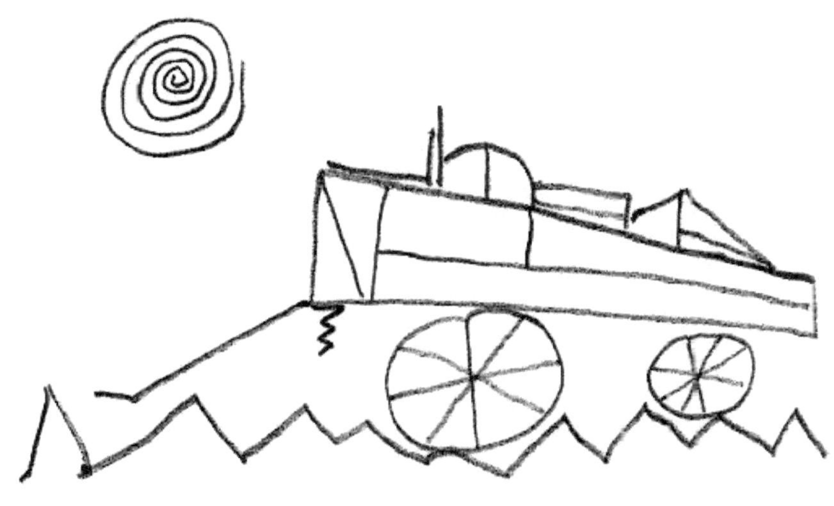

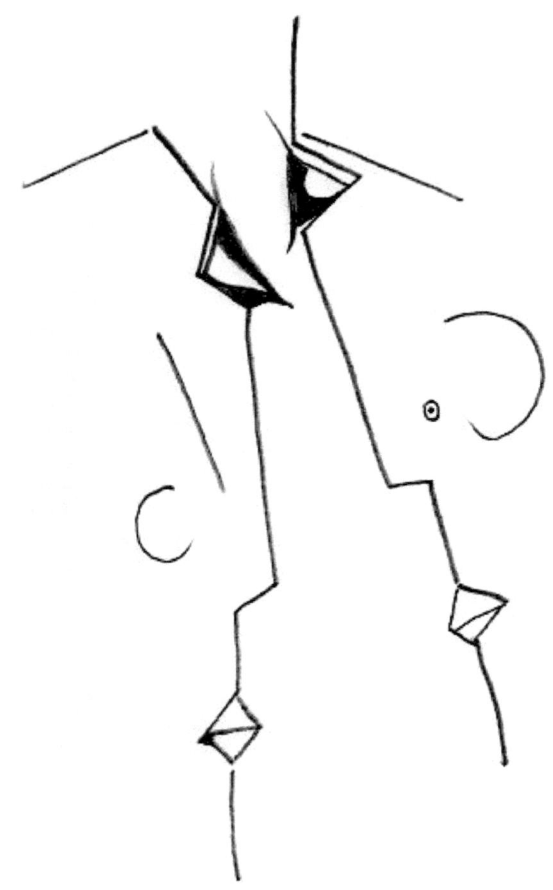

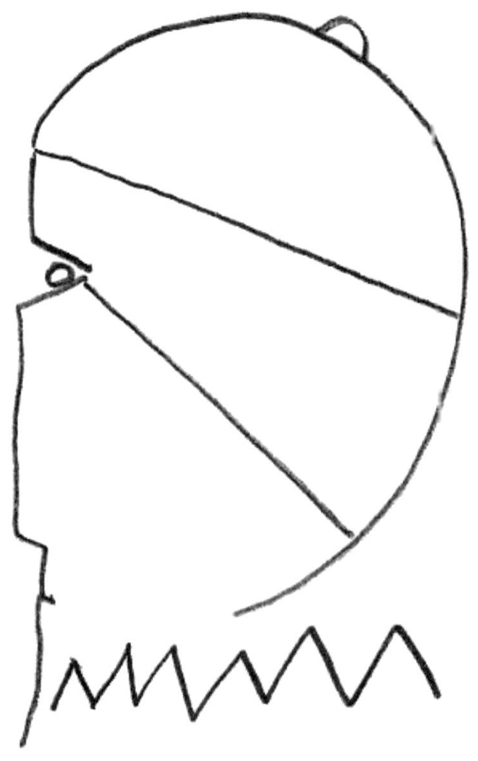

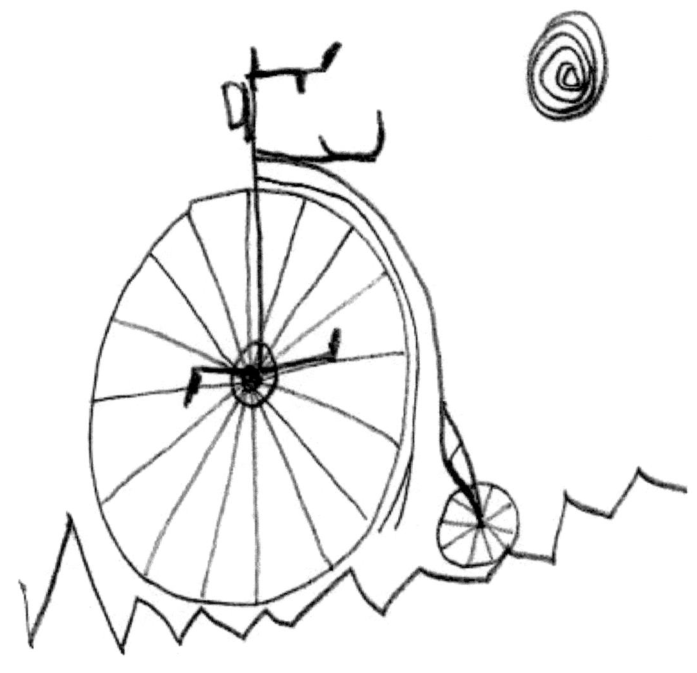

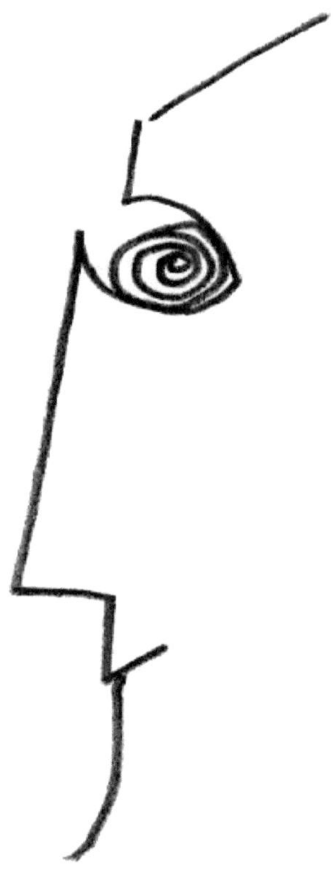

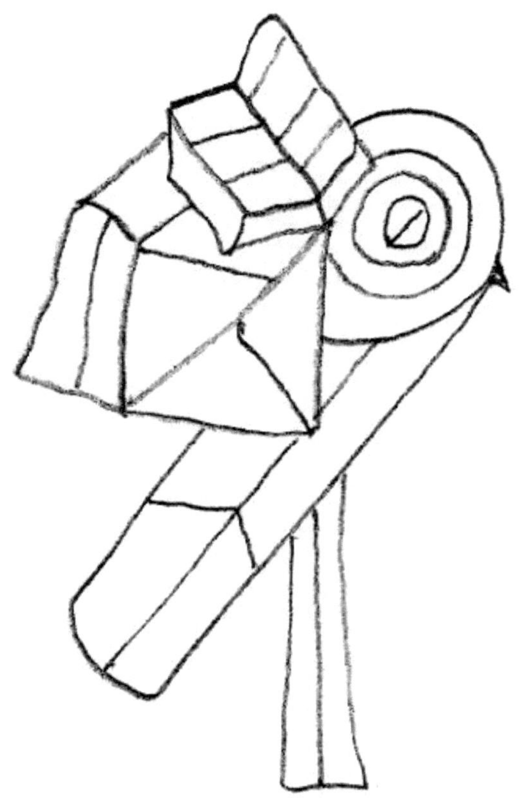

Nachweise

*Um von den mehr als viertausend Zeichnungen aus den
letzten dreißig Jahren eine Auswahl präsentieren zu können,
wurden erstmal hundert gescannte Zeichnungen als
MINIATUREN katalogisiert.*

Die meisten der hier versammelten Arbeiten stammen
aus Zeichenbüchern und sind mit **Z** gekennzeichnet.
B bedeutet Einzelblatt. **E** Euvre.

Die exakte Reihenfolge lautet:

1. Seitenzahl
2. Miniaturnummer
3. Jahr
4. Nummer *(ausgewählte Seiten in den Zeichenbüchern
haben hier, in den Büchern selbst aber keine Nummer)*
5. Kennzeichnung (**B** *zum Beispiel für Einzelblatt*)
6. Monat
7. Titel

001 = 0092.Nummer-88-487-E-Bedenklich
002 = 0003.Nummer-02-008-B-Ohne Titel
003 = 0031.Nummer-05-031-Z-Oktober-Ohne Titel
004 = 0016.Nummer-04-020-Z-April-Ohne Titel
005 = 0007.Nummer-03-061-Z-März1-Ohne Titel
006 = 0008.Nummer-03-078-Z-Jan.-Febr.-Ohne Titel
007 = 0015.Nummer-04-018-Z-August-Ohne Titel
008 = 0012.Nummer-04-017-Z-April-Ohne Titel
009 = 0040.Nummer-05-065-Z-November-Ohne Titel
010 = 0043.Nummer-05-083-Z-Juli-Ohne Titel
011 = 0044.Nummer-05-083-Z-Oktober-Ohne Titel
012 = 0036.Nummer-05-053-Z-November-Ohne Titel
013 = 0035.Nummer-05-052-Z-November-Ohne Titel
014 = 0039.Nummer-05-064-Z-Juli-Ohne Titel
015 = 0047.Nummer-05-104-Z-Oktober-Ohne Titel
016 = 0069.Nummer-06-148-Z-April-Dezember-O. Titel
017 = 0051.Nummer-05-136-Z-November-Ohne Titel
018 = 0002.Nummer-02-006-B-Ohne Titel
019 = 0025.Nummer-05-005-Z-Dezember-Ohne Titel
020 = 0018.Nummer-04-025-Z-September-Ohne Titel
021 = 0027.Nummer-05-016-Z-Jan.-Juni-Ohne Titel
022 = 0009.Nummer-03-104-Z-März1-Ohne Titel
023 = 0010.Nummer-03-112-Z-März1-Ohne Titel
024 = 0089.Nummer-85-013-E-Höfliche Geste
025 = 0085.Nummer-08-030-Z-Okt.-Dez.-Ohne Titel
026 = 0023.Nummer-04-074-Z-Okt.-Dez.-Ohne Titel
027 = 0011.Nummer-04-009-Z-August-Ohne Titel
028 = 0004.Nummer-02-015-B-Ohne Titel
029 = 0005.Nummer-02-016-B-Ohne Titel
030 = 0032.Nummer-05-033-Z-Juli-Ohne Titel
031 = 0028.Nummer-05-020-Z-Juli-Ohne Titel
032 = 0020.Nummer-04-034-Z-September-Ohne Titel

033 = 0006.Nummer-03-014-Z-März1-Ohne Titel
034 = 0041.Nummer-05-079-Z-Aug.-Sept.-Ohne Titel
035 = 0062.Nummer-06-037-Z-15.-31.Dez.-Ohne Titel
036 = 0063.Nummer-06-039-Z-April-Dez.-O. Titel
037 = 0058.Nummer-06-023-Z-15.-31.Dez.-O. Titel
038 = 0065.Nummer-06-072-Z-April-Dez.-O. Titel
039 = 0097.Nummer-89-359-E-Prophet
040 = 0045.Nummer-05-090-Z-Jan.-Juni.-Ohne Titel
041 = 0053.Nummer-06-008-Z-15.-31.Dez.-O. Titel
042 = 0061.Nummer-06-035-Z-Januar-Ohne Titel
043 = 0093.Nummer-88-589-E-Freude
044 = 0066.Nummer-06-098-Z-April-Dez.-Ohne Titel
045 = 0070.Nummer-06-157-Z-April-Dez.-Ohne Titel
046 = 0074.Nummer-06-189-Z-April-Dez.-Ohne Titel
047 = 0082.Nummer-08-017-Z-März-Juli-Ohne Titel
048 = 0049.Nummer-05-122-Z-Aug.-Sept.-Ohne Titel
049 = 0086.Nummer-08-033-Z-Okt.-Dez.-Ohne Titel
050 = 0029.Nummer-05-028-Z-Jan.-Juni.-Ohne Titel
051 = 0024.Nummer-05-004-Z-Dezember-Ohne Titel
052 = 0094.Nummer-88-609-E-Odysseus
053 = 0081.Nummer-08-011-Z-März-Juli-Ohne Titel
054 = 0013.Nummer-04-017-Z-September-Ohne Titel
055 = 0017.Nummer-04-022-Z-September-Ohne Titel
056 = 0057.Nummer-06-020-Z-April-Dez.-Ohne Titel
057 = 0055.Nummer-06-014-Z-15.-31.Dez.-Ohne Titel
058 = 0033.Nummer-05-039-Z-Jan.-Juni.-Ohne Titel
059 = 0098.Nummer-89-363-E - Träumer
060 = 0059.Nummer-06-024-Z-15.-31.Dez.-Ohne Titel
061 = 0019.Nummer-04-034-Z-August-Ohne Titel
062 = 0071.Nummer-06-160-Z-April-Dez.-Ohne Titel
063 = 0078.Nummer-07-055-Z-Juni-Juli-Ohne Titel
064 = 0087.Nummer-08-037-Z-Januar-Ohne Titel

065 = 0079.Nummer-08-009-Z-März-Juli-Ohne Titel
066 = 0075.Nummer-07-029-Z-Juni-Juli-Ohne Titel
067 = 0099.Nummer-90-064-E-Verdächtigung
068 = 0014.Nummer-04-018-Z-April-Ohne Titel
069 = 0095.Nummer-89-249-E-Der Alte
070 = 0090.Nummer-86-002-E-Pegasus
071 = 0083.Nummer-08-018-Z-März-Juli-Ohne Titel
072 = 0021.Nummer-04-043-Z-Mai-Juni-Ohne Titel
073 = 0038.Nummer-05-061-Z-November-Ohne Titel
074 = 0096.Nummer-89-299-E-Enttäuschung
075 = 0080.Nummer-08-010-Z-März-Juli-Ohne Titel
076 = 0100.Nummer-96-002-B-Ohne Titel
077 = 0056.Nummer-06-015-Z-15.-31.Dez.-Ohne Titel
078 = 0068.Nummer-06-099-Z-April-Dez.-Ohne Titel
079 = 0067.Nummer-06-098-Z-Januar1-Ohne Titel
080 = 0088.Nummer-08-072-Z-Januar-Ohne Titel
081 = 0046.Nummer-05-096-Z-Aug.-Sept.-Ohne Titel
082 = 0030.Nummer-05-031-Z-Jan.-Juni-Ohne Titel
083 = 0022.Nummer-04-071-Z-April-Ohne Titel
084 = 0026.Nummer-05-010-Z-Aug.-Sept.-Ohne Titel
085 = 0084.Nummer-08-028-Z-März-Juli-Ohne Titel
086 = 0064.Nummer-06-042-Z-April-Dez.-Ohne Titel
087 = 0060.Nummer-06-029-Z-15.-31.Dez.-Ohne Titel
088 = 0076.Nummer-07-035-Z-Juni-Juli-Ohne Titel
089 = 0037.Nummer-05-055-Z-Aug.-Sept.-Ohne Titel
090 = 0091.Nummer-87-263-E - Die Blüte
091 = 0054.Nummer-06-012-Z-Januar1-Ohne Titel
092 = 0077.Nummer-07-043-Z-Juni-Juli-Ohne Titel
093 = 0042.Nummer-05-081-Z-Oktober-Ohne Titel
094 = 0072.Nummer-06-166-Z-April-Dez.-Ohne Titel
095 = 0048.Nummer-05-117-Z-Aug.-Sept.-Ohne Titel
096 = 0073.Nummer-06-182-Z-April-Dez.-Ohne Titel

097 = 0034.Nummer-05-039-Z-November-Ohne Titel
098 = 0050.Nummer-05-128-Z-Aug.-Sept.-Ohne Titel
099 = 0052.Nummer-05-163-Z-November-Ohne Titel
100 = 0001.Nummer-02-001-B-Ohne Titel

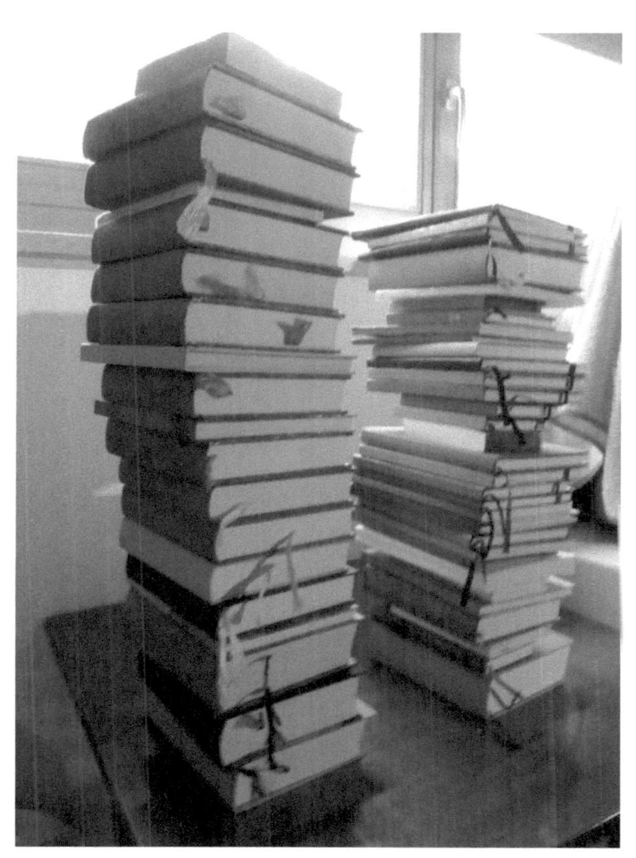

Adelhard Winzer
Zeichenbücher
2002-2014

Wilhelm Benno Müller

Narkologie

Zweiter Band

Verlag
der
Wissenschaften

Wilhelm Benno Müller

Narkologie

Zweiter Band

ISBN/EAN: 9783957004987

Auflage: 1

Erscheinungsjahr: 2015

Erscheinungsort: Norderstedt, Deutschland

Hergestellt in Europa, USA, Kanada, Australien, Japan
Verlag der Wissenschaften in Hansebooks GmbH, Norderstedt

Cover: Sandro Botticelli "die Geburt der Venus"

Narkologie.

Ein Handbuch der Wissenschaft

über

allgemeine und lokale Schmerzbetäubung

(Narkosen und Methoden der lokalen Anästhesie)

in 2 Bänden mit zahlreichen Abbildungen

von

Dr. med. **Benno Müller**

in

Hamburg.

II. Band.

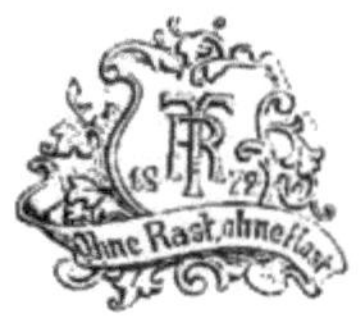

Berlin

Verlag von R. Trenkel.

II. Band: Anaesthetologie.

A. Allgemeiner Teil.

Inhaltsangabe.

A. Allgemeiner Teil.

I. Kapitel: Die Anästhetologie im allgemeinen.

II. Kapitel: Die Vorbereitung zur Einleitung der Methoden der Anästhetologie.

III. Kapitel: Die Technik der anästhetologischen Methoden im allgemeinen.

IV. Kapitel: Der Anästhetologe.

Literaturverzeichnis.

Register.

I. Kapitel.

Die Anästhetologie im allgemeinen.

§ 1. Nachdem in dem ersten Bande dieses Werkes die so überaus wichtigen allgemeinen Narkosen des genaueren behandelt wurden, liegt es uns nunmehr ob, uns mit dem zweiten Teile der Narkologie, mit der A n - ä s t h e t o l o g i e , näher zu befassen. Unter diesem Namen und Ausdruck verstehen wir jene Wissenschaft welche man bisher meist mit dem Namen lokale Anästhesie bezeichnete. Wie überaus wenig zutreffend diese Bezeichnung für eine Wissenschaft, wie diese, ist, habe ich schon früher im allgemeinen Teile des ersten Bandes genau auseinandergesetzt, und daß es viel bezeichnender ist, den Ausdruck Anästhetologie zu verwenden. Gebrauchte man doch bisher das Wort „lokale Anästhesie“ sowohl für die Lehre von der lokalen Schmerzbetäubung, als auch für jede Methode derselben; man sagte z. B.: Wir wollen diese Operation mit lokaler Anästhesie ausführen,“ und man kennt Lehrbücher der lokalen Anästhesie. Jedenfalls ist es viel bezeichnender, wenn man die Wissenschaft mit Anästhetologie bezeichnet, und wir haben damit auch gleich eine Bezeichnung für den Arzt, welcher die Methode der Anästhetologie bei einer Operation ausführt, sei das nun der Operateur selbst oder ein anderer. wir nennen ihn dann, wenn er die lokale Schmerzbetäubung ausführt, A n - ä s t h e t o l o g e n , genau wie wir den Arzt, der die Narkose leitet, Narkotiseur benennen. Bisher fehlte in der Medizin eine Bezeichnung für den Arzt, der die lokale Schmerzbetäubung leitet, und auf diese Weise können wir diesem Übelstande abhelfen. Man könnte vielleicht eher meinen, man sollte unter Anästhetologe nur jenen Mediziner verstehen, der sich wissenschaftlich mit dieser Wissenschaft befaßt. allein es ist da nicht nötig, einen Unterschied zu machen, denn wer die Methoden der Anästhetologie verwendet und mit denselben operiert. wird auch die wissenschaftliche Ausbildung in dieser Disziplin sich angeeignet haben müssen, sonst kann er diese Methoden nicht richtig und erfolgreich verwenden, und somit kann man ihn schon Anästhetologe nennen. Ein Doppelsinn wird allerdings dabei entstehen, doch das wird hier zu Irrtümern nie Anlaß geben können.

Wenn wir nun die Anästhetologie näher betrachten, erkennen wir, daß wir es mit der Lehre der lokalen Schmerzbetäubung zu tun haben, oder mit der Lehre von allen jenen Methoden, welche den Schmerz lokal zu heben bestrebt sind und dies erreichen. Die Anästhetologie steht also im Gegensatz zur Narkosiologie, denn während diese eine Unempfindlichkeit des Menschen durch Beeinflussung des Zentralnervensystems hervorbringt, ruft die Anästhetologie die Schmerzbetäubung durch Beeinflussung des peripheren Nervensystems hervor. Die Anästhesie, welche die Methoden der Anästhetologie hervorrufen, ist infolgedessen auch grundverschieden von der Anästhesie, die die Narkose erzeugt. Diese beiden Disziplinen haben nur eines gemeinsam, daß sie das Nervensystem zum Zwecke einer Schmerzbetäubung beeinflussen, aber nur in diesem Punkte haben sie etwas gemeinsam, sonst sind sie grundverschieden voneinander. Bei der allgemeinen Narkose erzeugt man sowohl eine physische wie psychische Anästhesie, wenn man diesen Ausdruck brauchen darf, denn die Psyche des Kranken wird in ihrer Empfindlichkeit auf ein Minimum herabgesetzt neben der körperlichen Anästhesie in der Narkose, so daß also der Kranke auch das Bewußtsein verliert. Darin liegt der Unterschied zwischen Narkose und lokaler Anästhesie, und gerade darin liegt auch ein Vorteil der Methoden der Anästhetologie, daß die psychischen Funktionen des Patienten intakt und unverändert bleiben. Es ist daher auch nicht richtig, von einer allgemeinen und lokalen Narkose zu sprechen, wie man es bisweilen getan hat, indem man die Inhalationsnarkose z. B. mit allgemeiner Narkose und die lokale Anästhesie mit lokaler Narkose bezeichnete. Ich halte dies für vollkommen falsch, denn die lokale Anästhesie ist eben keine Narkose, weil der Kranke nicht in einen Schlaf verfällt, sondern es fällt hier gerade das für die Narkose Typische, der Schlafzustand, weg. Die lokale Anästhesie wird auf verschiedenen Wegen erreicht, immer aber besteht der Hauptfaktor bei derselben darin, die Nerven im peripheren Gebiete zu unterbrechen, so daß die Schmerzempfindung von der schmerzenden Stelle nicht in das Zentralnervensystem, wo sie zur Perzeption gelangt, geleitet werden kann. Selbst auch bei jenen Methoden, wo man nicht die Nervenstämme angreift, sondern die Nervenendigungen beeinflußt, ist der Hergang derselbe, es werden da nur die kleineren Nervenstämmchen unterbrochen oder die Nervenendigungen unempfindlich gemacht, so daß sie den Reiz, der stets erfolgt, nicht aufnehmen können. Die Narkose hingegen beeinflußt das Zerebrum auf eine solche Art, daß dasselbe die Schmerzempfindung, die ihm von den Nerven aus den peripheren Gebieten hergeleitet wird, nicht perzipiert, nicht wahrnimmt; es werden also die Perzeptionszentra gelähmt. Der Reiz erfolgt, der Schmerz wird auch zum Gehirn geleitet und daselbst aufgenommen, aber nicht empfunden, weil eben die Empfindung gelähmt ist. Wenn man also diese Erklärung bedenkt, so haben diese beiden Methoden, Narkose und lokale Anästhesie, keine gemeinschaftlichen Punkte. Immerhin bestehen gewisse Ähnlichkeiten in anderer Hinsicht, nur in dieser sind beide grundverschieden. Ein gemeinsames Moment ist aber darin gegeben, daß die Narkose das Gehirn beeinflußt, und die Methode der Anästhetologie den Nerv, Gehirn und Nerv aber im Verhältnis wie das Ganze zum Teil stehen, und somit der Nerv als Teil des Gehirns mit demselben in gewisser Beziehung identifiziert werden kann, so daß man sagen kann, die Methode der Anästhetologie beeinflußt durch den Teil des Gehirns dasselbe ebenfalls und hat insofern ein gleiches Moment mit der Narkose. Ein anderes gemeinsames Moment ist der Zweck beider Methoden. Es ist also, wie man aus diesen Explikationen ersehen kann, die Anästhetologie immerhin scharf von der Narkosiologie zu trennen, und man hat in der lokalen Schmerzbetäubung eine ganz andere Methode als die Narkose, wenn auch beide gewisse Ähnlichkeiten besitzen.

Bei den Methoden der Anästhetologie kann man strenggenommen nicht immer von einer Anästhesie reden, welche man in dem Gebiet der Operation

erzeugt, sondern man ruft nur bisweilen Anästhesie hervor, während viele
Methoden nur eine Analgesie erzeugen. Verwendet man z. B. die Methode des
Chloräthylsprays, Äthersprays oder kurz die Betäubung durch Kälteeinwirkung,
so wird in dem von der Kältemischung oder dem Ätherstrahl etc. beeinflußten
Gebiet wohl eine Betäubung der Nerven für Schmerzempfindung hervorgerufen,
aber der Tastsinn z. B. bleibt vollkommen erhalten, ebenso verhält es sich bei
einigen Methoden der chemischen Beeinflussung der Nerven, bei der Kokainanästhesie etc. Auch hier wird nur eine Analgesie hervorgerufen, während die
anderen Empfindungen oft oder teilweise erhalten sind. Der Kranke wird bei
diesen Methoden lokaler Schmerzbetäubung immer fühlen, daß etwas am Körper
getan wird und er wird auch lokalisieren können, wo der Insult erfolgt. Es
besteht daher nicht eine Betäubung des Gefühls, sondern nur des Schmerz-
gefühls. Da man aber für viele Operationen nur eine Analgesie, eine Aufhebung
der Schmerzempfindung, braucht, so kann man mit diesen Methoden vollkommen
auskommen. Man müßte daher eigentlich nur von einer Kokainanalgesie sprechen.
Wenn dies nun ja einen eben bewiesenen sicheren Grund hat, so ist es dennoch
nach meiner Überzeugung auch nicht ganz falsch, wenn man von Anästhesie
spricht, denn bei vielen Methoden werden auch die anderen Nerven resp.
Empfindungen mit gelähmt, wenn auch nicht immer vollkommen, so doch teilweise. Man hat auch bei der Kokainanästhesie nicht eine reine Analgesie,
sondern es wird die Tastempfindung immerhin vermindert, herabgesetzt, ebenso
die Wärmeempfindung etc., so daß eine gewisse Herabsetzung der Empfindung
überhaupt in dem betreffenden Gebiete nicht geleugnet werden kann. Weiter
gibt es Methoden, wie die Medulläre Kokainisierung, welche eine Anästhesie erzeugen, bei der nicht nur von Analgesie gesprochen werden kann. Die
Anästhetologie wird also durch ihre meisten Methoden eine lokale Analgesie hervorrufen, während sie durch andere Methoden eine lokale Anästhesie erzeugt,
und durch manche wiederum eine unvollständige Anästhesie wohl aber vollkommene Analgesie hervorruft. Es wird daher kein zu großer Lapsus sein,
wenn man von einer lokalen Anästhesie spricht, wenn man sich nur bewußt ist,
daß eine gewisse Reserve bei der Bezeichnung des Zustandes mit Anästhesie
herrschen muß. Während bei den Methoden der Anästhetologie der Ausdruck
lokale Anästhesie zuviel bedeutet, bezeichnet der Ausdruck Analgesie entschieden
zu wenig, wenigstens bei manchen Methoden.

Es gibt so verschiedene Verfahren, um eine lokale Anästhesie oder Analgesie zu erreichen, daß man nicht von einer einheitlichen Beeinflussung der
Nerven in der Anästhetologie sprechen kann, wie man es in der Narkosiologie
vermag. Die lokale Anästhesie wird in der Hauptsache auf zwei Arten erreicht, welche natürlich nicht immer vollkommen von einander getrennt Verwendung finden können, sondern oft in einander überspielen und Kombinationen
darstellen, die man immer bis zu einem gewissen Grade bei allen einzelnen
Methoden verfolgen kann. Das sind erstens die Lähmung der nervösen Endapparate in Haut, Muskulatur und Fettgewebe sowie in einzelnen Organen,
zweitens die Unterbrechung der Leitungsfähigkeit der Nerven. Während man
im ersteren Falle den Nerven unfähig macht, einen Reiz aufzunehmen, verhindert
man ihn im anderen Falle, einen aufgenommenen Reiz weiterzuleiten und ins
Zerebrum zu übertragen, wo er zur Perzeption gelangen soll, indem man den
Nerven unterbricht. Diese Unterbrechung des Nerven darf natürlich nur eine

vorübergehende sein, so daß nicht ein dauernder Schaden und somit eine dauernde
Leitungsunterbrechung des Nerven entsteht. Die Lähmung der Nervenendigungen kann durch chemische Körper oder auf mechanischem Wege hervorgerufen werden, ebenso die Unterbrechung der Leitung des Nerven.

Aus alledem geht also hervor, daß die Anästhetologie die Lehre derjenigen Methoden ist, welche einen Teil des Körpers durch chemische oder
mechanische Einflüsse gefühllos machen. Diese Gefühllosigkeit wird sich je nach
der vorzunehmenden Operation entweder auf die Haut, das subkutane Gewebe,
die Muskulatur, Knochen und selbst innere Organe erstrecken können. Man ist
absolut nicht an irgend ein bestimmtes Gewebe gebunden, sondern man kann
dank der verschiedenen Methoden jedes Gewebe anästhesieren. Natürlich bestehen große Unterschiede in dem Verhalten der einzelnen Körperregionen der
Schmerzempfindung gegenüber. Die Gewebe haben eine verschieden starke
Versorgung von sensitiven Nerven, und es kommt gerade bei den Methoden
der Anästhetologie darauf an, daß man diese Verhältnisse genau kennt. Die
meisten sensitiven Nerven besitzt die Haut und Schleimhaut, während schon
die Muskulatur viel weniger schmerzempfindlich ist, hingegen ist das Periost
wieder stark empfindlich. Es gibt aber innere Organe, welche nur sehr wenig
schmerzempfindlich sind, so kann man z. B. an den inneren weiblichen Genitalien ohne Betäubung der Schmerzen schmerzlos operieren, so ist das Peritoneum viscerale gar nicht schmerzempfindlich, auch die Leber, Darmschlingen etc.
sind nicht wesentlich schmerzempfindlich, aber das Peritoneum parietale ist
äußerst empfindlich. So kann man, wenn man bei Laparotomien die Bauchdecke
anästhesiert hat, an den Unterleibsorganen, ohne Schmerzen hervorzurufen, operieren, sobald man nur vermeidet, das Peritoneum parietale durch Zug, Druck
oder sonstige Insulte zu belästigen, was enorme Schmerzen verursacht.

Wenn man diese Verhältnisse kennt, kann man eine große Operation
ohne viel anästhetische Mittel schmerzlos ausführen, sofern man nur beachtet,
die stark schmerzempfindlichen Gewebe zu anästhesieren und ein unnötiges Belästigen derselben zu vermeiden.

Die Methoden der Anästhetologie ermöglichen dem Arzte stets, eine
Operation schmerzlos auszuführen, nur gehört dazu vor allen Dingen eine große
Übung des Arztes und Geduld des Patienten. Beides muß Hand in Hand gehen.
Man muß die Operation unter vollkommen ungetrübtem Bewußtsein des Kranken
ausführen, und es gehört daher ein größerer Mut von seiten des Kranken dazu,
sich unter lokaler Schmerzbetäubung operieren zu lassen, als zu einer Operation
in Narkose. Es wird allerdings nicht zu vermeiden sein, daß der Kranke alle
Maßnahmen während der Operation bemerkt und daß er empfindet, es wird
etwas mit ihm gemacht, aber er wird nie Schmerz empfinden. Es liegt stets
mangelhafte Technik vor, wenn ein Kranker bei einer Operation, für die die lokale
Betäubung geeignet ist, trotz der angewandten Methode der Anästhetologie
Schmerzen empfindet. Wenn aber auch dem Kranken das Bewußtsein, alle
Maßnahmen zu bemerken, etwas unangenehm sein wird, so ist es doch
nicht zu vergleichen mit den Unannehmlichkeiten einer Narkose, die er vor
dem Eintritt der Toleranz und nach dem Erwachen noch zu ertragen hat.
Gewiß, es kann bei einem tapferen Menschen die geringe Unannehmlichkeit
bei der lokalen Betäubung nicht in die Wagschale fallen, aber es wird doch
sehr sensitive und wenig sich selbstbeherrschende Menschen, namentlich ängst-

liche Frauen und Kinder, selbst aber auch wenig tapfere und widerstandsfähige Männer geben, denen das Bewußtsein, sie werde, ohne Betäubung allgemeiner Art operiert, schrecklicher ist als der Kampf in der Narkose, schrecklicher als der Tod, und die unter keinen Umständen sich ruhig in die Hand des Operateurs geben, sondern bei dem ersten nur als geringen Druck fühlbaren Einstich der Injektionsspritze entweder ohnmächtig werden, oder sich sträuben und weigern, die Operation vornehmen zu lassen. Es ist freilich möglich, eine große Anzahl von Menschen zu beruhigen und von den Vorteilen der Methode zu überzeugen, doch es gibt auch viele Menschen, die zu einer solchen Operation nicht zu haben sind, und die man eben nicht so operieren kann. Es gehört stets ein gewisser Teil Mut und Selbstbeherrschung sowie Vertrauen auf den Arzt dazu, damit ein Mensch unter lokaler Betäubung operiert werden kann, aber diesen Mut etc. haben nicht alle Menschen, und ich habe selbst Männer gesehen, die sich nicht unter lokaler Betäubung ein Panaritium kleinster Art, das man ja stets vollkommen schmerzlos operieren kann, inzidieren ließen, ebenso viele Frauen und Kinder, denen selten der genügende Mut eigen ist. Es richtet sich natürlich auch hier nach der Größe des operativen Eingriffes, und es gibt auch Frauen, denen man durch Zureden den fehlenden Mut beibringen kann. So kann man gerade bei den Methoden der Anästhetologie sehr viel durch Suggestion erreichen. Viele Personen lassen sich durch energisches Zureden und entschiedenes Auftreten des Arztes in einen Zustand leichter Hypnose versetzen, und man kann dann sehr leicht die Operation schmerzlos ausführen. Stets muß aber bei solchen Leuten, die man nur mit Mühe und auf suggestivem Wege zur Einwilligung und zu ruhigem Sichergeben in den Willen des Arztes gebracht hat, jede Schmerzempfindung vermieden werden, denn man hat ihnen das Versprechen gegeben, daß sie nichts empfinden sollen und es ist quasi ein Kompromiß geschlossen, daß sie ruhig liegen bleiben wollen, wenn sie nichts empfinden, so werden sie sofort aufspringen und im höchsten Grade erregt werden, wenn aus irgendeinem Versehen Schmerz verursacht wird. Es muß bei solchen Kranken die Methode der Anästhetologie vollkommen sein, und ein tüchtiger Anästhetologe wird die Technik vollkommen beherrschen und bei den geeigneten Operationen jeden Schmerz vermeiden können. Andere Patienten gibt es aber, welche ein wenig Schmerz ertragen und die sofort sagen, wenn sie solchen empfinden, so daß man sich danach richten kann, und ein sehr bequemes Operieren auf diese Weise erreicht wird. Man ersieht also aus diesen Verhältnissen, daß es nicht leicht ist, jeden Menschen mit lokaler Schmerzbetäubung schmerzlos zu operieren, und daß sehr viel vom Arzt und dessen Autorität gegenüber dem Kranken abhängt, soll eine Operation unter den Methoden der Anaesthetologie vollkommen schmerzlos ausgeführt werden.

§ 2. Aus den eben erläuterten Verhältnissen kann man schon annähernd die Bedeutung der Anästhetologie ermessen. Dieselbe ist besonders für die Chirurgie von Wert, nebenbei aber auch für alle anderen Disziplinen der Medizin, denn in jeder derselben kommt es gelegentlich darauf an, einen kleinen äußerst schmerzhaften Eingriff schmerzlos ausführen zu können. Betrachten wir zunächst die Anästhetologie im Verhältnis zur Chirurgie, so haben wir zu erwähnen, daß diese Methoden mehr für die kleine Chirurgie geeignet sind. Die Operationen an der Oberfläche des Körpers, wie sie täglich vom praktischen Arzte ausgeführt werden, sind die geeignetsten Indikationen. Es hat also gerade für den praktischen Arzt, welcher hauptsächlich kleine Chirurgie betreibt und nur betreiben soll, die Anästhetologie hervorragende Bedeutung, und zwar wird dieser Wert der lokalen Schmerzbetäubung für den praktischen Arzt zu messen sein an dem Einfluß der Methoden der lokalen Anästhesie auf den Kranken, auf die Operation und den Operateur selbst. Die Methoden der Anästhetologie bringen an sich nur sehr geringe Gefahren für den Kranken mit sich. Es besteht bei einer exakten Ausführung und der notwendigen Vorsicht, die jeder Arzt beim Verwenden solcher Methoden beachten muß, nur höchst selten eine Gefahr quo ad vitam des Patienten, ferner ist die Möglichkeit einer Schädigung der Gesundheit ebenfalls nur sehr gering. Natürlich bestehen auch Unterschiede bei den verschiedenen Methoden der Anästhetologie, die einen Methoden sind vollkommen gefahrlos (Ätherspray, Chloräthylspray etc.), während andere gewisse Gefahren mit sich bringen können (Kokain etc). Weiter hängt die Möglichkeit einer Gefahr für den Kranken quo ad vitam et valitudinem noch ab von der Operation, wegen der die Methode der Anästhetologie verwendet wurde, so kann bei einer sehr großen, lange dauernden Operation, bei der man natürlich auch sehr viel Kokain etc. verwenden muß, entweder bei unvorsichtigem Verwenden der Anästhetika eine Intoxikation entstehen. oder es können nach den langen und ausgedehnten Injektionen Nachkrankheiten (Pneumonien) auftreten. Wenn man also diese Verhältnisse in Betracht zieht, so kann man mit Fug und Recht sagen, daß die Methode der Anästhetologie eine wenig gefährliche Art der Schmerzbetäubung darstellt. die viel weniger Gefahren für den Kranken mit sich bringt, als etwa eine allgemeine Narkose. Es wird daher in der kleinen Chirurgie viel besser eine dieser Arten der Schmerzbetäubung verwendet werden, als eine Narkose. Infolge dieser Vorzüge erlangt die lokale Schmerzbetäubung eine ganz besondere Bedeutung für die Chirurgie, vor allen Dingen auch noch in anderer Hinsicht, weil man ev. diese Methoden auch bei größeren Operationen, also auch in der großen Chirurgie, anwenden kann. Die Anforderungen, welche die Methoden der Anästhetologie an die Kraft des Kranken stellen, sind bei weitem geringer als die, welche eine allgemeine Narkose stellt, und so hat man Operationen schwererer Art noch bei sehr schwachen Personen, die eine Inhalationsnarkose nie hätten überstehen können, durch die Zuhilfenahme einer lokalen Schmerzbetäubung ermöglicht. Wenn man nun auch nicht in allen Fällen großer Schwächezustände bei Kranken noch durch solche Methoden die Operation ausführen kann, so gibt doch die Möglichkeit derselben, selbst in einzelnen Fällen nur, den Methoden der Anästhetologie eine ganz besondere Bedeutung. Man kann also sagen, wenn auch die Narkosiologie für die Chirurgie eine ungeheure Bedeutung erlangt hat, so hat doch auch die Anästhetologie ein Recht. neben die Narkosiologie gestellt zu werden, und zwar kann man mit vollem Recht der Narkosiologie die größere Bedeutung für die große Chirurgie, der Anästhetologie den höheren Wert für die kleine Chirurgie zuerkennen, wenn man auch dabei die eine Methode in das Gebiet der anderen übergreifen lassen kann, was aber nur in Ausnahmefällen geschehen soll, denn man kann bei großen Operationen ev. allein den Patienten noch durch eine Methode der Anästhetologie retten, und es kann ev. auch in der kleinen Chirurgie die allgemeine Narkose notwendig werden.

Neben der Chirurgie hat die Anästhetologie sehr hohe Bedeutung für die Odontologie (Zahnheilkunde), Augenheilkunde, Oto-, Laryngo-, Rhino-, Urologie und selbst auch für die Gynäkologie, wenn auch in letzterer in vielen Fällen die allgemeine Narkose nicht zu umgehen ist. Alle die kleineren Operationen in diesen Disziplinen können unter Zuhilfenahme einer der vielen Methoden der Anästhetologie ohne den geringsten Schmerz für den Kranken ausgeführt werden. Neben diesen Disziplinen kommt auch noch die innere Medizin in Betracht, welche ebenfalls kleine, oft recht schmerzhafte Operationen auszuführen hat, die aber nur kurze Zeit dauern und eine allgemeine Narkose nicht erfordern, so z. B. die Punktionen von serösen Exsudaten, Infusionen etc. bei denen nur ein Stich schmerzhaft ist. Auch hier leisten die Methoden unserer hier zu behandelnden Disziplin Vorzügliches. Soll man wegen kleinen Operationen, die nur einen Moment Zeit in Anspruch nehmen, aber doch recht schmerzhaft sind, erst eine allgemeine Narkose einleiten, die einerseits zu große Gefahren mit sich bringt, andererseits den Kranken für die Operation ungeeigneter macht. Gleichwohl will man dem Kranken aber auch jeden Schmerz ersparen. Eine allgemeine Narkose würde bei vielen solchen kleinen Eingriffen entweder nicht gerechtfertigt oder nicht brauchbar und erwünscht sein, so würde man also die Operation ohne Linderung des Schmerzes ausführen müssen, wenn man nicht die Anästhetologie hätte. So wurden denn auch früher stets solche kleine Operationen ohne Umstände sofort ausgeführt, und der Kranke mußte eben die Schmerzen aushalten. Das Prinzip des Arztes muß es aber sein, dem Kranken den Schmerz so viel als möglich zu ersparen, und da verhilft ihm die Anästhetologie, dies Ziel zu erreichen. Es ist also die Bedeutung der Anästhetologie für die gesamte Medizin eine sehr große, und jede Disziplin hat ein Interesse daran, daß die Anästhetologie so viel als möglich ausgebaut und vervollkommnet werde. Nur eine Disziplin zog bisher nur recht geringen oder fast gar keinen Nutzen von der Anästhetologie, das ist die Geburtshilfe. Es war bisher noch keine Methode vorhanden außer der Narkose, die den Schmerz in der Entbindung zu lindern vermochte, bis B i e r eine solche fand, die auch da angewendet werden kann, und damit hat die Anästhetologie für die Geburtshilfe eine größere Bedeutung erlangt, wenn auch noch nicht für alle Fälle diese Methode verwendet werden soll. Nur bei dem Nähen von Dammrissen war die lokale Schmerzbetäubung bisher schon wertvoll, aber die Schmerzen der Geburt an sich lassen sich nur durch die eine Methode der Anästhetologie vermindern und aufheben, die medullare Anästhesie von B i e r , die man aber noch nicht als geeignet für eine allgemeine Verwendung ansehen kann. Immerhin bietet diese Methode, namentlich wenn man sie vom praktischen Arzte auf dem Lande und unter ungünstigen Bedingungen ausgeführt sich denkt, verhältnismäßig viel und große Gefahren für den Kranken, welche hinsichtlich der Schmerzen namentlich bei normalen Geburten nicht im Verhältnis zu dem Nutzen stehen. Darüber kann hier nicht im einzelnen gesprochen werden, denn dies wird später des genaueren erörtert. Somit kann man mit Fug und Recht den Geburtshelfer noch für Operationen auf die Narkose verweisen, die ihm am besten helfen wird, der Frau die Schmerzen zu lindern.

Was nun also die Anästhetologie im allgemeinen anlangt, so muß man auch noch einen anderen Punkt in Betracht ziehen, der die Methoden der Anästhetologie gegenüber den Narkosen in vielen Verhältnissen den Vorrang streitig machen läßt, und dies ist der Umstand, daß die Verwendung der lokalen Schmerzbetäubung einen zweiten Arzt unnötig macht. Namentlich der Arzt in praxi und auf dem Lande wird es oft sehr günstig finden, daß er bei einem kleinen chirurgischen Eingriff nicht noch einen zweiten Arzt hinzuziehen muß, wie es die Narkose erfordert. Die Methoden der Anästhetologie kann der Operateur selbst ausführen, er braucht dazu keinen zweiten Arzt. Wenn er aber für die kleinste Operation Narkose anwendet, so muß er zur Leitung derselben einen anderen Arzt zuziehen. Das Gesetz macht den Arzt für den Schaden, den der Kranke bei einer Narkose ev. erleidet, verantwortlich, sobald eine Fahrlässigkeit dem Arzte nachgewiesen werden kann. Wenn also ein Kranker in der Narkose, sei die Ursache in Idiosynkrasie oder in sonst welchem Umstand gelegen, plötzlich stirbt, und der Arzt hat die Narkose nicht von einem anderen Arzte leiten lassen, so wird ihm dies als Fahrlässigkeit ausgelegt und er wird bestraft. Daher muß möglichst in allen Fällen ein zweiter Arzt die Narkose leiten. Bei der lokalen Schmerzbetäubung ist aber ein zweiter Arzt nicht notwendig, wenn die Operation einen kleinen Eingriff darstellt. Wie oft ist aber im täglichen Leben des Arztes eine kleine Operation rasch notwendig, ohne daß man so schnell einen zweiten Arzt zuziehen kann, und wie oft ist es überhaupt unmöglich, einen zweiten Arzt zu erlangen, dann ist es ein besonderer Vorteil, daß der Arzt die Operation ohne Narkose schmerzlos ausführen kann. Weiter liegt auch noch ein Vorteil für den Kranken darin, daß die Operation sofort unter lokaler Betäubung, ausgeführt werden kann, während bei Verwendung der Narkose eine lange Zeit vergeht, bis der zweite Arzt erschienen ist, und diese Zeit des Wartens ist dem Kranken nicht nur äußerst lästig, sondern sie kann ihm sogar Schaden bringen, während beim Ausführen des kleinen Eingriffes unter Verwendung einer Methode der Anästhetologie die Operation keine Verzögerung zu erleiden braucht, so daß eher Besserung eintreten kann. Diese Umstände sind oft sehr wichtig.

Man ersieht also auch daraus die große Bedeutung der Anästhetologie für den Arzt und Kranken.

Besonderen Wert hat dieselbe vor allen Dingen für den Arzt auf dem Lande oder in der allgemeinen Praxis, da er viel rascher die lokale Anästhesie herstellen kann, als die Narkose. Wenn man nun noch bedenkt, wie weitgehend schon die Methoden der Anästhetologie vervollkommnet worden sind, namentlich durch die medulläre Anästhesie, so daß fast jede Operation mit nur wenigen Ausnahmen unter lokaler Anästhesie heutzutage ausgeführt werden kann, so muß man zugeben, daß die Anästhetologie in vielen Fällen einen besseren Ersatz mancher Narkose darstellt, denn es wird oft eine schlecht oder nur mangelhaft geleitete Narkose viel größere Gefahren bringen als selbst die medulläre Anästhesie. Wenn man nun noch bedenkt, wieviel Anforderungen eine moderne Narkose, wenn sie gut geleitet und möglichst wenig gefährlich sein soll, an den Narkotiseur stellt, und wie wenige erfahrene, geübte, technisch und wissenschaftlich vollkommen ausgebildete Narkotiseure man unter den Ärzten in der allgemeinen Praxis findet, so kommt man wohl zu der Überzeugung, daß die Methode der Anästhetologie in vielen Fällen mehr am Platze ist, als eine Narkose, von unerfahrener Hand geleitet. Es soll daher der Arzt in praxi stets die lokale Anästhesie verwenden, wo es nur angängig ist und die allgemeine Narkose für alle jene Fälle reservieren, für die sie unentbehrlich ist. Dadurch erlangt die Anästhetologie aber eine sehr hohe Bedeutung und großen Wert für den Arzt, und derselbe untersteht einer geringeren Verantwortlichkeit, wenn er eine Operation unter lokaler Schmerzbetäubung ausführt, als wenn er Narkose anwendet.

Natürlich muß auch die Technik und Wissenschaft der Anästhetologie vom Arzte vollkommen beherrscht werden, wenn er die Methoden der lokalen Schmerzbetäubung verwenden und dabei genügende Anästhesie erzielen will. Es gibt eine große Anzahl von einzelnen Methoden, und jede einzelne Art der Erzeugung lokaler Anästhesie hat ihre eigene Technik. Wenn man sich nun näher die Art der Wirkung der einzelnen Maßnahmen überlegt, wird man sich leicht auch klarmachen können, wieviel von einer guten und einwandfreien Technik abhängt. Wenn sich aber der Arzt die Technik gut angeeignet hat, so kann er unter Ausschluß auch des geringsten Schmerzes operieren, ohne doch dabei den Kranken in schwere Gefahren zu bringen. Erst in der neueren Zeit hat die Anästhetologie eine allgemeinere Bedeutung erlangt durch die weitere Vervollkommnung und Verbesserung der einzelnen Methoden. Es ist heute nicht nur die kleine Chirurgie, welche von der Anästhetologie Nutzen zieht, sondern es haben auch alle anderen Disziplinen der Medizin vielfach Gelegenheit, die Methoden derselben zu verwenden, weil gerade bei ihnen oft kleine schmerzhafte Eingriffe ausgeführt werden müssen, wie Punktionen etc., die infolge der raschen Erledigung und geringen Bedeutung keine allgemeine Narkose rechtfertigen können, gleichwohl aber wegen der Schmerzhaftigkeit eine Methode der Anästhetologie wohl erfordern. Somit kann man mit gutem Recht der Anästhetologie eine hohe Bedeutung für die gesamte Medizin zuerkennen, wenn man auch nie erwarten darf, daß die lokale Schmerzbetäubung die Narkose ersetzen kann in allen Fällen, so wird man ihr aber doch zuerkennen müssen, daß sie vielfach die allgemeine Narkose wird einschränken, und daß sie auch an Stelle derselben in schweren Fällen treten kann.

Eine besondere Bedeutung erlangt die Anästhetologie noch durch die Verwendung der Methoden derselben in Kombination mit der allgemeinen Inhalationsnarkose. Man hat nämlich in besonders schweren Fällen, namentlich dann, wenn der Kranke hochgradig hachektisch ist oder sonstwie eine längere Inhalationsnarkose nicht leicht überstehen wird, nur während jener Abschnitte der Operation die allgemeine Narkose verwendet, während der allgemeine Muskelerschlaffung notwendig war, und dann, nachdem dies vorüber und eine allgemeine Erschlaffung nicht mehr notwendig war, die weitere Operation unter lokaler Anästhesie ausgeführt. So kann man schwere Kranke noch operieren, bei denen eine Narkose für die Dauer der ganzen Operation nicht möglich ist, und es ist in solchen Fällen die lokale Schmerzbetäubung sehr brauchbar. Über die näheren Verhältnisse dieser Kombination wird im speziellen Teil des genaueren noch erörtert werden, hier soll nur darauf hingewiesen werden, daß die Anästhetologie auch mit der Narkosiologie enge Beziehungen aufweist.

Was nun die Bedeutung der Anästhetologie für den Kranken anlangt, so kann man mit Recht behaupten, daß dieselbe eine sehr große ist, nur haben viele Kranke noch keine Ahnung von der Möglichkeit lokaler Schmerzbetäubung. Immerhin hat der Kranke diesen Methoden oft viel schon zu verdanken gehabt. Alle Patienten, welche ich unter einer dieser Methoden operiert habe, stimmen ein in ein großes Lob der lokalen Anästhesie, denn sie haben nicht den Schrecken der allgemeinen Inhalationsnarkose zu überwinden, und wenn die Operation nicht eine sehr große gewesen ist, so haben dieselben nie eine Belästigung empfunden, sondern die Operation ohne den geringsten Schmerz bei erhaltenem Bewußtsein hat stets ihr lebhaftes Interesse erregt. Natürlich gibt es

Leute, welchen die nötige Selbstbeherrschung fehlt, für diese ist die Anästhetologie nicht geeignet. Trotz mancher Feinde kann man sagen, daß alle Kranken die Operationen unter lokaler Schmerzbetäubung lobten und sofort wieder durchmachen wollten, während viele eine Narkose nicht wieder überstehen wollen. Da nun die Anästhetologie noch bei Kranken, bei denen die allgemeine Narkose nicht mehr ausgeführt werden kann, eine eingreifende, lebenrettende Operation ermöglicht, so ersieht man, wie wichtig auch die Anästhetologie für den Kranken ist, dem sie nicht nur Schmerzen und Unannehmlichkeiten erspart, sondern oft auch das Leben retten kann, wenigstens zur Rettung zu verhelfen imstande ist.

Wenn man die Operationen bedenkt, welche man unter der Verwendung lokaler Schmerzbetäubung ausführen kann, so muß man zwar zugeben, daß nicht alle in dieser Betäubung ausführbar sind, so kann man z. B. nicht gut eine Trepanation in lokaler Anästhesie ausführen, aber es sind doch die meisten Operationen bis zu einem gewissen Grade darin vorzunehmen. Wenn die allgemeine Narkose jede Operation gestattet, so muß man hier auswählen und kann nicht verallgemeinern. Wie schon oben gesagt, eignen sich vor allen Dingen leichtere und kleinere Operationen zur Ausführung unter lokaler Anästhesie, immerhin kann man auch größere Operationen in derselben ausführen. Vor allen Dingen muß man aber bei der Wahl der Methode genau individualisieren, denn es gibt verschiedene Methoden, die sich zu verschiedenen Operationen eignen und es müssen erst vor der Wahl genau alle Indikationen erörtert und geprüft werden, damit man die für die betreffende Operation beste und geeignetste Methode der Anästhetologie verwendet. Von der Wahl der Methode hängt viel ab, und ein mangelhafter Erfolg ist oft auf die falsche oder ungeeignete Methode, die bei der auszuführenden Operation an dem betreffenden Körperteil nicht passend war, zurückzuführen. Die einzelnen Methoden und Verhältnisse zwischen Operation und Methode der Anästhetologie werden später des genaueren erörtert werden.

§ 3. Das Ziel der Anästhetologie ist ein erhabenes und hohes, es ist in gewisser Hinsicht das gleiche wie das der Narkosiologie, aber es ist auch in anderer Hinsicht ein ganz verschiedenes. Das eine ist beiden Disziplinen eigen, nämlich dem Kranken den Schmerz zu lindern und zu sparen, ein schönes und edles Ziel, welches dem Menschen zum Glück und Wohl von der Anästhetologie fast ganz oder in gewisser Hinsicht vollkommen erreicht wird. Die Anästhetologie ist als Wissenschaft noch recht jungen Alters, es sind noch nicht hundert Jahre verflossen, seitdem die Narkose das Licht der Welt erblickte, und erst viel später begann man mit dem Aufbau unserer Disziplin. Wenn auch die ersten Anfänge der Anästhetologie sich bis in die ältesten Zeiten der Geschichte verfolgen lassen, so ist es doch erst recht kurze Zeit her, daß man eine allgemeine Verbreitung der Methoden der Anästhetologie kennt, und es lebt noch heute der eigentliche Begründer einer wissenschaftlichen Anästhetologie. Aber so jung auch diese Disziplin noch ist, so hoch ist sie emporgeflattert als kühner Aar, der seine Kreise hoch über dem allgemeinen chirurgischen Leben zieht. Schon die alten Ärzte verfolgten das Ziel, das der Anästhetologie vorschwebt, aber es war nur ein Suchen ohne zu finden, und erst in der neueren Zeit ist man dem Ziele etwas näher gekommen. Schmerzlos operieren ohne den Kranken einer besonders großen Gefahr auszusetzen und ohne denselben des Bewußtseins zu benehmen, das ist das ideale Ziel der Anästhetologie, ideal insofern, als man die Gefahr vollkommen ausschließen will, was wohl kaum je erreicht werden kann. Die Narkosiologie hat als Ziel, den Kranken in einen Zustand zu versetzen, in dem er weder Schmerzen empfindet, noch die Insulte der Operation sinnlich wahrnehmen kann, während er einer möglichst geringen Gefahr ausgesetzt wird. Wir wissen aber recht wohl, daß eine allgemeine Narkose die Annehmlichkeit bietet, daß der Kranke angenehm träumt ohne etwas von der Operation überhaupt wahrzunehmen, daß sie aber eine sehr große Gefahr mit sich bringt. Und wenn man die allgemeine Narkose auch noch so geschickt leitet und die denkbar beste Methode verwendet, so ist und bleibt sie immer eine allgemeine Intoxikation des Organismus, und eine Intoxikation des Organismus bringt stets eine Gefahr qua ad vitam wie auch qua ad valitudinem. Wenn auch die Wahrscheinlichkeit des Eintrittes einer solchen gering ist, so ist sie doch vorhanden. Die Anästhetologie will eben diese Gefahren verhüten, sie will den Organismus nicht in eine allgemeine Intoxikation versetzen, sondern entweder nur lokale Intoxikationen erzeugen, oder ohne jede Intoxikation die Anästhesie erreichen.

Wenn man nun dieses Ziel der Anästhetologie erwägt, so kann man nicht so ohne weiteres die Verhältnisse hinsichtlich der verschiedenen Methoden der Anästhetologie in einer Hinsicht erörtern, sondern man muß hier die einzelnen Methoden besonders berücksichtigen, da dieselben nicht   viel Gemeinsames unter sich haben, wie die einzelnen Methoden der Narkosiologie. Infolge der verschiedenen Lokalisation der lokalen Betäubung wird schon eine Methode von der anderen unterschieden. Immerhin kann man das Ziel dieser Disziplin als einheitliches schildern, da eben alle Methoden danach streben. Das Gemeinsame aller Methoden ist erstens das Ermöglichen schmerzlosen Operierens und zweitens das Vermindern der mit dem Erreichen und Hervorrufen der lokalen Schmerzbetäubung verbundenen Gefahr für den Kranken. Das Ziel hinsichtlich des schmerzlosen Operierens unter Vermeiden einer Störung des Bewußtseins des Kranken ist allen Methoden das gleiche, und es wird von jeder Methode erreicht. Das andere Ziel aber, welches eine Methode darstellen soll, die vollkommen gefahrlos ist, das wird wohl ebenfalls von allen Methoden angestrebt, doch von den einen mehr, von den anderen weniger erreicht. Wenn auch eine Gefahr bei jeder Methode besteht, so ist doch ein großer Unterschied unter den einzelnen Methoden vorhanden, allerdings gibt es Methoden der Anästhetologie, welche mit ganz geringer Gefahr nur verbunden sind, welche aber dann wieder auch nur sehr beschränkt in ihrer Verwendbarkeit sind. Im großen und ganzen läßt sich aber auch bei den eingreifenderen Methoden der Anästhetologie behaupten, daß die mit ihnen verbundenen Gefahren für den Kranken viel geringer sind als jene Gefahren, die den allgemeinen Inhalationsnarkosen anhaften. Es fragt sich nun, ob man je durch eine Methode der Anästhetologie wird erreichen können, die Gefahr für den Kranken ganz zu beseitigen, während aber auch dieselbe Methode größere Operationen schmerzlos auszuführen ermöglicht. Es hat den Anschein, wie wir später noch genauer sehen werden, daß dieses hohe Ziel nicht erreicht werden kann, daß es zwar das Ideal immer sein wird, aber auch immer nur Ideal bleiben wird. Jede Methode der Anästhetologie, welche man bisher erfunden hat, ist stets mit einer gewissen Gefahr für den Organismus verbunden gewesen und diese Gefahr hängt ab von dem Gebiet des Körpers; in welchem die Operation stattfindet und von der Aus-

dehnung der lokalen Anästhesie, ferner von der Art der Erzeugung der Anästhesie.

Die Beobachtung ist stets gemacht, daß, je ausgedehnter die Anästhesie
ist, um so größer ist die Möglichkeit einer Gefahr für den Kranken. Immerhin
aber bestehen in den durch die Methoden der Anästhetologie hervorgerufenen
Gefahren Unterschiede gegenüber den durch die Narkosen bedingten Gefahren.
Es ist immer das Bestreben der Anästhetologie, Methoden zu finden und anzuwenden, welche eine lokale Schmerzbetäubung mit geringeren Gefahren erzielen,
als Gefahren mit der Narkose verbunden sind. Dieses Bestreben erreicht die
Anästhetologie stets, allerdings gegen die Konzession, dem Kranken das Bewußtsein nicht zu trüben. Man erkennt eben auch aus dem Ziele der Anästhetologie,
daß dieselbe nicht die Narkose verdrängen will, sondern neben derselben bestehen und Hand in Hand mit der Narkosiologie arbeiten will. Nie darf der
Arzt einseitiger Anhänger einer dieser beiden Disziplinen sein, sondern er soll
durch vollkommenes Beherrschen beider Wissenschaften aus denselben diejenigen Methoden auswählen, welche für die von ihm auszuführenden Operationen
am geeignetsten sind. Wenn er als Eklektiker handelt, so wird er immer am
besten seinen Kranken vor Gefahren hüten und doch nach Möglichkeit schmerzlos operieren können. Das Ziel der Narkologie im allgemeinen ist ja das
schmerzlose Operieren, und dasselbe wird vollkommen erreicht; ob mit oder
ohne Aufheben des Bewußtseins zu operieren ist, das muß in jedem einzelnen
Falle entschieden werden. Und um eben jeder Anforderung zu genügen, hat
man die Narkologie eingeteilt in die Narkosiologie, welche den Menschen
betäubt unter Aufhebung vom Bewußtsein, und die Anästhetologie, deren Ziel
eben ist, dem Menschen ohne Trübung der psychischen Tätigkeit und des
Bewußtseins die Schmerzen bei der Operation zu nehmen und zu ersparen.

§ 4. Wenn ich jetzt nach diesen einführenden Bemerkungen über die
Anästhetologie noch ein wenig vom eigentlichen Thema abweiche, so gilt es
einige kurze historische Streifzüge zu machen, und obgleich ich nicht hier eine
genaue Geschichte dieser Wissenschaft zu geben imstande bin, denn dieses
müßte schon berufeneren Forschern in der Geschichte der Medizin überlassen
bleiben, so wird doch eine kurze Angabe der wichtigsten historischen Daten
den Leser ein wenig interessieren.

Die Anästhetologie ist eine recht junge Wissenschaft; dieselbe ist viel
jünger als die Narkosiologie, wenn man die wenigen Anfänge, die sich in den
Zeiten des Altertums und Mittelalters bis zur Mitte vorigen Jahrhunderts nur
als schwache Andeutungen einer wirklich in diese Wissenschaft gehörenden
Methode auffinden lassen, nicht rechnet. Die Ärzte aller Zeiten haben sich bemüht, dem Kranken die Schmerzen einer Operation zu lindern; aber die Mittel
und Wege, welche sie zum Erreichen einer Schmerzlinderung verwenden und
einschlagen konnten, waren nur sehr beschränkt, denn es kam nur der einfachste Weg, eine lokale Analgesie zu erreichen, da in Betracht, der entweder
in der Anwendung von Kälte bestand, oder in der Applikation von Kohlensäure
auf die Haut oder ähnlichen wenig wirksamen Mitteln gesucht wurde. Eine
ähnliche Methode ist die von D i o s c o r i d e s um 50 p. Chr. n., welcher, wie
schon früher erwähnt wurde, den S t e i n v o n M e m p h i s zur Erzeugung
einer lokalen Analgesie verwendete, indem er denselben pulverisiert mit Essig
zu einem Brei vermischte und diesen Brei auf die zu inzidierende Hautstelle

applizierte. Der Stein von Memphis ist sicher ein Kalkstein, Kalkspat oder Marmor gewesen, der mit Essig vermischt Kohlensäure entwickelte, welche die Analgesie auf der Haut erzeugte, die allerdings nicht als eine vollkomme gedacht werden darf, sondern wahrscheinlich nur eine geringe Herabsetzung der Schmerzempfindlichkeit repräsentiert hat. Dies ist wohl die erste anästhetologische Methode gewesen, die uns sicher überliefert worden ist, wenn auch wahrscheinlich schon die alten Ägypter und Griechen, sowie wahrscheinlich auch die alten Völker Asiens ähnliche Methoden angewendet haben. Allerdings bestanden die zur Betäubung der Schmerzen im Altertum verwendeten Mittel meist in solchen, die eine allgemeine Anästhesie mit Trübung des Bewußtseins hervorriefen, wie im ersten Band dieses Werkes ja schon erwähnt wurde, und man kann diese Methoden daher nur als Vorläufer der Narkosiologie oder Narkologie im allgemeinen ansehen, während die Anästhetologie in diesen frühesten Zeiten unserer geschichtlichen Kenntnis weniger Verwendung gefunden hat. Im Mittelalter ist die lokale Analgesie fast ganz verlassen, man versuchte meist allgemeine Narkose und verwandte hier und da nur analgesierende Salben, welche aus verschiedenen narkotischen Substanzen bestanden, aber ein wirksames Verfahren nie ergaben. Erst gegen Ende des 18. Jahrhunderts wurde ein neuer Versuch mit Erzeugung lokaler Analgesie gemacht, indem James Moore die Nerven durch Kompression und dann durch Durchtrennen in ihrer Leitung zu unterbrechen suchte, wodurch er analgetische Bezirke zu erhalten versuchte. Bei Amputationen kam diese Methode öfters zur Verwendung, doch immer mit recht geringem Erfolg, denn an ein schmerzloses Operieren war wegen der vielen Anastomosen der Nerven nicht zu denken. Weiter versuchte man dasselbe durch forcierte Einwickelungen der Extremitäten zu erreichen. So waren Versuche verschiedentlicher Art gemacht worden, bis man dann in die Zeit der Narkose kam, in welcher die Methoden der Anästhetologie zunächst ganz vergessen wurden. Erst mit dem in der Narkologie so überaus bekannten und berühmten Namen Richardson verknüpft sich der eigentliche Anfang unserer Disziplin. Schon Larey und Hunter hatten vor Richardson in der Mitte des 19. Jahrhunderts Kältemischungen zur lokalen Analgesie verwendet, indem sie auf die zu operierende Stelle der Haut eine Kältemischung applizierten, die sie aus Salz und Eis herstellten. Durch längere Einwirkung einer solchen Kältemischung kann man die Haut durch Gefrieren vollkommen analgetisch machen. Diese Versuche sind die ersten Anfänge der Anästhetologie, die nebenbei auch noch in Kohlensäuregasduschen ebenfalls vielleicht zu sehen sind. Wenn nun auch diese ersten Anfänge in der Mitte des vorigen Jahrhunderts ab und zu auftauchten, so waren sie doch nur Seltenheiten, denn es galt ja damals das Bestreben aller Chirurgen, die allgemeine Inhalationsnarkose zu verbessern, erforschen und anzuwenden, so daß man keine Muße hatte, andere Methoden auszubauen.

Erst im Jahre 1866 verwendete Richardson zuerst den Ätherspray und machte damit den Anfang der wirklich eine erfolgreiche Anwendung verheißenden Anästhetologie. Der Ätherspray war allerdings nur bei Operationen in der Haut zu verwenden, und wenn er auch nur beschränkt verwendbar ist, so hat er doch in der Anästhetologie eine ganz besondere Bedeutung, denn auch heute verwenden wir ihn in vielen Fällen zur Anästhesierung der Einstichstelle der Nadel für die Kokainanästhesie, und wenn wir auch statt Aether sulf. oft Chloräthyl verwenden, so bleibt sich dies ganz gleich, es ist noch immer die R i c h a r d s o n s c h e Methode, die uns ein vollkommen schmerzloses Operieren mit ermöglicht, indem sie bewirkt, daß der Kranke auch nicht durch das Einstechen der Injektionsnadel Schmerzen empfindet und vervollkommnet somit in vielen Fällen die Kokainanalgesie etc. Neben den vielen anderen Verdiensten, die sich R i c h a r d s o n um die Narkosiologie erworben hat, wie wir früher aus den vielen von ihm angegebenen oder untersuchten Methoden der Inhalationsnarkosen gesehen haben, muß man ihm auch den Ruhm gönnen, der Erste zu sein, der eine wirklich brauchbare Methode zur lokalen Analgesie angab. Wenn er auch nicht die Anästhetologie dadurch begründete, denn es waren andere Methoden notwendig, die eine systematische Verwendung lokaler Analgesie zur schmerzlosen Operation ermöglichten, so hat er doch zweifellos das Verdienst, durch seine Methode des Äthersprays die Blicke der Chirurgen auf die Möglichkeit einer lokalen Analgesie zwecks schmerzlosen Operierens gelenkt zu haben.

Nach diesen Anfängen waren aber die Beobachtungen von R i c h a r d s o n und dessen Methode sehr bald wieder der Vergessenheit anheimgefallen. Kamen doch in den folgenden Jahren schwere soziale Störungen im Gleichgewicht der Völker, und man bemerkt beim Studium der Geschichte der Medizin in den Jahren von 1866 bis in die achtziger Jahre einen gewissen Stillstand auf manchen Gebieten, welch in diesen unruhigen Jahren nicht die Aufmerksamkeit und das Interesse der Forscher dauernd zu fesseln vermochten, wie eben die beginnende Anästhetologie etc., während ja auf anderen Gebieten der Medizin entsprechend den Verhältnissen mehr geleistet wurde. So finden wir, wie ja auch in der Narkosiologie, so auch hier eine Zeit vollkommenen Daniederliegens, man dachte nicht mehr an die Versuche R i c h a r d s o n s und seiner Schüler, und es kam erst mit dem Jahre 1884 wieder eine Epoche des Aufblühens der Narkologie. Es war zwar das Kokain schon lange Zeit in der Chemie bekannt, doch erst K o l l e r machte auf die Verwendung desselben zur Anästhesierung und Analgesierung aufmerksam, indem anfangs das Kokain nur in der Ophthalmologie, später auch in der allgemeinen Chirurgie Verwendung fand. Natürlich ging auch hier die Entwicklung nicht sehr schnell. Wenn man auch die Wirkung des Kokains kannte, so war doch damit eine brauchbare Methode der Analgesierung nicht gegeben und man erlebte sogar bei dem Beginn der subkutanen Applikation des Kokains sehr viele Todesfälle an Kokainintoxikation, weil man zu hoch konzentrierte Lösungen verwandte. Erst mehrere Jahre später finden wir eine wirklich wissenschaftliche Anästhetologie auftreten, als S c h l e i c h mit seiner Methode in die Öffentlichkeit trat und damit zum Begründer einer wirklichen wissenschaftlichen Anästhetologie wurde. Wenn auch das Verfahren S c h l e i c h s nicht als vollendete Methode von Bestand blieb, so war doch damit sehr viel gewonnen, indem S c h l e i c h die Lösungsverhältnisse änderte und somit dem Verfahren viel Gefahren nahm. Neben S c h l e i c h treten am Ende des vorigen Jahrhunderts noch verschiedene in der Anästhetologie berühmte Männer auf, so sehen wir 1886 W. M a y o R o b s o n und C o r n i n g die regionäre Anästhesie verwenden, welche dann von O b e r s t u. a. m. vervollkommnet wurde. Weiter haben wir das Verfahren von R e c l u s, die zirkuläre Anästhesie von H a c k e n b r u c h als die zu jener Zeit wichtigsten Methoden zu nennen. So wurde emsig am Verbessern der Methoden gearbeitet,

und es verknüpfen sich mit diesen Arten der Verwendung lokaler Analgesie
die Namen unserer hervorragendsten Chirurgen, die eifrig am Ausbauen der
Anästhetologie tätig waren und es teilweise noch sind, wie Mikulicz,
Braun, Kocher, Terrier und Péraire, v. Eiselsberg, Tavel,
Lennander etc. Neben dem Kokain hatte man mit der Zeit eine Menge
anderer chemischer Körper gefunden, die alle analgetisch wirken und die man
zum Ersatz des wegen seiner Giftigkeit gefürchteten Kokains angelegentlichst
empfahl, wie das Eukain α und β von Silex, Acoïn von Heyden,
Holocain von Tauber 1897 dgl. m., welche aber bisher zwar zu
einer enormen Anzahl angewachsen sind, aber noch nicht haben das Kokain
verdrängen können, wenn man auch zugeben muß, daß das Eukain β einige
Zeit dem Kokain ernste Konkurrenz machte und auch tatsächlich manche Vorzüge
vor demselben hat. Eine neue Entdeckung in den ersten Jahren des 20. Jahrhunderts hat aber eine neue Wandlung in die Verwendung des Kokains gebracht, das
ist die Entdeckung der anämisierenden Wirkung des Suprarenins resp. -Adrenalins,
der Extraktivstoffe aus den Nebennieren. Dieser Körper hat die Eigenschaft,
die Wirkung des Kokains bedeutend zu erhöhen, indem er mit Kokainlösung
gemischt in die Gewebe injiziert, die Blutgefäße in dem beschickten Bezirk
zur energischen Kontraktion bringt, wodurch die Resorption des Kokains erschwert wird, was zur Folge hat, daß man geringere Mengen von Kokain
braucht, um denselben Effekt hervorzurufen unter Anwesenheit von Suprarenin
als ohne dessen Mitwirkung. Dies ist ein enormer Fortschritt, der das Kokain
dauernd in der Zahl der Analgetika und Anästhetika an erste Stelle gestellt
hat, wo man schon dessen Eliminierung eifrig betrieb. Da nämlich die Verhältnisse unter Gegenwart von Eukain und anderen Anästhetika nicht dieselben
sind, so kann man Suprarenin nur mit Kokain mit Erfolg kombinieren.

Die bedeutendste Entdeckung der Neuzeit ist die von Bier welcher
das Kokain zur Anästhesierung der Medulla spinalis etc. verwendete, womit er
seine medulläre Kokainisierung oder medulläre Narkose, wie man die Methode
auch nennt, geschaffen hat, eine Methode, die eigentlich nicht ausschließlich
eine Methode der Anästhetologie ist, sondern nach Meinung mancher Chirurgen
ein Mittelding zwischen allgemeiner Narkose und der Methode der Anästhetologie
darstellt. Es ist dies zweifellos richtig, doch man muß die Methode nach meiner Überzeugung zur Anästhetologie zählen, wofür ich die Gründe später anführen werde.

Die neueste Bereicherung der Anästhetologie liegt in der Erfindung eines
neuen Anästhetikums, dem Stovain, welches nach den neueren Erfahrungen
eine wertvolle Bereicherung unserer Disziplin darzustellen scheint, außerdem
das Alypin, welches ebenfalls ein ganz neues Anästhetikum darstellt.

Mit diesen Daten ist die Anästhetologie auf den jetzigen Stand geleitet
und wir werden bei der genaueren Behandlung derselben noch genauer erfahren,
welche Männer die Förderer dieser Wissenschaft waren. Eine genauere
historische Erörterung ist hier nicht angebracht, weil sie vorgreifen würde den
Daten, die im speziellen Teil behandelt werden, und ich werde gerade wie auch
im ersten Band dieses Werkes bei Behandlung der einzelnen Methoden die
historischen Daten mit erwähnen, da es nur bei der genaueren Beschreibung
der einzelnen Methoden möglich ist, die historische Entwicklung zu behandeln.
Dies wird daher genügen, um den ersten kurzen Überblick über die Geschichte
der Anästhetologie zu geben.

§ 5. Nach diesen Abschweifungen in die geschichtlichen Betrachtungen kehren wir wieder zurück zu den Methoden der Anästhetologie im allgemeinen und betrachten zunächst einmal die Indikationen, welche vorhanden sein müssen, damit der Arzt die Methoden der Anästhetologie anwenden darf. Da man unter allen Maßnahmen zur lokalen Schmerzbetäubung solche findet, welche eine gewisse Gefahr mit sich bringen, so muß natürlich auch eine Indikation vorhanden sein, ohne die man die Methoden nicht verwenden darf. Allerdings sind die Gefahren, welche mit den einzelnen Methoden verbunden sind, wechselnd, und man kann die Tatsache konstatieren, daß, je kleiner die Operation, wenn man eine Operation dieser Art verwendet, umso geringer sind auch die Gefahren, welche der für diese Operationen passenden Methode der lokalen Schmerzbetäubung anhaften. Daher ist es vor allen Dingen auch sehr wichtig, daß der Arzt die richtige Methode anwendet, und nicht bei ganz belanglosen kleinen Eingriffen größere und gefährlichere Methoden der Anästhetologie verwendet. Eben deshalb müssen die Indikationen etwas eingehender erörtert werden. Die Operation an sich bietet ja stets eine gewisse Gefahr für den Kranken, auch die Methode der Anästhetologie bringt solche mit sich. Bezeichnet man einmal die Gefahren oder Möglichkeit der Gefahren der Operation mit Op, die der Methode der Anästhetologie mit A, so darf nie $A > Op$ sein, sondern es muß nach Möglichkeit das A nur die Werte einnehmen, welche zwischen $0 = $ Null und Op liegen, es muß also A stets $< Op$ sein. Der Kranke muß auch stets so viel Widerstandskraft besitzen, daß er die Ansprüche, welche $Op + A$ an ihn stellen, aushalten kann, es muß also seine Kraft $= K > Op + A$ sein. Es wird in der Anästhetologie in praxi nie vorkommen, daß $K < Op + A$ ist, denn dann stirbt Patient, es soll auch K nie $= Op + A$ sein, weil dann entweder ein Mißverhältnis vorhanden ist, indem einer dieser Werte dann entweder enorm klein oder enorm groß ist. Beides soll bei der Verwendung anästhetologischer Methoden nicht vorkommen, nur in Ausnahmefällen, wenn man Patienten, die überaus schwach sind und infolgedessen keine Narkose mehr aushalten, mit einer lokalen Betäubung des Schmerzes operieren will, dann würde gelegentlich $K = Op + A$ werden können. Dies dürfte aber nur vorübergehend eintreten, längere Zeit darf diese Gleichung nicht bestehen.

Allein dies dürfen nur Ausnahmefälle sein, denn die Anästhetologie ist bestimmt, die Narkose zu ersetzen in allen Fällen, wo ein Mißverhältnis zwischen dem Wert der Operation und der Gefahr der Narkose besteht, wo also die Narkose zu große Gefahren mit sich bringt wegen einer belanglosen Operation. Freilich hat die Anästhetologie in neuerer Zeit auch Methoden bekommen, welche dieselbe nicht nur für solche leichte Fälle reservieren, sondern deren Verwendung auch bei großen und vielbedeutenden Operationen ermöglichten. In der Mehrzahl der Fälle sind aber die Indikationen für die lokale Schmerzbetäubung nur kleinere Eingriffe, welche oft nicht unbedingt notwendig sind, wie Operationen aus kosmetischen Gründen, welche oft ganz ungefährlich sind etc. Man muß dann für diese belanglosen Eingriffe auch die am wenigst gefährlichen Methoden wählen. Sobald man eine Methode der Anästhetologie verwendet, welche mit der Verwendung von stärkeren Giften einhergeht, so muß man genau untersuchen, ob die Operation auch diese Methode rechtfertigt, oder ob man eine weniger gefährliche Methode wählen soll. Da nun aber auch die Intensität der Wirkung einer Methode direkt proportional der mit der-

selben verbundenen Gefahr ist, so muß man auch bedenken, ob die weniger gefährliche Methode eine für die Operation genügende Analgesie herbeiführte.
In der Neuzeit hat sich die Ansicht der Menschheit sehr gewandelt. Während
man früher allgemein wußte, daß kleine Operationen eben ohne Betäubung ausgehalten werden müßten, daß der Kranke eben einen bestimmten Teil von
Schmerz auch bei ärztlichen Eingriffen ertragen müßte, ist man in unserer Zeit
derart verweichlicht, daß man nicht mehr die geringste Schmerzempfindung ohne
Betäubung des Schmerzes ertragen will. Man darf heute keinen Zahn ziehen
ohne die Schmerzen zu betäuben, und man darf nicht den kleinsten Schnitt zur
Eröffnung eines oberflächlichen Abszesses ohne Kokaininjektionen vornehmen.
Diese vielfache Verwendung der Methoden der Anästhetologie, die ja alle kleinen
operativen Eingriffe vollkommen schmerzlos auszuführen ermöglichen, haben eine
hochgradige Verweichlichung des modernen Europäers hervorgerufen. Wenn früher
ein Mann die größten Operationen, ohne mit der Wimper zu zucken, an sich
ausführen ließ, schreit jetzt mancher schon beim Stich der zur Kokainisierung
angesetzten Injektionsnadel. Es ist dies ein Zeichen von Feigheit, denn daß
der Mensch tatsächlich einen großen Teil von Schmerzen aushalten kann, das
beweisen die zum Glück noch an den deutschen Universitäten geübten Mensuren,
nach welchen der Student mit ebensolcher Verachtung alles Schmerzes das Nähen
und Besorgen der Wunden anhält, mit welcher Tapferkeit er sich die Schmisse
beibringen ließ. Wenn ich bedenke, welche großen und bedeutenden Verletzungen
ich selbst habe an mir ohne Narkose und Kokaininjektionen nähen lassen und
an anderen behandelt, besorgt und gesehen habe, wobei nicht eine Äußerung
des Schmerzes getan wurde, so muß man sich jetzt höchlichst verwundern, wenn
man selbst starke Männer wegen des kleinsten Schmerzes bei der Inzision
eines Furunkels oder der Reposition einer Radiusfraktur in höchste Ekstase
geraten sieht, und jammernd nach Chloroform schreien hört, obwohl der Schmerz
im nächsten Moment schon wieder verschwunden ist. Das ist kein gutes Zeichen
unserer Bildung, denn mit dem Schwinden des ruhigen Ertragens von Schmerz
schwindet auch Tapferkeit, Mut und männliches Wesen. Es ist nicht zu zweifeln,
daß die Anästhetologie hieran etwas mit Schuld trägt. Immerhin tut sie dies
nur indirekt, denn dieselbe ist nur da indiziert, wo sie als Wohltat wirklich
auch einen Gegenwert findet, indem eine begründete Indikation vorhanden ist.
Es muß daher auch vor allzu ausgedehnter Verwendung der Methoden der
Anästhetologie gewarnt werden, denn man muß stets auch eine dem Werte der
lokalen Schmerzbetäubung entsprechende Krankheit vor sich haben, die eine
Methode der lokalen Betäubung selbst unter der Möglichkeit einer gewissen
Gefahr rechtfertigt. Es soll daher eine Operation, die nur einen momentanen,
kurz anhaltenden Schmerz erzeugt, soviel wie möglich ohne Betäubung ausgeführt
werden, denn der kurze Schmerz rechtfertigt nicht die Gefahr der Kokaininjektion, sondern er rechtfertigt höchstens die Verwendung von Ätherspray etc.,
der aber nicht immer vollkommene Analgesie erzeugen kann. Die Indikationen
für die verschiedenen Methoden der Anästhetologie sind aber begrenzt. Es gibt
eine Menge von Operationen, welche nicht unter einer Methode der lokalen
Schmerzbetäubung ausgeführt werden können, und diese Operationen sind alle
jene, wo man eine Erschlaffung der Muskeln des ganzen Körpers wünscht und
braucht, ferner alle jene Operationen, wo man eine sichere Ruhe, vollkommen
fixierte, ruhige Lage des Kranken braucht, wenn man auch hier sich nach den

psychischen Eigenschaften des Kranken richten muß u. dgl. m. Wir werden auf alle diese Punkte noch genauer im nächsten Paragraphen zu sprechen kommen.

Die Indikation für die Verwendung der Anästhetologie läßt sich vor allen Dingen in zweierlei Hinsicht erklären, nämlich dahingehend, daß man die lokale Schmerzbetäubung überall da anwenden soll, wo eine allgemeine Narkose nicht notwendig, aber doch eine Schmerzbetäubung erwünscht oder erforderlich ist, oder wo eine allgemeine Narkose nicht mehr möglich ist, wobei natürlich erst untersucht werden muß, ob der Kranke noch eine solche lokale Schmerzbetäubung aushält. Die Anforderungen, welche die Methode der Anästhetologie an die Kraft des Kranken, an dessen Widerstandskraft stellt, sind nicht so hoch und bedeutend, wie die der allgemeinen Narkose, wenigstens können sie je nach der zu verwendenden Methode der Anästhetologie geringer sein, so daß man oft Kranke, die eine allgemeine Narkose nicht mehr überstehen würden, durch eine Methode der Anästhetologie noch erfolgreich operieren und dadurch vor dem Tode bewahren kann. Man ersieht aus diesen Ausführungen, daß der Arzt vor dem Beginn und dem Einleiten einer Methode der Anästhetologie den Kranken genau untersuchen muß, erstens ob er die nötige Kraft, um den an den Körper durch die anästhetologische Methode gestellten Anforderungen zu widerstehen, noch besitzt, zweitens ob er auch für die Methoden der Anästhetologie geeignet und passend ist. Es lassen sich hier nähere Details nicht geben, da die Indikationen für die einzelnen Methoden beim Besprechen derselben erörtert werden müssen.

§ 6. Aus den eben angeführten Auseinandersetzungen ergeben sich schon manche Punkte von selbst, welche Kontraindikationen für die Verwendung der anästhetologischen Methoden darstellen oder ergeben. So sind hochgradige Schwäche, schwere Erkrankungen, Herzfehler, akute Krankheiten und dergleichen pathologische Zustände entschiedene Kontraindikationen für manche, ja ev. für alle Methoden. Man muß eben ermessen können, ob ein Kranker geeignet ist, ob er die Kraft besitzt, die anaesthetologischen Methoden auszuhalten etc. Man muß immer $K > Op + A$ finden, denn ist $K = Op + A$, so ist schon eine große Gefahr vorhanden, denn es kann da jederzeit ein Zufall $Op + A > K$ machen und der Kranke stirbt. Natürlich sind auch die Kontraindikationen für die einzelnen Methoden verschiedene, denn es wird z. B. der Aetherspray stets anwendbar sein, die medulläre Kokainisation hingegen nicht. Man muß da aber auch bedenken, daß unter Aetherspray nur ganz kleine Operationen ausgeführt werden können, und daß die Kontraindikationen natürlich zahlreicher werden, je eingreifender und gefahrvoller die Methode ist und infolgedessen auch um so eingreifendere Operationen ermöglicht. Es muß aber bei der Anwendung anästhetologischer Methoden bedacht werden, daß der Kranke die Besinnung behält, daß er also auch noch Willen, Selbstbestimmung etc. besitzt. Alle jene Operationen aber, welche eine allgemeine Muskelerschlaffung erfordern, sind Kontraindikationen der anästhetologischen Methoden. Ferner muß man auch den psychischen Zustand des Kranken bedenken. Ist der Kranke sehr ängstlich, fürchtet er den geringsten Schmerz, hat er einen Horror vor dem ersten Gedanken an eine Operation, und ist er suggestiv nicht beeinflußbar, so kann man ihn nicht mit einer lokalen Analgesie operieren, er wird bei dem ersten Versuch, einen Eingriff auszuführen, davonlaufen. Die hysterische Erregtheit, geringer Mut, hochgradige Nervosität machen einen Kranken ganz ungeeignet für die lokale Schmerzbetäubung. Es muß stets, wenn man eine halbwegs größere Operation unter Anwendung einer Methode der Anästhetologie ausführen will, der Kranke ein gewisses Vertrauen zum Arzt und dessen Geschicklichkeit hegen und er muß auch ev. einen kleinen Schmerz aushalten können, muß die Vorbereitungen, muß Blut, die Instrumente u. dgl. sehen können, ferner darf ihn das Bewußtsein er wird unter vollem Bewußtsein operiert, nicht in Angst versetzen. Kurz, der Patient muß ein mutiger und tapferer Mensch sein. Kommt es doch sehr oft bei der lokalen Betäubung vor, daß man mit einem Instrument in die nicht betäubten Gewebe gelangt, und der Kranke empfindet etwas Schmerz. Er muß dann dem Arzte sagen, jetzt schmerzt es, dann wird derselbe sofort Abhilfe schaffen; allein es kann nicht jeder Kranke dies, die meisten sind dazu zu aufgeregt und lassen sich nicht beruhigen. Solche erregte Kranke soll man nur unter lokaler Schmerzbetäubung operieren, wenn man genau weiß, daß dieselben bei der Operation nicht den geringsten Schmerz empfinden; man kann an diesen Kranken dann oft, ohne daß sie es merken, die Operation ausführen. Indem sie meinen, man bereitet erst alles vor, hat man schon begonnen zu operieren und dann sind sie erstaunt, daß alles fertig ist, während sie glauben, es soll nun erst mit der Narkose begonnen werden. Aber nur in den seltensten Fällen gelingen solche Experimente. Es gibt aber auch eine große Anzahl von Kranken, welche suggestiv stark beeinflußbar sind, die man überreden kann, nur darf auch bei ihnen die Methode nicht versagen, sonst ist mehr verloren als gewonnen, da sie sich dann meist gar nicht operieren lassen. Wenn aber der Kranke tapfer und mutig ist, so wird man sehr gute Resultate mit der lokalen Methode erzielen. Eine Kontraindikation ist also auch in der Nervosität des Kranken, dem Charakter, der Angst und geringem Selbstvertrauen und Vertrauen zum Arzt und dessen Methode gegeben.

Sehr wichtig ist die Operation. Strikte Kontraindikationen geben die größeren Knochenoperationen ab, da bei ihnen der Shock ein zu großer ist. Wenn man auch mit manchen Methoden der Anästhetologie die Knochen mit anästhetisch machen kann, so ist doch oft die Empfindlichkeit teilweise erhalten und große Aufmeißelungen erschüttern den ganzen Organismus derart, und der Eindruck auf den Kranken ist um so schlechter, daß man hier eine allgemeine Narkose unbedingt braucht. Auch die meisten Laparotomien sind Kontraindikationen, wenn man auch gelegentlich solche ohne Narkose ausführen kann und schon oft mit bestem Erfolg vorgenommen hat, wo der Allgemeinzustand eine Narkose nicht mehr gestattet, wenn dies auch bei unseren modernen Narkosen nur höchst selten vorkommen wird. So kann man Knochenaufmeißelungen, Laparotomien, ja die größten Operationen auch unter lokaler Schmerzbetäubung ausführen, wenn man nur sich entsprechend einrichtet und nach den Verhältnissen verfährt und vor allen Dingen schnell operiert. Es gibt wenig strikte Kontraindikationen, die jede Methode der Anästhetologie verbieten, meist ist es so, daß man im Zweifel ist, ob man noch Narkose oder eine lokale Betäubung wählen soll. Bei der großen Auswahl der Methoden der Anästhetologie wie der Narkosiologie unserer Zeit wird es kaum einen Fall geben, für den man keine passende Methode finden könnte, sofern sich nur der Arzt die nötige Mühe gibt, die richtige, passendste und am wenigsten gefährliche Methode zu finden.

§ 7. Es ist bei den Methoden der Anästhetologie die Dauer nicht so
begrenzt wie bei der allgemeinen Narkose. Man könnte ungeschadet stundenlang unter derselben operieren, wenn man die zur Analgesie verwendeten Stoffe
entsprechend einrichtet. Aber es ist die Dauer schon aus dem Einfluß, den
eine solche Operation auf den psychischen Zustand des Kranken ausübt, zu ersehen und derselbe setzt von selbst eine Grenze. Natürlich kommt es da ganz
auf den Kranken an und dessen psychischen Zustand. Während der eine widerstandsfähiger ist und ohne besonderen Nachteil längere Zeit solche Operationen
aushält, kann der andere nur kurze Zeit seine Widerstandskraft bewahren, er
kollabiert bald nach Beginn der Operation, selbst wenn er auch nicht den geringsten Schmerz empfindet. Im großen und ganzen wird ja die Operation
unter Anwendung lokaler Schmerzbetäubung längere Zeit in Anspruch nehmen
als dieselbe Operation, die unter allgemeiner Narkose ausgeführt wird, denn
schon die Einleitung der anaesthetologischen Methode beansprucht eine Menge
Zeit, man muß oft die Operation unterbrechen, um von neuem die Gewebe zu
analgesieren, und man muß auch stets eine gewisse Zeit warten, bis die zur
Analgesierung verwendeten Stoffe zur rechten Wirkung kommen. Diese Umstände verzögern allerdings vielfach die Operation, aber dafür muß der Operateur
wieder möglichst rasch operieren. Trotz alledem ist es nicht zu bestreiten, daß
eine Operation, unter einer anästhetologischen Methode ausgeführt, längere Zeit
in Anspruch nimmt, als unter allgemeiner Narkose vorgenommen. Es gibt aber
keine Grenze für diese Methoden, die man im allgemeinen festsetzen könnte,
sondern die Dauer der Analgesie richtet sich ganz nach der einzelnen Methode,
welche man verwendet. Ein anderer Punkt ist die Dauer der Anästhesie oder
Analgesie selbst, d. h. jener Zeitabschnitt, welcher vergeht von dem Moment,
wo man ein lokale Analgesie erzeugendes Mittel in die Gewebe bringt bis zum
Aufhören der Schmerzbetäubung und zur Wiederkehr der normalen Sensibilität,
so z. B. wirkt das Kokain auf die Nerven in den Geweben ca. $\frac{1}{2}$ Stunde ein,
ev. auch länger, während die Analgesie durch Kälte mittels Chloräthylspray nur
kurze Zeit, bis höchstens fünf Minuten anhält. Die Erörterung dieser Verhältnisse gehört aber in den speziellen Teil dieses Bandes und wird bei der Behandlung der einzelnen Methoden des genaueren berücksichtigt werden.

§ 8. Die Zeitdauer der lokalen Schmerzbetäubung hängt eng zusammen
mit der auszuführenden chirurgischen Operation, und man wird sich natürlich
vorher genau orientieren müssen, welche Operation ausgeführt werden soll, wie
lange dieselbe dauern wird und welche Methode dafür zu verwenden ist. Diese
Gesichtspunkte sind sehr wichtige, denn es hängt von deren richtiger Erwägung
der gute Erfolg der schmerzlosen Operation ab. Die Zeitdauer der Operation
wird vom Operateur nach dessen eigenen Erfahrungen, denn der eine operiert
sehr rasch, der andere sehr langsam, bestimmt werden. Danach schon muß man
die Methode der Anästhetologie wählen, denn für kurze Operationen wird man
andere Methoden brauchen als für lange. Ferner muß man die Körperregion
bedenken, in welcher operiert werden soll, weil auch — je nach den Bezirken
des Organismus — die oder jene Methode brauchbarer ist als andere. Die Operationen, welche unter lokaler Analgesie meist auszuführen sind, stellen alles Eingriffe dar, die an der Körperoberfläche meist stattfinden, denn für diese Eingriffe kann unsere Disziplin die besten Arten der Schmerzbetäubung liefern,
während für Operationen in den Höhlungen des menschlichen Organismus die lokale

Schmerzbetäubung weniger geeignet ist. Immerhin kann man auch solche Operationen mit lokaler Schmerzbetäubung ausführen, während natürlich nur gewisse Eingriffe hierher gehören, so kann man in der Schädelhöhle nicht ohne allgemeine Narkose operieren; aber es sind vielfach Operationen in der Brust- und Bauchhöhle unter den verschiedenen Methoden der Anästhetologie ausgeführt worden. Hierbei kommt es auf viele Bedingungen an, die zur Ausführung solcher Operationen mit lokaler Schmerzbetäubung erfüllt sein müssen, nämlich einesteils muß der Kranke wenig empfindlich und anderenteils der Operateur für solche Operationen geschult sein, denn es muß bei der Operation in Brust- und Bauchhöhle vom Operateur manches beachtet werden, was er bei allgemeiner Narkose nicht im Auge zu behalten braucht, nämlich es darf an dem Peritoneum parietale oder der Pleura parietalis nicht gezerrt werden, was sehr starke Schmerzen hervorruft, während das Peritoneum viscerale und die Pleura pulmonalis nicht schmerzempfindlich sind; ferner muß der Operateur immer genau wissen, welche Gewebsteile schon betäubt sind, welche nicht, damit er nicht scharfe Haken z. B. in die empfindlichen Teile einsetzt, kurz, er muß sehr viel aufmerksamer operieren, als wenn der Kranke narkotisiert worden ist. Diese Verschiedenheit in den Operationen hinsichtlich ihrer Verhältnisse zu den Methoden der Anästhetologie ist wohl zu berücksichtigen und sehr wichtig. Man hat schon die eingreifendsten und schmerzhaftesten Operationen ohne Schmerz für den Kranken ausgeführt, aber diese sind immer nur als Ausnahmen zu betrachten; so hat man z. B. Rippenresektionen wegen Empyem, Probelaparotomien, Ovariotomien, hohen Steinschnitt, Magenoperationen, Gallenstein- und Leberoperationen. Resektion und Exstirpation des Rektum wegen Karzinom etc. unter der Kokainanalgesie schmerzlos operiert. Aber es gibt auch Unterschiede des Operateurs; während der eine sich mehr für die Operation ohne Narkose eignet und interessiert, also auch die Methoden der Anästhetologie anwendet, wo nur irgend möglich, während manche Operateure sogar ein Verdienst darin erblicken, auch die größten Operationen mit der lokalen Schmerzbetäubung technisch vollendet und völlig schmerzlos auszuführen, sind andere wieder nur für die allgemeine Narkose begeistert und operieren nie unter einer lokalen Schmerzbetäubung. Beide Extreme sind entschieden tadelnswert, wenn man auch ganz entschieden den Operateur bewundern muß, der eine große, schwere, chirurgische Operation technisch vollendet und schmerzlos unter der lokalen Analgesie ausführt, denn es gehört zu solchen Operationen neben der üblichen chirurgischen Fertigkeit noch ein ganz besonderes Geschick und enorme Gewandtheit, so kann man doch auch nicht umhin, die extreme Verwendung der lokalen Schmerzbetäubung als eine lobenswerte Übertreibung anzusehen, weil dem Operateur ja die Ausführung derselben Operation in der allgemeinen Narkose viel erleichtert wird. Ausgenommen sind hiervon natürlich die Fälle, wo man große Operationen deshalb unter einer Methode der Anästhetologie ausführt, weil der Kranke die allgemeine Narkose wahrscheinlich nicht mehr überstehen würde, und der Operateur dem Kranken dadurch das Leben retten will. In allen solchen Fällen wird natürlich nur allgemeine Bewunderung dem Operateur gezollt werden, der eine so schwere Operation doch unter der lokalen Schmerzbetäubung ermöglichte. Das richtige Maß ist immer der goldene Mittelweg, und der Grundsatz muß maßgebend sein, der Narkose ihr Recht ebenso zu lassen wie der Anästhetologie. In neuerer Zeit werden ja viele größere Operationen durch die medulläre Anästhesie von Bier ermöglicht, ohne Narkose ausgeführt zu werden, allein es kommen da nur Operationen an den unteren Extremitäten bis in die Gegend des Beckens in Betracht, vor allen Dingen vaginale Operationen, doch wird entschieden gewarnt, diese Methode im allgemeinen für Laparotomien zu verwenden, weil dabei oft Mißerfolge erzielt werden.

Viel mehr Bedeutung hat die Anästhetologie für alle auf der Körperoberfläche vorzunehmenden Operationen, d. h. alle Operationen, die von der Haut aus unter geringem Eindringen in die Tiefe möglich sind. Ganz besonders geeignet sind alle Operationen an den Extremitäten. Man hat durch die Kokainisierung mit Esmarchscher Blutleere, welches Verfahren man auch verwende, (Oberst, Hackenbruch, Reclus, Schleich etc.). stets an den Extremitäten die vorzüglichsten Erfolge, und es ist stets ein Leichtsinn von seiten des Arztes, wenn er einen Kranken, dem er am Arm oder Bein einen Abzeß, Phlegmone inzidieren, einen Tumor oberflächlicher Lage exstirpieren etc. will, narkotisiert. weil er ihn da unter eine größere Gefahr versetzt, als er sie mit den Methoden der Anästhetologie für denselben nur im ungünstigsten Falle und mit der größten Unvorsichtigkeit beim Dosieren des Kokains etc. auch annähernd nicht heraufbeschwören kann. Trotzdem nun die Kokainisierung bei solchen Gelegenheiten viel schneller die Operation ermöglicht, wird oft noch narkotisiert. Natürlich rechne ich unter diese Operationen nicht schwerere Aufmeißelungen oder Resektionen von Knochen, denn das sind Operationen, die man nur in Ausnahmefällen ohne Narkose ausführen soll. Kleine Eingriffe aber am Knochen, selbst Amputationen von Fingern, Zehen, Exartikulationen etc., kann man stets mit den Methoden der Anästhetologie vollkommen schmerzlos ausführen, denn man kann da die Knochenhaut ebenfalls analgesieren, ebenso den Knochen, wenn man aber an größeren Knochen sägen oder meißeln muß, so läßt sich die Analgesie nicht immer ganz erreichen. Betreffen soche große Knochenoperationen die unteren Extremitäten, so kann man dieselben auch unter der Bierschen Methode ausführen; doch wenn bei derselben auch die Schmerzen vollkommen fehlen, so kommen doch andere Momente in Betracht, welche dem Ausführen solcher Operationen ohne Narkose entgegenstehen. Weiter hat man noch zwei Arten von Operationen vielfach mit dem besten Erfolg unter Anwendung lokaler Analgesie ausgeführt, das sind die Strumektomien und Herniotomien, resp. Radikaloperationen der Hernien. Die Strumaoperation steht bekanntlich in sehr engen Beziehungen zur Herztätigkeit und hat daher während der Narkose vielfach zu ernsten Gefahren geführt. Wenn man nun auch nicht stets die Struma ohne Narkose operieren kann, denn es wird sich ganz nach den physischen und psychischen Verhältnissen der Kranken richten, ob Narkose oder eine Methode der Anästhetologie geeignet erscheint, so wird doch in vielen Fällen die Anästhetologie hier große Triumphe feiern und hat bei diesen Operationen schon viel Gutes gestiftet. Es ist auch die Technik bei der Strumektomie eine leichte und man kann die Operation vollkommen schmerzlos ausführen. Es wird natürlich stets der allgemeine Zustand der Person maßgebend sein müssen, ebenfalls wird das Verhalten des Herzens vorher genau zu prüfen sein, wonach die Wahl der Methode zu geschehen hat. Man erreicht hierbei sehr gute Erfolge mit der Kombination der Anästhesierung mit der Anämisierung mittels Suprarenins, wobei man nicht nur die Wirkung des Kokains erhöht, sondern auch ohne wesentlichen Blutverlust operieren kann, wenn man alle spritzenden Arterien sofort abfängt. Natürlich kann man keine bestimmten Vorschriften geben, daß stets die Strumektomie unter lokaler Schmerzbetäubung ausgeführt werden soll. Man hat in vielen Fällen bei diesen Operationen allerdings bessere Resultate unter lokaler Betäubung erzielt (Ceci, Mikulicz, Krogius, Reclus etc.) als mit Narkosen. Die Hernien werden von vielen Operateuren ohne Narkose operiert, und man kann auch bei denselben die lokale Schmerzbetäubung nur empfehlen, ebenso mit der Anämisierung verbunden, wodurch man herrliche Resultate erzielt. Allein bei größerer Darmresektion wird man am besten eine allgemeine Narkose verwenden, weil das Zerren am inneren Leistenring und die Darmoperation leicht Schmerzen verursacht, doch kann man, wenn der Allgemeinzustand des Kranken eine Narkose nicht wünschenswert erscheinen läßt, auch den Darm analgesieren und bei guter Technik schmerzlos operieren. Es ist auch sehr praktisch, bei solchen Operationen eine leichte Äthernarkose oder nur Ätherrausch dann einzuleiten, wenn man zur Darmresektion schreitet, während vorher unter lokaler Betäubung, ebenso wieder nach Beendigung und Reposition der Darmnaht und des Darmstückes operiert wird. So kombiniert man beide Methoden. Man tut bei Operationen, bei denen man annimmt, daß sich eine Kombination mit Narkose im Laufe der Operation nötig machen wird, gut, vor der Operation $^1/_2$—$^3/_4$ Stunde eine Morphininjektion zu verabreichen, damit dann beim Einleiten der Inhalationsnarkose jede Exzitation vermieden wird, oder, wenn es sich um einen Potator handelt, eine Skopolamin-Morphininjektion von geringer Konzentration (0,0005 Skopolamin + 0,005 Morphin) eine Stunde vor der Operation zu verabreichen, welche dann die Äthernarkose stark erleichtert und den Kranken auch schon für die Analgesie weniger empfindlich macht. Allerdings muß man hier ganz verschieden verfahren, je nach den obwaltenden Verhältnissen und Methoden der Anästhetologie etc., so daß ein Rat für alle Fälle nicht erteilt werden kann.

Nach diesen Erörterungen muß noch kurz der verschiedenen gynäkologischen Operationen gedacht werden, welche sich, soweit sie Operationen an den äußeren Genitalien, der Scheide und solche an den Organen im kleinen Becken von der Vagina aus betreffen, sehr gut unter verschiedenen Methoden der Anästhetologie ausführen lassen, ohne daß die Kranke so großen Gefahren ausgesetzt wird, wie durch eine Narkose. Es werden die Kokain- Eukain-Analgesien hier vielfach mit gutem Erfolg verwendet, ebenso die Kombination der Kokaininjektionen mit Suprareninanämisierung, welche zu vorzüglicher Analgesie führen und das Operieren sehr erleichtern; weiter ist die medulläre Kokainisierung von B i e r für solche Operationen sehr geeignet. Auch plastische Operationen an den weiblichen Genitalien lassen sich sehr gut unter der lokalen Schmerzbetäubung ausführen. Man ersieht aus diesen kurzen Ausführungen, wie vielfach die Methoden der Anästhetologie Verwendung finden und wie oft sie dem Kranken manche Gefahr und Unannehmlichkeit ersparen können.

Die verschiedenen Methoden der Anästhetologie haben auch verschiedene Einflüsse auf den Gang der Operation, denn bei den meisten Methoden muß man 5—10 Minuten warten, bis die Analgesie eingetreten und vollkommen ist. Dadurch wird die Operation verzögert. Es werden viele Mißerfolge in der Analgesie dadurch veranlaßt, daß der Operateur zu zeitig operierte, zu einer Zeit, wo die Analgesie noch nicht vollkommen eingetreten war. Das muß entschieden vom Operateur verhütet werden, denn es macht den Kranken sofort

kopfscheu, sobald er beim ersten Schnitt schon Schmerz empfindet, und man
kann dadurch den Kranken so ängstlich machen, daß er von der Operation
noch absteht oder man doch noch narkotisieren muß, um nur die Sache zu
Ende zu führen. So etwas ist aber sehr peinlich und eine Blamage für den
Operateur. Wer aber diese Verhältnisse nicht kennt, wird da im Anfang seiner
Tätigkeit manche Unannehmlichkeit erleben. Wenn der Kranke am Ende der
Operation einmal gelegentlich einen geringen Schmerz empfindet, so ist dies
nicht so schlimm, kann durch einen unglücklichen Zufall hervorgerufen werden,
und wird vom Kranken eher verziehen, als wenn gleich der erste Schnitt schmerzt
weil dann der Patient glaubt, vom Arzt getäuscht worden zu sein oder der
Meinung wird, der Operateur beherrsche seine Technik nicht vollkommen, beides
untergräbt sein Vertrauen. Das Vertrauen des Kranken zur Tüchtigkeit des
Arztes und dessen Vertrauen auf seine Kunst muß aber stets in höchstem Maße
ungetrübt vorhanden sein, um die Erfolge nicht zu beeinträchtigen.

Die Operation wird durch die meisten Methoden der Anästhetologie nicht
besonders erschwert. Man trifft oft die Ansicht, daß durch die in das Gewebe
injizierten Flüssigkeitsmengen die einzelnen Gewebsarten verändert und die
Unterscheidung derselben durch den Operateur erschwert werden. Es kann
nicht geleugnet werden, daß dies bei dem Verfahren von S c h l e i c h in einem
gewissen Grade möglich ist, doch kann man bei allen anderen Methoden eine
solche Beeinträchtigung nicht finden. Man kann die Gewebe ebensogut von
einander unterscheiden, wie in Narkosen, vor allen Dingen dann, wenn man die
Anämisierung durch Suprarenin nebenbei verwendet. Das Operieren ist dann so
schön und leicht möglich, wie unter E s m a r c h s c h e r Blutleere an Extremitäten. Wenn auch durch diese Verhältnisse die Operationen nicht erschwert
werden, so stellt doch die Anästhetologie an den Operateur größere Anforderungen hinsichtlich der Geschicklichkeit, Gewandtheit und Technik, als es die
Narkose tut, und daher wird das Operieren unter lokaler Schmerzbetäubung
erschwert. Aber es ist ein leichtes für einen gewandten Chirurgen, diese geringen Schwierigkeiten, welche vor allem in dem Beachten der Injektionen, der
analgetischen Zone, in vorsichtigem Vorgehen, sanftem Berühren etc. gelegen
sind, zu überwinden, und er lernt sehr rasch die notwendigen kleinen Kniffe,
wenn er öfter eine Operation unter einer Methode der Anästhetologie ausführt.
Die Übung macht auch hier den Meister, und es muß jeder aus der Praxis
lernen, was man nicht alles beschreiben kann, da die Verhältnisse in jedem
Falle andere sind. Allein mit den gegebenen Grundsätzen kann jeder mit
wenig Übung, aber viel Lust, Geschick und Kenntnissen ein Meister auf diesem
Gebiete werden. Wenn auch der Arzt unter lokaler Analgesie mehr Schwierigkeiten zu überwinden hat beim Operieren, so werden dieselben bei weitem auf-
gewogen durch die Vorteile, welche dem Kranken durch die geringeren Gefahren, denen er durch die Methoden der Anästhetologie gegenüber den Narkosen ausgesetzt ist, entstehen und gewährt werden. Aus diesen Anlässen sollte
der Arzt überall da, wo es nur möglich ist, die Methoden der Anästhetologie
anwenden und damit die Narkosen einschränken.

Wenn man nun auch behaupten muß, daß in gewisser Hinsicht die Operation durch die Methoden der Anästhetologie erschwert wird, so muß man in
anderer Hinsicht aber auch den enormen Vorteil nicht außer acht lassen und
vergessen, den die lokale Schmerzbetäubung dadurch bietet, daß sie das Be-

wußtsein des Kranken nicht aufhebt. Man kann während der Operation mit dem Kranken sprechen, und was das bedeutet, das kann jeder Arzt ermessen; denn man kann so den Kranken fragen, man kann, wenn sich unerwartete Befunde bei der Operation ergeben, den Kranken fragen, um anamnestisch zu eruieren, was dem Arzt notwendig erscheint, und man kann während der Operation sofort vom Kranken die Erlaubnis erlangen, die Operation zu erweitern, dies oder jenes noch zu tun und kann auf diese Weise viel Unannehmlichkeiten verhüten, die bei der Narkose nicht verhindert werden können. So erwächst auch noch in mancher anderen Hinsicht daraus ein großer Nutzen und Vorteil, daß der Kranke sein Bewußtsein ungetrübt besitzt. Es ist auch infolge des erhaltenen Bewußtseins des Kranken möglich, etwa sich einstellende Unfälle, wie Kollapse etc., schneller zu erkennen, als unter Narkosen, und ihnen eher entgegenzuarbeiten. Der Kranke kann stets über sein Befinden Auskunft geben, was ebenfalls sehr wichtig ist.

§ 9. Eine große Bedeutung gerade bei der Verwendung der anästhetologischen Methoden hat der S h o c k , der auf den Kranken einwirkt. Dieser Shock ist einesteils ein psychischer, anderenteils ein physischer. Der psychische Shock wird vor allen Dingen wichtig, da bei dem Operieren ohne Narkose sowohl die Ausführung der lokalen Schmerzbetäubung als auch die Operation selbst auf die Psyche des Kranken enorm erregend wirken. Bei der Narkose hat man den Vorteil, daß nur der Shock der Narkose, nicht aber ebenso stark der der Operation auf das Gemüt des Kranken einwirkt. Hier haben wir also einen doppelten psychischen Shock. Der Operationsshock ist bei weitem größer, als der der Methode der lokalen Schmerzbetäubung, obgleich dieser Operationsshock ja in gewissem Sinne auch durch die Methode der Anästhetologie gemildert wird. Während aber die Narkose den psychischen Operationsshock vollkommen aufhebt, vermag die Methode der Anästhetologie demselben nur zu vermindern. Diese Verhältnisse müssen vom Arzte, welcher eine Methode der Anästhetologie verwendet, genau erwogen und beachtet werden, damit er die richtige Art der Betäubung wählt. Dabei kommen in Betracht: 1. die Psyche des Kranken, 2. die Operation. Nach diesen beiden muß der Arzt die Methoden der Betäubung wählen. Die psychischen Eigenschaften des Kranken sind schon oben gestreift worden. Man muß zur Operation unter lokaler Anästhesie ganz entschieden Personen auswählen, welche eine kräftige psychische Anlage, eine große psychische Widerstandskraft besitzen, während man Personen mit empfindlichen, nervösen Anlagen nicht brauchen kann. Die psychische Widerstandskraft dokumentiert sich in einem großen Selbstvertrauen, Vertrauen in den Arzt, Mut und Tapferkeit und wenig Empfindlichkeit und Sensitivität. Es müssen eben nervenstarke Personen sein. Auf solche Leute hat der psychische Shock nicht den Einfluß, den er auf andere nervöse, erregte, kleinmütige und schwache, vor allem nervenschwache Personen ausübt. Was nun die Operation anlangt, so muß der Arzt nicht nur den operativen Eingriff mit seinem Maß messen, sondern er muß ihn im Sinne des Kranken beurteilen, denn es kann eine kleine, unwichtige, völlig belanglose Operation auf einen Laien einen Eindruck machen, wie ihn die schwerste Operation nicht auf den Arzt auszuüben imstande ist. Der Arzt muß da immer bedenken, wie ihm und seinen Kommilitonen zumute war, als sie, mit den Kenntnissen des Abiturium ausgestattet, in die ersten Kollegs der medizinischen Kliniken gingen und mancher beim Anblick der ersten Leiche oder beim Zuschauen bei der ersten kleinen Operation in Ohnmacht fiel! Man war eben damals noch mit einem empfindlicheren Nervensystem ausgestattet und beurteilte noch nach dem Maße des Laien. So muß sich auch der Arzt bemühen, bei solchen Operationen sich in die psychischen Empfindungen des Kranken zu versetzen und muß nach dessen psychischen Fähigkeiten den Shock der Operation messen. Dann wird er bei Beachten aller Verhältnisse auch zu ermessen lernen, ob die vorzunehmende Operation von dem Kranken ohne Schaden ertragen werden kann. Der psychische Shock kann bekanntlich Synkope hervorrufen, und es kann der Kranke so an einer ganz harmlosen Operation sterben. Das ist die größte Gefahr der Methoden der Anästhetologie, und man soll nie empfindliche Personen, die eben zur lokalen Schmerzbetäubung ungeeignet sind, bei halbwegs größeren Operationen, die sonst eine Narkose rechtfertigen, zur Vornahme derselben unter lokaler Anästhesie überreden, denn es kann ihnen dabei eine größere Gefahr drohen, als durch eine leichte Narkose. Es ist da vor allen Dingen darauf zu achten, ob der Kranke ev. geneigt ist zu Ohnmachten, ob er leicht bei Schreck oder Erregungen kollabiert, denn er kann dann auch in der Operation kollapieren und selbst an Synkope ad exitum kommen. Namentlich bei schwachem Herzen, Herzfehlern oder Menschen, die angeben, sie leiden an nervosem Herzfehler, nervösem Herzleiden, wie man es so oft von Laien hört, ist es gefährlicher, unter lokaler Schmerzbetäubung zu operieren, als unter Narkose. Der Shock der Operation bei den Methoden der Anästhetologie ist teils der Einfluß des Gedankens, daß die Operation jetzt beginnt, teils der Einfluß des Hörens der Maßnahmen etc. des Operateurs und des Personals, teils der Einfluß der Empfindung, daß an ihnen etwas gemacht wird (die Tastempfindung der Operationstelle, die trotz der Anästhesierung noch erhalten ist), auf die Psyche und das Gemüt des Kranken, und diese Einflüsse versetzen ihn in eine große Erregung. Wenn nun durch irgendein kleines Versehen während des Operierens plötzlich einmal ein intensiver Schmerz hervorgerufen wird, so kann sofort ein derartig starker Reflex ausgelöst werden, daß Synkope eintritt. Das ist die Hauptgefahr, welche allen anästhetologischen Methoden anhaftet, und diese Gefahr macht die Verwendung begrenzt und schränkt sie bedeutend ein. Es muß aber vom Arzte nur genau der psychische Zustand des Kranken vorher geprüft werden, dann wird er solche ängstliche Patienten, die übrigens in dieser hochgradigen Sensitivität sehr selten sind, erkennen und, falls die Operation eine größere ist, in Narkose besser und mit weniger Gefahr operieren. Hier ist die Narkose unseren Methoden weit überlegen. Die Operation muß natürlich stets eine größere sein, wenn solche Einflüsse ausgeübt werden können, während kleine Eingriffe, Zahnextraktionen, Abzeßinzisionen u. dgl. nicht zu den Operationen gehören, welche ich in jene Kategorie rechne. Solche kleinen Eingriffe bezeichne ich bei meinen Kranken nie als Operationen, dann haben sie auch nicht so große Angst, und ich kann dieselben ohne Gefahr in lokaler Betäubung durchführen. Es kommt natürlich auch viel mit auf den Arzt an, ob er den Kranken die Operation möglichst schwer oder leicht schildert. Dadurch kann er deren Gemüt stark beeinflussen. Man muß nämlich bedenken, daß der Laie sich unter dem Worte Operation stets einen Eingriff mit direkter Lebensgefahr vorstellt, nicht so, wie der Arzt, der eben seine Handlungen am Organismus der Kranken stets als Operationen bezeichnet, gleichgültig, ob es sich dabei um einen gefahrvollen Eingriff oder eine harmlose Maßnahme handelt. Der Shock spielt in der Anästhetologie große Rolle, und man muß suchen denselben nach Möglichkeit zu verhüten. Derjenige der Methode der Anästhesie ist ebenfalls noch zu bedenken, wenn er auch durch gute Technik vollkommen verhütet werden kann. Allerdings kann man den psychischen Shock durch ernstes Zureden, durch Überzeugen und Aufklären der Kranken über die obwaltenden Verhältnisse bedeutend vermindern, indem man eben die psychische Empfindlichkeit der Kranken herabsetzt.

Der physische Shock betrifft vor allen Dingen die Operation und kommt für uns weniger in Betracht. Allerdings muß man auch mit ihm rechnen. Der physische Shock der Operation ist bei den Methoden der Anästhetologie insofern größer als bei der Narkose, weil die meisten Methoden unserer Disziplin nicht eine vollkommene Anästhesie erzeugen, sondern nur eine lokale Analgesie. Wenn man einen Kranken z. B. unter Kokaininjektionen am Arm operiert und bis auf den Knochen zu operieren hat, so wird der Kranke zwar bei dem Schneiden, Meißeln etc. keinen Schmerz empfinden, aber er empfindet einen Druck, er fühlt, wenn das Messer durch die Haut etc. gleitet, dies empfindet er nur mit dem Tastsinn als dumpfen Druck. Je nach der Intensität, mit der man z. B. in das Fleisch schneidet, ist der empfundene Druck stark oder schwach, während aber der Kranke das Meißeln am Knochen sehr unangenehm stark empfindet, denn die Knochen leiten den Schall und die Tastempfindung mehr und besser, als die andern Gewebe dies tun. Dadurch kommt es vor, daß der Kranke doch unangenehm von der Operation berührt wird; es ist aber nie Schmerz, sondern nur das Gefühl vorhanden, als wenn etwas an der betreffenden Stelle des Körpers gemacht wird. Diese Tastempfindung verursacht bei manchen Menschen gar keinen Shock, bei anderen einen sehr großen. Eine hysterische Frau behauptet steif und fest, sie empfinde enorme Schmerzen, während sie re vera nur die Tastempfindung gewahrt, welche in ihrer regen, ängstlichen Phantasie sofort Schmerz erzeugt, den sie nun auch zu empfinden meint. Manche solcher hysterischen Kranken bleiben liegen, schreien entweder oder behaupten, den Schmerz zu bekämpfen, andere springen bei der ersten Tastempfindung auf und fliehen laut schreiend aus dem Saal. Dieser physische Shock der Operation ist wohl zu bedenken; er ist für den ruhig denkenden und kritisch beurteilenden, tapferen Menschen ganz unbedeutend, aber er kann bei anderen Personen schwere Folgen haben. Die wenigsten Methoden der Anästhetologie erzeugen Anästhesie und verlöschen somit auch die Tastempfindung. Diese verursachen dann keinen physischen Shock dieser Art (medulläre Kokainisierung, B i e r), während aber die größte Mehrzahl aller Methoden nur Analgesie erzeugen, so daß man bei Operationen unter deren Einwirkung mit diesem physischen Shock rechnen muß. Der von der Methode der Anästhetologie hervorgerufene physische Shock ist sehr gering und kann kaum eine Rolle spielen. Allerdings ist er abhängig von den einzelnen Methoden der Schmerzbetäubung; denn die eine übt z. B. gar keinen physischen Shock aus, während die andere einen bedeutenderen bewirken. Es gibt zweifellos Methoden, welche gar keinen Einfluß auf den Organismus des Kranken ausüben, aber dieselben sind dann eben auch von nur begrenzter Wirksamkeit, während die stark wirkenden Methoden auch einen, wenn auch mäßigen, physischen Shock hervorrufen. Groß ist derselbe nur bei wenigen Methoden, wenn er auch dem der allgemeinen Narkose nie gleichkommt. Das ist der große Vorteil aller Methoden der Anästhetologie, daß dieselben einen geringeren psychischen und physischen Shock auf den Kranken ausüben, während der Shock der allgemeinen Narkose bedeutend größer ist; dem entgegen verhütet aber die Narkose den psychischen Shock der Operation, während derselbe bei der lokalen Betäubung vorhanden ist, der physische Shock der Operation wird bei beiden gleich gemildert. Es fragt sich nun, in welchem Verhältnis der Shock, den die Methode der Anästhetologie ausübt, zu dem der Narkose steht. Es ist zweifellos, daß der Shock der anästhetologischen Methode bedeutend geringer ist, und daß der psychische Shock, den die Operation während der lokalen Schmerzbetäubung ausüben kann, mit dem der Methoden der Anästhetologie addiert, noch immer einen geringeren Wert ergeben, als ihn der Shock der Narkose repräsentiert. Es kommen natürlich ganz verschiedene Verhältnisse hierbei in Betracht, doch so wechselnd, wie die Narkosen in ihrer Einwirkung auf den Organismus des Kranken sind, so wechselnd verhalten sich auch die einzelnen Methoden unserer Disziplin. Der Shock der lokalen Schmerzbetäubung muß zweifellos beachtet werden, und es kann vorkommen, daß für die eine Person eine Methode der Anästhetologie schon durch den Shock ernste Gefahren bringt, während hinwiederum die andere Person wieder keine Narkose mehr aushalten kann. Während die Narkose mehr Ansprüche an die Kraft des Körpers stellt, verlangt die Methode der Anästhetologie eine größere psychische Widerstandskraft. Es kann daher vorkommen, daß eine Person mit höchst dezimierten Körperkräften eine Narkose nicht mehr überstehen kann, also den physischen Shock der Narkose nicht mehr aushält, während dieselbe Person noch genügend psychische Kraft besitzt, um der Operation unter lokaler Schmerzbetäubung glücklich widerstehen zu können. Der Geist und die seelischen Eigenschaften, die nervösen Empfindungen werden wohl durch den Verfall der Körperkraft vermindert, doch sie können sich trotzdem noch leidlich erhalten, weil sie von Anfang an sehr stark entwickelt waren. Es geht daraus eben mit Evidenz hervor, daß der Arzt beim Verwenden der Methoden der Anästhetologie vor allem den psychischen Zustand des Kranken, sowohl hinsichtlich der geistigen Fähigkeiten, als auch hinsichtlich der nervösen Einflüsse auf den allgemeinen Organismus erforschen, untersuchen und beurteilen muß, ob derselbe den Shock einer unter lokaler Schmerzbetäubung ausgeführten Operation wird aushalten und demselben widerstehen können. So gut vor der Narkose eine genaue Untersuchung des Kranken vorgenommen werden muß, ebensogut muß der Kranke auch vor einer Operation mit lokaler Schmerzbetäubung, sofern diese Operation einen chirurgischen Eingriff darstellt. der eine größere Bedeutung hat, genau vom Arzte untersucht werden. Worauf es bei dieser Untersuchung besonders ankommt, das wird später gezeigt werden.

§ 10. Wenn man die ganzen Methoden und Arten, welche bisher zur Erzielung einer lokalen Schmerzbetäubung angegeben worden sind und die man unter dem Ausdruck der „lokalen Anästhesie" zusammenfaßte, kritisch betrachtet und prüft, so kommt man zu der Überzeugung, daß diese jetzt recht zahlreichen Methoden vollkommen den Namen einer Wissenschaft rechtfertigen, so daß man die Lehre dieser einzelnen Methoden eine Disziplin der Medizin, eine Wissenschaft nennen darf. Wir haben, wie früher des genaueren expliziert wurde, für diese Disziplin einen andern Namen als den bisher gebräuchlichen, „die

Lehre der lokalen Anästhesie", gewählt und sind zu dem Wort Anästhetologie
gekommen. Die Anästhetologie besitzt alle für eine selbständige Disziplin notwendigen Charakteristika und kann daher vollkommen der Narkosiologie neben-
geordnet werden. Beide Disziplinen haben einen gleichen Wert, und wenn
auch die Narkosiologie bisher eine schnellere Entwicklung zu einer größeren
Vollkommenheit durchgemacht hat, als die Anästhetologie, so ist an diesem
Überwiegen nicht eigentlich der größere Wert derselben für die Chirurgie
schuld, denn man kann nicht unbedingt der Narkosiologie eine größere Bedeutung für die Chirurgie anerkennen, als der Anästhetologie, sondern es haben
zufällige Ereignisse dazu beigetragen, daß die Narkosiologie, welche gegen
Mitte des vorigen Jahrhunderts in der Zeit des Beginnes ihrer eigentlichen
Entwicklung zunächst mit der Anästhetologie auf einem gleichen unbedeutenden
Anfangszustand gestanden, eine schnellere Weiterentwicklung erlitt, da die
Forscher ihre ungeteilte Aufmerksamkeit derselben zuwandten, während man die
geringen Fundamente der Anästhetologie vergaß und sich mit ihnen nicht weiter
befaßte, bis dann ein Zufall sie wieder auffinden ließ und damit auch weitere
Kreise für diese Methoden interessierte. So kam es, daß die Anästhetologie
noch mehr zurückgeblieben und erst in den letzten Jahrzehnten mehr er-
blüht ist. Wir kennen ja diese historische Entstehung und wollen jetzt unsere
Wissenschaft etwas mehr zergliedern und im einzelnen kennen lernen hinsichtlich ihrer wissenschaftlichen Fundamente, soweit dieselben die ganze Disziplin
betreffen, während Details der einzelnen Methoden erst später im speziellen
Teil behandelt werden sollen. Die Anästhetologie befaßt sich ja, wie oben gesagt, mit der Lehre von der lokalen Schmerzbetäubung. Die Anästhetologie
bezweckt also, einen chirurgischen Eingriff schmerzlos zu ermöglichen, ohne
das Bewußtsein und die geistigen Fähigkeiten des Menschen zu beeinträchtigen,
indem sie nicht das Zerebrum zu beeinflussen, sondern den peripheren Nerven zu
lähmen oder zu verändern bestrebt ist. Das Wort lokale Anästhesie ist eigentlich in unserer Wissenschaft nicht immer zutreffend, denn die meisten Methoden erzeugen nur eine Analgesie, indem sie nur die Schmerzempfindlichkeit
aufheben, während die Tastempfindung z. B. vollkommen erhalten ist. Die
meisten zur Schmerzbetäubung verwendeten Mittel beeinflussen die Nervenendigungen oder die einzelnen Nerven sensibler Art, und wenn der betreffende
Nerv zugleich Bahnen der Tastempfindung mit enthält, so bleibt die Tastempfindung erhalten, während die Schmerzempfindlichkeit erlischt. Es kann
dies sehr leicht demonstriert werden. Es gibt aber einzelne Methoden, welche
die Tastempfindung teilweise aufheben, z. B. die S c h l e i c h s c h e I n f i l -
t r a t i o n s a n ä s t h e s i e , andere Methoden, welche die Tastempfindung mit
lähmen, die B i e r s c h e   K o k a i n i s i e r u n g   d e r   M e d u l l a   s p i n a l i s .
Man kann daher nicht bei allen Methoden der Anästhetologie von lokaler Anästhesie reden, denn unter derselben versteht man das Aufheben jeglicher Empfindung, sondern man kann bei den meisten Methoden nur von einer lokalen
Analgesie sprechen, denn dies bedeutet nur die Aufhebung der Schmerzempfindlichkeit. Da ich die L u m b a l a n ä s t h e s i e   v o n   B i e r unter die Methoden der
Anästhetologie rechne, so kann ich auch nicht im allgemeinen von einer lokalen
Analgesie sprechen, welche von diesen Methoden erzeugt wird. Ich halte es also
nicht für das Charakteristische der Anästhetologie, daß sie nur eine Lähmung der
peripheren Empfindungsnerven für Schmerzen (sensiblen Nerven) hervorruft,

sondern ich rechne unter die Methoden der Anästhetologie alle jene Methoden, welche eine Lähmung der peripheren Nerven durch periphere Reize hervorrufen, indem sie eben durch bestimmte Maßnahmen den peripheren Nerven in seinem Verlaufe vom Anstritt aus der Medulla bis zu den Endigungen desselben in den Geweben angreifen und in einen solchen Veränderungszustand versetzen, daß er einen in dem von ihm versorgten Gewebsbezirke hervorgerufenen Reiz nicht nach dem Zentralnervensystem transportieren, leiten kann, wobei es vollkommen gleichgültig ist, ob der Nerv in seinem Verlaufe oder den Endigungen (Paccinischen Körperchen etc.) verändert wird, so daß er den Reiz gar nicht aufnehmen, oder wohl aufnehmen aber nicht leiten kann.

Aus diesen Umständen ergibt sich, daß man durch die Methoden der Anästhetologie, sowohl eine Analgesie wie Anästhesie erzeugen kann. Es wird ja meist besonders darauf ankommen, eine gute Analgesie zu erzielen, was ja durch alle Methoden bis zu einem gewissen Grade erreicht wird.

Die Theorie der Anästhetologie ist eine leicht verständliche. Man hat aber bisher noch nicht erklärt, welchen Einfluß man auf den Nerven ausübt und welchen Veränderungszustand man in dem Nerven hervorruft. Die Beantwortung dieser Fragen kann nicht so im allgemeinen geschehen, sondern sie muß an der Hand der einzelnen Methoden erläutert werden.

Die Anästhetologie kann hinsichtlich der einzelnen Methoden verschieden eingeteilt werden, man kann aber schwer eine einheitliche Einteilung finden, welche alle für diese Disziplin wichtigen Dinge enthält. Zunächst muß man in derselben zweierlei unterscheiden, nämlich: 1. die zur Hervorrufung einer lokalen Schmerzbetäubung verwendeten Mitttel, also die Körper oder Stoffe, welche auf den Nerven derart einwirken, daß er eine Schmerzempfindung nicht aufnimmt oder nicht weiterleitet, und 2. die Methoden, welche die einen spezifischen Einfluß auf die Nerven ausübenden Mittel an den Nerv bringen, also die Methoden, welche die Analgesie oder Anästhesie erzeugen. Zu den sub 1 zu rechnenden Stoffen gehören ganz verschiedene Dinge, teils relle, teils imaginäre Werte, wie das Kokain, Eukain, Holokain, dem entgegen die Kälte, Elektrizität, Druck etc., während man unter dem 2. Teil alle diese Methoden rechnet, wie man diese Körper zur Funktion bringt. Man nennt die ersteren Körper lokale Anästhetica oder auch nur Anästhetica resp. Analgetika, wobei man dieselben aber nicht mit Narkotika verwechseln darf, denn es sind hier stets genau die zwei Ausdrücke auseinandergehalten worden, da ich unter Narkotika im Sinne der Narkosiologie diejenigen Stoffe verstehe, welche in die Disziplin der Narkosiologie gehörend stets eine allgemeine Narkose erzeugen, während ich unter Anästhetika nur die in der Anästhetologie genannten Körper verstehe, also nur diejenigen, welche eine lokale Schmerzbetäubung erzeugen. Man hat gelegentlich für Narkotika auch Anästhetika gesagt, doch das ist ganz falsch, da beide voneinander verschiedene Körper sind, die zwar ähnlich aber nicht gleich sind. Es kann aber vorkommen, daß ein Körper sowohl Narkotikum als Anästhetikum ist, wie Aether sulfur., Chloräthyl. Wenn man dann aber von diesem Körper als Anästhetikum spricht, versteht man dabei ganz andere Wirkungsweise und Eigenschaften desselben, als wenn man von demselben als Narkotikum redet.

Für die Einteilung in diesem Band gilt folgendes. Da man bei weitem mehr Wert auf die Methoden der Anästhetologie legen muß, so werde ich im speziellen Teil zunächst die einzelnen Anästhetika genau besprechen und nach deren Erledigung die einzelnen feststehenden Methoden im speziellen nennen und deren wichtigste Beziehungen zu den einzelnen Anästhetika erörtern. Hier will ich nur im allgemeinen die einzelnen Methoden anführen. Die erste Methode der Anästhetologie war die, welche die Gefühlsbetäubung in dem zu einer Operation vorgesehenen Gebiet durch den Einfluß der Kälte, Kompression, Elektrizität etc. herbeiführte. Die Wirkung der Kälte beruht darauf, daß durch das Gefrieren der Gewebe die Nerven in ihrer normalen Funktion zunächst vorübergehend, wenn die Kälte lange anhält, dauernd gestört werden, so daß die Schmerzempfindung von den Nervenendigungen nicht aufgenommen werden kann. Wenn die Kälte dann nachläßt, so geht der Nerv wieder in den normalen Zustand über. Man kann daher den Nerv nur in seinen Endigungen durch Kälte beeinflussen, während man die Leitung eines größeren Nervenstammes nicht unterbrechen kann, weil dazu eine so starke, intensive und anhaltende Kältewirkung notwendig sein würde, daß dauernde Schädigungen der Gewebe die Folge sein müßten. Dadurch ist diese Analgesie nur begrenzt anwendbar, vor allem kann man sie sehr gut zum Betäuben der Hautnerven verwenden. Tiefer als auf die Haut bis zu dem Unterhautzellgewebe kann die Kälte nicht einwirken.

Die Anästhesie durch Druck wird gar nicht mehr angewendet, denn sie ist ganz ungenügend. Die Wirkung ist eine derartige, daß man durch einen intensiven Druck auf einen sensiblen Nerven dessen Leitungsvermögen stört, die Leitung unterbricht. Dadurch entsteht eine teilweise Analgesie, denn es werden die Schmerzen stets durch Anastomosen von anderen Nerven geleitet werden. Man kann aber durch den Druck leicht dauernde Schädigungen hervorrufen.

Die Elektrizität ist ganz gering wirksam, ebenso die Kohlensäure, die infolge Gasduschen verwendet wird, oder im Altertum im Stein von Memphis gebraucht wurde.

Die wirklich brauchbaren Methoden wurden erst erfunden, als man das Kokain kennen lernte. Da ist zuerst die allgemeine Kokainanästhesie zu nennen. Dieselbe erreicht man durch Auftupfen von Kokain auf Schleimhäute oder durch Injizieren von Kokainlösung in die Gewebe. Ähnlich dem Kokain wirken eine Menge Stoffe, die dann ebenso in die Gewebe gebracht werden müssen. Die Wirkung des Kokains beruht auf dem lähmenden Einfluß, den dasselbe auf die Nervenendigungen auszuüben imstande ist. Das Kokain wie alle Anästhetika wirken toxisch auf den Nerven ein und versetzen denselben in einen Änderungszustand, so daß derselbe entweder in seinen Endigungen einen Reiz gar nicht aufnehmen kann oder ihn nicht zu leiten vermag. Wenn man nämlich Kokain in die direkte Umgebung eines größeren Nervenstammes spritzt, so verändert das Kokain den Nerv, so daß derselbe keine Reize mehr zu leiten imstande ist. Die Änderungszustände der Nerven sind aber an die Gegenwart des Anästhetikums gebunden, denn dieselben schwinden sofort, und mit ihnen geht auch die Anästhesie zurück, wenn das Anästhetikum vom Blute etc. wegtransportiert oder unwirksam gemacht wird. Es kehrt dann der normale Zustand des Nerven wieder, so daß derselbe wieder empfindet. Allerdings folgt zunächst auf die Lähmung des Nerven, auf die Analgesie oder Anästhesie, eine Hyperästhesie, eine Überempfindlichkeit des Nerven. Man verwendet bei der Analgesierung mit Kokain, Eukain, Tropakokain etc., wie man diese Methoden nennt, stets den Einfluß der Anästhetika auf die Nervenendigungen.

Die nächst wichtigste Methode, welche bald nach dem Bekanntwerden der Kokainanästhesie erfunden wurde, ist die Infiltrations- oder Pressionsanästhesie von Schleich. Schleich ging nämlich von dem Gedanken aus, daß bei der Anästhesie nicht das Kokain die Hauptrolle spielen solle, sondern daß man durch den Druck, den die Flüssigkeit, welche man in die Gewebe injiziert, auf die Nervenendigungen ausübe, letztere unempfindlich mache und die feinsten Nervenstämmchen in ihrer Leitung unterbreche. Schleich übt nicht auf den einzelnen Nerven mit einem festen Gegenstand einen Druck aus, sondern er übt den Druck durch die Flüssigkeit selbst unter Mitwirken der Gewebe auf die Nervenendigungen und feinsten Nervenstämmchen aus.

Weitere Methoden sind diejenigen, welche die Wirkung des Kokains oder eines anderen Anästhetikums auf einen größeren Nerven wirken lassen und dadurch die Leitung des Nerven unterbrechen. Hierher gehört die regionäre Anästhesie, wie sie Corning und nach ihm Oberst hervorriefen durch Abschnüren des Gliedes mit einem Esmarchschen Schlauch und Injektion der Lösung um die Nervenstämme. Man kann diese Methode nur an Extremitäten ausführen. Eine andere Methode ist von Hackenbruch, welcher den zu operierenden Herd mit einer Zone von mit Kokain beschicktem Gewebe umgibt, also auch alle Nervenstämmchen die in das Operationsgebiet eintreten durch Kokain unterbricht, die zirkuläre Anästhesie.

In neuerer Zeit hat man die Entdeckung gemacht, daß die Kombination der Anämisierung der Gewebe mit Suprarenin die Wirkung des Kokains erhöht, weil die Blutzufuhr abgeschnitten wird, so daß das Blut das Kokain nicht so rasch resorbieren kann unter Einfluß des Suprarenins als sonst. Diese Suprarenin-Kokainanästhie ist sehr brauchbar,

Das in der Neuzeit überaus wichtigste Verfahren ist die spinale Anästhesie von Bier oder Medulläranästhesie genannt, welche zwar vor Bier in ähnlicher Art von Corning in New York angewendet wurde, doch hat zweifellos Bier das Verdienst, diese Methode für die Chirurgie begründet zu haben. Dieselbe besteht darin, daß man eine Kokainlösung in den Duralsack injiziert, nachdem man eine Lumbalpunktion ausgeführt hat, so daß das Kokain oder auch ein anderes Anästhetikum mit den Nerven, und deren Wurzeln im Rückenmark, in direkte Berührung kommt und die Leitung dieser Nerven unterbricht. Man erhöht die Kokainwirkung durch Hinzufügen von Suprarenin. In neuerer Zeit wird mit gutem Erfolg Stovain an Stelle des Kokain verwendet. Dies sind die hauptsächlichsten, verschiedenen Theorien und Methoden der Anästhetologie, und wir haben dieselben hier kurz berührt. Ein näheres Eingehen auf dieselben ist hier nicht am Platze, da im speziellen Teil dieses Bandes alles genauer erörtert werden wird. Diese allgemeinen Vorbemerkungen hier waren nur zur leichteren Orientierung notwendig.

II. Kapitel.

Die Vorbereitung zur Ausführung der Methoden der Anästhetologie.

§ 11. Wenn man einen Kranken zwecks operativer Eingriffe nach einer dieser Methoden unserer Disziplin behandelt, muß man gewisse Punkte beachten, welche als Einleitung zu dieser Vornahme dienen. Es müssen, genau wie bei den Narkosen, so auch hier Vorbereitungen geschehen, wenn auch dieselben nicht so zeitraubend und umständlich sind, wie bei den Narkosen. Man rechnet diesen Umstand den Methoden der Anästhetologie gerade zum Vorteil an, denn man kann hier oft sofort eine Operation ausführen, während man, wollte man eine Narkose anwenden, entweder eine ca. 24 Stunden dauernde Vorbereitung des Kranken verlangen müßte oder wollte man denselben ohne diese Vorbereitungen narkotisieren, denselben sehr bedeutenden Gefahren aussetzen würde. Deshalb greift man bei solchen rasch vorzunehmenden Operationen lieber zu einer Methode der Anästhetologie. Die Vorbereitung zu diesen Methoden ist nicht wesentlich umständlich oder zeitraubend, aber sie muß trotzdem ganz besonders beachtet werden.

Als erste Maßnahme muß eine ganz genaue Untersuchung des Kranken vorgenommen werden, durch welche sich der Arzt überzeugen muß, ob der betreffende Kranke für diese Operation unter lokaler Schmerzbetäubung geeignet ist, denn wir haben oben gesehen, daß manche Personen infolge ihres psychischen Zustandes ungeeignet sind, ja daß man sogar eine Methode der Anästhetologie gelegentlich für kontraindiziert halten muß. Neben dem psychischen Verhalten muß man die inneren Organe untersuchen und beurteilen, ob der Kranke überhaupt noch die genügende Kraft besitzt, um dem Shock zu widerstehen, ob die inneren Organe den Wirkungen der Anästhetika widerstehen. Je nach dem Verhalten der inneren Organe wird man auch dies oder jenes Anästhetikum wählen, da das eine besser vertragen werden wird als das andere.

Weiter wird man dabei unterscheiden müssen, für welche Methode sich der betreffende Kranke am besten eignet. Man muß dabei neben dem Zustand des Kranken, dem Verhalten der inneren Organe die Krankheit und Operation beachten und genau abwägen, welche Methode die beste in diesem Falle sein wird. Nachdem dies alles erörtert und entschieden ist, wird zu der Behandlung des Kranken selbst geschritten. Man wird aus der Unterhaltung mit dem Kranken sich schon über dessen geistige Eigenschaften orientiert haben und wissen, ob er den für diese Methode notwendigen Mut und die psychische Widerstandskraft besitzt.

§ 12. Wenn man alles dies als vorhanden gefunden, muß man den Kranken über die vorzunehmende Operation unter lokaler Betäubung aufklären. Von dieser psychischen Beeinflussung des Kranken hängt sehr viel ab, denn man kann ohne dieselbe Mißerfolge erzielen. Wenn man bei jeder allgemeinen Narkose eines Kranken vor allen Dingen erst die Einwilligung desselben für die Narkose haben muß, so ist zwar für die Methode der Anästhetologie nicht in allen Fällen die vorherige Einholung der Zustimmung notwendig, aber bei den eingreifenderen Methoden, mit denen immerhin eine gewisse Gefahr verbunden ist, wie der medullären Kokainisierung etc., ist stets die Einwilligung und Zustimmung des Kranken zur Ausführung der Operation unter dieser Methode notwendig. Man muß ebenso für Operationen unter der lokalen Schmerzbetäubung die Zustimmung des Kranken vorher einholen, denn die Methoden der Anästhetologie erfordern eben eine gewisse Vorbereitung des Kranken. Derselbe muß psychische Ruhe bewahren, muß von der schmerzlosen Vornahme der Operation überzeugt sein, denn sonst läßt er sich nicht die Operation ruhig gefallen und liegt nicht ruhig. Gerade aber die psychische Ruhe ist von großer Bedeutung, und dieselbe kann nur durch eine geeignete psychische Beeinflussung von seiten des Arztes erreicht werden. Auch nicht jeder Kranke ist, wie schon oben hervorgehoben wurde, geeignet, denn es gibt gerade Personen, welche durch die Mitteilung, sie sollen eine Operation ohne allgemeine Narkose aushalten, in höchste Aufregung versetzt werden, und die schon bei dem Gedanken, daß die Operation beginnen könnte, in höchste Erregung versetzt werden, so daß es überhaupt unmöglich ist, eine solche Operation auszuführen. Diese Kranken müssen eben von Anfang an ausgeschlossen werden. Es gibt aber nur einen kleinen Teil solcher Menschen, denn die meisten sind einer Beeinflussung von seiten des Arztes, zu dem sie Vertrauen haben, wohl zugänglich, und man kann oft höchst ängstliche Personen durch genügendes Zureden beruhigen. Wenn man nun den Kranken soweit beruhigt hat, daß er die Operation überhaupt unter der lokalen Schmerzbetäubung ausführen lassen will, und daß er den ersten Stich und den Beginn der Operation ruhig erwartet hat, dann hat man gewonnen, soweit man die Methoden der Anästhetologie richtig und korrekt anzuwenden versteht, denn sobald nur der Kranke die ersten Insulte der Operation schmerzlos über sich ergehen merkt, so wird er sofort ein größeres Vertrauen gewinnen, denn da der erste Schnitt schmerzlos vorgenommen und ausgeführt worden ist, so glaubt der Kranke auch an den weiteren schmerzlosen Verlauf der Operation. Diese Erfahrung macht viel aus, nur muß man dafür sorgen, daß die Analgesie eine vollkommene ist, denn sobald die Operation doch Schmerzen hervorruft, die man dem Kranken nicht angedeutet hat, so wird er mißtrauisch und glaubt nicht an die Wahrheit der Aussagen des Arztes. Eine solche Täuschung des Kranken muß stets vermieden werden, entweder dadurch, daß man die Methode eben vollkommen beherrscht und sicher sein kann, daß der Patient auch keine zufällig hervorgerufenen Schmerzen empfindet, oder in dem Falle, daß die bei der vorliegenden Operation zu verwendende Methode der Anästhetologie unsicher ist, einerseits weil die Gegend des Operationsfeldes eine einwandfreie Anästhesie nicht ermöglicht, andererseits die Methode gewisse Mängel aufweist, welche eben oftmals nicht zu beseitigen sind, dadurch, daß man den Kranken vorher darauf aufmerksam macht, daß eine geringe Schmerzempfindung hier und da vorkommen kann, daß er aber sofort die Schmerzen andeuten soll, damit sie durch entsprechende Maßnahmen verhütet werden. Es ist ja stets bei dem Verwenden der Methoden der Anästhetologie möglich, daß eine geringe plötzliche Schmerzempfindung entstehen kann, denn der Operateur kann gelegentlich einmal mit dem Messer in Gewebe schneiden, die noch nicht betäubt sind, oder ein Wundhaken kann in die benachbarten schmerzempfindenden Gewebe eindringen, oder es kann durch Zerrungen an empfindlichen Organen Schmerz hervorgerufen werden, aber dieser Schmerz darf nur gering sein und muß sofort wieder abgestellt werden. Darin liegt ja die Kunst des Anästhetologen, daß er eben alle nur denkbaren Verhältnisse kennt und berücksichtigt und dadurch schmerzlos operiert, was einerseits durch Übung, andererseits durch genaues Studium leicht von jedem Chirurgen erlernt werden kann. Jeder Operateur, der auf diese Art operiert, muß wissen, wie weit er seiner Kunst vertrauen kann, er muß daher wissen, ob er diese oder jene Operation ganz schmerzlos oder mit gewissen geringen Konzessionen an die Schmerzlosigkeit vom Kranken ausführen kann, sodaß er eben entsprechend seine Patienten vorher unterrichten kann. Wenn der Operateur halbwegs einige Übung im Operieren mit lokaler Schmerzbetäubung hat, wird er die meisten Operationen ganz schmerzlos ausführen können. Die Kranken, welche einmal eine Operation unter einer Methode der Anästhetologie erliten haben, werden dieselbe stets gern wieder erdulden, und die lokale Schmerzbetäubung entschieden der allgemeinen Narkose vorziehen. Daraus erkennt man die Tätigkeit eines Operateurs hinsichtlich der Anästhetologie, daß die Kranken wieder unter dieser Methode sich operieren lassen wollen, oder es anderen anraten, sich so operieren zu lassen, denn dann haben sie keine Schmerzen empfunden und sie ziehen den Schrecken und Unannehmlichkeiten der allgemeinen Narkose gern die geringen Belästigungen der lokalen Schmerzbetäubung vor. Man vergesse aber nie, den Kranken genau vorzubereiten und vor allen Dingen ihn anzuweisen, sofort zu äußern, wenn er etwa Schmerz empfinden sollte.

Wenn man noch weitere Vorbereitungen mit dem Patienten anstellen muß, so können dieselben nur von der Operation gefordert werden, während die Methoden der Anästhetologie keine weiteren Vorbereitungen erfordern. Natürlich kann hier die Vorbereitung für Operationen selbst nicht erörtert werden.

Wie sich der Arzt zu verhalten hat, wie er die Methoden einleitet etc. das gehört nicht hierher, sondern wird bei der Erörterung über die Technik genauer auseinandergesetzt werden. Hier ist weiter nichts hinzuzufügen. Man muß eben diesen Umstand, daß die Methoden der Anästhetologie keine größeren Vorbereitungen erfordern, als einen großen Vorzug derselben vor den Narkosen anerkennen, wodurch manche kleine Operation sofort ausgeführt werden kann, während man sie sonst auf Tage verschieben muß, um den Kranken für die Narkose vorzubereiten, denn wenigstens muß man doch 12 Stunden zur Vorbereitung eines Kranken für die Narkose haben, wenn man nicht trotz der daraus entstehenden Nachteile sofort narkotisieren will, was natürlich möglich ist und durch manche Krankheiten oder vor allen Dingen Verletzungen und Unglücksfälle sogar gefordert wird, aber eben nur in ganz dringenden Fällen gewagt werden soll.

III. Kapitel.

Die Technik der Methoden der Anästhetologie im allgemeinen.

Von ganz besonderer Bedeutung ist bei allen Methoden der Anästhetologie die Technik, denn es hängt von ihr das gute Gelingen in hohem Maße ab und die lokale Schmerzbetäubung kann nur vollkommen ausgeführt verwendet werden, während sie lückenhaft und unvollkommen hinsichtlich der Technik vorgenommen, überhaupt unbrauchbar ist, denn dann bereitet sie dem Kranken mehr Schmerzen und Unannehmlichkeiten, als die kleine Operation ohne jede Betäubung ausgeführt. Es gibt in der Anästhetologie nicht eine gute und schlechte Technik, sondern es darf nur eine vollkommene Technik geben. Bei der Narkose kann man ebenso gut einen Menschen unter einer schlecht geleiteten Narkose operieren wie unter einer korrekten, nur daß natürlich erstere mehr Gefahren mit sich bringt, und eben nicht vorkommen sollte, aber die schlechte Narkose ermöglicht doch schmerzloses Operieren. Anders ist es bei der Ausführung lokaler Schmerzbetäubung. Hier erhöht die schlechte Technik die Schmerzen und es darf daher nie eine mangelhafte Technik geduldet werden. Dieser Umstand, daß man bei mangelhafter Technik der anästhetologischen Methoden keine zur Operation genügende Analgesie erzeugen kann und eine Operation bei derselben überhaupt unausführbar ist, da der Kranke es eben nicht zuläßt zu operieren, hat dazu geführt, daß man im allgemeinen chirurgischen Leben die Methoden der Anästhetologie noch recht selten verwendet findet, nur die Meister auf diesem Gebiete wagen sich an deren Verwendung. Wenn nun auch die Technik der Methoden der Anästhetologie meist nicht gerade leicht ist, so ist es doch immerhin verschieden, je nach der Art der Methode, die man anwendet und je nach den Operationen die man ausführen will, sowie je nach den körperlichen Regionen, in denen die Operation stattfinden soll, ob größere oder kleinere Schwierigkeiten vorhanden sind. Die Schwierigkeit bei den komplizierteren Methoden ist auf den ersten Blick nicht zu erkennen, sondern die Technik erscheint leicht und einfach, aber man erkennt die Schwierigkeiten erst bei der Ausführung, es kommt dabei auf verschiedene Einzelheiten an. Wenn man alles genau nach den Vorschriften ausführt, so sind auch die komplizierteren Methoden nicht allzuschwer. Es gibt natürlich auch einfache Methoden, wie den Ätherspray etc., die sehr wenig technische Übung erfordern. Die Schwierigkeiten treten bei den größeren Methoden erst bei Ausführung größerer Operationen hervor.

Von besonderer Bedeutung ist das Instrumentarium. Dasselbe ist bei allen Methoden verhältnismäßig einfach und klein, ein Vorzug, der die lokale Schmerzbetäubung sehr wertvoll macht, besonders für den Landarzt. Es läßt sich oft schon ohne besondere Instrumente mit den verschiedenen Anästhetika eine lokale Schmerzbetäubung erzielen, z. B. mit Kokain, das man in 10%iger Lösung mit einem Wattetupfer auf die Schleimhaut aufträgt etc. Für andere Methoden sind aber besondere Instrumente angegeben, so der Sprayapparat, Chloräthyltuben etc. Was nun die komplizierteren Methoden anlangt, so kann man dieselben mit jeder Pravazschen Injektionsspritze zur Not ausführen.

Leichter aber sind dieselben mit den zur lokalen Schmerzbetäubung konstruierten größeren Injektionsspritzen anszuführen. Diese Spritzen fassen eine Menge von 5 ccm Flüssigkeit, und können vermöge ihrer Konstruktion die Flüssigkeit unter höheren Druck in die Gewebe injizieren, ferner hat man diekere Kanülen, die ebenfalls die Injektion größerer Mengen von Flüssigkeit leichter ausführen lassen als die kleinen P r a v a z spritzen. Die genauere Beschreibung dieser verschiedenen Spritzen und Apparate wird im speziellen Teil erörtert. Hier ist nur zu bemerken, daß man die Apparate peinlich sauber halten und nur sterilisiert verwenden darf, sobald man sie für Injektion von Flüssigkeiten braucht. Es ist von großer Bedeutung, daß bei allen Injektionsmethoden die peinlichste Asepsis herrschen muß, und vor allen Dingen muß dieselbe an den Apparaten beachtet werden. Deshalb soll man zur Injektion von Flüssigkeiten in die Gewebe nur solche Spritzen verwenden, welche genügend lange Zeit in Wasser ausgekocht werden können. Nur im Notfalle sind daher die gewöhnlichen Hartgummi-P r a v a z -Spritzen zu brauchen. Auch diese müssen selbst auf die Gefahr hin, daß sie verdorben werden, vor der Verwendung ausgekocht werden. Am besten eignen sich ja dazu die ganz aus Metall gefertigten Spritzen, oder die halb aus Metall, halb aus Glas gefertigten, die einen Asbeststopfen besitzen. Für den Arzt in Praxis, der stets eine brauchbare Spritze haben muß, aber auch in seinem Koffer nicht gern zwei Exemplare des Raumes wegen mit sich führen kann, eignen sich am besten die ganz aus Metall gefertigten Spritzen. Die Spritzen mit einem Glasmantel und Metallfassung haben den großen Nachteil, daß der Glasmantel entweder beim Kochen zerspringen oder sonst bei Stoß oder Herabfallen der Spritze, oder im Koffer zerbrochen werden kann, so daß der Arzt dann beim Beginn der Operation keine Spritze zur Hand hat. Wenn er auch Reserveglasmäntel etc. bei sich führt, so dauert deren Einpassen, das Anpassen des Stopfens etc. sehr lange Zeit, und die Spritze muß von neuem sterilisiert werden, kurz, es würde durch solche Manipulitionen eine Verzögerung der Operation eintreten, daß der Arzt kurzerhand auf die Verwendung der lokalen Schmerzbetäubung verzichtet und allgemeine Narkose anwendet, ehe er eine Reparatur der Spritze an Ort und Stelle vornimmt. Diese Unannehmlichkeiten erspart die Metallspritze.

Ein weiterer großer Nachteil der Spritzen liegt in dem oft eintretenden Undichtsein des Stopfens. Wenn der Arzt die Injektionsspritze nicht täglich braucht, tritt meist ein Eintrocknen des Stopfens ein und wenn man die Spritze verwenden will hält sie wohl beim oberflächlichen Prüfen stand, aber wenn man unter höherem Druck die Lösung in die Gewebe injizieren will, fließt die Injektionsflüssigkeit hinter den Stopfen und die Anästhesie ist eine unvollkommene. Die besten Stopfen sind die Asbeststopfen, da man dieselben sowohl anskochen als auch je nach dem Verhalten der Spritze verstellen kann. Immerhin sind dieselben nicht ohne Mängel, aber wenn man sie halbwegs in gutem Zustand erhält, so funktionieren sie ganz leidlich. Jedenfalls stellen sie die besten Stopfen dar, die man bisher kennt und haben vor allen Dingen den Vorteil, daß man sie auskochen kann, ohne ihre gute Funktion zu stören. Da sich gerade in dem Stopfen sehr leicht viel Bakterien ansiedeln können, ist es sehr wichtig, daß man denselben auskochen kann. Man hat nun eine große Anzahl verschiedener Spritzen konstruiert, allein es ist bis jetzt noch keine vorhanden, die vollkommen ohne Fehler ist, oder die vollkommene Sicherheit steter normaler Funktion gewähren könnte. Wenn man auch jetzt Spritzen ganz aus Glas mit eingeschliffenem Stopfen erfunden hat, so haften auch dieser Nachteile an. Für den Arzt, der die Methoden der lokalen Schmerzbetäubung in der Praxis verwenden muß, gibt es nur eine Spritze, das ist eine ganz aus Metall gefertigte Spritze mit Asbeststopfen. Wenn er diese oft gebraucht und immer in gutem Zustande erhält, erlebt er mehr Freude, als wenn er Spritzen mit Glastubus oder Glasmantel verwendet, von denen er stets zwei zur Hand haben muß. Die einzelnen Arten der Spritzen werden im speziellen Teil genau beschrieben. Man hat auch Apparate konstruiert zum Ersatz der Spritzen, namentlich für die Schleichsche Infiltrationsanästhesie, welche die Lösung, die man ja bei der Schleichschen Anästhesie in größerer Menge braucht, in toto fassen. So hat Moszkowicz einen Apparat konstruiert, der aus einer kräftig gebauten Spritzflasche besteht, in welche durch den Stopfen zwei Rohre luftdicht einführen. In der Flasche befindet sich die Lösung. Man erzeugt nun mittels einer an das dicke zuführende Rohr, das dicht unter dem Stopfen der Flasche abgeschnitten ist, über dem Flüssigkeitsspiegel komprimierte Luft von ca. $1\frac{1}{2}$ Atmosphären. Das abführende Rohr geht vom Boden der Flasche durch den Stopfen in ein langes Gummirohr über, an welches man eine Injektionsnadel ansetzt. Durch den Überdruck wird die Flüssigkeit durch das Rohr in die Gewebe, in welche die Nadel eingestochen wurde, getrieben und zwar unter einem Druck, der in der Flasche herrscht und den man beliebig ändern kann. Diese und ähnliche Apparate ersetzen die Spritzen sehr schön, können aber nur in der Klinik verwendet werden, oder in geeigneten Verhältnissen, während der Arzt in praxi schwerlich die Spritze entbehren kann. Vor allen Dingen muß man diese Instrumente, welche zur intradermalen, subkutanen oder intramuskulären Injektion von Flüssigkeiten verwendet werden, intoto sterilisieren. Ganz besondere Sorgfalt muß man den Injektionsnadeln zuwenden, denn dieselben müssen erstens durch Kochen einwandfrei sterilisiert sein und steril erhalten werden, indem man dieselben nicht mit den Fingern anfaßt, sondern nur mit sterilen Instrumenten, oder sterilisierten Händen, oder gekochten Gummihandschuhen etc., ferner müssen sie gut durchgängig und scharf sein. Beides dies ist ebenfalls genau zu beachten und wird nur zu leicht vernachlässigt. Da die Nadeln durch das Auskochen sowohl stumpf als weniger leicht durchgängig werden, so müssen sie vorher peinlich geschärft sein und dürfen nicht ohne Mandrin gekocht werden, den man dann kurz vor dem Gebrauch erst entfernt. Derselbe ist sehr nötig, denn durch das Kochen setzt sich im Innern des Rohres Rost an, der dann leicht zum Verstopfen der Kanüle während des Gebrauches, namentlich wenn man sehr dünne Kanülen verwendet, führt.

Das Instrumentarium, das man im allgemeinen für die lokale Schmerzbetäubung braucht ist viel einfacher und weniger umfangreich, als das für die Narkose notwendige. Es ist daher in vielen Verhältnissen für den praktischen Arzt leichter eine Operation unter einer Methode der Anästhetologie auszuführen, als unter Narkose, und doch wird letztere noch vielfach vorgezogen, obwohl das Instrumentarium für die lokale Schmerzbetäubung leichter und einfacher für den Arzt über Land etc. mitzuführen ist, als das zur Narkose. Es sind da andere Punkte maßgebend.

§ 14. Nächst diesen Verhältnissen ist das die Schmerzbetäubung erzeugende

Mittel wichtig. Man nennt die Körper, welche die Anästhesie oder Analgesie hervorrufen, Anästhetika. Es gibt eine ziemlich große Anzahl von solchen Stoffen, und mit jedem einzelnen hängt eine ganze Wissenschaft zusammen. Der Arzt muß bei der Verwendung jedes einzelnen Anästhetikum genau über dessen Eigenschaften, Einwirkung auf den Organismus etc. orientiert sein. Es hängt mit der anästhetischen Kraft direkt zusammen, daß alle chemischen Körper, die man als Anästhetika verwendet, starke Gifte für die lebenden Organismen darstellen, und nur gewisse Nebenwirkungen oder Einflüsse unter besonderer Verdünnung der Lösung des Körpers machen eine Verwendung zur Erzielung einer Anästhesie möglich. Genau wie die Narkotika ja auch heftige Gifte darstellen, die nur in bestimmten Dosen und unter besonderen Verhältnissen zur Narkose verwendet werden können, verhält es sich auch mit den Anästhetika. Es gibt nur wenige andere Stoffe, die man außer den chemischen Körpern zur Erzielung einer lokalen Schmerzbetäubung verwenden kann, hierher gehören die wenigen physikalischen Methoden der Anästhetologie, wie die Kälte- und Druckanästhesie. Man muß die Kälte und den Druck auch mit unter die Anästhetika rechnen und könnte daher die Anästhetika in physikalische und chemische einteilen. Die Anästhesie durch Kälte ist ja eine der ältesten Methoden, aber man darf logischer Weise nicht sagen, man erzeugt die Analgesie durch Kälte beim Ätherspray, der Kältemischung etc. sondern man muß sagen, man erzeugt die Anästhesie bei diesen Methoden durch die Wärmeentziehung aus den Geweben. Jedermann wird sich klar sein, daß bei der Verwendung des Ätherspray, Chloräthylspray, der Kältemischung etc. nur durch das Binden der Wärme bei der Verdunstung des Äther, Chloräthyl oder dem Auflösen von Salz und Schnee etc. Wärme aus der nächsten Umgebung, also der Haut entzogen wird, daß also nicht die Kälte, sondern die Wärme wirkt, und weiter ist ja überhaupt der Begriff Kälte irreal, denn es gibt in der Natur nur Wärme, und unser Begriff Kälte besteht nur in unserer Einbildung, wenn wir die Wärmeverhältnisse um uns auf den physikalischen Zustand des Wassers beziehen, denn wir unterscheiden die Wärme von der Kälte nur durch das Verhalten des Wassers, ob es fest oder flüssig ist. Betrachten wir einmal die Wärmeverhältnisse hinsichtlich des Sauerstoffes, so erhalten wir gleich ganz andere Begriffe von Kälte und Wärme, denn dann würde es um uns nur Wärme geben, und der Begriff Kälte würde erst da beginnen, wo Sauerstoff fest wird, also unter Verhältnissen, die während unseres Lebens nur im Experiment hergestellt werden könnten. Man ersieht aber daraus, daß der Begriff Kälte eigentlich falsch ist, wenigstens muß man stets hinzusetzen, hinsichtlich des Verhaltens des Wassers. Dies halten wir aber stets für selbstverständlich. Abgesehen davon, daß es Kälte gar nicht gibt, wird aber die Anästhesie beim Ätherspray etc. gerade durch die Wärme erzeugt, denn eben die große Menge von Wärmeabgabe versetzt die Gewebe des lebenden Organismus in festen Zustand, die Gewebsflüssigkeit (Lymphe, Blut) also das Wasser in demselben, gefriert und dadurch werden die Nerven in einen anderen Zustand versetzt, bei dem sie die auf ihre Endigungen ausgeübten Reize nicht nach dem Zentralnervensystem weiterzuleiten im Stande sind. Es wird also die Anästhesie durch die Wärme erzeugt. Da man nun aber einmal im Leben die Wärme nur immer hinsichtlich des Verhaltens des Wassers betrachtet und beurteilt, so hat man auch den Ausdruck „Anästhesie durch Kälte" beibehalten und wir wollen hier keine Änderung treffen. Allerdings muß man sich bewußt sein, daß die Anästhesie nur durch den Einfluß der Wärmeentziehung entsteht.

Das andere physikalische Anästhetikum ist der Druck, die Kompression etc. Druck wurde früher direkt durch Zusammendrücken eines großen Nerven oder durch Abschnüren eines Gliedes verwendet, was aber immer nur sehr ungenügende Anästhesie hervorrief, während in der Neuzeit S c h l e i c h diese Art der Anästhesie mit in seiner Infiltrationsanästhesie verwendet. Derselbe erzeugt Analgesie in den Geweben dadurch, daß er dieselben sehr prall mit Flüssigkeit anfüllt, ein strammes künstliches Ödem erzeugt. Durch den Druck der Flüssigkeit auf die Endigungen der Nerven in den Geweben werden dieselben in einen Zustand versetzt, der die Leitung der Reize durch die Nerven verhindert, wodurch Analgesie entsteht. Allerdings verwendet S c h l e i c h in seinen Lösungen auch einige chemische Anästhetika, so daß man deren Einwirkung auf den Nerven, wenn dieselbe auch wegen der geringen Verdünnung kaum merklich ist, doch berüchsichtigen muß. Es ist daher die S c h l e i c h s c h e Methode nicht eine rein physikalische, sondern eine gemischte, es kommt bei ihr die physikalische und chemische Wirkung in betracht. Die chemischen Anästhetika sind bei weitem wichtiger, als die physikalischen, denn dieselben ermöglichen eine viel bessere und ausgedehntere Anästhesie und sie sind infolge dessen jetzt fast ausschließlich zur Verwendung gelangt. Die chemischen Anästhetika können hier nicht einzeln beschrieben werden, das wird im speziellen Teil geschehen, aber es sollen hier die für alle wichtigen Verhältnisse kurz erörtert werden.

Dieselben stellen durchweg chemische Verbindungen aus der organischen Chemie dar und werden in zwei Arten verwendet, erstens äußerlich auf die Gewebe appliziert, zweitens innerlich in die Gewebe injiziert. Für erstere Anwendungsweise verwendet man entweder den Köper selbst, indem man ihn auf die Schleimhaut legt, oder man verwendet hochkonzentrierte Lösungen oder Salben desselben. Die äußere Applikation geschicht meist auf Schleimhäuten und ruft da eine vollkommene Anästhesie derselben hervor, während auf der äußeren Haut des Körpers durch eine solche Applikation eines Anästhetikums nie Analgesie oder Anästhesie auch nur in geringem Grade hervorgerufen wird. Es spielen hier zwei Umstände eine besondere Rolle, womit die Anästhetika durch die Schleimhaut auf die Nervenendigungen wirken können, nämlich erstens die leichte Permeabilität der Epitheldecke der Schleimhaut durch Lösungen wässeriger Art. Wenn nämlich Kokain z. B. auf die Schleimhaut gelegt wird, so wird dasselbe sofort vom Schleim gelöst und es dringt sogleich in die Epithelzellen ein und durch dieselben auch in die tieferen Gewebsschichten der Schleimhaut, sodaß also eine wässerige Lösung des Kokains mit dem Zellsaft der Lymphe etc. entsteht. Zweitens ist in der Schleimhaut die Nervenendigung und -ausbreitung dicht unter der Epithelschicht gelegen und die Kokainlösung kann leicht bis zu den Nervenendigungen und Nervenbahnen vordringen. Auf der Haut des Körpers hingegen liegen die Verhältnisse ganz anders, denn hier ist die Epithelschicht zu dick, ferner ist sie verhornt und dadurch fast undurchdringlich für Wasser und Lösungen, außerdem liegen die Nervenendigungen tiefer, es kann also ein Anästhetikum nicht durch die Epithelschicht der Haut dringen. Überall da, wo man verhornte Epithelschicht findet, ist eine äußere Anwendung der Anästhetika unmöglich, man muß dann die Lösung des Anästhetikum in die Gewebe, also in die Haut, Unterhautzellgewebe, Muskulatur injizieren. Diese Anwendungsweise der Anästhetika stellt an dieselben die Anforderung, daß sie löslich im Wasser sind. Sobald ein Körper im Wasser unlöslich ist, kann er nicht als Anästhetikum wirken. Es zeigt sich auch, daß die anästhetische Kraft der Anästhetika direkt proportional der Löslichkeit im Wasser ist. Es gibt ja auch Körper, die anästhetisch wirken und nicht leicht in Wasser löslich sind. Dieselben werden aber dann, ehe sie in die Zellen eintreten umgesetzt, sodaß sie vom Zellsaft aufgenommen werden können, oder sie müssen in anderer Lösung in die Nähe der Nervenendigungen injiziert werden, sodaß sie dann vom Nerven aufgenommen werden können. Es wirkt aber ein Körper nur dann, wenn er noch ein wenig in Wasser löslich ist. Die am schnellsten, sichersten und besten wirkenden Anästhetika sind am leichtesten in Wasser löslich, z. B. Kokain, Eukain, Akoin, Tropakokain etc. Man ermöglicht oft eine bessere Löslichkeit, wenn man von den Stoffen die mit Säuren gebildeten Salze verwendet, z. B. das mit Acidum muriatikum gebildete Salz ist das gebräuchlichste, wie das Kokain muriat., Eukain muriat. etc.

Wenn man auch die Anästhetika, wie es vielfach in der Ophthalmologie, Rhinologie etc. Usus ist, äußerlich appliziert, so verwendet man sie doch stets in Lösungen, denn die Verwendung derselben in Substanz hat doch bedeutende Nachteile, weil dabei die einzelnen Stellen und Bezirke der zu anästhesierenden Schleimhaut ungleich mit dem Anästhetikum versehen werden, wodurch auch eine ungleiche Wirkung entsteht. Für die interne, intrakutane, intramuskuläre etc. Verwendung ist eine Lösung stets notwendig. Der Unterschied besteht nur darin, daß man bei der äußeren Applikation höher konzentrierte Lösungen verwenden darf als bei der internen.

Jedes Anästhetikum ist, wie wir schon bemerkten, ein toxischer Körper hinsichtlich des tierischen Organismus, er vernichtet also das Leben. Allein es kommt dabei nur auf die Höhe der Konzentration der verwendeten Lösung, sowie die Art der Anwendung an. Gibt man ein Anästhetikum den Kranken per os, so ist dasselbe meist stark toxisch und man darf nur die geringsten Konzentrationen verwenden, während bei der subkutanen Verwendung die Giftigkeit weniger stark, noch weniger bei der externen ist. Immerhin hat man auch bei der subkutanen Injektion der Anästhetika die Maximaldosis zu beachten, denn das injizierte Anästhetikum wird vom Blut resorbiert und gelangt so in den ganzen Organismus. Meist üben die Anästhetika analog ihrer Einflüsse auf die Nervenendigungen nach ihrem Übergang in das Blut sehr schwer toxische Einflüsse auf das Zentralnervensystem aus. Teils wirken die Anästhetika auf das Gehirn und dessen einzelne Zentra lähmend, teils erregend, teils direkt vernichtend. Diese verschiedene Wirkung ist meist abhängig von der Menge, welche in das Blut gelangt, also von der Menge, die resorbiert worden ist. Es muß daher immer die Maximaldosis berücksichtigt werden. Dieselbe ist aber schwankend, hier höher, dort niedriger, je nach der Eigenschaft des Anästhetikum, das man verwendet. Diese toxischen Wirkungen der Anästhetika hängen aber auch noch von anderen Wirkungen, Nebenwirkungen der einzelnen Narkotika ab, die man daher von jedem einzelnen Anästhetikum kennen muß. Es ist also ersichtlich, daß während der Verwendung der Methoden der Anästhetologie der Kranke sogar unter Lebensgefahr sich befinden kann und es ist Pflicht des

Anästhetologen, diese Gefahren quoad vitam wie quoad valitudinem des Kranken auf ein Minimum zu beschränken oder ganz zu verhüten. Es läßt sich durch die verschiedenen Methoden erreichen, für jeden Fall eine möglichst gefahrlose Methode zu finden. Die toxischen Wirkungen und Nebenwirkungen der einzelnen Anästhetika werden im speziellen Teil näher erörtert werden.

Die Zahl der in der Anästhetologie verwendeten chemischen Stoffe ist ziemlich groß. Das wichtigste Anästhetikum ist das Kokain. Dasselbe ist das erste dieser Art entdeckte und verwendete Anästhetikum und es ist bisher auch noch von keinem anderen verdrängt und überflügelt werden, sodaß man es noch immer am meisten verwendet. Der Vorzug vor allen anderen liegt in der hohen anästhetischen Wirkung. Die gebräuchlichsten anderen Anästhetika sind: Eukain β, Eukain α, Akoin, Tropakokain, Holokain, Anästhesin, Orthoform, Guajacol, Stovain, Alypin, Yohimbin, Aneson etc.

Man hat die Anästhetika natürlich unzersetzt und rein zu verwenden und es ist Pflicht des Arztes stets ein einwandfreies Präparat zu gebrauchen, denn es hängt viel von der Reinheit der Anästhetika ab. Wenn dieselben nicht rein sind, sondern Verbindungen eingegangen sind, oder andere Stoffe, die bei der Herstellung mit denselben in Berührung gekommen sind, beigemengt, wenn auch nur in geringsten Mengen vermischt, enthalten, so wird die anästhetische Wirkung getrübt, abgeschwächt und es treten toxische Nebenwirkungen auf, welche dem reinen Präparat nicht eigen sind, sondern nur den Beimengungen fremder Substanzen zugeschrieben werden müssen. Die tadellose Beschaffenheit der Anästhetika ist aber nur dann gewährleistet, wenn das Präparat von einer erstklassigen Fabrik hergestellt wird und der Arzt und Apotheker bei der Aufbewahrung der Körper sehr vorsichtig sind. Es kann das besthergestellte, chemischreine Präparat durch eine unpassende Aufbewahrung Zersetzungen erleiden, und eine nachträgliche Verunreinigung im chemischen Sinne entstehen. Solche Anästhetika sind sehr gefährlich. Der Arzt muß also genau wie bei den Narkotika auch bei den Anästhetika auf eine besonders sorgfältige Aufbewahrung achten. Eine Garantie für ein tadelloses Präparat besitzt er dann, wenn er die Anästhetika in kleinen braunen Glasfläschchen mit Glasstopfen aufbewahrt, so daß er in jedem Fläschchen nur $\frac{1}{2}$, $\frac{1}{4}$ oder 1 g des Anästhetikum genau abgewogen verwahrt, so hat er gleich eine Dosis, die er mit Wasser von entsprechender Menge vermischt sofort zur Lösung verwenden kann. Neuerdings hat man ja auch die Anästhetika in Tabletten hergestellt, was ebenfalls sehr brauchbar ist, nur müssen die Tabletten auch in Glasflaschen verwahrt werden. Die Aufbewahrung in dunklen Flaschen ist in mehrfacher Hinsicht wichtig, denn erstens kann sich das Präparat nicht unter dem Einfluß von Licht, Feuchtigkeit und Wärme zersetzen, es bleibt also chemisch rein, zweitens können sich nicht Bakterien aus der Luft etc. dem Anästhetikum beimengen. Die Bakterien, die große Gefahren bei der späteren Verwendung des Anästhetikums zur Injektion hervorrufen können, dürfen schon nach Möglichkeit nicht vorhanden sein, wenn auch noch eine Sterilisation erfolgt, denn bei derselben kann immerhin einmal eine ungenügende Einwirkung der Hitze vorkommen und die Spuren der Bakterien werden nicht getötet, woraus dann schwere Eiterungen der Wunden resultieren können. Es muß also als Regel gelten, das Anästhetikum stets in Flaschen aufzubewahren. Deshalb soll dasselbe auch nie aus der Apotheke in Papierbeuteln etc. verschrieben werden, weil da weder die Zersetzung noch Infektion verhütet werden kann, sondern der Arzt soll das Anästhetikum stets in Flaschen verpacken und liefern lassen. Kurz vor der Verwendung löst er es dann in Wasser, sterilisiert und verwendet es. Nie soll man Lösungen längere Zeit aufbewahren, da sich in denselben sets Zersetzungen bilden. Darüber später im folgenden Parapraphen. Hier muß nur betont werden, daß auf die Aufbewahrung, Verpackung, Transport etc. des Anästhetikum die größte Sorgfalt verwendet werden muß, wobei man dasselbe vor der Einwirkung von Licht, Luft, Wärme und Bakterien schützen muß.

§ 15. Eng verknüpft hat sich in neuerer Zeit die Verwendung der Nebennierenpräparate, Suprarenin, Adrenalin etc. mit der Anästhetologie. Man hat nämlich schon früher die Beobachtung gemacht, daß das Kokain etc. ja jedes zur Injektion verwendete Anästhetikum, besser und intensiver wirke, wenn die Blutzirkulation im Operationsgebiet aufgehoben oder doch wenigstens erschwert ist während der Operation. Diese Beobachtung führte zu der Methode von Oberst, Cuning etc. Man nahm bei Operationen an Extremitäten neben der Kokainisierung eine Abschnürung oberhalb des Operationsgebietes vor, so daß man Esmarchsche Blutleere erhielt. Wenn man eine Kokainlösung in ein solches blutleeres Gewebe injiziert, so hält die Anästhesie länger an und ist intensiver, sowie durch geringere Mengen von Kokain zu erreichen, als dann, wenn in dem Gewebe normale Blutzirkulation vorhanden ist. Der Grund für die bessere Wirkung der Anästhetika in anämisierten (blutleeren) Geweben liegt darin, daß durch die aufgehobene Blutzirkulation das Anästhetikum zunächst in den Teilen, in welche es gespritzt wurde liegen bleibt, es diffundiert nur in die Umgegend, aber wird nicht vom Blut resorbiert, wie im Gewebe unter normaler Blutzirkulation, und so muß das ganze Kokain z. B. an der einen Stelle wirken, und wirkt somit stärker und länger, als wenn die Blutzirkulation erhalten ist, vermöge deren die Kokainmenge sofort verringert wird am Ort der Injektion und ein großer Teil in das Blut gelangt, wo er in alle Teile des Organismus transportiert wird. Dieser Vorzug der Esmarchschen Blutleere dauert solange, als man den Schlauch fest an der Extremität liegen läßt. Sobald man denselben abnimmt, tritt in dem Glied normale Blutzirkulation auf, welche sofort das Kokain resorbiert, wegtransportiert, wodurch eben diese Wirkung wieder aufgehoben wird. Auf diese Art wird ja stets die Anästhesie wieder aufgehoben, indem das Blut das Anästhetikum resorbiert durch den ganzen Organismus spült und dabei in den Nieren, Schweißdrüsen, Magen- und Darmsaft wieder aus dem Organismus eliminiert. Man hat durch die Esmarchsche Blutleere eine große Unterstützung der Anästhesie, denn dieselbe dauert länger und ist durch geringere Mengen des Anästhetikum zu erzielen als sonst. Es liegt der Nachteil nur darin, daß man die Blutleere nur an den vier Extremitäten verwenden kann.

Die Wirkung der Anästhetika hängt eng zusammen mit dem Blutkreislauf und es haben manche Anästhetika an sich die Eigenschaft, selbst auf die Blutgefäße kontrahierend, manche dilatierend einzuwirken. Die, welche kontrahierend auf die Kapillaren wirken, sind die kräftigeren Anästhetika. Ein solches ist Kokain. Wenn man Kokainlösung in ein Gewebe injiziert, so werden sofort die Kapillaren und kleinen Blutgefäße zur Kontraktion angeregt, wodurch die Blutzirkulation in diesem Gewebsteile erschwert, vermindert wird. Man erkennt dies sofort daran, daß das vorher rote Gewebe blaß, gelblich wird. Diese Wirkung kommt dem Kokain zugute, denn es verhütet dadurch selbst, daß es schnell resorbiert wird, weil es die Blutzufuhr vermindert. Somit wirkt das Kokain stärker als andere Anästhetika, welche eine Dilatation der Kapillaren und kleineren Blutgefäße hervorrufen (Alypin, Tropokokain etc.). Man hat also in dem Kokain einen Körper, welcher besonders günstige Eigenschaften als Anästhetikum besitzt.

Wenn man nun also die Wirkung der Anästhetika erhöhen will, so muß man in dem Operationsgebiet die Blutzirkulation aufheben oder wenigstens vermindern. Leicht ist dies an den Extremitäten möglich. Der Vorteil dieser Blutleere liegt vor allen Dingen darin, daß man bei deren Gegenwart mit viel weniger Kokain z. B. auskommt, als man Kokain braucht, wenn man normale Blutzirkulation vor sich hat, d. h. also, man kann für eine Operation Kokain sparen, kann mit wenig Kokain größere Operationen ausführen, oder kann bei sehr schwachen Patienten, auf welche Kokain leicht toxisch wirkt, mit wenig Kokain auskommen. Das ist ein großer Vorteil, denn da die Anästhetika alle Gifte darstellen, soll man möglichst wenig von dem Anästhetikum in den Körper bringen, um toxische Wirkungen zu vermeiden. Jeder Umstand, der uns in den Stand setzt, weniger Anästhetikum zu verbrauchen bei gleicher Wirkung, muß ausgenützt werden. Man hat nun ein Mittel gefunden, welches auch in Geweben, an denen die Esmarchsche Blutleere nicht anwendbar ist, künstliche Blutleere erzeugt, dies sind die Extraktivstoffe der Nebennieren, welche ihre wirksame Substanz in dem Suprarenin (auch Adrenalin, Renoform etc. genannt) besitzen. Wenn man nämlich eine Lösung von Suprarenin 1:1000 in die Haut, Muskulatur, Drüsengewebe, Leber etc. injiziert, so werden sofort sämtliche Blutgefäße von den Kapillaren bis zu den größeren Arterien und Venen kontrahiert, sie werden geschlossen, das Blut fließt nicht mehr in ihnen, was zur Folge hat, daß das Gewebe, das vor der Injektion rot aussah, jetzt gelb, weißlich anämisch aussieht. Diesen Vorgang, den das Suprarenin hervorruft, nennt man Anämisierung. Diese Anämisierung läßt sich mit sehr gutem Erfolg mit den verschiedenen Methoden der Anästhetologie kombinieren, so daß man eine Verbesserung der Anästhesie auch in den Geweben des Rumpfes erzielen kann. Man verfährt da so, daß man das Suprarenin, welches in enormen Verdünnungen noch äußerst wirksam ist, mit der Lösung der Anästhetika vermischt und beide zusammen injiziert. Es wird da sofort eine Anämisierung des Gewebes erzeugt und dadurch kann das Anästhetikum nicht so schnell resorbiert werden und kommt dadurch besser zur Wirkung. Freilich kann man diese Kombination nur mit denjenigen Anästhetika ausführen, welche an sich die Blutgefäße nicht dilatieren, sondern entweder unverändert lassen oder selbst schon etwas kontrahieren. Wenn man nämlich das Suprarenin mit einem Anästhetikum, welches die Gefäße dilatiert, vermischt, so erzielt man gar keinen Vorteil, sondern die Wirkung beider Stoffe hinsichtlich der Blutgefäße hebt sich auf und die Anästhesie wird nicht vermehrt. Es eignet sich am besten zur Kombination mit Suprarenin das Kokain, während Eukain, Tropokokain etc. sich nicht eignen. Es wird über diese einzelnen Beziehungen noch später Genaueres mitgeteilt werden. Hier soll nur kurz erwähnt werden, wie die Anämisierung zur Anästhetologie steht. Ein großer Vorzug der Anämisierung liegt noch darin, daß man unter der Wirkung des Suprarenin die Operation ohne Blutung ausführen kann, man wird nicht durch die parenchymatöse Blutung behindert, denn dieselbe fehlt vollkommen und es bluten nur die großen Gefäße, die man ja sofort ligieren wird. Somit hat man stets eine trockene Wunde, in der man die einzelnen Gewebe genau voneinander unterscheiden kann. Der Vorzug liegt in der besseren Übersichtlichkeit und in dem geringen Blutverlust. Verhältnisse, die namentlich sehr schwachen, entbluteten Personen zugute kommen, und die große Bedeutung haben. Vor allen Dingen wertvoll ist die Anämisierung nicht nur bei Operationen in den Geweben des Thorax und Extremitäten, sondern auch bei Operationen an der Leber. Niere etc. Namentlich Leberoperationen werden besonders durch die Verwendung der Anämisierung mittels Suprarenin erleichtert, da die Blutstillung durch die Suprareninwirkung leicht bewirkt wird. Ferner kommt die Anämisierung auch bei Hämophilen in Betracht. Die Kombination der Anämisierung mit der Kokainanästhesie hat eine ganz hervorragende Bedeutung für die Anästhetologie. da man erst durch dieselbe eine Erweiterung vieler Methoden und Verbesserung derselben in der Anästhetologie erreicht hat. Im speziellen Teil wird noch genauer auf die einzelnen Beziehungen der Anämisierung zu den Methoden etc. eingegangen werden.

Das Suprarenin stellt die wirksame Substanz aus der Nebenniere dar und wird am besten als Suprareninum boricum oder Suprareninum hydrochloricum verwendet. Ersteres ist überaus haltbar, kann lange gekocht und sterilisiert werden und ist infolgedessen sehr brauchbar, zersetzt sich auch beim Aufbewahren nicht sehr schnell. Das letztere ist leichter zersetzlich, doch immer noch sehr brauchbar und haltbar. Das Suprarenin wird in Deutschland von den Farbwerken von Meister, Lucius und Brüning in Höchst a. M. fabriziert und stellt das beste Präparat von allen Nebennierenpräparaten dar. Es kommt in Lösung in den Handel. An sich bildet Suprarenin ein braunes. in Wasser lösliches Pulver. Die offizinelle Lösung ist die Lösung von 1,0 Suprarenin in 1000 g physiologischer Kochsalzlösung. Das Suprarenin hat die vorzügliche Eigenschaft, enorm wirksam zu sein, so daß man nur ganz geringe Quantitäten für die Anämisierung braucht. Die Nebennieren sind schon seit Jahren der Gegenstand eifriger Forschung, und man erkannte sehr bald, daß die Extrakte aus der Nebennierensubstanz sehr stark toxische Eigenschaften besitzen. Die Extrakte sind aber nie einfache Körper, sondern stets Mischungen von vielen, und daher kann man mit ihnen nicht sicher arbeiten, denn man weiß nie, welcher Bestandteil hier besser, welcher dort besser wirkt. Man strebte daher danach. die wirksame Substanz aus den Nebennieren darzustellen und dies gelang nach langen mühevollen Versuchen. Man nannte dieselbe in Deutschland Suprarenin, in England Adrenalin etc. Diese wirksame Substanz ist ein selbständiger chemischer Körper, und man kann natürlich mit demselben, den man stets ih derselben Beschaffenheit findet, besser Versuche anstellen, wie mit den Extrakten. Dies geht schon daraus hervor. daß man ungefähr zehnmal mehr Extrakt zur Anämisierung braucht als Suprarenin. Nun ist aber im Extrakt immer das Suprarenin enthalten, man weiß aber nie, in welchen Mengen, es richtet sich eben die Wirksamkeit des Extraktes nach der Höhe seines Gehaltes an Suprarenin. Die wechselnde Zusammensetzung führt aber beim Verwenden von Extrakt zu unregelmäßiger, ungenügender Wirkung. So hat man nie glänzende Resultate mit den Extrakten erzielt, wohl aber mit der Verwendung des Suprarenins. Das Suprarenin oder Adrenalin wird meist in seinen Verbindungen mit Salzsäure oder Borsäure verwendet. Das Adrenalin, welches in England fabriziert wird, kommt als Adrenalin. hydrochloricum in den Handel. Die offizinelle Lösung beider Stoffe ist die 1:1000,0, denn diese stellt die konzentrierteste Lösung dar, die man verwenden darf, meist verwendet man eine Lösung von 1:10000, 1:5000, 1:3000, 1:2000. Dem Adrenalin hat man noch eine geringe Menge Chloreton zugesetzt. Die Fabrikanten behaupten, der Chloretonzusatz mache Adrenalin haltbarer, doch habe ich gefunden, daß das nicht der Fall ist und daß sogar Chloreton die Wirkung beeinträchtigen kann.

Was nun die Haltbarkeit des Suprarenin anlangt, so kann man wohl zugeben, daß dasselbe beim langen Stehen mit der Zeit Zersetzungen erleidet, es ist nicht unbegrenzt haltbar. Doch das ist kein großer Nachteil. Man muß zur Verwendung stets frische Lösungen nehmen, nie alte, welche längere Zeit gestanden haben. Die offizinelle Lösung kann lange Zeit aufbewahrt werden, ohne daß sie Zersetzungen erleiden, während man dünnere Lösungen nicht aufheben darf. Natürlich muß die offizinelle Lösung steril und gut verpackt sein, dann hält sie sich ganz vorzüglich. Wenn man sich eine Lösung von 1:10000 herstellt, so kann man beobachten, daß nach wenigen Minuten die Lösung eine rosarote Färbung annimmt. Diese Rosafärbung ist belanglos, sie beeinträchtigt die Wirkung der Lösung nicht, während aber die Lösung, wenn sie einige Stunden gestanden hat, braunrot wird. was eine starke Zersetzung andeutet und eine Verminderung der Wirksamkeit. Wenn die Lösungen nicht steril sind, so bilden sich nach wenigen Stunden bis Tagen wolkige Trübungen, welche aus Bakterien und Schimmelpilzen bestehen. Diese Lösungen sind vollkommen unbrauchbar und dürfen nie verwendet werden. Wenn man eine Suprareninlösung gegen das Licht betrachtet, so muß sie wasserklar sein, ohne welche Trübungen, auch die rosafarbenen Lösungen müssen klar sein. Die Lösung muß also, da sie sich leicht zersetzt, kurz vor dem Gebrauch hergestellt werden. Das Suprarenin kann ohne Schaden gekocht werden und man kann die Lösungen 20—30 Minuten lang kochen, ohne daß Zersetzungen auftreten.

Für die Anämisierung verwendet man nach den durch Experimente festgelegten und bestimmten Tatsachen die Lösungen von 1,0 Suprarenin : 1000,0 physiologischer Kochsalzlösung' nur bei äußerlicher Verwendung auf Schleimhäute, oder zur Injektion bei kleinen Bezirken, oder Leber- Nierenoperationen, bei denen nur wenig Gewebe anämisiert zu werden braucht. Man darf pro Injektion zur Operation nicht mehr als 0,0005 Suprarenin. höchstens also 0,5 ccm = 0,5 Provazspritze dieser Lösung verwenden. Diese Lösung ruft bei externer Applikation auf die Schleimhaut binnen $^1/_2$—5 Minuten Anämie hervor, bei Injektionen in Gewebe muß man eine Minute warten. Die Anämisierung ist vollkommen, wenn das früher rote oder rosafarbene Gewebe gelblich bis weiß aussieht, dann blutet es nicht aus dem Gewebe, wenn man einschneidet, nur große Gefäße bluten, das Gewebe sieht auch auf dem Durchschnitt gelb aus. Wenn man in die Leber z. B. ein wenig dieserLösung injiziert, so bildet sich sofort ein gelber Fleck in dem Bezirk, wo das Suprarenin hingekommen ist. Der Fleck bei einer Injektion bei geradem Einstich bildet eine Scheibe gelber Farbe auf der Leber und nimmt ca. Pfennig- bis Talergröße an, je nachdem, unter welchem Druck und wieviel in das Gewebe gespritzt wurde. Das Suprarenin besitzt mäßige Fernwirkung, es wirkt von der Injektionsstelle 1—2 cm weit in das angrenzende Gewebe. Man muß stets nach der Injektion einige Zeit warten, nie darf man sofort operieren. denn die Wirkung tritt erst langsam ein. Die

Lösung 1:2000 verwendet man dann, wenn man größere Bezirke versorgen will, die aber noch immer nicht sehr groß sind, und wenn man rasche Wirkung wünscht. Von dieser kann man 1 ccm injizieren, man kann sich denken, daß man mit 1 ccm noch nicht große Strecken von Geweben anämisieren kann. Deshalb soll nur bei kleinen Operationen, Zahnextraktionen, Exstirpation kleiner Tumoren etc. diese Lösung verwendet werden. Auch bei Leberoperationen wird sie sehr viel verwendet, da man mit 1 ccm Lösung pro Injektion viel Leber schon anämisieren kann. Man verwendet bei Leberoperationen besser die konzentrierten Lösungen, 1:1000, und 1:2000. Wenn aber in Haut, Muskulatur und Schleimhaut operiert wird, soll man die hochkonzentrierten Lösungen nur bei kleinen Operationen verwenden.

Die Lösung 1:5000 verwendet man bei größeren Operationen, auch bei solchen an der Leber. Wenn man diese Lösung injiziert, muß man stets fünf Minuten warten, bis die vollkommene Wirkung eingetreten ist, man kann ja an den Geweben schon äußerlich sehen, wann die Anämisierung erreicht ist, dieselbe tritt nicht eher als nach 2—5 Minuten ein.

Die Lösung 1:10000 ist die gebräuchlichste Lösung, welche bei den meisten Operationen, bei denen man unter lokaler Schmerzbetäubung operiert, sehr gute Dienste leistet. Die Anämisierung tritt nicht vor drei bis fünf Minuten auf, man muß vor allen Dingen so lange warten, bis die Wirkung vollkommen ist. Es ist durch diese Lösung ebensogut Anämisierung vollkommen zu erreichen, als mit den hochkonzentrierten Lösungen, nur muß man genügend lange Zeit warten. Bei Leberoperationen wird diese Lösung nicht so gut verwendet, als bei den Operationen an Haut, Schleimhaut und Muskulatur. Bei der Leber wird diese Lösung durch das Blut zu sehr verdünnt und kann daher nicht genügend wirken, weil nämlich die Leber an sich viel Kraft vom Suprarenin verlangt.

Diese Lösungen müssen stets kurz vor der Operation durch Verdünnen der offizinellen Lösung hergestellt, mit dem Anästhetikum gemischt und durch Kochen 10—15 Minuten sterilisiert werden. Man muß bei der Verwendung der Anämisierung immer bedenken, daß die Maximaldosis vom Suprarenin innegehalten werden muß. Man muß nun so verfahren: Die Maximaldosis ist 0,00075 g Suprarenin. Wenn man nun kleine Operationen vorzunehmen hat, so muß man vorher überschauen können, wieviel Suprarenin wird notwendig sein, um den betreffenden Teil der Gewebe zu anämisieren. Manchmal ist es möglich, denselben durch Injektion einer halben Spritze der 1°/₀₀ igen Lösung oder 1 ccm der 0,5°/₀₀ igen zu anämisieren, dann wird man also die Lösung 1:1000 oder 1:2000 wählen. Bei allen Operationen, wo man in die Tiefe der Gewebe vordringen will, z. B. Drüsenexstirpationen etc. und wo voraussichtlich eine Injektion nicht genügen wird, nimmt man die Lösung 1:10000 und beschickt zunächst mit 5 ccm dieser Lösung alle die oberflächlichen Gewebe, die zunächst durchtrennt werden müssen, wenn möglich, sucht man hier auch mit weniger auszukommen. Nachdem die Anämisierung vollendet ist, inzidiert man zunächst so weit, als dieselbe reicht. Man wird beobachten, daß dieselbe viel weiter in die Tiefe der Gewebe reicht, als man injiziert hat. Wenn man nun auch bei dieser ersten Injektion schon ziemlich die Maximaldosis erreicht hat, so ist doch möglich, noch mehr Suprarenin zu injizieren, denn wenn man jetzt die Gewebe bis an die Grenze der Anämisierung durchschneidet und innerhalb dieses Bezirkes operiert, fließt wieder eine Menge Suprarenin aus den Geweben heraus, jedenfalls kommt lange nicht alles zur Resorption. Man kann nun, nachdem mit dem Operieren etc. wieder drei bis fünf Minuten vergangen sind, von neuem eine Menge von 0,0005 Suprarenin also 5 ccm der Lösung 1:10000, injizieren, welche nun stets ausreichen, um die Operation zu vollenden. Man hat dabei anscheinend die Maximaldosis überschritten, doch man hat die Injektion nicht auf einmal gemacht, sondern in zwei oder drei Absätzen, wodurch aber ermöglicht wurde, daß eine größere Menge Suprarenin verwendet werden konnte, als man auf einmal injizieren darf. Man kann auf diese Weise durch Teilen der Portion große Gebiete anämisieren, ohne Intoxikationssymptome von seiten des Kranken hervorzurufen. Das stufenweise oder etappenweise Operieren ist auch für die Kokainverwendung notwendig, weil dadurch auch dasselbe nach und nach in die Gewebe gebracht werden und nicht auf einmal zur Wirkung kommen kann. Es wird ja bei diesem Verwenden des Suprarenins bei weitem nicht all das in die Gewebe injizierte Suprarenin resorbiert, sondern ein großer Teil desselben fließt beim Operieren wieder aus den Geweben heraus. Weiter wird ja auch die Blutzirkulation gestört, so daß auch durch die verlangsamte Blutbewegung im Operationsterrain die Resorption erschwert wird.

Wenn man in die Gewebe des menschlichen oder tierischen Organismus Suprarenin injiziert, so werden sofort die Kapillaren zur Kontraktion gebracht und mit der Zeit auch die größeren Gefäße bis zu dem Kaliber, welches beim Durchschnittenwerden deutlich spritzt, kontrahiert, so daß eine vollkommene Blutleere in dem Gewebe entsteht, die man durch die gelbweiße Farbe erkennt. Je nach der Konzentration der injizierten Lösung tritt die Kontraktion sofort oder erst nach Verlauf von fünf Minuten, ja bis zehn Minuten ein. Ein Gewebe, das sehr reich an Blutgefäßen ist, ist schwerer zu anämisieren, man braucht dazu mehr und konzentriertere Lösung als bei gefäßarmen Geweben. So muß man bei der Leber stets die Lösung 1:1000 oder 1:2000—5000 verwenden und je nach der Konzentration lange Zeit warten, bis die Anämisierung vollkommen ist. Die vielen Gefäße der Leber werden bis auf die großen Venen und Arterien so intensiv kontrahiert, daß beim Einschneiden der gelbverfärbten Stelle nicht ein Tropfen Blut aus dem Parenchym fließt. Nur wenn man eine große Vene durchtrennt, entsteht eine Blutung, doch kann man dieselbe leicht durch Unterbinden stillen, denn man sieht die Vene genau. Die Gefäße werden durch das Suprarenin kontrahiert, und zwar die Kapillaren leichter als die großen Arterien und Venen. Wenn man die Lösung 1:1000 verwendet, kann man innerhalb drei bis fünf Minuten auch Arterien von 2 mm Durchmesser zur Kontraktion bringen. Die größeren Gefäße werden durch die Sup020 Suprareninwirkung verkleinert und so geschieht es, daß man ein Gefäß durchschneidet und es blutet, um sofort selbst zu versiegen, denn der Stumpf ist vom Suprarenin doch noch zur Kontraktion gebracht worden, obwohl das Gefäß eigentlich zu groß war, um a priori kontrahiert zu werden.

Wenn man ein Stück Gewebe, das mit Suprarenin halb anämisiert, zur andern Hälfte nicht so behandelt ist, in mikroskopische Schnitte zerlegt, so daß man dasselbe ganz betrachten kann, so erkennt man deutlich in dem Gebiet, wo Suprarenin injiziert worden war, die Blutgefäße eng kontrahiert ohne Blutkörperchen im Lumen und in dem anderen, normalen Teile sieht man die normalen, viel weiteren Gefäße. Dieser Vergleich in demselben Präparat, in dem

man den Übergang der einen Zone in die andere genau feststellen kann, ist sehr
interessant.

Die Blutstillung mit Suprarenin geschieht also dadurch, daß die
Gefäße verengt, geschlossen und kontrahiert werden und sich währenddessen
Thromben bilden, die Blutungen aus den Gefäßen beim Durchtrennen verhüten.
Wenn man das Suprarenin mit einem Tupfer in Lösung 1:1000 auf die Schleimhaut legt und fünf bis zehn Minuten liegen läßt, so wird die Schleimhaut in
diesem Bezirk ebenfalls anämisiert, man kann sie einschneiden, ohne Blutung
zu erzeugen. Aber das submuköse Gewebe wird dadurch nicht anämisiert, denn
das Suprarenin dringt nur in die Epitheldecke der Mukosa ein. Wenn man daher tiefer schneiden will, muß man besser das Suprarenin in die Gewebe injizieren. Von einer Injektion diffundiert dasselbe in die Umgebung und wirkt
in einem bestimmten Umkreis. Man hat dieser Anämisierung den Vorwurf gemacht, daß dieselbe zur Nachblutung prädisponiere. Wenn man aber kunstgerecht
verfährt, so ist die Gefahr der Nachblutung nicht groß. Wenn die Suprareninwirkung verschwindet, so tritt zunächst eine Erweiterung der Gefäße ein und
man hat angenommen, daß bei dieser Erweiterung des Gefäßes der in ihm entstandene Thrombus sich lockern und herausgespült werden könne. Es ist nun
zweifellos Tatsache, daß die Erweiterung der Blutgefäße auftritt, aber man
kann der Gefahr der Lockerung des Thrombus vorbeugen, indem man die anämisierte Zone des Gewebes um den Wundrand recht breit, so groß als möglich
anlegt. Wenn man z. B. eine kleine Geschwulst aus der Haut exstirpiert —
um an einem Beispiel die Technik klar zu machen — so muß man derart verfahren, daß man das Gewebe um den Tumor
anämisiert, und zwar in einer Breite von 4 cm.
Diese Zone bildet also einen Ring um den
Tumor. Aus beistehender Fig. 1 kann man
die Verhältnisse deutlich ersehen. Der Ring
wird nun so angelegt, daß er gerade bis an
den Tumor reicht. Man wird nun den Schnitt
bei der Exstirpation so führen, daß ein Gebiet von 3 cm Breite von dem anämisierten Gewebe zurückbleibt, während
eine Fläche von 1 cm Breite am Tumor

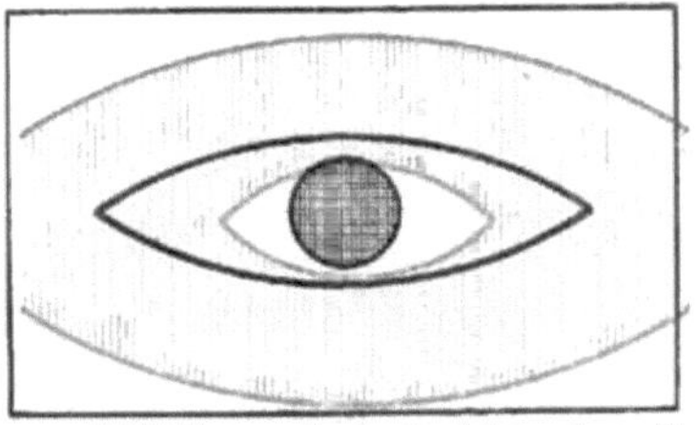

Fig. 1.

verbleibt und mit extierpiert wird. Wer keine Erfahrung in dem Operieren
unter Anämisierung hat, könnte denken, es wäre gleichgültig, ob man
die Schnittlinie 1 oder 2 cm weit vom Beginn der anämisierten Zone legt.
Dies ist aber ein großer Irrtum. Dadurch, daß man den größeren Teil des
anämisierten Gewebes stehen läßt, beugt man einer Nachblutung erfolgreich
vor. In einem Gewebsteil von 3 cm Breite wird man kaum ein größeres Gefäß finden, welches vollkommen gerade verläuft, sondern es werden in 3 cm
langem Verlauf stets Abzweigungen oder Schlangenlinienform des Gefäßes zu
finden sein. In dem ganzen anämisierten Gewebe entstehen nun Thromben in
den Gefäßen, und dieselben werden in dem breiten Raume nie ein vollkommen
gerades Blutgefäß erfüllen, sondern immer verästelte oder wellenförmige oder
gebogene Form erhalten. Wenn nun nach dem Verschwinden der Suprarenin-
einwirkung die Kontraktion der Gefäßmuskulatur nachläßt, werden die Thromben
fest in den Gefäßen sitzen, weil eben die unregelmäßige Form des Verlaufes

der Gefäße die Thromben fest in dem Gefäßrohr hält, so daß sie nicht von dem nachdrängenden Blut herausgespült werden können. Hat man aber unvorsichtigerweise das Gewebe nur in schmalen Streifen, 1—1½ cm breit anämisiert, so kann es vorkommen, daß eine größere Arterie, welche durch die Suprareninwirkung thrombosiert wurde, in schnurgeradem Verlauf gerade in diesem schmalen Teile das Gewebe durchsetzt. Aus diesem geraden Rohr kann der Thrombus beim Erweitern natürlich leicht herausgespült werden, was dann zu einer Nachblutung führt. Man ersieht daher aus diesen Erörterungen, daß man stets beim Operieren unter Anämisierung das Gewebe in breitem Raume mit Suprarenin beschicken muß und vor allen Dingen darauf zu achten hat, daß der größere Teil des anämisierten Gewebes den Wundrand bilden muß. Wenn dies peinlich beachtet wird, entstehen Nachblutungen nie. Weiter wird man auch bei solchen Operationen gut tun, alle sichtbaren Arterien, sobald sie ein größeres Kaliber erreicht haben, selbst wenn sie momentan infolge der Suprareninwirkung nicht bluten, aber doch im Gewebe zu sehen sind, zu ligieren. Meist unterbinde ich dieselben, ehe ich sie durchtrenne, soweit als dies möglich ist. Man kann dies sehr leicht, weil man oft die größeren Venen und Arterien beim Operieren durch die Gewebe in der Wunde hindurchschimmern sieht. Wenn man diese Vorsichtsmaßregeln beachtet, wird nie Nachblutung entstehen, und man wird unter vollkommener Blutleere arbeiten. Man muß bei Verwenden der Anämisierung auch aus dem Grunde die beschickten Gewebsabschnitte nicht zu eng und klein wählen, weil man sonst leicht mit dem Messer gelegentlich des weiteren Vordringens in nicht anämisierte Gewebe gelangt, was Blutung zur Folge hat. Da man nun auch nie vorher die Gegend der Operationswunde auf die einzelnen Begrenzungen genau abschätzen kann, sondern immer 1—2 cm Spielraum haben muß, so erfordert auch dies ein weites Beschicken der Gewebe in 4—5 cm Breite von der mutmaßlichen Operationswundfläche an nach dem gesunden Gewebe zu.

Die Anämisierung eignet sich für verschiedene Operationen verschieden, denn es hängt viel von den Geweben ab, in denen man zu operieren hat, ob man eine vollkommene Anämisierung erreichen kann. Man kann aber in Haut und Muskulatur sehr leicht vollkommene Blutleere durch Injektion von Suprareninlösung erzielen. Operiert man von der Schleimhaut aus, so kann man die Schleimhaut durch Aufpinseln und Betupfen von Suprareninlösung, resp. Auflegen von mit Suprareninlösung imprägnierter Watte auf die Schleimhaut während fünf Minuten, die Schleimhaut anämisieren. Die Wirkung erstreckt sich dann aber nur auf die Schleimhaut selbst, das submuköse Gewebe muß man durch Injektion anämisieren. Die parenchymatösen Organe, wie Leber und Niere, lassen sich ebenfalls durch Suprarenininjektion anämisieren und Operationen an denselben ohne wesentlichen Blutverlust ausführen. Will man durch Suprarenin parenchymatöse Blutungen stillen, so tamponiert man die Wunde mit Suprareningaze oder Suprareninwatte, wie sie in trockener, steriler Form von der Verbandstofffabrik M a x A r n o l d in Chemnitz i. Sa. hergestellt werden.

Die Anämisierung wird besonders günstig mit der Kokainanästhesie kombiniert, denn man hat dadurch den Vorteil, daß die Kokainwirkung erhöht wird. Mit anderen Anästhetika hat man sie ebenfalls kombiniert. Über diese einzelnen Beziehungen der Suprareninwirkung zu den Anästhetika wird im speziellen Teil bei Behandlung der einzelnen Methoden des genaueren gesprochen.

werden. Hier sollte nur zur allgemeinen Orientierung die Anämisierung so weit erläutert werden, als zur Orientierung notwendig ist. Ebenso, wie man das Suprarenin verwendet, kann man in genau denselben Verdünnungen und Arten die anderen Nebennierenpräparate verwenden, sofern sie die wirksame Substanz der Nebennieren darstellen und sich nur durch den Namen unterscheiden, denn die chemische Zusammensetzung ist dieselbe. Das Adrenalin hat nur noch in der offizinellen Lösung eine Beimengung von Chloreton, welche aber keine besseren Wirkungen hervorruft, sondern eher Nachteile erzeugt. Wenn auch die üblen Wirkungen des Chloreton in dieser Verdünnung meist nicht bedeutend sind, so können sie doch bei Verwendung größerer Mengen von Adrenalin merklich werden. Es sind entzündliche Reizungen des Gewebes darauf bezogen worden.

Als Nachteil der Anämisierung hat man angeführt, es könne nach der Operation eine Gangrän der anämisiert gewesenen Wundränder und Gewebe leicht eintreten, ein Vorkommnis, das ich nie beobachtet habe. Wenn Gangrän eintritt, kann man sie nie dem Suprarenin zur Last legen, sondern sie entsteht dann infolge mangelhafter Ernährung der Gewebe durch operative Eingriffe oder mechanische Ursachen.

Die Anämisierung trägt nie die Schuld an Gangrän. Jedenfalls braucht man dies nicht zu fürchten; natürlich muß man Sorge tragen, daß bei der Operation nicht Haut-, Muskel- etc. Lappen mit ungenügender Brücke und mangelhafter Blutzufuhr gebildet werden. Tritt Gangrän ein, so hat stets der betreffende Gewebsteil auf andere Art gelitten, denn die Erfahrung hat gelehrt, daß das Suprarenin nicht derart schädlich auf die Gewebe wirken kann, daß Gangrän entsteht.

§ 16. Nach diesen Abschweifungen von dem eigentlichen Thema kehren wir wieder zur Anästhetologie zurück und erörtern nunmehr die wichtigen Beziehungen, welche zwischen den Methoden derselben und der Asepsis und Desinfektion bestehen. Da man bei den meisten Methoden der Anästhetologie direkt in die Gewebe des menschlichen Organismus eingreift, so muß man ganz besondere Bedeutung der Asepsis bei allen Maßnahmen beimessen und muß alle Instrumente und Materialien einwandfrei vor dem Gebrauch sterilisieren. Die meisten Methoden der Anästhetologie, sobald sie die Flüssigkeiten in die Gewebe injizieren, stellen an sich schon chirurgische Operationen dar, und es muß daher auch für diese genau die peinliche Asepsis gehandhabt werden, wie man sie bei jeder chirurgischen Operation anderer Art verwendet. Da nun die Methode der Anästhetologie direkt mit der vorzunehmenden Operation kombiniert wird, so hat sie auch einen ganz besonderen Einfluß auf den Heilungsprozeß der Operationswunde. Wenn man unter lokaler Schmerzbetäubung operiert, so ist die Wunde einer größeren Gefahr hinsichtlich einer etwaigen Infektion ausgesetzt, als wenn man die Operation unter Narkose ausführt. Während die allgemeine Narkose die Heilung der Wunde per primam intentionem eher begünstigt, bietet die Methode der Anästhetologie eine große Gefahr der Infektion. In Anbetracht dessen ist es nicht genug hervorzuheben, daß man bei allen Methoden der Anästhetologie die Asepsis vollkommen beherrschen und in jeder Hinsicht wahren und genau beachten muß.

Die Asepsis muß in der Anästhetologie hinsichtlich des Anästhetologen, des Kranken, der Instrumente und des Anästhetikum betrachtet werden. Was den Anästhetologen anlangt, so wird derselbe in den meisten Fällen mit dem

Operateur identisch sein. Ganz abgesehen davon, muß aber der Anästhetologe die Asepsis an seiner Person genau so wahren, als wenn er die schwerste chirurgische Operation ausführen wollte, und wenn auch die Operation noch so klein und die Methode der Anästhetologie nur in einer einmaligen Kokaininjektion besteht, und wenn auch er selbst Operateur oder Assistent ist, er muß stets selbst nach den Vorschriften der Chirurgie sterilisiert sein. Wie der Operateur sich sterilisiert, das kann ich hier nicht erörtern, das gehört in die allgemeine Chirurgie. Nur ein kurzer Überblick soll die Hauptpunkte hier anführen. Es wird vor allen Dingen hierbei darauf ankommen, daß der Anästhetologe in aseptischem Operationsmantel, der durch Hitze sterilisiert wurde, die Operation ausführt und daß er eine peinliche Asepsis hinsichtlich der Hände beachtet. Über die Händedesinfektion ist in der Neuzeit so viel geschrieben und gearbeitet worden, daß dieses Thema heute einen Riesenumfang angenommen hat. Es läßt sich daher nicht mit wenigen Worten erschöpfen und wir müssen uns hier nur mit einer allgemeinen Erörterung begnügen. Da aber die Asepsis der Hände von enormer Bedeutung ist, so darf sie doch nicht ganz übergangen werden. Das Ziel der Asepsis kann bei der Händedesinfektion nur dadurch erreicht werden, daß man ausgekochte Gummihandschuhe trägt. Nur durch diese Art kann man eine Infektion der Wunde durch die Hände vollkommen ausschalten, denn die Handschuhe können vor der Verwendung ausgekocht werden. Immerhin darf der Operateur resp. Anästhetologe beim Ausführen der anästhetologischen oder chirurgischen Operationen trotz Verwendung der Gummihandschuhe eine peinliche Sterilisation nicht unterlassen. Da es nun auch noch viele Chirurgen gibt, welche mit Gummihandschuhen nicht operieren können, so muß die Händedesinfektion doch noch besondere Beachtung finden.

Es hat sich die Heißwasseralkoholmethode in der Händedesinfektion bisher immer als die brauchbarste Methode bewiesen. Das Hauptgewicht muß dabei auf die mechanische Behandlung der Hände mit Bürste, Seife und heißem Wasser gelegt werden. Man verfährt bei dieser Methode folgendermaßen: Zunächst werden die Hände mit einer ausgekochten harten Bürste in heißem Wasser mit Seife gebürstet, und zwar fünf Minuten lang. Darauf wechselt man das Wasser, und nimmt eine andere sterile Bürste und bürstet wieder fünf Minuten, worauf wieder ein Wechsel stattfindet, und dies wird viermal durchgeführt. Darauf werden die Hände in 90%igem Alkohol mit einer Bürste fünf Minuten gebürstet, und nach diesem wieder fünf bis zehn Minuten in einer 1%‰-Sublimatlösung. Man kann an Stelle der Sublimatlösung auch Sublaminlösung nehmen. Lysol, Karbol, Lysoformlösungen sind nicht so wirksam wie das Sublimat oder Sublamin. An Stelle der Seife verwendet man mit sehr gutem Erfolg Seifenspiritus oder Saposilik. Beide Seifenpräparate sind höchst wirksam und entfernen die Epidermis ganz energisch von den Händen. Diese Methoden habe ich mit sehr gutem Erfolg lange verwendet. In neuerer Zeit habe ich allerdings an Stelle des Sublimat ein anderes Präparat, das Parisol verwendet, welches vor allen Dingen intensiver noch als Sublimat auf die Bakterien einwirkt. Ich verfahre jetzt derart, daß ich zunächst zehn Minuten mit heißem Wasser, Bürste und Seife (Saposilik oder Seifenspiritus je nach Möglichkeit) unter fließendem Wasser oder häufigem Wechseln die Hände bearbeite, darauf verwende ich an Stelle des Wasser eine Parisollösung von 2%. die aus heißem Wasser und Hinzufügen von der entsprechenden Menge des

Parisol sofort hergestellt wird, und bürste die Hände wieder zehn Minuten mit Seife in der zwei- bis dreimal zu wechselnden Parisollösung. Darauf werden die Hände in Alkohol fünf Minuten gebürstet und nach diesem wieder fünf Minuten lang in einer 3—5%igen Parisollösung abgewaschen resp. gebürstet, jetzt natürlich ohne Seife. Nach diesem Verfahren erzielt man eine für alle Fälle, wo die Hände nicht wissentlich mit den gefährlichsten Bakterien infiziert worden waren, vollkommene Sterilität der Hände. Wenn man aber die Hände vorher durch Bakterien infiziert hatte, muß man nie ohne Gummihandschuhe operieren, denn wenn auch das Experiment solche Hände doch steril nach dieser Methode der Desinfektion erfinden läßt, so sollte man doch nicht darauf vertrauen, denn es kann leicht vorkommen, daß in der Praxis die Desinfektion gelegentlich weniger peinlich innegehalten wird und es können dann doch Infektionen die Folge sein, die mit Gummihandschuhen hätten leicht verhütet werden können. Mit diesen Methoden kann der Arzt in praxi stets auskommen und er muß sich auch zur Pflicht machen, selbst die Hände bei Verwendung von Gummihandschuhen genau so zu sterilisieren, damit er nach Möglichkeit eine Infektion der Wunde, wenn die Handschuhe, was sehr leicht und oft passiert beim Operieren, wenn auch nur unmerklich einreißen oder zerstochen werden, verhüten kann. Es gibt noch eine Menge anderer Arten der Hände-desinfektion, doch es muß bei denselben immer bedacht werden, daß dies Verfahren möglichst einfach und leicht ausführbar ist, damit auch der Arzt auf dem Lande dasselbe verwenden kann, während er komplizierte Methoden, die nur unter Aufwand verschiedener Substanzen etc. möglich sind, nicht verwenden wird. Diese hier angeführten Methoden können aber überall, wo ein Arzt zu arbeiten hat, ausgeführt werden, und sind deshalb etwas eingehender geschildert worden, während ich die anderen, in praxi nicht verwendbaren Arten der Händedesinfektion hier nicht anführe, da man dieselben in anderen Büchern nachschlagen kann, und sie doch für den Arzt in praxi nicht in Betracht kommen.

Wenn wir nun die Asepsis des Kranken betrachten, so haben wir hier das Operationsfeld zu erwähnen, welches eine eingehende Sterilisierung erfordert und daher beachtet werden muß. Auch dessen Asepsis ist auf verschiedene Art zu erreichen, spielt aber eine bedeutende Rolle, denn es kann eine Operation nur glücklich verlaufen, wenn das Operationsfeld einwandfrei sterilisiert worden ist. Vor allen Dingen muß man hier als Vorbereitung dem Kranken ein oder mehrere warme Vollbäder verabreichen, in denen die Operationsgegend gut abgeseift wird, nach dem Bade kann man auf das Operationsfeld eine Alkoholkompresse auflegen, welche dauernd die Haut bedeckt. Dadurch wird die Haut sehr gut vorbereitet. Allein es wird nicht immer möglich sein, diese Vorbereitung auszuführen, dann muß man eben auf andere Weise versuchen, vollkommene Asepsis zu erreichen. Gleichgültig, ob man den Kranken durch Bäder etc. vorbereiten konnte, verfährt man dann mit dem Operationsfelde genau so, wie mit den Händen. Dieselben Methoden der Sterilisation werden ausgeführt und man schließt an die letzte Waschung mit Parisol oder Sublimatlösung noch eine Abwaschung der Haut mit Äther. Weiter muß man die Haut während der ersten Seifenwaschung mit rasieren, gleichgültig, ob sichtbare Haare vorhanden sind oder nicht, das Rasieren muß vorgenommen werden, denn man entfernt mit dem Rasiermesser die oberste Epidermisschicht, was einen wichtigen Umstand bedeutet, denn in diesen verhornten Epidermiszellen sitzen die meisten und gefährlichsten Bakterien. Verfährt man nach diesen Methoden, so kann man die Haut genügend sterilisieren. Ich ziehe bei diesen Sterilisierungen das Parisol deshalb dem Sublimat vor, weil dasselbe erstens eine stärkere antiseptische Kraft besitzt, zweitens viel mehr Tiefenwirkung aufweist, als das Sublimat. Die Tiefenwirkung, das Eindringen in die Zellen ist besonders wichtig, da viel Bakterien tief in den Poren der Haut, den Interstitien der Epithelzellen sitzen und von dort auf mechanischem Wege nicht entfernt werden können.

Dieser Vorzug des Parisol ist besonders wichtig. Weiter muß der Operateur stets das Operationsfeld dicht an dem Wundrand mit ausgekochtem Gummistoff fest bedecken, indem er den Gummistoff entweder an die Wundränder annäht oder auf die Haut mit bestimmten Stoffen aufklebt. Diese sterile Bedeckung all der nicht direkt vom Messer zu berührenden Haut ist sehr wichtig. Für Laparotomien habe ich eine besondere auskochbare Laparotomiemanschette konstruiert, welche die Haut der Bauchdecken und den Wundrand fest abschließt. Durch solche sterile Überkleidungen wird der Arzt in den Stand gesetzt, auf vollkommen sterilem Areal zu operieren und kann die Wunde etc. nicht von der umgebenden Haut aus infizieren.

Die Asepsis des Instrumentariums des Anästhetologen ist sehr einfach und vollkommen sicher zu erreichen, weil sämtliche Intrumente ausgekocht werden können, und es wird nie ein Arzt ohne vorherige Sterilisierung aller hierzu notwendigen Instrumente durch Kochen eine Methode der Anästhetologie, die in die Gewebe injizierend verfährt, ausführen dürfen. Zu den Instrumenten rechne ich nicht nur die Spritzen, Kanülen und Verbandstoffe, sondern auch die Glasschalen und Flaschen etc., welche zum Aufnehmen der Lösungen etc. bestimmt sind. Alle diese Instrumente müssen ausgekocht werden, und man muß auch die Kanülen trotz der Gefahr, daß die Schärfe derselben vernichtet oder vermindert werden kann, dieser Sterilisierung unterziehen. Auch die Lösungen der Anästhetika müssen durch Hitze sterilisiert werden. Auf die Zubereitung derselben komme ich noch weiter unten zu sprechen.

§ 17. Die Lösungen, in denen man die meisten Anästhetika verwenden muß, haben eine besondere Bedeutung in den meisten Methoden der Anästhetologie. Wenn man nämlich eine Lösung von Kokain und Wasser z. B. in die Gewebe des Organismus injiziert, so beobachtet man stets einen ziemlich intensiven Schmerz, welcher von der Flüssigkeit hervorgerufen wird und sofort entsteht, nachdem die Flüssigkeit in die Gewebe injiziert worden ist und so lange anhält, bis das Kokain zur Wirkung kommt und Anästhesie erzeugt. Man bezeichnet diesen Schmerz mit Injektionsschmerz, derselbe kann oft ziemlich stark sein und belästigt die Kranken sehr stark. Es fragt sich nun: Wie entsteht dieser Schmerz? Es ist zweifellos, daß die Flüssigkeit in den Geweben einen Fremdkörper darstellt und daher auch reizend auf die einzelne Zelle wirkt. Es ist eine bekannte Tatsache, daß das Wasser die lebende Zelle zerstört, und wenn man nun dem Wasser noch einen für die lebende Zelle als Gift wirkenden Körper hinzufügt, so wird man leicht einsehen, daß diese Lösung die Zellen und Gewebe reizt. Dieser Reiz erzeugt eben einen brennenden Schmerz, den Injektionsschmerz. Wenn man nun aber eine Methode der Anästhetologie verwendet, will man gerade keinen Schmerz erzeugen; deshalb hat man versucht, den Injektionsschmerz zu beseitigen. Die Lösungen, die man in die Gewebe einspritzt sollen sich aber in dem Gewebe ausbreiten, damit sie das Anästhetikum in die Umgebung der Injektionsstelle transportieren können, wo es zur Wirkung kommen soll. Das Wasser aber mit dem Anästhetikum dringt nur schwer in die Zellen ein. Man hat nun versucht, eine Flüssigkeit herzustellen, welche diese Übelstände nicht besaß. In der Physiologie hat man nun schon lange die physiologische Kochsalzlösung gefunden, welche auf die lebende Zelle keinen zerstörenden Einfluß ausübt, sondern das Leben der Zelle miterhält. Diese physiologische Kochsalzlösung stellt nämlich eine Flüssigkeit dar, die dem Zellsaft sehr ähnlich ist und welche in das Protoplasma der Zellen ohne Schwierigkeiten einzudringen vermag. Der Zellsaft besteht ja zum größten Teile aus Wasser, in dem verschiedene Salze gelöst sind, allerdings sind diese Salze nicht nur Kochsalz, doch ist dasselbe in dem Zellsaft auch enthalten. Jedenfalls hat man feststellen können, daß eine 0,7—0,9%ige NaCl-Lösung dem Zellsaft sehr ähnlich und in vielen Gesichtspunkten gleich ist.

Wenn man eine Lösung irgendeines Anästhetikums in die Gewebe injiziert, so wird diese Lösung entweder Wasser an die Zellen des Gewebes abgeben, das Gewebe quillt, oder die Lösung wird aus den Zellen Wasser entnehmen, was eine Schrumpfung der Zellen zur Folge hat. Diese beiden Vorgänge üben aber einen nicht unbedeutenden Reiz auf die Zellen, die Gewebe und in denselben auch auf die Nervenendigungen aus. Dieser Reiz äußert sich in dem Injektionsschmerz. Nun kann man, wie gesagt, Lösungen herstellen, welche diesen Schmerz nicht hervorrufen, und diese Lösungen bezeichnet man als osmotisch indifferent. Es werden dies nur solche Lösungen sein können, welche eine gleiche osmotische Spannung mit dem Zellsaft haben. Die osmotische Spannung wässeriger Lösungen ist aber stets gleich, wenn die Lösungen einen gleichen Gefrierpunkt haben. Wenn man nun den Körperflüssigkeiten osmotisch gleiche Flüssigkeiten schaffen will, so muß man die Lösungen derart verändern, daß sie einen Gefrierpunkt erhalten, wie die Körperflüssigkeiten, also der Zellsaft, Blutserum, Lymphe etc., und dieser Gefrierpunkt liegt bei 0,55° unter Null. Man hat nun die Lösungen der Anästhetika und die zur Erzeugung lokaler Schmerzbetäubung verwendbaren Lösungen auf ihren Gefrierpunkt hin untersucht und gefunden, daß eine 5,8%ige Kokainlösung den Gefrierpunkt von — 0,55° besitzt (B r a u n). Man müßte daher, wenn man eine osmotisch indifferente Kokainlösung herstellen und verwenden wollte, stets eine solche von 5,8% gebrauchen. was aber unmöglich ist in den meisten Fällen, da diese Konzentration der Kokainlösung sehr bald zu Intoxikationen führen würde. Man kann aber die Lösungen sehr leicht ändern, indem man an Stelle des Wassers physiologische Kochsalzlösung verwendet. Die physiologische Kochsalzlösung an sich ist osmotisch indifferent, wenn man nun dünnere Anästhetikumlösungen braucht, so muß man so lange die Lösungsverhältnisse des Anästhetikum und Kochsalzes gegenseitig ändern, bis die Lösung den Gefrierpunkt von — 0,55° erreicht hat. Es läßt sich dies in den meisten Fällen leicht erzielen, indem man bald 0,6 bald 0,7—0,9% Kochsalz der Lösung zusetzt. Für die dünneren Anästhetikumlösungen, wie 0,1—2%ige Kokain-, Eukain- etc. -Lösungen, ist ein Zusatz von 0,6% Kochsalz genügend, um eine annähernd osmotisch gleiche Lösung mit dem Zellsaft herzustellen. In Fällen, wo man eine Kochsalzlösung allein verwendet, ist nach E n g e l m a n n nur die 0,9%ige Kochsalzlösung als osmotisch indifferent oder mit dem menschlichen Blutserum isotonisch zu betrachten, man soll daher zu Infusionen etc. nicht mehr die früher üblichen 0,5—0,75%igen NaCl-Lösungen wählen, sondern durch obige ersetzen. Für die Anästhetikumlösungen kommt aber doch die 0,6%ige hauptsächlich in Betracht, da das fehlende Kochsalz in ihr vom Anästhetikum ersetzt wird, sobald letzteres nur in niedrigen Konzentrationen verwendet wird.

Die meisten Lösungen der in der Anästhetologie verwendeten Anästhetika stellen solche in Wasser dar, denn es ist mit dieser Art der Veränderung des Zustandes des Anästhetikums am besten die Schmerzbetäubung zu erreichen. Die wässerigen Lösungen sind entschieden dem Zellsaft am ähnlichsten und daher am brauchbarsten. Das Anästhetikum selbst ist ja ein Gift und wirkt toxisch auf die Zelle und den Nerv ein. Es bestehen aber große Unterschiede in dem Verhalten der wässerigen Lösungen zu dem Gewebe, zur Zelle. Vor allen Dingen interessieren uns hier die Reize, welche eine wässerige Lösung auf die Gewebe ausübt. Versuche haben dargetan, daß eine wässerige Lösung von Kochsalz in einer Konzentration von 0—0,55% noch reizend auf die lebenden Gewebe wirkt, also bei der Injektion noch einen Schmerz, den Quellungsschmerz (Braun) oder Injektionsschmerz hervorruft, der bei 0% sehr stark ist und bis zur Konzentration von 0,5% allmählich verschwindet, so daß man bei einer 0,6%igen NaCl-Lösung keinen Injektionsschmerz mehr findet. Die Lösungen von 0,6—2,5% NaCl verursachen keinen solchen Schmerz, während Lösungen von 2,5% und höher konzentrierte wieder Schmerzen hervorrufen bei der Injektion. Auf den Injektionsreiz einer Lösung folgt eine sensible Lähmung, und so verhalten sich die Lösungen hinsichtlich der sensiblen Lähmung, die natürlich nur von sehr kurzer Dauer ist, genau so, wie hinsichtlich des Reizes, so daß Lösungen von 0—0,55% und solche von 2,5% aufwärts eine sensible Lähmung auf den Reiz folgend hervorrufen, während die Lösungen von 0,6—2,5% weder Reiz noch Lähmung hervorrufen. So verhalten sich die Lösungen, wenn man sie in normale Haut injiziert. Werden sie aber in entzündete Gewebe injiziert, so ist nur die Lösung von 0,9% NaCl-Gehalt mit ihren nächsten Nachbarkonzentrationen weder reizend, noch sensibel lähmend zu finden, während die Lösungen von 0,6—0,8% und 1—2,5% schon reizend, und darauf sensibel lähmend wirken (Braun). Es wirkt also das reine Wasser stark reizend. Dieser Reiz wird durch das von dem Wasser hervorgerufene Aufquellen der Zellen hervorgerufen und auf den Reiz, den Quellungsschmerz folgt eine Anästhesie, Quellungsanästhesie, welche ungefähr gleich dem Reiz ist. Dieser Reiz des Wassers bedeutet eine Schädigung der Zellen, und es folgen auf diese Quellungsreize oft lange Zeit anhaltende schmerzhafte Infiltrate der Gewebe, und es gilt als Regel, daß stark quellende Lösungen auch sehr lange anhaltende schmerzhafte Infiltrate hervorrufen. Das reine Wasser erzeugt sogar bisweilen Nekrose der Gewebe, Quellungsnekrose. (Braun.) Alle Lösungen von 0—0,9% NaCl-Gehalt wirken quellend, während alle höher als 0,9% konzentrierten Lösungen wasserentziehend auf die Zellen einwirken. Das Entziehen von Wasser aus den Geweben übt ebenfalls einen Reiz aus, auf den ebenfalls sensible Lähmung folgt. Der Reiz dieser Injektionen wird aber anders empfunden, als der Quellungsreiz, es folgt auf die Injektion, welche an sich wenig schmerzhaft ist, ein mehrere Minuten anhaltender Schmerz, und zwar ist die Quaddel, die sich in der Haut gebildet hat, während dieser Zeit ziemlich schmerzhaft, hyperästhetisch Auf diesen brennenden Schmerz folgt eine Anästhesie. Während dieser Zeit verändert sich die Quaddel in eigentümlicher Art, denn beim Beginn der Anästhesie sinkt rasch das Zentrum der Quaddel in Form einer Delle ein, so daß man eine Vertiefung mit umgebendem Wall bemerkt. Die Quaddel ist anämisch, aber zwischen dem Wall und dem tieferliegendem Zentrum der Quaddel findet sich ein geröteter Ring, welcher also das Zentrum der Quaddel vom Wall scheidet. Nach Verlauf von 15 Minuten gleicht sich die Quaddel wieder aus, sie wird flach und vergrößert sich nach der Umgebung zu, während die Anästhesie verschwindet. (Braun.) Diese Einflüsse der Wasserentziehung haben aber für die Anästhetologie wenig Bedeutung, da man solche Lösungen nie verwendet.

Von besonderer Bedeutung für die Anästhesie ist die Temperatur der Lösung. Die zur Injektion zu verwendende Flüssigkeit muß eine Temperatur gleich der Körperwärme besitzen. Sobald man höher oder niedriger temperierte Lösungen verwendet und in die Gewebe injiziert, werden Reize ausgelöst, und zwar wird der Reiz um so größer, je kälter die Lösung ist. Die auf 0° und darunter abgekühlte Lösung ruft zwar im Anschluß an den Reiz Anästhesie hervor, doch ist dieselbe von nur ganz kurzer Dauer, da die Körperwärme sofort die Temperatur der Lösung erhöht. Es kann diese Anästhesie also nicht verwendet werden. Injiziert man Lösungen von 50—55° C, so werden die Gewebe schwer geschädigt, und es folgen auf die Injektion sehr schmerzhafte Infiltrate. Man muß also stets die Lösungen auf die Körpertemperatur bringen und auch während der Operation darauf erhalten. Es ist nun von B r a u n nachgewiesen worden, daß noch eine Menge anderer chemischer Stoffe als das Kochsalz in bestimmten Lösungen osmotisch indifferente Lösungen abgeben, welche die gleichen Eigenschaften hinsichtlich der lebenden Gewebe besitzen, wie die 0,9 %ige Kochsalzlösung. Zu diesen Stoffen gehören viele Natriumverbindungen und Zuckerarten. In der folgenden Zusammenstellung hat B r a u n die wichtigsten zusammengestellt, mit dem Molekulargewicht, den stärksten Konzentrationen in Prozenten, bei denen die Injektion noch eben einen leisen Schmerz hervorruft, während niedrigere Konzentrationen als diese einen beträchtlichen Schmerz mit folgender Anästhesie hervorrufen, der um so größer wird, je geringer die Konzentration der Lösung ist und diese sich dem reinen Wasser nähert. Wenn man diese Stoffe aber in höheren Konzentrationen verwendet, so gelangt man in eine indifferente Zone, in welcher die Lösungen weder reizend wirken, noch die Sensibilität beeinflussen. Weiter findet man noch diejenigen niedrigsten Konzentrationen dieser Stoffe berechnet, welche noch innerhalb dieser für die normale Haut indifferenten Zone liegen. Weiter sind die Gefrierpunkte angegeben, welche alle ungefähr dem Gefrierpunkt der Körperflüssigkeiten gleichkommen.

Chemischer Körper	Mol.-Gew.	Eben noch vorhandener Quellungsschmerz bei Lösungen von	Kein Quellungsschmerz mehr bei	Gefrierpunkt
Chlornatrium NaCl	58,5	0,5 %	0,55 %	0,35°
Natr. bicarbon. CO_3NaH	84	0,75 %	0,8 %	— 0,39°
Natr. nitric. NO_3Na	85	0,75 %	0,8 %	— 0,35°
Bromnatr. NaBr	103	0,95 %	1,0 %	— 0,34°
Jodnatrium NaJ	150	1,20 %	1,25 %	— 0,32°
Natr. biboric. $Na_2B_4O_7 + 5 H_2O$	292	1,30 %	1,35 %	— 0,35°
Natr. sulfur. $SO_4Na_2 + 10 H_2O$	322	2,1	2,2 %	— 0,33°
Natr. phosphor. $PO_4Na_2 + 12 H_2O$	358	2,3 %	2,4 %	— 0,345°
Rohrzucker $C_{12}H_{22}O_{11}$	342	5,6 %	5,8 %	— 0,35°
Milchzucker $C_{12}H_{22}O_{11} + H_2O$	360	5,7 %	5,9 %	— 0,345°

Das beweist also, daß diese Lösungen osmotisch indifferent, isosmotisch mit dem Zellsaft sind und weder quellend noch wasserentziehend wirken.

Von allen diesen Lösungen sind die Zuckerlösungen den NaCl-Lösungen am ähnlichsten. Es ist aber von allen Körpern die Tatsache festbestehend, daß die Lösungen vom Gefrierpunkt von 0,55° gleich auf die lebenden Gewebe wirken wie die 0,9%ige NaCl-Lösung. Wenn also eine Lösung zur Injektion verwendet werden soll, muß ihr Gefrierpunkt in der osmotisch indifferenten Zone sich halten, er darf also nicht mehr als bis — 0,35° sich dem Nullpunkt nähern. Wenn eine Lösung eine geringere Gefrierpunktserniedrigung besitzt, kann man durch Hinzufügen eines Kochsalzzusatzes, meist genügt ein solcher von 0,6%, dieselbe ändern, so daß sie isosmotisch wird. Man kann natürlich an Stelle des Kochsalzes auch irgendein anderes osmotisch indifferentes Salz hinzufügen in einer Quantität, welche dieselbe Veränderung der osmotischen Spannung bewirkt, wie ein Zusatz von 0,6% Kochsalz. So kann man die Lösungen jederzeit leicht in ihrem osmotischen Spannungszustand ändern und indifferente Lösungen herstellen.

Entgegen den eben behandelten Stoffen, die man wenigstens in ihren niederen Lösungsverhältnissen als indifferente Körper bezeichnet, gibt es auch eine Gruppe chemischer Stoffe, welche in ihren Lösungen keine indifferenten Lösungen darstellen, weder in niedrigen noch höheren Konzentrationen, sondern welche stets besonders reizend infolge spezifisch chemischer Wirkungen die Zellen beeinflussen. Zu diesen Stoffen gehören die meisten in Wasser löslichen Körper. Dieselben reizen die Gewebe und auf jeden Reiz folgt eine Lähmung der sensiblen Nerven, Schädigung und ev. bei stärkeren Konzentrationen Vernichtung der Zellen, Tod der Zellen. Diese Gruppe bezeichnet man als Anästhetika dolorosa (L i e b r e i c h), denn sie verursachen stets einen intensiven Injektionsschmerz.

Wenn man von solchen Körpern Lösungen vom Gefrierpunkt — 0,35° herstellt, so übt diese bei der Injektion eben einen Reiz auf das Gewebe aus. Solche Lösungen sind z. B.:

Magnesium sulf.	3,6%	mit	— 0,35°	Gefrierpunkt
Chlorkalcium	1,3%	„	— 0,34°	„
Kal. nitric	1,0%	„	— 0,375°	„
Bromkal.	1,1%	„	— 0,35°	„
Jodkal.	1,6%	„	— 0,365°	„
Kal. sulfur.	1,3%	„	— 0,36°	„
Chlorbaryum	1,8%	„	— 0,36°	„

Wenn man zu dieser Lösung 0,6% Kochsalz hinzufügt, so wird an dem Reiz nichts geändert. Verdünnt man aber die Lösungen weiter mit Wasser, so tritt zu dem Reiz die Quellung der Gewebe hinzu, welche ebenfalls einen Reiz, gefolgt von sensibler Lähmung, erzeugt. Wenn man nun aber zu diesen dünnen Lösungen 0,6% Kochsalz hinzufügt, so vermindert sich der Reiz nach und nach immer mehr, je nach dem Grad der Verdünnung des Körpers in seiner Lösung, bis man zuletzt eine Konzentration erhält, welche durch Zusatz von Kochsalz vollkommen indifferent gemacht wird. Auf diese Weise hat man die untere Grenze der chemischen Wirkung des betreffenden Körpers erreicht, denn der Reiz, welchen diese Lösung ohne Kochsalzbeimengung hervorruft, ist nur ein physikalischer, kein chemischer mehr. (B r a u n , H e i n t z e etc.) Man hat unter diese Stoffe noch eine Menge anderer außer den oben genannten zu zählen,

z. B. Acetannilid, Antipyrin, Methylviolett, Koffeïn, Methylenblau, Formanilid, Morphin etc. etc.

Man hat alle diese Stoffe als Anästhetika gelegentlich empfohlen, doch kann man dieselben nicht als solche verwerten. Ebenso hat S c h l e i c h behauptet, 3 %ige Lösung von Kalium bromat. und 2 %ige von Koffeïn, 1 %ige von Methylviolett stellten an sich Anästhetika dar und könnten zur Erzeugung lokaler Schmerzbetäubung verwendet werden, was aber als ein Irrtum sich erwiesen hat, denn B r a u n , H e i n t z e etc. haben nachgewiesen, daß diese Lösungen als Anästhetika jeden Wertes entbehren. Wie wir später sehen werden, hat auch S c h l e i c h das Morphin vielfach zur Erzeugung lokaler Schmerzbetäubung mit herangezogen, dessen Eigenschaften noch in wenigen Worten hier behandelt werden sollen, da dasselbe für die Lösungen von Bedeutung ist. B r a u n und H e i n t z e haben nachgewiesen, daß die Morphinlösungen nur eine sehr geringe osmotische Spannung besitzen, erst eine 4 %ige Lösung von Morphin in Wasser hat einen Gefrierpunkt von — 0,35 °. Es entspricht also die 4 %ige Morphinlösung hinsichtlich der Beziehungen zu den lebenden Geweben einer 0,55 %igen Kochsalzlösung. Wenn man daher niedriger konzentrierte Morphinlösungen in die Gewebe injiziert, so wird Quellung der Gewebe hervorgerufen, was eben zur Schmerzempfindung führt. Lösungen von 2—4 % Morphingehalt erzeugen mittelstarken Injektionsschmerz und folgende Anästhesie. Dieser Schmerz wird durch die Quellung teilweise, teilweise aber auch durch die spezifische Morphinwirkung selbst erzeugt. Eine 1 %ige Morphinlösung ruft fast nie Quellungsschmerz hervor. Setzt man 0,6 % Kochsalz hinzu, so wird der Schmerz geringer, aber die Anästhesie ist sowohl bei der 1 %igen ohne NaCl-Zusatz, wie bei der mit 0,6 % NaCl-Zusatz nur sehr gering vorhanden. Wenn man Morphinlösungen von 0,5 %, 0,25 % in Wasser und noch dünnere injiziert, so wird der Injektionsschmerz immer stärker, die Anästhesie immer länger und besser, so daß man ganz unempfindliche Quaddeln mit diesen Lösungen erzeugen kann. Verwendet man aber dieselben Lösungen mit 0,6 % Kochsalzzusatz, so empfindet man nur noch sehr wenig Reiz und kaum merkliche sensible Lähmung. Man ersieht also daraus, daß der Schmerz hier nur Folge der Quellung der Zellen ist. Wenn man eine 0,1 %ige Morphinlösung injiziert, so verhalten sich die Nerven ganz so, wie bei Injektion reinen Wassers und reiner physiologischer

Lösungen von Morphin. mur.	in	verursachen Injektions-schmerz	und rufen diese Störungen der Sensibilität hervor	
4 %	Wasser	} mittelstarken	} starkes Brennen und Hyperästhesie, dann Anästhesie	
3 %				
2 %	„			
	0,6 % NaCl			
1 %	Wasser	stärkeren	} herabgesetzte Sensibilität	Parästhesien und starke Vergrößerung der Quaddeln
	0,6 % NaCl	geringen		
0,5 %	Wasser	stärkeren	Anästhesie etwas herabgesetzt	
	0,6 % NaCl	geringen		
0,25 %	Wasser	heftigen	Anästhesie wenig herabgesetzt	
	0,6 % NaCl	sehr geringen		
0,1 %	Wasser	sehr heftigen	Anästhesie nicht verändert	
	0,6 % NaCl	keinen		

NaCl-Lösung (B r a u n). Vorstehende von B r a u n gefundene Wirkungen der verschiedenen Morphinlösungen sind interessant und beachtenswert.

Wenn man Morphinlösungen in die Haut injiziert, so entstehen Quaddeln, welche andere Eigentümlichkeiten aufweisen, als die Quaddeln, welche nach Injektion physiologischer NaCl-Lösung z. B. entstehen. Die Morphinquaddel, sei das Morphin in Wasser oder physiologischer NaCl-Lösung gelöst, verbreitet sich kurze Zeit nachdem sie entstanden ist in ganz unregelmäßiger Art in ihre Umgebung, wird höher, rötet sich und nimmt so nach einiger Zeit eine ganz unregelmäßige Form an. Sie nimmt dabei einen ca. vier- bis fünfmal so großen Raum ein, als die ursprüngliche Quaddel einnahm. Wenn man eine Morphinlösung von 1 °/₀₀ verwendet, so entstehen sogar große, breite Ödeme um die Einstichstelle, und ich habe sogar beobachtet, daß sich bei Injektion von 2 ccm einer dünnen Morphinlösung (1 °/₀₀) neben der Quaddel, die sich unregelmäßig um die Injektionsstelle bildete, eine andere 10 cm von der Hautstelle entfernt bildete, die an sich die Größe eines Markstückes einnahm und mit der ursprünglichen Quaddel durch eine schmale, nur wenige Millimeter breite erhabene Brücke zusammenhing. B r a u n hat stets starken Juckreiz beobachtet. Derselbe ist von mir nicht immer beobachtet worden, es kam vor, daß die einen Personen heftiges Jucken des Ödemes empfanden, während die anderen gar keine Empfindung in der ödemisierten Stelle empfanden. Es ist das Ödem der Morphininjektionen, die Morphinquaddel, also nicht immer von Jucken begleitet (Verf.). Dieses Ödem ist dasselbe, welches man nach Injektionstichen beobachtet; die Morphinquaddel entsteht auch bei sehr dünnen Morphinlösungen, selbst solchen von 1,0 : 100 000,0, also Lösungen, in denen das Morphin gar nicht mehr lokal zu wirken imstande ist, und man darf daher eine Injektionsspritze, die man eben zur Morphininjektion verwendete, nicht ohne peinlichste Reinigung zur Injektion anderer Lösungen endodermal verwenden, weil man sonst infolge der Morphinspuren, die von der Spritze aus in die Injektionsflüssigkeit gelangten, ein lästiges Ödem um die Injektionsstelle, Morphinquaddel, mit unangenehmem Jucken ev. vergesellschaftet, erhält, was aber absolut nicht gewünscht wird. So können solche Morphinspuren ev. diffizile Experimente stören. Man muß daher bei der Injektion von Lösungen die Morphinwirkung dieser Art bedenken.

Die Morphinquaddel zeigt nun aber nicht in ihrer ganzen Ausdehnung Anästhesie, sondern solche ist nur dicht um die Injektionsstelle in Größe der primären Quaddel zu finden, während die anderen Bezirke der Quaddel nicht anästhetisch sind (B r a u n), sondern sogar deutliche Hyperästhesie zeigen (B r a u n, V e r f.). Diese Wirkung des Morphin besteht in diesem Falle hinsichtlich der Entstehung der Quaddel darin, daß dasselbe die Muskeln der Blutgefäße in der Umgebung der Injektionsstelle lähmt, wodurch ein Austritt von Flüssigkeit in die Umgebung entsteht, Ödem; wenn nun ein kleines Gefäß zufällig angestochen wurde, so kann die Morphinlösung in demselben eine kleine Strecke weit fließen und so die Brücke zu einer entfernt von der Injektionsstelle auftretenden sekundären Quaddel bilden. Es wirkt also hier die Lösung zweimal, und so entstehen auch zwei Quaddeln, die primäre und sekundäre Quaddel. Man kann dieses Experiment leicht herstellen, namentlich wenn man viel dünne Lösung, 2—3 ccm, seitlich am Oberschenkel in die Haut injiziert. Wenn dabei ein in der Cutis ein Stück weit verlaufendes Blutgefäß, Arterie oder

Vene, letztere besonders oder auch ein Lymphgefäß angestochen wird, entsteht dieses Phänomen der sekundären Quaddel in Verbindung mit der großen primären sehr leicht. Nach B r a u n findet man diese ödemisierenden Quaddeln nur noch beim Codein phosphor, aber da sehr deutlich, sonst aber bei keinem dem Morphin ähnlichen Alkaloid. Man muß bedenken, daß das Morphin schon in geringen Dosen die Sensibilität des ganzen Körpers stark herabsetzt und somit weitere Untersuchungen über Anästhesie oft erheblich erschwert. S c h l e i c h hat angegeben, daß eine 0,1%ige Morphinlösung ein reines Anästhetikum sei. Dies ist aber eine Täuschung, denn es muß dann, wenn jemand durch Injektion solcher Lösung eine Anästhesie bemerkt, schon vorher die Sensibilität nicht intakt gewesen oder herabgesetzt gewesen sein. Die lokalanästhetischen Wirkungen des Morphins sind nach den Untersuchungen von B r a u n , H e i n t z e etc. nur ganz geringe und untaugliche, denn dasselbe wirkt erst in 3—4%igen Lösungen anästhetisch, aber vorher reizend. Man hat noch eine andere Gruppe von Anästhetika, welche man mit Recht als solche bezeichnen kann und bei denen die spezifisch lähmende Wirkung die Reizwirkung bedeutend überwiegt, oder bei denen der Reiz selbst ganz fehlt oder nur sehr gering ist, ferner welche in geringen Mengen, die den Gefrierpunkt des Wassers nur wenig ändern, imstande sind, den Schmerz des Quellungsreizes zu verdecken oder wenigstens bedeutend herabzusetzen (B r a u n).

Wenn man die Anästhetika in den Lösungen hinsichtlich ihrer anästhetischen Kraft prüfen und beurteilen will, so muß man erstens die geringste Menge des Anästhetikums, welche noch den Quellungsreiz der wässerigen Lösung infolge ihrer lähmenden Wirkung unfühlbar macht, zweitens den Gefrierpunkt dieser Lösung, welche den Grad ihrer quellenden Potenz darstellt, drittens die untere Grenze der Wirksamkeit des Anästhetikums feststellen.

Man hat als Anästhetika auch die Karbolsäure, das Chininum muriat, Guajakol, Guajaryl, Aneson, Orthoform etc. verwendet, mit welchem Erfolg, das wird später erörtert werden. Die meisten dieser Stoffe lassen sich in Wasser lösen und sind in diesen Lösungen unter mehr oder minder hohem Zusatz von Kochsalz auch sehr gut brauchbar, nur die in Wasser nicht löslichen Stoffe, wie Guajakol etc., sind als Anästhetika nicht brauchbar.

Aus diesen Erörterungen geht hervor, daß zu den Gewebsinjektionen nur osmotisch indifferente, isosmotische oder osmotisch gleiche Lösungen verwendet werden dürfen, weil dieselben die spezifische Wirkung des Anästhetikums, das in ihnen gelöst ist, vollkommen zum Ausdruck gelangen lassen. Diese Lösungen müssen stets einen Gefrierpunkt von annähernd — 0,55° haben. Man hat auch erkannt, daß die eigentliche physiologische NaCl-Lösung von 0,6% nicht immer brauchbar ist, da sie wohl in der normalen Haut keinen Injektionsschmerz, solchen aber im entzündlich infiltrierten, hyperästhetischen Gewebe hervorruft, sondern daß man als osmotisch indifferent nur eine 0.9%ige NaCl-Lösung ansehen kann. Wenn man also Anästhetika verwendet, muß man stets die Lösungen so herstellen, daß sie osmotisch indifferent sind, und man erreicht dies meist durch Zusatz von 0,6% Kochsalz. Im speziellen Teil ist bei jedem Körper angegeben, welche Lösung osmotisch indifferent ist.

Die Lösungen, welche man so herstellt, werden am besten kurz vor der Operation hergestellt; und zwar durch Verdünnen der einzelnen Lösungen, so daß man sich sterile NaCl-Lösung bereit hält und diese mit dem Anästhetikum in höher konzentrierten Lösungen, die wenn möglich ebenfalls steril aufbewahrt vorhanden sind, vermischt oder in der man das Anästhetikum löst. Die Lösungen der Anästhetika und namentlich die des Kokains dürfen nicht längere Zeit gekocht werden, weil sich das Anästhetikum oft durch die Hitze zersetzt. Man darf daher die Lösung nicht zehn Minuten lang kochen, sondern man verfährt da am besten so, daß man das Wasser vor der Bereitung der Lösung lange kocht und dann zu dem sicher sterilen Wasser das Anästhetikum in Substanz schüttet und so die Lösung herstellt. Diese Lösung sterilisiert man nun auf die Art, daß man sie pasteurisiert. Man kann sie mehrmals hintereinander auf 60—70° erhitzen, wodurch die Keime, die ev. noch in der Lösung enthalten sind, ebenfalls getötet werden. Durch öfteres Erhitzen kann man die Lösungen sicher sterilisieren, und es gibt auch Anästhetika, die ein mehrere Minuten anhaltendes Kochen sehr gut aushalten, ohne sich zu zersetzen.

Da man aber dem Kokain hier entschieden mehr Rücksicht gönnen muß, weil dasselbe ein längeres Kochen absolut nicht aushält, versuchte man Lösungen herzustellen, welche an sich schon bakterizid sein und dennoch den Geweben nicht schaden sollten. So kam man zu der Konstruktion der sogenannten Tavelschen Lösung. Dieselbe besteht aus einer Lösung von 7,5 g NaCl, 2,5 g kalzinierter Soda und 1000 g Wasser. Man hat aber durch diese Kombination keine besonders günstige Lösung geschaffen, denn es ist nachgewiesen worden durch eingehende Untersuchungen und Experimente, daß die Tavelsche Lösung zwar in geringem Grade bakterizid wirkt, daß sie aber auch toxisch und schädlich auf die lebenden Zellen und Gewebe einwirkt, so daß man sogar Gangrän nach der Injektion dieser Lösungen entstehen sah (Baisch). Es ist daher nicht anzuraten, die Tavelsche Lösung als Vehikel für die Anästhetika zu wählen.

Zur äußeren Applikation auf Schleimhäute hat Wróblewski eine Lösung von Kokain in 25%igem Alkohol empfohlen, welche sofort Anästhesie erzeugen soll.

Dunbar, Ramstedt etc. empfehlen Anästhesin 0,25 + Natr. chlorat. 0,15 + Morphin mur. 0,015 + Aqua dest. 100,0, welche Lösung hervorragend anästhetische Eigenschaft haben soll und gekocht werden darf sowie sie sich beim Stehen nicht zersetzt. (Binz, Kobert.)

Legrand empfiehlt zur äußeren Applikation eine 4%ige Kokainlösung in Äthylchlorid. Ferner empfiehlt Legrand zur Injektion folgende Lösung: Gelatine 2,0 + Natr. chlorat. 0,7 + Acidi. carb. 0,1 + Eukain hydrochlor. 0,7 + Cocain hydrochlor. 0,3 + Aqua dest. ad 100,0. Über die näheren Vorzüge wird später geschrieben.

Pouchet empfiehlt die Lösung Acidi arsenic., Orthoformii āā 1,0 + Alkohol à 95% + Aqua dest. ana 40,0—75,0, ferner auch Ol. vaselin 1,0 + Calomelan 0,03—0,05 + Orthoform 0,05—0,08. Feiner empfiehlt er auch Phenol. depurat. + Menthol + Cocain hydrochloric. āā.

Ceci benutzt die Lösungen Kokain 1,0 in 200 g 3%igem Borwasser.

Gray verwendet an Stelle der wässerigen Kokainlösungen eine 10%ige Lösung von Cocain hydrochlor. in feiner Mischung von gleichen Teilen Anilinöl und Spiritus rectificat. Da diese Lösung aber Brennen anfangs hervorruft, hat er dann folgende Lösung angegeben: Es werden in getrennten Flaschen hergestellt: eine 20%ige Lösung von Cocain hydrochlor. in Spir. rectificat und eine 15—20% Lösung von Eukain in Anilinöl. Beide werden in kleineren Quantitäten vor dem Gebrauch gemischt, weil die vereinigten Lösungen sich bald braun färben und einen Teil ihrer Eigenschaft, leicht in die Gewebe einzudringen, verlieren. Diese Lösungen sind vor allen Dingen bei Ohren- und Nasenoperationen brauchbar.

Die Sterilisation der Kokainlösung geschieht sehr sicher mit der T y n - d a l l s c h e n Methode, welche in mehrfachem Erhitzen der Lösung auf 60—80° besteht. Die Keime werden da vollkommen sicher abgetötet, ohne daß die Wirkung des Kokains beeinträchtigt wird. T u f f i e r hat eine 2%ige Kokainlösung in geschlossenem Gefäße im Ölbade eine Stunde lang auf 120—130° erhitzt und konnte keine Änderung der physiologischen Wirkung der Lösung nach dieser Sterilisation nachweisen.

R o u x hat einen Apparat konstruiert, welcher die Kokainlösung bei normaler Temperatur filtriert und dadurch sterilisiert. Der Apparat, der in seinen Teilen einzeln zu sterilisieren ist, hält die in der Kokainlösung ev. enthaltenen Bakterien zurück. Man muß aber vor der Herstellung der Lösung vollkommen sterilisiertes Wasser verwenden, damit nur die in dem pulverisierten Kokain enthaltenen Keime in Betracht kommen.

R i e c k e hat einen Apparat zur Sterilisierung anästhetischer Flüssigkeiten angegeben, der sich dadurch charakterisiert, daß er, sobald das zur Sterilisierung dienende Wasser auf 100° C erhitzt ist, durch ein automatisch in Funktion tretendes Uhrwerk anzeigt, wie lange die Lösungen der Siedetemperatur (100° C) ausgesetzt wurden.

Man ersieht aus diesen wenigen hier angeführten Lösungsarten und Sterilisiermethoden, wie vielerlei verschiedene Arten angegeben worden sind, ohne daß man jedoch Besseres schaffen konnte. Man wird stets mit der osmotisch indifferenten wässerigen Lösung am besten die Wirkung der Anästhetika zur Geltung bringen und wird auch die Sterilisierung am geeignetsten durch Hitze erzielen. Selbst wenn man bei öfterem oder starkem Erhitzen einen Teil des Kokains z. B. zersetzt und dadurch unwirksam macht, so kann man da noch immer eine etwa mangelhafte Wirkung, die dadurch meist nicht hervorgerufen wird, leichter ersetzen, als man eine Infektion durch eine mangelhaft sterilisierte Lösung verhüten kann. Deshalb wird es stets vorzuziehen sein, die Lösungen zu kochen. Für Lösungen, die man während einiger Tage aufbewahren will, kann man durch Zusetzen einiger Tropfen von Karbolsäure oder Sublimatlösung ein Mittel finden, um Schimmelbildung zu verhüten und ev. noch zur Sterilisierung beizutragen. Bei einwandfreier Sterilisierung ist dies aber unnötig und man darf die Lösung doch nicht länger als einige Tage aufheben.

Es sind nun noch kurz die Kombinationen der Lösungen der Anästhetika mit Suprarenin zu erwähnen. Auf die Beziehungen der Nebennierenpräparate zu den Anästhetika ist bereits in einem früheren Paragraph eingegangen worden, so daß ich hier nur die Lösungen an sich kurz erörtern muß. Man muß natürlich stets Sorge tragen bei der Kombination der Lösungen, die osmotische Eigenschaft derselben zu erhalten. Man hat daher schon das Suprarenin oder Adrenalin etc. in einer Kochsalzlösung von 0,6% Gehalt an Kochsalz gelöst in den Handel gebracht. Somit ist es ein leichtes, durch Vermischen der sterilen Suprareninlösung mit der Lösung des Anästhetikums die gewünschte kombinierte Lösung herzustellen. Von allen Nebennierenpräparaten sind das Suprarenin Hoechst und Adrenalin Takamine die beiden gebräuchlichsten, weiter hat man noch das Epinephrin und eine Reihe von Extrakten. Man wird aber immer besser tun, den an sich wirksamen Stoff der Nebenniere zu verwenden, weil man da die Wirkung genauer kontrollieren kann, und das Suprarenin und Adrenalin, beide chemisch identische Körper, stellen das wirksame Produkt der

Nebennieren dar. Beide Körper sind sich vollkommen gleich, und. man verwendet von beiden meist die Salze oder Säureverbindungen, von denen das salzsaure und borsaure Salz die gebräuchlichsten sind. Das Suprarenin oder Adrenalin an sich ist ein äußerst empfindlicher Körper, der sich sehr leicht unter Einwirkung von Licht, Luft und Wärme zersetzt. Die Verbindungen sind etwas haltbarer, namentlich das borsaure Salz hat sehr günstige Eigenschaften in dieser Hinsicht, es zersetzt sich weniger leicht als alle anderen Verbindungen.

Die Fabrik liefert das Suprarenin. boricum oder hydrochloricum in einer Lösung von 1,0 : 1000 in 0,6%iger Kochsalzlösung steril verpackt. Diese Lösung ist monatelang haltbar. Wenn man aber von dieser Lösung eine kleine Menge in ein Reagensglas schüttet und offen an der Luft stehen läßt, so verfärbt sich die vorher wasserhelle Lösung sehr bald hellrosa und nach einigen Stunden dunkelbraun und wird trübe. Die rosafarbige Lösung ist noch ebenso wirksam, wie die helle, klare Lösung, sobald sie aber braun und trübe wird, ist sie zersetzt und verliert an Wirksamkeit.

Das Adrenalin. hydrochlor. oder boricum ist ebenfalls in Kochsalzlösung von 0,7% gelöst, doch ist noch 1% Chloreton zugesetzt, um die Lösung haltbarer zu machen, was aber nicht viel hilft, denn die Adrenalinlösung zersetzt sich ebenso wie die Suprareninlösung und wird erst rosa und dann braun und trübe. Das Chloreton bietet keinen Vorteil, sondern kann eher nachteilig wirken. Zur Kombination mit den Anästhetika eignet sich Suprarenin am besten, doch sind auch Adrenalin und die anderen Präparate brauchbar.

Zur Verwendung der Kombination setzt man den fertigen Kokain- etc. -Lösungen die notwendige Anzahl von Tropfen oder ccm der Suprarenin- oder Adrenalinlösung zu, je nach den Konzentrationen, welche man zu verwenden wünscht. Man soll das Suprarenin oder Adrenalin zum Injizieren in die Gewebe in Konzentrationen von 1 5000, 1 : 10000 bis 1 : 20000 verwenden. Pro Injektion darf man nie mehr als 0,00075—0,001 Suprarenin oder Adrenalin verwenden, da größere Mengen Intoxikationserscheinungen verursachen und üble Zustände hervorrufen können. Nur selten wird man eine Konzentration von 1 1000 oder 1 2000 zur Injektion verwenden, dies kommt nur bei der Anämisierung kleiner Teile der Leber in Betracht. Die Anämisierung in Verbindung mit der lokalen Schmerzbetäubung ist oben schon erörtert worden. Hier soll nur darauf hingewiesen werden, daß das Suprarenin oder Adrenalin die Eigenschaft hat, die anästhetische Kraft gewisser Anästhetika bedeutend zu erhöhen, wenn man beide Stoffe zusammen in die Gewebe injiziert oder auf Schleimhäute appliziert. Diese Verstärkung der anästhetischen Kraft beruht darauf, daß das Suprarenin die Blutzirkulation in dem Operationsgebiet, in welches dasselbe mit dem Anästhetikum injiziert wurde, vermindert oder ganz aufhebt. Dadurch aber wird keine oder eine nur sehr geringe Menge des Anästhetikums vom Blute resorbiert und vom Operationsgebiete wegtransportiert werden können. Somit kommt die ganze Menge des injizierten Körpers zur Wirkung. Wenn nun ein Anästhetikum an sich schon auf die Blutgefäße kontrahierend wirkt, wie das Kokain, so wird bei der Kombination von Suprarenin und Kokain die Wirkung des Kokains bedeutend erhöht werden, so daß man an Stelle von 1%igen Lösungen, die man ohne Kombination mit Suprarenin verwenden muß, um eine genügende Anästhesie zu erzielen, nur eine 0,5%ige Kokainlösung + Suprarenin braucht. Eine weitere günstige Beeinflussung des

Suprarenins liegt darin, daß die Anästhesie viel längere Zeit anhält, als bei einfacher Kokaininjektion. Auch dies rührt daher, daß die Blutzirkulation eine lange Zeit aufgehoben oder vermindert ist, wodurch bewirkt wird, daß das Kokain sehr lange am Orte der Wirkung in den Geweben bleibt, ohne vom Blute resorbiert, wegtransportiert und aus dem Organismus eliminiert oder im Organismus zersetzt zu werden. Das Kokain gerade wird in dieser Hinsicht vom Suprarenin am günstigsten beeinflußt, weil das Kokain schon selbst die Blutgefäße kontrahiert und somit im Sinne des Suprarenin wirkt. Diese Verstärkung der Kokainwirkung ist von enormer Bedeutung, denn man kann dadurch mit viel geringeren Mengen Kokain die gleichen Wirkungen erzielen, als man ohne Suprarenin mit viel größeren Mengen Kokain erzielt, wobei meist üble Nebenwirkungen, Intoxikationszeichen etc., auftreten. Die Gefahr der Intoxikation fällt infolge der Suprareninwirkung vollkommen weg, denn in den niedrig konzentrierten Lösungen, die man jetzt verwendet, ist so wenig Kokain enthalten, daß Vergiftungen gar nicht mehr auftreten. Dieser Umstand ist ungeheuer wichtig und hat das Kokain wieder zu einer hohen Bedeutung gebracht. Es ist nämlich das Kokain von allen Anästhetika für die Kombination mit Suprarenin am meisten geeignet, weil eben Kokain schon an sich im Sinne des Suprarenin wirkt.

Die anderen Anästhetika, welche nicht auf die Blutgefäße kontrahierend einwirken, sondern dieselben ganz unberührt lassen, werden zwar auch durch die Kombination mit Adrenalin oder Suprarenin in ihrer anästhetischen Kraft verstärkt, doch da sie meist schon schwächer von Haus aus wie das Kokain anästhetisch wirken, so erreichen sie nie die starke und anhaltende Wirkung mit Suprarenin wie das Kokain sie erhält. Andere Anästhetika wirken aber auf die Blutgefäße dilatierend oder erschlaffend ein. Wenn man diese mit Suprarenin kombiniert, so erfährt man keine günstigere Wirkung, denn die gefäßdilatierende und -kontrahierende heben sich auf. Und wenn man die anästhetische Kraft verstärken will, muß man die gefäßdilatierende Kraft des Anästhetikums durch die entgegengesetzte des Suprarenin weit übertreffen, wozu man sehr konzentrierte Lösungen des Suprarenin braucht. Diese hochkonzentrierten Suprareninlösungen wirken aber toxisch auf den gesamten Organismus des Kranken ein, und man darf sie nicht verwenden. Wenn man aber die üblichen Konzentrationen braucht, wird die Anästhesie nicht verbessert. Solche Anästhetika sind das Eukain β, Tropakokain etc. Man darf dieselben also nicht mit Suprarenin kombinieren, wenigstens erzielt man keine stärkere Wirkung des Eukain β oder Tropakokains. Die beste Kombination ist eben die des Kokain mit Suprarenin. In neuerer Zeit hat man noch einige neue Anästhetika angegeben, welche dem Kokain sehr ähnlich sind, nur weniger toxisch wirken, das sind das Stovain und Alypin. Von diesen beiden eignet sich das Stovain zur Kombination mit Suprarenin, auch das Alypin scheint günstig vom Suprarenin beeinflußt zu werden. Über die einzelnen Beziehungen der Anästhetika zum Suprarenin wird im speziellen Teil noch genauer geschrieben. Hier ist nur dies zu erwähnen gewesen. Was ich hier vom Suprarenin geschrieben habe, gilt ebenso auch vom Adrenalin.

Wenn man diese Lösungen kombiniert, so muß man natürlich auch peinlich die Sterilität beachten. Man soll am besten nur die sterilen Lösungen mischen, damit man die fertige Lösung nicht nochmals zu sterilisieren braucht, denn die Wirkung des Suprarenin wird durch das Kochen geschädigt und beeinträchtigt. Das Suprarenin wird ebenso wie das Adrenalin etc. in sterilen Flaschen als sterile Lösung 1 : 1000 geliefert, und diese Lösungen sind brauchbar und steril, wenn die Flüssigkeit beim Durchsehen klar ist. Dieselbe ist wasserklar und wird sofort, wenn Bakterien in derselben wuchern, trübe, es bildet sich dann ein feiner Bodensatz, den man beim Schütteln als feine Wolke vom Boden aufwirbeln sicht. Sobald man also in einer Flasche eine, sei es auch die geringste Trübung findet, so ist die Lösung nicht mehr steril und unwirksam. Man muß vor dem Verwenden der Lösung stets prüfen, ob die Flüssigkeit in der Flasche klar ist. Es kann nämlich beim Verpacken der Flaschen sehr leicht vorkommen, daß der Inhalt infiziert wird, und so findet man ab und zu einmal eine verdorbene Flasche. Man soll aber auch das Suprarenin oder dessen Ersatzpräparate stets in Originalflaschen verschreiben, die meist zu 5 g, 10 g, 25 g zu haben sind. Wenn man andere Quanten verschreibt, so muß der Apotheker das Suprarenin umgießen, wobei natürlich die Sterilität verloren geht. Welche Gefahren aber aus der Verwendung nicht steriler Lösungen resultieren, weiß jeder zur Genüge, und es kann nicht genug darauf aufmerksam gemacht werden, daß in der Anästhetologie die Asepsis eine enorme Rolle spielt und peinlichst beachtet werden muß. Im übrigen ist es am besten, wenn man sich das Suprarenin nur in Flaschen zu 5 g vorrätig hält, denn man braucht meist für eine Operation nur 1 oder 2 g dieser Lösung. Wenn die Flasche aber geöffnet ist, ist die Sterilität vernichtet und man kann den Rest nicht aufbewahren. Hat man nun Flaschen mit größerer Menge Inhalt, so ist es schade um den großen Rest, den man wegwerfen muß oder der doch verloren geht oder verdirbt. Weitere Details über das Suprarenin und dessen Verwendung finden sich im speziellen Teil.

§ 18. Die Anästhetologie besitzt eine große Menge von Methoden, und dieselben sind so überaus verschieden voneinander, daß es schwer ist, die Unfälle, welche während deren Verwendung und aus deren Anlaß entstehen und sich ereignen können, zusammenzufassen. Da aber die Methoden der lokalen Schmerzbetäubung meist nur eine lokale Wirkung hervorrufen, so sind die Unfälle während derselben bedeutend seltener und weniger schwer, als man sie z. B. bei der allgemeinen Narkose zu fürchten hat. Immerhin können solche vorkommen, und wir wollen jetzt versuchen, ein genaues Bild von allen wichtigen üblen Einflüssen und Unfällen während der Methoden der Anästhetologie zu entwerfen.

Die Gefahren, welche für den Kranken mit der Methode der lokalen Schmerzbetäubung verbunden sind, hängen direkt ab von der Art der Methode. Am wenigsten Gefahren sind mit der Anästhesie durch Kälte verbunden. Der Äther-Chloräthylspray etc. hat wohl kaum einen ernsten Unfall im Gefolge, soweit nicht der Kranke etwa Unmengen des verwendeten Äthers inspiriert. Man muß aber auch mit diesen Methoden vorsichtig umgehen, denn es kann einesteils durch zu rasche oder zu ausgiebige Einatmung der Gase, falls die Anästhesie in der Gegend des Gesichtes verwendet wird, akute Intoxikation entstehen, und wenn der Kranke sehr schwach ist oder das verwendete Chloräthyl etc. ist unrein, zersetzt etc., oder es handelt sich gar um ein Kind, so kann immerhin auch aus dieser scheinbar harmlosen Methode eine schwere Gefahr quo ad vitam resultieren, es kann Synkope, Kollaps etc. eintreten. Vor allen

Dingen muß man warnen, diese Methoden bei kleinen Kindern anzuwenden, weil bei denen schon ganz geringe Mengen von Äther, Chloräthyl etc. genügen, um dasselbe zu betäuben und schließlich Synkope zu erzeugen. Die Kinder atmen sehr leicht dabei die verdunstenden Mengen des verwendeten Körpers ein. Man muß also verhüten, daß der Kranke die Gase inspiriert. Ferner darf man diese Methoden nicht bei offenem Licht oder bei Verwenden des Thermokauter, Pacquelin etc. verwenden. Namentlich das wird leicht vergessen, daß der Thermokauter, Elektrokauter etc. hierbei so gefährlich ist, denn er setzt sofort das Operationsfeld in Brand, da ja auf demselben, in den umgebenden Tüchern, der Luft das Chloräthyl etc. verdunstet vorhanden ist und sofort Feuer fängt, wenn der glühende Platindraht in die Nähe kommt. Auch Chloräthyl ist hier ebenso gefährlich wie Äther. Diese Gefahren lassen sich aber verhüten und dürfen nie eintreten, da eben der Arzt vorbeugen muß.

Größere Gefahren sind allerdings mit den anderen Methoden verbunden, namentlich mit den vielen verschiedenen Arten der Schmerzbetäubung, bei denen das Anästhetikum in die Gewebe injiziert wird. Die Gefahren dieser Methoden sind vor allen Dingen zweierlei Art, erstens die, welche aus Intoxikationen und die, welche als Folgen der Methode entstehen. Die Intoxikationen müssen natürlich soweit als möglich vermieden werden. Es ist nur allerdings manchmal infolge der Operation schwer zu umgehen, daß geringe Intoxikationen eintreten, aber schwere Intoxikationen dürfen infolge Verwendung zu großer Mengen des Anästhetikums nie vorkommen. Die Intoxikationen haben zwei Ursachen, erstens zu große Mengen des Anästhetikums, zweitens Idiosynkrasien des Kranken. Die zu großen Dosen müssen eben vermieden werden, und man kann dies sehr leicht, indem man die Kombination mit Suprarenin verwendet, dank deren ein Überschreiten der Maximaldosis nur schwer und selten möglich ist. Es kann aber immerhin bisweilen vorkommen, daß man aus vorher unbekannten Gründen die Operation noch weiter ausdehnen muß als man vorher angenommen hatte, weshalb man natürlich noch mehr anästhesierende Flüssigkeit haben muß. Hat man da schon die Maximaldosis beinahe erreicht in den schon verwendeten Mengen der Lösung, so darf man natürlich keine weiteren Mengen injizieren, ohne Intoxikationen erwarten zu müssen. Es muß daher der Arzt stets genau orientiert sein, wieviel von dem Anästhetikum er schon verwendet hat, wieviel er noch verwenden darf etc.; und er muß auch stets die dünnste Lösung verwenden, welche gerade notwendig ist, um die Anästhesie hervorzurufen. Wenn der Arzt genau die Größe der Operation des Gewebskomplexes, in welchem operiert werden soll, die Kräfte des Kranken und die Maximaldosis des Anästhetikums erwägt, so darf ihm eine unvermutete Intoxikation aus Überdosierung nicht vorkommen.

Anders liegen nun aber die Verhältnisse bei der Intoxikation infolge Idiosynkrasie, Disposition, verminderter Widerstandskraft etc. des Patienten. Diese Verhältnisse sind viel schwieriger vor der Operation genau zu eruieren. Man kann nicht vorher wissen, ob der Kranke eine besondere Anlage hat, welche ihn auf besondere Stoffe besonders reagieren läßt. So gibt es Menschen, welche Kokain nicht vertragen, sondern schon bei Injektionen der geringsten Mengen schwere Intoxikationssymptome zeigen. Solche Patienten sind für diese Methode vollkommen ungeeignet, meist überhaupt für die lokale Anästhesie. Oftmals reagieren dieselben nur auf Kokain, während sie Eukain β anstandslos

vertragen. Das sind Zufälle, welche man erst kennen lernen muß, und man tut
gut, vor Beginn der Operation den Kranken zu fragen, ob er schon einmal mit
Kokain behandelt worden sei, denn meist wissen die Kranken, daß sie Kokain
nicht vertragen und sagen es dann. Fragt man sie aber nicht, so haben sie ja
keinen Grund, es dem Arzt zu sagen, denn sie glauben, er verwendet eine
andere Methode. Oft trifft man aber Menschen, die noch nie mit Kokain z. B.
behandelt wurden und die Idiosynkrasie gegen dasselbe besitzen. Man kann
dies nicht wissen und tut gut, sich zur Regel zu machen, in allen Fällen erst
nur kleine Mengen Kokain zu injizieren in das Operationsgebiet und dann zu
warten, ob etwa schon Intoxikationssymptome auftreten. Wenn man einen
Menschen mit Idiosynkrasie vor sich hat, so wird er wenige Sekunden nach
der Injektion Herzklopfen etc. zeigen, so daß man schon erkennen kann, hier ist
Vorsicht notwendig. Nie darf man bei einem Kranken, den man noch nicht
genau hinsichtlich der Kokainwirkung kennt, sofort eine größere Menge Kokainlösung injizieren, es können dann die schwersten Vergiftungen eintreten, weil
eben der Kranke wegen der Idiosynkrasie auf die geringsten Mengen sehr
stark reagiert. Ein vorsichtiges Versuchen mit kleinen Dosen ist daher stets
notwendig.

Neben den Intoxikationen muß man auch mit den Einflüssen des Shockes
rechnen, denn gerade durch diesen können Unfälle und Störungen hervorgerufen
werden. Der Shock spielt hier eine größere Rolle, als in der Narkosiologie,
denn wir haben während der anästhetologischen Methoden besonders auch den
psychischen Shok zu berücksichtigen, weil der Kranke vollkommen bei Besinnung
ist. Es kommt da vor allen Dingen der Shock der Operation in Betracht, neben
diesem der der anästhetologischen Methode. Der Shock der Operation wird ja
bedeutend gemildert, doch ist er immer noch hochgradiger als bei allgemeiner
Narkose. Man muß den psychischen und somatischen Shock unterscheiden; der
erstere ist hier größer als bei Narkosen, weil die Kranken sich vorstellen, daß
sie die Operation ohne Betäubung des Bewußtseins aushalten müssen. Es ist ja
eine bekannte Tatsache, daß hysterische und stark nervöse Personen weniger für
die lokale Schmerzbetäubung geeignet sind, weil sie eben weniger widerstandsfähig gegenüber dem psychischen Shock sind. Die Folgen dieses psychischen
Shocks sind Erregungszustände und Kollapse. Diese Unfälle lassen sich auf die
bekannten Arten bekämpfen, und man muß für die Kollapse dieselben Methoden
der Bekämpfung anwenden, wie sie im ersten Band beschrieben sind. Immer
muß man bedenken, daß Kollapse auch in Synkope übergehen können und man
hat Fälle beobachtet, wo die Kranken allein durch den Shock beim Beginn der
Operation tot zusammengebrochen sind, ohne daß man Kokain etc. verwendet
gehabt hätte. Dieser Shock kommt auch in Betracht beim Beginn der Injektion
zur Anästhesie, und es kann da der leiseste Schmerz, den die einstechende
Nadel verursacht, genügen, um Synkope oder schwere Kollapse herbeizuführen.
Man muß diesen psychischen Shock sehr wohl beachten, denn es hängt das
Leben des Patienten in vielen Fällen davon ab. Besonders disponiert hierzu
sind ja die nervösen und aufgeregten Personen, ferner herzleidende und dergleichen schwache Kranke. Es muß der Arzt vor Beginn der Behandlung den
Kranken genau untersuchen und eruieren, ob das Nervensystem widerstands-
fähig genug ist, um diesen Insulten der Operation und anästhetologischen
Methode gewachsen zu sein. Ist nach der Überzeugung des Arztes der Kranke

zu nervös, zu wenig widerstandsfähig, hat er zu wenig Selbstbeherrschung und
Mut, so soll der Arzt lieber eine allgemeine Narkose anwenden, wenn dieselbe
möglich ist. Man kann aber die Shockwirkung auch viel verhüten und
mindern, indem man den Kranken durch Zuspruch und Überredung vorbereitet
und ihm die Furcht vor der Operation nimmt. Von besonderer Bedeutung ist
aber auch, daß die Methode der Anästhetologie alles hält, was der Arzt dem
Kranken verspricht. Es hat dies der Arzt ganz in der Hand, indem er erstens
die geeignetste Methode der Anästhetologie wählt, zweitens die Technik vollkommen beherrscht, so daß mangelhafte Wirkung nicht eintreten kann.

Dieser Shock kann bis zu einem gewissen Grade leicht verhütet werden.
Nun kommt noch der somatische Shock in Betracht, der auf den Körper an sich
von der Methode ausgeübt wird. Derselbe ist bei den anästhetologischen
Methoden sehr gering und hängt direkt ab von der Technik der Methode. Wenn
dieselbe vollkommen und ohne Mangel ist, so wird auch der somatische Shock
nur sehr gering sein.

Ein weiterer vorwiegend psychischer Shock ist der, welcher während der
Methode der Betäubung und Operation eintritt, indem plötzlich die Schmerzbetäubung durch einen Fehler des Arztes ungenügend ist und dadurch der
Kranke plötzlich intensiven Schmerz empfindet. Es kommt bei vielen Methoden
der Anästhetologie sehr leicht vor, daß eine solche Unterbrechung möglich
wird. Aber es darf bei der richtigen Technik eben eine solche mangelhafte
Betäubung nicht eintreten, das ist die erste Pflicht des Arztes, daß er solche
Fehler verhütet. Die auf diese Weise, wenn der Operateur plötzlich in nicht
betäubte Gewebe gelangt, eintretenden Schmerzen sind sehr unangenehm und
üben vor allen Dingen bei nervösen, herzkranken, sehr schwachen etc. Kranken
oftmals sehr gefährliche Einflüsse aus, so daß Synkope eintreten kann.

Diese Unfälle während der anästhetologischen Methoden können aber
stets vom Arzte verhütet werden und dürfen eigentlich nie eintreten. Immerhin können auch Umstände obwalten, welche ohne Schuld des Arztes Synkope-
fälle oder schwere Kollapse etc. hervorrufen, und diese Umstände sind gegeben
durch Idiosynkrasien des Kranken gegen das Anästhetikum und zugleich bestehende Disposition zu Kollapsen, wie infolge schwachen Nervensystems etc.
Man muß also auch bei Beachten aller Verhältnisse, bei vollkommenster Technik
etc. immer gefaßt sein, daß ein Unfall in Gestalt eines Kollapses etc. auftritt.
Man bekämpft hier die Kollapse so wie früher geschildert, indem man die
künstliche Respiration anwendet, Analeptika etc. verabreicht etc. Bei Kokain-
unfällen läßt man meist mit gutem Erfolg bei leichteren Kollapsen Amylnitrit
inspirieren. Dasselbe galt früher als Antidot gegen Kokain, hat aber eigentlich
nur eine anregende Wirkung auf das Herz. Auch alle anderen die Herztätigkeit anregenden Mittel und Verfahren müssen bei solchen Unfällen Verwendung finden, und wir haben im allgemeinen Teil des ersten Bandes dieselben
genau beschrieben.

In den meisten Fällen hat man während der jetzigen Methoden der
Anästhetologie keine Unfälle beobachtet, weil man eben gelernt hat, die
Anästhetika in so geringen Mengen zu verwenden, daß eine Intoxikation infolge
Überdosierung nicht eintritt. Wenn eine solche dennoch vorkommt, so liegen
meist grobe Versehen in der Technik vor, oder der Kranke besitzt eine Idiosyn-
krasie gegen das betreffende Anästhetikum. Die Gefahren, welche während der

Methoden der Anästhetologie entstehen können, sind viel weniger zahlreich und schwer als die, welche während der Narkose auftreten, daher setzt man den Kranken einer viel geringeren Gefahr aus, wenn man ihn unter lokaler Schmerzbetäubung operiert, als unter Narkose.

IV. Kapitel.

Der Anästhetologe.

§ 19. Es wird beim Verwenden der Methoden der Anästhetologie meist nicht notwendig sein, daß ein Arzt allein diese Methode ausführt. Nur bei großen Operationen und den entsprechend komplizierten Methoden der lokalen Schmerzbetäubung wird es besser sein, die Methode wird von einem Arzte allein ausgeführt, der dann dem Operateur assistiert. In den meisten Fällen wird aber der Operateur die lokale Schmerzbetäubung selbst ausführen, und er wird Operateur und Anästhetologe zugleich sein. Es hängt ja die Methode der lokalen Schmerzbetäubung in vielen Fällen so eng mit der Operation zusammen, daß es nicht gut möglich ist, deren Ausführung von der Operation zu trennen, denn es erleichtert entschieden die sichere Ausführung der Schmerzbetäubung, wenn der Operateur selbst die Injektionen usw. ausführt. Er wird da viel besser orientiert sein über die Ausdehnung der Injektionen und der Gefühllosigkeit der Gewebe, und wird dadurch viel besser plötzliche Schmerzen dem Kranken ersparen können, weil er stets sicher weiß, wie weit er zu schneiden usw. hat, ohne in nicht betäubtes Gewebe zu gelangen. Es ist die Ausführung der Schmerzbetäubung sehr leicht mit der Operation zu verbinden, und dieselbe stört den Operateur absolut nicht in seiner Arbeit, sofern nicht die Asepsis durch die Ausführung der lokalen Schmerzbetäubung gestört wird. Dies ist aber nur selten der Fall, denn in allen jenen Methoden, bei denen die Gewebe des Operationsfeldes selbst betäubt werden, kann der Operateur selbst unter Wahrnehmung strengster Asepsis die Schmerzbetäubung leiten. Es kommt nur da eine Störung der Asepsis vor, wo man für Injektion der anästhesierenden Lösungen nicht ausgekochte Spritzen, sondern größere Apparate verwendet, welche die Lösung unter besonders hohem Druck aus einem größeren Gefäß in die Gewebe injizieren. Hierbei wird nur der Ansatz mit Kanüle sterilisiert, und der Apparat muß von einem Assistenten gehalten werden. Es mag hierbei besser sein, wenn ein Assistent auch die Injektion selbst ausführt, damit der Operateur nicht seine Hände durch das öftere Anfassen und Weglegen des Apparatschlauches beschmutzt und infiziert. Es ist diese Methode auch gar nicht besonders praktisch, sondern es bleibt bei größeren Operationen immer die Injektionsspritze das geeignetste Instrument, um die Lösung in die Gewebe zu injizieren. Man kann also mit Fug und Recht den Operateur mit dem Anästhetologen identifizieren. Es ist ja auch gerade ein besonderer Vorzug der meisten Methoden der Anästhetologie, daß sie einen zweiten Arzt unnötig machen, so daß der Operateur allein ohne sachkundige Hilfe die Operation ausführen und vollenden kann. Dieser Vorteil der lokalen Schmerzbetäubung ist besonders hoch zu schätzen und ermöglicht dem Landarzte oder dem Arzte, dem bei einem Krankheitsfalle eine weitere ärztliche Hilfe nicht zuteil werden kann, allein die Operation auszuführen.

§ 20. Der Operateur, der Anästhetologe zu gleicher Zeit ist, muß aber bedeutend mehr leisten, als derjenige, der eine Operation unter allgemeiner Narkose ausführt. Es werden demselben noch mehr schwierige Aufgaben zuteil, als sie schon die Operation an ihn stellt, und es wird vor allen Dingen eine große technische Fertigkeit, Geschicklichkeit, große Übersichtlichkeit, Beobachtungsk nst und Geistesgegenwart vom Arzte verlangt, wenn er operiert und zu gleicher Zeit die lokale Schmerzbetäubung ausführt. Es werden natürlich die Ansprüche an den Arzt geändert je nach der Operation, welche er ausführt, denn die Methode der Anästhetologie ist um so einfacher, je kleiner und einfacher die Operation an sich ist, wegen deren die Methode angewendet werden soll. Es wird also eine große Operation auch eine kompliziertere Methode der Schmerzbetäubung verlangen. Der Anästhetologe muß vor allen Dingen während der Ausführung der Methode den Kranken im ganzen beobachten, er muß die Herz- und Lungentätigkeit desselben genau beachten und muß auch die lokalen Verhältnisse im Auge haben. Er muß aber auch die Operation genau kennen und muß wissen, wie dieselbe ausgeführt wird und welche Eventualitäten in Betracht kommen können. Diese genaue Kenntnis der chirurgischer Verhältnisse muß Hand in Hand gehen mit vollkommenen anatomischen Kenntnissen. Wenn er alle diese Fähigkeiten besitzt, wird er die lokale Schmerzbetäubung auch in vollkommener Weise ausführen und gute Resultate erzielen. Dabei muß er aber auf alle Eventualitäten, die während der Methode der Anästhetologie auftreten können, gefaßt sein und muß genau wissen, wie und wodurch er dieselben bekämpfen muß. Durch genaue Beobachtung aller Körperfunktionen des Kranken wird er einen eventuell eintretenden Unfall schon in den ersten Anfängen erkennen und wird sofort demselben entgegen arbeiten können, so daß er schwere Gefahren abwenden kann. Natürlich muß der Arzt den Kranken vor Beginn der Schmerzbetäubung genau untersuchen, er muß die inneren Organe genau untersucht haben, um zu wissen, ob der Kranke an irgendeiner chronischen Krankheit leidet, und er muß auch die psychischen Eigenschaften des Kranken genau kennen, er muß die Widerstandskraft des Nervensystems geprüft haben und muß untersucht haben, ob dieselbe den Ansprüchen, die die Methode der Anästhetologie an das Nervensystem des Kranken stellt, gewachsen ist. Je nach dem Befunde der Untersuchung des Kranken und der Art der vorzunehmenden Operation wird der Anästhetologe die geeignetste Methode der Anästhetologie auswählen und wird natürlich diejenige Methode bestimmen, die, dem Zustand des Kranken und der Operation angemessen, die geringsten Gefahren für den Kranken mit sich bringt, aber doch ein vollkommen schmerzloses Operieren ermöglicht. Es wird oftmals nicht leicht sein, die geeignetste Methode zu finden, und es wird auch oftmals nicht leicht sein, zu entscheiden, ob man überhaupt eine Methode der Anaesthetologie wählen soll, oder ob man eine allgemeine Narkose anwenden wird. Dabei muß der Arzt nicht nur die Verhältnisse der Krankheit und Operation, sondern er muß auch die örtlichen und wirtschaftlichen Verhältnisse berücksichtigen müssen, und dabei erwägen, ob an Ort und Stelle überhaupt eine Operation unter lokaler Schmerzbetäubung möglich ist. Neben all diesen Umständen muß der Anästhetologe vor allen Dingen auch untersuchen, ob eine einwandfreie Asepsis unter den obwaltenden Verhältnissen möglich ist.

§ 21. Im Anschluß an diese Betrachtungen ergibt sich sofort die große Verantwortung, welche auf den Schultern des Anästhetologen ruht. Wenn man auch zugeben muß, daß die Gefahren, welche mit den meisten Methoden der Anästhetologie verbunden sind, geringer sind als die, welche der allgemeinen Narkose anhaften, so besteht doch noch immer eine große Verantwortlichkeit des Anästhetologen, besonders gegenüber dem Kranken. Der Kranke gibt sich hierbei vollkommen in die Hand des Arztes, namentlich bei den meisten Methoden, und es hängt vom Anästhetologen und dessen Tüchtigkeit Gesundheit und Leben des Kranken ab. Die Verantwortung des Arztes ist also groß und bedeutend. Es kann durch Fahrlässigkeit und Unachtsamkeit des Anästhetologen das Leben des Kranken schwer gefährdet werden, und es ist der Arzt insofern für jeden Schaden, den der Kranke infolge eines, sei es auch des kleinsten Versehens während der Ausführung der lokalen Schmerzbetäubung erleidet, haftbar. Der Anästhetologe muß also peinlich alle Pflichten erfüllen, und er kann das nur dann, wenn er die Wissenschaft und Technik der Anästhetologie genau beherrscht. Das Gesetz schreibt für die Ausführung der Anästhetologischen Methoden nicht die Gegenwart eines zweiten Arztes, wie bei der allgemeinen Narkose, vor, und es ist auch nicht notwendig, daß der Anästhetologe eine andere Person als der Operateur ist, aber es wird dadurch die Verantwortlichkeit desselben nicht im geringsten kleiner. Die Verantwortung wächst natürlich mit der Größe der Methode der Anästhetologie, denn je komplizierter diese Methode ist, um so größer ist die Verantwortlichkeit des Anästhetologen. Wenn aber selbst bei den kompliziertesten Methoden der Anästhetologie die Technik und Ausführung eine einwandfreie ist und wenn der Arzt den Kranken genau kennt und während der Operation genau alle Verhältnisse beobachtet, ohne einen Kunstfehler zu begehen, so wird die Verantwortung auch gering sein, denn wenn dann doch noch ein Unglück sich ereignet, so trifft den Arzt keine Schuld. Es ist aber wichtig, damit der Arzt sich den Rücken deckt, daß er in allen jenen Fällen, wo er eine Methode der Anästhetologie noch an sehr schwachen Kranken anwendet, bei denen die Narkose nicht mehr ausführbar ist, den Angehörigen des Kranken die Gefahr schildert und sich einen Revers unterzeichnen läßt, in welchem die Angehörigen beglaubigen, daß ihnen die Gefahr vorher geschildert wurde und sie ihre Einwilligung zu der Operation gegeben haben. Es kommt ja sehr leicht vor, daß solche Kranke entweder infolge des Shocks oder der toxischen Wirkung des Anästhetikums etc. plötzlich während der Operation oder direkt nach derselben ad exitum kommen, und es wird dann oft dem Anästhetologen die Schuld am Tode beigemessen. Ferner muß der Anästhetologe vor der Operation genau Zeit und Art der Operation, Untersuchungsbefund und die Art und Zusammensetzung der verwendeten Lösung etc. aufschreiben, ebenso muß er sofort nach Beendigung der Operation aufschreiben, wie lange dieselbe gedauert hat und wieviel Kubikzentimeter der anästhetischen Lösung verwendet worden sind. Aus diesen Aufzeichnungen geht ja dann hervor, ob dem Anästhetologen eine Schuld

an dem eingetretenen Unfall beigemessen werden kann oder nicht. Wenn ein
Kunstfehler nicht begangen wurde, so ist dem Arzte auch keine Schuld beizumessen. Im übrigen sind die meisten Methoden auch mit wenig Unfällen verknüpft und die Verantwortung ist bei kleinen Operationen auch um so geringer.

V. Kapitel.

Der Kranke und die lokale Schmerzbetäubung.

§ 22. Bei allen Methoden der Anästhetologie ist ebenso wie bei der
allgemeinen Narkose der Kranke einer Reihe von Gefahren ausgesetzt, welche,
wie wir oben gesehen haben, in ganz verschiedener Art und Weise auftreten
und sich ereignen können. Die Verhütung solcher Gefahren muß die Haupt-
sorge des Arztes sein, und er kann das am besten erreichen, wenn er den
Kranken und dessen Organfunktionen genau beobachtet. Etwaige Kollapse,
drohende Synkope, Intoxikationen von seiten des verwendeten Anästhetikums
etc., alle diese Unfälle treten zwar plötzlich ein, haben aber immer eine Reihe
von Symptomen, die ihrem Eintritt vorausgehen und an denen man noch recht-
zeitig, um erfolgreich Gegenmaßregeln ergreifen zu können, die drohende Gefahr erkennen kann. Dem in der Anästhetologie Unbewanderten und nicht Geübten scheinen solche Unfälle urplötzlich aufzutreten, ohne daß er sie auch nur
im geringsten geahnt hätte, dem Anästhetologen hingegen kann nie eine Über-
raschung zustoßen, denn er erkennt alle Unfälle an gewissen Symptomen schon
bei dem ersten Auftreten derselben. Blässe des Gesichtes, flache Atmung, unregelmäßige Herzaktion, beschleunigte Atmung u. dgl m. sind solche
Anzeichen einer drohenden Gefahr, und der Arzt muß bei deren Auftreten
schon wissen, auf welchen Umstand er deren Eintritt beziehen kann. Wenn
er vorher den Kranken genau untersucht und die inneren Organe genau kennen
gelernt hat, so wird er auch wissen, welche Unfälle bei der zu verwendenden
Methode etwa auftreten können, und er wird auf dieselben vorbereitet sein.
Wenn er aber alle Verhältnisse des Kranken, der Operation, Krankheit und der
vorzunehmenden Methode genau kennt, wird er auch Unfälle verhüten können,
und dieselben treten auch sehr selten auf. Immerhin soll man trotz der Seltenheit derselben nie deren Möglichkeit vergessen, sondern man soll stets auf dieselben vorbereitet sein, und das ist nur möglich durch eine genaue Beobachtung
des Kranken. Es können aber Unfälle nicht allein während der Operation auftreten, sondern es gibt auch eine Anzahl solcher, die erst nach Beendigung der
Operation sich einstellen und somit als unangenehme Folgeerscheinungen der
lokalen Schmerzbetäubung angesehen werden müssen. Auch diese Nachwirkungen müssen vom Arzte einer genauen Beachtung und ev einer energischen
Behandlung unterzogen werden.

§ 23. Zu diesen Folgeerscheinungen gehören vor allen Dingen Lungenaffektionen, welche nach Beendigung der Operation auftreten. Man beobachtet nach kleinen Operationen solche Nachwirkungen nicht, wohl aber sind

dieselben nach größeren Operationen, vor allen Dingen solcher am Thorax oder Abdomen, welche man unter einer Methode der lokalen Schmerzbetäubung ausgeführt hat, öfter beobachtet worden und bilden ein sehr unangenehmes Ereignis. Es sind sowohl Bronchitiden wie Pneumonien aufgetreten, und man hat nicht umhin gekonnt, die Methode der Anästhetologie dafür verantwortlich zu machen. Es gibt verschiedene Ursachen für die Entstehung solcher Lungenaffektionen. Die wichtigste ist die behinderte Respirationstätigkeit, welche nach der unter lokaler Schmerzbetäubung ausgeführten Operation am Thorax oder Abdomen vorhanden ist. Der Kranke kann nach der Operation, wenn die Schmerzbetäubung, die das Anästhetikum hervorbringt, verschwindet und nachgelassen hat, infolge der nunmehr auftretenden Schmerzen nicht so ausgiebig respirieren, wie er es normalerweise zu tun gewohnt war und es kommt noch die strikte Rückenlage hinzu, die ein ausgiebiges Atmen noch mehr erschwert. Diese beiden Umstände verhindern das tiefe Ein- und Ausatmen des Kranken, und es können dadurch Hypostasen in den Lungen entstehen, es können Schleimmassen, die sich in den Bronchien angesammelt haben, nicht entfernt, exspiriert werden und werden im Gegenteil in die Alveolen teilweise aspirirt, teilweise fließen sie von selbst in dieselben und füllen sie teilweise oder total aus. So kommt es zu herdweisen Infiltrationen der Alveolen, und es können sich bei weiterbestehender oberflächlicher Atmung Pneumonien und Bronchitiden aus diesen schleiminfiltrierten Alveolen entwickeln, vor allen Dingen, wenn aus dem Rachen oder mit der Luft Bakterien in die Lungen gelangen, die sich dann in diesen Bezirken ansiedeln und wuchern. Diese Verhältnisse haben entschieden einen sehr großen Einfluß auf die Entstehung der Pneumonien und Bronchitiden nach den anästhetologischen Methoden. Man kann denselben aber erfolgreich vorbeugen, indem man die Kranken nach den Operationen die Atemgymnastik, wie sie im ersten Band nach Narkosen ausgeführt wurde und daselbst genau beschrieben ist, ausführen läßt und dabei Sorge trägt, daß die Patienten mit der Brust erhöht gelagert werden, denn durch die erhöhte Lage des Oberkörpers wird die Lungentätigkeit erleichtert. Wenn man so die Kranken gymnastisch behandelt im Anschluß an die Operationen, kann man viel Lungenleiden verhüten. Vor allen Dingen lasse ich die Kranken schon tief respirieren, wenn noch Anästhesie im Wundgebiet besteht. Wenn dann die Schmerzen auftreten, so gebe ich genügende Dosen Morphin, damit der Kranke die Schmerzen nicht so stark empfindet und infolgedessen kräftiger atmet. Durch diese Maßnahmen lassen sich viele Lungenleiden verhüten. Von besonderer Bedeutung ist der Kräftezustand des Kranken. Sehr schwache, heruntergekommene, kachektische Personen sind ganz besonders disponiert zu Lungenaffektionen, und man muß bei ihnen doppelt vorsichtig sein und die Respiration nach Möglichkeit unterstützen und vertiefen. Wenn auch diese schwer kachektischen Patienten schon durch eine allgemeine Narkose schwer gefährdet sind, so besteht doch auch für sie in der lokalen Schmerzbetäubung eine größere Gefahr als für kräftige Menschen. Gerade bei diesen Kranken ist die Atemgymnastik von großer Bedeutung. Neben diesen Maßnahmen muß man besonders auch auf die Herztätigkeit achten und sofort, wenn sich die geringste Schwäche in der Herzaktion zeigt, entsprechende Gegenmaßregeln treffen, unter denen die Kochsalzinfusion am wichtigsten ist. Es gibt aber auch eine Anzahl von Lungenleiden nach größeren Operationen, die unter den Infiltrationsmethoden ausgeführt wurden, welche trotz all dieser Maßnahmen bei ganz gesunden und kräftigen Personen auftraten. Man hat für dieselben die Erklärung noch nicht gefunden, denn die Behinderung der Respirationstätigkeit ist hierbei nicht allein das maßgebende Moment. Man muß ganz entschieden hierbei toxische Einflüsse des Anästhetikums annehmen, welche auf die Lungenepithelien delatär einwirken und dadurch die Bronchitiden und Pneumonien veranlassen können. Natürlich können auch Embolien zu Lungenleiden Veranlassung geben. Die Häufigkeit der Lungenleiden nach solchen Operationen läßt entschieden eine Ursache, die in der Wirkung des Anästhetikums gelegen ist, annehmen. Jedenfalls wirken bei der Entstehung der Lungenleiden sehr verschiedene Momente mit, vor allen Dingen muß man hierbei die mangelhafte Atemtätigkeit nach der Operation, die bakteriellen Infektionen und drittens Einflüsse vom Anästhetikum annehmen. Die ersteren Verhältnisse sind, wie schon gesagt, zu verbüten. Die bakteriellen Infektionen kann man verhüten, indem man den Kranken vor der Operation entsprechend vorbereitet, wie es schon für die Narkosen empfohlen wurde (Witzel etc.). Die Quellen zur Infektion liegen vor allen Dingen in der krankhaft affizierten Mundschleimhaut, denn in derselben wuchern die verschiedensten Bakterien, die dann leicht mit dem Luftstrom in die Bronchien etc. gelangen und sich in den schon durch das Anästhetikum vielleicht affizierten Teilen der Bronchialschleimhaut und Alveolen ansiedeln können und durch ihr enormes Wachstum und hohe Virulenz zu Pneumonien oder Bronchitiden Anlaß geben werden. Man hat schon viel vorgebeugt, indem man die Infektionsquelle beseitigt, also die erkrankte Mundschleimhaut bessert, so daß nicht mehr so viele und pathogene Keime daselbst wuchern. Man erreicht dies auf dieselbe Weise, wie es im ersten Band schon beschrieben ist, indem man die Stomatitiden vor der Operation behandelt und erst zur Heilung oder wenigstens Besserung bringt, ehe man operiert. Wo dies möglich ist, soll es geschehen, wo aber sofortige Operation notwendig ist, soll man wenigstens den Mund vorher gut desinfizieren, ev. die Mundschleimhaut mit Jodtinktur pinseln. Dadurch bewirkt man wenigstens, daß die Bakterien auf der Mundschleimhaut geschwächt werden und nicht so leicht von derselben sich loslösen können, sondern in dem Gewebe festgehalten werden. Diese Mundbehandlung hat einen enormen Einfluß und sollte viel mehr Beachtung finden. Der dritte Punkt, die Einflüsse des Anästhetikum, ist ebenfalls äußerst wichtig. Viele Anästhetika regen die Sekretion der Drüsen an und reizen die Epithelien. Wenn nun größere Mengen verwendet werden, so gelangen auch Anästhetikummengen in der Blutbahn in die Lungenschleimhäute etc. und können daselbst deletäre Einflüsse auf die Epithelschicht der Schleimhaut ausüben. Dadurch erkranken die Epithelzellen, und der Anlaß zu Lungenleiden kann gegeben sein. Solange keine Bakterien hinzukommen, ist die Affektion harmlos und heilt bald ab, wenn aber pathogene Mikroorganismen in die erkrankten Bezirke gelangen, entstehen bakterielle Bronchitiden und Pneumonien, die dann viel hartnäckiger sind und schwerer auftreten. Man kann diese Verhältnisse am besten bekämpfen, indem man möglichst geringe Mengen des Anästhetikums verwendet und namentlich solche Anästhetika wählt, die weniger die Lungenepithelien reizen. Durch die neueren Methoden wird ja eine größere Ersparnis an Anästhetikummengen die Regel und dadurch werden auch die Gefahren der Lungenleiden vermindert. Im übrigen ist die Gefahr sehr gering, namentlich wenn die Operation nicht am Thorax stattfindet. Die reizenden Einflüsse der Anästhetika sind nur bei hohen Konzentrationen gefährlich und sind daher nur sehr selten wirklich als Ursache der Lungenleiden anzusehen, in den meisten Fällen sind die Operationen mit der Behinderung der Atmung die Ursachen der Lungenleiden.

Natürlich muß der Arzt alle diese Verhältnisse bedenken und den Kranken nach der Operation genau beobachten, dann wird er auch meist Lungenaffektionen vermeiden oder verhüten können.

§ 24. Neben der Lungenfunktion spielt auch die Nierenfunktion eine bedeutende Rolle in der Beziehung der einzelnen Methoden der Anästhetologie zum Organismus des Kranken. Bei allen jenen Methoden, wo man ein Anästhetikum in die Gewebe injiziert, wird dasselbe zum Teil wieder durch die Nieren aus dem Organismus eliminiert. Wenn man auch nur eine lokale Wirkung erzielt, so gelangt doch ein großer Teil des in die Gewebe injizierten Anästhetikums in den allgemeinen Blutkreislauf, das Anästhetikum wird ja teilweise vom Blut resorbiert. So gelangt dasselbe in alle Organe des Menschen und wird endlich durch die Nieren zum größten Teile eliminiert. Natürlich werden auch durch die Lungen, die Schweiß- und anderen Drüsen gewisse Mengen des Anästhetikums eliminiert, doch es sind die Nieren hierbei am meisten beteiligt. In normalen Fällen, wo man nur wenig Anästhetikum in die Gewebe injiziert hat, werden die durch die Nieren abgesonderten Mengen sehr gering sein, während bei großen und lange Zeit dauernden Operationen bedeutendere Mengen des Anästhetikums die Nieren passieren, und es ist da von verschiedenen Seiten beobachtet worden, daß Nierenaffektionen im Anschluß an die Operation aufgetreten sind. Immerhin sind dieselben selten, doch man muß mit ihnen rechnen, und es muß dem Anästhetologen daran gelegen sein, dieselben zu vermeiden. Natürlich sind kranke oder chronisch affizierte Nieren besonders disponiert, und man findet darum oft im Anschluß an die Operation Eiweiß im Harn auftreten, oder auch Zylinder etc. Diese auf eine akute Nephritis deutenden Symptome werden durch die toxische Wirkung des Anästhetikmus hervorgerufen, und man muß deren Entstehen vorbeugen, indem man die zu verwendende Menge des Anästhetikums auf das eben notwendige Minimum beschränkt. Vor jeder Operation größerer Art unter lokaler Schmerzbetäubung muß man die Nieren, also den Harn, auf Eiweiß etc. untersuchen. Findet man pathologische Zusammensetzung des Harns, so muß man mit der Ausführung der Schmerzbetäubung gewisse Vorsicht üben; immerhin sind die einzelnen Anästhetika verschieden in ihrer Wirkung auf die Nieren und es treten selbst bei Nierenkranken nur selten schwere Verschlimmerungen des Leidens ein. Man muß aber diese Beziehungen kennen und tut gut, bei bestehenden Nierenleiden die Menge des Anästhetikums auf die geringst notwendige zu beschränken.

§ 25. Die in dem Vorhergehenden genannten Nachwirkungen sind die bedeutendsten üblen Folgen der Methoden der Anästhetologie, und es finden sich außer denselben nur wenige unbedeutendere. So hat man nach den Infiltrationsmethoden bisweilen Gangrän der beschickten Gewebe beobachtet, doch es tritt bei der jetzigen Technik der Methoden eine Gangrän nie mehr ein. Man kann dieselbe vollkommen verhüten, wenn man Intoxikationen verhütet und nur niedrige Konzentrationen der anästhetischen Lösungen verwendet. Die Gangrän ist stets die Folge einer Giftwirkung des in die betreffenden Gewebe injizierten

Anästhetikums und man verhütet dieselben, wenn man nur die eben wirksamen Dosen das Anästhetikums verwendet. Alle diese üblen Neben- oder Nachwirkungen beobachtet man auch nur nach großen Operationen, die man unter lokaler Schmerzbetäubung ausgeführt hat, während man nach kleinen Eingriffen natürlich keine dergleichen zu fürchten hat, sofern nicht etwa durch Unvorsichtigkeit die Maximaldosis des Anästhetikums überschritten worden ist. Nach größeren Operationen unter lokaler Schmerzbetäubung, bei denen man natürlich meist sehr große Mengen des Anästhetikums verwenden muß, treten bisweilen auch leichte Nachwirkungen, wie Übelsein, Kopfschmerz, Erbrechen etc. auf, welche auf die Wirkung des in den allgemeinen Blutkreislauf gelangten Anästhetikums bezogen werden müssen. Diese gelegentlich auftretenden üblen Nachwirkungen sind ganz abhängig von den individuellen Anlagen des Patienten, denn der eine reagiert stärker auf die Anästhetika als der andere. Deshalb kann man nie vorher wissen, ob sich nach einer langen Operation nicht die oder jenen üblen Nebenwirkungen einstellen werden. Jedenfalls muß man mit denselben rechnen und muß deshalb den Kranken noch eine Zeitlang nach Beendigung der Operation unter den Augen behalten und beobachten, um etwa eintretenden üblen Nachwirkungen gleich im Anfang erfolgreich begegnen zu können. Es kann in manchen Fällen nach langen Operationen sogar Herzschwäche, Kollaps und selbst Synkope eintreten, die namentlich früher nach Kokainanästhesien oft beobachtet wurden, als man einesteils das Kokain noch nicht so rein wie jetzt herstellen und auch noch nicht mit so geringen Mengen wie heutzutage dank dem Suprarenin auskommen konnte. Wie man solchen Unfällen begegnen muß, ist allgemein bekannt und schon früher gelegentlich der Kollapse bei Narkosen beschrieben. Man muß vor allen Dingen bei schweren Kollapsen Infusionen vornehmen, die das beste Mittel zum Aufbessern der Herzkraft darstellen. Diese Verhältnisse erfordern also ein längeres Beobachten des Kranken noch nach der Operation, man soll denselben noch stundenlang unter sachverständiger Aufsicht lassen und selbst in der Nähe sich aufhalten. Nach kleinen Operationen ist dies natürlich nicht nötig. Die ganze Nachbehandlung des Kranken verlangt überhaupt nur nach größeren Operationen besondere Beachtung, und nur dann, wenn die komplizierteren Methoden der Anästhetologie verwendet worden sind. Man soll den Kranken nach größeren Operationen stets im Bett liegen lassen, den Oberkörper erhöht gelagert, und unter öfter vorzunehmender Atemgymnastik. Die weitere Behandlung hat sich ganz nach den Verhältnissen zu richten, jedenfalls ist es angebracht, dem Kranken nunmehr erfrischende Getränke, Wein, Limonade etc. zu geben oder ihm Analeptika zu verabreichen, falls dies notwendig ist. Weitere Vorschriften sind hinsichtlich der anästhetologischen Methoden nicht zu geben.

VI. Kapitel.

Die Statistik.

§ 26. Was die Statistik der Todesfälle während und nach den verschiedenen Methoden der Anästhetologie anlangt, so muß man zugeben, daß die Zahl derselben eine verschwindend kleine ist, denn es liegt gerade darin der Wert dieser Methoden, daß eine direkte Lebensgefahr nicht mit ihnen verbunden ist. Es läßt sich überhaupt sehr schwer eine allgemeine Statistik aufstellen. Wenn ich in dem Folgendem versuche, einige Zahlen zusammenzustellen, so rechne ich die lumbale Anästhesie nicht mit zu den anderen Arten der Anästhetologie, sondern stelle für dieselbe eine besondere Statistik auf, weil diese Methode ganz andere Gefahren mit sich bringt und dadurch ein falsches Bild entstehen würde, wollte man dieselbe mit den Infiltrationsmethoden etc., die doch quo ad exitum letalem bedeutend harmloser sind, gleichstellen.

Die gewöhnlichen Methoden der Anästhetologie haben nur in den seltensten Fällen den Tod zur Folge, es kann dies nur dann eintreten, wenn man Personen noch unter lokaler Schmerzbetäubung operiert, welche eine Narkose nicht mehr hätten überstehen können. Diese Fälle kann man aber nicht der Methode zur Last legen. Wollte man eine genauere Statistik der Todesfälle aufstellen, so müßte man die einzelnen Anästhetika mit in Betracht ziehen, so hat man z. B. des öfteren nach Kokainanästhesie Todesfälle erlebt (Dumont etc.), die man nur der toxischen Wirkung desselben zuschreiben kann; immerhin müssen aber dabei noch andere Momente maßgebend sein. Im großen und ganzen kann man bei kleinen Operationen unter den einfacheren Methoden der lokalen Schmerzbetäubung Todesfälle ausschließen, während man bei größeren Operationen doch bisweilen auch Todesfälle beobachtet, die auf die Anästhetikumwirkung bezogen werden müssen. Doch dieselben sind sehr selten, und man hat auf 100000 Fälle noch kaum drei Todesfälle zu verzeichnen (Mikulicz). Bei der lumbalen Anästhesie ist das Verhältnis ein weniger günstiges; so hat Tuffier auf 252 Lumbalanästhesien einen Todesfall beobachtet, Severxanu hat auf 70 keinen, Racoviceanu Pitesci auf 125 keinen, Murphy 25 ohne Todesfall, Neugebauer 170 mit einem Todesfall, Preindlsberger 45 ohne Todesfall, Bogdanovici beschreibt einen Todesfall, Reclus hat auf 2000 acht Todesfälle gesammelt, Chaput 102 ohne Todesfall, Guinard 70 ohne, Villar 36 ohne, Trzebicky 138 ohne, Vulliet 70 ohne, Galvani 100 ohne, Fowler 81 ohne, Bainbridge 40 ohne, Leguen berichtet von zwei Todesfällen, Broca von einem Todesfall, Neugebauer hat 60 ohne, Pappalardo 52 ohne, Cavazzani 61 ohne, Eden 160 ohne, Stumme 62 ohne, Zahradnicky 151 ohne, Neugebauer 170 ohne, Schwarz 100 ohne Todesfall beschrieben. Wenn man diese Angaben zu einer Statistik sammelt, so ergeben sich auf 4140 Lumbalanästhesien 14 Todesfälle, was ein Verhältnis von 1 : 288 ergibt. Dieses Verhältnis wäre aber ein sehr schlechtes. Es ist jedoch bisher noch nicht möglich, eine einwandfreie Statistik aufzustellen, denn es fehlen für dieselbe noch die größeren Reihen von Beobachtungen. Jedenfalls wird nach Verlauf von einigen Dezennien das Verhältnis ein viel günstigeres werden, denn es werden mit der Zeit immer weniger Todesfälle auftreten. Es sind auch nicht alle Todesfälle, welche während und nach der lumbalen Anästhesie vorkommen, auf dieselbe zu beziehen.

Die Verhältnisse liegen bei den anderen Methoden der Anästhetologie bei weitem günstiger, denn man beobachtet bei den üblichen Injektionsmethoden keine Todesfälle, die der Methode zur Last gelegt werden müßten. So hat z. B. Tuffier auf 7000 Operationen unter Kokainanästhesie nicht einmal erustere üble Nebenwirkungen beobachtet. Diese Zahl spricht sehr deutlich für die Gefahrlosigkeit der Methoden der Anästhetologie, denn wenn der Arzt nicht grobe Kunstfehler begeht oder sich Unfälle unvorherzusehender Art ereignen, können Todesfälle bei Verwendung der lokalen Schmerzbetäubung nicht vorkommen. Es sind von Mikulicz auf 100 000 Fälle von lokaler Schmerzbetäubung drei Todesfälle gesammelt. es ergibt sich aber doch, daß bei diesen Todesfällen die Schuld an einer zu großen Kokaindosis gelegen hat. Immerhin ist diese Zahl verschwindend klein.

§ 27. Was nun das Auftreten der Lungenaffektionen nach den lokalen Schmerzbetäubungen anlangt, so haben wir hier vor allen Dingen die Operation zu berücksichtigen, denn dieselbe ruft infolge der Atembehinderung besonders leicht Lungenleiden hervor, wie schon oben näher auseinandergesetzt wurde. Die Pneumonien und Bronchitiden sind sogar bisweilen nach lokaler Schmerzbetäubung öfter aufgetreten, als nach allgemeiner Narkose nach den gleichen Operationen. v. Mikulicz hat hierüber genaue Untersuchungen angestellt, und er hat folgendes beobachtet:

Bei Struma mit Basedow fanden sich nach der Operation:
a) bei 74 Fällen unter Chloroform operiert 8,1 % Pneumon. mit 2,7 % Mortalität
b)   33   Schleich. A.   9,1 %   3,0 %

Bei Gastrostomie fanden' sich:
a) bei 27 Fällen unter Chlorof. N. 11,4 % Pneumon. mit 7·4 % Mortalität
b)   90   Schleich. A. 7,8 %   „   „ 1·1 %

Bei Gastroenterostomie und Pyloroplastik fanden sich:
a) bei 135 Fällen unter Chlorof. N. 9,7 % Pneumon. mit 5,2 % Mortal.
b) „ 39   „   Schleich. A. 25,6 %   „ 10,3 %

Bei Magenresektion fanden sich:
a) bei 62 Fällen unter Chlorof. N. 17,7 % Pneumon. mit 12,9 % Mortal.
b) „ 14 „   „ Schleich. A. 28,5 %   0 %

Bei anderen Laparotomien fanden sich:
a) bei 497 Fällen unter Chlorof. N. 5,8 % Pneumon. mit 2,0 % Mortal.
b) „ 59 „   „ Schleich. A. 12,7 %   „   7,9 %

Bei Hernien und Radikaloperationen fanden sich:
a) bei 153 Fällen unter Chlorof. N. 6,5 % Pneumon. mit 1,5 % Mortal.
b) „ 12   Schleich. A. 8,3 %   8,3 %

Bei Inkarzerierten Hernien und deren Operat. fanden sich:
a) bei 49 Fällen unter Chlorof. N. 4,1 % Pneumon. mit 2,0 % Mortal.
b) „ 21 „   „ Schleich A. 4,8 %   „   „ 0 %

Bei gangränösen Hernien u. dgl. Operat. fanden sich:
a) bei 10 Fällen unter Chlorof. N. 30,0 % Pneumon. mit 20,0 % Mortal.
b) „ 5   „ Schleich. A. 20,0 %   20,0 %

In Summa fanden sich bei:
a) 1007 Operat. unter Chlorof. N. 7,6 % Pneumon. mit 3,4 % Mortal.
b) 273   Schleich. A. 12,6 %   4,7 %

Diese Aufstellung ergibt ein viel schlechteres Resultat bei der Methode der lokalen Schmerzbetäubung, indem man bei derselben sowohl mehr Pneumonien beobachtete als auch eine größere Mortalität. Es kann dies aber nicht im allgemeinen gelten, denn hier sind nur sehr schwere Operationen unter lokaler Schmerzbetäubung ausgeführt, und man erkennt auch aus den einzelnen Zahlen, wie die Mortalität und Morbidität von der Art der Operation abhängig ist. Weiter liegt der Grund für die größere Zahl der Pneumonien nach der lokalen Schmerzbetäubung darin, daß all die hier angeführten Kranken sehr schwache und heruntergekommene Kranke darstellten, die eine allgemeine Narkose nicht mehr ausgehalten hätten. Man kann, wie man auch aus diesen Zahlen ersieht, die lokale Anästhesie nicht für die Pneumonie verantwortlich machen, sondern dieselbe hängt einzig und allein von der Operation und dem Zustand des Kranken ab.

Nach anderen Operationen, unter einer Methode der Anästhetologie ausgeführt, findet man auch die Pneumonien nur sehr selten, jedenfalls viel seltener als nach Inhalationsnarkosen, und es kommt nur die Gefahr bei Operationen am Thorax in Frage. Es ist für die leichteren Operationen unter lokaler Schmerzbetäubung die Gefahr sehr gering, und man kann da mit Recht die Lungenleiden als höchste Seltenheit betrachten. Natürlich muß man immer den Kranken hinsichtlich des Lungenzustandes vor der Operation untersuchen, denn es kann bei schon vorher bestehendem Lungenleiden eine Verschlimmerung eintreten, namentlich wenn die Atmung durch die Operation gestört und beeinträchtigt wird. Es ist hierbei aber viel mehr die Operation von Bedeutung, als die Methode der lokalen Schmerzbetäubung.

§ 28. Die neben diesen Folgezuständen auftretenden Unfälle in und nach den Methoden der lokalen Schmerzbetäubung sind verhältnismäßig selten zu beobachten, und es lassen sich keine Zahlen nennen, die deren Auftreten charakterisieren, weil dieselben meist infolge irgendeines Kunstfehlers oder Versehens eintreten. Sie stellen fast durchweg Folgen von Intoxikationen mit dem Anästhetikum dar, und diese zu vermeiden, ist die erste Pflicht des Arztes. Vor allen Dingen sind hierher die Kollapse und Herzschwächezustände zu zählen, wie sie nach Kokainanästhesie etc. gelegentlich auftreten. Außer denselben ist Übelkeit und Erbrechen bisweilen beobachtet worden. Bei den kleinen Operationen, die unter sehr einfachen Methoden der Anästhetologie ausgeführt werden, sind dieselben sehr selten, und man kann hierfür keine Statistik aufstellen. Auch bei den Injektionsmethoden treten solche heute nur sehr selten auf.

Öfter hat man solche Nachwirkungen nach der medullären Anästhesie nach Bier beobachtet. Hier fand man im Anfang der Verwendung dieser Methode sehr oft üble Nachwirkungen, die aber immer seltener geworden sind und entweder auf mangelhafte Technik oder auf Unreinigkeiten im Kokain zu beziehen waren.

Neugebauer hat bei 100 medullären Kokainisierungen 47 mal Kopfschmerz, zwölfmal Temperatursteigerungen beobachtet und in 33 Fällen überhaupt keine üblen Nachwirkungen gesehen. Preindlsberger hat bei 45 medullären Kokainisierungen 36 mal keine üblen Nachwirkungen beobachtet. Stumme hat öfter üble Nebenwirkungen beobachtet, Zahradnicky beobachtete bei 151 Fällen einmal ein Hämatom der Cauda equina mit Spinalreizung, das nach sechs Wochen verschwand, Schwarz hat bei 100 Fällen wenig üble

Nachwirkungen. Kozlowski hat bei 32 Fällen keine üblen Nachwirkungen beobachtet, Vulliet hat bei 70 Fällen 50mal gute Erfolge ohne Störungen gehabt. Alle anderen Autoren geben ähnliche Resultate an (Bier, Tuffier, Reclus, Fowler, Meyer, Kallionzi, Chaput, Guinard, Broca, Legueu, Poirier, Walther etc.), und man muß für diese Methode die unangenehmen Folgezustände bis zu einem gewissen Grade mit in den Kauf nehmen, doch lassen sich dieselben sehr vermindern durch die Technik und das Anästhetikum.

Wenn man nach den allgemeinen Narkosen in den meisten Fällen längerer Dauer Nachwirkungen unangenehmer Art findet, so muß man dieselben mit in Kauf nehmen, weil sie sich nicht ganz vermeiden lassen, aber man kann dem entgegen bei den Methoden der Anästhetologie entschieden einen Vorteil in dem Fehlen der üblen Nachwirkungen sehen, denn meist empfinden die Kranken solche nicht, nur nach der medullären Anästhesie sind bisweilen solche da. Bei allen anderen Methoden fehlen sie bei guter Technik vollkommen.

<h2 style="text-align:center">VII. Kapitel.</h2>

Die Verbreitung der sensiblen Nerven des menschlichen Organismus, soweit dieselben für die Anästhetologie in Betracht kommen.

§ 29. Es ist für die Anästhetologie in allen ihren Methoden von großer Bedeutung, daß der Anästhetologe genau über die einzelnen Gebiete der sensiblen Nerven, welche dieselben versorgen, orientiert ist und weiß, an welcher Stelle er diese Nerven zum Zwecke der Erzielung lokaler Schmerzbetäubung treffen kann. Es wird daher von Interesse sein, wenn ich hier kurz die wichtigsten Nervenbahnen und Verbreitungsgebiete angebe, um so für alle im speziellen Teil zu besprechenden Methoden die Basis zu schaffen, auf der dieselben sich dann weiter aufbauen können. Da wir die medulläre Anästhesie mit zur Anästhetologie rechnen, so wird es am zweckmäßigsten sein, wenn zunächst einmal in oberflächlicher Form die Verbreitung der Rückenmarksnerven hier erörtert werden wird, denn es ist gerade für die medulläre Anästhesie wichtig zu wissen, in welchen Gebieten man die entstehende Schmerzbetäubung zu suchen hat. Man hat die Verbreitung der Rückenmarksnerven am klarsten dargestellt in den Bildern, wie sie Spalteholz in seinem Atlas der Anatomie wiedergegeben hat. Zur genaueren Orientierung habe ich die beiden Bilder in den Figuren 2 und 3 hier wiedergegeben, denn ein Beschreiben der Verbreitung dieser Nerven ist ein Ding der Unmöglichkeit ohne eine bildliche Darstellung. Man ersieht aus den beiden Abbildungen und deren Bezeichnungen genau die Gebiete der Hautnerven und es ist jedes weitere Kommentar zu diesen Figuren unnötig.

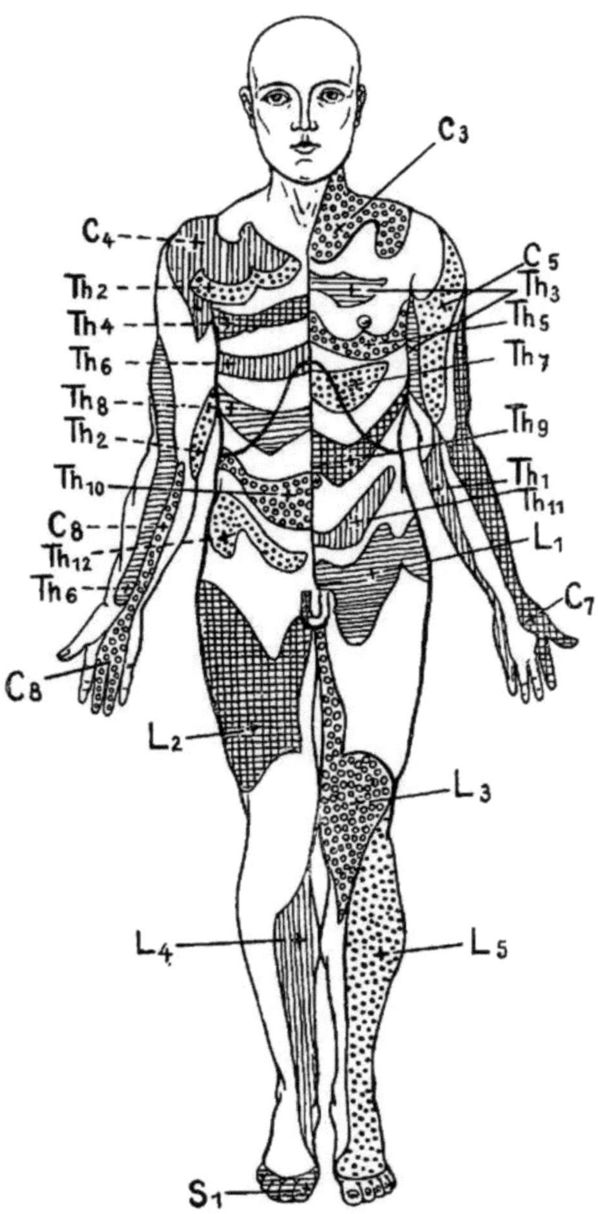

Fig.   Nervenverbreitung in der Haut des Körpers.

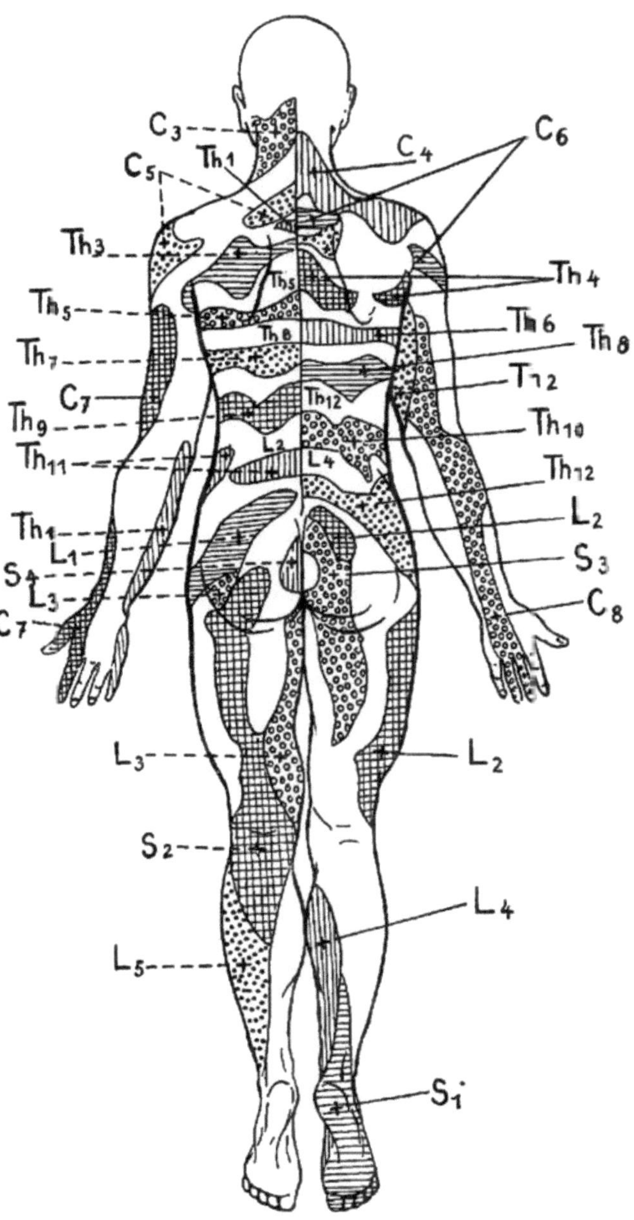

Fig. 3. Nervenverbreitung in der Haut des Körpers.

Im Anschluß an die Kenntnis dieser Verbreitungsgebiete ist es für den Anästhetologen aber am wichtigsten, die Punkte genau zu wissen, wo er eventuell mit den Injektionen die betreffenden Nerven, in deren Bezirk er operieren will, in ihrem Verlaufe treffen kann. Während man bei der medullären Anästhesie die Rückenmarksnerven in toto anästhesiert, so unterbricht man mit der Injektion von Kokain in den Nerven selbst die Leitung in diesem Nerven und erzeugt so eine lokale Schmerzbetäubung in dem Verbreitungsgebiete dieses einzelnen Nerven. Um nun die Punkte, an denen man größere Nerven unterbrechen kann, und die Gebiete des Organismus, in denen auf diese Art eine brauchbare Anästhesie erzeugt werden kann, bezeichnen zu können, müssen wir uns noch etwas eingehender mit der Nervenverbreitung beschäftigen.

§ 30. Die Nervenbahnen am Kopf und Hals sind nur in beschränkter Weise für die direkte Leitungsunterbrechung brauchbar, weil dieselben zu viele Anastomosen miteinander eingehen und es ist daher gar nicht notwendig, daß man genau die einzelnen Nervenstämme in ihrem Verlaufe kennt. Allein der Arzt wird schon hierüber genau orientiert sein, da das ja die Praxis schon fordert. Es kommen am Kopf vor allen Dingen der Trigeminus und der Plexus cervicalis in Betracht. Ersterer versorgt bekanntlich das Gesicht und einen großen Teil des oberen Schädels, während der Plexus cervicalis das Kinn und den größten Teil des Hinterkopfes versorgt. Aus beistehender Fig. 4 ersieht man die Verteilung dieser beiden Nerven.

Man ersieht schon aus dieser Figur, daß zwischen diesen beiden Nerven eine Menge von Anastomosen bestehen, um so mehr findet man solche zwischen den einzelnen Nervenstämmen untereinander. Wenn man also einen bestimmten größeren Nervenstamm unterbrechen wollte in seiner Leitung, so würde dies am Kopfe nicht zu einer genügenden Anästhesie führen, weil in das von diesem Nerven versorgte Gebiet stets noch Bahnen von anderen Nerven eindringen und folglich noch Schmerzempfindung übermitteln können. Will man also eine genügende Anästhesie am Kopf erzeugen, so muß man stets mehrere Nerven unterbrechen, zu solchen Methoden eignet sich nur die Kopfschwarte von den Augenbrauen bis zum Nacken und seitlich abschneidend mit den Argus zygomatici und Ohrmuscheln. Diese ganze behaarte Kopfschwarte kann man durch Nervenunterbrechung anästhesieren. Für diese Gegend kommen die Nervi occipitales major und minor, auriculares poster. und anterior, Rami temporales, N. supraorbitalis und Rami frontales in Betracht. Man findet die Nervus supraorbitalis und Ramus frontalis am Rande des Arcus supraorbitalis am Austritt des Nerven durch das Foramen supraorbitale. Die Rami temporales und auriculares anter. trifft man dicht vor dem Ansatz des Ohrknorpels unter der Haut verlaufend, wo man den Puls der Arteria temporalis fühlt. Die Nerven des Hinterhauptes werden in der Höhe des Ohrknorpels auf dem Hinterhauptsbein getroffen. Aus Fig. 5 sind diese Stellen zu ersehen.

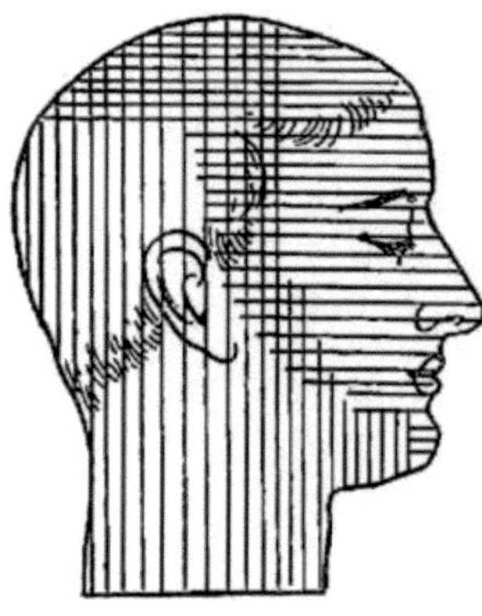

Fig. 4.

Nerven des Kopfes und Halses.

| Plexus cervicalis } Verbreitungsgebiet.
≡ Nervus Trigeminus /

Was die Nerven des Gesichtes und Halses anlangt, so kann man bestimmte Stellen zur Anästhesierung nicht angeben, man muß hier allgemein die Gewebe betäuben, da man wegen der vielen Anastomosen eben nicht durch Unterbrechung der Leitung eines Nerven Anästhesie erzeugen kann.

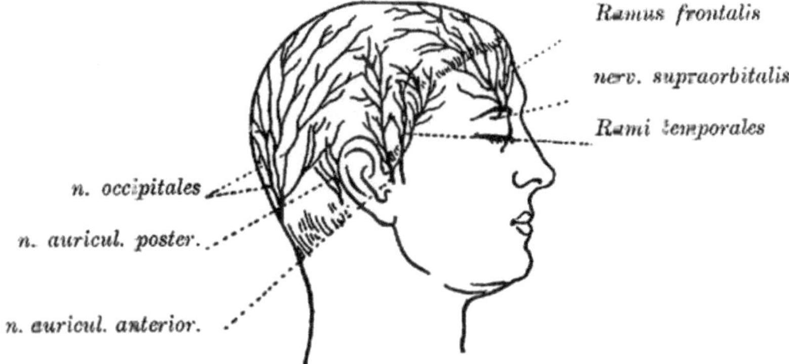

Fig. 5. Die Nerven des Kopfes.

§ 31. Die Nerven des Thorax und der oberen Extremitäten geben hierfür geeignetere Bahnen. Auf der Brust und dem Rücken hat man allerdings keine bestimmten größeren Nerven, an deren Verlauf man sich halten könnte,

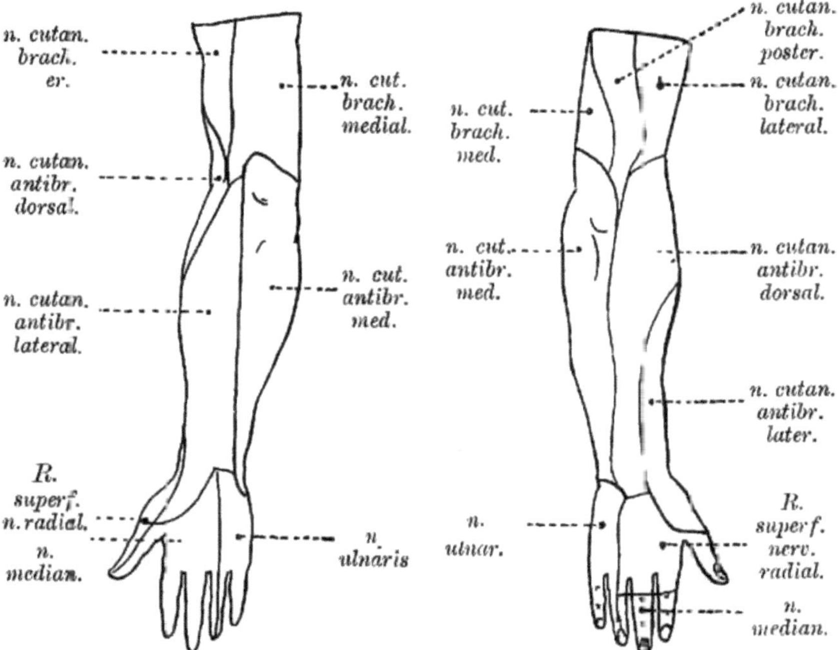

Fig. 6. Die Nerven des Armes.

es' kommen hier zu viel einzelne Bahnen in Betracht, so daß bestimmte Stellen
zur Injektion nicht angegeben werden können. Wichtiger aber sind die Arme
und Hände, deren Nervensystem sich sehr gut für die Leitungsunterbrechung
eignet.

Die Nervenverbreitung in der Haut des Armes ersieht man aus neben-
stehender Fig. 6.

Die Hautnerven des Armes zu anästhesieren, so daß man in den von
ihnen bezeichneten Bezirken Anästhesie erzielt, wird nur selten verwendet
werden können, man kann doch mit der Anästhesie der Haut allein nicht auskommen.

Die Nervenversorgung der Hand geht aus Fig. 7 hervor. Man hat daselbst zwei Möglichkeiten zu unterscheiden. Es kann nämlich der Ramus
superficial. nervi radialis besonders stark ausgebildet sein nd dann versorgt er
den ganzen Handrücken bis auf einen kleinen Teil. Die Verhältnisse sind aus
Fig. 7 A und B ersichtlich. Den Ramus superficialis radialis trifft man in der
Gegend der Tabatière, woselbst er wenig oberhalb derselben auf das Dorsum

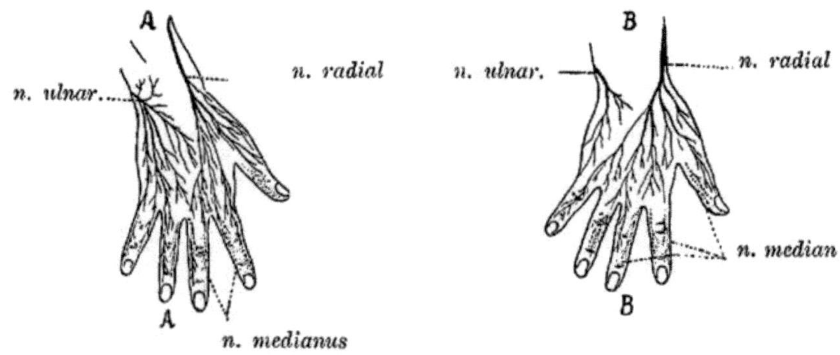

Fig. 7. Nervenverbreitung der Hand.
A. normaler Weise, B. bei besonders stark ausgebildetem ramus superficialis
nervi radialis.

überbengt. Den nervus ulnaris trifft man am Kapitulum uluae. Beide Punkte
sind aus der Abbildung 7 ersichtlich. Braucht man Anästhesie der ganzen
Hand, also auch der Fingerspitzen mit, so muß man den nervus medianus mit
anästhesieren.

Den Nervus medianus trifft man im unteren Drittel der medialen Seite
des Unterarms, indem man zwischen der Sehne des Muscul. pulmaris longus
und flexor carpi radialis einsticht. Zwischen diesen beiden Sehnen gelaugt man
einstechend auf den unter dieser Stelle verlaufenden Nerven. Will man an der
volaren Fläche der Hand operieren, so muß man noch den Nervus ulnaris anästhesieren, der intern vom Os pisiforme verläuft. Diese Nerven sind leicht
zu treffen, und man kann durch Unterbrechung der Leitung der genannten
Nerven die Hand vollkommen anästhesieren.

Wenn man die ganze Hand anästhesieren will, so kommen für die Injektion folgende Stellen in Betracht. Auf der volaren Fläche des Unterarms injiziert man, wie aus beistehender Fig. 8 hervorgeht, zunächst ca. in der Mitte

3—5 cm oberhalb der Handwurzel zwischen die Sehnen des M. palm. long. u. flex. carp. radial. und trifft da den Nervus medianus. Von dieser Stelle geht man nun nach beiden Seiten quer über den Unterarm weiter und injiziert so in einem Streifen subkutan die Lösung und biegt an beiden Seiten nach der dorsalen Fläche des Armes über. Dieser Streifen wird in einer Breite von 2 cm angelegt und man trifft durch ihn alle für die Hand wichtigen Nerven. Auf der dorsalen Seite braucht er nur an der radialen Umbiegung noch ein Stück überzugreifen, weil man dort ev. direkt die Umbiegungsstelle des Ramus superficial. nervi radialis trifft, oder wenn der Nerv weiter oben schon nach dem Dorsum herumgebogen ist, denselben in seinem Verlauf auf der dorsalen Seite noch durch diesen Streifen erreicht. Die ulnare Umbiegung kann wegfallen, doch muß man dann wenigstens auf der volaren Seite bis an die Kante der Ulna injizieren, um noch den Nervus ulnaris zu treffen. So wird schon durch die Diffusion der Injektionsstreifen auch bis auf das Dorsum reichen. Ich lasse deshalb als Schema auch auf der ulnaren Seite auf das Dorsum übergreifen, weil ev. jemand die Injektion zu

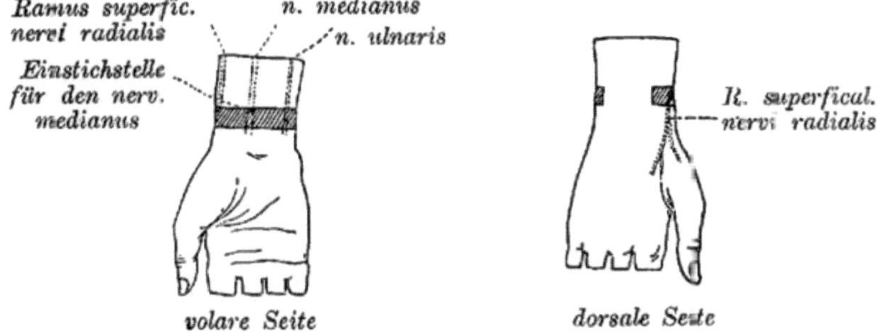

Fig. 8.   Die Injektionszone zur Anästhesie der Hand.

nahe am Handgelenk volar beginnen könnte, und wenn er dann nicht noch ulnar nach dem Dorsum mit dem Injektionsstreifen umbiegt, so könnte er ev. den Ramus dorsalis manus nervi ulnaris übergehen und somit mangelhafte Anästhesie erzielen. Legt man den Streifen aber 5 cm oberhalb des Handgelenkes oder oberhalb des Capitulum ulnae an, so trifft man den Nerven schon in seinem Verlaufe längs der Ulna zwischen Knochen und Sehne des M. flex. carpi ulnaris. Dieser Streifen, so angelegt, trifft sicher alle die Hand versorgenden Nerven.

Die Nerven in ihrem Verlaufe höher am Arm zu beeinflussen hat wenig Erfolg bis jetzt. Man hat am Oberarm ja die bekannten Stellen, wo man den Nervus radialis an der lateralen Seite des Oberarmes, wo er im Sulcus nervi radialis um den Knochen herumläuft, trifft und an der medialen Seite des Oberarmes zwischen Musculus biceps und triceps die anderen Nerven des Plexus brachialis. In praxi kommen aber Beeinflussungen dieser Nerven nicht vor.

§ 32.   Von großer Bedeutung für die Anästhetologie sind die Nerven der Gesäßgegend, der Genitalien etc., sowie der unteren Extremitäten, soweit sie den Fuß bis zum unteren Drittel des Unterschenkels versorgen.

Die Glutäalgegend hat große Bedeutung, weil man daselbst Verhältnisse in der Nervenversorgung findet, die es ermöglichen, durch Nervenleitungsunter-

brechung Anästhesie zu erzielen, so daß man größere Operationen am Damm,
Anus und den äußeren Genitalien des Weibes schmerzlos ausführen kann. Die
Nerven, welche die Analgegend versorgen, sind folgende: Die Nervi haemorrhoidales inferiores, welche direkt die Analgegend innervieren, der Nervus
cutaneus femoris posterior, welcher die ganze Haut in der Schenkelfalte bis in
das Scrotum resp. die Labien versorgt, der nervus perinei, der das Perineum
innerviert, diese Nerven findet man mit ihren Verzweigungen in den Abbildungen Fig. 9 und 10 abgebildet.

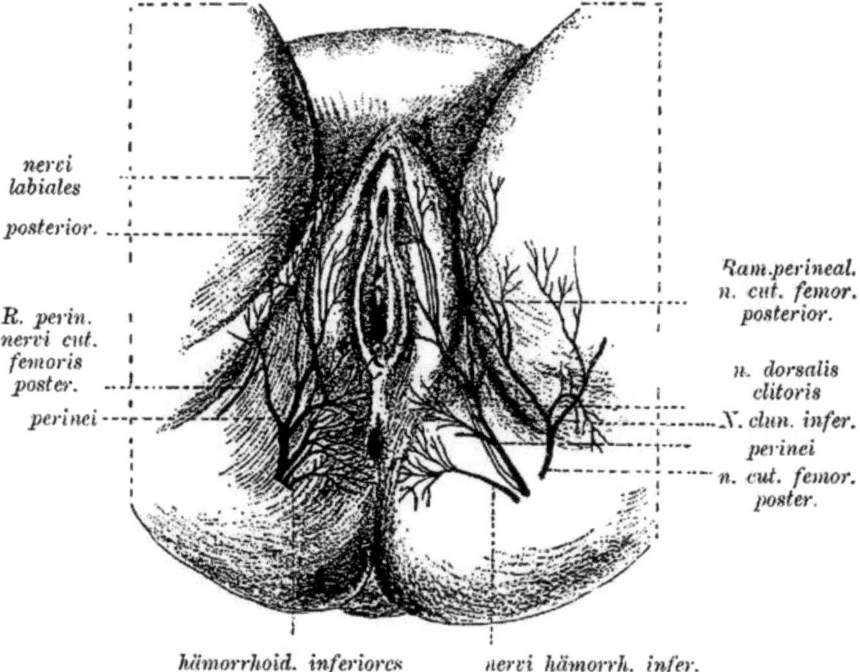

Fig. 9. Nerven der weiblichen Genitalien.

Alle diese genannten Nerven sind in einem Punkte zu treffen und daselbst
leicht zu anästhesieren. Diese Stelle ist dieselbe wie der Austrittspunkt des
nervus ischiadicus. Man sucht sich zwecks Anästhesierung dieser Nerven die
Stelle des Tuber ossis ischii auf und sticht an der hinteren Seite desselben die
Nadel tief in die Muskulatur ein. An der hinteren Fläche verlaufen die Nerven
zusammen und werden sicher von der injizierten Flüssigkeit getroffen. Da
dieselben aber unter dem Ligamentum sacrotuberosum verlaufen, so muß
man tief und die Nadel mehr an dem äußeren hinteren Rand des Tuber
ischii einstechen mit der Richtung nach dem foramen ischiadicum zu. Durch
diese Nerven kann man einen Bezirk anästhesieren, wie er ungefähr in den
Fig. 9 und 10 bezeichnet ist, und der beim Weibe die ganze Analgegend, die
großen Labien bis zur Innenwand der Oberschenkel, die kleinen Labien bis

zum Mons veneris, ferner die Analschleimhaut sowie die Schleimhaut des
Introitus vaginae umfaßt. Diesen Bezirk kann man vollkommen anästhesieren.
Der Punkt der Injektion, wo man die Nerven an ihrem Teilungspunkte am
besten trifft, liegt bei Steißlage der Person, wie man ja stets die Kranken bei
Operationen in dieser Gegend lagert, in der Höhe der Analöffnung ungefähr drei
Querfinger seitlich vom Anus entfernt. Beim Manne sind die Verhältnisse ganz
dieselben. Die Nerven versorgen die Haut der Analgegend bis zum Ober-
schenkel, den Damm, die hintere Haut des Scrotum bis an die vordere Skrotal-
fläche. Man kann durch Injektionen an der betreffenden Stelle die ganze
Dammgegend mit der Analschleimhaut bis fast den ganzen Skrotalsack anästhe-

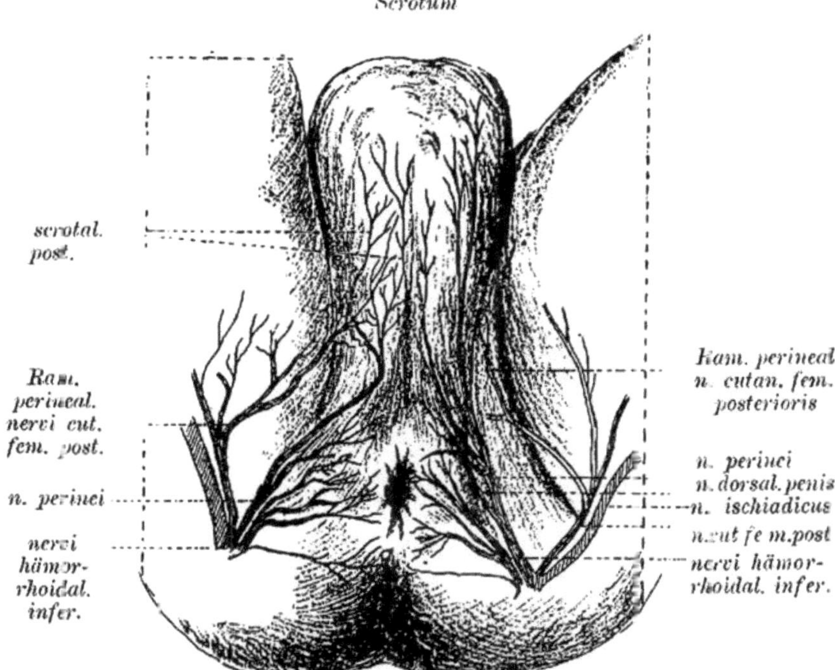

Fig: 10. Nerven der männlichen Genitalien und der Analgegend.

sieren. Die Analschleimhaut wird durch die Nervi haemorrhoidales inferiores
biß hoch in das Rectum versorgt, so daß man Hämorrhoiden sehr gut schmerzlos operieren kann. Beim Manne kommt noch der Penis zur lokalen Schmerzbetäubung in Betracht, der durch den Nervus dorsalis penis sehr leicht zu anästhesieren ist. Man trifft den Nervus dorsalis penis an der lateralen Seite an
der Wurzel des Penis 1 cm medial vom Funiculus spermaticus, der sich lateral
vom Penis in das Scrotum verläuft. Man sticht an der lateralen Seite in der
Falte zwischen Penis und Bauchwand ein, in dem man nur bis in das subkutane
Gewebe mit der Nadel gelangt und injiziert daselbst die anästhetische Lösung.
Durch diese Nerven wird der Penis und das Praeputium versorgt, und man kann

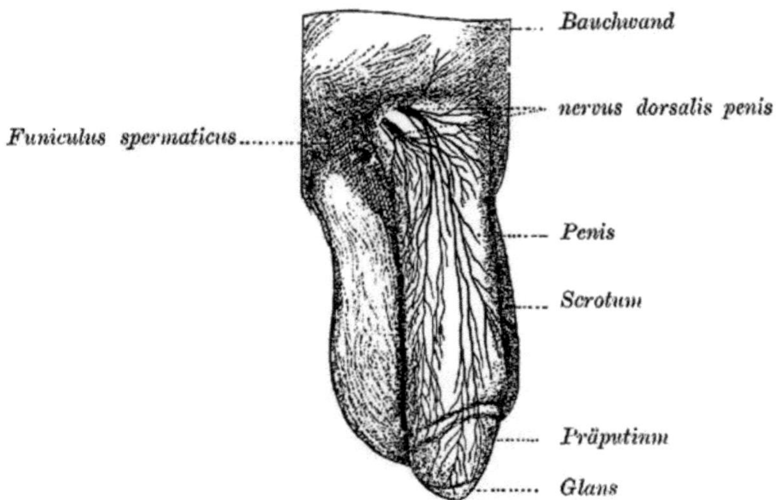

Fig. 11. Nerven des Penis.

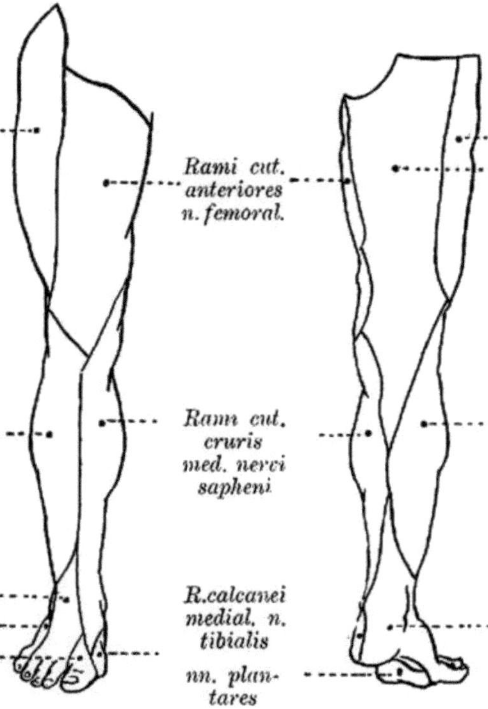

Fig. 12. Hautnerven des Beines.

Phimosenoperationen etc. schmerzlos ausführen. Die Nerven des Penis sind in Fig. 11 abgebildet. Will man auch die vordere Fläche des Skrotum anästhesieren, so kann man die Nervi scrotales anteriores leicht an der unteren Fläche des Penis am Beginn des vorderen Skrotalblattes treffen. Dieselben verlaufen daselbst zu beiden Seiten der Uretra dicht unter der Haut, und man injiziert an der unteren Fläche des Penis seitlich der Uretra an der Übergangstelle der Haut des Penis in die des Scrotums.

Die Nerven des Beines sind folgende. Aus Fig. 12 ersieht man die Verteilung der Bezirke am Bein, die von den einzelnen Hautnerven versorgt werden.

Der hintere Teil des Oberschenkels wird in einem großen Gebiet vom Nerv. cutaneus femoris posterior versorgt, einem großen Nervenast, dessen Verlauf typisch in der Mitte der hinteren Oberschenkelfläche zu finden ist. Dieser

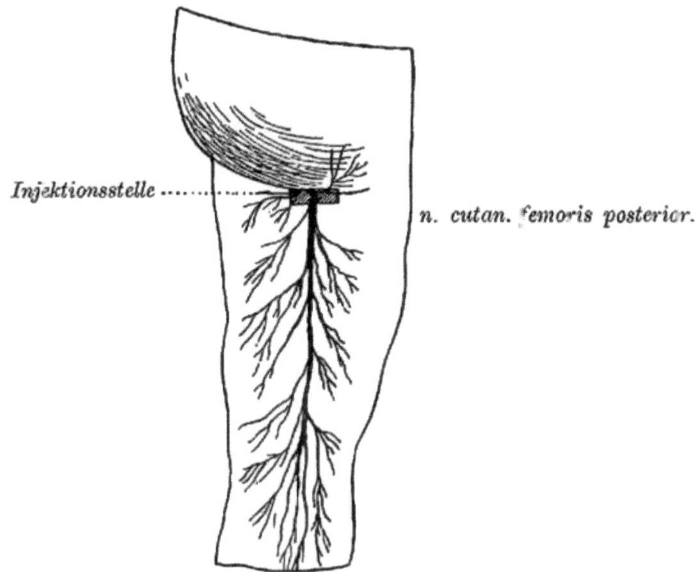

Fig. 13. Nerv der hinteren Oberschenkelfläche.

Nerv kann leicht getroffen werden durch Injektionen, und man kann eine Anästhesie erzielen, die für Abszeßinzisionen an der hinteren Oberschenkelseite, zur Entnahme von Hautstückchen zwecks Transplantation etc. vollkommen genügend ist. Man injiziert an der hinteren Oberschenkelfläche in der Mitte der Glutäaloberschenkelfalte und sticht die Nadel bis eben unter die Faszie. Der Nerv tritt am Rande des Muscul. glutaeus maximus zwischen den Musculi semitendinosus und biceps femoris (caput longum) heraus und verläuft ziemlich unter der Faszie. Der Stamm ist an der Stelle, wie sie in Fig. 13 bezeichnet ist, leicht zu treffen, und man ersieht auch aus dieser Abbildung die große Verbreitung dieses Hautnerven.

Die Nerven des Unterschenkels eignen sich nächst diesem am besten zur
Anästhesie. Die vordere Seite des Unterschenkels wird versorgt vom Nervus
peroneus, der an seinem Verlauf an der lateralen Seite der Kniegegend in der
bekannten Stelle zu treffen ist. Man ersieht diese Nerven aus der Fig. 14.

Vom Nerv. peron. zweigt sich der Nerv. peron. superficialis ab, der die
Haut des Fußrückens von dem unteren Drittel des Unterschenkels auf der
lateralen Seite versorgt. Derselbe teilt sich wieder in den nerv. cutan. dorsalis
medialis und nerv. cutan dorsal. intermedius. Beide verlaufen nach dem Fußrücken und versorgen dessen Haut. Dies ist auch aus Fig. 15 ersichtlich. Am

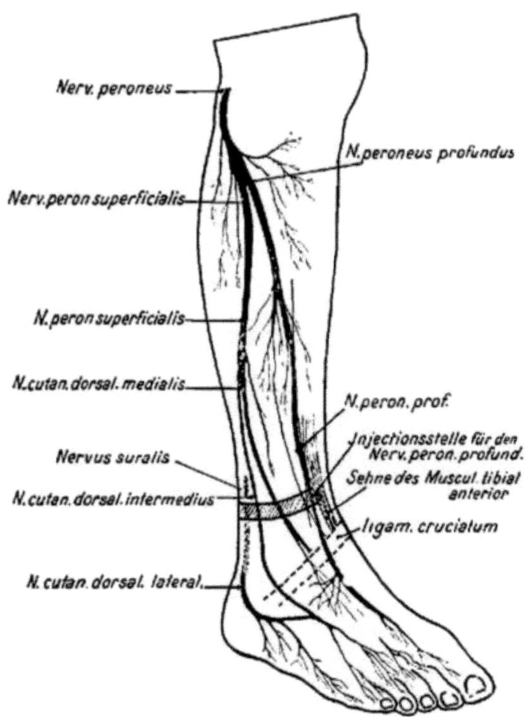

Fig. 14. Tiefere Beinnerven.

Maleolus lateralis tritt der nerv. cutan. dorsal. lateralis auf den Fußrücken, ein
Ast des nervus suralis, und läuft dicht lateral der Achillessehne nach aufwärts.
Derselbe anastomosiert mit dem nerv. cutan. dorsal. intermed.

Die mediale Seite des Unterschenkels wird innerviert vom nervus
saphenus, dessen Äste die Rami cutanei cruris mediales die mediale vordere
Unterschenkelpartie versorgen. Der Nervus saphenus ist an der medialen Seite
des Beines dicht oberhalb des Knies zu treffen und verläuft dicht neben der
Vene, indem er sich in der Kniegegend nach der dorsalen Seite des Oberschenkels wendet. Er verläuft dicht unter der Haut. Man sticht in der Höhe
des oberen Randes der Patella, 10 cm medial von der Patella, also an der
Innenseite des Oberschenkels dicht oberhalb des Condylus internus in die Haut

bis in das Unterhautzellgewebe ein. Die Stelle ist in Fig. 15 bezeichnet. Man erzielt durch die Unterbrechung des nerv. saphenus Anästhesie für die mediale Seite des Unterschenkels und kann z. B. die Unterbindung der Vena saphena oder Exstirpation deren Varices schmerzlos ausführen.

Zur Anästhesie des Unterschenkels muß man diesen Nerv ebenfalls mit unterbrechen, weiter den N. peroneus. Dadurch erhält man Anästhesie der ganzen vorderen Unterschenkel- und Fußgegend mit Ausnahme des lateralen Fußrückens. Um auch die tieferen Partien der Muskeln, Knochen etc. zu anästhesieren, muß man die Nerven der Wade noch bedenken. Deren Nervenverzweigung ist in Fig. 16 zu sehen.

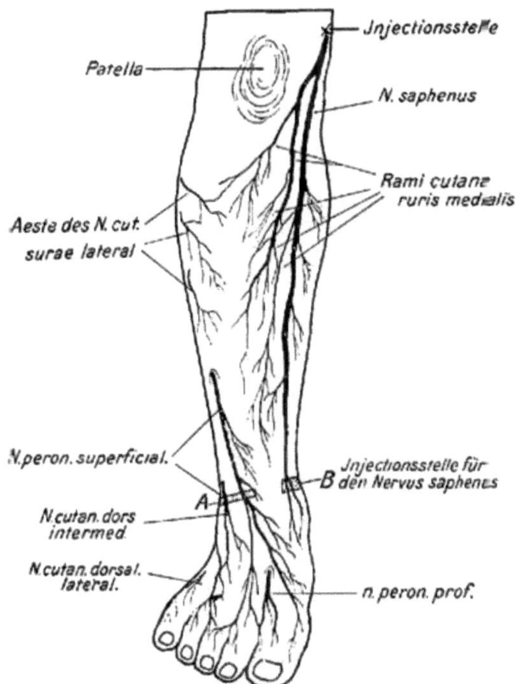

Fig. 15. Hautnerven des Unterschenkels und Fußes.

Es kommen daselbst die Nervi cutan. surae lateral., cutan. surae medial., cutan. femor. post. und ev. n. saphenus in Betracht. Man trifft den nerv. cutan. surae lateralis und medial. dicht unterhalb der Kniekehle an der hinteren Wade und sticht daselbst bis unter die Faszie und injiziert einen Streifen, der vom lateralen Rand der Wade dicht unterhalb des Capitulum fibulae beginnend nach der medialen Seite quer über das Bein zieht. Dieser Streifen ist in Fig. 16 gezeichnet und in Form eines schraffierten Rechtecks zu sehen. Die Folge einer solchen Injektion ist Anästhesie der Haut der ganzen hinteren Wade.

Wichtiger noch sind die Nerven des Fußes. Man hat zur Anästhesierung des Fußes folgende Nerven zu beeinflussen: Nervus peroneus profundus, peroneus superficialis = cutan. dorsal. intermedius + medialis, und den nerv.

cutan. dorsalis lateralis. Diese Nerven versorgen den größten Teil des Fußes,
es kommt außer ihnen noch der nervus saphenus in seinen letzten Ausläufern
in Betracht, der den Teil des Fußes in der Nähe des Malleolus internus versorgt. Hat man am Fußrücken und den Zehen zu operieren, genügt die Unterbrechung der ersteren Nerven, wenn man am medialen Fußrücken oder Fußrand bis in die Gegend des Malleolus internus operieren will, muß man auch
den nervus saphenus mit beachten. Man trifft die ersteren Nerven, indem man
3 cm oberhalb des Ligamentum cruciatum injiziert, und zwar muß man zunächst

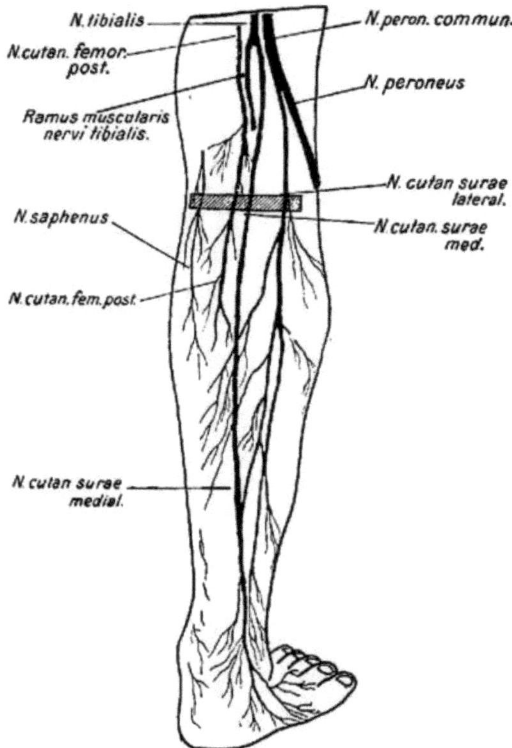

Fig. 16. Hautnerven der Wate.

lateral der Sehne des Musculus tibialis anterior einstechen, ungefähr 1 cm tief,
so daß man mit der Nadel zwischen die Sehne dieses Muskels und die Sehne
des Musculus extensor hallucis longus gelangt und daselbst die Lösung injiziert,
wodurch man den Nervus peroneus profundus trifft. Der Nerv verläuft vor der
Arteria tibialis anterior, die man nicht verletzen darf. In Fig. 14 ist die
Injektionsstelle bezeichnet. Man injiziert von dieser Stelle, indem man die
Nadel zurückzieht, gleich weiter einen Streifen quer über den Unterschenkel
nach der lateralen Fläche und hinten bis zur Achillessehne verlaufend, so daß
man die Lösung unter die Haut spritzt. Dadurch trifft man, wie aus Fig. 14
ersichtlich, noch die beiden Äste des nerv. peroneus superficialis und hinten

neben der Achillessehne den nervus suralis, der den nerv. cutaneus dorsalis lateralis abgibt. Diese Nerven verlaufen in dieser Gegend alle direkt unter der Haut.

Durch diese Injektion erzielt man Anästhesie des ganzen Fußrückens und der Zehen. Hat man nicht am Knochen und nicht an der ersten und zweiten Zehe zu operieren, sondern vielleicht nur oberflächliche Abszesse zu spalten etc., so braucht man den Nervus peroneus profundus nicht durch die tiefe Injektion zu anästhesieren, es bleiben dann aber die erste und zweite Zehe empfindlich, ebenso die tiefen Gewebe. Ist eine ausgedehnte Operation bis zum medialen Fußrand und Malleolus internus nötig, muß man den Nervus saphenus noch anästhesieren. Man trifft diesen Nerven dicht oberhalb des Malleolus internus etwas vor demselben an der Stelle B in Fig. 15, während in Fig. 15 die Stelle A den Streifen zeigt ohne Anästhesie des Nervus peroneus profundus.

Für Operationen am Knochen und vor allen an der Fußsohle muß man neben den genannten Nerven nach den Nervus tibialis anästhesieren, was leicht möglich ist, denn derselbe läuft dicht neben der Achillessehne an deren medialem Rande nach der Fußsohle. Man sticht mit der Nadel dicht neben dem medialen Rande der Achillessehne ein sich immer dicht an der Sehne haltend, um die Arterie nicht zu verletzen. Aus Figur 17 ersieht man die Injektionsstellen genau. Der Nerv verbreitet sich an der Fußsohle in die Muskeln und Haut und versorgt sämtliche Zehen. Durch Unterbrechung dieses Nervenstammes im Verlaufe um das Os calcan. kann man die ganze Fußsohle anästhesieren und Operationen an der Fußsohle, die nicht bis in die Knochen sich erstrecken, sondern nur die Weichteile betreffen, vollkommen schmerzlos ausführen. Der nervus tibialis teilt sich im Sulcus des Calcaneus in zwei Hauptarme, den Nervus plantaris medialis und lateralis. Ersterer versorgt die erste bis dritte Zehe und letzerer die vierte und fünfte Zehe, doch besteht zwischen dem Ast des nervus plantaris medialis, der nach der lateralen Seite der dritten Zehe verläuft, eine Anastomose mit dem nervus plantaris lateralis, so daß dieser an der Innervation der plantaren Fläche der dritten Zehe mit beteiligt ist. Weiter gehen vom Tibialis daselbst die Rami calcanei mediales ab, welche die Haut der Ferse auf der plantaren Seite versorgen.

Es sind nun auch die Nerven des Hodens kurz zu erwähnen, welche ebenfalls zur lokalen Anästhesie geeignet sind. Man kann mit geeigneten Injektionen die Kastration schmerzlos ausführen. Die Hautnerven des Scrotum sind oben schon erwähnt worden. Außer diesen laufen entlang dem Funiculus spermaticus der Nervus spermaticus externus an der lateralen Seite des Funiculus und an der medialen Seite ein Ast der Nervi scrotales anteriores. Man kann diese beiden Nerven leicht anästhesieren, indem man am Austritt des Funiculus spermaticus in dessen Umgebung Lösung des Anästhetikums injiziert, ebenso wird man in den Funiculus eine Injektion ausführen können, wenn die Operation dies erfordert. Die Nervi scrotales anteriores sind Ausläufer der Nervi haemorrhoidales inferiores und können ev. schon durch eine Injektion in den Stamm der Hauptnerven unterbrochen worden sein. Man muß aber immer bei der Kastration bedenken, daß der Nervus spermaticus externus, lateral das Funiculus spermaticus verlaufend, unterbrochen werden muß. Man trifft ihn leicht durch eine Injektion am äußeren Leistenring. Es kommen zur Anästhesie der männlichen Genitalien im ganzen folgende Nerven in Betracht:

1. nervi scrotales posteriores als Ausläufer des Nervus perinei, 2. nervi scrotales anteriores als Ausläufer der Nn. haemorrhoidales inferiores, 3. nervus spermaticus externus, außerdem diejenigen im Funiculus spermaticus, 4. der plexus spermaticus. Alle die Nerven 1 und 2 sind Äste des Nervus pudendus, den man an der angegebenen Stelle in der Gesäßgegend mit der Injektionsnadel treffen kann. Man muß dann noch den Nervus spermaticus externus, der ein Ast des nervus genitofemoralis ist, also Nr. 3, extra anästhesieren, ebenso Nr. 4. Über die Art der Anästhesierung der Nerven ist im speziellen Teil nachzulesen.

Ebenso wie die Endäste des Nervus pudendus beim Manne bis in die Genitalien reichen, versorgen sie beim Weibe einen Teil der inneren Genitalien in Gestalt der Vaginalwand. Man findet die Nerven sich bis in die Gegend des oberen Drittel der Scheide verbreiten, weiter versorgen sie die großen und kleinen Labien, die Klitoris und Harnröhrenmündung. Man kann also alle diese Organe leicht anästhesieren.

Was nun die Nerven der inneren Organe anlangt, so eignen sich dieselben weniger zur lokalen Schmerzbetäubung, es ist nur hervorzuheben, daß bei den Organen der Bauchhöhle die sensiblen Nerven verschieden zahlreich vorhanden sind. So hat man festgestellt, daß die weiblichen Genitalien, wie der Uterus, die Tuben, Ovarien, Leber, Milz etc. wenig sensible Nerven besitzen. folglich auch wenig schmerzempfindlich sind. Dem entgegen ist aber das Peritoneum parietale sehr reichlich mit sensiblen Nerven versehen, während das Peritoneum viscerale wieder wenig oder keine sensiblen Nerven besitzt (Snel, Lennander etc.). Man muß daher beim Operieren in der Bauchhöhle diese Verhältnisse bedenken und vor allen Dingen das Peritoneum parietale anästhesieren und Insulte desselben nach Möglichkeit vermeiden. Ebenso verhält es sich mit den Organen der Brusthöhle. Man kann dies benutzen und hat leicht Gelegenheit, bei Operationen in der Bauchhöhle sich zu überzeugen, daß Manipulationen an Organen derselben ohne Betäubung ausgeführt werden können. sofern man nur die Hautdecken anästhesiert hat. Besonders reichlich mit sensiblen Nerven ist die äußere Haut ausgestattet. weshalb ein Schnitt in dieselbe auch sehr schmerzhaft ist; es ist aber das Fettgewebe sehr arm an sensiblen Nerven und daher wenig empfindlich. Auch die Muskulatur ist nicht sehr reichlich mit sensiblen Nerven versorgt, und man fühlt in den Muskeln das Operieren viel weniger, während die Faszie sehr reichlich mit nervösen Elementen sensibler Art versehen ist. Diese Verteilung der Schmerzempfindlichkeit ist wichtig und muß dem Arzte bekannt sein, denn man kann sich bei Operationen danach richten. Die Schleimhaut der Organe, des Mundes etc. ist ebenfalls reich an sensiblen Nerven, während die Drüsen meist sehr wenig solcher Nerven besitzen.

Der Knochen besitzt sehr wenig sensible Nerven, und es ist das Operieren am Knochen an sich nicht schmerzhaft, aber das Periost ist sehr reich an sensiblen Nerven und äußerst empfindlich. Man muß daher besonders das Periost anästhesieren und kann dann ohne Schmerz am Knochen operieren, denn auch das Knochenmark und der Knorpel ist nicht schmerzempfindlich. Die Sehnen und Bänder haben keine sensiblen Nerven und empfinden keinen Schmerz.

Man findet aber auch in der Haut verschiedene Verteilung der Schmerzempfindlichkeit, so ist die Haut der Finger, der Lippen, des Gesichtes etc. besonders reich an sensiblen Nerven, während die Haut des behaarten Schädels, des Rückens, des Gesäßes etc. weniger reichlich mit sensiblen Nerven versehen ist, so daß man daselbst weniger empfindlich ist. Diese verschiedene Versorgung der Haut mit sensiblen Nerven ist entsprechend den Funktionen der betreffenden Hautstellen eingerichtet und dadurch erklärlich.

Es gibt aber auch in der Empfindung des Schmerzes Unterschiede bei den verschiedenen Personen, der eine hält mehr Schmerzen aus, er ist weniger empfindlich als der andere. Allerdings hängt dies nicht von der Verteilung der sensiblen Nerven ab, sondern vom Charakter des Menschen. Selbstbeherrschung und Mut können einen Menschen ungeheuere Schmerzen aushalten lassen, ohne daß er einen Ton der Klage von sich gibt. Zweifellos hängt dies ab von der Empfindlichkeit der nervösen Zentralorgane, denn man findet nicht nur nach dem Geschlecht die Schmerzempfindlichkeit variabel, sondern auch nach

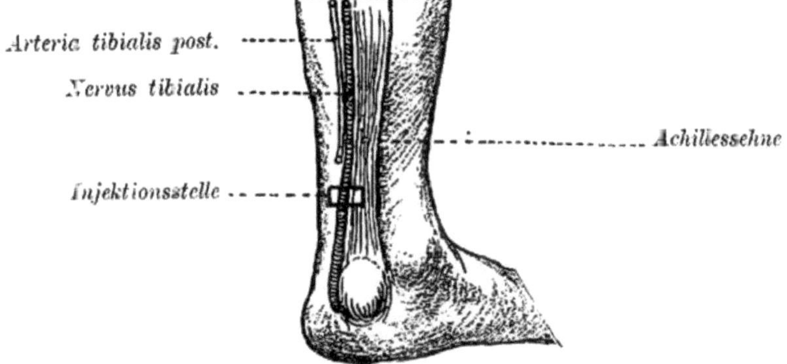

Fig. 17. Injektionsstelle des Nervus tibialis an der hinteren Seite des rechten Unterschenkels.

Charakter, Beruf und Stand. Es hat auf die Empfindlichkeit gegen Schmerz das soziale Leben einen großen Einfluß, und je verfeinerter und verweichlichter der Mensch ist, um so weniger Schmerz wird er ertragen, so hält der Wilde mehr aus als der Europäer, der Arbeiter mehr als der verwöhnte Gentleman, der Bauer mehr als der Städter, und schließlich hat auch das Geschlecht Einfluß. Es ist der Mann entschieden widerstandsfähiger als die Frau. Natürlich gibt es auch Ausnahmen. Immerhin ist dies als Grundlage der Empfindlichkeitsunterschiede anzusehen. Wenn auch diese Verhältnisse bekannt sein müssen, so spielen sie keine zu große Rolle in der Anästhetologie, denn die operativen Eingriffe größerer Art kann kein Mensch ohne Linderung aushalten; aber man muß dennoch wissen, ob ein Mensch stark oder schwach auf sensible Reize reagiert, weil man geringe Schmerzen oft ohne Betäubung den Tapferen aushalten lassen kann, während man bei dem empfindlichen Menschen auch den kleinsten Schmerz vermeiden muß.

B. Spezieller Teil.

I. Kapitel.

Die Anästhesie durch Anwendung physikalischer Mittel und Methoden.

§ 1. Die hauptsächlichsten Methoden der Anästhetologie sind begründet auf der Einwirkung auf die nervösen Endapparate in den Geweben, und man verwendet meist chemische Stoffe, wie Kokain etc., zur Betäubung der Sensibilität. Wenn man aber die ersten Anfänge unserer Disziplin in der Geschichte der Medizin verfolgt, so findet man physikalische Maßnahmen und Methoden als die ersten Spuren der Anästhetologie. Da man im Altertum, Mittelalter und den letzten Jahrhunderten unserer Kultur schon weit in der Chirurgie fortgeschritten war und eine Menge operativer Eingriffe schon machte, die wir heute noch ausführen, so war man auch natürlicherweise schon bemüht, dem Kranken möglichst die Schmerzen der Operation zu lindern oder den Eingriff überhaupt schmerzlos auszuführen. Man richtete da in den verschiedenen Bestrebungen eine Schmerzbetäubung zu erzielen, sein Augenmerk auch auf rein mechanische Maßnahmen, und so kamen verschiedene physikalische Methoden in Verwendung, die teils wirkungslos waren, teils aber doch bis zu einem gewissen Grade Anästhesie erzeugen konnten. So entstanden die Methoden durch Kompression der Gewebe oder der Nerven selbst Anästhesie zu erzeugen, die Applikation der Kälte in ihrer verschiedenen Form etc., alles Maßnahmen, die nur rein physikalische Prozesse zur Erzielung einer lokalen Schmerzbetäubung heranzogen.

Man kam durch Beobachtungen im täglichen Leben auf den Gedanken, den Druck, der z. B. Zahnschmerzen lindert, wenn man auf den Zahn drückt oder beißt, Kopfschmerzen zu vermindern, indem man auf den Kopf drückt etc., auch dazu zu verwenden, um größere Gebiete des menschlichen Körpers, wie ganze Glieder etc., gefühllos zu machen. Hatte man doch auch beobachtet, daß ein Bein abstirbt, einschläft und schließlich in dem unteren Schenkel gefühllos wird, wenn man die Nerven der Kniekehle gegen einen harten Gegenstand drückt. Es beruht dies darauf, daß die großen Nerven durch den Druck in ihrem Leitungsvermögen gestört werden, und es kann vorübergehend durch heftigen Druck die Leitung ganz unterbrochen werden in dem Nerven, und die zentrifugal von dieser Stelle liegenden Gewebe, welche normalerweise vom Nerven versorgt werden, verlieren die Empfindlichkeit für Schmerz. Wenn man nun auf einen Nerven einen längeren Druck ausübt, so bemerkt man sehr bald im Verlaufe dieses Nerven das Gefühl des Ameisenlaufens, das Eingeschlafensein und schließlich wird, wenn die Ursache des Druckes nicht beseitigt wird, die Leitung der Schmerzempfindung im Nerven unterbrochen, der von dem Nerven versorgte Bezirk des Körpers wird gefühllos. Es ist dies natürlich nur möglich, wenn die Kompression einen sensiblen Nerven oder einen solchen, in welchem sensible Bahnen verlaufen, betrifft. Es wird der Druck eben die Leitung des Nerven unterbrechen, es ist so gut, als sei das Kabel durchschnitten, welches den elektrischen Strom weiterleitet. Wenn der Druck einen motorischen Nerven trifft, so findet man eben eine Unterbrechung dessen Leitung, also eine Lähmung der von ihm versorgten Muskeln.

Die Kompression des Nervenstammes zur lokalen Schmerzbetäubung wurde schon sehr früh bei den alten Völkern verwendet, ebenso im Mittelalter, und man liest in alten Schriften bisweilen von solchen Maßnahmen. Eine vollkommen schmerzlose Amputation des Unterschenkels soll im Jahre 1675 in Coburg an einer Frau durch Kompression der Nerven des Beines ausgeführt worden sein. Es wurde das Bein oberhalb der Amputationsstelle fest eingeschnürt und der Operateur war entzückt ob der blutstillenden und schmerzbetäubenden Wirkung dieser Ligatura fortior, und während seine Assistenten und Zuschauer den amputierten Fuß betrachteten, fragte die Frau, ob der Fuß nun bald amputiert sei. Sie war höchlichst erstaunt, zu erfahren, daß die Operation schon beendet sei (Bum).

Es ist nun leicht erklärlich, daß man sich zuerst in der Medizin praktische Erfahrungen zunutze machte, so wurde von den Goldarbeitern das Ohrläppchen anästhetisch gemacht durch vor der Durchbohrung zwecks Einhängens des Ohrringes vorgenommenes Kneten und Drücken mit den Fingern. B o u i s s o n gab den Rat, diese Anästhesie auch bei der Hasenschartenoperation zu verwenden, indem man die Ränder der Lippe vorher knetet. Die so erzeugte Verminderung der Schmerzempfindlichkeit beruht nur darauf, daß die Nerven durch Druck unempfindlich gemacht werden. Ob dies Verfahren bei den Lippenoperationen viel Erfolg hat, möchte ich bezweifeln, doch es wird jeder schon Erfahrungen gesammelt haben, denn man sieht oft Personen, die Zahnschmerzen haben, heftig gegen den Unterkiefer oder die Wange etc. drücken, weil dieses Linderung bringt, denn die Nerven werden komprimiert und momentan die Leitung unterbrochen. Ebenso drücken Personen, die · an Trigeminusneuralgie leiden, stark auf den Austrittspunkt der Trigeminusäste, und die Schmerzen werden zeitweise gelindert. J a m e s M o o r e hat 1784 diese Kompressionsmethode bei Ischias verwendet und konstruierte ein Kompressorium oder Tourniquet, welches auf den Nervus ischiadicus und cruralis intensiv drückte. Er hatte zu diesem Zwecke an einem Eisenbogen zwei Pelotten mit Schraubenvorrichtung angebracht und verwendete dieses Instrument auch in der Chirurgie bei Amputationen. Er soll damit eine Amputation des Unterschenkels schmerzlos ausgeführt haben. Allerdings hatte die Kranke vor der Operation Opium bekommen und mag wohl deshalb schon wenig empfindlich gewesen sein. In England ist die Methode verschiedentlich erwähnt worden (H u n t e r, B e l l etc.), doch dieselbe hat keine große Bedeutung erlangt, da eine brauchbare Anästhesie zwecks Operationen damit nicht zu erzielen ist. Andere empfahlen zur Anästhesie die Abschnürung des Gliedes, was ebenfalls auf eine Kompression der Nerven hinauskommt (T h e d e n, J u v e t, L i é g a r d etc.), oder sie versuchten durch festes Einwickeln eines Gliedes die Schmerzempfindung herabzusetzen, so entstand die forcierte Einwicklung, und von L i é g a r d wird sogar angegeben, daß er, nachdem er mit einer Binde den Fuß bis über das Knöchelgelenk stramm eingewickelt hatte, den an einer Zehe eingewachsenen Nagel schmerzlos operiert habe. Dem entgegen gibt Kappeler an, daß er diese Methode nachgeprüft habe, und zwar so, daß er den Fuß mit elastischen Binden fest eingewickelt habe bis oberhalb der Malleolen und dann daselbst einen Esmarchschen Schlauch um den Unterschenkel festgelegt habe und dies 30 Minuten liegen ließ. Aber er konnte in keinem Falle in dem abgeschnürten Gliede eine für einen chirurgischen Eingriff genügende Anästhesie erzielen. Er konnte selbst oberflächliche Nadelstiche nicht schmerzlos ausführen, die Kranken empfanden alles deutlich. Es ist diese Methode aber auch aus anderen Gründen, ganz abgesehen davon, daß sie nur an Extremitäten anwendbar ist und nie eine tiefere Anästhesie, sondern nur höchstens einige anästhetische Partien der Haut zu erzeugen imstande ist, eine unbrauchbare Methode, denn erstens verursacht die Konstriktion eines Gliedes einen ganz erheblichen Schmerz an sich, und die Kranken halten dieselbe nicht lange aus und ziehen vor, die kleine Operation ohne Betäubung vornehmen zu lassen, als die Konstriktion weiter zu ertragen. Außerdem verursacht dieselbe Beschädigungen der Nerven, es folgen derselben, wenn sie wirksam ausgeführt werden soll, irreparable Lähmungen, welche auf Kontinuitätstrennungen im Nerven beruhen. Wenn nämlich Anästhesie erzeugt werden soll, so muß der Nerv, welcher das Gebiet versorgt, unterbrochen, durchschnitten oder zerdrückt werden. Da nun aber stets Anastomosen bestehen, so erhält man nie durch Durchtrennen eines Nerven einen großen Teil des Körpers anästhetisch, denn andere Nerven finden Bahnen in dies Gebiet und so entsteht meist nur eine Herabsetzung der Schmerzempfindlichkeit. Um wirkliche Anästhesie zu erreichen, müßte man alle zuführenden Nerven unterbrechen, dies kann aber durch Kompression nicht bewirkt werden, sondern, wie wir gesehen haben, nur durch chemische Stoffe. Eine gewisse Anästhesie kann durch Druck erzeugt werden, aber nie eine solche, die man zu operativen Eingriffen verwerten könnte. Man kann also durch diese mechanische Beeinflussung des Nerven eine brauchbare Anästhesie nicht erreichen, denn will man die Leitung eines großen sensiblen Nerven z. B. vollkommen unterbrechen, indem man eine direkte Trennung der Nervenfasern hervorruft, sei es durch Druck, Durchschneiden oder Durchreißen, so wird zwar eine Anästhesie in dem Verbreitungsgebiet dieses Nerven hervorgerufen, doch dieselbe ist dann eine immerwährende, weil der Nerv vollkommen zertrennt ist und verliert sich nicht wieder von selbst. Dies ist aber ein Eingriff, der eine Reihe sehr unangenehmer Begleiterscheinungen zur Folge hat und kaum je wird zur schmerzlosen Operation verwendet werden, denn die Anästhesie zwecks schmerzlosen Operierens soll immer nur eine vorübergehende sein, die möglichst bald nach der Operation wieder verschwindet, indem die Gewebe in den normalen Zustand zurückkehren. Man will nicht eine dauernde Läsion erzeugen. Somit muß man diese Versuche, durch Druck oder Kompression eine zu operativen Eingriffen brauchbare Anästhesie zu erzeugen, als gescheitert betrachten. (Kappeler, Dumont etc.) Man kann eben die Kompression nur an Extremitäten anwenden und verursacht dabei sehr leicht Verletzungen motorischer Nerven, großer Gefäße etc. Will man aber die Anästhesie durch längere Zeit anhaltende Kompression der Extremitäten, wie durch die Einwicklungen, Ligatura fortior etc., hervorrufen, so treten sehr unangenehme Schmerzen in den Bezirken durch Anschwellungen oder Lähmungen etc. auf. Es kann also durch die Kompression nie eine brauchbare Anästhesie erzielt werden, ganz abgesehen davon, daß dieselbe, wenn sie eintritt, auch außer den vielen anderen Nachteilen noch den besitzt, daß sie nur die Haut befällt, aber die tieferen Gewebe vollkommen normal schmerzempfindlich bleiben.

Man hat nun noch eine Art Anästhesie durch **Kompression der Karotiden** zu erzeugen versucht. Diese Methode ist eigentlich keine Methode lokaler Anästhesie, sondern gehört in die Narkosiologie, da sie eine Kohlensäurenarkose oder wohl mehr eine Anämie im Gehirn erzeugt. Es mag sein, daß die Anämie des Gehirns hauptsächlich wirksam ist und dann wäre die Methode mehr eine solche der Anästhetologie, weshalb ich sie hier erwähne. Die Folge der Störung des Karotidenkreislaufs ist eine starke plötzliche Gehirnanämie, die zu momentaner Bewußtlosigkeit führt, so daß die Menschen in einen schlafähnlichen Zustand verfallen, in welchen Operationen kurzer Dauer schmerzlos ausgeführt werden können. Man hat diese Methoden bei den verschiedensten Völkern auf niederer Kulturstufe gefunden; so haben die Bewohner von verschiedenen Inseln, wie Madura, Java etc. solche Gebräuche gehabt (Steiner). Die Heilkundigen solcher Völker verwenden die Kompression der Karotiden bei ihren Patienten zur Erzeugung eines künstlichen Schlafes, in welchem sie an den Kranken ihre therapeutischen Eingriffe und Kuren ohne Belästigung derselben und ohne Schmerzempfindung ausführen. Auch im Mittelalter ist von Ärzten diese Methode verwendet worden, um Anästhesie zu erzeugen, freilich ohne einen großen Erfolg, denn die Kranken werden nicht ohne ernste Gefahr dadurch so tief betäubt werden können, daß eine für größere Operation brauchbare Anästhesie eintritt. Immerhin kann man durch die Kompression der Karotiden eine mäßige Herabsetzung der allgemeinen Sensibilität hervorrufen, die Stiche in der Haut und kleine Inzisionen ohne Schmerzempfindung für den Kranken ausführen läßt, aber größere Eingriffe verursachen Schmerzen, die auch in diesem Zustand vom Kranken empfunden werden. Immerhin muß man zugeben, daß eine geringe Anästhesie bei hochgradiger akuter Anämie entsteht. So beobachtet man bei Personen, die infolge großen Blutverlustes kollabieren, die fast pulslos, aber doch noch voll bei Bewußtsein sind, daß sie die Schmerzen des Einstiches der Infusionsnadeln, die doch schon ziemlich groß sind, nicht empfinden, ebenso empfinden sie andere kleinere Insulte auf der Haut nicht. Sticht man aber tief oder verursacht man intensiveren Schmerz, so reagieren sie deutlich darauf, ebenso empfinden sie den Schmerz der Infusionsflüssigkeit in dem prallgefüllten Gewebe. Diese Anästhesie ist jedenfalls ähnlich der Anästhesie, die durch Kompression der Karotiden erzeugt wird, denn beide beruhen auf Anämie des Gehirns. Man kann dies aber nicht zur Erzeugung einer Anästhesie für Operationen verwerten.

§ 2. Entgegen der Anästhesie durch Kompression hat die **Schmerzbetäubung durch Kälte** viel größere Bedeutung erlangt und ist zu brauchbaren Methoden ausgebaut worden.

Man hat schon im Mittelalter den Versuch gemacht, zur Schmerzbetäubung die Kälte zu verwerten. Immerhin waren dies nur Versuche geblieben. So hatte später John Hunter die Beobachtung gemacht, daß die Schnitte und Verletzungen, welche er den Kaninchen an den Ohren, nachdem er diese längere Zeit intensiver Kälte ausgesetzt hatte, beibrachte, keine Schmerzäußerungen der Tiere hervorriefen. Ferner machte Larrey die Beobachtung, daß die Soldaten, welche er nach der Schlacht bei Eylau während großer Kälte operierte, weniger Schmerzen empfanden. Es wurden in diesen Zeiten im Felde namentlich Amputationen vorgenommen, und wenn die verwundeten Soldaten längere Zeit teils auf dem Schlachtfeld, teils in den Feldlazaretten während der großen Kälte dagelegen hatten, so konnte man die Amputation unter sehr wenig Schmerzen ausführen, jedenfalls unter viel geringeren Schmerzen als in warmen Jahreszeiten, wo die Kälte nicht einwirken konnte. Es ist immerhin möglich, daß diese Vorteile der Kältewirkung oft nützlich waren, denn ein zertrümmertes Bein, das stundenlang im Schnee gelegen hat, ist wohl in den meisten Fällen erfroren gewesen, und so kann die folgende Operation auch noch unter Herabsetzung der Schmerzempfindlichkeit vorgenommen worden sein. Es ist ja auch eine bekannte Tatsache, daß man es nicht bemerkt, wenn man bei ungeheurer Kälte die Glieder, Füße, Finger, Nase, Ohren etc., erfriert, denn sobald die Kälte so stark einwirkt, wird das Glied vollkommen gefühllos, und der betr. Mensch denkt, dasselbe sei warm und vollkommen in Ordnung, während es schon erfroren ist. Diese Tatsache ist in Rußland allgemein bekannt und jedermann beachtet auf der Straße die Nasen der anderen Menschen, um den, dem dieselbe ohne es zu merken erfriert, darauf aufmerksam machen zu können. Nach den Beobachtungen im Felde empfahl James Arnott als erster die systematische Anwendung der Kälte als Anästhetikum. Er benutzte zur Erzeugung von Kälte eine Mischung aus Eis und Salz, welche er in einen Gazebeutel füllte. Diese Kältemischung legte er auf diejenige Körperstelle, wo operiert werden sollte. Er kam im Jahre 1852 zu der Erkenntnis, daß die durch starke Kälte hervorgerufene Anästhesie sich nur auf die äußeren Teile erstrecke und eine für viele Operationen genügende Unempfindlichkeit bewirke und hält diese Methode für besser in vielen Fällen als die Chloroform oder Äthernarkose, weil eine Lebensgefahr nicht bestehe, weil die Kälte die nach der Operation auftretende Entzündung vermindere und der Kranke den Operateur unterstützen könne während der Operation, sowie die Gewebe keine Schädigung durch die oberflächlich wirkende Kälte erlitten. Man hat nun in verschiedenen Fällen diese Anästhesie benutzt, doch eine allgemeine Verwendung konnte die Methode nicht erfahren. Neben dieser durch Kältemischung erzeugten Anästhesie gab Dumont ein Verfahren an, welches darin bestand, daß ein Apparat, welcher mittels windmühlenflügelnähnlichen Vorrichtungen, die durch ein Uhrwerk in Bewegung gesetzt wurden, einen starken Luftzug über der betr. Körperoberfläche erzeugte, über das Operationsgebiet angebracht wurde. Es sollte durch diese ausgiebige Ventilation eine sehr rasche Verdunstung der Flüssigkeiten in der Haut und dadurch Kälte entstehen, wodurch die Haut unempfindlich gemacht werden sollte. Wenn auch der Gedanke nicht übel ist, so ist doch die Wirkung nur gering und man machte von der Methode Dumonts keinen weiteren Gebrauch. Die Wirkung der Kälte auf die Gewebe ist eine doppelte, denn erstens erzeugt die Kälte ein intensives Schmerzgefühl, das so lange anhält, als die Temperatur in den Gewebsflüssigkeiten noch höher ist als in der Umgebung, und zweitens nachdem die Temperatur ausgeglichen ist, beginnt die anästhesierende Wirkung, das Gewebe wird unempfindlich gegen Schmerz. Man rechnet daher die Kälte unter die Anästhetica dolorosa. Die Kälte wirkt aber naturgemäß nur auf die Haut oder, besser gesagt, auf die obersten Gewebsschichten anästhesierend und die Anästhesie verschwindet dann wieder, wenn die Kälte nicht mehr einwirkt. Wenn man also einen Bezirk der Haut durch Gefrieren anästhesiert hat, so ist während der Anästhesie im Gewebe die Zirkulation vollkommen aufgehoben, das Gewebe ist fest, hart, weiß, geht aber nach dem Sistieren der Kältezufuhr wieder in normalen Zustand über. Wollte man nun die tieferen Gewebe auch durch die Kälte anästhesieren, so müßte man dieselben zum Gefrieren bringen, was aber eine so intensive und lange Kältewirkung erfordern würde, daß die Gewebe dauernden Schaden erlitten, weil die Zirkulation müßte zu lange aufgehoben werden. Die Kälte bewirkt eine Kontraktion der Blutgefäße, die Nerven werden in ihrem Molekularzustande verändert, so daß sie einen Reiz nicht aufnehmen und nicht weiterleiten können. (Grützner, Heizmann.) Die entzündeten Gewebe sind durch Kälte schwerer zu anästhesieren, als die normalen. Es dauert im normalen Gewebe zwei Minuten, im entzündeten Gewebe bis zehn Minuten, bis Anästhesie durch Kältewirkung eintritt (Coste.) Es ist dies natürlich abhängig vom Verfahren der Kälteapplikation, bei der Kältemischung ist dies so festgestellt. James Arnott verwendete eine Mischung von 2 Teilen Eis und 1 Teil Kochsalz zur anästhesierenden Masse, die er in einem Beutel feinvermischt auf die Haut legte. Velpeau hat eine Mammaamputation unter Verwendung dieser Kältemischung ausgeführt und fand die Haut gut anästhesiert, nicht aber die tieferen Gewebe. Eine andere Mischung aus Eis und Salz zu gleichen Teilen und einem Zusatz von Salmiak wurde von Richard verwendet und bei einer Exartikulation eines Fingers angewendet. Nach sieben Minuten war der Finger so weit anästhetisch, daß er ohne Schmerzen exartikuliert werden konnte. Je blutreicher die Operation, um so weniger sicher ist diese Anästhesie, denn man kann sich ja leicht denken, daß das Blut immer wieder Wärme zuführt und dadurch die Anästhesie zerstört. Mit den Kältemischungen könnte man größere Operationen nicht ausführen. Überhaupt ist die Anästhesie durch Kälte nur für Operationen in der Haut zu verwenden.

Richardson hat eine grundlegende Methode in der Mitte des 19. Jahrhunderts angegeben, welche von solcher Bedeutung für die Anästhetologie ist, wie die erste Chloroformnarkose für die Narkosiologie. Diese Methode Richardsons ist die **Ätherzerstäubungsanästhesie.** Dieselbe besteht darin, daß man die Kälte künstlich durch den auf die Haut gebrachten Äther erzeugt. Versuche mit Äther waren vorher schon von Richot, Giraldis, Simpson und Nunneley, aber ohne Erfolg, vorgenommen worden. Die künstliche Erzeugung der Kälte durch auf die Haut aufgestäubte leicht verdampfende chemische Körper hat ihren Begründer in Richardson, der erste hierzu verwendete Körper ist der Äther sulfuricus. Wenn man die Anästhesie der Haut durch den Äther hervorbringt, so ist einzig und allein die starke Entziehung von Wärme bei der Verdunstung des Äthers die Kraft, welche die Anästhesie hervorruft. Ein anderer Umstand besteht hierbei nicht, denn man kann denselben Effekt erzielen durch ebenso leicht verdampfende Mittel, welche an sich nicht als Narkotika wirken. Es ist also hier nicht die narkotische Kraft des Äthers, welche man verwendet, sondern nur die ungeheuer starke Tendenz desselben, den nächstliegenden Körpern Wärme zu entziehen, um zu verdampfen. Der Äther wird zu diesem Zwecke auf die Haut in fein verteiltem Zustande, als Ätherspray aufgetragen. Man muß, um

eine möglichst starke Kältewirkung erzielen zu können, den Äther eben in
fein verteilten Massen auf die Haut bringen, weil er dadurch noch mehr Gelegenheit zum leichten Verdampfen findet. Weiter muß der Äther rein sein,
jede Beimischung von Alkohol verhindert oder erschwert den Eintritt der
Anästhesie, weil dann die Alkoholmengen auf der Haut liegen bleiben und
langsam verdunsten. Richardson hat zu diesem Zwecke nebenstehenden
Apparat konstruiert, der in Figur 18 abgebildet ist.

Derselbe besteht hauptsächlich aus einer Flasche, in welche man den
Äther gießt und einem Zerstäuber. Man kann zu diesem Zwecke jeden beliebigen Zerstäuber benutzten, wie man ihn auch zum Zerstäuben anderer
Flüssigkeiten verwendet. Der Zerstäuber besteht aus einem Gebläse,
welches in ein Rohr führt, das sich rechtwinklig teilt und so teils in die
Ätherflasche durch den Stopfen bis dicht unter denselben, teils nach anderer
Richtung in ein Rohr führt, das wiederum rechtwinklig umgegebogen ist
und in einer feinen Spitze endet. Diese Spitze befindet sich dicht über
der anderen Spitze des aus der Flasche
führenden zweiten Rohres, welches in
der Flasche bis auf den Boden reicht.
Wenn man nun das Gebläse in Tätigkeit
setzt, so treibt der Luftstrom, wie aus
der Abbildung ersichtlich ist, durch den
Druck einen feinen Ätherstrahl aus der
Spitze des zweiten Rohres und dieser
Ätherstrahl wird durch den Luftstrom,
der aus der ersten Spitze noch mit heraus-
dringt, zerstäubt. Man setzt nun das Gebläse in Tätigkeit und nähert die Spitze
des Zerstäubers bis auf 3—10 cm der
Hautstelle, welche anästhesiert werden
soll. Je nach der Intensität des Gebläses
und der Stärke des Strahles muß man
den Apparat der Haut nähern oder entfernen.

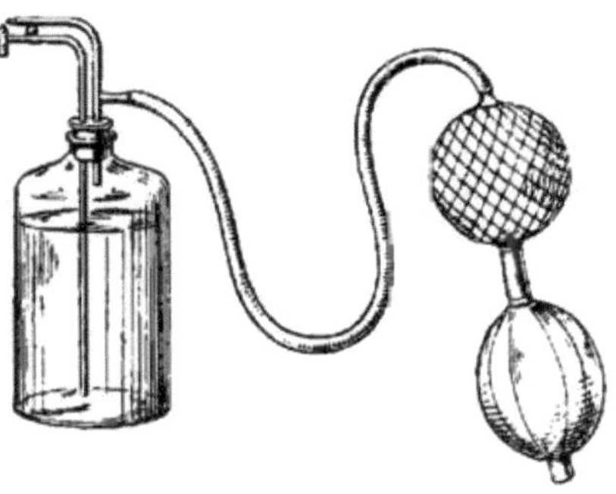

Fig. 18.
Ätersprayapparat von Richardson.

Wenn man diesen Ätherstrom aus einem solchen Apparat auf die Kugel
eines geeigneten Minimalthermometers richtet und einige Minuten bestäubt,
so zeigt das Thermometer — 16—20° C an. Es entsteht also eine ziemlich intensive Kältewirkung durch den verdampfenden Äther. Derselbe soll ein spez. Gew.
von 0,720 haben. Man hat noch verschiedene andere Methoden das Äthersprays
empfohlen, so gab Leclerc den Rat, man solle die Flasche des Ätherzer-
stäubers mit Äther sulfur. gefüllt vor dem Verwenden 15 Minuten lang in ein
Gefäß stellen, in welchem eine Kältemischung von Eis und Kochsalz vorhanden ist, damit der Äther stark abgekühlt würde. Der so besonders kalte
Äther sollte nun auf der Haut zerstäubt werden, wodurch man noch größere
Kältewirkung erzielen könnte. Ein Vorteil ist aber darin nicht von wesentlicher Größe zu erblicken. Andere verwendeten nicht den Äther selbst,
sondern kühlten durch den Ätherspray kleine Metallkästchen oder -platten ab
und legten diese sehr kalten Metallgegenstände auf die zu anästhesierenden
Hautstellen. Diese Methode ist aber sehr wenig zuverlässig und erzeugt nur
sehr unsichere Anästhesie. Ein Nachteil des Äthersprays, in welcher Form er

auch verwendet wird, ist immer die Gefahr der Explosion, welche stets dann vorhanden ist, wenn man offene Flammen in der Nähe des Operationsgebietes brauchen muß oder wenn man den Pacquelin oder Thermokanter oder die elektrische Schlinge verwendet, denn alle diese Brennapparate entzünden den auf der Haut, in der Luft und in den die Operationsstelle umgebenden Tüchern etc. befindlichen Äther, und das Operationsgebiet steht sofort in hellen Flammen. Es kann nur zu leicht dieser Umstand übersehen werden und man muß peinlich darauf achten, niemals bei offenem Licht oder bei Verwendung der Elektrokaustik den Ätherspray zu verwenden.

Sehr angebracht ist es, wenn man in der Umgebung des Operationsgebietes die Haut dick mit Vaseline einfettet, wodurch man verhindert, daß der überfließende Äther die benachbarten Hautbezirke beeinträchtigt.

Wenn man nun den Ätherstrahl auf die Haut richtet, so gewahrt man zunächst in der Haut ein geringes Brennen und Gefühl der Kälte, die Haut rötet sich zunächst und zeigt nach Verlauf von $^3/_4$ 2 Minuten eine schneeweiße Farbe, namentlich zuerst in der Mitte des Strahles, da, wo die Kälte am stärksten war. Dabei wird die Haut hart und absolut gefühllos. Je länger man den Ätherstrahl einwirken läßt, um so größer wird diese weiße Stelle. Die Haut wird eben durch die Kälte des Äthers gefrieren, die Gefäße werden kontrahiert, blutleer, die Gewebsflüssigkeiten gefrieren. Man hat nun folgende Beobachtung gemacht: Im Anfang der Ätherwirkung rötet sich die Haut, welche Rötung durch Dilatation der Kapillaren bewirkt wird, und diese Dilatation der Hautgefäße wird sehr bald gefolgt von einer Ischämie, wenn man die gerötete Stelle leicht inzidiert, und zwar nur so, daß die Oberhaut und das oberste Gefäßnetz der Cutis getroffen werden. Wenn man nun die Anämie schwinden läßt, so kann das Gewebe sofort wieder durch den Ätherstrahl anämisch gemacht werden, ohne daß eine neue Inzision notwendig wäre. Ferner wird das Entstehen der Anästhesie begünstigt durch zarte, dünne Haut, starke Vaskularisation der einzelnen Hautstellen, und durch vorheriges Reiben mit einer starken Bürste. Gestüzt auf all diese Beobachtungen läßt L e t a - m e n d i die Anästhesie durch „extremen Krampf der vasomotorischen Nerven“ entstehen, zu dessen Zustandekommen eine Reaktionsbewegung der dilatierten Kapillaren notwendig sei, welche man durch die fortgesetzte Irrigation nur ausnahmsweise erziele, während eine leichte Entleerung der hyperämischen Gefäße oder eine geringe Steigerung der nervösen Spannung des Gefäßnetzes, wie sie die oberflächliche Inzision erzeuge, rasch den Gefäßkrampf veranlasse. Das blitzartige Auftreten totaler Ischämie bei einer oberflächlichen Inzision der mit dem Ätherspray geröteten Hautpartien ist eine überraschende Erscheinung. (K a p p e l e r)

Allerdings bewirkt der Ätherspray nur eine Anästhesie der Haut, während man tieferliegende Gewebe nicht anästhesieren kann. Aber die Inzision der Haut ist oft das Schmerzhafteste bei kleinen Operationen, und somit ist sie doch recht wertvoll. Natürlich wird man die Indikationsgrenzen der Anästhesie nicht über die der kleinen Operationen erweitern. Obgleich S p e n c e r W e l l s unter Ätherspray eine Ovariotomie begann, so mußte er doch beim Lösen der peritonitischen Adhäsionen Chloroform anwenden, aber es glückte R i c h a r d s o n und G r e e n h a l g h, den Kaiserschnitt mit Ätherspray schmerzlos auszuführen. Doch man kam über diese Versuche nicht hinaus, denn die Erkenntnis rang sich immer mehr durch, daß dieses Verfahren nur für die kleine Chirurgie geeignet ist. Man versuchte wohl auch die unter der Haut gelegenen Gewebe nach der Anästhesierung der Haut mit dem Ätherspray zu betäuben, doch diese Versuche scheiterten, da der Äther einerseits die Gewebe wegen des Blutes nicht zum Gefrieren bringen konnte, andererseits in der Wunde starke Schmerzen hervorrief, die Instrumente mit Eis überzog, die Finger des Operateurs belästigte, etc. Es war eben diese Methode nur zur oberflächlichen Anästhesie zu verwerten. Warum sollte man auch die Indikation erweitern, da für größere Eingriffe andere Methoden vorhanden sind, und man eine große Anzahl kleiner Operationen schmerzlos damit ausführen kann, für die eine allgemeine Narkose zu große Gefahren bringt. So kann man sehr gut alle Inzisionen, Punktionen, Exstirpationen kleinerer Hautgeschwülste, die Operation des unguis incarnatus etc. mit Ätherspray schmerzlos ausführen. Es sind für diese Methoden viele Gelegenheiten in der kleinen Chirurgie vorhanden.

Wenn man den Ätherspray an Hautstellen von Extremitäten verwendet, so erleichtert man den Eintritt der Anästhesie wesentlich dadurch, daß man die Esmarchsche Blutleere hervorruft, denn man kann sich ja leicht denken, daß die Haut eher gefriert, wenn die Zirkulation unterbrochen ist, als wenn jede Sekunde neue Blutmassen in das Operationsgebiet gebracht werden, welche wieder neue Wärme mitbringen. Man legt also oberhalb des Operationsgebietes den Esmarchschen Schlauch an und erreicht dadurch auch, daß die Anästhesie vor allen Dingen länger bestehen bleibt. Das Verfahren eignet sich am besten an Zehen und Fingern. (Girard, Lücke etc.) Natürlich wird man auch da individualisieren müssen, denn die Konstriktion selbst macht sehr viel Schmerz, namentlich wenn sie am Arm oder Bein ausgeführt wird. Deshalb wird sie am besten nur an Fingern und Zehen verwendet.

Man kann den Ätherspray sehr leicht mit jedem Zerstäuber ausführen. Es sind aber auch noch eine Menge von Zerstäuberflaschen konstruiert worden, welche alle dieselbe Konstruktion im großen und ganzen im Prinzip haben.

Wenn auch der Ätherspray das erste wirklich brauchbare Verfahren der Anästhetologie darstellt und somit auch das älteste ist, so hat er doch trotz gewisser Einschränkungen in der Verwendbarkeit seine Bedeutung beibehalten und wird noch heute vielfach verwendet. Er hat sogar noch dadurch große Bedeutung in der Anästhetologie erworben, daß man ihn zur Einleitung der Kokainanästhesie, Infiltrationsanästhesie etc. verwendet, wie wir später noch sehen werden, und er trägt so zum Einleiten der meisten Methoden der lokalen Anästhesie bei. Man macht nämlich meist die Stelle mit Ätherspray unempfindlich, wo man zuerst mit der Injektionskanüle einstechen will, um das Gewebe mit anästhesierenden Lösungen zu beschicken. Aber auch in vielen anderen Fällen ist er eine beliebte Methode, nur muß man immer die Brennbarkeit des Äthers bedenken und kann die Methode nicht anwenden, wo man mit Flammen in der Nähe arbeitet, namentlich in kleinen Zimmern bei offenen Flammen, denn es verdunsten dabei oft große Mengen von Äther in die Luft und können ein stark explosibles Gemisch mit Luft darstellen, wenn der Äther einen gewissen Prozentsatz erreicht. Weiter muß man den Ätherspray auch dort vermeiden, wo man den Thermokauter verwendet. Die Explosionsgefahr ist der Grund gewesen, weshalb man bestrebt gewesen ist, den Äther durch andere nicht brennbare Stoffe zu ersetzen bei der Erzeugung örtlicher Anästhesie durch Kälte. Mit der Zeit hat man eine ganze Reihe von Ersatzmitteln des Äthers angegeben, welche im folgenden behandelt werden sollen. Allerdings ist der Äther deshalb sehr beliebt, weil er überall leicht zu beschaffen ist und der Arzt ihn stets bei der Hand hat, weil er ihn für viele andere Zwecke noch braucht.

Man hat die Methode des Äthersprays noch modifiziert. So hat Richardson selbst empfohlen, ein Gemisch aus Aether sulf. und Karbolsäure im Sprayapparat zu verwenden. Es tritt bei diesem Spray die Anästhesie vor der Gefrierung der Gewebe ein, und man kann so die Haut schon zeitig inzidieren und durch weiteres Überstäuben auch die tieferliegenden Gewebe anästhesieren. Wenn auch ein Vorzug hierin liegt, so hat man doch die große Gefahr der Karbolintoxikation, Karbolgangrän etc., weshalb man nicht zum Verwenden dieser Methode raten kann. Weiter ist ein Gemisch aus Aether sulfur. 15,0 + Chloroform 10,0 + Menthol 1,0 empfohlen worden (Dobisch, Dumont), das sehr gute Anästhesie hervorrufen, doch einen sehr unangenehmen Reiz auf die Augen der an der Operation beteiligten Personen ausüben soll (Dumont). Wenn auch verschiedene andere Gemische mit der Grundlage von Aether sulfur. noch angegeben sind, die vielleicht auch manche Vorteile besitzen können, so sind sie doch nicht so brauchbar, wie der einfache Ätherspray, der überall leicht ausführbar ist und sehr gute Dienste leistet.

Wenn man die Anästhesie durch Ätherspray verbessern wollte, so müßte man vor allen Dingen danach streben, einen Körper zu verwenden, der rascher als Äther verdunstet und somit schneller und intensiver Anästhesie erzeugen kann. Ein solcher Körper war in dem Chloräthyl gegeben, das zuerst von Redard zur Erzeugung lokaler Schmerzbetäubung verwendet wurde. Derselbe versuchte, vor allen Dingen die Schmerzen bei Zahnextraktionen in der École dentaire in Genf unter Applikation von Chloräthyl zu betäuben und hatte dabei sehr gute Erfolge, so daß er dasselbe in vielen Fällen und immer mit den besten Resultaten verwendete. Von diesen Versuchen an hat man einen großen Fortschritt in der Anästhetologie zu verzeichnen, denn die Chloräthylanästhesie ist eine der wichtigsten Methoden in der Anästhetologie geworden, die selbst bei den kompliziertesten Methoden gebraucht wird und ohne die man schwerlich vollkommene Anästhesie bei den größeren Methoden erreichen könnte, denn man müßte dann immer die erste Injektion der anästhesierenden Lösung ohne Schmerzbetäubung ausführen, und wenn auch der Schmerz des Einstiches einer feinen Kanüle gering ist, so ist es doch ein Schmerz, der oft verhängnisvoll werden kann. Man verwendet nun den Chloräthylspray zur Anästhesie der Hautstelle, wo man zuerst einstechen will dann empfindet der Kranke nicht den geringsten Schmerz. Natürlich kann man auch den Ätherspray dazu verwenden, doch derselbe wirkt weniger intensiv und ist umständlicher zu handhaben. Das Chloräthyl ist sehr leicht handlich in den Tuben, aus denen man es sofort auf die zu anästhesierende Hautstelle strömen lassen kann, ohne daß man erst Sprayapparate etc. braucht.

Die Eigenschaften des Chloräthyls sind schon im ersten Band dieses Werkes genau beschrieben worden, und ich kann hier auf das in dem

Paragraphen über Chloräthylnarkose Gesagte verweisen. Man hat das Chlor-äthyl besonders deshalb zur Erzeugung lokaler Anästhesie verwendet, weil das-selbe äußerst rasch verdampft und infolgedessen enorm viel Wärme bindet und der Umgebung entzieht, so daß eine stärkere Kältewirkung entsteht. Die Äthyl-chloridanästhesie tritt infolgedessen rascher ein, als bei Ätherspray. Man hat also den Vorteil, rascher Unempfindlichkeit zu erzielen und die Anästhesie intensiver und ausgebreiterer durch Äthylchlorid zu bewirken, als durch Aether sulfur. Ein weiterer Vorzug des Äthylchlorids ist der Umstand, daß man keinen Zerstäuber braucht, sondern das Äthylchlorid aus der Flasche, in welcher man es transportiert, gleich durch eine feine Öffnung in feinstem Strahl austreten lassen kann. Es ist also die Technik vereinfacht, die Anästhesie tritt rascher ein, hält länger an und ist weiter ausgebreitet. Wenn man das Chloräthyl in feinstem Strahl auf eine Hautpartie auffließen läßt, so wird zu-nächst auf der Haut ein enormes Kältegefühl erzeugt, es entsteht geringes Brennen mit starker Rötung in dem bestäubten Hautteil und nach wenigen Sekunden wird dieser Hautbezirk weiß und hart. Jetzt ist die Anästhesie sicher vorhanden, meist tritt sie schon kurze Zeit vor dem Gefrieren der Haut auf. Man darf aber erst in die Haut schneiden etc., wenn dieselbe weiß geworden ist. Das Chloräthyl verdunstet so enorm rasch, daß dasselbe aus der Flasche unter dem Druck seiner eigenen Dämpfe herausgetrieben und dabei zerstäubt wird, wenn man dasselbe durch eine Kapillare ausströmen läßt. Man muß die Flasche in einer Entfernung von 10—20 cm von der zu anästhesierenden Haut halten und durch wechselndes Nähern oder Entfernen die passende Distanz zu bestimmen suchen, in welcher die Wirkung am stärksten ist, was man an dem sofortigen Gefrieren der obersten Hautpartien sieht. Man tat gut, die Haut vor der Bestäubung mit Glyzerin oder Vaseline gut zu bestreichen, dann kann selbst empfindliche Haut nicht beschädigt werden. Aber man muß sich hüten, den Pacquelin oder die elektrische Schlinge zu verwenden, denn dadurch werden die Dämpfe des Äthylchlorids entzündet und der Patient steht plötzlich in Flammen, die allerdings meist nicht Verbrennungen stärkeren Grades erzeugen, wenn sie sofort gelöscht werden, denn die Äthylchloridflamme ist nicht sehr heiß, aber dieser Brand ist doch ein sehr unangenehmes Ereignis. Natürlich kann man nur die Haut anästhesieren, tiefere Gewebsschichten werden nicht anästhesiert, aber es genügt diese Anästhesie doch, um eine Menge kleiner Operationen schmerzlos auszuführen, wie Abszeßeröffnungen, Zahnextraktionen, Inzisionen von Panaritien, Exstirpation kleiner Hautgeschwülste etc., bei welchen Operationen die Äthylchloridanästhesie vorzügliche Dienste leistet und ein sehr gutes, brauchbares Verfahren darstellt, das von allen physikalischen Methoden die beste und brauchbarste repräsentiert. Es ist denn auch dieses Verfahren sehr vielfach im Gebrauch und wird zur größten Zufriedenheit von Arzt und Patient verwendet. Besondere Bedeutung hat dasselbe für die Injektions-methoden der Anästhetologie, weil man durch dasselbe den Einstich der In-jektionsnadeln schmerzlos ausführbar macht. Die Anästhesie durch Kälte hat in der Chloräthylmethode ihre beste Art erreicht, und es ist damit eine Methode geschaffen worden, die dauernden Wert für die Chirurgie besitzt und immer angewendet werden wird, namentlich in der kleinen Chirurgie.

    B l o c h berichtet von zahlreichen größeren Operationen, die er unter Chloräthylspray ausgeführt hat. Er verwendet in manchen Fällen die Chloro-formnarkose nebenbei und erspart durch die Anästhesie mittels Chloräthyl be-

sonders Chloroform. Unter Berücksichtigung der verschiedenen Schmerzempfindlichkeit der verschiedenen Körpergewebe kann er das Chloroform oftmals ganz weglassen und allein mit Chloräthylspray die Gewebe anästhesieren.
Er hat 503 Operationen unter ausschließlicher lokaler Chloräthylanästhesie,
393 mit Chloräthylspray und wenig Chloroform, 252 unter Chloroformnarkose
und 115 ohne jede Anästhesie ausgeführt. Er hat folgende Operationen unter
Chloräthylspray ausgeführt: Herniotomien, Tracheotomien, Colostomien,

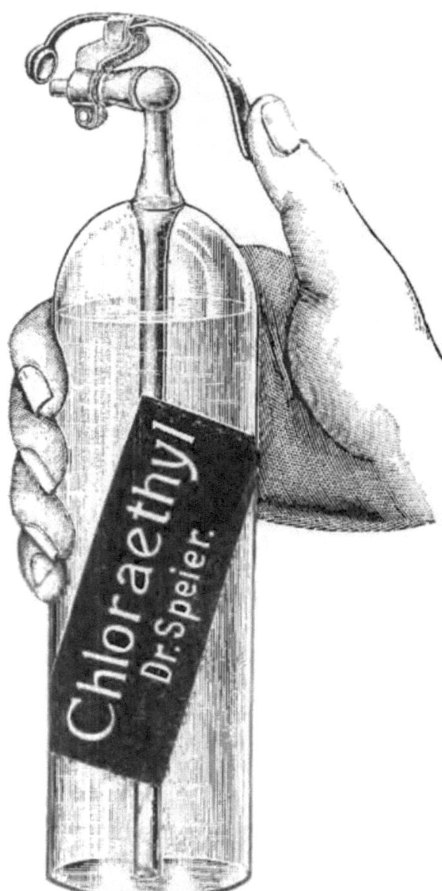

Fig. 19 A.
Chloräthylflasche von Speier.

Arthrotomien, Empyemoperationen,
Rippenresektionen, Tenotomien, Op.
d. Analfistel etc. Alle diese sind
schmerzlos von Bloch operiert
worden, und er gibt an, daß man
in den tieferen Geweben Schmerz
leicht vermeiden kann, wenn man
mit leichter Hand operiert und die
Gewebe nicht zerrt und quetscht.
Nur in solchen Fällen, wo die
psychischen Verhältnisse die Narkose erforderten, gab er Chloroform
neben der Kälteanästhesie oder
allein. Es lassen sich Narkose und
Chloräthylsprayanästhesie sehr gut
kombinieren, indem man abwechselnd je nach Bedarf die eine oder
andere Methode verwendet. Bloch
hat vor allen Dingen nur ganz geringe Mengen von Chloroform verwendet, so nur 8—9 ccm bei Amputationen, Gelenkresektionen, Mam-
maamputationen und abdominalen
Operationen etc. Man ersieht aus
den Angaben von Bloch einerseits, wie brauchbar doch die Kälteanästhesie ist und man nicht nur
die kleinsten Eingriffe für dieselbe
zu reservieren braucht, andererseits,
wie gute Resultate die Kombination
von Kälteanästhesie und Narkose
liefert. Wenn dies nun auch
zweifellos der Fall ist, so hat man
doch jetzt viele andere Methoden
der Anästhetologie wie Narkosiologie, welche an Stelle dieser Kombination besser verwendet werden
können, weil sie weniger Gefahren
mit sich bringen als selbst eine
kurze Chloroformnarkose.

Das Chloräthyl wird zur Verwendung in der Anästhetologie in
Glastuben mit geeignetem Verschluß
für die feinste Zerstäubung verpackt
und verwendet. Die gebräuchlichsten Tuben und Flaschen mit ihren verschiedenen
Verschlüssen sind schon im ersten Band unter „Chloräthylnarkose" beschrieben
und abgebildet worden. In § 20 finden sich eine Menge von Flaschen und
Tuben, die auch für die Anästhesierung sehr brauchbare Apparate darstellen.
Außer diesen verschiedenen Glas- und Metalltuben sind noch folgende Modi-
fikationen angegeben worden, die besondere Bedeutung für die Verwendung des
Äthylchlorids zur lokalen Schmerzbetäubung besitzen. Bengué hat Metall-

flaschen konstruiert, in denen das Chloräthyl aufbewahrt wird und die durch eine Schraube verschlossen werden. Durch die Metallflaschen wird ein rascheres Verdunsten des Aethylchlorids in der Flasche erzeugt, so daß der Strahl mehr zerstäubt wird und unter größerem Druck aus der Flasche strömt, als bei Glasflaschen, weil hier das Metall die Wärme der die Flasche haltenden und umfassenden Hand schneller und leichter aufnimmt und zum Äthylchlorid leitet als Glas, und durch diese höhere Temperatur der Metallwandung verdampft das Chloräthyl in der Flasche rascher als bei normaler Temperatur. Es ist dies ein kleiner Vorteil, der wenig in Betracht kommt.

Man hat noch andere Apparate angegeben, wie die in dem Folgenden abgebildete Flasche, deren Konstruktion man leicht aus der beigefügten Abbildung ersieht. In der Figur 19 A ist eine Glasflasche zu sehen, welche sehr bequemen Verschlußapparat besitzt, mittels welchen man einen feinsten Strahl mit Zerstäubung verwenden kann. Diese Flasche kann nach dem Verwenden auf den Tisch gestellt werden, und man braucht nicht Sorge haben, daß Chloräthyl herausfließt. Diese Flasche ist von Dr. Speyer konstruiert. Ein

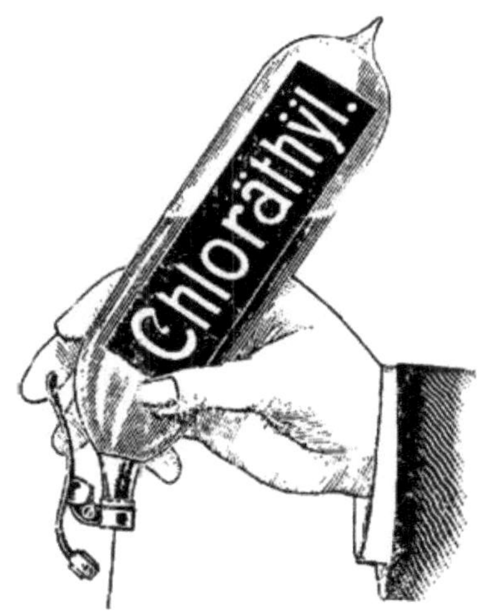

Fig. 19 B. Chloräthyltube.

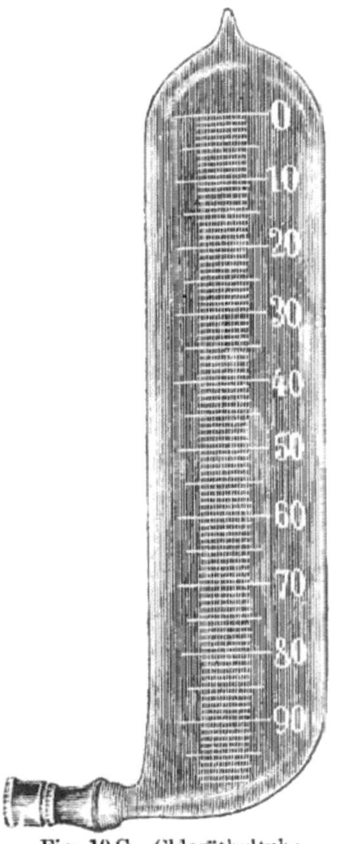

Fig. 19 C. Chloräthyltube.

Vorzug der Metallflaschen und -tuben liegt noch darin, daß man dieselben wieder füllen lassen kann oder selbst füllen kann, wenn das Chloräthyl verbraucht ist, während man die Glastuben zumeist nicht wieder füllen lassen kann. Andere Tuben sind in Fig. 19 B und C abgebildet.

Neben diesen hier genannten Methoden, welche die wichtigsten Anästhesierungsformen durch Kälte darstellen, sind noch eine Anzahl anderer angegeben worden, die aber von viel geringerer Bedeutung sind als der Ätherspray und der Chloräthylspray. Letzterer steht als vollkommenster obenan und wird immer diese Stellung einnehmen. Ein dem Chloräthyl sehr ähnliches Mittel zur Kälteanästhesie ist das Chlormethyl, welches 1884 zuerst in Form des Sprays zur lokalen Schmerzbetäubung verwendet wurde (Lallier Debove etc.). Das Chlormethyl ist ein in Wasser schwer, leicht in Alkohol oder Äther löslicher Körper von knoblauchartigem Geruch. Dasselbe ist bei unserer normalen Temperatur ein Gas und wird in Metalltuben in komprimiertem, flüssigem Zustande verwendet. Wenn diese komprimierte Flüssigkeit mit Luft in Berührung kommt, verdunstet sie sofort, und man kann diese Verdampfung auf der Haut vor sich gehen lassen, indem man das komprimierte Chlormethyl in feinem Strahl aus der Tube auf die Haut fließen läßt. Dadurch wird der Haut Wärme entzogen und dieselbe gefriert sehr bald. Man kann durch diese Methode bis — 50° C Temperaturerniedrigung erzielen. Es wird durch das Chlormethyl zwar sehr rasch eintretende Anästhesie erzeugt, aber infolge der enormen Abkühlung, die man nicht modifizieren kann, werden sehr leicht dauernde Schädigungen der Gewebe hervorgerufen, so daß bald nach der Anästhesie Nekrose und Gangrän derselben eintritt. Um die Gangrän zu verhüten, soll man die Haut vor der Anwendung des Chlormethyls mit Vaseline bestreichen, wodurch die Schädigung der Gewebe verhütet werden kann (Terrier, Péraire, Debove etc.). Man hat auf andere Art die Nekrose noch verhüten wollen (Stypage von Bailly de Chambly), allein es sind die dazu notwendigen Maßnahmen viel zu umständlich, als daß man dieselben in der Praxis anzuwenden raten kann. Diese Verhältnisse machen das Chlormethyl rein zu einem unbrauchbaren Anästhetikum, denn die Gefahr der Nekrose ist doch bei Verwenden des Chlormethyls durch einen wenig geübten Arzt sehr groß

Man hat die Nachteile des Chlormethyls dadurch vermeiden gelernt, daß man dasselbe mit anderen Substanzen mischte, wodurch eine andere Verdampfungsgeschwindigkeit und anderer Siedepunkt erzielt wird, so daß eine zu starke Abkühlung der Gewebe verhütet werden kann. So hat Galippe das Chlormethyl mit Äther sulfur. gemischt. Er verwendet diese Lösung so, daß er Wattebäusche mit derselben tränkt und mit denselben die Haut der zu anästhesierenden Stelle betupft oder die Mischung mit einem Pinsel auf die Haut aufträgt. Diese Methode ist allerdings sehr harmlos, aber auch wenig wirksam, denn hochgradige Gefrierung der Haut und vollkommene Anästhesie ist schwer zu erreichen.

Weit wirksamere Mischungen sind die vom Chlormethyl und Chloräthyl, wie sie von Bengué unter dem Namen Anestyle und von Joubert unter der Bezeichnung Coryl angegeben worden sind. Letzteres besteht aus Chloräthyl und Chlormethyl āā und hat den Siedepunkt bei 0° C. Diese Mischung ist eine sehr brauchbare, denn sie verdunstet rasch und erzeugt eine sehr brauchbare Anästhesie, ohne dabei aber die Gewebe der Gefahr einer Nekrose oder Gangrän auszusetzen. Das Coryl wird mit einem besonders zu seiner Verwendung konstruierten Apparate in sehr handlicher Form und brauchbarer Konstruktion zur Erzeugung lokaler Schmerzbetäubung verwendet. Der Apparat wird Coryleur genannt und gestattet infolge der verschiedenen Ansätze etc. ein vielseitiges Verwenden, so daß derselbe besonders dem Zahnarzte von Wert ist. In beistehender Figur 20 ist dieser Coryleur mit seinen verschiedenen Nebenapparaten abgebildet. Man ersieht aus der Abbildung die Konstruktion und Verwendung des Apparates sehr leicht. In

Nr. 1 ist die Tube mit der gewöhnlichen kapillären Zerstäubung abgebildet. An Stelle dieses Zerstäubers kann man die übrigen Zerstäuber in Nr. 2—7 anwenden, wodurch man den Apparat zur Verwendung an den verschiedenen Stellen des Körpers geeignet macht. Man kann mit dem C o r y l sehr brauchbare Anästhesie erzeugen, allerdings nur in den obersten Gewebsschichten (d'A r g e n t, D a u d o i s, S a u v e z etc.), während die tieferen Gewebe natürlich nicht anästhesiert werden können. Um auch die tieferen Gewebe zu betäuben, empfiehlt D a u d o i s Kokaininjektionen in diese Gewebe auszu-

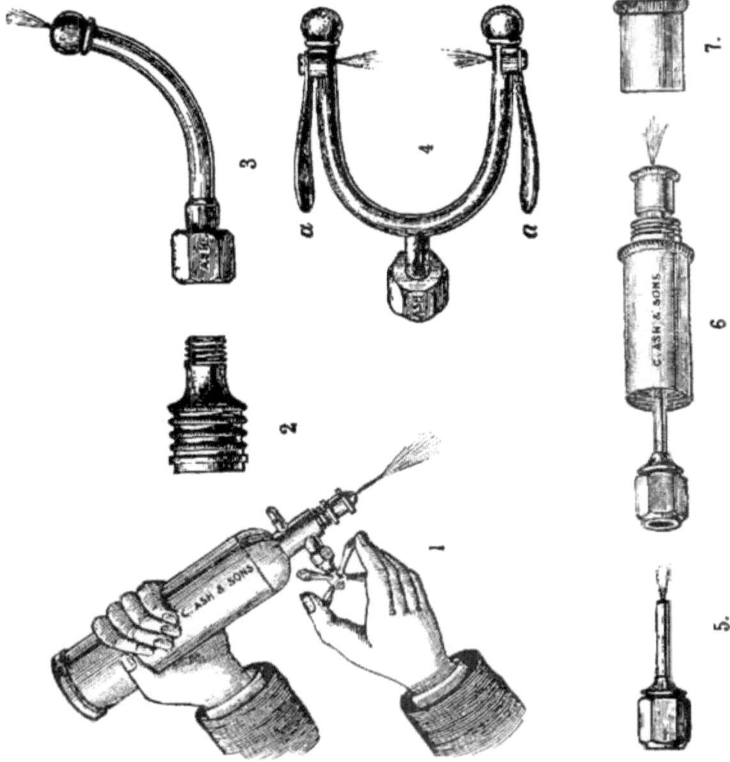

Fig. 20. Coryleur.

führen, ein Rat, der dann doch die ausgedehnte Verwendung des Coryls unnötig, und dasselbe nur für den ersten Einstich der Injektionskanüle erforderlich macht. Das Coryl besitzt aber besondere Vorzüge vor dem Äthylchlorid nicht.

Das A n e s t y l e besteht aus fünf Teilen Äthylchlorid und einem Teil Chlormethyl und siedet bei 0^0 bis $+2^0$ C. Dasselbe soll rascher eintretende Anästhesie als das Äthylchlorid bewirken. Es hat aber bedeutende Vorzüge vor demselben nicht voraus. Es wird in Metalltuben in den Handel gebracht und wirkt genau wie das Coryl etc., und man hat gute Erfolge mit demselben erzielt (B e n g u é etc.).

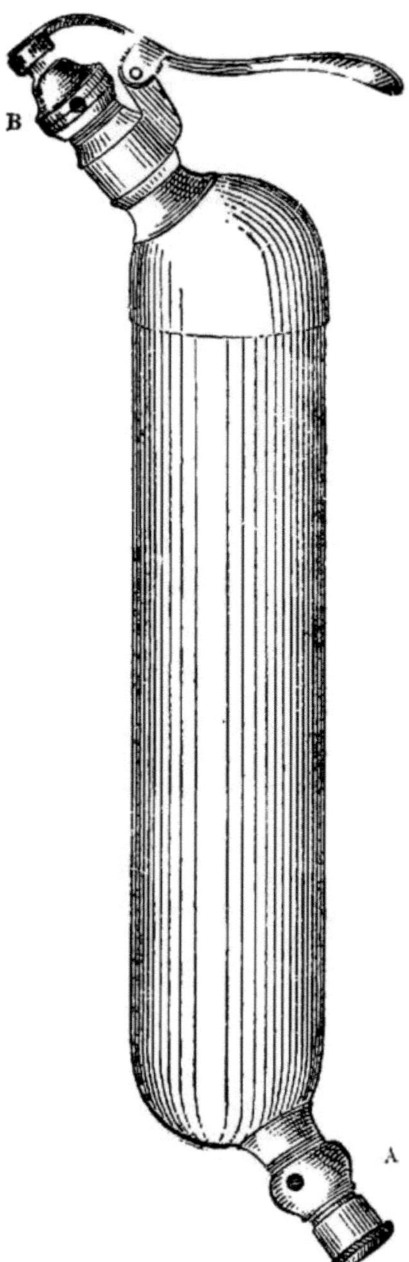

Von Dr. Speyer wird das Anästhol, eine Mischung von Chlormethyl und Chloräthyl, die bei + 4° C siedet, empfohlen und in Metalltuben in den Handel gebracht. In Fig. 21 ist eine Tube von Dr. Speyers Anästhol abgebildet.

Ebenso hat man Tuben mit zwei verschiedenen Verschlüssen und geteiltem Inhalt konstruiert, so daß man durch Öffnen des einen Verschlusses Chloräthyl rein entströmen lassen kann, durch Öffnen des anderen aber das Äthomethyl entnehmen und verwenden kann. Diese Tube ist in Figur 22 abgebildet, welche von Dr. Thilo angegeben ist und dessen Äthomethyl, eine Mischung aus Methäthyl und Chloräthyl enthält, und auf der anderen Seite das Chloräthyl.

Von Henning ist das Methäthyl empfohlen worden, welches ein Gemisch aus Chloroform, Chloräthyl und wenig Chlormethyl; dasselbe siedet bei + 10° C und stellt eine klare, farblose, neutral reagierende, stark lichtbrechende und leicht verdampfende Flüssigkeit dar, die süß schmeckt, nach

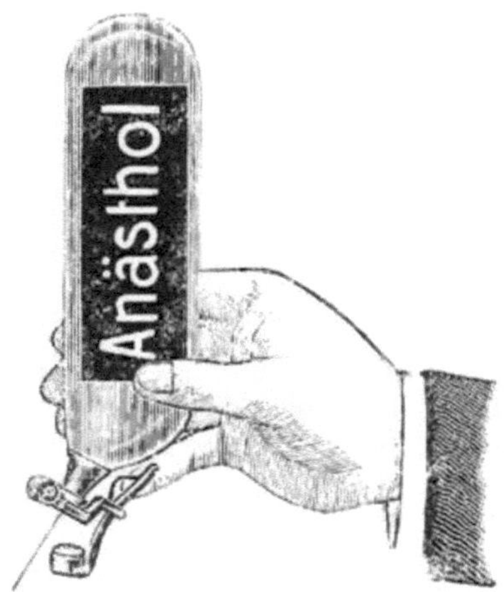

Fig. 21. Anästhol von Speier.

Fig. 22. Tube mit Chloräthyl und Äthomethyl von Thilo.
Bei A kann man Chloräthyl, bei B Äthomethyl entströmen lassen.

Chloroform riecht, mit grüner Flamme vollkommen verbrennt. Das Methäthyl erzeugt eine brauchbare Anästhesie, doch ruft es nicht so hochgradige Kälte hervor, daß Gangrän leicht eintreten könnte. Der Eintritt der Anästhesie dauert länger als beim reinen Chloräthyl, doch ist die Anästhesie sehr brauchbar. In Fig. 23 ist eine Tube des Methäthyls von Dr. Henning abgebildet. Es ist bei allen diesen Stoffen eine Gefahr in der Brennbarkeit derselben gegeben, so daß man bei Anästhesie durch dieselben den Thermokauter und den elektrischen Brennapparat nicht verwenden darf.

Man hat auch die **Karbolsäure** allein zur Erzielung lokaler Schmerzbetäubung zu verwenden versucht und zu diesem Zwecke 85%ige Karbolsäure verwendet (Bell, Andrew, Squibb etc.). Es ist kein Zweifel, daß der Karbolsäure eine anästhesierende Wirkung zukommt, doch seitdem man die Gefahr der Karbolgangrän erkannt hat, wird man die Anästhesie durch Applikation der Karbolsäure im Spray als vollkommen gescheitert ansehen müssen. Es besteht nebenbei noch bei Verwendung zu hoch konzentrierter Säure die Gefahr der allgemeinen Intoxikation, die eine sehr ernste Gefahr darstellt und deshalb gefürchtet werden muß. Schon aus diesen Gründen, die noch durch die Unzuverlässigkeit der Anästhesie vermehrt werden, muß man die Verwendung der Karbolsäure in der Anästhetologie entschieden abraten.

Richardson hat das **Rhigolen** empfohlen, das aber Vorteile nicht bietet.

Man hat auch das Chloräthyl mit anderen Stoffen gemischt und dadurch bessere Anästhesie erzeugen wollen; so hat man Kokainchloräthyl, Choräthyleukain etc. hergestellt (Bardet, Bolognesi, Touchard, Legrand etc.). Man stellt so 2—4%ige Lösungen von Kokain oder Eukain in Chloräthyl her und zerstäubt diese Lösung auf die Haut. Es bildet sich daselbst ein weißer Niederschlag und die Haut ist anästhesiert. Das Kokainchloräthyl wirkt stärker als das Eukainchloräthyl. Nachdem man die Haut bestäubt hat, muß man

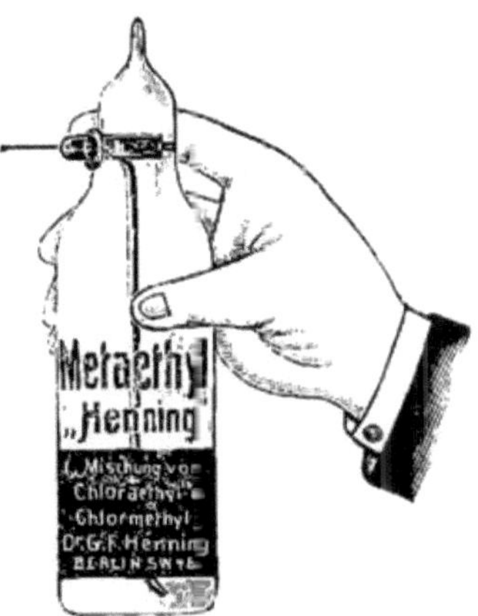

Fig. 23. Flasche mit Methäthyl von Henning.

fünf bis sechs Minuten warten, bis die Anästhesie vollkommen ist, dann ist der weiße Niederschlag da und man kann schmerzlos operieren. Nach Kokainchloräthyl ist die Blutung vermindert und der Nachschmerz sehr gering. Nach Eukainchloräthyl ist dies nicht zu konstatieren. Es ist diese Methode aber nicht von größerer Bedeutung, denn man kann trotz der Gegenwart von Kokain oder Eukain die tieferen Gewebe nicht gefühllos machen, sondern die Anästhesie erstreckt sich nur auf die Haut. Die Société chimique des Usines du Rhône hat zuerst das selbst hergestellte Kelene, das mit Chloräthyl identisch ist, mit anderen Medikamenten kombiniert, wie mit Jodoform, Kokain, Morphin etc. zu Kelenjodoform, Kelenkokain, Kelenmorphin, Kelenmenthol etc.

Chloroform ist ebenfalls zum Erzeugen von lokaler Kälteanästhesie verwendet worden, allerdings wirkt dasselbe bedeutend weniger abkühlend als Äther, denn der Chloroformspray ruft am Thermometer nur eine Abkühlung bis — 3° C hervor. Wenn man aber Chloroform auf die Haut gießt, so wird dabei schon eine geringe Anästhesie erzeugt, zuerst Kältegefühl, dann tritt unter Rötung der Haut ein Gefühl von Hitze und Brennen auf, das nach und nach in ein Prickeln wie beim Einschlafen des Gliedes übergeht, die Hand, auf die man das Chloroform gegossen, wird steif, schwer und immer weniger empfindlich gegen Reize, wie Kneifen, Stechen etc. (Kappeler). Wenn man das Chloroform entfernt von der Haut, so vergeht einige Zeit, ehe man das normale Gefühl und die freie Beweglichkeit wiedererlangt hat. Kappeler gibt an, daß er nach häufigem stundenlangem Chloroformieren mit einem Tuch ohne Maske in der Hand das feine Gefühl eingebüßt hatte, so daß er den feinen, schwachen Puls bei Kranken nicht mehr fühlen konnte.

So stark hatte das häufige Berühren des Chloroforms mit der Haut die Tastempfindung derselben herabgesetzt, die aber sehr bald in normaler Weise wiederkehrte. Das Chloroform wirkt aber noch stärker, wenn man dasselbe intensiver unter Abschluß der Luft und Ausschluß des Verdunstens mit der Haut in Berührung bringt, so z. B. einen Finger lange Zeit in flüssiges Chloroform taucht. Die Schmerzempfindung erlischt schon nach $\frac{1}{2}$stündigem Verweilen desselben im Chloroform, aber dabei besteht sehr heftiger Schmerz im Gliede selbst, die Haut rötet sich intensiv, ehe die Abstumpfung gegen Reize auf der Oberfläche der Haut eintritt. Doch diese Herabsetzung der Schmerzempfindlichkeit verliert sich bald wieder. Wenn man das Chloroform in dieser Art eine halbe Stunde und länger einwirken läßt, so entstehen auf der Haut Blasen (Kappeler). Dasselbe beobachtet man ja auch bei Kranken nach der Chloroformnarkose, wenn solches auf die Haut des Gesichtes geflossen ist. Es entstehen dann um Mund und Nase wunde Stellen. Allerdings darf einem gewandten Narkotiseur dies nicht passieren. Es ist ja möglich, daß das Chloroform beim Eindringen in die Haut die Nerven lähmen kann, doch es erfolgt zuerst ein derartiger Reiz, daß heftige Schmerzen entstehen. Zu verwerten ist diese Wirkung nicht. Auch der Chloroformspray ist nicht sehr brauchbar.

Ch. Hunter hat subkutane Chloroforminjektionen empfohlen, doch sind dieselben äußerst schmerzhaft und deshalb nicht brauchbar. So wertvoll Chloroform für die Narkose ist, so wenig brauchbar ist es für die lokale Schmerzbetäubung.

An Stelle des Äthers hat man zum Spray das **Äthylenchlorid** oder Liquor hollandicus (Aran, Wittmeyer, Wutzer) und den **Aether hydrochloricus chloratus** oder **Aether anaestheticus** verwendet (Wigger). Letzterer ist ein Gemenge aus **Tri-** und **Tetrachloräthylchlorid** und hat vor allem einen sehr niedrigen Siedepunkt. Diese Stoffe sollen aber nicht durch Kälteerzeugung allein wirken, sondern auch an sich eine anästhetische Wirkung haben, wenn man sie auf wollene Kompressen gießt, diese fest auf die zu anästhesierende Haut auflegt und, mit undurchdringlichem Stoff (Tierblase) bedeckt, drei bis sieben Minuten liegen läßt. Nach Verlauf dieser Zeit ist vollkommene Anästhesie dieses Hautbezirkes hervorgerufen. Man kann diese Stoffe auch im Zerstäuber verwenden und da eine Abkühlung erzielen, welche aber nicht so groß wie beim Äther ist und somit auch nicht eine so gute Anästhesie erzeugen kann (Kappeler).

Amylen ist von Wittmeyer empfohlen worden, und man kann mit demselben im Zerstäuber verwendet eine ebensolche Anästhesie erreichen, wie durch Aether sulfur. Das Thermometer wird in 10 Minuten Bestäubung durch Amylen auf — 10° C gebracht; es ist also eine genügende Kältewirkung vorhanden. Eine bessere Wirkung als die anderen Mischungen und Körper besitzt dasselbe aber nicht.

Rosenthal hat den **Schwefelkohlenstoff** im Zerstäuber angewendet und ebenso eine Abkühlung auf — 10° R erzielt, doch kommt demselben ein Vorzug nicht zu. Man sieht, daß alles Stoffe zur lokalen Betäubung Verwendung gefunden haben, welche einen sehr niedrig gelegenen Siedepunkt besitzen und somit eine starke Kältewirkung erzeugen, und es können in demselben Sinne alle ähnlichen, rasch verdampfenden Substanzen zur Erzeugung lokaler Schmerzbetäubung durch Abkühlung verwendet werden So hat man auch das **Bromäthyl** zur lokalen Schmerzbetäubung verwendet, indem man dasselbe mit einem Zerstäuber wie dem R i c h a r d s o n schen Ätherspray-apparat auf die Haut stäubte (M o n o d , T e r r i l l o n , P é r i e r etc.). Die Kältewirkung ist ziemlich stark, nur muß man den Zerstäuber ziemlich nahe an die Haut bringen, weil sonst das Bromäthyl schon vorher verdampft; es soll höchstens eine Entfernung von 10 cm zwischen Haut und Zerstäuber liegen. Diese Methode hat den Vorteil, daß man den Thermokauter etc. ohne Sorgen einer Explosion oder Verbrennung des Kranken anwenden kann, da das Bromäthyl sich hierbei nicht entzündet. Dieser Vorteil kommt sonst nur dem Chloroformspray zu, sonst aber keinem der anderen Stoffe und Mischungen, die man im Zerstäuber verwendet hat. Es ist aber dieser Vorteil noch nicht groß genug, um das Bromäthyl in praxi einzuführen, denn obgleich eine brauchbare Anästhesie erreicht werden kann, so bestehen doch eine Menge von großen Nachteilen, die eine allgemeine Verwendung des Bromäthyls im Sprayapparat nicht aufkommen ließen. Vor allen Dingen ist Bromäthyl sehr teuer und man muß zu einer Anästhesierung doch eine größere Menge verwenden, was beträchtliche Unkosten erzeugt. Da das Bromäthyl äußerst schnell verdunstet, so geht viel ungenützt bei der Spraymethode verloren. Die Anästhesie tritt ebenso rasch ein wie bei Chloräthyl, hält aber nicht sehr lange an. Alle diese Umstände haben das Bromäthyl nicht anderen Stoffen, vor allem dem Chloräthyl, vorziehen lassen, denn es kann das Chloräthyl namentlich nicht verdrängen, da dasselbe bedeutend günstigere Eigenschaften für die lokale Applikation besitzt.

Man hat auch die Kälteanästhesie erfolgreich mit der allgemeinen Narkose kombiniert, indem man bei Kranken, welchen eine lange Narkose gefährlich ist, den Anfang der Operation unter Kälteanästhesie ausführt und erst dann, wenn die Operation tiefere Gewebe betrifft, zur Narkose mit Chloroform oder Äther schreitet und diese nur ganz oberflächlich (Halbnarkose, Ätherrausch) ausführt. Natürlich muß die Operation dazu geeignet sein, es ist diese Methode nur für kleinere Operationen von der Körperoberfläche aus möglich. Solche Kombinationen sind von B l o c h und anderen vorgenommen worden, und B l o c h hat sogar eine Ovariotomie ohne Schmerzen unter dieser Art der Betäubung ausgeführt, ferner Rippenresektionen, Operationen von Analfisteln etc. Es gibt eine ganze Reihe von Operationen, die für diese Kombination geeignet sind. Es wird diese Methode natürlich mehr ein Notbehelf sein, denn für die meisten Fälle wird man andere Methoden finden, die geeigneter und einfacher sind.

§ 3. Die **Kohlensäure** ist in Form von Gasduschen zur Erzeugung lokaler Anästhesie verwendet worden (B e d d o e s I n g e n h o u s . E w a r t .

Webster Hickmann etc.), und man erzielte durch dieselben, auch bedeutende Linderung der Schmerzen bei Karzinomen etc. Broca und Spinner haben sie bei schmerzhaften Blasenleiden angewendet, während andere sie zur Erzielung einer lokalen Anästhesie zwecks Operationen verwendeten (Simpson, Scanzoni, Pollin, Démarquay etc.). Man hat auch leidliche Erfolge erzielt, doch wirkt die Kohlensäure nicht durch die unverletzte Haut, weshalb ihre Verwendung eine große Begrenzung erfährt. Man kennt ja allgemein die Einwirkung der Kohlensäure auf den Nerven, und kann der Kohlensäure nicht jede Wirkung absprechen. Waller hat gefunden, daß die Kohlensäure in wenigen Mengen die elektrische Erregbarkeit des isolierten Nerven steigert, während sie in größeren Mengen anfangs lähmend, später erregend wirkt. Dasselbe konnte Powell in der Praxis beobachten. Eine Verwendung zur lokalen Betäubung der Nerven konnte aber mit der Kohlensäure bisher nicht getroffen werden. Da man eine Menge viel besser wirkender Substanzen hat, ist sie auch entbehrlich. Es ist ja auch bekannt, daß der Erstickende durch die Kohlensäure narkotisiert und unempfindlich wird. Aber die Wirkung ist nicht zu verwerten, da man zu große Dosen brauchen würde, die dann gleich toxisch wirken. Diese Anästhesie ist eine allgemeine und durch Einwirkung der Kohlensäure auf das Zentralnervensystem entstanden. Diese Kohlensäurenarkose ist im ersten Band erörtert und beschrieben worden.

Man hat die Kohlensäure zur Erzeugung lokaler Schmerzbetäubung sowohl in fester wie in flüssiger Form angewendet und auch Erfolge mäßigen Grades zu erzielen gemeint (Wiesenberg, Kümmel). Diese Methoden wirken hauptsächlich durch die Einflüsse der dabei erzielten Kälte auf die Gewebe; Sapelier hat die Verbindung von Kohlensäure in fester Form mit Aether sulfuricus empfohlen. Diese Verwendung der Kohlensäure hat aber zu keinem bedeutenden Erfolg geführt, und man ist von dieser Art, die Anästhesie zu erzeugen, wieder abgekommen. Es haben daher diese Methoden nur einen historischen Wert und es erübrigt sich ein weiteres Eingehen auf deren Details.

Wenn man auch die Kohlensäure in ihren Einflüssen auf den Nerv selbst und andererseits in der Tätigkeit, Kälteanästhesie zu erzeugen, betrachtet, so kann man doch deren Verwendung nicht für allgemeinen Gebrauch anraten. Die ersten Versuche der alten Ärzte durch den Stein von Memphis in Verbindung mit Essig oder anderen Säuren haben schon die Kohlensäure der Chirurgie in Hinsicht der Schmerzbetäubung dienstbar machen wollen, und es ist auch in der Neuzeit nur bei Versuchen geblieben, die zu einer brauchbaren Methode nicht haben führen können.

§ 4. Auch die **Elektrizität** ist für die Betäubung der Schmerzen verwendet worden. Allein wirkt der elektrische Strom aber nicht genügend. Richardson wandte denselben daher in Verbindung mit Narkotika an, als voltair narcotism, indem er an der Einwirkungsstelle des positiven Poles einer Pulvermacherschen Kette einen mit Tinctur. aconit., Extract. aconit., Alkohol oder Chloroform getränkten Schwamm aufsetzte auf die Haut, welche anästhesiert werden sollte. Er glaubte die Zirkulation des zu anästhesierenden Gebietes durch den galvanischen Reiz zu beschleunigen, denselben für die Aufnahme narkotischer Substanzen geeigneter zu machen, und so eine lokale Anästhesie zu erreichen. Waller fand aber, daß nur die Narkotika wirksam waren und der galvanische Strom gar keine solche Wirkung besitze. Wenn man mittels des elektrischen Stromes eine Anästhesie erzeugt hat, so sind entweder hauptsächlich die nebenbei verwendeten Narkotika wirksam gewesen oder in jenen Fällen, wo man nur die Elektrizität verwendete, die Personen infolge der suggestiven resp. hypnotischen Wirkung der ganzen Maßnahme gefühllos geworden und haben die betreffende kleine Operation nicht empfunden. Ist es doch allein durch eine Hypnose und Suggestion möglich, die Sensibilität einer bestimmten Hautstelle derartig herabzusetzen, laß man in die Haut stechen oder schneiden kann, ohne daß der Kranke den geringsten Schmerz empfindet. Solche hochgradige Anästhesie infolge Suggestion ist aber nur bei zur Hypnose disponierten Personen möglich, bei einem normalen Menschen versagt die Methode. Es kann natürlich weder die Elektrizität noch die Hypnose je zur allgemeinen Verwendung gelangen und als anästhetologische Methode dienen. Wenn auch, wie im ersten Band erwähnt, neuere Versuche einen leidlichen Erfolg mit der Beeinflussung des blauen Lichtes erzielt haben wollen, so sind doch immer diese Versuche noch unvollkommen und nicht für allgemeine Anwendung geeignet. Man muß es also noch der Zukunft überlassen, dieselben weiter auszubauen und der Anästhetologie dienstbar zu machen. Ob dies gelingen wird, muß noch unentschieden bleiben.

Neben der Verwendung der Elektrizität hat man auch das **blaue Licht** zur Erzeugung lokaler Schmerzbetäubung neuerdings angewendet. Ich habe schon früher mitgeteilt, daß das blaue Licht eine Einwirkung auf das Zerebrum haben soll. Nun hat man auch beobachtet, daß längere Bestrahlungen eines schmerzenden erkrankten Körperteiles, wie bei Neuralgien, Rheumatismus, gonorrhoischen Arthritiden bei Blutergüssen und Quetschungen etc., die Schmerzen bedeutend lindern oder auch ganz heben (B r e i g e r). Es ist aber auch gelungen, eine zur Ausführung von operativen Eingriffen genügende Anästhesie durch Bestrahlungen mit blauem Licht zu erzeugen, und zwar berichtet darüber M i n i n aus St. Petersburg. Er steht allerdings mit diesem Erfolge einzig da, denn es ist anderen Forschern bisher noch nicht geglückt, derartige Wirkung der blauen Lichtstrahlen zu erzielen (H i l l i a r d , B r e i g e r etc.). M i n i n macht allerdings darauf aufmerksam, daß es ihm nur mit einer bestimmten blauen Lampe gelingt, lokale Anästhesie zu erzeugen, welche Lampe er aus Newyork bezieht. Es ist aber durch diese und andere Beobachtungen erwiesen, daß die blauen Lichtstrahlen Anästhesie erzeugen können, und zwar wirkt das verschiedene blaue Licht sehr verschieden. Wahrscheinlich werden die verschiedenen Wellen bei den Schwingungen der blauen Strahlen maßgebend sein und vielleicht kann man die bestimmte Farbe feststellen, welche jene Schwingungsgeschwindigkeit und Wellenlänge besitzt, die auf die Nerven anästhesierend wirkt. Bis jetzt kann man dies nur als Theorie betrachten, und ich erwähne dies nur nebenbei ohne weiter auf diese interessanten Forschungen einzugehen, denn man hat noch keine praktische Verwendung dieser Beobachtungen machen können. Vielleicht gelingt es weiteren Forschungen, das Licht auch für die Anästhetologie mit Erfolg zu verwenden.

Interessant ist zu bemerken, daß man in gleicher Weise wie die physikalischen Stoffe Elektrizität und Licht zur Erzeugung lokaler Anästhesie auch die **Hypnose** verwendet hat, indem man geeigneten Patienten suggerierte, der zur Operation in Betracht kommende Teil des Körpers sei empfindungslos, und daß man mit dieser **Suggestion** auch Erfolge erzielte (B r a m w e l l, E s d a i l etc.). Schon im Jahre 1845 hat E s d a i l am 4. April durch Mesmerismus zum ersten Male einen operativen Eingriff ohne jeden Schmerz ausgeführt, und er verwendete diese Methode später noch vielfach, als er als Hospitalarzt in Kalkutta und anderen Orten oft Gelegenheit hatte, kleinere Eingriffe auszuführen, die alle schmerzlos geschehen sein sollen. Man kam aber von der Verwendung der Hypnose wieder mehr und mehr ab, da man ja die allgemeine Narkose entdeckte. B r a m w e l l hat genaue Versuche über die Erzielung lokaler Anästhesie durch Hypnose angestellt, und verschiedene Operationen, wie Schieloperationen, Repositionen von Knochenfrakturen, Zahnextraktionen, Operationen des unguis incarnatus u. dgl. m., schmerzlos vorgenommen. Der Vorteil der Methode ist der, daß die Patienten sofort nach der Operation sich völlig wohl befinden, nach Hause gehen können, daß man ihnen auch den Nachschmerz wegsuggerieren kann. Ein großer Nachteil besteht darin, daß die Methode nur bei ca. 94 % aller Fälle ausführbar ist, denn ein großer Teil der Menschen ist nicht so leicht zu hypnotisieren, außerdem bedarf man bei vielen Patienten der vorbereitenden Versuche, ehe die Hypnose genügt, manche aber kann man gar nicht so hypnotisieren, daß Anästhesie erzeugt wird. Nervöse und hysterische Personen sind am schwersten zu hypnotisieren, während geistig und körperlich gesunde am leichtesten hyptnotisierbar sind. Wenn die Hypnose gelingt, so hat sie große Vorteile, man kann sie zu jeder Zeit wieder einleiten, oft genügt dazu ein Wort oder ein geschriebener Befehl, so daß der Hypnotiseur nicht einmal zugegen zu sein braucht, Vorbereitungen, Fasten etc. sind nicht notwendig. Auch nervöse Aufregung kann man durch Suggestion fernhalten und dabei ist der Zustand der Hypnose nicht unangenehm und gefährlich, er kann beliebig lange erhalten und jeden Moment unterbrochen werden. Der Kranke kann jede Lage einnehmen, was bei Rachen-, Mund- etc. Operationen sehr wertvoll ist, und derselbe kann für andere Eindrücke außer Schmerz empfindlich bleiben, so daß er ausspuckt etc. Ferner kann man bei Geburten die Wirkung der willkürlichen Muskeln durch Suggestion nach Bedarf vermehren oder vermindern. Übelkeit, Erbrechen etc. fehlt, was bei Bauchoperationen wertvoll ist. Man kann nach einer solchen unter Suggestion schmerzlos ausgeführten Operation nicht nur den Nachschmerz wegsuggerieren, sondern auch für den Verbandwechsel sofort wieder Hypnose einleiten, wodurch man dem Kranken den Schmerz beim Wechseln großer Verbände lindert. Die Heilung soll schneller verlaufen, möglicherweise weil der Schmerz fehlt (B r a m w e l l). Wenn auch solche Maßnahmen für die Praxis bis jetzt noch nicht verwertbar sind, so kann man doch in einzelnen Fällen sich derer bedienen, und ich habe selbst mehrere Personen gesehen, denen man jeden Schmerz, jede Empfindung von Schmerz und Hitze durch Suggestion und Hypnose nehmen konnte und die während der Hypnose so vollkommen anästhetisch an dem betreffenden Körperteil waren, daß man jede Operation ohne den geringsten empfundenen Schmerz ausführen konnte. Allerdings sind solche Medien immer pathologischer Natur hinsichtlich ihrer Psyche. Ob man normale Personen so weit hypnotisieren kann, weiß ich nicht. Jedenfalls wird dies schwer halten und nur selten gelingen. Die Beobachtung von B r a m - w e l l, daß die unter Anästhesie mit Hypnose gesetzten Wunden sehr gut heilen, ist insofern interessant, als in neuerer Zeit die Beobachtung gemacht worden ist, daß die Anästhesie zur rascheren Heilung prädisponiere. Auch ich habe verschiedentlich beobachtet, daß Wunden, die unter lokaler Anästhesie gesetzt wurden, ganz besonders rasch heilten und daß die lokale Anästhesie hier günstig wirken müsse. Diese Verhältnisse sollen weiter hinten in dem Paragraphen „Anästhesie" noch genauer erörtert werden.

Eine allgemeine Bedeutung kommt der Hypnose nicht zu, wohl aber ist es interessant, diese Beziehungen zu kennen, und man wird im Falle, daß zufällig ein Medium günstiger Beschaffenheit für die Hypnose zur Operation kommt, dieselbe unter Hypnose vornehmen, da so der Kranke den geringsten Gefahren ausgesetzt wird, denn dies Verfahren ist selbst noch weniger gefährlich als die modernste Methode der Anästhetologie oder Narkosiologie.

II. Kapitel.

Die in der Anästhetologie verwendbaren chemischen Körper.

§ 5. Das **Kokain** spielt in der Reihe der chemischen Anästhetika entschieden die Hauptrolle, und man hat mit der Entdeckung desselben den eigentlichen wissenschaftlichen Beginn der Anästhetologie zu rechnen. Das Kokain ist schon seit längerer Zeit den Ärzten bekannt gewesen, ohne daß man verstand, die vorzüglichen Eigenschaften dieses starken Giftes dem Arzte in der richtigen Form dienstbar zu machen. Erst K o l l e r hat im Jahre 1884 auf dem Ophthalmologenkongreß zu Heidelberg die anästhesierenden Eigenschaften des Kokains besonders hervorgehoben und dadurch demselben zu einer allgemeinen Geltung und Verwendung erst nur unter den Augenärzten, später aber auch unter den Chirurgen verholfen. Wir haben somit den Ophthalmologen die Kenntnis der anästhesierenden Wirkung des Kokains zu danken, und es ist dies nicht der einzige Fall, daß ein Anästhetikum durch die Verwendung zuerst in der Ophthalmologie als solches eingeführt worden ist und der Chirurgie geschenkt wurde. So werden wir später sehen, daß eine ganze Reihe der vortrefflichsten Anästhetika zuerst von Augenärzten benutzt wurden. Dies liegt darin, daß in den damaligen Zeiten alle Chirurgen von der allgemeinen Narkose und deren weiterem Ausbau voll und ganz in Anspruch genommen wurden, während die Ophthalmologen bei einer großen Reihe ihrer operativen Eingriffe die allgemeine Narkose nicht brauchen konnten, sondern ohne Schmerzbetäubung operierten. So war es naheliegend, daß sie einen Körper oder eine Methode suchten, der ihnen eine brauchbare lokale Betäubung ohne Störung des Bewußtseins ermöglichte, so daß sie schmerzlos operieren konnten, aber zugleich mit dem Kranken reden und denselben diese oder jene Bewegungen ausführen lassen konnten. Erst seit dem Jahre 1884 ist auch die Chirurgie an die Verwendung des Kokains herangegangen, und es sind nunmehr erst 22 Jahre, daß wir von einer wirklich brauchbaren, der Narkose gleichzustellenden anästhetologischen Methode sprechen können. Wenn man nun bedenkt, wieviel in diesen 22 Jahren in der Anästhetologie geleistet worden ist, so muß man zugeben, daß die Zeit gut ausgenützt wurde, indem mehrere unserer besten Chirurgen ihre Kraft zum weiteren Ausbauen dieser jungen Disziplin einsetzten und nur deren genialem Schaffen ist es zu danken, daß wir heute eine so weit gediehene, Großes leistende Wissenschaft besitzen.

Das Kokain wird aus den Kokablättern, einer Pflanze der Tropen, Erythroxylon Coca Lans, gewonnen. Es ist ein Alkaloid von enorm starker Wirkung und toxischer Eigenschaft. Das Alkoloid Kokain kommt in den Kokablättern zu 2—7 $^0/_{00}$ vor, außer demselben sind in den Kokablättern noch andere ähnliche Substanzen, die Kokabasen, enthalten. Die chemische Bezeichnung für Kokain ist Methylbenzoylekgonin. Wenn man dasselbe mit konzentrierter Salzsäure erhitzt, so zerlegt es sich in das wirkungslose Alkoloid Ekgonin, Benzoësäure und Methylalkohol. Man kann nun aus Benzoësäure und Ekgonin wieder Kokain herstellen. An Stelle der Benzoësäure kann man das Ekgonin auch mit anderen Säuren verbinden, wodurch dem Kokain analoge Substanzen entstehen, die man mit dem Namen der Kokabasen bezeichnet. Die Kokapflanze wächst in Peru und Bolivien, wo sie seit alters her am Ostabhange der Andes heimisch war, während sie jetzt auch in Brasilien und Argentinien in den angrenzenden Bezirken vorkommt. Das Kokain wurde 1860 von Niemann zuerst aus den Kokablättern hergestellt. Die chemische Formel der Kokainbase ist $C_{17}H_{21}NO_4$. Wenn man die Kokainbase mit Säuren zusammenbringt, so bildet sie Salze, von denen das Salzsäuresalz das gebräuchlichste, Cocainum muriaticum oder hydrochlor., ist. Erhitzt man das Kokain mehrstündig mit Wasser, so bildet sich aus demselben Benzoyl-Ekgonin, das auch schon in den Blättern der Kokapflanze vorkommt. Das Cocainum hydrochloricum ist ein weißes, kristallinisches Salz, das im Wasser leicht löslich ist, schwach sauer reagiert, auch in Weingeist leicht löslich ist.

Die Kokoblätter werden in Peru und einem großen Teile der südamerikanischen Länder von den Eingeborenen als Genußmittel gekaut, und man schreibt ihnen eine anregende, belebende Wirkung zu. Sie werden mit Asche oder Kalk zusammen gekaut, wodurch der Eingeborene eine größere Widerstandskraft gegen Strapazen und ein geringeres Nahrungsbedürfnis erhält und viel größere Leistungen vollbringen kann, als ohne das Kokakauen. Diese Sitte ist sehr weit verbreitet in Südamerika.

Schon Niemann hat die anästhesierende Wirkung des Kokains gekannt, denn er fand, daß dasselbe auf der Zunge einen zusammenziehenden, schwach bitteren Geschmack habe, etwas vermehrte Speichelsekretion anrege, ein Gefühl von Trockenheit in Mund und Rachen hervorrufe und die Geschmacksempfindung für einige Zeit aufhebe (Demarle). Wenn man Kokain auf die Haut bringt, so ruft es keine Anästhesie hervor, wenn man aber eine mit Flanell überzogene Elektrode in Kokainlösung taucht und auf die Haut auflegt, indem man sie als Anode benützt, so wird infolge kataphorischer Wirkung des galvanischen Stromes die unter der Elektrode gelegene Hautstelle innerhalb weniger Minuten vollkommen anästhesiert (Wagner). Diese Wirkung wurde 1886 von Wagner festgestellt. Je stärker man den elektrischen konstanten Strom und je konzentrierter man die Kokainlösung nimmt, um so schneller tritt die Anästhesie ein, und um so schneller geht sie vorüber.

Wenn die Haut sehr dünn oder krankhaft verändert ist, so tritt nach Herzog auch ohne elektrischen Strom, nur durch die Kokainwirkung, Anästhesie ein.

Die Vergiftungserscheinungen mit Kokain oder die Folgen des Kokakauens sind von Mautegazza 1859 schon genauer studiert worden. Darüber soll weiter unten gesprochen werden.

Das Coeainum hydrochloricum ist das gebräuchlichste Salz und wird am meisten in wässeriger Lösung verwendet, der man bei endermaler oder subkutaner Verwendung am besten 0,6—0,8% Kochsalz zusetzt. Die wässerige Lösung wird am besten stets frisch hergestellt, denn es lassen sich die Kokainlösungen nicht längere Zeit aufbewahren, ohne daß das Kokain zersetzt wird und sich in der Lösung Pilzwachstum entwickelt. Nach Verlauf von einigen Stunden findet man eventuell schon Wachstum von Pilzen, nach Tagen ist in der Lösung eine dichte Wolke am Boden, die aus lauter Pilzfasern und -fäden besteht. Die Kokainlösungen sind eben nicht haltbar, man muß sie immer sofort frisch herstellen, um Garantie zu haben, daß die Lösung steril ist und das Kokain unzersetzt enthält. Es ist natürlich durch die Pilzentwicklung nicht nur die Sterilität vernichtet, sondern es wird auch die Wirksamkeit des Kokains vermindert. Man hat durch Hinzufügen weniger Tropfen Karbolsäure oder Sublimat die Lösungen haltbarer machen wollen, doch es ist auch dies nicht zuverlässig, denn wenn man die Pilzentwicklung verhüten will, muß man so viel Karbol oder Sublimat zusetzen, daß die Lösung zur subkutanen Injektion nicht mehr brauchbar ist, weil der Karbolgehalt Intoxikation oder andere üble Nebenwirkungen hervorruft. Auch eine lange Sterilisation durch Kochen vertragen die Kokainlösungen nicht. Denn das Kokain wird durch Hitze zersetzt und dadurch weniger wirksam. Die beste Sterilisierung geschieht durch Pasteurisierung der Lösungen. Man verfährt am besten so, indem man die Kokainlösung kurz vor dem Gebrauch herstellt, und zwar so, daß man das in sterilen Gefäßen aus Glas, nicht aus Pappe in Form von Schachteln oder Papierbeuteln, aufbewahrte Kokain in eben noch einmal durch Kochen sterilisiertem Aqua destill. löst, diese Lösung kurz noch einmal aufkocht. Wenn man das Kokain in sterilen Glasgefäßen gut verschlossen aus der Apotheke bezieht und so verwahrt, so enthält dasselbe keine Bakterien besonders infektiöser Art. Wenn man nun steriles Wasser oder sterile, durch Kochen sterilisierte physiolog. Kochsalzlösung zum Auflösen des Kokains verwendet, so genügt ein kurzes Aufkochen von wenigen Minuten, um sichere Sterilisierung zu erzielen. Wenn man aber Bakterien im Kokain vermutet, wenn man also dasselbe nicht steril verwahrt hat, so ist es am besten, durch Pasteurisieren die Lösung zu sterilisieren. Es ist von großer Bedeutung, die Kokainlösungen richtig herzustellen, denn das erste Erfordernis bei der Verwendung des Kokains zur Injektion ist eine einwandfreie sterilisierte Lösung. Durch Hinzufügen von 0,7% Kochsalz macht man die Lösungen osmotisch gleich, und man erzielt dadurch eine schmerzlose Injektion der Lösung und eine stärkere Verbreitung des Kokains im Gewebe, also eine intensivere Wirkung. Außerdem setzt man den Kokainlösungen noch eine entsprechende Menge Suprareninlösung zu. Diese ist an sich steril und erfordert nicht ein neues Sterilisieren der Suprarenin-Kokainmischung. Über die Beziehungen des Kokains zum Suprarenin wird später noch des genaueren geschrieben werden. Die Kokainlösung an sich wirkt zwar auf Bakterien schwächend ein, doch tötet sie dieselben nicht ab (R y d y g i e r , H e r m a n n etc.). Man muß daher stets bestrebt sein, die Lösung unter allen Kautelen der Asepsis herzustellen oder der fraktionierten Sterilisierung von T y n d a l l oder der Pasteurisierung unterwerfen.

Das Kokain wirkt auf den Organismus verschieden ein, denn es sind Frösche gegen dasselbe empfindlicher als Warmblüter, und von den Warmblütern sind wiederum die Pflanzenfresser weniger empfindlich als die Fleischfresser. Es werden Kaninchen durch 0,1 g pro kg Körpergewicht, Hunde von 0,15 bis 0,3 g getötet (D a n i n). Die Wirkung desselben betrifft hauptsächlich das Zentralnervensystem. Beim Warmblüter werden die psychomotorischen Zentren am ersten und stärksten erregt, später werden sämtliche Nervenzentra in ihrer Tätigkeit geschwächt. Kleine Gaben erhöhen, große setzen die Reflexe herab, ohne dieselben vollkommen aufzuheben (v. A n r e p).

Die Pupille wird sowohl bei interner wie externer Applikation dilatiert, die Dilatation dauert je nach der Dosis eine Stunde bis einen Tag, ist nie eine maximale und kann stets durch Atropin noch verstärkt werden. Die Darmbewegungen werden bei Warmblütern stark beschleunigt, nur bei großen Dosen werden dieselben geschwächt. Die Respiration wird anfangs beschleunigt, bei großen Dosen sistiert. Die Herzaktion wird bei Fröschen verlangsamt bis zum diastolischen Stillstand, während bei Warmblütern die Herzaktion anfangs beschleunigt, nach großen Dosen stark verlangsamt, der Blutdruck infolge Reizung des vasomotorischen Zentrums stark gesteigert wird, nur bei großen Dosen sinkt er rapid. Die Hemmungsnerven des Herzens werden bei allen Tieren schon nach mittleren Gaben gelähmt. Das Kokain erhöht von allen bisher bekannten derartigen Stoffen die Körpertemperatur am raschesten und in höchstem Maße, es ist daher das beste Exzitans (M o s s o , F l e i s c h e r etc.). Bei gleichzeitiger Fleischfütterung und Inanition wurde unter dem Einflusse des Kokains die Harnstoffproduktion beträchtlich, bis zu 40 %, herabgesetzt (F l e i s c h e r). E h r l i c h fand bei weißen Mäusen, die mit Kokain gefüttert wurden, bei der Sektion eine enorme Vergrößerung der Leber, die mikroskopische Untersuchung ergab, daß die Hauptmasse der Leberzellen in vakuoler Entartung, daneben in Fettmetamorphose und Nekrose sich befand. A n r e p fand aber bei Kaninchen, nachdem lange Zeit Kokain verabreicht worden war, keinerlei Störungen im Gesamtzustande des Organismus und keine Veränderungen in den einzelnen Organen und deren Funktionen.

Man verwendet das Kokain sowohl intern wie extern.

Die interne Verwendung geht uns nichts an, während wir uns nur mit der äußeren Applikation, zu der ich die subkutane ebenfalls rechne, befassen. Bei der äußeren Anwendung kommt vor allen Dingen die lokale Wirkung des Kokains in Betracht, welche in einer Beeinflussung der sensiblen Nerven und deren Endigungen besteht, so daß diese einen Reiz nicht mehr aufnehmen und dessen Empfindung weiterleiten können. Die Nervenendigungen werden durch das Kokain in einen Zustand versetzt, der vorübergehend von der Gegenwart des Kokains abhängig ist und die Funktion der Nerven vollkommen lähmt, ebenso wirkt das Kokain auf den Nervenstamm ein und unterbricht vorübergehend die Leitung dieses Nerven. Wenn man in einen großen Nerven Kokain spritzt, so wird das ganze vom Nerven versorgte Gebiet des Körpers unempfindlich. Es können hier die Nervenendigungen wohl den Reiz aufnehmen, aber er wird nicht zum Zentralnervensystem geleitet, die Bahn ist unterbrochen. Es wirkt also das Kokain lähmend auf den sensiblen Nerven ein, und diese Wirkung ist eine vorübergehende, denn sie hält nur wenige Stunden oder Minuten, je nach der Menge des verwendeten Kokains, länger an, als das Kokain gegenwärtig im Gewebe, also im Nerven war. Ist dasselbe entfernt, so tritt der normale Zustand wieder ein. Nach A l b e r t o n i sind die exzitierenden und lähmenden Einwirkungen des Kokains auf sein Verhalten zum Protoplasma zurückzuführen. Das Kokain steigert in kleinsten Mengen die Kontraktilität des Protoplasmas, während es in großen Gaben dasselbe lähmt.

Wenn man Kokainlösung in die Gewebe injiziert, so bemerkt man sofort ein blasseres Aussehen der roten Gewebe, welches durch eine Kontraktion der feinsten Blutgefäße hervorgerufen wird. Das Kokain regt die Gefäßmuskeln zur Kontraktion an, und so entsteht eine künstliche Anämie in dem mit Kokainlösung beschickten Gewebe und die Folge ist, daß die Gewebe wenig oder gar nicht bluten. Je stärker die verwendete Kokainlösung konzentriert ist, um so hochgradiger ist diese Anämisierung. Es werden alle Kapillaren kontrahiert, während größere Gefäße nicht verengt werden können. Es wird daher auch nie eine vollkommene Blutleere entstehen, wenn man nicht zu hoch konzentrierte Lösungen verwenden würde. Man kann diese Kontraktion der Blutgefäße auch in der Schleimhaut hervorrufen, indem man Kokainlösung auf dieselbe auftupft. Es entsteht dann ein anämischer Bezirk, innerhalb welchem die Kappillaren kontrahiert sind.

Diese Einwirkung des Kokains auf die Vasokonstriktoren wird besonders von Bedeutung, wenn man dem Kokain Suprarenin hinzufügt. Dasselbe wirkt an sich kontrahierend auf die Gefäße und durch diese doppelte Wirkung wird einesteils eine stärkere Blutleere, andererseits eine erhöhte Anästhesie erzeugt. Wenn man Kokain in 1%iger Lösung allein in die Haut injiziert, so entsteht eine Quaddel, welche in ihrer Ausdehnung die Haut gefühllos macht. Ein kleiner Umkreis um diese Quaddel zeigt eine geringe Herabsetzung des Gefühls. Wenn man nun eine Lösung von 1% Kokain + 0,5‰ Suprarenin ebenso injiziert, so entsteht eine ebensolche aber größere Quaddel und der anästhetische Bezirk reicht weit über die Quaddel hinaus, das Kokain wirkt weiter im Umkreis. Ebenso hält die Anästhesie bedeutend länger an als im ersteren Falle. Hierüber wird weiter unten noch gesprochen. Das Kokain besitzt somit eine besondere Disposition zur Kombination mit den Nebennierenpräparaten. Dasselbe gilt für die äußere Verwendung auf die Schleimhaut.

Es treten aber sehr leicht auch unangenehme Nebenwirkungen beim Gebrauch des Kokains ein, die sogenannten Intoxikationserscheinungen, und man hat oft bei verhältnismäßig kleinen Dosen schwere I n t o x i k a t i o n e n erlebt. Die Wirkung des Kokains auf den Organismus im allgemeinen äußert sich Pulsfrequenz, Gefühl von Wärme auf dem ganzen Körper, Gefühl von Behaglichkeit, Leichtigkeit mit Neigung zur Ruhe und Lässigkeit (Euphorie), Neigung zu Schlaf, und bei stärkeren Dosen schließlich Eingenommensein des Kopfes, Verminderung des Gehörs, Gedächtnisses, Unmöglichkeit, den Ideengang zu regulieren, stetige und willkürliche Reproduktion derselben abgerissenen Vorstellungen. Es folgen heftige Erregungszustände, lustige Stimmung und Delirien mit Halluzinationen. Die Respiration wird verlangsamt (D e m a r l e, M a r v a n d), die Körpertemperatur gesteigert (M a n t e g a z z a, G a z e a u), die Harnstoffausscheidung ist vermindert (O t t). In mäßigen Dosen regt Kokain die Leistungen an (F r e u d, M a n t e g a z z a, L i p p m a n n, M a r v a n d, D e m a r l e. F r o n m ü l l e r etc.), es ruft bei den meisten Euphorie und Wohlbefinden hervor, hebt aber den Appetit und das Schlafbedürfnis vollkommen auf (B r e s g e n, M a n t e g a z z a, F r e u d. v. S c h r o f f etc.).

Schwerere Intoxikationen äußern sich durch Aufregungen, choreatische Bewegungen, Heiterkeit, Gesichts- und Gehörshalluzinationen, Delirien, Blässe des Gesichts, große Schwäche, Übelkeit. Erbrechen, beschleunigte oberflächliche. zuweilen unregelmäßige Atmung, Pulsbeschleunigung, totenblasses Gesicht, Cyanose, Bewußtlosigkeit, partielle und allgemeine klonische und tonische Krämpfe. Dyspnoë, allgemeine Anästhesie, Kollaps, Tod. Man hat bei Erwachsenen schwere Intoxikationen schon nach externer Applikation von 0,06—0,2 g, nach interner von 0,3 g Kokain beobachtet (M a t t i s o n). M a n n - h e i m hält 1,0 g Kokain als letale Dosis beim Menschen. Es sind viele Todesfälle nach 1,0—1,5 g Kokain gemeldet worden. wo dasselbe teils extern. z. B. in die Harnröhre, Rektum, Kehlkopf etc., teils intern verwendet wurde, ferner sind nach 0,06—0,225 Kokain subkutan Todesfälle beobachtet worden (M a n n - h e i m, P l o ß, F a l k etc.). Der Tod tritt durch Herzsynkope ein, und man kann bei schweren Kokainvergiftungen durch künstliche Respiration ev. dem Exitus entgegentreten. Ferner soll man beim Beginn schwerer Intoxikationen akuter Art Kalium bromatum geben, Kälte und Wärme applizieren und Amylnitrit verabreichen (B l u m e n t h a l, F e i n b e r g). Weiter kommen Hautreize besonders in Betracht, Sinapismen auf die Herzgegend. Analeptika (Wein, Kognak etc.). bei starken Krämpfen Chloralhydrat, Chloroform, Opium. Das Wichtigste ist aber eine dauernd fortgesetzte gute künstliche Respiration, denn die Atmung wird stets sofort schwach und oberflächlich und es tritt bald Apnoë ein bei schweren Intoxikationen. Es wird aber auch schon bei schweren Intoxikationen bald nach Eintritt der ersten Symptome die Atmung oberflächlich und langsam, daneben schwindet die Herzkraft. Dieser Zustand verschlimmert sich mehr und mehr, so daß die Atmung kaum noch wahrnehmbar ist und schließ- in Apnoë endet. Wenn man nun vom ersten Beginn der sinkenden Atemtätigkeit, von dem Moment an, wo die Atmung oberflächlicher wird, künstliche Respiration einleitet, so kann man oftmals Apnoë verhüten, denn man unterhält dadurch eine genügende Sauerstoffzufuhr. Durch die schwindende Lungentätigkeit wird eine Kohlensäureintoxikation neben der Kokainvergiftung hervorgerufen, die natürlich auch ihre schädlichen Einflüsse ausübt. Man hat durch die dauernde, oft stundenlang anhaltende künstliche Respiration manchen Menschen gerettet. Man darf auch nicht zu zeitig mit den Atembewegungen aufhören, denn der Kranke ist noch lange. nachdem man schon alle Gefahr beseitigt glaubt, der Gefahr ausgesetzt, daß die Atmung wieder schwächer wird. Man muß in Anbetracht dieser Verhältnisse einen Kranken, der eine Kokainvergiftung erlitten hat, noch lange Zeit unter steter Aufsicht halten, denn es kann plötzlich wieder die Atmung schwächer werden und zu gefährlichen Zuständen Anlaß geben. Bei guter Ausführung der künstlichen Respiration, Vornahme von Infusionen physiologischer Kochsalzlösung, Bädern, Anwendung von Exzitantien dgl. kann man meist den Kranken retten. Es gibt aber trotzdem Personen, die zu Kokainintoxikationen quasi disponiert sind, das heißt solche, die Idiosynkrasien gegen Kokain besitzen, und solche Individuen können schon von ganz kleinen Kokaindosen schwere Intoxikationen erleiden, und man wird da bisweilen von Unfällen überrascht, wo man gar nicht an Intoxikationen denkt. Es ist da richtig, daß man sofort mit der Verabreichung von Kokain sistiert und Gegenmaßregeln ergreift, worunter die genannten Maßnahmen die wichtigsten sind, nebenbei läßt man den Kranken Amylnitrit einatmen. Man darf keine Kokainanästhesie vornehmen, ohne eine Flasche Amylnitrit in der direkten Nähe zu haben.

Auch bei kleinen Unfällen, wie sie leicht während der Kokainverwendung vorkommen, wie Unruhe, Aufgeregtheit, Pulsbeschleunigung, Kollapse etc., ist Amylnitrit ein wertvolles Gegenmittel.

F a l k hat bis 1890 die akuten Intoxikationsfälle von Kokain gesammelt und da 176 schwere Vergiftungen mit zehn Todesfällen aufgeführt, wobei diese Todesfälle alle sicher solche, die durch das Kokain herbeigeführt wurden, betreffen. Man ersieht daraus, daß man durch rechtzeitiges Entgegenarbeiten sehr viele schwere Vergiftungen vor tödlichem Ausgang bewahren kann. Von diesen zehn Todesfällen kamen acht bei äußerlicher, zwei bei innerlicher Kokainanwendung vor. Vor allen Dingen ist die Anwendung des Kokains in der Harnröhre, dem Rektum, Kehlkopf etc. gefährlich, weil da leicht größere Mengen durch die Schleimhaut resorbiert werden können (C o l e m a n n , M a n n h e i m , F a l k etc.).

Es sind Vergiftungen bei Dosen von 0,06—0,2 g Kokain nach interner Einführung bei Erwachsenen mit Todesfällen vorgekommen, und man muß sich hüten, solche große Dosen zu verabreichen. Die Verabreichung soll bei interner Verwendung 0,05 pro dosi und 0,15 pro die nicht überschreiten. Wenn man auch Kokain äußerlich anwendet, so muß man immer genau erwägen, ob nicht größere Mengen desselben resorbiert werden können, und man darf dann nie so viel Kokain extern anwenden, daß mehr als 0,06 auf einmal in den Blutkreislauf durch Resorption gelangen kann. Es ist dies ungeheuer wichtig, und man hat früher manchen Unfall erlebt, weil man nicht genau in Betracht zog, daß auch durch die Schleimhäute größere Mengen resorbiert werden können. Es ist ein solcher Fall K a p o s i begegnet, der einer Frau die Rachenschleimhaut mit 5%iger Kokainlösung bepinselte, und kurz danach verfiel dieselbe in Krämpfe, Dyspnoë etc.; ein anderer Patient starb ihm nach Injektion von 4 ccm einer 2%igen Kokainlösung in die Urethra. Solche Unfälle sind des öfteren vorgekommen. Man muß die früher so häufigen Vergiftungen, die in der Jetztzeit bedeutend seltener vorkommen, darauf ätiologisch zurückführen, daß man erstens früher oft unreines, zersetztes Kokain verwendete, ohne zu wissen, daß ein nicht vollkommen chemisch reines Präparat so verderbliche Einflüsse auf den Organismus ausüben kann, zweitens zu konzentrierte Lösungen gebrauchte. Man kann bei richtiger Verwendung jede Intoxikation vermeiden. S c h l a t t e r hat bei 200 Kokainanästhesien keine üblen Nebenwirkungen oder Intoxikationssymptome gesehen und R e c l u s hat bei 3500 Kokainanästhesien keine üblen Folgen auftreten sehen.

Als besonders wirksames Gegenmittel zur Bekämpfung der Intoxikationen wird das V a l i d o l u m c a m p h o r a t u m oder Mentholkampher empfohlen (S c h l e i c h S c h w e r s e n s k i etc.). Man bekämpft ferner die Vergiftung noch durch Abreiben des Körpers und starkes Frottieren der Haut, um die Blutzirkulation zu unterhalten, lagert dabei den Kranken mit tieferliegendem Kopf in horizontaler Lage des Körpers. Ein wirkliches Antidot gibt es für Kokain nicht (L e g r a n d). Chloralhydrat und Morphin sind als solche empfohlen wor-

den (Mosso, Bennet, Danin, Litten, Durdufi, Fleischer etc.),
doch kann man dieselben nicht als direkte Gegenmittel auffassen, sie wirken
nur in gewissem Sinne als solche, aber nicht in allen Beziehungen. Das Amylnitrit wirkt insofern entgegen dem Kokain, als es auf die Vasodilatatoren einwirkt und dadurch die allgemeine Kontraktion der Gefäße, die bei Intoxikationen die schweren Beklemmungen, Herzaffektionen, Krämpfe, etc. hervorrufen,
beseitigt oder doch vermindert.

Insofern ist Amylnitrit sehr zu empfehlen, doch wirkt es nur in dieser
Hinsicht dem Kokain entgegen.

Die Verwendung des Kokains ist eine überaus segensreiche und ausgedehnte geworden und man kann bis jetzt noch keinen ähnlichen Körper
nennen, der das Kokain aus der Chirurgie verdrängen und dasselbe in allen seinen
Indikationen und Anwendungsformen ersetzen könnte. Die ursprüngliche Verwendung des Kokains war deshalb eine gefährliche, weil man meist mit viel
zu hohen Dosen arbeitete und das Präparat auch noch nicht so vollkommen
rein herstellen konnte, oder die Aufbewahrung nicht so genau nahm, und somit
oftmals ein zersetztes oder verunreinigtes Kokain verwendete, das dann oft so
verhängnisvolle Wirkungen hervorrief. Die Verwendung geschah hauptsäch-
sächlich in zweierlei Form in der Chirurgie, denn ich sehe hier vollkommen
ab von der internen Anwendung, wie sie die innere Medizin ja eben so vielfach
gelehrt hat, die uns aber hier nicht interessiert. Deshalb werde ich stets die
Verwendung des Kokains im Dienste der Chirurgie hier im Auge haben und
da hat man eine äußerliche, externe, und eine innerliche, intrakutane-musku-
läre etc. Anwendung zu nennen. Die äußerliche geschieht auf diese Weise,
daß man eine Kokainwasserlösung auf die Schleimhäute etc. aufträgt. Die
äußerliche Verwendung ist nur möglich bei Vorhandensein von Schleimhaut,
denn durch die äußere Haut des Körpers mit ihrer verhornten Epidermis kann
das Kokain nicht in die Gegend der Nervenendigungen vordringen. Durch die
Epitheldecke der Schleimhäute, die ja meist zur Resorption von Stoffen oder
zur Absonderung vorhanden sind, kann dasselbe leicht hindurchdringen. Die
Epithelzellen nehmen wässerige Lösungen ja sehr leicht in sich auf, und so
kann auch das Kokain in dieselben gelangen, während die Zellen der äußeren
Haut keine solchen Lösungen aufnehmen, wenigstens nicht in dem Grade, daß
eine Lösung resorbiert werden könnte. Man kann also nur auf Epithelzellen
der Schleimhäute das Kokain applizieren und dadurch - Anästhesie erzielen.
Allerdings reicht diese Anästhesie nur bis in die untersten Schichten der Mukosa
und betrifft nicht oder nur sehr wenig die Submukosa. Es genügt aber für
viele kleine Operationen schon die Anästhesie der Schleimhaut, um schmerzlose
Eingriffe zu erzielen. Wünscht man auch die tieferen Gewebe unter der
Schleimhaut zu betäuben, so muß man das Kokain in dieselben injizieren.
Wenn man eine 5%ige Kokainlösung auf die Schleimhaut auftupft, so entsteht sehr
bald eine gefühllose blasse Stelle in der Gegend der Mukosa, soweit die Lösung
aufgetragen worden ist. Zur Erzielung einer solchen Anästhesie ist es notwendig, eine Lösung von 5% Kokaingehalt zu verwenden. Es sind auch
5—10—20%ige Lösungen verwendet worden. Allerdings muß man dabei besonders vorsichtig sein, daß eine Intoxikation vermieden wird, denn verwendet
man z. B. eine 10%ige Lösung zur Anästhesierung des Zahnfleisches, so muß
man bedenken, daß sich das Kokain sofort im Speichel verteilt und leicht vom

Kranken mit verschluckt werden kann, denn es tritt da sofort eine Anästhesie im ganzen Munde ein, und so bemerkt der Kranke gar nicht, daß im Speichel noch Kokain enthalten ist. Weiter kann auch Kokain durch die Schleimhaut, sci es im Mund oder in einer anderen mit Schleimhaut überkleideten Körperhöhle resorbiert werden und in den allgemeinen Blutkreislauf gelangen. Verwendet man nun vielleicht 1—2 ccm der 10%igen Lösung in einem Wattetupfer, der auf die Schleimhaut gedrückt wird, so kann leicht 0,1—0,15 Kokain aus dem Tupfer zunächst auf die Schleimhaut und von da in das Blut gelangen, und die Folge sind schwere Intoxikationen. Solche Zufälle kommen sehr leicht vor und könnten doch sehr gut vermieden werden. Die Anästhesie tritt allerdings bei Verwendung einer 10%igen Lösung nach wenigen Sekunden ein und ist innerhalb einer halben Minute vollkommen. Natürlich richtet sich dies stets nach der Menge der im Wattetupfer befindlichen Lösung. Bei Verwendung einer 5%igen Lösung tritt die Anästhesie auch sehr bald, spätestens nach ³/₄ Minute, auf. Wenn man also 5—10%ige Lösungen verwendet, soll man nur wenig derselben in einem kleinen Wattebausch auf die Schleimhaut legen und den Bausch höchstens ³/₄ Minute lang liegen lassen. Man kann auch die Lösung mit einem Pinsel auf die Schleimhaut aufpinseln. Dadurch wird allerdings eine sehr starke Anästhesie nicht erzielt. Man muß zum Aufpinseln 10%ige bis 20%ige Lösungen nehmen, doch damit sehr vorsichtig sein. Da man aber nur die Schleimhaut auf diese Weise anästhesieren kann, so wird man nur für wenige kleine Eingriffe, für Untersuchungen etc. diese Anästhesie brauchen. Immer muß man dabei bedenken, nicht zu hoch konzentrierte Lösungen und von denselben nur ganz geringe Mengen zu nehmen, Mengen, welche nicht mehr als höchstens 0,1 g Kokain enthalten, und es soll verhütet werden, daß größere Mengen Kokain von der Schleimhaut aus resorbiert werden können. Diese äußere Kokainapplikation wird vor allen Dingen für kleine Operationen im Mund, zu Zahnextraktionen, bei Kathedrismus der Harnröhre, in den Konjunktiven der Augen etc. verwendet. Natürlich sind nur kleine Eingriffe durch äußere Applikation von Kokain schmerzlos auszuführen, es darf der Eingriff nur die Schleimhaut betreffen; da man die Nerven der tieferen Gewebe nicht durch diese Methode lähmen kann.

Viel größere Bedeutung hat die interne Anwendung des Kokains erlangt, und man kann mittels dieser eine große Anzahl von Operationen, die sonst Narkose erfordern würden, schmerzlos ausführen, indem man das Kokain in die Gewebe injiziert. Man nennt diese Art der Anwendung die Injektionsmethode. Das Kokain wird dazu in einer wässerigen Lösung verwendet und mittels einer Injektionsspritze in die Gewebe eingespritzt. Die Lösungen, die hierzu verwendet werden, müssen erstens steril, zweitens osmotisch indifferent sein. Die Sterilität der Kokainlösungen ist bekanntlich nicht so leicht zu erreichen. Wenn man Kokainlösung längere Zeit kocht, so wird das Kokain verändert, indem sich Ekgonin bildet, ein demselben isomerer Körper, der aber unwirksam ist und keine Anästhesie erzeugt. Es muß dies wohl bedacht werden, und man muß die Lösung unter allen Kautelen der Asepsis herstellen, indem man die einzelnen Teile an sich sterilisiert und dann die fertige Lösung nur kurz einmal aufkochen läßt. Das einmalige Erhitzen genügt dann, um eine sterile Lösung zu erhalten. Hat man diese einzelne Sterilisierung nicht vornehmen können, oder glaubt man das Kokain an sich nicht frei von Bakterien, so muß man die Lösung längere Zeit auf 70° C erwärmen (Pasteurisieren). Reclus und M. Hérissey haben Versuche über die Sterilisierung von Kokainlösungen durch die Hitze angestellt. Es hat sich ergeben, daß man 1—2%ige Kokainlösungen in geschlossenen Gefäßen zwei Stunden lang in kochendes Wasser bringen kann, ohne daß das Kokain zersetzt wird. Ebenso kann man eine Kokainlösung auf 115—120° einmalig erhitzen, ohne das Kokain zu zersetzen, und man kann eine Kokainlösung in einem zugeschmolzenen Glasrohr 20—30 Monate aufheben, ohne daß eine Änderung derselben eintritt. Diese Versuche hat Tuffier und Arnaud nachgeprüft und als vollkommen zutreffend befunden. Tuffier und Arnaud fanden als beste Sterilisierungsmethode der Kokainlösungen die Tyndallsche Methode, welche darin besteht, daß man die Lösung mehrmals auf 60—80° C erhitzt. Dabei wird das Kokain nicht verändert, ebenso wird dasselbe nicht zersetzt, wenn man es im Ölbad auf 120—130° eine Stunde lang erhitzt. Es ist dabei die Hauptsache, daß die Lösung in geschlossenem Gefäß enthalten ist. Roux hat einen Apparat angegeben, der die Kokainlösungen bei gewöhnlicher Temperatur durch Filtrieren sterilisiert. Man muß aber die Lösung des Kokains dennoch mit sterilem Wasser herstellen und dann filtrieren, damit man nur die im Kokain enthaltenen Keime zu entfernen braucht. Der Apparat ist leicht transportierbar und sehr brauchbar. Riecke hat einen Sterilisierapparat erfunden, der durch ein Uhrwerk, das sofort in Tätigkeit tritt, wenn das zur Sterilisierung dienende Wasser auf 100° C erhitzt ist, anzeigt, wie lange die Lösung der Siedehitze ausgesetzt wurde. Ferner setzt man den Lösungen 0,8% Kochsalz zu, um dieselben isotonisch zu machen.

Wenn man eine solche Kokainlösung in die Gewebe injiziert, so werden die Nerven daselbst gelähmt und der Bezirk wird unempfindlich für Schmerz. Die Lösungen, welche für die Injektionsmethode verwendet werden, sind am besten 0,5—2%ige Kokainlösungen. Wenn man einen Kubikzentimeter einer 2%igen Lösung in die Haut injiziert, so entsteht eine Quaddel, welche innerhalb spätestens fünf Minuten ihre höchste Anästhesie erreicht hat. Um die Quaddel herum entsteht ein Bezirk, welcher ebenfalls unempfindliches Gewebe darstellt, dann folgt eine Zone von herabgesetzter Schmerzempfindung. Wenn man aber eine 0,5%ige Lösung injiziert, so muß man wenigstens 5—10 Minuten warten, bis die vollkommene Anästhesie eingetreten ist. Somit ersieht man, daß, je dünner die Lösung, um so später die Anästhesie eintritt. Die Anästhesie hält ca. $^1/_4$—$^1/_2$ Stunde an, dann schwindet sie wieder. Wenn man nun in die Gewebe eine Kokainlösung spritzt, so entsteht neben der Anästhesie auch eine mäßige Anämisierung. Letztere ist von großem Wert, wenn man geschwollene Organe vor sich hat, denn es schwillt dann das Ödem infolge der Kokainwirkung wesentlich ab. Dieser Vorgang ist besonders wichtig bei Operationen in der Nase. Ferner hat man den Vorteil geringerer Blutung aus den Geweben. Auf diese Anämie folgt aber nach dem Sistieren der Kokainwirkung eine Dilatation oder Erschlaffung der Gefäße, was leicht zu starken Nachblutungen führen kann. Es sind des öfteren nach solchen Operationen unter Kokainanästhesie Nachblutungen beobachtet worden.

Wenn man das Kokain zur Injektion verwendet, so muß man immer vorher bedenken und erwägen, wieviel man wohl für die Operation brauchen kann, denn man könnte sonst leicht die Maximaldosis überschreiten, und es entstehen Intoxikationen.

Die Operation muß vorher genau bestimmt sein, und man muß wissen, wie weit man schneiden und operieren will. Je ausgedehnter das Operationsfeld ist, um so mehr Lösung wird man nötig haben zur Anästhesie, und um diese Gewebe alle anästhesieren zu können, muß man dünnere Kokainlösungen verwenden. Immer muß man bedenken, daß man auf einmal nicht mehr als 0,06 Kokain injiziert. Diese Dosis genügt aber auch, um eine ziemlich große Fläche zu beschicken. In einer 0,5%igen Lösung hat man in 1 ccm 0,005. Man kann also 10 ccm dieser Lösung für eine Injektion verwenden. Wenn man nun größere Operationen ausführt, so injiziert man nicht sogleich die ganze Menge, sondern man anästhesiert zuerst die Haut und das subkutane Gewebe. Darauf inzidiert man die Haut und das Unterhautzellgewebe. Wenn man nun in nicht betäubtes Gewebe gelangt, so daß der Kranke Schmerzen äußert, so beginnt man die nun folgenden Gewebe (Muskeln etc.) mit Kokainlösung zu beschicken. Diese fraktionierte Kokainisierung hat den Vorteil, daß man durch das Operieren in dem zuerst beschickten Gewebe wieder Kokain aus demselben entfernt, denn teils fließt mit dem Blut Kokain wieder aus den Geweben, teils wird solches aus denselben gewischt, gedrückt etc., so daß nicht alle in das Gewebe injizierten Kokainmengen vom Blute resorbiert werden können. Weiter gibt man dem Kokain Gelegenheit, in die darunter liegenden Gewebe weiter zu diffundieren, und man beginnt dann erst wieder in den schmerzempfindlichen Geweben von neuem Kokainlösung zu injizieren. Auf diese Weise erspart man Kokain und kann bei der zweiten Injektion mehr verwenden, als wenn man von Anfang an alle Gewebe auf einmal anästhesiert. Weiter vergeht zwischen den Injektionen eine gewisse Menge Zeit, während welcher Zeit der Organismus einen Teil des Kokains resorbiert und wieder anfangen kann, einen Teil zu eliminieren. Man hat auch in der Praxis beobachtet, daß diese Methode viel weniger Gefahren als bei derjenigen, wo man auf einmal alles anästhesiert, für den Kranken besitzt, daß man viel mehr Kokain verwenden kann, ohne Intoxikationssymptome zu beobachten. Es ist daher immer anzuraten, bei größeren Operationen diese fraktionierte Kokainisierung zu verwenden. Bei kleinen Operationen kann man natürlich die Gewebe auf einmal anästhesieren. Man muß aber immer beachten, nach der Injektion des Kokains eine genügende Zeit zu warten, bis die Wirkung eine vollkommene ist. So kann man auch bei großen Operationen mit ausgedehntem Operationsfeld doch die Maximaldosis annähernd innehalten, und mit 0,06—0,1 g Kokain kann man große Gewebsdistrikte betäuben.

Weit bessere Resultate als die einfache Kokainisierung liefert die **Kokain-Suprarenin-Anästhesie** (Braun, Vorderbrügge, Freund, Verfasser etc.). Man hat nämlich die Beobachtung gemacht, daß die Kokainanästhesie bedeutend verstärkt wird, wenn man der Lösung geringe Mengen von Suprarenin zusetzt. Suprarenin ist die wirksame Substanz der Nebenniere, und man kann natürlich an Stelle des deutschen Präparates Suprarenin auch das englische Adrenalin oder das amerikanische Epinephrin verwenden.

Das Suprarenin erzeugt, wie früher erörtert wurde, eine Anämisierung im Gewebe, und es wird, da das Kokain ebenfalls die Gefäße zur Kontraktion anregt, eine hochgradige Blutleere neben der Anästhesie erzeugt. Dadurch aber, daß in dem mit Kokain beschickten Gewebe die Blutzirkulation unterbrochen ist, wird die Resorption des Kokains verlangsamt, dasselbe bleibt viel länger, so lange als die Suprareninwirkung anhält, in den Geweben und kann sich viel weiter in die Umgebung ausbreiten. Außerdem hält die Anästhesie längere Zeit an als die ohne Suprareninwirkung. Wenn man eine 0,5%ige

Kokainlösung mit Suprarenin in die Haut injiziert, so entsteht eine Quaddel, welche größer ist als bei der reinen Kokainlösung. Neben der Quaddel entsteht ein anästhetischer Bezirk, der wenigstens doppelt so groß ist als der Bezirk bei reiner Kokainlösung. Die Anästhesie dauert ebenfalls viel längere Zeit an, als bei einfacher Kokainanästhesie, 1—1$\frac{1}{2}$ Stunden und länger (B r a u n, V e r f a s s e r, V o r d e r b r ü g g e etc.). So wie die Verhältnisse in der Haut liegen, so liegen sie auch bei den Injektionen dieser kombinierten Lösung in die anderen Gewebe. Man erspart durch die Suprareninwirkung Kokain, und dies ist sehr wichtig, denn man erzielt durch diese Methode eine längere Anästhesie mit weniger Kokain und vermeidet vor allen Dingen Intoxikationen. Weil in dem beschickten Gewebe die Blutzirkulation vollkommen unterbrochen ist, resorbiert das Blut das Kokain in den ersten Zeiten in ganz geringen Mengen und erst nach einiger Zeit, wenn die Suprareninwirkung wieder nachzulassen anfängt, wird das Kokain vom Blut resorbiert. Es ist aber da schon die Operation beendet und aus den Geweben schon wieder ein Teil des Kokains wieder herausgeflosssen. Man braucht für solche Operationen jetzt nur sehr wenig Kokain, Mengen, mit denen man früher ohne Suprarenin nicht annähernd die Hälfte der Gewebspartien hätte anästhesieren können, und es wird dadurch schon die Intoxikation verhütet (B r a u n, H o n i g m a n n, F o i s y, B a r k e r, N e u g e b a u e r, G a u g i t a n o, V e r f a s s e r etc.). Man hat natürlich dieselben Vorteile für die Kokainanästhesie, wenn man die E s m a r c h s c h e Blutleere an Extremitäten verwenden kann. Die Blutzirkulation wird dabei eben auch unterbrochen, und das Kokain wird dadurch viel wirksamer. Allein ich verwende doch die Konstriktion nur an Zehen oder Fingern, denn an den Armen und Beinen ist dieselbe so schmerzhaft an sich, daß der Kranke die Schmerzen der Abschnürung nicht ertragen kann. Es ist daher das Suprarenin ein sehr guter Ersatz für die E s m a r c h s c h e Blutleere bei Operationen am Arm, Bein, wo die Abschnürung zu große Schmerzen bereiten würde.

Das Kokain erzeugt im Protoplasma der Zelle einen flüchtigen Veränderungszustand, durch welchen die Funktionen des betreffenden Gewebes eine Unterbrechung erfahren. Wenn diese abnormen Verbindungen durch den Lebensprozeß wieder zerlegt werden, so kehren die Funktionen der Gewebe allmählich wieder. Da nun die Intensität der Lebensvorgänge besonders von der Blutzufuhr abhängt, so ist ersichtlich, daß Anämie oder Oligämie die Intensität der Ausbreitung und Dauer der Kokainanästhesie günstig beeinflussen können. Andererseits kann, je mehr Kokain lokal chemisch gebunden wird, um so weniger in den Kreislauf gelangen, so daß die Gefahr der Vergiftung um so geringer wird, je intensiver die örtliche Vergiftung ist. Diese letztere wird durch die Suprareninwirkung gesteigert (B r a u n). Auch diese Theorie erklärt die günstige Wirkung der Kokain - Suprarenin - Anästhesie. Man hat diese Theorie von B r a u n auch bestätigt gefunden durch Tierversuche. So berichtet C z y l a r z, D o n a t h und K o h l h a r d t, daß, wenn man einem Kaninchen eine Pfote abschnürt, so daß in derselben die Blutzirkulation unterbrochen ist, und in dieselbe eine für das Tier tödliche Dosis von Kokain injiziert, 0,02 Kokain, man, wenn nach schon einer Stunde die Konstriktion gelöst wird, diese Dosis des Kokains keine toxischen Einflüsse mehr ausübt. Man kann unter solchen Verhältnissen sogar viel höhere Dosen ohne Nachteil für das Tier injizieren, wenn man sie wenigstens eine Stunde oder länger im abgeschnürten Gliede verweilen und dann, den Blutkreislauf wieder herstellend, diese Mengen vom Blute resorbieren läßt. Es geht daraus ebenfalls hervor, daß das lebende Protoplasma das Kokain bindet und dasselbe unschädlich macht an Ort und Stelle, wo dasselbe injiziert wird. Nur muß dabei verhindert werden, daß das Blut einwirkt und das Kokain sofort resorbiert. Ob man die Blutleere zu diesem Zweck durch Konstriktion, Kälteeinwirkung oder Suprarenin hervorruft, ist ganz gleichgültig (B r a u n, V e r f a s s e r, H o n i g m a n n, F o i s y, S t o l z, N e u g e b a u e r, G a n g i t a n o etc.). Man erkennt aus diesen Verhältnissen, daß man durch die Suprareninbeimengung erstens das Kokain weniger toxisch macht, man also größere Mengen ohne Gefahr der Intoxikation verwenden darf, zweitens die anästhetische Kraft erhöht, so daß man weniger Kokain braucht, drittens die Anästhesie verlängert und verstärkt, viertens zugleich eine brauchbare Blutleere hervorruft.

Man hat nun der Methode als Nachteil die Gefahr der Nachblutung vorgeworfen, denn man sagte sich, daß nach dem Schwinden der Suprareninanämisierung wieder eine Dilatation, Erschlaffung der Gefäße, eintritt, welche dann zu Nachblutungen Anlaß geben kann. Diese Gefahr besteht nicht. Wie B r a u n nachgewiesen hat, entsteht keine nachfolgende Dilatation der Gefäße, und B r a u n gibt den Rat, nur so viel Suprarenin zu verwenden, als genügend ist, um die Kapillaren zu kontrahieren, nicht aber durch größere Mengen von Suprarenin auch die größeren Blutgefäße zur Konstriktion zu bringen. Dies ist entschieden richtig. Ich habe aber bei einer großen Zahl von Operationen mit solcher Anästhesie auch die Anämisierung mit verwendet, wobei ich auch die mittleren Gefäße zur Kontraktion brachte. Auch da habe ich nie Nachblutungen gesehen. Es ist dabei aber wichtig, daß man die Gewebe, welche den Wundrand bilden, wenigstens 2—3 cm breit von der Wundfläche entfernt mit Suprarenin beschickt. Man läßt dann einen breiten Streifen neben dem Wundrande als anämisiertes Gewebe nach der Operation zurück, und in diesem breiten Bezirke sind die durch die Suprareninwirkung in den Gefäßen entstandenen Thromben so fest in den in ihrem Verlaufe durch diesen Bezirk gewunden, schlangenförmig oder verästelt zu findenden Gefäßen, weil auch sie entsprechend dem Verlauf des Gefäßes verästelt etc. sind, daß sie von dem nachdrängenden Blutstrome nicht herausgestoßen werden können. Selbst wenn jetzt eine geringe Dilatation der Gefäße erfolgen sollte, würden die Thromben nicht herausgespült werden können. Man braucht also Nachblutungen nicht zu fürchten. Treten solche dennoch auf, so liegt die Schuld stets am Operateur, denn wenn er diese Verhältnisse beachtet und einen breiten, dem Wundrand angrenzenden Gewebsbezirk mit Suprarenin beschickt, kann eine Nachblutung nicht entstehen. Man hat bei der Suprareninwirkung darin einen großen Vorteil, daß die Blutung nur ganz gering ist, indem nur die größeren Gefäße bluten, die man ligieren muß. Das Suprarenin vermag die größeren Gefäße von 1 mm und stärker in ihrem normalen Verlaufe nicht zur vollkommenen Kontraktion zu bringen, es verengt dieselben nur. Wenn man aber die Gefäße durchtrennt, so werden die Gefäße bis 1 mm noch bluten aber sofort versiechen, denn das Suprarenin zieht die durchschnittenen Enden so zusammen, daß sich die Schnittflächen der Wandung einbiegen und so sofort das Gefäß verschließen. Deshalb tritt direkt nach dem Durchschneiden des Gewebes eine geringe Blutung ein, die aber sofort wieder steht. Wenn man aber größere Gefäße zerschnitten hat, so muß man dieselben ligieren, denn sie stehen nicht von selbst.

Nach diesen abschweifenden Erörterungen liegt es mir nunmehr ob, die Dosen des Kokains und Suprarenins zu nennen, welche als Maximaldosen zu nennen sind. Bei der Kokain-Suprareninanästhesie braucht man viel dünnere Lösungen als bei der einfachen Kokainanästhesie. B r a u n gibt eine Lösung aus 1 % Kokainlösung an und setzt zu 1 ccm dieser Lösung zwei Tropfen einer Suprareninlösung 1 : 1000 zu, höchstens fünf Tropfen.

Man verwendet aber auch sehr gut 0,5 %ige Kokainlösungen, denen man pro ccm 3—5 Tropfen Suprareninlösung zusetzt. Es kommt natürlich auf die Operation an, welche man vornehmen will. Je größer die Operation, um so dünner muß die Lösung sein. Ich verwende meist folgende Lösungen: Für kleinere Operationen wird eine Lösung wie folgt verwendet:

Cocain. hydrochlorici	1,0
Natri. clorat.	0,6
Suprarenin. borici	0,01
Aqua dest.	100,0

Diese Lösung stellt man am zweckmäßigsten so her, daß man folgende Mengen mischt:

Cocain. hydrochlor.		1,0	
Natri. chlor.		0,6	
Solut. Suprarenin officin. 1	1000,0	10,0	Lösung I
Aqua dest.		90,0	

oder, da man ja nicht gleich 100 ccm brauchen wird, in folgender Weise:

Cocain. hydrochlor.		0,1	
Solut. Suprarenin bor. 1	1000,0	1,0	Lösung I.
Solut. NaCl 0,6 : 100,0		9,0	

Diese Lösung enthält 1 % Kokain und stellt eine Suprareninlösung von 1 : 10000 dar. Man verwendet diese Lösung zur Kokainanästhesie und Anämisierung. Es entsteht da neben der vorzüglichen Anästhesie eine vollkommene Blutleere. Verzichtet man auf letztere, so kann man auch an Stelle von 1 ccm nur 0,5 ccm der Suprareninlösung 1 : 1000 hinzufügen. Auch diese Menge Suprarenin genügt oftmals auch, um gute Blutleere zu erzielen, doch ist dieselbe nicht sicher, denn wenn man in sehr blutreichen Geweben operiert, ist es oft schwer, eine vollkommene Blutleere zu erhalten. Für größere Operationen verwende ich folgende Lösung:

Cocain. hydrochlor.	0,1—0,5	
Suprarenin	0,0025· 0,005	Lösung II
NaCl	0,8	
Aqua dest.	100,0	

oder

Cocain. hydrochlorici		0,01 0,05	
Sol. Suprarenin bor. 1	1000	0,25—0,5	Lösung II.
Sol. NaCl 0,8	100,0	9,0	

Diese Lösung stellt eine 0,1—0,5 %ige Kokainlösung dar und enthält eine Menge von Suprarenin, die genügt, um in den Muskeln oder der Haut etc. genügende Blutleere zu erzielen. Die 0,1 %ige Kokainlösung genügt bei den meisten Operationen, um eine gute und vollkommene Anästhesie hervorzurufen. Die Maximaldosis des Kokains ist pro dosi 0,06 g. Wenn man 0,1 %ige Lösung verwendet, so kann man 50 ccm der Lösung injizieren, ehe man die Maximaldosis erreicht hat. Mit 50 ccm kann man einen sehr großen Bezirk beschicken, so daß man für große Operationen mit dieser Dosis ausreicht. Bei der 0,5 %igen Lösung kann man 10 ccm verwenden, bis man die Maximaldosis erreicht. Auch diese Menge genügt für viele operative Eingriffe.

Wenn man aber eine 1%ige Kokainlösung nimmt, so hat man in 5 ccm schon die Maximaldosis erreicht. Man ersieht hieraus, daß es von großer Bedeutung ist, genau vor Beginn einer Operation zu wissen, wieviel Gewebe mit der Lösung beschickt werden muß, denn danach muß man die Konzentration der Lösung wählen. In diesen Lösungen ist das Suprarenin in einem Verhältnis von 1 : 10000 und 1 : 40000 enthalten. Wenn man also 50 cbcm einer 0,1%igen Kokainlösung verwendet, so muß darin 0,00125 Suprarenin höchstens enthalten sein, man muß also eine Lösung von 1 : 40000 bereitet haben. Daraus ersieht man, daß man auch ohne Sorge einer Intoxikation durch Suprarenin 50 ccm der 0,1%igen Kokain und 0,0025%igen Suprareninlösung verwenden kann. Die Maximaldosis des Suprarenin ist ungefähr 0,001 pro Dosis, und man darf nicht mehr als diese Dosis auf einmal in die Gewebe injizieren, denn wenn man höhere Mengen verwendet, so treten schon geringe Intoxikationssymptome auf, die man entschieden vermeiden muß. Diese Menge Suprarenin genügt aber bei weitem, um einerseits die Kokainwirkung zu erhöhen und andererseits genügende Blutleere zu erzielen. Immerhin muß man aber auch bedenken, daß man nie 50 ccm Lösung auf einmal injiziert. Man wird nie mehr als 10 ccm höchstens, meist nur 5 ccm auf einmal in die Gewebe spritzen. Wenn man nun nur 10 ccm auf einmal braucht, ist es für den sicheren Eintritt der Blutleere, falls man solche wünscht, besser, man stellt sich eine Suprareninlösung von 1 : 10000 her, also die Lösung: 0,01 Kokain + 1 ccm d. 1 : 1000 Suprareninlösung + 9,0 ccm 0,8%iger NaCl-Lösung. Von dieser Lösung enthalten 10 ccm 0,01 Kokain und 0,001 Suprarenin. Verwendet man aber nur 5 ccm, eine gewöhnliche Injektionsspritze voll, so wählt man dieselbe Lösung und läuft dabei noch weniger Gefahr einer Intoxikation, denn diese Menge enthält nur 0,0005 g Suprarenin. Durch diese Injektionen erzielt man dafür aber auch eine sichere Blutleere, die sehr gut Operation ohne Blutverlust und ohne jede Blutung überhaupt ermöglicht. Man kann aber auch geringere Mengen von Suprarenin den Kokainlösungen zusetzen, wenn man nur die Verstärkung der Kokainwirkung damit erzielen will. Ich habe bei den obigen Lösungen schon die geringeren Mengen mit angegeben, so entsteht z. B. bei der Lösung II ein Verhältnis des Suprarenins in dieser Lösung von 1 : 40000, wenn man ¼ ccm der Lösung von 1 : 1000 zusetzt. Die Konzentration des Suprarenin von 1 : 40000 ist nun aber nicht mehr imstande, eine brauchbare Anämisierung hervorzurufen, während sie wohl imstande ist, die Kokainwirkung ganz enorm zu erhöhen. Will man daher auf die Anämisierung verzichten, so genügt ein Hinzufügen von 0,25 ccm der offizinellen Lösung des Suprarenin, um die Kokainästhesie zu verstärken.

Braun gibt den Rat, pro Kubikzentimeter Kokainlösung 1—2 Tropfen der 1‰igen Suprareninlösung zuzusetzen; Foisy setzt auf 10 ccm 10 Tropfen oder auf 1 ccm 4—5 Tropfen der 1‰igen Suprareninlösung für Panaratien- oder Furunkeloperationen zu; Neugebauer setzt auf 1 ccm ½%iger Kokainlösung drei Tropfen, Gangitano auf 9 ccm Kokainlösung 1 ccm Adrenalinlösung zu. Alle diese verschiedenen Lösungen sind nicht so geeignet für die Kokainanästhesie wie die obenbezeichneten Lösungen I und II, denn es sind z. B. von Foisy zu konzentrierte Lösungen angegeben worden, von denen man nur ganz geringe Mengen verwenden darf, um nicht Intoxikationen zu erzeugen. Braun hat die besten Lösungen angegeben, und dieselben entsprechen unseren Mischungen I und II.

Natürlich muß man auch mit diesen Lösungen ganz den Verhältnissen entsprechend verfahren. Man muß individualisieren und kann nur durch dieses Anpassen an die obwaltenden Verhältnisse und vorhandenen Umstände gute Resultate erzielen. Vor allen Dingen muß immer der Grundsatz maßgebend sein, die Lösungen möglichst niedrig konzentriert zu verwenden, denn nur darin hat man eine Gewähr der geringsten Gefahr für den Kranken, wenn man mit dem Quantum der injizierten Lösung die Maximaldosis noch nicht erreicht hat. Gerade die immer wieder von wenigen Gegnern der Kokainanästhesie hervorgehobenen Nachteile und die Meldungen von Intoxikationen und üblen Nebenwirkungen des Kokains beruhen auf dem Umstand, daß zu hoch konzentrierte Lösungen verwendet wurden. In allen den vielen Hunderten und Tausenden von Fällen, wo mit der Kokainanästhesie die vorzüglichsten Resultate erzielt wurden, ohne daß auch nur die geringsten üblen Nachwirkungen sich zeigten, sind Lösungen von 0,1—0,5% Kokaingehalt verwendet worden, und die niedrige Konzentration allein, die dennoch die vollkommenste Anästhesie hervorruft, ist der Grund, weshalb hier alle die von so vielen gefürchteten üblen Neben- und Nachwirkungen des Kokains vollkommen fehlten. Die Konzentration von 1% ist die höchste für interne Verwendung, und man soll dieselbe nur in ganz wenigen Fällen verwenden, da, wo man mit höchstens 1 ccm der Lösung auskommt. Man hat oft Gelegenheit, nur so geringe Mengen von Kokainlösung zu injizieren, weil man entweder nur einen sehr kleinen Teil von Gewebe betäuben will oder wenigstens die Kokainwirkung nur auf einen kleinen Bezirk oder Ort im Gewebe beschränken will, wie bei der Leitungsunterbrechung eines Nerven, in dessen Umgebung man die Kokainlösung injiziert, und da der Nerv nur in einem kleinen Teil seines Stammes vom Kokain berührt zu werden braucht, damit die Leitung vollkommen unterbrochen wird, so genügt nur eine geringe Menge. Für solche Fälle liegt dem Arzte vor allem daran, eine möglichst große Menge Kokain an einen bestimmten Platz, den Teil des Nervenstammes und dessen direktester Umgebung, zu deponieren, wo dasselbe eine längere Zeit einwirken soll. Zu solchen Maßnahmen verwendet man die konzentrierteren Lösungen. Weiter ist auch oftmals nur ein kleiner Teil des Gewebes zu betäuben, wie bei Zahnextraktionen, Abszeßeröffnungen etc.

Es ist von großem Interesse, die Beziehungen der Kokain-Suprareninanästhesie zu den unter derselben vorzunehmenden Operationen zu präzisieren und näher zu erörtern. Man hat doch gewisse kleine chirurgische Eingriffe, die man nur mit der Kokain-Suprareninanästhesie operiert, weil man von dieser Methode dabei die besten Erfolge erzielt und die anderen Methoden der Anästhetologie hier weniger gute Einflüsse ausüben.

Es gehören zu der Zahl dieser Operationen, die besonders für die Kokain-Suprareninanästhesie geeignet sind, vor allen Dingen die Operationen in Mund, Nase, Hals etc. Die Operationen im Mund bestehen hauptsächlich in Zahnextraktionen, Exkavieren der Zähne (für den Zahnarzt), Eröffnungen von Abszessen, Exstirpationen von Geschwülsten.

Die Zahnextraktionen werden am besten schmerzlos ausgeführt, indem man zu beiden Seiten des Zahnes das Zahnfleisch anästhesiert, denn gerade das Ansetzen der Zange am Zahn unter Zurückschieben des Zahnfleisches ist sehr schmerzhaft. Man injiziert zu diesem Zwecke auf der Außen- und Innenseite eine geringe Menge Kokainlösung in das Zahnfleisch, und zwar je 0,5 cbm der 1%igen Lösung, außen und innen wird mit der Nadel eingestochen und 0,5 ccm eingespritzt. Es dauert nur wenige Sekunden, so ist das Zahnfleisch unempfindlich. Jetzt extrahieren schon viele Ärzte den Zahn, doch das ist falsch, denn es wird jetzt noch immer der Schmerz beim Zerreißen des

Zahnnerven empfunden werden. Um auch diesen Schmerz zu beseitigen, muß man mit einer langen feinen Nadel längs des Zahnes in die Alveole stechen und dabei 1—2 Teilstriche der Spritze injizieren. Ich verwende dazu die 1 %ige Kokain-Suprareninlösung und injiziere so an jede Wurzel 0,1 bis 0,2 ccm der Lösung. Es ist dies natürlich etwas schwieriger, doch mit einiger Übung erlernt man es ganz schnell, mit der Nadel zwischen Zahn und Knochen bis fast zum Eintritt des Nerven in die Wurzel zu gelangen, wenigstens fließt die Kokainlösung sicher dahin, wenn man mit der Nadel zwischen Zahn und Knochen eingestochen hat. Durch diese Injektionen kann man den Zahn vollkommen anästhesieren. Es ist natürlich schwieriger bei den Zähnen mit einer Wurzel, als denen mit drei Wurzeln.

Wenn man aber diese Injektionen an die Wurzeln ausführt, fühlt der Kranke auch nicht den geringsten Schmerz beim Extrahieren. Oftmals gelingt es auch schon bei den Injektionen in das Zahnfleisch, einen Teil der Lösung in die Gegend der Wurzeln zu bringen, so daß man bisweilen auch ohne die Wurzelinjektionen vollkommene Anästhesie erzielt. Dies ist dann aber nur Zufall.

Durch diese Wurzelinjektionen kann man den Zahn auch für Ausbohrungen etc. anästhesieren. Man muß dann sofort eine Injektion in die Gegend der Wurzel ausführen, während man das Zahnfleisch nicht zu betäuben braucht. Die Injektionen zwischen Zahn und Knochen sind oftmals nicht leicht auszuführen, aber man kann doch in den meisten Fällen zwischen Wurzel und Knochen einstechen. Die Anästhesie des Zahnnerven gelingt nur mit Lösung I, und zwar ist dabei die Gegenwart des Suprarenin von ausschlaggebender Bedeutung, denn eine Kokainlösung ohne Suprarenin vermag den Zahn nicht zu anästhesieren, während die Suprareningegenwart die Anästhesie ermöglicht. Die Ursache liegt darin, daß stets das Kokain bis zum Eintritt des Nerven in den Zahn diffundieren muß, denn nur in den seltensten Fällen wird man mit der Injektionskanüle bis zum Nerven vordringen können. Da nun durch die Suprareninwirkung die Resorption des Kokain vermindert und verzögert wird, so kann das Kokain noch besser in die Gegend des Nerven diffundieren. Diese Anästhesie ist überaus wertvoll und wichtig, denn bisher war es noch unmöglich, den Zahn selbst gefühllos zu machen, so daß man das Ausbohren nicht schmerzlos vornehmen konnte. Es wird dies jetzt ermöglicht.

Von ebenso großer Bedeutung wie für die Zahnextraktionen ist die Kokainanästhesie für die zahlreichen Operationen am Zahnfleisch etc., die in Eröffnung von Abszessen und Exstirpation von Geschwülsten, Knochenstücken etc. bestehen. Es ist hierbei die Methode für alle gleich, denn man braucht nur die Lösung in die Gewebe, welche durchschnitten etc. werden müssen, zu injizieren und die Anästhesie tritt ein. Nur muß man bei den meisten solcher Eingriffe nicht vergessen, den Knochen mit zu anästhesieren, denn oft wird dies übersehen, und beim Operieren ist dann der Nachteil vorhanden, daß die Operation am Knochen schmerzhaft ist. Deshalb soll man stets einen Teil der Kokainlösung auch unter das Periost injizieren, wodurch der Knochen vollkommen unempfindlich wird. Das Periost ist meist sehr empfindlich, und auch die meisten Operationen dringen bis in dessen Gegend vor, so daß es stets besser ist, man beschickt dasselbe sofort von Anfang an mit Kokain-Suprareninlösung. Für solche Operationen im Munde ist die Lösung II genügend, nur für die Injektionen unter das Periost soll man ein wenig, 0,2—0,5 ccm, der Lösung I nehmen oder, wenn die Operation sehr ausgedehnt ist, doch wenigstens an Stelle der 0,1 %igen die 0,5 %ige Kokainlösung wählen. Das Kokain, welches unter das Periost gespritzt wird, dringt dank der Suprareninwirkung auch in den Knochen und anästhesiert denselben vollkommen, so daß man selbst große Stücke des Knochens, Alveolarrand, Kieferteile etc., resezieren kann, ohne daß der Kranke die geringsten Schmerzen empfindet. Alle Mundoperationen, soweit sie überhaupt für die lokale Schmerzbetäubung geeignet sind, werden auf diese Weise schmerzlos ausgeführt, und nebenbei hat man den Vorteil des Operierens ohne wesentlichen Blutverlust, denn nur die größeren Gefäße bluten, während die parenchymatöse Blutung vollkommen fehlt.

Ganz ähnlich liegen die Verhältnisse bei den zahlreichen Hals- und Nasenoperationen. Auch hier ist die Kokainanästhesie von vorzüglicher Wirkung, und
man kann einen großen Teil all der vielen kleineren Eingriffe schmerzlos ausführen. Auch hierbei ist vor allen Dingen zu beachten. daß das Periost mit
anästhesiert wird. Man kann oftmals kleine Operationen in Nase und Hals
unter externer Applikation von Kokain schmerzlos ausführen, indem man die
betreffende Stelle der Schleimhaut vorher mit Kokain betupft. Wenn man bis
auf den Knochen schneiden etc. muß, so ist es aber besser, man injiziert eine
dünne Kokainlösung. Um den Einstich der Nadel schmerzlos ausführen zu
können, betupft man die betreffende Stelle vorher mit Kokainlösung. Es können
die meisten Operationen kleinerer Art in diesen Gegenden des Organismus durch
die Kokain-Suprareninanästhesie schmerzlos und ohne wesentlichen Blutverlust
ausgeführt werden. Dabei hat man noch den großen Vorteil, Nachblutungen
durch die Suprareninwirkung zu vermeiden. Wie wertvoll die Suprarenin-
Kokainanästhesie ist, ersieht man aus einem Fall, den ich beobachtet habe. Ein
Kollege, der Spezialist für Hals- etc. -leiden war, hatte einen Mann im Nasen-
rachenraum hypertrophische Wucherungen unter gewöhnlicher Kokainanästhesie
entfernt. Nachts darauf kam der Mann mit einer enormen Nachblutung zu mir.
Die sehr starke Blutung, die sofort nach der Operation eingesetzt hatte, war
schwer zu beherrschen und stand endlich auf Tamponade mit Suprareningaze.
Ich habe ähnliche Operationen in großer Zahl ausgeführt, und zwar stets unter
Kokain-Suprareninanästhesie, ohne auch nur ein einziges Mal eine Nachblutung
zu erleben. In diesem Falle wäre dieselbe auch ausgeblieben, wenn Suprarenin
von Anfang an mit verwendet worden wäre. Man erkennt daraus deutlich den
hohen Wert der Suprareninwirkung. Gerade für die vielen kleinen Eingriffe
in der Rhino-Laryngologie ist diese Methode sehr brauchbar. Man verwendet in
den meisten Fällen die Lösung II (0,1 % Kokaingehalt) und nur für kleine aber
sehr schmerzhafte Eingriffe wählt man Lösung I.

In den übrigen Disziplinen, wie der Urologie, Ophthalmologie, Gynäkologie und Dermatologie ist die Kokain-Suprareninanästhesie ebenfalls von großer
Bedeutung und erzielt herrliche Resultate. Man muß nur bei der Anästhesie
der Harnröhre sehr vorsichtig sein und darf nie zu starke Konzentrationen dazu
wählen, da gerade dabei sehr viel Intoxikationen beobachtet wurden. Es ist
dazu am besten 1—2 ccm einer 0,5 %igen Kokainlösung mit Suprareningehalt
1 : 5000 oder 1 : 2000 zu verwenden. Bei Injektionen von dieser Lösung in die
Harnröhre und Verweilen derselben einige Zeit ist mir nie eine Intoxikation zu-
gestoßen.

Was nun die übrigen Operationen in der kleinen Chirurgie anlangt, so
kann man nicht bestimmte Vorschriften geben, denn Operationen an Extremitäten und dem Rumpf können oftmals besser unter einer anderen Methode ausgeführt werden. Die hier genannten Operationen sind für die Kokain-Suprareninanästhesie als solcher am besten geeignet, natürlich gibt es auch noch manche
andere kleine Operationen, wie Inzisionen kleiner Abszesse etc., die man mit
der Kokain-Suprareninanästhesie sehr gut ausführen kann. Diese Fälle können
hier nicht alle einzeln erörtert werden, denn es muß jeder Arzt in praxi je nach
den Verhältnissen entscheiden, welche Methode ihm für den vorliegenden Fall
als beste erscheint.

Zur Anästhesie der Schleimhäute der Nase, des Rachens und Kehlkopfes
empfiehlt W r ó b l e w s k i die 25 %ige alkoholische Kokainlösung. Die Anästhesie war bei seinen zahlreichen Operationen nach dreimaligem Betupfen in
Intervallen von 1—2 Minuten eine vollkommene, und es kamen Intoxikationen
niemals vor. W r ó b l e w s k i meint, daß der Alkohol als Antidot wirke und
deshalb Vergiftungen verhüte. Das Kokain löst man am besten so im Alkohol,
indem man denselben in einer Eprouvette mit dem Kokain vermischt zum
Sieden bringt.

S m i t h empfiehlt folgende Methode: Man stellt eine Lösung von
Adrenalin. chlor. 2 Drachmen + Kokain 5 grains + ½ Unze Wasser her.
Man befeuchtet eine Kompresse mit dieser Lösung. legt dieselbe auf die zu
anästhesierende Hautstelle und setzt eine mit der Kompresse gleich große Elektrode auf diese Kompresse, welche die positive Elektrode eines konstanten

Stromes darstellt, während man die negative Elektrode an einer beliebigen anderen Stelle des Körpers aufsetzt. Nun leitet man einen Strom von 15—30 Milliampères für 5—10 Minuten durch den Körper. Wenn man dann die Elektrode entfernt, ist die Hautstelle vollkommen anästhesiert, und man kann ohne Schmerz für den Kranken daselbst operieren.

Gray empfiehlt 10%ige Lösungen von Cocain. hydrochlor. in einer Mischung von Anilinöl und Spirit. rectif. āā für Ohren-, Hals- und Nasenoperationen, um die Schleimhäute äußerlich zu anästhesieren. Er nimmt auch ev. 20%ige Kokainlösungen.

Eine eigentümliche Beobachtung machte Niculescu bei zwei Kranken, welchen er unter Kokainanästhesie einige Zahnwurzeln extrahierte. Es handelte sich um einen 35- und 50jährigen Mann, und es stellte sich bei beiden als Folge nach ein paar Tagen nach der Operation auffallendes Ausfallen der Barthaare ein. Als Ursache nimmt Niculescu dieselben Umstände an, wie sie bei der Peladetheorie nach Jacquet bestehen sollen.

Neugebauer hat bei alten Leuten nach der Kokain-Suprareninanästhesie dreimal Hautgangrän auftreten sehen und warnt vor Anwendung bei alten Leuten. Es sind wohl aber in diesen Fällen andere Verhältnisse an der Gangräne schuld als das Suprarenin, denn man hat sonst solche Gangrän äußerst selten beobachtet.

Man hat all die verschiedenen Methoden und Verwendungsarten des reinen Kokains nicht der Kokain-Suprareninanästhesie gleichstellen können, denn die Resultate derselben können sich nicht im geringsten mit denen der Kokain-Suprareninanästhesie messen. Seitdem diese Kombination des Suprarenins mit ihren vorzüglichen Beziehungen zum Gewebe verwendet wird, fehlen jegliche Klagen über Intoxikationen und üble Nebenwirkungen von seiten des Kokain. Dieser überaus wichtige Umstand macht die Kokain-Suprareninanästhesie zu der besten und harmlosesten, die wir besitzen.

Wenn man nun die anderen selbständigen Methoden der Anästhetologie, wie die regionäre, zirkuläre, Schleichsche Anästhesie etc., bedenkt, welche infolge ihrer eigentümlichen Wirkung und Verhältnisse später behandelt werden müssen, so findet man immer wieder diese Kokain-Suprareninwirkung verwendet und je nach den obwaltenden Verhältnissen modifiziert. Es könnten, da ja das Kokain auch in fast allen dieser Methoden das wichtigste und gebräuchlichste Anästhetikum darstellt, im Anschluß an diesen Paragraphen auch diese Methoden behandelt werden, doch da für dieselben auch gelegentlich andere Anästhetika verwendet worden sind, so habe ich dieselben in einem späteren Kapitel an sich behandelt und will vor deren Bearbeitung erst alle Anästhetika beschreiben und deren eigene Verwendung schildern. Es wird aber später noch öfter des genaueren auf diese hier angeführten Auseinandersetzungen Bezug genommen werden, und ich werde dann die Kokainwirkung bei der besonderen Methode behandeln. Die hier beschriebene Kokain-Suprareninanästhesie ist als Grundlage für alle anderen selbständigen Methoden der Anästhetologie zu betrachten, und die bekannten anästhetologischen Methoden (die zirkuläre, Leitungsunterbrechungs-, Schleichsche etc. Anästhesie) sind nur Abarten dieser Methode. Sie haben sich ja auch aus der Kokainanästhesie entwickelt, freilich aus der einfachen Kokainanästhesie, während die Kokain-Suprareninanästhesie nur eine neuere Modifikation der Kokainanästhesie darstellt und als solche auch mit die Grundmethode für die anderen bildet.

§ 6. Das **Eukain** ist ein dem Kokain sehr ähnlicher Körper, und man glaubte lange Zeit, daß dasselbe das Kokain zu ersetzen wohl berufen sein würde. Man unterscheidet **Eukain-α** und **Eukain-β**. Das Eukain-α hat die

Formel $C_{19}H_{27}NO_4$, ist Benzoylmethyltetramethyl - γ - Oxypiperidinkarbonsäure-methylester, wird auf synthetischem Wege dargestellt. Die freie Basis des Eukain ist in Wasser ebenso wie die des Kokains unlöslich, und man muß zur therapeutischen Verwendung ein Salz derselben herstellen. Das gebräuchlichste und wirksamste ist das **Eukainum hydrochloricum,** $C_{19}H_{27}NO_4 + H_2O$, welches farblose Kristalle darstellt und leicht in Wasser löslich ist. Es löst sich bei 15^0 C im Verhältnis von $1:10$ in Wasser.

Das **Eukain-β** steht dem Eukain-α sehr nahe und ist **salzsaures Benzoylvinyldiacetonalkanin,** $C_5H_6 . C_7H_5O_2 . CH_3 . NH(CH_3)_2 + HCC$. Dasselbe stellt ein weißes kristallinisches Pulver dar, welches sich in etwa $3^1/_2$ Teilen Wasser löst. Mit $5^0/_0$iger Chromsäure gibt es nicht wie Eukain-α einen kristallinischen, sondern einen gelben amorphen Niederschlag. Das Eukain-β zersetzt sich beim Kochen nicht.

Das Eukain-α ist weniger wirksam wie das Eukain-β, und man verwendet in der Jetztzeit nur noch das Eukain-β. Dasselbe wirkt ähnlich dem Kokain auf die Nerven und Nervenendigungen und erzeugt, wenn man es in die Gewebe injiziert oder auf Schleimhäute appliziert, eine Schmerzbetäubung gleich der des Kokains. Die Anästhesie ist vollkommen brauchbar für chirurgische Operationen, sie hält $^1/_2$ Stunde und länger an, doch wirkt das Eukain schwächer als das Kokain. Dafür ist es aber weniger giftig. Die Zellen nehmen das Eukain-β ebenso auf wie das Kokain, und es entsteht eine vorübergehende Verbindung des Eukains, welche durch das Blut wieder gelöst wird. Die Zelle kehrt in den normalen Zustand zurück, nachdem das Eukain resorbiert worden ist. Die Blutgefäße werden von dem Eukain nicht verengt, sondern in ganz geringem Grade dilatiert, und in dieser Beziehung wirkt das Eukain viel günstiger als das Kokain. Ebenso ruft das Eukain keine Mydriasis hervor, die Pupille wird nicht dilatiert, noch sonstwie verändert. Auf den Puls wirkt es retardierend in geringem Grade ein. In den Geweben, in welche man Eukain injiziert hat, wird eine leichte Hyperämie hervorgerufen, die aber nur sehr gering und rasch vorübergehend ist. Ferner zersetzt sich das Eukain nicht beim Kochen, man kann die Lösungen lange Zeit kochen, ohne die Wirkung zu beeinträchtigen.

Weiter ist das Eukain weit billiger als das Kokain. Diese Vorzüge haben bewirkt, daß man eine Zeitlang begeistert war für das Eukain.

Nur in einem Falle kann man das Kokain nicht durch Eukain-β ersetzen, das ist in der Augenheilkunde bei vorhandener Iritis, hier muß Kokain gewählt werden. Das Eukain-β verursacht keine Harnhauttrübungen (V i n c i , D e n e f f e , M a r c i n o w s k i etc.), nur bei Verwendung sehr stark konzentrierter Lösungen hat man Trübungen der Kornea beobachtet (D o l b e a u , B e s t , V o l l e r t , W ü s t e f e l d). Doch kann man nur durch die sehr hohen Dosen diese Wirkung hervorrufen. In den üblichen $0,5-2^0/_0$igen Lösungen schädigt Eukain-β das Auge gar nicht, und die Augenärzte haben dasselbe sehr viel und mit gutem Erfolg verwendet (S i l e x , D o l b e a u).

Das Kokain wurde gelegentlich mit Eukain vermischt verkauft, um den Preis zu erniedrigen etc. Man kann aber sehr leicht nachweisen, daß eine bestimmte Menge Kokain mit Eukain vermischt ist. Diese Fälschungen wurden im Anfang der Eukainverwendung wegen des billigen Preises des Eukains vielfach vorgenommen. Um dies nachzuweisen, werden $0,1$ g des betreffenden Kokains in 50 ccm Wasser gelöst und 2 Tropfen Ammoniak hinzugesetzt.

Darauf wird die Lösung geschüttelt. Ist das Kokain rein, so bleibt die Lösung wenigstens eine Minute durchsichtig, und selbst dann noch, wenn einige Kokainkristalle ausfallen. Ist aber Eukain in dem Kokain enthalten, so tritt schon bei 2% der Beimischung auf Zusatz von Ammoniak eine milchige Trübung auf, welche erst schwindet, wenn man 10 ccm H_2O zusetzt. Sind 5% Eukain vorhanden, so muß man 20 ccm H_2O zusetzen, um die Flüssigkeit bei 15—20° C durchsichtig zu machen. So kann man rasch erkennen, ob und wieviel Eukain vorhanden ist.

L e g u e u hat das Eukain. muriat. an Stelle des Kokains verwendet und bei seinen Versuchen gefunden, daß, während 6 cg Kokain ein Meerschweinchen töten, man 8 cg von Eukain braucht. Die Lösungen werden durch Kochen nicht zerstört und verlieren nicht an Wirksamkeit. Er verwendet 1%ige Lösungen. Zur Anästhesierung der Urethra genügen 0,05—0,06 Eukain, zur Anästhesierung der Blase verwendet er 8 cg einer 1%igen Lösung, also 0,08 Eukain. Da Eukain kongestiv wirkt, so ist es nach L e g u e u bei Verdacht auf Blutungen nicht verwendbar.

Während Kokain den Puls beschleunigt, Blutdruck erhöht und zu Blutleere in den unempfindlich gemachten Körperregionen führt, verlangsamt Eukain den Puls, setzt den Blutdruck herab, führt zu Hyperämie in den anästhetischen Geweben, Eukain wirkt schneller als Kokain, doch gleichstark, und es bewirkt einen gelinden Injektionsschmerz (L e g u e u , L i h o u).

L o h m a n n hat Eukain in 3%igen Lösungen nicht bewährt, wohl aber in 10%igen Lösungen sehr wirksam gefunden. Die Anästhesie tritt nach einer Minute auf. Er injiziert 1—4 ccm einer 10%igen Lösung und meint, daß Eukain β so stärker wirke als Kokain und demselben wegen seiner Sterilisierbarkeit und Billigkeit vorzuziehen sei. Nach T o u c h a r d ist die Wirkung des Eukain länger anhaltend als die des Kokains, sie hält von 25 Minuten bis 1 Stunde 10 Minuten lang an. Wegen der gefäßerweiternden Wirkung sei Eukain bei Kranken, die zu Synkope neigen, dem Kokain vorzuziehen, bei Hämophilen ist dagegen Kokain mehr angebracht (T o u c h a r d). O r n s t e i n hat Eukain hydrochl. in 500 Fällen mit bestem Erfolg angewendet, er hat Lösungen von 3, 4, 5, 6,5 und 10% verwendet und hat nie unangenehme Nebenwirkungen gesehen, und gibt als einzigen Nachteil an, daß sich nach subgingivaler Anwendung desselben in den meisten Fällen sehr starke, wenn auch schmerzlose und nur ein Gefühl von Spannung verursachende Schwellungen von Lippe und Wange einstellten, welche in bezug auf Intensität und Dauer in geradem proportionalem Verhältnisse zur Menge der injizierten Flüssigkeit zu stehen schienen, sowie auch von dem jeweiligen Zustande des Zahnfleisches und der Alveole abhängig waren. Er sah ferner geschwürigen Zerfall des Zahnfleisches an der Injektionsstelle. Ferner klagten einige Patienten nach den Injektionen bei Extraktion hinterer Backenzähne über Kitzel im Halse und Schlingbeschwerden. P o u c h e t hält Eukain für ebenso giftig wie Kokain. Er fand bei Tieren die Intoxikationserscheinungen ohne Vorboten eintreten, und er meint, daß Eukain eine üble Wirkung auf das Herz habe, die der des Kokains noch überlegen sei, und es sei das Eukain deshalb ein sehr gefährliches Mittel. Diese Befunde werden von vielen Erfahrungen anderer widerlegt. W o s s i d l o , H o r n e , Y e a r s l e y haben sehr gute Erfahrungen mit Eukain. Es fehlten üble Nebenwirkungen stets, ebenso jegliche Nachblutungen, und es sind die Nachwirkungen weniger lang und unangenehm als beim Kokain. H o r n e und

Yearsley haben beobachtet, daß Eukain eine vermehrte Speichelsekretion bewirke. Sie haben über 200 Operationen mit Eukain zur vollsten Zufriedenheit ausgeführt. Battistini hat nach seinen Tierexperimenten die Überzeugung erlangt, daß Eukain α und Kokain sich hinsichtlich ihrer anästhesierenden und toxischen Eigenschaften gleichen, aber die Dauer der Anästhesie bei Eukain kürzer sei. Das Eukain hat nach seiner Ansicht den Nachteil, daß es bei der Injektion ein Brennen hervorrufe und Gefäßdilatation erzeuge, infolge deren Blut durchschwitzt und das Operationsfeld einnimmt, was die Übersichtlichkeit störe.

Nach Pouchet wirkt Eukain α gefäßerweiternd und reizend auf das Gewebe, es erregt beim Warmblütler heftige Krampfzustände, die sich aus der chemischen Konstitutionsformel erklären lassen, je mehr H-Atome durch die Gruppe Methyl (CH_3) ersetzt sind, um so heftiger im allgemeinen die konvulsivische Wirkung. Nach der Injektion folgt lange anhaltendes Brennen. Auf das Herz wirkt Eukain α genau wie Kokain; es wurde Pulsverlangsamung bis auf 48 Schläge pro Minute und Herabsetzung des Blutdruckes beobachtet, was als Folge der vasodilatorischen Wirkung angesehen werden muß.

Das Eukain ist in seiner anästhesierenden Wirkung dem Kokain fast gleich, ist aber nur wenig giftiger als dieses. Die Maximaldosis von Eukain α ist 0,15—0,2 g. Es besitzt ziemlich stark reizende Wirkung und verursacht geringen Injektionsschmerz. Im übrigen ist das Eukain α dem Eukain β bedeutend unterlegen und wird von demselben vollkommen verdrängt. Wenn ich in dem Folgenden von Eukain rede, so meine ich damit stets das Eukain β.

Der Injektionsschmerz des Eukains ist lästig und kann gemildert werden, indem man den Lösungen 0,8 % NaCl zusetzt (Marcinowski etc.). Die Intoxikationen sind sehr ähnlich denen nach großen Gaben von Kokain, doch wirkt das Eukain viel weniger leicht toxisch, es ist also viel weniger giftig als Kokain. Das Eukain β ist 3,75 mal weniger giftig als Kokain oder Eukain α, es diffundiert schwerer in die Gewebe als Kokain und ähnelt dem Kokain in toxischen Dosen in der Art der Symptome von seiten des Nervensystems. Die tödliche Dosis für den Warmblütler schwankt zwischen 0,4 g und 0,5 g pro kg Körpergewicht (Vinci, Lohmann). Immerhin kann man bei großen Dosen üble Nebenwirkungen beobachten, welche in Kopfschmerz, Schwindel, Erbrechen, Übelkeit bestehen. Weiter hat Deneffe angegeben, daß durch Eukain α die Gewebe stark gehärtet werden, so daß er die Nadel beim Anlegen von Nähten schwerer als im normalen Gewebe in dieselben eindringen sah. Vollert hat beim Eukain α auch eine geringe Erweiterung der Pupille gesehen. Görl injizierte Eukain α zu 2 g in die Blase, worauf er infolge der hyperämisierenden Wirkung des Eukain eine starke Blutung auftreten sah. Man ersieht aus all diesen Angaben, daß das Eukain stark reizend auf die Gewebe wirkt. Nach den Erfahrungen französischer Autoren ist das Eukain in bezug auf sein toxisches Äquivalent dem Kokain gleich, ja sogar überlegen und gefährlicher, weil das Eukain, ohne Prodromalsymptome zu erzeugen, Intoxikationen hervorruft, wodurch die Gefahr größer wird. Auch die üblen Wirkungen auf das Herz treten rascher und stärker auf als bei Kokain. Bei Kalt- und Warmblütlern bewirken größere Gaben erhöhte Reflexerregbarkeit mit folgender Parese der Respirationsmuskeln (Pouchet, Hernette). Diese Mitteilungen haben sich durch weitere Erfahrungen als zu Recht bestehend erwiesen und man hat feststellen können, daß

Eukain α wohl etwas weniger toxisch wirkt, daß es aber stärker die Gewebe reizt als Kokain. Man hat zudem in vielen Fällen mangelhafte Wirkung gesehen und auch Personen getroffen, welche Idiosynkrasie gegen Eukain besitzen. In manchen Anwendungsarten und zu gewissen Operationen ist es dem Kokain gleichzustellen, in anderen wieder kann es das Kokain nicht ersetzen, wie bei der Medullaranästhesie etc.

Die toxischen Dosen rufen bei Tieren Konvulsionen hervor, unter denen dasselbe ad exitum gelangt. Die Maximaldosis ist 0,05 bis 0,1 g. Man verwendet die Lösungen ganz verschieden entsprechend den Körperteilen, in denen man zu operieren hat. Man hat nach Injektion zu hoher Dosen von Eukain in den Geweben Schwellungen und Gewebsschädigungen gesehen (Marcinowski, Wolff-Ornstein), doch kann man dieselben durch möglichst geringe Dosen vermeiden. Es werden die Lösungen von 4—10% verwendet (Benson), und man hat angegeben, durch Aufträufeln der Lösung während der Operation die Anästhesie zu erhöhen (Jackson, Spencer, Jones), eine Methode, die aber wenig Vorteile besitzt.

Im Anfang verwandte man enorm hohe Dosen und beobachtete deshalb auch öfter üble Nebenwirkungen; so kehrte Hamilton von einer 20%igen Lösung auf die 2%ige zurück.

Es geht aus allen Berichten hervor, daß das Eukain α dem β entschieden nachsteht und daß für die Konkurrenz mit dem Kokain nur das Eukain β in Betracht kommt.

Ganz entschieden muß man zugeben, daß Eukain β dem Kokain vorzuziehen ist, weil es weniger giftig und doch fast gleichstark anästhetisch wirkt, sich nicht zersetzt und einwandfrei sterilisiert werden kann, daneben lange haltbar ist, keine Vasokonstriktion erzeugt und die Gewebe wenig oder gar nicht reizt. Die Lösungen, welche man verwendet, sollen körperwarm sein und stets einen Zusatz von 0,6—0,8% NaCl enthalten, um osmotisch indifferent zu sein (Braun, Heintze, Marcinowski etc.). Die Konzentration des Eukain β ist von 0,5—2% zu wählen. Höher konzentrierte Lösungen sollen nur äußerlich verwendet werden. Zur Injektion sind dieselben nur in diesen Konzentrationen verwendbar, weil stärker konzentrierte Lösungen die Gewebe schädigen können etc.

In allen diesen Beziehungen ergibt sich das Eukain β als eines der besten Anästhetika, und man freute sich, ein so günstig wirkendes Mittel zum Ersatz des Kokains gefunden zu haben. Da entdeckte man die Beziehungen des Kokains zum Suprarenin oder Adrenalin, also zu den Nebennierenpräparaten, und diese Verhältnisse haben dem Kokain bis jetzt die Herrschaft in der Anästhetologie gesichert. Das Eukain β eignet sich nach den neuesten Forschungen gar nicht besonders zur Kombination mit Suprarenin, denn es besitzt eine vasodilatorische Wirkung, und diese macht die Kombination sehr fraglich. Es ist nachgewiesen, daß man zur Verstärkung der anästhesierenden Kraft des Eukain β eine viel größere Menge Suprarenin braucht als bei Kokain, und die Kombination Eukain β + Suprarenin wirkt nicht so stark vasokonstriktorisch, wie Kokain + Suprarenin (Läwen, Braun etc.). Dieser Umstand ist von größter Bedeutung, denn er macht das Eukain β weniger geeignet für die verschiedenen Methoden der Anästhetologie. Da das Eukain β an sich die Gefäße in geringem Grade dilatiert, so wird von dem zugefügten Suprarenin schon ein Teil unwirksam, welcher notwendig ist, um die vasodilatierende Wirkung des Eukain β zu überwinden.

Diese Verminderung der Suprareninkraft ist derart intensiv, daß die vasokonstriktorische Suprareninwirkung bedeutend vermindert wird. Will man daher eine intensive Verstärkung der anästhetischen Kraft des Eukain β erzielen, so muß man ziemlich große Mengen Suprarenin zusetzen, namentlich um die gleiche Wirkung wie die eines Kokain-Suprareningemisches von derselben Kokainkonzentration zu erzielen. Die Untersuchungen von Läwen haben nun ergeben, daß die Eukain β- + Suprareninmischung zwar viel weniger günstig als Kokain + Suprarenin wirkt, aber doch noch besser als die Tropakokain- + Suprareninmischung. Es hat aber keinen wesentlichen Vorteil, wenn man Eukain β mit Suprarenin kombinieren will, denn die nötigen hohen Suprareninindosen gefährden den Patienten und können leicht üble Nebenwirkungen hervorrufen.

Wenn man aber dieselben in Kauf nimmt, so kann man auch eine für Operationen genügende Blutleere erzielen. Allerdings ist dies nur bei ganz kleinen Operationen mit sehr wenig ausgedehntem Operationsfeld möglich, denn wenn man größere Gewebsbezirke beschicken muß, so würde man zu große Mengen von Suprarenin injizieren müssen, welche schwere Intoxikationssymptome hervorrufen. Wenn nun auch das Suprarenin quo ad vitam nicht sehr gefährlich wirkt, so sind doch die Intoxikationssymptome sehr lästig und beängstigend. Vor allen Dingen treten nach großen Dosen Suprarenin Herzbeklemmungen, Kollapse und Palpitation auf, welche den Kranken sehr beunruhigen. Man kann daher die Eukain β-Suprareninanästhesie nur bei Zahnoperationen, kleinen Abszeßinzisionen u. dgl. verwenden, überall wo man nicht mehr als 1 ccm Lösung injizieren muß.

Diese Verhältnisse haben das Eukain β trotz seiner an sich vorzüglichen Eigenschaften doch wieder zurücktreten lassen, und man erzielt mit den dünnen Kokainsuprareninlösungen bessere Resultate als mit den Eukain β-Lösungen. Ein anderer Umstand, weshalb Eukain β seine Stellung nicht hat behaupten können, ist der, daß das Eukain β zur Medullaranästhesie nicht geeignet ist (Engelmann, Bier etc.). Man hat das Eukain α mit vollkommenen Mißerfolgen zur lumbalen Injektion verwendet (Hörstel, Dzierzawski), während man das Eukain β wohl in manchen Fällen mit leidlichem Erfolg gebrauchte (Legueu, Anderson, Matas, Reen, Fink etc.), stellten sich doch auch bei diesen Versuchen mehr unangenehme Nebenwirkungen auf als bei dem Kokain. Fink hat bei zwölf Fällen wohl stets eine gute Anästhesie durch Injektion von Eukain β-Lösungen in den Duralsack erzielt, aber in sechs Fällen traten schwere Intoxikationssymptome, Erbrechen, Kollaps, Konvulsionen auf, und es folgten den Anästhesien Fieber, Schüttelfröste, Kopfschmerzen etc. Doch hatte Fink entschieden eine zu hohe Dosis, 0,5 g Eukain β, gewählt. Reen hat 0,09—0,1 g Eukain β intradural injiziert, ohne so schwere Nebenwirkungen zu erzielen. Anderson verwendete 0,04 g, Matas hat mit 0,01 g Eukain β gute Erfolge erzielt. Auch Marcinowski beobachtete am eigenen Körper nach Injektion einer 5%igen Lösung in den Oberschenkel beängstigende Intoxikationssymptome und gibt den Rat, das Eukain β nicht zur lumbalen Anästhesie zu verwenden. Es zeigte sich bei ihm zehn Minuten nach der Injektion ein Zustand äußerster Schwäche, Nebel vor den Augen, verlangsamter Puls und Schwindelgefühl etc. Nach den Versuchen von Dolbeau, welcher das

Eukain β intravenös injizierte, stellten sich auch starke Intoxikationen heraus. Er kommt daher zu der Überzeugung, daß Eukain β gar nicht so ungiftig sei, wie es früher angenommen worden sei.

Die Verwendung des Eukain zur lumbalen Anästhesie ist vollkommen aufgegeben, da man jetzt viel günstiger wirkende Stoffe besitzt.

Man verwendet aber in der kleinen Chirurgie zweifellos mit gutem Erfolg das reine Eukain β. In den verschiedenen Methoden eignet es sich sehr gut und ruft sehr brauchbare Anästhesie hervor, wenn auch dieselbe der Kokain-Suprareninanästhesie entschieden nachsteht. Die eigentliche Eukain β-Anästhesie besteht darin, daß man eine Lösung von 0,5—3 % in die Gewebe injiziert, dann einige Minuten wartet, und wenn die Anästhesie vollkommen ist, meist nach fünf Minuten spätestens die Operation beginnt. Die Art der Anwendung ist dieselbe wie bei Kokain.

Die Lösungen müssen mit 0,6—0,8 % NaCl versehen sein. Man kann dieselben durch Hitze sterilisieren. B r a u n und H e i n z e empfehlen die Lösung:

> Eukain β 0,1
> NaCl   0,8
> Aqua dest. 100,0

zur Injektion nach S c h l e i c h in die Gewebe. Als Maximaldosis gibt B r a u n 0,3 g Eukain β an.

In der Augenheilkunde soll man 2 %ige Lösungen verwenden. Zur Anästhesie der Harnblase, Urethra etc. ebenfalls 2 %ige Lösung und zwar bis zu einer Menge von 60 ccm. Bei Nasen-, Ohren- und Halskrankheiten sind 5—10 %ige, bei Zahnextraktionen etc. 2—5 %ige, und zur Infiltrationsanästhesie sollen für die S c h l e i c h s c h e Methode 1 %₀—1 %ige, für die Anästhesierung nach R e c l u s 2 %ige, nach B r a u n 1 %₀—0,3 %ige, für die regionäre Anästhesie 2—5 %ige Lösungen verwendet werden (M a r c i n o w s k i , W o l f f - O r n s t e i n , A h r e n f e l d , L o h m a n n etc.).

Man hat das Eukain β außer in Lösungen auch zu Salben verwendet und dadurch Schmerzen zu lindern versucht, indem man diese Salben auf die schmerzende Stelle streicht. So verwendet M a r c i n o w s k i zur Katheterisation bei schmerzhaften Affektionen der Urethra oder Blase eine 5 %ige Eukain β-Salbe. L i e b r e i c h gibt folgende Salben an:

> Rp. Eukain β 1,0   Rp. Eukain β 1,0
> Ol. olivar. 2,0   Menthol   0,2
> Lanolin   7,0   Ol. olivar. 2,0
> M. f. ungt.   Lanolin   10,0
>   M. f. ungt.

Die erstere Salbe dient für schmerzende Wund- und Schleimhautflächen, während die andere für Hämorrhoiden, Pruritus vaginae etc. zu verwenden ist. S a a l f e l d hat Eukainsalben und Eukainkompressen für schmerzhafte Hautaffektionen empfohlen.

L e g r a n d kombiniert Eukain β mit Gelatine, um die Blutung herabzusetzen. Er empfiehlt die Lösung:

> Gelatine   2,0
> Natr. chlor.   0,7
> Acid. carbol.   0,1

Eukain hydrochlor.   0,7

Cocain hydrochlor.   0,3

Aqua dest. ad.   100,0

Die bei gewöhnlicher Temperatur gallertige Masse wird bei Erwärmen auf 20—22° C flüssig. Der Gelatinezusatz hat den Vorteil, daß er stets anzeigt, ob die Lösung steril ist, und die Gelatine erschwert ferner die Resorption und Diffusion des Eukain β und wirkt etwas blutstillend.

Die Vergiftung bei Eukain α besteht analog der bei Kokain in heftiger Erregung des Zentralnervensystems, welche sich in allgemeinen klonischen tonischen Krämpfen äußert und schließlich unter Lähmungserscheinungen ad exitum führt. Beim Eukain β wird wahrscheinlich infolge der ihm abgehenden Karboxylgruppe nicht eine heftige Erregung erzeugt, denn dieser Körper zeigt sehr rasch eine dieselbe über kompensierende Lähmung der peripheren motorischen Apparate einschließlich der Vasomotoren, so daß die anfängliche Erregung, namentlich bei höheren Dosen, nur kurz angedeutet ist. Bei beiden Eukainpräparaten tritt zwar eine Pulsverlangsamung um 20—30 Schläge ein, doch entsteht dieselbe bei Eukain α durch zentrale Reizung der Vagusursprünge, bei Eukain β dagegen durch Lähmung der exzitomotorischen Ganglienapparate des Herzens. Daher findet man bei Eukain im Anfang eine Steigerung, bei Eukain β eine Depression des Blutdruckes. Der Tod durch Eukain β wird durch Lähmung des Atmungszentrums hervorgerufen. Es wird beobachtet, daß beim Vergiftungstod durch Eukain β das Herz noch schlägt, nachdem die Atmung sistiert.

Man hat beim Menschen allgemeine Intoxikationssymptome nur bei den intraduralen Injektionen von Eukain β ausgesprochen beobachten können (Engelmann, Fink), sie bestehen in Kollapsen und Konvulsionen. Die tödliche Dosis von Eukain beträgt 0,15—0,20 g pro kg Körpergewicht (Vinci, Hernette, Charteris, Pouchet), während sie von Leguen und Libon als 0,06—0,07 g pro kg Körpergewicht festgestellt wurde. Das Kokain bewirkt viel rascher den Tod als Eukain α, während Kokain in Dosen von 0,06 g pro kg Gewicht innerhalb $1/4$ Stunde das Tier tötete, konnte Eukain α in Mengen von 0,08—0,12 g pro kg erst nach $1\frac{1}{2}$ Stunden den Tod herbeiführen. Das Eukain α ist daher nicht viel weniger giftig als Kokain. Die letale Dosis für Eukain β beträgt 0,4—0,5 g pro kg Gewicht des Tieres (Vinci). Lohmann gibt 0,5 g pro kg an, während andere Versuche erwiesen haben, daß Eukain β ca. 0,4 als letale Dosis besitzt und gegenüber Kokain (0,1 g) 375 mal weniger toxisch wirkt (Peck). Dolbeau berechnet das Verhältnis der Toxizität von Eukain β zu Kokain wie 6 : 4.

Diese Verhältnisse zeigen, daß die Intoxikationen bei Verwenden des Eukain β zur Injektion in die Gewebe nicht sehr leicht auftreten können und man daher weniger besorgt zu sein braucht als bei Verwenden des Kokains. Dieser Vorzug hat das Eukain β daher zu einem sehr brauchbaren Anästhetikum gemacht, und man verwendet dasselbe auch vielfach. Da aber die Kombination mit Suprarenin das Kokain ebenfalls bedeutend harmloser gemacht hat, so ist der Grund ersichtlich, weshalb Eukain β mehr und mehr wieder verlassen wurde, da es für die Kombination mit Suprarenin weniger geeignet ist.

§ 7. Das **Tropakokain** oder Benzoylpseudotropein hat die

chemische Formel $C_6H_5.C_2H_3.OH.COOH$, wird in Gestalt des Hydrochlorids in den Handel gebracht als **Tropacocainum hydrochloricum.**

Dasselbe wurde 1891 von Giesel entdeckt, indem er das Alkaloid aus den javanischen Kokablättern herstellte. Von Liebermann 1892 und Willstädter 1896 auf anderem Wege synthetisch dargestellt, wurde es als Ersatzmittel für Kokain empfohlen. Das Tropakokain stellt ein weißes kristallinisches Pulver dar, in Wasser leicht löslich, schmilzt bei 271° C. Das Tropainum hydrochloricum hat die Formel $C_8H_{14}NOC_6H_5CO.HCl$, besitzt eine starke anästhesierende Kraft und kommt in dieser Wirkung dem Kokain gleich. Es besitzt eine geringe bakterizide Kraft (Bloch).

Die Base Tropakokain ist sehr schwer in Wasser löslich, während alle Salze leicht löslich sind. Die Lösungen des zur Anästhesie ausschließlich verwendeten Tropacocainum hydrochloricum, das abgekürzt mit Tropakokain bezeichnet wird, sind lange Zeit haltbar, man kann sie durch Hitze sterilisieren, ohne das Tropakokain seiner Wirkung zu schädigen (v Blaskovicz, Hilbert etc.).

Die Wirkung des Tropakokains auf die lebenden Gewebe besteht in einer Lähmung der peripheren Nervenendigungen, wodurch Anästhesie erzeugt wird. Die Wirkung auf das Protoplasma ist aber anders als die des Kokains, denn das Tropakokain wirkt nicht reizend, sondern schädigt die Zelle nur sehr wenig. Es wird vom Protoplasma aufgenommen und geht mit demselben eine vorübergehende Verbindung ein, welche vom Blute zerstört wird, so daß also das Tropakokain nur so lange anästhesierend wirken kann, als die Verbindung mit dem Protoplasma nicht getrennt ist. Wenn Blut in die mit Tropakokain beschickten Gewebe dringt und das Tropakokain resorbiert, so verschwindet die Anästhesie langsam wieder. Die Resorption des Tropakokains geht nach und nach vor sich.

Die geringe Reizwirkung des Tropakokains zeigt sich auch dadurch, daß dasselbe im Auge keine Verätzung der Cornea bewirkt, wie es Kokain in großen Dosen tut, sondern das Hornhautepithel bleibt vollkommen normal glänzend und durchsichtig (Schweigger, Silex, Ferdinando, Groenouw, Veasey, Rogmann etc.), welcher Umstand das Tropakokain für die Ophthalmologie dem Kokain geeigneter erscheinen läßt. Die Funktionen des Auges werden durch Tropakokain ebenfalls weniger gestört als durch Kokain, nur zuweilen hat man eine leichte Midriasis beobachtet (Schweigger), doch ist dieselbe nur sehr gering (Rogmann, Chadbourne, Veasey, v. Blaskovicz, Ferdinando, Bockenham, Vamossy etc.). Veasey konnte nur leichte Akkommodationslähmung konstatieren. Die Blutgefäße werden beim Eintropfen einer Lösung in den Konjunktivalsack erweitert und dann sehr bald deutlicher sichtbar (Viau, Hilbert etc.), was durch Lähmung der Vasomotoren hervorgerufen wird.

Die Anästhesie tritt nach Injektion in das Auge viel rascher auf als bei Kokain, ist vollständiger und hält längere Zeit an (Alt, Silex, Schweigger, Chadbourne, Ferdinando, Vamossy etc.) und das Tropakokain wirkt auch auf das entzündete Auge gleich günstig (Ferdinando). Die Giftigkeit ist viel geringer als die des Kokains (Alt, Chadbourne, Bockenham, Ferdinando, Vamossy).

Wenn man eine Tropakokainlösung unter die Haut oder in die Muskeln injiziert, so entsteht in diesem Gewebe Anästhesie. Die Diffusion des Tropakokains ist größer als die des Kokains (Chadbourne), und man kann durch Injektion einer 0,5%igen Lösung eine vollkommen genügende Anästhesie der Haut erzielen. Außer der Erzeugung einer Hyperämie in den beschickten Geweben bestehen keine anderen Nebenwirkungen.

Der Puls wird vom Tropakokain zuerst kurz nach der Injektion beschleunigt, was aber nur sehr kurze Zeit dauert, worauf eine Abnahme der Frequenz folgt.

Während dieser Zeit sinkt der arterielle Druck etwas, doch nur um ein, geringes, die Spannung der Arterien wird ebenfalls etwas vermindert. Sonst bleiben die Pulsverhältnisse normal. Während der Tropakokainwirkung steigt die Temperatur der Patienten, sie kann um 2—3° erhöht werden (Viau). Hugenschmidt beobachtete, daß eine langsam ausgeführte Injektion unter die Mukosa von 0,02 Tropakokain in 10 Tropfen Wasser die Pulszahl nur unmerklich vermehrte, 80—84 Schläge im Maximum, während eine rasche Injektion einer 0,04 g Tropakokain enthaltenden Lösung sofort ein Gefühl des Schwindels und heftige Herzbeklemmungen hervorrief, begleitet von einem Sinken des Blutdruckes. Dieser Zustand dauerte nur kurze Zeit, nach zehn Minuten war der Puls wieder normal. Eine Injektion von 2—4%iger Lösung in den Magen rief keine Beschwerden hervor (Hugenschmidt).

Die toxischen Wirkungen des Tropakokains sind entschieden geringer als die des Kokains. Die Toxizität des Tropakokains ist ungefähr die Hälfte der des Kokains. Für ein Kaninchen wirkt 0,5 g Tropakokain erst tödlich, während dasselbe von 0,2 g Kokain schon getötet wird (Chadbourne). Injiziert man Tropakokain direkt ins Blut, so tritt der Tod schon nach schwacher Dosis ein. Der Tod bei Tropakokain tritt durch Paralyse der Respiration ein. Man kann ein Tier bei sistierender Respiration durch künstliche Atmung noch retten wenn das Herz noch schlägt. Dasselbe schlägt noch nach der Lähmung des Respirationszentrums einige Zeit weiter fort. Die üblen Nebenerscheinungen bei Injektion großer Dosen von Tropakokain beim Menschen bestehen in Kollapsen, Konvulsionen und endlich Atemlähmung. Es treten bei mäßig hohen Dosen, die nicht tödlich wirken, Kopfschmerz, Präkordialangst, Beklemmungen, Herzklopfen, Schwindel, Erbrechen etc. ein. Diese Symptome sind aber sehr selten und halten nur kurze Zeit an, wenn die Dosis nicht zu hoch war. Die korrekten Dosen rufen bei allen den üblichen Anästhesierungsmethoden eine vorzügliche Anästhesie hervor, die vor allen Dingen rasch und prompt eintritt und ohne jede Beschwerden verläuft, es besteht kein Injektionsschmerz (bei osmotisch indifferenten Lösungen), kein Brennen, keine Intoxikationssymptome, und die Anästhesie ist vollkommen und hält längere Zeit an als beim Kokain (Vamossy, Rogmann, Ferdinando, v. Blaskovicz, Schweigger, Chadbourne, Bockenham, Veasey etc.). Die geringe Hyperämie, welche Tropakokain hervorruft, hat nie Nachteile gebracht.

Die Dosen, welche man verwandte, waren meist sehr geringe. Man verwandte eine 3%ige Lösung bis sogar zur 0,5%igen und injizierte bis 0,1 g Tropakokain, ohne üble Nebenwirkungen zu beobachten. Das Tropakokain hat als Maximaldosis 0,15 g höchstens, während die pro dosi zu injizierende Menge nicht höher als 0,075—0,1 sein soll. Diese Mengen rufen nur in den seltensten Fällen geringe Nebenwirkungen hervor, das sind dann besonders empfindliche

Personen mit Idiosynkrasie, in der Regel kann man ohne Sorge, Intoxikationssymptome befürchten zu müssen, eine solche Dosis injizieren. Natürlich muß
man individualisieren und bei sehr schwachen Personen vorsichtig sein.

Die Lösungen, welche man verwendet, müssen stets mit 0,8% NaCl ver-
setzt sein; denn nur dann haben diese dünnen Lösungen einen annähernd dem
Gewebssaft gleichen Gefrierpunkt und sind isosmotisch. Man verwendet zur
Injektion für kleine Gewebsbezirke, zu Zahnextraktionen etc. am besten folgende
Lösung:

Tropakokain   3,0
NaCl   0,6
Aqua dest.   100,0

und zwar darf man von dieser Lösung auf einmal 2—3 ccm höchstens injizieren.
Hat man größere Operationen mit ausgedehntem Operationsfeld, das mit Lösung
beschickt werden muß, so verwendet man am besten die folgende Lösung:

Tropakokain   1,0
NaCl   0,8
Aqua dest.   100,0

Von derselben kann man bis 10 ccm injizieren. Viau verwendet die
Lösung Tropacoc. hydrochlor. 0,04 + Aqua dest. 10,0, von welcher er $^1/_2$—2 ccm
injiziert. Hugenschmidt verwendet die Lösung Tropakokain 0,1 + Aqua
dest. 2,5, von welcher er 10 Tropfen auf einmal verwenden läßt. Man hat
aber auch Lösungen von 5%, 10% und 20% verwendet, allerdings die 20%igen
nur extern. Diese hoch konzentrierten Lösungen sind nicht zu empfehlen. Zur
Schleichschen Lösung I und II hat man auch an Stelle des Kokain
das Tropakokain in gleichen Dosen verwendet. Am besten ist zu den Injektionsmethoden die 2—4%ige Lösung zu verwenden.

Nach diesen günstigen Erfolgen, die man mit dem Tropakokain erzielte,
war es zu erwarten, daß das Kokain durch das Tropakokain ganz ersetzt
werden könne, und man wurde in dieser Vermutung noch bestärkt durch die
vorzüglichen Erfolge, welche man mit dem Tropakokain bei der medulllären
Anästhesie Biers erzielte. Hier feierte das Tropakokain sehr große Triumphe,
und noch heute wird es von vielen für lumbale Injektion ausschließlich verwendet. Die Versuche von Tuffier, Bier, Schwarz, Neugebauer etc.
haben ergeben, daß das Tropakokain zur medullären Anästhesie ganz hervorragend geeignet ist. Die Resultate waren so gute, daß man das Kokain zunächst ganz verließ und nur erst wieder durch die Kombination von Kokain
und Suprarenin bessere Erfolge als mit dem Tropakokain erzielen konnte. Die
Anästhesie, welche mittels Injektion von Tropakokain in den Duralsack erreicht
wird, reicht je nach der Dosis vom Nabel bis zum Rippenbogen. Hierzu genügt die Dosis von 0,05 g Tropakokain (Schwarz, Tuffier, Neugebauer etc.). Allerdings kommt es auch bisweilen vor, daß die Wirkung
vollkommen versagt, ein Umstand, der aber bei allen Anästhetika vorkommen
kann und welcher nicht so sehr vom Anästhetikum, selbst als von der Technik
abhängig ist. Neugebauer verwendete neunmal 0,07 g, dreimal 0,06, zweimal 0,075 und 0,08 g Tropakokain, je einmal 0,09 und 0,1, und er bemerkte
bei den großen Dosen eine ausgedehntere Anästhesie, die meist bis zur Brust-
warze und zum siebenten Halswirbel reichte, während bei den niedrigeren Dosen
die Anästhesie bis zum Nabel reichte. Bei diesen hohen Dosen fehlten aber

Mißerfolge ebensowenig wie bei den Dosen von 0,05 g, und die toxischen Nebenwirkungen traten mehr hervor. Von 18 Kranken, bei denen 0,05 g Tropakokain injiziert worden war, empfanden zwei gar keine Nachwirkungen, während bei allen übrigen mäßige Nachwirkungen (Kopfschmerz, Schwindel, Erbrechen, Erregungszustände, Fieber etc.) sich zeigten (Neugebauer). Bei jenen Kranken, wo 0,04—0,06 g Tropakokain injiziert wurden, waren diese üblen Nachwirkungen sehr gering (Neugebauer). Es wird daher von Neugebauer die Dosis von 0,06 als die höchste zur medullären Anästhesie angegeben und alle anderen Autoren haben dies bestätigt (Schwarz, Willy Meyer, Kopfstein, Bier, Tuffier etc.).

Durch Vervollkommnung der Technik hat man erreicht, daß die üblen Nachwirkungen bedeutend vermindert wurden und sich geringer erwiesen als bei Verwendung von Kokain. Allerdings hat man durch neuere Methoden die Gefahren der Medullaranästhesie und die üblen Nachwirkungen noch mehr vermindern können, und so ist man wieder mehr und mehr von der Tropakokainanwendung abgekommen. Immerhin erzeugt das Tropakokain, richtig angewendet, eine sehr gute Anästhesie ohne große Gefahren und Beschwerden, die innerhalb fünf Minuten nach der Anästhesie eintritt und $^{3}/_{4}$—$1^{1}/_{2}$ Stunden anhält.

Für alle anderen Methoden der Anästhetologie ist Tropakokain ebensogut anwendbar wie das Kokain und demselben wegen der geringeren Toxizität vorzuziehen. Nur die mangelhafte Wirkung unter Zusatz von Suprarenin hat der Tropakokainverwendung mehr und mehr Abbruch getan.

Trotzdem muß man zugeben, daß im Tropakokain ein vorzügliches Anästhetikum gegeben ist.

Die Kombination des Tropakokain mit Suprarenin liefert wenig günstige Resultate (Läwen), denn das Tropakokain besitzt eine vasodilatorische Wirkung, welche der Suprareninwirkung großen Abbruch tut.

Wenn man daher Tropakokain mit Suprarenin gemischt die Gewebe injizieren will, so muß man, um eine Verstärkung der Anästhesie zu erzielen, ziemlich hohe Dosen Suprarenin verwenden, die dann leicht toxisch wirken. Läwen hat nachgewiesen, daß solche Lösungen keine besonders starke vasokonstriktorische Wirkung und vermehrte anästhetische Kraft besitzen. Man kann diese Kombination daher nur überall da verwenden, wo man nur sehr geringe Mengen der Lösung braucht, so z. B. zu Zahnextraktionen, Spalten kleiner Furunkel und Abszesse etc. In allen diesen Fällen wird, wenn nicht mehr als 1 ccm Lösung injiziert zu werden braucht, die anästhetische Kraft des Tropakokains in geringem Grade verstärkt, und man erzielt eine künstliche Blutleere. Für größere Operationen aber, wo man große Gewebsbezirke mit der Lösung beschicken muß, kann man diese Kombination nicht verwenden, denn dann müßten zu große Dosen Suprarenin verwendet werden, und dies würde zu toxischen Nebenwirkungen führen. Solch vorzügliche Resultate, wie man sie bei der Kokain-Suprareninanästhesie erzielt, werden hier nie erreicht und können nie erzielt werden. Auch zur medullären Anästhesie ist die Kombination von Suprarenin und Tropakokain nicht geeignet. Die vasodilatorische Wirkung des Tropakokains ist eben so stark, daß diese Kombination nicht einen Vorteil bringen kann.

Die Verwendung des Tropakokains hat daher, wie man all diesen Ausführungen ersieht, in zweierlei Methoden besonders zu bestehen, erstens in der einfachen Tropakokainanästhesie, zweitens in der medullären Tropakokainisierung. Die eigentliche Tropakokainanästhesie wird erzeugt durch äußere Applikation des Tropakokains in Substanz oder 10—20%igen Lösungen auf Schleimhäute und durch Injektionen von 0,5—5%igen Lösungen des Tropakokains in die Gewebe. Diese letztere Methode ist die hauptsächlichste Anwendungsweise, und man erzielt eine sehr brauchbare Anästhesie. Die Technik weicht nicht von der der Kokainanästhesie ab, und ich kann deren Beschreibung übergehen.

Die Technik der medullären Tropakokainisierung ist an anderer Stelle ebenfalls erörtert.

§ 8. Das **Akoin** bedeutet eigentlich keinen einzelnen Körper, sondern ist ein Wort für eine größere Anzahl von chemischen Stoffen, die Akoine oder A l k y l o x y p h e n y l g u a n i d i n e. Die von diesen Stoffen hergestellten Verbindungen, namentlich die Chlorhydrate, stellen anästhesierende Körper dar, von denen man im allgemeinen den einen am günstigsten befunden hat. T r o l l d e n n i e r und H e s s e haben diese Stoffe 1899 zuerst verwendet und zu Ersatz des Kokains empfohlen. Das beste, von diesen Verbindungen wirksamste ist das **Akoin C** oder Di - p - a n i s y l - m o n o - p - p h e n e t y l - g u a - n i d i n - c h l o r h y d r a t, das die folgende Formel besitzt:

$$C = N \begin{cases} NH.C_6H_4O(CH_3) \\ .C_6H_4O(C_2H_5) \quad ClH \\ NH.C_6H_4O(CH_3). \end{cases}$$

Dieser Körper stellt ein weißes Pulver dar, das geruchlos, kristallinisch ist, den Schmelzpunkt von 176° C besitzt und sich bis 6 : 100 in Wasser löst. Die Lösung zeigt eine starke desinfizierende Wirkung auf Bakterien. Wenn man das A k o i n C daher zu 0,02% den Nährböden zusetzt, so wächst auf denselben z. B. der Milzbrandbazillus nicht. Die 1%igen Lösungen erhalten sich dauernd steril, man kann sie lange Zeit aufbewahren. Das A k o i n ist aber anderen Stoffen gegenüber nicht indifferent, denn man darf es nicht mit Jod, Kalium jodat. Quecksilberjodür, Jodtrichlorid, Sublimat und Goldcyanürlösungen zusammenbringen.

Auch alkalische Substanzen, selbst in den Spuren, wie sie sich aus dem Glas abspalten, vermögen das Akoin aus den Lösungen zu fällen, und man muß deshalb vor dem Herstellen der Lösungen die zu verwendenden Glasgefäße und Flaschen mit Säure reinigen.

Wenn man das A k o i n in 1%iger Lösung in den Bindehautsack der Augen von Tieren z. B. bringt, so entsteht eine Anästhesie. Wässerige Akoinlösungen von 1%₀ rufen im Bindehautsack eine 15 Minuten lange, solche von 1 : 400 eine 30 Minuten dauernde, solche von 1 : 100 eine 40—30 Minuten dauernde Anästhesie hervor, ohne daß dieselben das Auge und die Cornea reizen. Erst Lösungen von 1 : 50—1 : 60 rufen geringe Reizwirkung hervor. Um diese Reizwirkung. welche sich als Injektionsschmerz äußert, zu verhüten, stellt man die Lösungen osmotisch-indifferent her, indem man 0,8% NaCl zusetzt. D a r i e r stellte zuerst mit dem Akoin Versuche am Menschen an und fand, daß die anästhesierende Wirkung eine günstige ist, namentlich unter Zusatz von

Kokain und daß als Nachteil sich Oedema conjunctivae und Lidschwellungen einstellten. Randloph fand das Akoin beim entzündeten Auge wirkungslos. Zur Injektion in die Gewebe verwendet man am besten eine 1—2%ige Lösung. Es sind aber auch des öfteren Mißerfolge beobachtet worden, indem die Anästhesie ausblieb. Außerdem treten bei der Injektion Schmerzen auf. Diese Umstände haben den Anlaß gegeben, daß man das Akoin mit Kokain kombiniert verwendete, was gute Resultate ergeben hat. Meist ist Akoin in der Fachpraxis und bei kleinen chirurgischen Eingriffen verwendet worden und man hat da gute Resultate erzielt (Nipperdey, Senn, Bab, Spindler, Darier etc.). Allgemeine Intoxikationssymptome sind nicht beobachtet worden.

Durch Injektion von hochkonzentrierten Lösungen von 1:20 in die Haut von Hunden konnte Trolldennier Nekrose der beschickten Haut hervorrufen, sobald mehr als 3 ccm injiziert worden waren. Bei geringeren Quantitäten blieb die Nekrose aus.

Wenn man einem Tier große Dosen Akoin intraabdominal oder intravenös verabreicht, so geht dasselbe unter Konvulsionen und klonischen und tonischen Krämpfen zugrunde. Die tödliche Dosis von Akoin ist geringer als die des Kokains. Es ist ungefähr 0,15—0,2 g Akoin pro kg des Gewichtes des Tieres als letale Dosis anzusehen. Das Akoin ist 2—3mal weniger toxisch als Kokain (Bab, Trolldennier etc.). Es wirkt in manchen Fällen reizend auf die Gewebe und erzeugt Ödeme der Umgebung, die ev. sehr unangenehm werden. Die Anästhesie, welche Akoin erzeugt, dauert länger an als die des Kokain, sie tritt erst nach einer Minute nach der Injektion in die Gewebe auf.

Wenn man ein Tier mit Akoin füttert, so geht es nach einer Dosis von 0,75 an Gastroenteritis zugrunde, andere toxische Symptome wurden nicht beobachtet (Trolldennier).

Daconte verwendete für die Schleichsche Anästhesie eine Lösung von Akoin 1,0, NaCl 0,8, Aqua dest. 100,0. Die zu dieser Lösung zu verwendende Flasche muß aus dunklem Glas sein und vorher mehrfach mit Salpetersäure gereinigt und mit Aqua dest nachgespült werden, weil die geringsten Mengen alkalischer Substanzen, die sich in geringen Mengen aus dem Glas lösen, mit Akoin opaleszierende Niederschläge bilden. Er hat folgende Sätze aufgestellt:

    I. Akoin ist ein wertvolles Anästhetikum von geringer toxischer Wirkung. Bis 20 ccm einer 1%igen Lösung wurden ohne Nachteil vertragen.

    II. Es wirkt prompt und sicher.

    III. Die Wirkung ist andauernder und länger bemerkbar in der Tiefe der Gewebe als auf der Oberfläche.

    IV. Es entsteht nie Nekrose nach Akoinanästhesie.

    V. Gut aufbewahrte Lösungen halten sich monatelang.

Kraus empfiehlt für Anästhesie am Auge eine Kombination von Kokain und Akoin und verwendet folgende Lösung:

Akoin	0,025
Kokain	0,05
Sol. Natr. chlor. 0,75%	5,0

Man kann dieser Lösung noch 2—3 Tropfen der Suprareninlösung beifügen.

Als Lösungen verwendet man folgende:

> Akoin   1,0—2,0
> NaCl   0,8
> Aqua dest. 100,0

oder

> Akoin   1,0
> Cocain mur.   1,0
> Phenol   0,5
> NaCl   0,8
> Aqua dest. 100,0

Letztere Lösung, nach Braun hergestellt, soll durch Hitze sterilisierbar sein und sehr gute Anästhesie erzeugen.

Nach allen den bisher gemachten Erfahrungen besitzt das Akoin zwar eine sehr gute anästhetische Wirkung, reizt aber sehr leicht und ist unsicher in der Wirkung, so daß man vorgezogen hat, der Lösung Kokain zuzusetzen. Solche Lösungen besitzen aber keinen Vorzug vor den einfachen Kokain-Suprareninlösungen. Es ist daher das Akoin nicht zu größerer Bedeutung gelangt.

Man kann die Lösungen wohl zur Schleichschen Anästhesie. Methode von Reclus, Hachenbruch und Corning verwenden, doch ist das Akoin zur medullären Anästhesie nicht brauchbar. Auch besitzt eine Kombination des Akoin mit Suprarenin keine Vorteile, denn die Kraft des Akoin wird nicht vermehrt. Das Akoin besitzt eine vasodilatorische Wirkung, und dadurch kann Suprarenin nicht genügend zur Geltung kommen.

Bei Verwendung größerer Dosen muß man auch zur Vorsicht mahnen, da Nebenwirkungen auftreten und auch örtliche Schädigungen entstehen können. Eine Menge von 0,12—0,15 g Akoin lokal auf einmal injiziert kann schwere Schädigungen im Gefolge haben. Man soll die Dosis von 0,1 nicht überschreiten. Die besten Resultate hat man mit dem Akoin in der Augenheilkunde erzielt, und es wird das Akoin für die verschiedensten Maßnahmen und Eingriffe am Auge sehr empfohlen, da es den Vorteil besitzt, die Akkomodation und Pupillenfunktion nicht zu beeinflussen, und in dünnen Lösungen auch nicht reizend wirkt (Trolldenier, Darier, Guibert, Brundenell, Carter, Hirsch, Etiévant, Stasinski etc.).

§ 9. Das **Yohimbin-Spiegel** oder auch **Yohimbin** genannt wurde ebenfalls zur Erzeugung lokaler Anästhesie verwendet. Dasselbe wird aus der Yohimbinrinde, welche schon von den Einwohnern unserer westafrikanischen Kolonien zur Stärkung der Manneskraft und Steigerung der sexuellen Potenz verwendet wurde, hergestellt und ist ein Alkaloid, das in der Medizin schon als Aphrodisiacum bekannt ist und verwendet wurde. Das Alkaloid Yohimbin ist von Spiegel hergestellt und löst sich farblos in konzentrierter Schwefelsäure und stellt weiße Kristalle dar. Wenn man einen kleinen Kristall von Kalium bichromat in die schwefelsaure Lösung des Yohimbin bringt, so bildet sich ein Streifen mit schönem, blauviolettem Rande, der allmählich schmutzig grün wird. In konzentrierter Salpetersäure löst sich Yohimbin zunächst farblos und geht dann in eine intensiv gelbe Lösung über. Die Farbe ändert sich beim Erhitzen nicht. Übersättigt man sie mit Natronlauge, so wird sie orangerot. Erdmanns Reagens erzeugt eine dunkelblaue Farbe, welche rasch in Grünlich und dann in Braungelb übergeht. Die Base Yohimbin schmilzt bei 239°, stellt eine einsäurige tertiäre Base vor, die aus den Lösungen der Salze durch eisen- und kohlensaure Alkalien gefällt wird, sie ist in reinem Wasser und Benzol schwer, in Alkohol, Äther und Chloroform leicht löslich, in Petroläther unlöslich. Die Base kristallisiert aus verdünnter alkoholischer Lösung in feinen Nadeln, die Chlorwasserstoffverbindung der Base kristallisiert aus wässeriger Lösung in mikroskopischen Nadeln, die kreuzweise übereinander gelagert sind, aus. Die Formel des Yohimbins ist nicht ganz fest bestimmt, man verwendet die beiden Salze, das **schwefelsaure** und **salzsaure Yohimbin.** Die richtige Formel des Anhydrits der Base ist nach S p i e g e l wahrscheinlich folgende: $C_{22}H_{28}N_2O_3$. Die Base zersetzt sich an der Luft leicht und nimmt gelbliche Farbe an, während sich die Salze unbegrenzt halten. Auch das schwefelsaure Salz stellt eine weiße kristallinische Masse dar, die leicht in Wasser löslich ist.

Das Yohimbin, unter welchem Namen ich beide Salze meine, das salz- und schwefelsaure Yohimbin, wirkt, wenn man es in die Gewebe injiziert, anästhetisch. Das Chlorhydrat hat die Formel $C_{22}H_{28}N_2O_3HCl$. Außer demselben gibt es noch ein Nitrat, Jodhydrat und Sulfat. Meist hat man bisher das Chlorhydrat verwendet. Bei Installation in das Auge wirkt Yohimbin nicht reizend, sondern erzeugt eine rasch eintretende Anästhesie. Auch bei Injektionen subkutan tritt eine rasch eintretende Anästhesie der Gewebe ein, daneben entsteht eine Dilatation der Kapillaren. Die Gewebe werden hyperämisch, die Konjunktiven der Augen werden gerötet und die Schleimhäute ebenfalls, wenn man Yohimbin in dieselben injiziert oder auf denselben in Substanz oder stark konzentrierten Lösungen appliziert.

M a g n a n i hat die anästhesierende Wirkung des Y o h i m b i n sowohl in dem Konjunktivalsack wie an der Quaddel mit 1%iger Lösung geprüft. Die Wirkung war eine gute und hielt lange, bis $1^3/_4$ Stunden, an. Dabei bestand keine giftige Nebenwirkung. L o e w y und M ü l l e r haben die Wirkung des Y o h i m b i n auf den Nerven geprüft. Das Resultat ihrer Untersuchungen am freigelegten Ischiadikus und Vagus der Tiere ergab, daß Yohimbin die Erregbarkeit wie das Leitungsvermögen motorischer und sensibler Nerven bei direkter Applikation herabsetzt und ganz aufhebt. Wenn man dasselbe auf Schleimhäute appliziert, so entstehen ebenfalls anästhetische Bezirke. Die Konzentrationen sind am besten $^1/_3$—1%. Man stellt die Lösungen am besten mit physiologischer NaCl-Lösung her, um eine vollkommen isotonische Lösung zu erzielen, die keinen Injektionsschmerz hervorruft.

Die physiologischen Wirkungen des Yohimbin äußern sich neben diesen genannten noch in einer allgemein anregenden Wirkung und sexuellen Anregung.

Injiziert man Fröschen subkutan 0,005—0,01 g Yohimbin, so entsteht Atmungslähmung, Paralyse der Extremitäten, schließlich Herzstillstand innerhalb etwa einer Stunde (O b e r w a r t h). Bei Mäusen wirkt 0,05 tödlich nach $^3/_4$ Stunden im Durchschnitt. Es treten dabei vor dem Exitus Zuckungen und Krämpfe auf, die aber auch bisweilen fehlten, öfter trat Tremor capitis, Atemnot, konvulsivisches Schnappen nach Luft ein und endlich Lähmung des Atemzentrums mit Exitus. Für Kaninchen ist die tödliche Dosis 0,011 pro kg Körpergewicht bei intravenöser Applikation, bei subkutaner Injektion ist sie 0,053 g pro kg Körpergewicht (O b e r w a r t h).

Die Herzaktion wird bei Kaltblütlern geschwächt und verlangsamt bis zum Herzstillstand. Wenn man bei tödlichen Dosen die Tiere durch Einleiten künstlicher Respiration nach Eintritt der Atemlähmung noch erhält, so tritt nach einiger Zeit der künstlichen Respiration Herzlähmung ein. Der Blutdruck fällt vom Moment der Injektion an sofort rasch ab, der Puls nimmt an Zahl und Intensität ab.

Bei Mäusen beobachtet man während der Zeit der Intoxikation Erektion des Penis, bei Kaninchen fehlt sie, bei Hunden ist sie unzweifelhaft deutlich vorhanden. Wenn man Hunden größere Dosen Yohimbin injiziert, ohne die letale Dosis zu erreichen, so treten Erektionen des Penis sofort ein, und wenn die Dosen vermehrt werden entstehen Konvulsionen (Oberwarth, Strubell, Loewy, Berger, Mendel. Krawkoff, Lewitt, Müller etc.).

Bei wochenlanger Injektion von Yohimbin sah Loewy keine entzündlichen Erscheinungen am Hoden, niemals Albuminurie, die Libido ist stets unbeeinflußt geblieben. Am Genitalapparat trat stets 10—15 Minuten nach der Injektion auffallendes Wachsen der Hoden und Nebenhoden bei Hunden auf, Rötung des Penis und Erektion desselben. Alle diese Erscheinungen beruhten auf einer starken Gefäßerweiterung der Genitalien, auch die Kapillaren waren stark dilatiert. Entweder wirkt das Yohimbin nach Loewy direkt auf das Erektionszentrum im Sakralmark, oder die Hyperämie tritt primär im Hoden auf und gibt den Reiz ab, der, zum Erektionszentrum gelangend, reflektorisch die Hyperämie und Erektion des Penis hervorruft. Diese Wirkung auf den Genitalapparat ist stets beobachtet, kann aber hier nicht weiter erörtert werden, alle Experimentatoren berichten gleiche Resultate wie die geschilderten (Bartholow, Loewy, Oberwarth, Dejace, Krawkoff, Magnani, Mendel, Müller, Kühn, Barrucco. Vecchi, Williamson, Taußig, Berger, Wangk, Posener, Maramaldi etc.).

Aus all diesen Angaben ersieht man, daß das Yohimbin ein toxischer Körper ist, der bei der Verwendung zur Vorsicht mahnt. Immerhin beobachtet man bei Innehalten der gesetzmäßigen Dosen selten Intoxikationssymptome, und die Anästhesie ist eine brauchbare. Bei Injektion in den Konjunktivalsack tritt nach 3—5 Minuten bei einer $^1/_2$—1%igen Lösung totale Anästhesie der Kornea und Konjunktiva ein. Dabei ist die Konjunktiva bisweilen hyperämisch, es findet geringe Tränensekretion statt, und die Pupille ist schwach verengt oder von normaler Weite, jedenfalls nicht erweitert (Hirschberg, Loeser, Loewy, Müller etc.). Es tritt meist auch Ciliarinjektion ein, während beim Menschen keine Änderungen der Pupillenweite und Akkomodation eintritt. Auch in der Nase, dem Mund und Rachen wird durch Betupfen der Schleimhaut mit Yohimbinlösung oder Injektion unter die Schleimhaut Anästhesie hervorgerufen.

Auf den Nerven direkt wirkt die Yohimbinlösung ebenfalls anästhesierend ein, und zwar fast so stark wie Kokain. Wenn man den Nervenstamm freilegt und Yohimbinlösung auf denselben bringt, so wird das Leitungsvermögen des Nerven herabgesetzt und ev. ganz aufgehoben (Loewy, Müller). Die Ergebnisse der eingehenden Tierexperimente von Loewy und Müller am Ischiadicus und Vagus haben ergeben, daß das Yohimbin Spiegel sowohl die Erregbarkeit wie das Leitungsvermögen motorischer und sensibler Nerven bei direkter Applikation auf dieselben herabsetzen bzw. ganz aufheben kann, und daß es in dieser Wirkung dem Kokain nur wenig oder gar nicht nachsteht. Salomonsohn fand beim Eintropfen von Yohimbin in das Auge geringes Brennen im Anfang, das nach einer Minute verschwindet, die Hyperämie der Konjunktiva tritt zuerst am unteren Kornealrande auf, ist auffallend perikorneal, und erst nach 1—2 Stunden tritt eine Mydriasis ein, welche eine Differenz in der Weite der Pupille von 3—4 mm zeigt und erst nach 12 Stunden wieder verschwunden ist.

Auch beim Aufpinseln von Yohimbin auf die Rachen-Kehlkopfmukosa stellt sich Brennen ein (S t r u b e l l).

Das Yohimbin ist relativ ungiftig, starke Dosen rufen Schwindelgefühl, Speichelfluß, Schwächegefühl hervor, Frostgefühl und Schweiß treten auf, erhöhte Pulsfrequenz, Herzklopfen, Präkordialangst, Schlaflosigkeit (d'A m a t o etc.). Beim internen Gebrauch von Yohimbin treten Appetitmangel, Magenschmerzen, leichte Koliken auf, man soll das Mittel besser nach dem Essen geben. Ferner kommt es bei zu hohen Dosen zu sexueller Erregung (Erektionen), gesteigerter Lebhaftigkeit, Redseligkeit etc.

Ich sah bei einem geringen Überschreiten der Maximaldosis bei einer Operation starkes Herzklopfen, Präkordialangst und heftige psychische und motorische Aufregung und Unruhe auftreten, die nach 10 Minuten erst wieder schwanden. Schwerere Intoxikationssymptome sind nicht gemeldet worden.

Bei den Operationen ist die Hyperämie lästig, welche in den Geweben erzeugt wird und die zu starker Blutung Anlaß gibt, doch kommen gefährliche Nachblutungen nicht vor, wenn man exakte Blutstillung beachtet. Man muß beim Verwenden des Yohimbin bedenken, daß man peinlichst jedes Gefäß ligiert. Man soll Yohimbin bei sehr stark nervös erregten Personen vermeiden, ebenso soll man bei Nierenleiden vorsichtig sein (B e r g e r, S c h a l e n k a m p, B u n g e. H a u p t m a n n etc.). Die durch Yoimbin in den Nieren erzeugte Hyperämie kann nicht gleichgültig sein. B a r t h o l o w glaubt, daß diese Hyperämie günstig auf Albuminnerie wirken könne, doch liegen noch keine Erfahrungen darüber vor.

Die Verwendung des Yohimbin geschieht äußerlich auf die Schleimhäute, in Substanz oder Lösungen, zur Injektion verwendet man nur 1—2 %ige. Man macht die Lösung durch 0,8 %; NaCl isosmotisch. H a i k e empfiehlt eine $1^{1}/_{2}$ %ige Yohimbinlösung in 30 %igem Alkohol. Die Maximaldosis ist 0,05—0,1 g für lokale Injektionen. Zur internen Behandlung gibt man 0,01—0,02 g pro dosi höchstens, und K r a w k o w sah schon bei 0,005 g toxische Nebenwirkungen, was auf Idiosynkrasie beruhte.

Die Kombination mit Suprarenin bringt keine günstigen Resultate (M a g n a n i, H a i k e etc.), man muß schon eine große Menge Suprarenin verwenden, um nur erst die hyperämisierende Wirkung des Yohimbin zu paralysieren. Man hat das Suprarenin daher vor der Yohimbininjektion in die Gewebe injiziert, doch konnte man auch damit keine Vorteile erzielen (M a g n a n i, S a l o m o n s o h n, V e r f a s s e r etc.).

Die Verwendung des Yohimbin zur Erzeugung lokaler Anästhesie geschieht nur noch in der Ophthalmologie, während für die Chirurgie im Yohimbin kein günstiger wirkender Körper gegeben ist als die anderen Anästhetika darstellen. Zur medullären Anästhesie ist Yohimbin auch probeweise verwendet worden, hat aber da keine günstige Wirkung gezeigt.

§ 10. Das **Holokain** oder **salzsaures Holokain** ist ein dem Äthenylamiden angehöriger Körper, der von T ä u b e r und H e i n z untersucht wurde, es ist p-Diäthoxyäthenyldiphenylamidin, und hat die Formel:

$$CH_3 C \diagup\diagdown \begin{matrix} N - C_6H_4OC_2H_5 \\ NH - C_6H_4OC_2H_5 \end{matrix}$$

Dasselbe steht in nahen Beziehungen zum Phenacetin und wird durch Vereinigung molekulärer Mengen von Phenacetin und p-Phenetidin unter Wasser-

austritt gebildet. Dasselbe stellt eine schön kristallinisierende, in Wasser unlösliche
Base dar, schmilzt bei 121° und bildet mit Säuren kristallisierende, schwer lösliche Salze. Das salzsaure Salz kristallisiert in weißen Nädelchen, welche in
siedendem Wasser reichlich löslich sind, dagegen sich nur im Verhältnis von 2,5 % in
kaltem Wasser lösen. Die wäßrige Lösung schmeckt schwach bitter, reagiert
vollkommen neutral und wird durch Kochen nicht verändert. Wenn man die
Lösungen in Glasgefäßen kocht, so treten leicht Trübungen auf infolge der von
kalihaltigem Glas sich lösenden geringen Mengen von Kalisalzen, welche die
entsprechende Menge der unlöslichen Amidenbase frei machen. Die Lösungen
werden jedoch bald wieder klar, da die ausgeschiedene Base sich zu Boden
setzt. Die Lösungen kocht man am besten in Porzellangefäßen, dann bleiben
sie klar, sie halten sich monatelang normal wirksam (G u t m a n n, K u t h e,
H e i n z).

Das Holokain erzeugt ähnlich dem Kokain Anästhesie durch Lähmung
der peripheren Nerven. Man verwendet am besten eine 1%ige Lösung. Tropft
man dieselbe in das Auge oder auf die Kornea, so entsteht nach $^1/_2$—1 Minute
Anästhesie der Kornea, geringere der Konjunktiva. Nach zwei Minuten erlöscht
der Kornealreflex. Die Anästhesie dauert zehn Minuten. Die Kornea bleibt
glatt, feucht, glänzend, trübt sich nicht. Die Pupille bleibt normal, und reagiert
auf Licht während der Anästhesie. Beim Eintropfen entsteht ein schwaches
Brennen. Nach H e i n z ruft Holokain vorübergehende Rötung der Konjunktiven
hervor.

Ein Vorzug des Holokain liegt darin, daß es auch beim entzündeten Auge
sicher wirkt (K u t h e, H i r s c h b e r g, H e i n z), es wirkt auch bei stark ge-
schwollener Bindehaut des Augapfels, wo Kokain so oft versagt.

Das Holokain erweist sich für einzellige Wesen als Plasmagift, es hemmt
in 1%iger Lösung die amöboide Bewegung, sistiert die Flimmerbewegung der
Infusorien und der Wimperzellen der Schlundschleimhaut des Frosches. Bakterien
werden schon durch 0,1%ige Holokainlösungen im Wachstum gehemmt, und
1%ige Lösungen verhindern Fäulnis etc., töten die Bakterien. Durch seine
resorptive Wirkung erweist sich Holokain als heftiges Krampfgift, ganz analog
dem Strychnin (H e i n z). Beim Kaltblütler äußert es noch eine kurareartige
Wirkung auf die motorischen Nervenenden, welche namentlich bei großen Dosen
die krampferregende Wirkung ganz verdecken kann. (H e i n z.) Bei kleinen
Dosen findet man deutlich gesteigerte Reflexerregbarkeit nach Unterbindung
der zuführenden Gefäße der vor der peripheren Wirkung des Giftes geschützten
Extremitäten. Die letale Dosis für den Frosch beträgt 0,002—0,003 g. (H e i n z.)
Beim Warmblütler findet man die Krampfwirkung rein. Für die Maus ist die
wirksame Dosis 0,001 g, für Kaninchen 0,01 g. Die Krämpfe beginnen fünf
bis zehn Minuten nach einer subkutanen Injektion mit Trismus und klonischen
Zuckungen in den Nacken- und Ohrmuskeln, sie gehen dann rasch auf den
ganzen Körper über, das Tier zeigt den stärksten Strecktetanus, Opistotonus,
liegt dann erschlafft mit von sich gestreckten Extremitäten da, bis ein neuer
Anfall eintritt (H e i n z, G u t m a n n). Der Tod erfolgt entweder im Anfall,
infolge Behinderung der Respiration durch die tetanischen Krämpfe der Atem-
muskeln, wobei man, wenn man künstliche Respiration einleitet, manchmal das
Tier am Leben erhalten kann, oder das Tier geht nach einer Reihe von An-
fällen an Ermüdung zugrunde. (K a t h e, H e i n z.)

Die niedrigste toxische Dose für Holokain beträgt 0,01 g, und man ersieht, daß man es hier mit einem äußerst toxischen Körper zu tun hat. Man verwendet daher dasselbe auch nur in der Ophthalmologie zum Einträufeln von ein- bis fünfprozentigen Lösungen in das Auge, wobei man sehr gute Anästhesie erzielt, aber bei großen Dosen oder bei Einstäuben von festem Holokain gelegentlich schon leichte Intoxikationen beobachtet hat. (Heinz.) Zur Injektion ist das Holokain nicht zu verwenden, überhaupt ist größte Vorsicht bei dessen Verwendung notwendig, man kann dasselbe daher auch nicht weiter in der Anästhetologie verwenden.

§ 11. Das **Orthoform** ist als wirksames Anästhetikum empfohlen worden. Man hat unter Orthoform zwei Körper zu verstehen, die von Heinz und Einhorn gefunden wurden, das **p-Amido-m-Oxybenzoesäuremethylester** oder **Orthoform** genannt, und das fast gleichwertige **m-Amido-p-Oxybenzoesäuremethylester**, das **Orthoform-Neu** genannt wird. Das Orthoform stellt ein weißes Pulver dar, welches basische Eigenschaften besitzt, ist in Wasser nur sehr gering löslich, es bildet Salze, die leichter löslich sind. Man kann die Base Orthoform nur in Substanz verwenden, indem man sie auf die zu anästhesierende Stelle appliziert. Die Salze sind sehr leicht löslich und in Lösungen verwendbar. Ebenso verhält sich Orthoform-Neu, eine Base von denselben Eigenschaften, es ist nur bedeutend billiger als Orthoform und wird deshalb demselben vorgezogen. Diese beiden Körper besitzen schwach anästhesierende Wirkung, die man wohl zur Schmerzlinderung bei schmerzhaften Affektionen sehr günstig verwenden kann (Neumayer, Lichtwitz, Sabrazès, Yonge, Kindler, Herzfeld, Goldscheider, Garel, Mosse, Hecker etc.) welche aber nicht zur Erzeugung einer Anästhesie für Operationen verwendbar sind. Nur in seltenen Fällen, wie bei Nasenoperationen, Operationen in den weiblichen Genitalien, könnte man gelegentlich Orthoform zur Anästhesie verwenden; es ist geeigneter zur dauernden Behandlung schmerzhafter Affektionen, indem man Orthoform mit Puder gemischt oder als Salbe bereitet auf die schmerzenden Affektionen aufträgt. Es wirkt vor allem auf die freiliegenden Nervenendigungen bei Geschwüren stark anästhesierend und soll bei Nasenaffektionen stärker als Kokain wirken (Lichtwitz).

Dreyfuß hat die Kombination der Schleichschen Anästhesie mit Orthoform empfohlen, indem auf die Infiltrationen zur Hebung des Nachschmerzes Aufstreuen von Orthoform den Schmerz der Wunden etc. beseitigen sollte. Hirschbruch benützte 3% Orthoformanschwemmungen zur Injektion anstatt Kokain. Er injiziert erst Kokain, dann in die Quaddel mit dickerer Kanüle die Orthoformanschwemmung unter stetem Umschütteln hypodermatisch, und ist damit sehr zufrieden. Löh setzt der zur Syphilisbehandlung benützten 10%igen Mischung von Hydrargyrum salicylicum mit Paraffin 5—10% Orthoform zu, wodurch die starken Schmerzen verhütet werden. So hat man in seltenen Fällen Orthoform für lokale Anästhesierung verwendet. Das Orthoform ist sehr wenig giftig, ruft bei der Anwendung als Pulver keine Intoxikationen hervor, und auch bei Verwenden großer Dosen auf Wunden sah man nie Vergiftungen. (Klaußner.) Infolge der schweren Löslichkeit des Orthoform in Wasser ist die anästhesierende Wirkung länger anhaltend und dauernd. Das Salzsäureorthoform ist leichter löslich, eignet sich aber nicht so gut zur Verwendung, weil es stärker reizend auf die Gewebe wirkt.

Pouchet empfiehlt Orthoform bei Behandlung des Karzinoms in folgender Form:

Acid. arsenic.
Orthoformii ää 1,0
Alkohol à 95°
Aqua dest. ää 40,0—75,0

oder um Quecksilberinjektionen schmerzlos zu machen:

Ol. vaselin. 1,0 ccm
Calomelan. 0,03—0,05
Orthoform. 0,05—0,08

Da Orthoform energisch reduziert, darf man es nicht mit solchen Reizmitteln verwenden, die durch dasselbe zersetzt werden, wie Argent. nitr. etc. Am meisten verwendet man Orthoform in Form von Salben, indem man es auf Brandstellen aufträgt, wo es sehr stark anästhesierend wirkt, da es auf die bloßliegenden Nervenendigungen anästhesierend, aber nicht sehr stark in die Tiefe der Gewebe einwirkt. Toxische Nebenwirkungen hat man auch bei Verwendung großer Dosen nicht beobachtet und empfiehlt dasselbe besonders bei Rhagaden, nässenden Geschwüren, bei Ulcus ventriculi intern gegeben, Kehlkopfgeschwüren, Karzinomen etc. Man beobachtet z. B. bei Geschwüren, daß dieselben 24 Stunden lang noch schmerzlos sind nach Applikation des Orthoform. Auch in der Gynäkologie, Urologie, Dermatologie etc. hat man Orthoform vielfach verwendet zur Schmerzstillung in dieser Art. (Hirschbruch, Bock, Kallenberger, Einhorn, Heinz, Blondel, Noqué, Mosse, Korn etc.) Ebenso für die Zahnheilkunde zur Anästhesie der kariösen Zähne, indem man in die Höhlen der Zähne Orthoform legt. (Kallenberger, Bonnard, Bornstein, Jessen etc.) Czerny und Trunececk schlagen vor, das Orthoform dem Arsen beizufügen zur Arseninjektion bei Carcinomen und geben folgende Formeln an:

I.	oder	II.
Orthoform.		Orthoform.
Acidi arsenic. ää 1,0		Acidi arsenicos. ää 1,0
Alkohol		Alkohol
Aqua ää 75,0		Aqua ää 40,0

Intern gibt man das Orthoform gegen Neuralgien, Ischias, Schmerzen bei Tabes, Kopfschmerz etc., und zwar in Dosen von 2—3 g pro die. (Neumayer.) Es haben sich auch bei dieser Verwendung nie toxische Nebenwirkungen gezeigt, keine Nierenreizung, Nausea, Erbrechen etc. Nur in einem Falle sah Neumayer Diarrhoën infolge Reizungen der Darmschleimhaut auftreten, sonst sah er selbst nach großen Dosen von 3—4 g pro die keine toxischen Wirkungen.

§ 12. Das **Nirvanin** ist ein dem Orthoform ähnlicher Körper, doch bei weitem leichter löslich in Wasser, es ist ein weißer kristallinischer Körper und besitzt schwach antiseptische Wirkung, wobei es ungefähr zehnmal weniger giftig ist wie Kokain. Die Lösungen des Nirvanins lassen sich einwandfrei durch Hitze sterilisieren und halten sich lange Zeit brauchbar und wirksam. Auf die Gewebe wirkt Nirvanin nicht reizend. Das für die Anästhesierung am besten verwendete ist das **salzsaure Nirvanin**.

Eine 1%ige Nirvaninlösung verhindert das Wachstum pathogener Mikroorganismen auf Gelatineplatten, 2%ige töten den Bacillus pyocyan. z. B. nach 6—12 Stunden, 4%ige innerhalb sechs Stunden auch die Sporen von Milzbrand. (Einhorn, Heinz, Boisseau, Luxemburger, Sabrazès.)

Die anästhesieernde Kraft der Nirvaninlösungen wird durch Kochen nicht vermindert. (Luxemburger, Rotenburger, Reynier.)

Man kann mittels Nirvaninlösungen durch Injektion in die Gewebe vollkommene Anästhesie erzeugen, die sofort beginnt und längere Zeit anhält. Zur Injektion in die Gewebe verwendet man am besten 1—5%ige, während man zur äußeren Applikation auf die Schleimhaut 10%ige Lösungen verwendet. (Marcus, Rotenburger, Dumont, Legrand, Bonnard etc.) Am besten wartet man drei bis fünf Minuten nach der Injektion der Lösung, da dann die Anästhesie am stärksten und sicher eingetreten ist. Diese lähmenden Wirkungen des Nirvanin auf den Nerven und dessen Endigungen sind vorübergehend, nach einiger Zeit verschwindet die Anästhesie wieder und der Status quo ante tritt wieder ein.

Auf die nervösen Zentralorgane oder das Herz etc. scheint das Nirvanin nicht toxisch einzuwirken, jedenfalls hat man bei den verwendeten niedrigen Dosen nie üble Nebenwirkungen gesehen. Die Maximaldosis ist 0,52 g. (Bonnard, Regnier, Rotenburger etc.) Doch hat Luxemburger diese Maximaldosis wesentlich überschritten ohne toxische Nebenwirkungen zu beobachten. Dies ist ein Zeichen der geringen Giftigkeit, und man hat durch Experimente festgestellt, daß Kokain zehnmal giftiger wirkt wie Nirvanin.

Braquehaye rühmt das leicht lösliche, durch Kochen ohne Schaden sterilisierbare Nirvanin, das wenig toxisch wirkt. Man verwendet 4—5ige% Lö- und injiziert 0,2—0,5 g. Selbst 0,75 Nirvanin — 1 g kann ohne Gefahr verbraucht werden. Die Anästhesie dauert $\frac{1}{2}$ Stunde an. In 100 Fällen ist nur ein Fall mit geringen üblen Nebenwirkungen vorgekommen, und in zwei Fällen neigten die Kranken zu Synkope. Das Nirvanin reizt das Auge, eignet sich aber sehr gut zur Operation an den Harnorganen, schmerzhaften Cystitiden, Urethrotomien, und für die kleine Chirurgie im allgemeinen. Das Nirvanin erweitert die Gefäße. Nach Hölscher bewährt sich das Nirvanin wegen des Injektionsschmerzes nicht zur Anästhesierung.

Luxemburger verwandte $\frac{1}{5}$%ige im entzündeten Gewebe und im gesunden $\frac{1}{10}$%ige Lösung, für Periost und Knochen $\frac{1}{4}$%ige. In entzündetem Gewebe auch $\frac{1}{3}$—$\frac{1}{2}$%ige.

Die Infiltration mit Nirvaninlösung nach Schleichscher Methode bewährte sich bei kleinen Operationen von 10—30 Minuten Dauer, auch bei größeren bis $\frac{3}{4}$ Stunde Dauer. Zur Oberstschen Methode nimmt man eine 2%ige Lösung. Die Wirkung tritt im Maximum nach neun Minuten ein. Zu Zahnextraktionen verwendet man 5%ige Lösungen.

Auch Szuman hat mit Nirvanin gute Erfolge erzielt. Man kann die Lösungen lange kochen, ohne daß sie sich zersetzen. Nur bei der Verwendung mit Schleichscher Methode erlebte Szuman oft Mißerfolge. Nach Trzebicky versagt aber die Schleichsche Methode mit Nirvanin nie.

Die meisten Indikationen gibt die Zahnheilkunde ab, und man hat bei den verschiedensten Zahnaffektionen Nirvanin mit dem besten Erfolg als Anästhetikum verwendet (Bonnard, Monreau, Rotenburger, Marcus).

Man hat auch das Nirvanin mit zur Zusammensetzung der Ätzpaste empfohlen, um die Arsenwirkung schmerzlos zu gestalten. So hat M a r c u s folgende Paste empfohlen: Acidi arsenic. 1,0, Nirvanin 1,0, Lanolin ad Vasog. q.s.ut.f. pasta.

Auch zu einer großen Anzahl von kleinen Operationen chirurgischer Art hat man Nirvanin mit Erfolg verwendet. (L u x e m b u r g e r, D u m o n t, L e g r a n d, B r a q u e h a y e etc.) Man verwendet dasselbe nur in $\frac{1}{4}, \frac{1}{2}$ und 1%igen Lösungen oder in S c h l e i c h schen Lösungen an Stelle des Kokains.

Für größere Operationen hat man es aber noch nicht verwendet, und es ist auch noch kein Versuch von anderer Seite mit der Kombination mit Suprarenin gemacht worden. Nach meinen Versuchen wird durch diese Kombination keine wesentliche Besserung geschaffen, ebenso hat man zur medullären Anästhesie Nirvanin nicht verwendet. Obwohl die bisherigen Berichte nur Gutes vom Nirvanin melden, hat man dasselbe doch nicht weiter in der Chirurgie verwendet, vielleicht wird noch eine weitere Verwendung in Zukunft geschehen, denn nach allem, was bisher bekannt ist, müßte Nirvanin ein sehr brauchbares Anästhetikum für die Chirurgie werden. Weitere Versuche müssen dies entscheiden.

§ 13. Das **Anästhesin-Ritsert** ist der Äthylester der Para-Amidobenzoesäure und hat die chemische Formel

$$C_6H_4 <^{NH_2}_{COOC_2H_5}$$

und wurde zuerst von R i t s e r t dargestellt. Dasselbe entsteht als salzsaures Salz beim Einleiten von Salzsäuregas in eine Lösung von Para-Amidobenzoesäure in Äthylalkohol oder durch Reduktion des Nitrobenzoesäureäthylesters. Dasselbe stellt ein weißes, geruchloses, kleinkristallinisches Pulver dar. Die reine Base schmilzt bei 89—90° C. löst sich außerordentlich leicht in Alkohol, Äther, Chloroform und Ölen etc., wenig in warmem, fast gar nicht in kaltem Wasser. Fette Öle nehmen bis 3% auf. Aus heißen Lösungen kristallisiert das Anästhesin beim Erkalten in Büscheln langer Nadeln aus, läßt man kalte Lösungen langsam verdunsten, so fällt in prismatischen nahezu kubischen Kristallen, ähnlich den Kochsalzkristallen, aus. Auf der Zunge ruft Anästhesin ein intensives stumpfes Gefühl hervor. wie Kokain auch und macht die Zunge unempfindlich. Das Anästhesin ist infolge seiner geringen Löslichkeit für die Anästhetologie nur sehr beschränkt verwendbar. E h r l i c h hat eingehende Versuche über die Giftigkeit des Anästhesin angestellt und gefunden, daß Mäuse ungeheure Quantitäten fressen können, ohne toxische Symptome zeigen. R o b e r t hat Anästhesin auf Blutkörperchen und Blutlösungen der Kälte und bei Brutschranktemperatur wirken lassen und gefunden, daß es weder in der Weise der Agglutinine. noch der der Hämolysine, noch der der Methämoglobinbildner wirkt und daher kein Blutgift darstellt, selbst wenn es stundenlang auf das Blut einwirken kann. B i n z hat ebenfalls Tierversuche angestellt und hält Anästhesin auch für nicht toxisch. Erst bei sehr großen Mengen, wie sie in der Therapie niemals in Frage kommen, ruft es vorübergehend leichte Methämoglobinämie hervor.

Auf die Gewebe wirkt das Anästhesin in kleinen Dosen nicht reizend, sondern schmerzstillend, während in größeren Dosen, als Streupulver aufgetragen Ekzeme hervorruft.

So habe ich einen Fall erlebt, wo eine Frau, der ich wegen eines sehr stark schmerzenden Decubitalgeschwürs der Fußsohle Anästhesin als Streupulver auf die kleine Wunde verordnete, ein überaus intensives Ekzem des Fußes, des

Beines und der Hände bekam. Die Frau hatte sich eine größere Menge Anästhesin gekauft und dasselbe oft und in großen Mengen mit den Fingern auf die Wunde gestreut. Dieses intensive Zusammenkommen mit dem Pulver genügte, um ein äußerst starkes Ekzem hervorzurufen, das immer weiter fortschritt, denn das Pulver hatte sich auf den Fuß und Unterschenkel verstreut, indem die Frau das Pulver aufgestreut hatte, und überall, wo das Anästhesin auf die Haut gekommen war, wurde Ekzem hervorgerufen. Das Ekzem war sehr intensiv und hartnäckig und heilte erst, nachdem alles Anästhesin entfernt war. Es war jedenfalls in diesem Falle eine Idiosynkrasie gegen das Anästhesin vorhanden. Immerhin ist der Fall interessant da er zeigt, daß Anästhesin auch nicht ganz reizlos ist.

In das Auge geträufelt verursachen die Anästhesinlösungen Brennen und eine deutliche Trübung des Cornea die zwar rasch vorüber geht, doch deutlich ist.

Zur Erzeugung lokaler Anästhesie kann man das Anästhesin nur in Öllösungen verwenden, indem man dieselben in die Gewebe injiziert, man kann da mit 3%igen Lösungen eine sehr brauchbare Anästhesie hervorrufen. Die Ölinjektionen sollen aber bei Operationen dadurch stören, daß sie die Gewebe schlüpfrig machen, so daß dieselben leicht ausgleiten etc., auch soll die Heilung der Wunden gestört werden. Durch D u n b a r wurde gezeigt, daß, während 1%ige Lösungen des salzsauren Salzes unter der Haut Brennen verursachen, die 0,25%ige Lösung unter Zusatz von Chlornatrium und Morphin nach der Infiltrationsmethode von S c h l e i c h an Stelle von Kokain zu verwenden ist und bei dieser Lösung keine Reizung zu bemerken ist. Neuerdings hat R i t s e r t Anästhesinsalze hergestellt, welche auch in konzentrierten Lösungen von 1%, und zwar ohne Chlornatrium und Morphin, zur subkutanen Injektion verwendet werden und ohne zu reizen eine vollkommene und lange Zeit anhaltende Anästhesie erzeugen.

So kann man für kleine Operationen auch das Anästhesin verwenden, größere Operationen wird man aber unter Verwendung von Anästhesin nicht vornehmen können. Zur weiteren Anwendung kommt Anästhesin in Form von Salben in Betracht oder es wird als Pulver auf die Wunden gestreut. So hat man es mit Dermatol gemischt zur Schmerzlinderung bei Brandwunden, Anästhesin, Dermatol āā 10,0. Für Streupulper verwendet man folgende Formel: Anästhesin 10,0, Dermatol 10,0, Amyli 80,0.

H a u g hat das Anästhesin viel zur Anästhesierung bei Ohrenkrankheiten verwendet, und vorzügliche Resultate erzielt bei den verschiedenen Ohrenentzündungen, Gehörgangs-Mittelohrentzündungen, bei nässendem Ekzem der Muschel etc. Er empfiehlt das Anästhesin in folgenden Rezepten:

Anästhesin 4,0	Anästhesin 5,0—10,0
Alkohol	Gelatin. alba 10,0
Glyzerin āā 25,0	Glyzerin pur. 85,0
	MDS. Fiant Amygdal, cur.
Acidi carb. 1,0	
Anästhesin 2,0	Chymol (Menthol) 0,1
Alkohol	Anästhesin 2,0—4,0
Aqua dest. āā 20,0	Alkohol 30,0
Glyzerin 10,0	Glyzerin 20,0

Die günstige Wirkung des löslichen Anästhesin ist bei verschiedenen kleinen Operationen als sehr gut befunden worden (K o b e r t , B i n z , D u n -

b a r etc.), und man kann bei der relativen Ungiftigkeit das Anästhesin nur dessen
Verwendung anraten. Vielleicht bringt die Zukunft eine weitere Verwendung,
bis jetzt ist sie sehr beschränkt.

Die Kombination mit Suprarenin hat man verwendet, aber man wird wohl
kaum günstige Resultate damit erzielen. Es ist daher die Hauptmedikation
des Anästhesin die interne, und die Behandlung von Wunder, Geschwüren etc.
sowie die kleine Chirurgie.

§ 14. Das **Acetonchloroform** ist ein kristallinischer, weißer, durch-
sichtige Nadeln bildender Körper, der sehr leicht flüchtig ist und nur unter
Luftabschluß fest erhalten werden kann. Dasselbe ist **Trichlorpseudo-
butylalkohol** (W i l g e r o d t). Dasselbe löst sich in Wasser sehr schwer,
fast gar nicht. Erst V á m o s s y ist es gelungen, vom Acetonchloroform
wässerige Lösungen herzustellen, welche man mit dem Namen **Aneson** bezeichnet. Dieses Aneson enthält 1—2% Acetonchloroform in Wasser gelöst.
Die Lösung wird in kleinen 10 cm enthaltenden Gläsern steril abgegeben,
jetzt hat man auch der besseren Sterilität wegen Ampullen mit Aneson hergestellt, die je 1—2 ccm enthalten, die für eine Injektion genügen.

Das Aneson wirkt auf die Nervenendigungen wie Kokain ein, indem
es eine vorübergehende Lähmung der Schmerzempfindung hervorruft. Es
wirkt ziemlich stark, die 2%ige Lösung, gleich Kokain anästhetisch, ruft keine
stärkere Reizung, keinen Nachschmerz hervor. Die Injektion ruft geringes
Brennen hervor. Namentlich für Zahnoperationen und kleine chirurgische Eingriffe hat man Aneson verwendet. (M o s b a c h e r, V á m o s s y, G e r -
h a r d i etc.)

Die Dosen, in welchem man Acetonchloroform verwendet, sind 0,05—1,0 g.
es wirkt beim Menschen in diesen Dosen nicht toxisch, sondern erzeugt bei der
Injektion Anästhesie und in großen Dosen einen von unangenehmen Nachwirkungen freien Schlaf, ist also auch ein hypnotisches Mittel. Auf das Blut
übt es nach D i e d e r i c h s keinerlei Wirkung aus, Atmung, Blutdruck und
Herztätigkeit werden angeblich vermindert (D i e d e r i c h s). Diese harmlose
Wirkung bestätigt S t e r n b e r g, der in einem Fall 17 g Aneson, also 0,3—0,4 g
Acetonchloroform, ohne schädliche Nebenwirkungen bei einer Ausräumung ingui-
naler Drüsen injizierte. Die Anästhesie tritt nach drei bis zehn Minuten, oft
noch später ein und dauert bis zu einer halben Stunde und länger an. Man
hat mit dem Aneson verschiedene kleinere Operationen schmerzlos ausgeführt,
dasselbe zur S c h l e i c h schen Anästhesie, zur S c h l e i c h - O b e r s t schen
Methode, zirkulären Anästhesie etc. verwendet. (S t e r n b e r g.) R u b i n s t e i n
hat sogar Thorakotomie und Rippenresektion, Exstirpation großer Lipome etc.
mit Aneson nach S c h l e i c h scher Methode ausgeführt.

Das A n e s o n hat den Vorzug, daß es in fertiger, steriler Lösung vorhanden ist, sich nicht zersetzt, keine üblen Nebenwirkungen ausübt und sterilisierbar ist.

Die starke Ungiftigkeit ist aber nur relativ, denn es treten bei größeren
Dosen üble Nebenwirkungen, Erbrechen, Kopfschmerz etc. auf, doch erst bei
Dosen von 0,2—1,0 g. Auch übt Acetonchloroform Reize auf die Gewebe aus. und
man hat ihm sogar Gangrän zuschulden gelegt. immerhin ist es nicht indifferent,
es verursacht einen geringen Injektionsschmerz und ev. Reizungen der Gewebe.
Ebenso können aber Wirkungen auf das Herz ausgeübt werden und Herzklopfen,

Kollaps etc. hervorgerufen werden. Man findet allerdings diese üblen Nebenwirkungen nur bei Verwendung sehr großer Mengen. Für kleine Eingriffe ist das Aneson in mäßigen Mengen ganz brauchbar.

§ 15. Das **Guajakol, Brenzkatechinmonomethyläther** hat die Formel:

$$C_6H_4\!<^{OCH_3}_{OH,}$$

es bildet einen Hauptbestandteil des aus Buchenholzteer hergestellten Kreosots, in welchem es zu 60—80% enthalten ist und dessen Wirkung hauptsächlich auf der des Guajakols beruhen soll (S a h l i). Man erhält das Guajakol aus dem beim Destillieren des Kreosot bei einer Temperatur von 200—205° C übergehenden Körper. Synthetisch hat man dasselbe als c h e m i s c h - r e i n e s Guajakol hergestellt.

Es stellt eine farblose Flüssigkeit von aromatischem Geruch dar, das bei 200—204° C siedet, das spez. Gewicht 1,117 bei 15° C besitzt. In Wasser ist es schwer, nur 1:70—80, in Alkohol, Äther, Fetten leicht löslich. Die alkoholische Lösung gibt auf Zusatz von sehr wenig Eisenchlorid eine reinblaue, auf weiteren Zusatz von Eisenchlorid eine smaragdgrüne Färbung. Unter Einwirken des Lichtes trüben sich die Lösungen unter Abscheiden harzartiger Substanzen. Das medizinale Guajakol enthält noch immer Kreosot, Xylenole, Veratrol und chinonartige Substanzen beigemengt.

Neben den die innere Medizin betreffenden Eigenschaften des Guajakols habe ich hier noch die anästhesierende Wirkung hervorzuheben, welche sogar so groß und intensiv ist, daß man das Guajakol zur Herstellung lokaler Anästhesie verwendet hat. (J a w i c k y, P e r r a n d, C h a m p i o n n i è r e, C o l i n, R e c l u s etc.) Interessant ist die zuerst von S c i o l l a gemachte Beobachtung, daß es gelingt durch Einpinseln mit 2—10 ccm Guajakol eine beliebige Stelle der äußeren Haut, worauf diese mit einem Verbande luftdicht abgeschlossen wird, zu anästhesieren, und die Körpertemperatur im Laufe von drei bis vier Stunden um mehrere Grad herabzudrücken, bis sie sodann nach sechs bis acht Stunden oft unter Schüttelfrost wieder ansteigt. Mittels Maske inspiriert wirkt es antipyretisch. Die epidermatische Applikation ist nicht ratsam, denn es wurden beim Verwenden größerer Dosen Kollapserscheinungen und Peptonurie beobachtet, hier und da traten Nekrosen der oberflächlichen Gewebsschichten auf. B r i l l empfiehlt Bepinselung mit Guajakol zur Schmerzstillung. Doch empfiehlt er nur 1—1,5 ccm zu verwenden und nie mehr als 3 ccm. A p o r t i versuchte endermatische Injektionen von Guajakol in Glyzerin gelöst, wie 1:1 oder 1:2 als Analgetikum bei Neuralgien etc. Auch subkutane und rektale Einverleibung hat man empfohlen, und zwar als antipyretische Maßnahme.

Die Verwendung des Guajakols in der Chirurgie ist nur sehr wenig ausgedehnt, weil sich Guajakol schwer zur Injektion verwenden läßt. Man verwendet es in öligen Lösungen. Das Guajakol durchdringt die Haut und verflüchtet sich nicht. Nach ¼ Stunde nach Auftragen von Guajakol auf die Haut erscheint dasselbe schon im Harn (F e r r a n d).

Zur Anästhesierung der Harnblase eignet sich Guajakol oder dessen wässerige oder ölige Lösungen oder Gnajakyllösungen (G u y o n, P o u c h e t, C o l i n etc.). Doch lassen sie bei entzündeter Blase leicht im Stich.

Außer dem Guajakol sind auch noch die ihm verwandten Stoffe **Guajakolkarbonat,** und **Guajakyl,** welches guajakolschwefelsaures Kalzium darstellt.

verwendet worden (O'Followell, Malot etc.). Malot stellte fest, daß ein Gemisch von Guajakol 6 + Chloroform 10 die Empfindlichkeit für Schmerz stark aufhebt und bei guter Asepsis nie Entzündung etc. erregt, nachdem es injiziert wurde. Gewöhnlich injizierte er am Orte der Schmerzhaftigkeit 15—60 Tropfen dieser Mischung oder, wenn es an mehreren Stellen nötig ist, an jeder Stelle ungefähr im Mittel 30 Tropfen, in einem Falle hat er sogar 5 ccm ohne Schaden injiziert. Malot gibt an, daß man bei der Injektion ein größeres Gefäß nach Möglichkeit vermeiden muß, indem man die Nadel zunächst senkrecht zur Haut in die Nähe des empfindlichen Nerven einsticht und nun, nachdem man sich überzeugt hat, daß man nicht ein Gefäß getroffen, die Masse langsam injizieren sollte. Nach der Injektion treten sofort Schmerzen auf, welche zwei bis drei Minuten anhalten. Es bleibt eine Härte daselbst noch tagelang zurück. Es ist am meisten zu empfehlen bei Ischias, Neuralgien, Schmerzen der Tabes etc.

O'Followell verwendet ölige Lösung von 1:20 bis 1:50 von Guajakol, vom Guajakyl eine 5—10%ige wässerige Lösung. Letzteres soll präziser wirken und keine üblen Nebenwirkungen haben, ebenso das Guajakylkarbonat als das Guajakol. Er verwendet das Guajakyl und Guajakol in der kleinen Chirurgie, Zahnheilkunde etc. mit gutem Erfolg. Das Guajakolkarbonat wird in öligen Lösungen 1:100 verwendet. Dieses mit oder ohne Zusatz von Jodoform und öliger Guajakollösung verwendet er zur Behandlung chronischer Cystitiden, namentlich tuberkulöser, wobei es sehr gute Dienste leistet. Pice verwandte Guajakol für Anästhesie der Haut bei Kauterisationen, mit Öl gemischt oder in Substanz. Zur Erzeugung der Anästhesie wird ein mit dem Mittel getränktes leinenes Läppchen — 20—60 Tropfen Guajakol — auf die betreffende Hautstelle gelegt, mit Wachstaffet bedeckt, um die Verdunstung zu verhindern und acht bis zehn Minuten angedrückt. Nach dieser Zeit ist die Schmerzempfindung erloschen, während die Tastempfindung noch erhalten ist. Auch die Schmerzen nach der Kauterisation, die vollkommen schmerzlos vorgenommen wird, fehlen. Diese Wirkung des Guajakol kommt nicht zustande, wenn die Haut mehrmals kauterisiert wurde und leicht entzündet ist. Üble Folgen sind nie aufgetreten (Pice). Nach Ferraud erzeugt Guajakol, auf die Haut gebracht, leichtes Prickeln und Kältegefühl gefolgt von tiefer Röte. Im allgemeinen verlischt die Schmerzempfindung nach zehn Minuten.

Toxische Dosen rufen die Veränderungen hervor wie die Mehrzahl der Mittel aus der Reihe der aromatischen Körper, wie hämorrhagische Nephritis, Ecchimosen der serösen Häute, Fettdegeneration von Herz und Leber. Aus all den Ergebnissen der Untersuchungen über die Guajakolwirkung kann man trotz der Ansicht Championnières, der das Kokain durch Guajakol ersetzen will, nicht behaupten, daß Guajakol für die Erzeugung der Anästhesie bei Operationen verwendet werden könnte, es ist nur zur Schmerzbetäubung bei Wunden, Ulcera, bei Cystitis etc. zu verwenden, während zu den Injektionsmethoden Guajakol nie an Stelle des Kokain mit Erfolg guter Anästhesie gesetzt werden kann (Reclus, Colin, Benoit etc.). Dasselbe leistet in der Wundbehandlung große Dienste, hat aber nicht eine solche hohe anästhetische Kraft, daß man es zur Operationsanästhesie verwenden könnte.

§ 16. Das **Stovain** wurde im Jahre 1904 von dem französischen Chemiker Dr. Fourneau zuerst synthetisch dargestellt, und zwar wurden diese Arbeiten von **Fourneau** im ersten chemischen Laboratorium der Universität Berlin ausgeführt. Das Stovain stellt seiner chemischen Konstitution nach das **salzsaure Dimethylaminobenzoyldimethyläthylkarbinol** dar, und hat mit dem Kokain und Eukain zwei Atomgruppen gemeinsam, nämlich eine methylierte tertiäre Amingruppe und den Benzoësäureester einer tertiären bzw. sekundären Alkoholgruppe. Besonders interessant ist das Fehlen aller Kohlenstoffringe, an welche man früher die anästhesierende Kraft eines chemischen Körpers gebunden glaubte. Das Stovain stellt einen kristallinischen Körper dar, es kristallisiert in feinen glänzenden Schüppchen, die bei 175° C schmelzen und sich in Wasser sehr leicht lösen. Aus den wässerigen Lösungen wird es durch alle Alkaloidreagentien gefällt. Das Stovain sieht weiß aus und zersetzt sich nicht leicht, ist also leichter zu konservieren als Kokain. Die wässerigen Lösungen können längere Zeit unbeschadet der unzersetzten Beschaffenheit des Stovains gekocht werden, man kann die Lösungen stundenlang der Siedehitze aussetzen, ohne daß sich das Stovain dabei verändert. Die wässerigen Lösungen kann man auch bis zu 20 Minuten lang auf 115° im Autoklaven erhitzen, ohne daß das Stovain zersetzt wird, erst bei 120° fängt dasselbe an, sich langsam zu zersetzen.

Die wässerigen Lösungen des Stovains werden vorzüglich in der Chirurgie verwendet, nur in seltensten Fällen wird man das Stovain in Substanz anwenden. Ein großer Vorteil liegt schon darin, daß man die Stovainlösungen ohne Gefahr für das Stovain einwandsfrei durch Hitze sterilisieren kann.

Die physiologischen Eigenschaften des Stovains hinsichtlich des tierischen Organismus sind von ganz besonderer Bedeutung und sollen in dem Folgenden des genaueren betrachtet werden. Man hat bei der Wirkung des Stovains mehrere Arten zu unterscheiden, am wichtigsten ist die anästhesierende Wirkung, weiter wirkt das Stovain antiseptisch, auf das Herz wirkt es tonisierend ein, und die Blutgefäße werden nicht verengt, sondern eher dilatiert (Billon, Chaput, de Lapersonne).

Betrachten wir zunächst die Wirkung des Stovains auf den Nerven und dessen Endigungen in den Geweben, so ergibt sich, daß durch Injektionen von Stovain in die Nähe des Nerven oder dessen Endigungen Anästhesie erzeugt wird, die sofort nach der Injektion beginnt und nach fünf Minuten ihr Maximum erreicht. Es wird auch beim Stovain, ähnlich dem Kokain, von dem Zellprotoplasma ein großer Teil aufgenommen und geht da vorübergehende Verbindungen ein, die nach einiger Zeit wieder gelöst werden. Dies geht auch daraus hervor, daß die Anästhesie stärker ist und vor allen Dingen länger vorhält, wenn man zugleich in dem Gewebe Blutleere erzeugt hat. So kann man bei Operationen an Extremitäten die Anästhesie verlängern und verstärken durch Vornahme der Esmarchschen Blutleere. Hierbei kommt einerseits der Umstand in Betracht, daß das Blut nicht einen Teil des Stovains wegtransportieren, andererseits die vom Stovain mit dem Zellprotoplasma eingegangene Verbindung nicht wieder lösen kann. Es ist nicht unwesentlich, wieviel länger die Anästhesie unter Blutleere dauert als die ohne Blutleere. Es kommt hierbei auch der Umstand in Betracht, daß das Stovain selbst die Blutgefäße nicht verengt, sondern, wie man in neuerer Zeit sicher nachgewiesen hat, in geringem Grade dilatiert. Dadurch wird die Blutzirkulation in dem mit Stovainlösung beschickten Gewebe nicht vermindert, wie es beim Kokain der Fall ist. Das Stovain wird also von der vollen, normaliter in dem Gewebe kreisenden Blutmenge beeinflußt werden können. Die Anästhesie hält aber trotzdem ziemlich lange Zeit an und tritt vollkommen und sicher ein. Die Konzentration, in welcher man die Lösung verwendet, ist meist eine solche von 0,5—2 % Stovaingehalt, höher konzentrierte Lösungen braucht man nie, sondern man kommt sogar meist mit der 1 %igen Lösung aus. Die Anästhesie der Stovainlösungen gleicht vollkommen der, wie sie durch gleich konzentrierte Kokainlösungen erzeugt wird, und nach genaueren Untersuchungen hat man feststellen können, daß das Stovain dem Kokain an anästhesierender Kraft wenigstens gleichkommt.

Die Einwirkung des Stovains auf den Gefäßapparat ist von verschiedenen Autoren in auseinandergehender Weise beurteilt worden. Die einen behaupten, daß das Stovain eine gefäßdilatierende Wirkung besitze (Chaput, de Lapersonne) während Pouchet dieselbe als rasch vorübergehende Wirkung hinstellt, er hat bei Tierversuchen nie eine Vasodilatation beobachten können. Dubar, Delbet und Reklus haben keine Einwirkung des Stovains auf die Blutgefäße konstatieren können. Um diese Frage zu entscheiden, habe ich genaue Versuche angestellt und dieselben folgendermaßen ausgeführt. Nach der Methode von Läwen, der die gefäßverengende Wirkung des Suprarenin an Fröschen nachwies, habe ich auch versucht, die Einwirkung des Stovains auf den Gefäßapparat des Frosches zu studieren. Ich nahm die Versuche folgendermaßen vor. Die Frösche wurden enthirnt, das Rückenmark wurde aber nicht ausgebohrt, dann wurden sie auf einer Korkplatte befestigt. Nun wurde die Vena abdominalis mit einem aus der Bauchwand gebildeten bandförmigen Lappen nach unten umgeschlagen und zwischen den hinteren Extremitäten auf der Korkplatte fixiert. Die Knochen' und Knorpel des Sternum wurden entfernt, die Verdauungsorgane, Magen, Leber und Darm bis auf das Rektum und bei weiblichen Tieren auch die Ovarien bis auf die Eileiter entfernt. Das hintere parietale Bauchfell wurde durchtrennt und nun wurden sämtliche Gefäßverbindungen zwischen Aorta abdominalis und Nieren gelöst und eine Kanüle wurde in die Aorta bis hart an die Teilungsstelle vorgeschoben und daselbst abgebunden. Die Nieren wurden an den von unten an sie herantretenden aus den Femoralvenen stammenden Venen nach unten umgeschlagen und endlich die Nierenvenen, das Rektum und die Eileiter durch Massenligaturen mit ihren Gefäßen abgebunden. In die Vena abdominalis wurde eine ca. 10 cm lange Kanüle eingebunden und die kurzen seitlichen Bauchdecken wurden nach den besonderen Angaben von Läwen mit Klemmen abgeklemmt. Die Aortenkanüle wurde durch einen Gummischlauch und ein T-förmiges Rohr mit zwei Trichtergläsern in Verbindung gebracht, von denen das eine Gefäß als Giftgefäß diente und das andere von einer Mariotteschen Flasche aus dauernd mit der Spülflüssigkeit unter Innehalten eines einigermaßen konstanten Flüssigkeitsniveaus gespeist wurde. Der Druck der in die Aorta strömenden Flüssigkeit kann beliebig geändert und reguliert werden. Die Flüssigkeit, welche in die Aorta eingeführt wird, fließt dann aus der Vene wieder heraus, und an der Geschwindigkeit, mit welcher diese Flüssigkeit die Vene verläßt, kann man auf die Gefäßweite schließen, wenn man den Druck, unter welchem die Flüssigkeit in die Aorta einfließt, kennt und gleich hoch bestehen läßt. Es besteht in meinen Versuchen insofern ein Unterschied zu den Versuchen von Läwen, als ich das Rückenmark der Frösche nicht zerstörte, weil ich durch Zerstörung des Rückenmarkes eine maximale Dilatation des Gefäßsystems erhalten hätte und somit nicht hätte feststellen können, ob das Stovain den Gefäßapparat noch dilatierte. Wenn man nun dieses Präparat mit physiologischer Kochsalzlösung, der man einen Gummizusatz von 1 % hinzugefügt hatte, durchströmen ließ, unter einen Druck von 20 cm H_2O, so flossen aus der Vene in der Minute 75 Tropfen der Flüssigkeit. Wenn ich nun an Stelle der physiologischen NaCl-Gummilösung eine Curarinlösung durch ein solches Präparat sandte, so stieg die Tropfenzahl auf 104 Tropfen unter 20 cm H_2O Druck. Hierdurch wird bewiesen, daß das Präparat durch das Curarin dilatiert wurde. Wenn nun die Stovainlösung auf das Gefäßsystem dilatierend einwirken soll, so muß dieselbe unter gleichem Druck von 20 cm H_2O eine höhere Ausflußgeschwindigkeit besitzen, als die physiologische NaCl-Gummilösung. Wenn man nun Stovainlösungen in den Kreislauf brachte, so zeigte sich eine geringe, aber deutliche Vermehrung der Tropfenzahl, was also beweist, daß das Gefäßsystem vom Stovain dilatiert wird. Es wurden zunächst Stovainlösungen von 1:10000, von 1:100000 sowie 1:1000000 verwendet, und diese sowohl wie auch stärkere Lösungen ergaben eine gleiche Wirkung, die Tropfenzahl der ausfließenden Lösung stieg und die Ausflußgeschwindigkeit wurde beschleunigt, so daß ein Zweifel nicht mehr bestehen konnte, daß das Gefäßsystem vom Stovain erweitert wurde. Allerdings muß hier bemerkt werden, daß diese Dilatation nicht eine besonders hochgradige war, aber sie war doch deutlich vorhanden. Die genaueren Zahlen über diese neuen Versuche sind an anderer Stelle publiziert und ich kann eine genaue Schilderung hier unterlassen. Meine Resultate werden erhärtet durch neuere Untersuchungen von Zwietz, welcher ebenfalls in seiner Arbeit bewiesen hat durch Tierexperimente, daß Stovain die Gefäße dilatiert. Er fand, daß der Blutdruck nach einer Stovaininjektion bei einem Kaninchen um $1/2$ cm innerhalb einer Minute sank. Die Injektion wurde intraperitoneal vorgenommen. Er kommt nach seinen Versuchen zu dem Resultat, daß das Stovain die peripheren Gefäße dilatiert.

Man könnte vermuten, daß das Stovain ähnlich dem Kokain gefäßverengernd wirke. Um dies festzustellen, habe ich bei drei Fröschen die Versuche an enthirnten Fröschen, denen auch das Rückenmark vollkommen ausgebohrt worden war, vorgenommen, so daß das Gefäßsystem in maximaler Dilatation vorhanden war. Die durch die Gefäße geleitete Stovainlösung brachte hier keinerlei Wirkung hervor, denn die Tropfenzahl der aus der Bauchvene fließenden Flüssigkeit war in allen Fällen gleich der bei physiologischer Lösung. Kontrollversuche mit Suprareninlösung ergaben bei den Präparaten eine deutliche Verminderung der Tropfenzahl, weil das Suprarenin die Gefäße verengt. Hieraus geht hervor, daß Stovain nur eine dilatierende Wirkung auf das Gefäßsystem ausübt. Dadurch werden die Angaben, daß eine gefäßdilatierende Wirkung dem Stovain zukomme, bewiesen. Dieser Umstand ist in gewisser Hinsicht ein Vorzug des Stovain vor dem Kokain, denn Kokain besitzt eine ziemlich intensive gefäßkonstriktorische Wirkung, durch welche es in vielen Fällen schädlich und selbst gefährlich wirken kann und so viele Unfälle hervorgebracht hat. Es werden natürlich durch die gefäßverengende Wirkung des Kokains auch die Blutverhältnisse im Zentralnervensystem verändert werden können, sobald Kokain von dem Operationsgebiete aus in den allgemeinen Blutkreislauf gelangt und auch nach dem Zerebrum transportiert worden ist. Es entstehen dann sehr oft Gehirnanämien mehr oder weniger schlimmer

Art, die bei geeigneten Verhältnissen sehr bedrohliche Zustände bedingen können. Diese Gefahr fällt bei der Verwendung des Stovains weg, und es ist dies ein bedeutender Vorzug, den Stovain gegenüber dem Kokain besitzt.

Auf das Herz selbst wirkt Stovain nach den von Pouchet vorgenommenen Versuchen tonisierend ein, und man findet diese Wirkung noch bei ziemlich hohen Dosen. Die Zahl der Kontraktionen des Herzens nimmt bei großen Stovaindosen ab, aber die Energie der Systole und die Amplitude der Diastole nehmen um mehr als das Doppelte zu, während die Aktion regelmäßig weiter besteht. Erst sehr hohe Dosen, welche direkt tödlich wirken, üben schädliche Einflüsse auf das Herz aus (Pouchet, de Lapersonne, Sauvez, Verf.).

Die Toxizität des Stovains ist bedeutend geringer als die des Kokains, so hat man durch Versuche an Meerschweinchen und Kaninchen nachgewiesen, daß die Tiere, die eine Menge von 0,05 Kokain pro Kilogramm intraperitoneal oder intravenös appliziert erhielten, nach spätestens 15 Minuten ad exitum kamen, während man gleichen Tieren 0,1 g Stovain pro Kilogramm Körpergewicht intravenös oder intraperitoneal verabreichen kann, ohne daß das Tier stirbt. Das Stovain ist zwei- bis dreimal weniger giftig als Kokain (Pouchet, Sauvez, Reclus, de Lapersonne, Billon, Launoy etc.). Die Tiere, welchen man noch höhere Dosen verabreicht hat, um sie mit Stovain zu töten, starben unter tonischen und klonischen Krämpfen der Muskulatur und den Erscheinungen des Kollapses. Dieses Bild ist ähnlich dem bei Kokainintoxikation.

Wenn man die gebräuchlichen Dosen, welche zur Erzeugung der Anästhesie notwendig sind, nicht überschreitet um bedeutende Mengen, so beobachtet man bei der Verwendung des Stovain nie Intoxikationssymptome. Ich habe während einer großen Anzahl von Operationen kleinerer und größerer Art, die ich unter Stovainanästhesie ausführte, nie üble Nebenwirkungen beobachtet. Während man früher bei Verwendung von Kokain immer auf üble Zustände vorbereitet sein mußte und sehr oft durch Kollapse, namentlich bei den früheren Methoden, überrascht wurde, hat man solche unangenehme Ereignisse bei der Stovainanästhesie nicht zu fürchten.

Die anästhesierende Kraft des Stovains kommt der des Kokains vollkommen gleich. Wenn man Anästhesie erzeugen will, muß man das Stovain die Gewebe injizieren. Zur Injektion verwendet man am besten folgende Lösung: Stovain 1,0, NaCl 0,7, Aqua dest. 100,0. Wenn man eine reine wässerige Stovainlösung injiziert, so entsteht ein ziemlich heftiger Injektionsschmerz. Das Stovain an sich wirkt etwas reizend auf die Zellen ein, und die 1%ige wässerige Stovainlösung ist nicht osmotisch indifferent. Erst ein Zusatz von 0,7% NaCl macht die Lösung osmotisch indifferent, und dadurch wird der Injektionsschmerz vermindert. Ganz zu beseitigen ist der Schmerz nicht, es besteht bei den Stovainlösungen stets eine vorübergehende Schmerzhaftigkeit direkt nach der Injektion. Dieselbe geht sehr rasch vorüber, wird aber von empfindlichen Kranken besonders lästig empfunden. Dies ist ein geringer Nachteil des Stovains, der nicht vollkommen beseitigt werden kann. Die Anästhesie tritt nach der Injektion einer 1%igen Stovainlösung sehr bald ein und ist fünf Minuten nach der Injektion auf dem Maximum angelangt, so daß man nun mit der Operation beginnen kann. Es muß also immer bis fünf Minuten lang gewartet werden, ehe man mit der Operation beginnt, denn sonst kann man leicht ungenügende Anästhesie finden. Wenn man Stovainlösung in die Haut injiziert, so entsteht eine Quaddel. Im Bereiche der Quaddel ist die Anästhesie vollkommen. In der nächsten Umgebung der Quaddel befindet sich ein Bezirk, in welchem ebenfalls Anästhesie besteht, außerhalb dieses Bezirkes ist ein solcher, in welchem die Schmerzempfindlichkeit herabgesetzt, aber nicht vollkommen erloschen ist. Das Stovain wirkt noch ein Stück weiter über den Abschnitt der Gewebe hinaus, in welchen die Lösung direkt injiziert wurde.

Die Dauer der Anästhesie beträgt wenigstens 20 Minuten, bisweilen auch länger, bis zu einer Stunde und mehr. Wenn man eine 1%ige Stovainlösung in das Perineurcum oder in den Nerven selbst injiziert, so wird die Leitung dieses Nerven unterbrochen, injiziert man die Lösung aber in das den Nerven umgebende Bindegewebe, ohne den Nerven und dessen Hüllen selbst zu treffen, so wird vollkommene Leitungsunterbrechung des Nerven nicht erreicht, ja bisweilen wird der Nerv gar nicht affiziert.

Die Anästhesie durch Stovain wird mit einer 1%igen Lösung vollkommen genügend erreicht, für kleinere Operationen kann man auch eine 2%ige Lösung verwenden, doch dieselbe hat weiter keine wesentlichen Vorzüge vor der 1%igen. Die Dosis, welche man unbeschadet des Patienten für eine Operation verwenden darf, ist bedeutend größer als die des Kokains. Man kann, ohne üble Nebenwirkungen befürchten zu müssen, 0,15—0,2 Stovain injizieren. Diese Menge wird aber nie notwendig sein, da man nur 1%ige Lösungen verwendet und von diesen schon 10—15 ccm verwenden darf, ehe man diese Dosis erreicht. Da dieselbe aber noch keine Intoxikationssymptome hervorruft, so darf man dreist solche Mengen verwenden. Hat man sehr große Wundgebiete zu anästhesieren, so kommt man sehr gut mit der 0,5%igen Stovainlösung aus. Diese Lösung erzeugt noch immer gute Anästhesie in den meisten Fällen, doch muß man etwas längere Zeit warten, ehe die Anästhesie vollkommen eingetreten ist. Man braucht aber nur in den seltensten Fällen diese Lösung, da ja die geringere Giftigkeit des Stovains auch von der 1%igen Lösung meist genügende Mengen zu injizieren erlaubt. Die Operationen, welche man unter lokaler Anästhesie ausführt, sind ja meist kleinere und solche, die nur ein beschränktes Operationsfeld aufweisen. So kommt man nach den von mir gesammelten Erfahrungen stets mit der 1%igen Lösung aus. Ich habe eine große Anzahl von Operationen mit dieser Lösung vorgenommen und nie Mißerfolge gehabt. Vor allen Dingen ist das Stovain bei Mundoperationen viel verwandt worden und hat da sehr gute Dienste getan. Man muß nur immer bedenken, daß man fünf Minuten warten muß. Bei Operationen im Mund empfiehlt es sich, stets die Lösung in die Gewebe zu injizieren; obwohl das Stovain in Substanz oder starken Lösungen auch, direkt auf die Schleimhaut aufgetragen, in derselben Anästhesie erzeugt, so reicht dieselbe doch nicht aus, um die tieferen Gewebe zu anästhesieren. Um Zahnextraktionen schmerzlos vornehmen zu können, injiziere man stets ein wenig der Lösung zwischen Wurzel und Alveolarrand. Indem die Lösungen auch unter das Periost injiziert lassen sich alle kleineren Mundoperationen schmerzlos ausführen.

Die Operationen an Extremitäten werden ebenfalls sehr gut schmerzlos mit Stovainanästhesie ausgeführt, und es kommt hier ganz besonders die Esmarchsche Blutleere als Unterstützung der Anästhesie in Betracht. Es ist ja eine allbekannte Tatsache, daß ein Anästhetikum im blutleeren Gewebe viel stärker und intensiver wirkt, als im normalen lebenden, blutreichen Gewebe. Es kommen also für die Operationen an den Fingern und Zehen die Methoden nach Schleich-Oberst mit Kokain ebenso mit Stovain in Verwendung. Es spielen ja in der Praxis des Chirurgen die Panaritien gerade hinsichtlich der Verwendung der lokalen Anästhesie eine besonders große Rolle, und diese Operationen werden bekanntlich in ganz besonders schmerzloser Weise nach dieser Methode operiert. So habe ich das Stovain an Stelle des Kokains in der Schleich-Oberstschen Methode bei 15 Operationen an Fingern und Zehen verwendet und kann dasselbe nur zum Ersatz des Kokains empfehlen, da die Wirkung des Stovains eine vorzügliche und die Anästhesie eine vollkommene ist. Ein Moment kommt als geringer Nachteil des Stovains in Betracht. Das ist der geringe Injektionsschmerz, der vor allen Dingen im entzündeten Gewebe bisweilen recht lästig ist. Es ist aber dies nur ein ganz geringer Übelstand, da der Injektionsschmerz sehr bald verschwindet und sich auch durch Anwendung des Äthersprays für die erste Injektion verhüten oder doch wenigstens fast auf ein Minimum reduzieren läßt. So läßt sich dieser Nachteil eliminieren.

Andere Operationen, bei denen Esmarchsche Blutleere nicht angewendet werden kann, lassen sich auch mit der 1%igen Stovainlösung vollkommen schmerzlos ausführen, und es stellt auch hierbei das Stovain einen Ersatz des Kokains dar. Man verwendet hier die Stovainanästhesie je nach den obwaltenden Verhältnissen, meist als direkte Infiltrationsanästhesie, indem man die Lösung direkt in die zu operierenden Gewebe injiziert, ferner als zirkuläre Anästhesie, bei der man um den zu operierenden Bezirk einen kreisförmigen mit Stovainlösung beschickten Gewebsstreifen anlegt, durch welchen alle Nervenbahnen, welche in das Operationsgebiet führen, leitungsunfähig gemacht werden. Diese Methode wird meist bei Operationen kleiner Tumoren der Haut oder sonstigen kleinen Eingriffen von der Körperoberfläche aus, welche ein möglichst kleines, auf einen bestimmten Bezirk beschränktes Operationsgebiet besitzen, angewendet werden können. So eignet es sich besonders zur Operation von Atheromen der Kopfschwarte, welche ich in vielen Fällen mit Stovain auf diese Weise vollkommen schmerzlos operiert habe; ferner für Exstirpation von Lupusknötchen, Papillomen etc. Eine Menge kleiner Operationen lassen sich auf diese Weise völlig schmerzlos operieren. Es gehören hierher auch die Phimosenoperation und Zirkumzision, die ich ebenfalls in einigen Fällen mit Stovain ohne den geringsten Schmerz für den Kranken operiert habe. Auch für die Anwendung des Thermokauters liefert das Stovain vollkommen brauchbare Anästhesie, und so sieht man, wie ausgedehnt dessen Verwendung ist.

Bei all dieser ausgedehnten Indikation des Stovains tritt dessen geringe Giftigkeit ganz besonders in den Vordergrund, und es muß entschieden anerkannt werden, daß in allen Fällen, in denen ich Stovain verwendet habe, nie üble Neben- oder Nachwirkungen auftraten, welche man toxischen Eigenschaften des Stovains zuschreiben müßte. Es fehlen alle Nachwirkungen, die Kranken haben nie Kopfschmerz, Schwindel, Erbrechen und dergleichen üble Zustände nach der Operation empfunden, welchen man besonders häufig ja bei der Verwendung des Kokains begegnet. Auch Unfälle während der Anästhesie sind nie vorgekommen, wie Kollapse, Ohnmachten etc., die man dem Stovain zuschreiben müßte. Die Einwirkung des Stovains auf das Herz ist entschieden keine üble, denn vom Beginn der Anästhesie bis zum Schluß bleibt der Puls ohne üble Anzeichen. Der Kranke sieht normal aus und fühlt keine üblen Einflüsse. Nur der eine Übelstand besteht bei der Stovainanästhesie, das ist der mehr oder weniger starke Injektionsschmerz. Derselbe ist bei reinen wässerigen Stovainlösungen ziemlich stark und wird auch von den Kranken verschieden stark empfunden, die einen klagen mehr als die anderen, doch auch bei den osmotisch indifferenten Lösungen besteht nur ein geringer Injektionsschmerz. Bei 50% meiner Patienten war der Injektionsschmerz bedeutend, d. h. verhältnismäßig deutlich. Sehr stark belästigend ist derselbe nicht, da er sehr bald wieder verschwindet. Empfindliche Patienten aber klagen doch über denselben.

Der Injektionsschmerz hängt wahrscheinlich ab von der geringen bakteriziden Wirkung des Stovains oder ist eine Funktion der bakteriziden Kraft des Stovains. Wenn man nämlich eine 10%ige Stovainlösung mit einer frischen Kultur von Typhusbazillen oder Bacterium coli etc. vermischt und betrachtet die Bakterien im hängenden Tropfen, so sieht man, wie die Bakterien mit der Dauer der Einwirkung des Stovains ihre Bewegungsfähigkeit verlieren, ein Zeichen des Absterbens. Läßt man die Stovainlösung längere oder genügend lange Zeit auf die Bakterien einwirken, so sterben dieselben ab, sie werden vom Stovain getötet. Es geht also aus diesem Befund hervor, daß das Stovain eine geringe bakterizide Kraft besitzt und desinfizierend wirkt. Wenn man nun Stovain mit der lebenden Gewebszelle in Verbindung bringt, so wird auch auf diese das Stovain im Sinne der bakteriziden Kraft einwirken, und diese Einwirkung offenbart sich in dem Injektionsschmerz. Derselbe wird allerdings von der anästhesierenden Wirkung sehr bald beseitigt und ist auch an sich nicht sehr groß. Die bakterizide Kraft des Stovains ist aber nicht so groß, daß sie die lebende Zelle tötet, so daß Nekrose der Gewebe entstehen könnte, sondern sie reizt die Zellen nur, welcher Reiz eben als Schmerz geringen Grades empfunden wird. Bei wenig empfindlichen Personen spielt der Injektionsschmerz gar keine Rolle, nur empfindlichen ist er lästig. Man kann denselben vermeiden, indem man die erste Injektion unter Chloräthylspray ausführt und mit den weiteren Injektionen wartet, bis die erste Injektionsmenge Anästhesie erzeugt hat. also $\frac{1}{2}$ Minute, oder indem man der Stovainlösung für die erste Injektion 0,5% Kokain zusetzt. Durch das Kokain wird jeder Schmerz genommen, und die Injektionen werden auch von den empfindlichsten Personen ohne Klagen ertragen. Der Injektionsschmerz an sich ist ganz gering, und es hängt dessen Intensität viel von der individuellen Anlage des Kranken ab, ob er sehr empfindlich für Schmerz ist oder nicht. Besonders stark habe ich öfters den Injektionsschmerz bei Injektionen in entzündetes Gewebe gefunden, während derselbe bei solchen im normalen Gewebe oft fast gar nicht auftritt oder nur höchst unbedeutend ist. Es läßt sich ja dieser geringe Übelstand leicht beseitigen, indem man bei Operationen im entzündeten Gewebe auf die oben angegebenen Arten den Einstich und die Injektion schmerzlos ausführt, es genügt dazu für die meisten Fälle der Chloräthylspray. Diese Eigenschaft des Stovain kommt bei vielen Operationen gar nicht in Betracht, denn der Kranke erträgt gern eine geringe Menge Schmerz, wenn nur der Hauptschmerz beseitigt ist.

Die antiseptische Wirkung des Stovain ist eine sehr angenehme Beigabe, denn man braucht dank derselben nicht zu fürchten, daß die Stovainlösungen rasch verderben, weil, wie in der Kokainlösung Pilze etc., in derselben wachsen.

Da man auch unbeschadet der anästhesierenden Wirkung das Stovain in Lösung durch Kochen einwandfrei sterilisieren kann, so besteht für die Lösungen nicht die geringste Möglichkeit zu verderben. Man kann dieselben lange Zeit aufbewahren.

Der Injektionsschmerz hängt außer von der bakteriziden Wirkung des Stovain auch von der Reizwirkung ab. Nach den Versuchen von B r a u n wirkt eine Lösung eines Anästhetikums nur dann nicht reizend auf die Zellen, wenn dieselbe osmotisch indifferent ist, d. h. einen Gefrierpunkt von — 0,55° besitzt, dem der Gewebslymphe, des Zellsaftes gleich. Stellt man nun den Gefrierpunkt der Stovainlösungen fest, so findet man, daß eine 0,5%ige Stovainlösung einen solchen von — 0,911° besitzt, eine 1%ige Lösung von Stovain einen solchen von —0,818°, eine 2%ige einen von — 0,71° besitzt. Erst eine 3,5%ige Stovainlösung besitzt annähernd einen Gefrierpunkt von — 0,55°, und es ist demnach eine 3,5—4%ige Stovainlösung osmotisch indifferent. Es ergibt auch die Erfahrung, daß eine 4%ige und 3,5%ige Stovainlösung einen nur ganz geringen Injektionsschmerz hervorruft, nur braucht man solche hochkonzentrierte Lösungen nicht. Um nun den Injektionsschmerz zu beseitigen, muß man versuchen, der 1%igen und 0,5%igen Stovainlösung einen Gefrierpunkt von 0,55° zu geben, und zwar erreicht man dies durch Zusatz von 0,5 —0,6% Na Cl. Der 2%igen Stovainlösung setzt man 0,5% NaCl, der 0,5—1%igen 0,6% NaCl zu. Diese Lösung hat annähernd den Gefrierpunkt von — 0,55°. Wenn man nun eine solche Lösung des Stovain in 0,6%iger Kochsalzlösung in die Gewebe injiziert, so empfindet der Kranke keinen bedeutenden Injektionschmerz. Ich habe daher alle meine Anästhesien mit Stovain nur durch solche Lösungen erzeugt und so bessere Resultate erzielt, als mit den wässerigen Stovainlösungen; es klagen dabei die Kranken nie über den Injektionsschmerz, da diese Lösungen eben keinen beträchtlichen hervorrufen. Da aber die fertigen Stovainlösungen nicht in physiologischer NaCl-lösung hergestellt sind, so muß ich besonders darauf aufmerksam machen, daß man durch Chloräthylspray vorher den Einstich und die Injektion schmerzlos machen kann, ebenso durch Hinzufügen geringer Mengen einer Kokainlösung 1 : 100,0, von der man einen Teilstrich in die Spritze aufsaugt und dann erst die Stovainlösung in dieselbe aspiriert und beide mischt. So verhütet man auch den Injektionsschmerz, doch ist es entschieden besser, wenn man die Stovainlösung schon isotonisch herstellt, also unter Zusatz von 0,6% Na Cl.

Auch bei der Verwendung des Suprarenins in Kombination mit dem Stovain soll man nur 0,6%ige NaCl-Lösung verwenden, denn auch eine Lösung von Stovain 0,5 + Suprarenin 0,010 + 0,6 NaCl + 100 Aqua dest. ist osmotisch indifferent und ruft fast keinen Injektionsschmerz hervor.

Diese wichtigen Lösungsverhältnisse sind von wesentlicher Bedeutung und ermöglichen erst die wirklich gute Wirkung des Stovains.

Neben diesen Vorzügen des Stovain muß noch ein weiterer Umstand beachtet werden, der von großer Bedeutung ist. Man hat bekanntlich das Kokain mit dem Suprarenin oder dem Adrenalin kombiniert und dadurch bedeutende Vorteile erzielt. Es liegt nun nahe, auch das Stovain mit Suprarenin zu kombinieren, und diese Kombination näher zu erforschen, habe ich eine Anzahl von Experimenten ausgeführt. Da das Stovain an sich den Gefäßapparat nicht derart beeinflußt, daß die Blutgefäße kleineren Kalibers und besonders die Kapillaren verengt werden, kann man auch nicht erwarten, daß dasselbe in

Kombination mit Suprarenin so große Vorzüge von dem Suprarenin erhält, wie
das Kokain z. B. Diese beiden Stoffe verhalten sich folgendermaßen zuein-
ander. Wenn man eine 1%ige Stovainlösung mit Suprareninlösung mischt, und
dieselbe in die Gewebe injiziert, so bemerkt man eine deutliche Verstärkung
der Anästhesie. Es wird durch die Wirkung des Suprarenin im Gewebe eine
Anämie hervorgerufen, und durch diese Verlangsamung der Resorption kommt
die Stovainmenge, welche in die Gewebe injiziert wurde, viel länger zur Wirkung.
Man braucht allerdings eine bedeutend größere Menge von Suprarenin, um die
Stovainwirkung wesentlich zu erhöhen, als man Suprarenin zur Verstärkung der
Kokainwirkung nötig hat. Da das Stovain an sich die Kapillaren nicht kontrahiert, so hat das Suprarenin allein die Aufgabe, die Gefäße zur Kontraktion
anzuregen, und es sind ziemlich große Mengen notwendig, um eine wesentliche
Verstärkung der Anästhesie hervorzurufen. Wenn man nun die beiden Lösungen
gemischt injiziert, so kommt die Suprareninwirkung gleichzeitig mit der Stovainwirkung zur Geltung, und es wird, ehe die Kontraktion der Kapillaren, die
Anämisierung also des Injektionsgebietes, genügend erzeugt ist, schon ein Teil
des Stovains von dem Blut wegtransportiert worden, und somit kann die Wirkung
des Stovains nicht derart verstärkt werden, wie dies bei der Kokainsuprareninanästhesie geschieht. Wenn man nun in das Gewebe, in welchem man operieren
will, zunächst eine Suprareninlösung injiziert und, nachdem dieselbe einige Minuten gewirkt hat, erst die Stovainlösung einspritzt, erzielt man eine viel intensivere Wirkung des Stovains, und es tritt bei viel geringeren Mengen von Stovain
schon eine vorzügliche Anästhesie ein, als man dieselbe zur Erzeugung der
Anästhesie im allgemeinen verwendet. Es besteht hierbei der Vorgang im Gewebe, daß all das injizierte Stovain zur Wirkung gelangt und nicht vom Blut
resorbiert und wegtransportiert wird.

Wenn man also das Suprarenin mit dem Stovain kombinieren will, so
muß man am besten so verfahren, daß man die Suprareninlösung zuerst in die
Gewebe injiziert und erst dann die Stovainlösung. Man braucht hierbei eine
Suprareninlösung von 1 : 20000 oder bei kleinem Operationsgebiet 1 : 10000 bis
1 : 5000, die darauf folgende Stovainlösung braucht nur 0,5 % Stovain zu enthalten, denn eine 0,5 %ige Lösung wirkt dann gleich der 1 %igen. Wenn
man so verfährt, hat man sogar noch den Vorteil der Blutleere im Operationsgebiet, was immerhin von Bedeutung ist.

Diese Methode wird aber nur begrenzt verwendbar sein, denn bei Operationen, die große Gewebskomplexe einnehmen, ist es sehr umständlich, wenn
man zweimal Lösungen injizieren muß. Will man aber nur kleine Operationen
ausführen, so wird man mit dieser Methode sehr gute Erfolge ernten. Es sind
hierher vor allen Dingen die kleinen Operationen im Mund zu rechnen, wie
Zahnextraktionen und die sonst daselbst vorkommenden kleineren chirurgischen
Eingriffe, weiter alle Operationen in anderen Körperabschnitten, bei denen das
Operationsfeld nur klein ist.

Von ganz besonderer Bedeutung ist diese Methode für die direkte Leitungsunterbrechung des Nerven. Wenn man die Leitung eines größeren Nerven
unterbrechen will, so muß man auf dreierlei Weise vorgehen, nämlich, man
injiziert die Stovainlösung direkt in den Nerv, oder man präpariert den Nerv
frei und bringt nun die Stovainlösung um den Nerv, oder drittens man injiziert
in die Umgebung des Nerven erst Suprarenin und dann eine 0,5 %ige Stovain-

lösung. Wenn man nämlich eine Stovainlösung von 2% in die Umgebung eines Nerven injiziert, so erhält man nicht die geringste anästhetische Wirkung. Der Nerv wird durch die Stovainlösung gar nicht in seiner Leitungsfähigkeit verändert. Injiziert man aber eine Mischung von Stovain 1% und soviel Suprareningehalt, daß in der Stovainlösung das Suprarenin im Verhältnis 1 : 5000 bis 1 : 2000 enthalten ist, in die Umgebung des Nerven, so tritt nach Verlauf einiger Minuten in dem von dem Nerven versorgten Gewebsbezirke vollkommene Anästhesie ein. Diese Anästhesie ist eine zu chirurgischen Eingriffen vollkommen brauchbare und braucht nur in geringen Einzelheiten durch direkte Injektion von Stovainlösung, namentlich in den Übergangsgebieten zu anderen Nervenverbreitungen, ergänzt zu werden. Durch solche Unterbrechung der Leitung großer Nerven erzielt man bessere Anästhesie großer Gewebsabschnitte für größere Operationen, als wenn man die ganzen Bezirke mit der Infiltrationsmethode betäuben wollte. Es ist ja an anderer Stelle der Wert dieser Verfahren auseinandergesetzt worden, und es ist hier nur zu erwähnen, daß Stovain-Suprarenin die Leitung größerer Nerven ebensogut unterbricht, wie dies Kokain tut. Man kann z. B. diese Methode bei Operationen an den Extremitäten verwenden, ferner bei solchen an den männlichen und weiblichen Genitalien, man muß da nur die Nervenstämme an den bekannten Punkten durch die Injektionen treffen. Bei diesen Injektionen braucht man nur noch wenige Injektionen direkt in das Operationsgebiet zu machen, weil doch oft Anastomosen anderer Nerven in das Gebiet treten und daselbst empfindliche Partien bilden, die extra anästhesiert werden müssen. Durch diese vorzügliche Wirkung der Kombination von Stovain mit Suprarenin wird die direkte Injektion in den Nerven, die meist äußerst schwierig ist, will man nicht den Nerv operativ vorher freilegen, vermieden, und man kann die Flüssigkeit aus der Umgebung auf den Nerven wirken lassen. Wie brauchbar diese Wirkung des Stovain-Suprareningemisches ist, das habe ich bei vielen Gelegenheiten erprobt.

Das Suprarenin ruft also eine bedeutende Verstärkung der Stovainwirkung hervor. Man kann diese Kombination auf zweierlei Art ausführen, erstens indem man in die Umgebung eines Nervenstammes zuerst eine bestimmte Menge Suprareninlösung spritzt und hierauf die 1%ige Stovainlösung in dieses Gebiet bringt. Auf diese Weise erzielt man am sichersten die Unterbrechung des Nerven. Verwendet man eine Mischung von Stovain und Suprarenin, so muß man eine ziemlich große Menge Suprarenin verwenden, nämlich eine Lösung von Suprarenin 1 : 2000 bis : 5000, in welcher 1 % Stovain gelöst wird. Der Eintritt der Anästhesie läßt nur wenige Minuten auf sich warten. Durch diese Möglichkeit der Unterbrechung der Leitung des Nerven wird das Stovain dem Kokain vollkommen gleichbedeutend und kann mit demselben ernstlich rivalisieren.

Die Kombination mit Suprarenin kann nun noch derart erweitert werden, daß man zu gleicher Zeit mit der Anästhesie Anämisierung im Operationsgebiet erzielt. Hierzu braucht man nur das Operationsfeld vorher mit Suprareninlösung 1 : 5000 bis 1 : 10000 zu beschicken und dann die Stovainlösung von 0,5% zu injizieren. Will man beide Lösungen zu gleicher Zeit injizieren, so muß man 1% Stovain in der Suprareninlösung 1 : 10000 oder 1 : 5000 gelöst injizieren. Die Blutleere ist da sehr gut brauchbar, und man kann ausgedehnte Eingriffe ohne wesentlichen Blutverlust ausführen. Die Technik und sonstigen Beziehungen der Stovainanästhesie zur Anämisierung sind dieselben, wie sie beim Kokain erörtert worden sind.

Das Stovain hat, wie man aus den Ausführungen erkennt, wesentliche Vorzüge vor dem Kokain, und es wird dasselbe berufen sein, allgemein an die Stelle des Kokains in der Chirurgie und den verwandten Disziplinen zu treten und dasselbe zu ersetzen. Wenn auch das Kokain in seinem Verhältnis zur Chirurgie überaus wichtig geworden ist und eine enorme Bedeutung erlangt hat, so kann man doch das Stovain demselben vorziehen, weil es nicht nur all die günstigen Wirkungen des Kokains auch besitzt, sondern noch wesentliche Vorteile mehr bietet, die namentlich in der geringeren toxischen Wirkung, dem günstigen Einfluß auf den Gefäßapparat, die Herzfunktion und dergleichen gegeben sind. Das bei den Injektionsmethoden in den Organismus gebrachte Stovain wird zum großen Teil durch die Nieren aus dem Körper wieder eliminiert. Wenn man den Einfluß des Stovains auf die Nieren und deren Funktion genauer untersucht, so findet man folgende Verhältnisse. Wenn man einem Tiere toxische Dosen von Stovain injiziert, z. B. pro kg Körpergewicht des Tieres 0,05—0,1 g Stovain, so wird das Tier unter dem Bilde der Intoxikation ähnlich dem bei Kokain nach einiger Zeit zugrunde gehen. Die Nierenfunktion wird hierbei stark geschädigt, es entsteht eine starke Nierenreizung, Eiweiß im Harn und Verminderung der Harnmenge. Wenn man folgenden Versuch macht, nämlich einem Hund eine Menge von 0,3 g Stovain injiziert, und nach Verlauf von drei Stunden wiederum 0,3 g, so tritt schon ein bis zwei Stunden nach der ersten Injektion Eiweiß und Blut im Harn auf. Es fand sich bei meinen Versuchen stets eine Menge von 5—7⁰/₀₀ Eiweiß und geringe Mengen Blut im Harn. Am Tage nach der Injektion traten bei zwei Tieren Zylinder auf, und zwar ziemlich reichlich hyaline Zylinder, bei den übrigen zwei Tieren war nur Eiweiß und Blut zu finden. Dieser Zustand hielt zwei bis drei Tage an und verschwand dann langsam. Nach fünf Tagen war in allen fünf Fällen solcher akuter Intoxikationen das Eiweiß wieder verschwunden. Die Tiere waren an den ersten Tagen krank und äußerst matt.

Aber sie haben diese Intoxikation überstanden, und dies zeigt, daß das Stovain verhältnismäßig wenig toxisch wirkt. jedenfalls wirkt es günstiger als Kokain. Für das Meerschweinchen hat Billon als toxische Dosis 0,018 g Stovain festgesetzt, und er fand, daß 0,015 bei einem 600—800 g schweren Meerschweinchen noch eben geringe toxische Symptome hervorrief. Ein Symptom der toxischen Wirkung ist die Herabsetzung der Temperatur. So fand Billon die Temperatur bei einem Meerschweinchen von 730 g nach 3 Stunden 40 Minuten nach der Injektion von Stovain um 8° vermindert. Neben der Herabsetzung der Temperatur treten bei großen toxischen Dosen Konvulsionen auf, und es erfolgt exitus unter Lähmung des Atemzentrums, und darauf des Zentrums für die Herzaktion.

Die toxischen Nebenwirkungen sind aber bei der Verwendung des Stovains vollkommen zu vermeiden, und man erlebt auch nur in Fällen besonderer Idiosynkrasie oder Verwendung sehr hoher toxischer Dosen solche; wenn man die erlaubten Dosen beachtet, fehlen dieselben stets. Man kann daher mit Recht das Stovain in allen Methoden der Anästhetologie an Stelle des Kokains setzen. Mit welchen Vorteilen dies für die Methoden von der Körperoberfläche aus oder hinsichtlich des peripheren Nervensystems geschieht, ist bereits erörtert worden.

Es bleibt nur noch übrig, der medullären Anästhesie nach Bier zu gedenken, welche besonders durch das Stovain in neue Bahnen geleitet worden ist, da sich nach den bisherigen Erfahrungen kein Körper so zur intraduralen Injektion eignet, wie das Stovain, und man hat auch die Bedeutung des Stovains für die medulläre Anästhesie dadurch ausgedrückt, daß man von einer Rachistovainisation spricht.

Noch bedeutender, als das Stovain schon für die lokale Anästhesie ist, wurde dasselbe für die medulläre Anästhesie nach Bier, und nach all den Erfahrungen der neuesten Zeit zu urteilen, ist das Stovain berufen, die medulläre Anästhesie in neue Bahnen zu lenken und zu einer weit größeren Bedeutung gerade für die praktische Medizin zu bringen, für welche bisher diese Methode noch ein noli me tangere war, da die Erfolge noch oftmals sehr viel zu wünschen übrig ließen. Das Kokain, Eukain β, Tropakokain und welche Mittel auch sonst zur Injektion in den Duralsack verwendet wurden, erzielten wohl in den meisten Fällen eine für gewisse Operationen brauchbare Anästhesie, waren aber durch ihre toxische Wirkung auf die nervösen Zentralorgane sehr gefährlich und lästig. Nach den medullären Anästhesien traten meist die bekannten üblen Wirkungen auf, die ihr Minimum in Kopfschmerzen, Schwindel, Erbrechen etc. besaßen und, in vielen Fällen noch weit intensiver wirkend, tagelang anhaltende, äußerst gefahrvolle Zustände hervorriefen. Wenn auch in manchen Fällen nur sehr geringe Beschwerden nach der Anästhesie auftraten und in manchen Fällen auch sogar fehlten, so mußte man doch immer auf dieselben gefaßt sein. Durch die Verwendung des Stovains hat man nun viel bessere Resultate erzielt und vor allen Dingen bei gleicher anästhetischer Wirkung keine Gefahren oder üble Nach- und Nebenwirkungen zu fürchten (Sonnenburg, Tuffier, Bier, Chaput, Kendirdjy, Bertaux etc.). Gerade die Biersche Anästhesie scheint durch das Stovain besonders fortgeschritten zu sein und das Stovain scheint gerade bei dieser Methode besondere Triumphe feiern zu dürfen.

Von ganz besonderer Bedeutung bei der medullären Applikation des Stovains ist dessen geringe Giftigkeit, und dieselbe zeigt sich dabei als ganz besonders gering. Diese günstige Wirkung des Stovains wird auch noch durch das Fehlen der Vasokonstriktion bedingt, denn während Kokain sehr leicht anämische Zustände im Gehirn durch seinen Einfluß auf die Blutgefäße hervorbringt, welche während und nach den Operationen so oft zu bedrohlichen oder wenigstens höchst lästigen Erscheinungen führten, ruft das Stovain nur geringe Dilatation der peripheren Blutgefäße hervor und kann somit auch keine üblen Zufälle dieser Art erzeugen. Wenn man einem Patienten eine entsprechende Menge Stovain in den Duralsack einverleibt, so entsteht eine 1—1$^{1}/_{2}$ Stunden dauernde Anästhesie in den unterhalb des Nabels sich befindenden Körperteilen, und es besteht meist neben der Anästhesie auch eine Paralyse der unteren Extremitäten, die aber mit der Anästhesie verschwindet. Die Anästhesie tritt nach vier bis zehn Minuten ein und ist in ihrer Begrenzung nach oben verschieden, je nach der individuellen Reaktion des Kranken und der Dosis reicht diese höher oder weniger hoch nach oben, jedenfalls aber stets bis in die Gegend des Nabels, so daß man alle Operationen an den unteren Extremitäten, dem Damm, Anus, Rektum, weiblichen und männlichen Genitalapparat etc. ohne Schmerzen vornehmen kann. Schon während der Wirkung fehlen meist jedwede Beschwerden für den Kranken, man hat auch während dieser Zeit nicht Kollapse und Gehirnanämien etc. zu fürchten und braucht daher den Patienten nicht in liegender

Stellung zu operieren, sondern derselbe kann sitzende oder halbsitzende Lage einnehmen, je nach den Anforderungen der Operation und den Wünschen des Operateurs. Ist die Operation beendet, so treten höchstens etwas Kopfschmerz oder Schmerzen im Kreuz auf, aber auch diese Beschwerden sind nur bisweilen zu finden, in den meisten Fällen fehlen sie vollkommen. Die Kranken fühlen sich sogar nach der Operation meist recht wohl und falls es der Zustand und die Operation erlauben, so können sie umhergehen und sich frei bewegen, ohne etwa durch irgendwelche Beschwerden verhindert zu werden. Wenn man bedenkt, wie viele Beschwerden meist nach der Kokainisierung der medulla spinalis auftraten und wie es dem Kranken schon allein wegen heftigen Schwindels meist unmöglich war, aufzustehen, ganz abgesehen von den vielen anderen Beschwerden und Zuständen, die den Kranken am Aufstehen verhinderten, so findet man in der Stovainisation der Medulla spinalis eine bei weitem angenehmere Methode. Die Folgen, welche in wenigen Fällen auch nach der Stovainisation auftreten, sind wenig Kopfschmerz und Schmerzen im Rückgrat, während Erbrechen und Übelkeit zu den größten Seltenheiten gehört. Wenn man nun auch zweifellos dem Stovain große Vorzüge in dieser Hinsicht zuerkennen muß, so kann man doch auch nicht leugnen, daß, wenn auch selten, Fälle vorkommen, wo schon während der Stovainisation sehr bedrohliche Kollapszustände auftraten und auch noch nach der Operation üble Nebenwirkungen bestanden. So beschreibt Chaput einen Fall, wo sofort nach der Injektion des Stovains in den Duralsack bei einem 76 Jahre alten Kranken, der an einem eingeklemmten Bruch litt und deswegen operiert werden sollte, Kollaps auftrat, der so schwer war, daß der Kranke nur durch große Mühe konnte am Leben erhalten werden. Nach der Operation bestand noch während einiger Tage Amnesie, Unruhe, Erbrechen, Temperatur von 37,8. Erst nach einigen Tagen verschwanden diese Symptome. Man muß allerdings bedenken, daß man es hier mit einem sehr alten und altersschwachen Organismus zu tun hatte und daß der Kranke vielleicht an der Kokainwirkung gestorben wäre, wenn statt Stovain Kokain verwendet worden wäre, während er diese Operation überstand. Allerdings war in diesem Falle eine ziemlich hohe Dosis Stovain, 7 cg, gegeben worden, während für diesen Kranken 4 cg wohl gereicht hätten. Im übrigen gibt Chaput den Rat, bei sehr alten Personen auch mit dem Stovain sehr vorsichtig zu sein und bei Personen über 65 Jahre von der Stovainisation überhaupt nach Möglichkeit abzusehen. Es eignen sich also Personen im mittleren Alter besser für diese Methode, und man darf nie vergessen, daß die Gefahr eines solchen Eingriffes um so größer ist, je älter die Patienten sind. Hat man aber Personen im mittleren Alter und von leidlich gutem Kräftezustand zu operieren, so kann man ohne Sorge das Stovain verwenden, es werden mit dessen Verwendung zur medullären Anästhesie entschieden geringere Gefahren verbunden sein, als mit der Kokainisation.

Die Temperatur wird auch bei der Stovainisation öfters etwas erhöht gefunden, aber die Erhöhung ist nur gering, bis 38° C, und dauert oft einige Tage an (Chaput, Sonnenburg, Bier etc.). Der Zustand des Pulses ist während der Anästhesie nur sehr wenig verändert.

Wenn man den Blutdruck während der Anästhesie und Operation bestimmt, so erfährt man, daß der Blutdruck während der Operation ein wenig sinkt. Ich habe bei mehreren Fällen von Rachistovainisation den Blutdruck bestimmt und folgende Bilder gefunden. Im Anfang, ehe man dem Kranken die Injektion macht, ist der Blutdruck gesteigert, weil der Kranke doch etwas erregt ist, man findet also zu dieser Zeit den Blutdruck über der Normalblutdruckhöhe. Natürlich muß man durch Messungen an den Tagen vor der Operation die Normalblutdruckhöhe bestimmen.

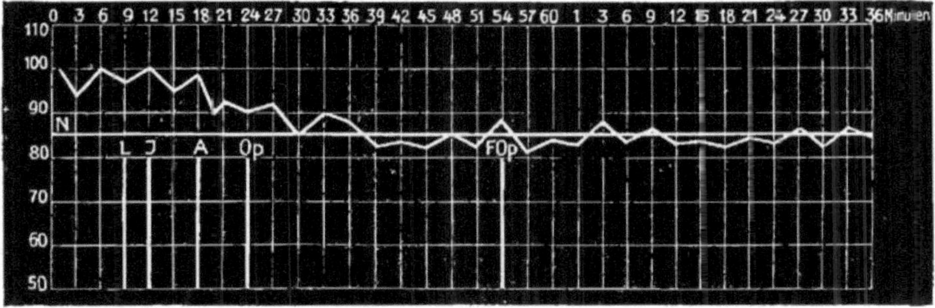

Fig. 26. Blutdruckkurve bei Rachistovainisation.
N = Normalblutdruckhöhe, L = Lumbalpunktion, I = Injektion des Stovain, A = Eintritt der Anästhesie, Op = Beginn der Operation, FOp = Ende der Operation, FA = Ende der Anästhesie.

Wenn die Lumbalpunktion ausgeführt worden ist und die Stovainwirkung beginnt, so wird auch der Blutdruck geringer, die Blutdruckkurve zeigt nun ein permanentes Fallen bis auf und etwas unter die Normalblutdruckhöhe. Während der Operation werden natürlich Verhältnisse eintreten, die eine Steigerung des Blutdruckes hervorrufen, welche aber nur gering und vorübergehend sind. Der Blutdruck sinkt aber nicht wesentlich unter die Normalblutdruckhöhe und gelangt nach Beendigung der Operation langsam wieder auf die normale Höhe. Ich habe bei zwei Patientinnen die Blutdruckkurve bestimmt und folgende Bilder erhalten, die in Figur 26 und 27 wiedergegeben sind.

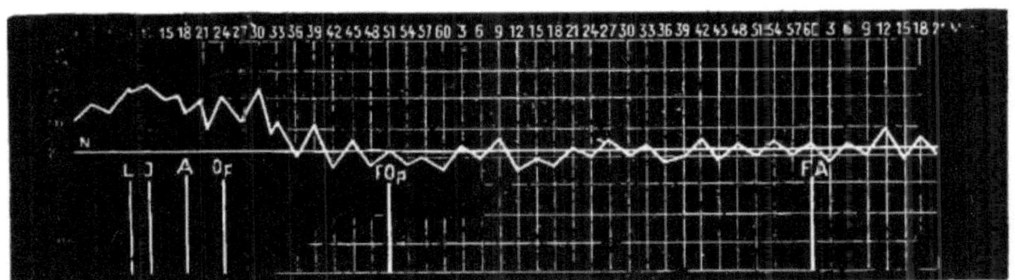

Figur 27. Blutdruckkurve bei Rachistovainisation.

Dem entgegen wird der Blutdruck während der Kokainisation des Rückenmarkes bedeutend gesteigert gefunden, und zwar steigt derselbe von dem Moment des Eintrittes der Kokainwirkung auf die Medulla spinalis und bleibt dauernd hoch, während sich aber des öfteren starke Senkungen plötzlicher Art zeigen, welche mit Kollapszuständen zusammenhängen und ev. gefährlich werden können.

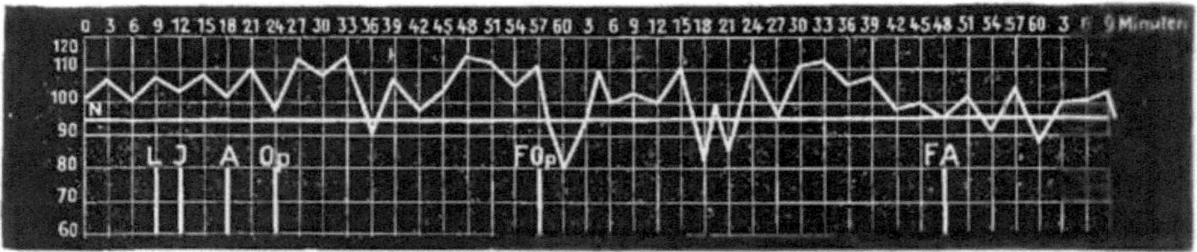

Fig. 28. Blutdruckkurve bei Rachikokainisation.

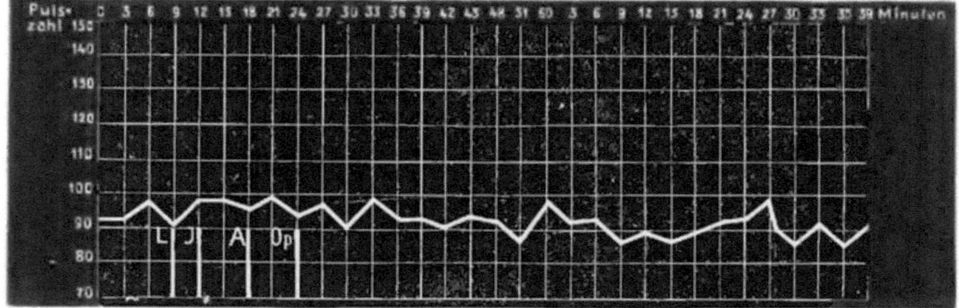

Fig. 29. A. Pulskurve bei der Rachistovainisation.

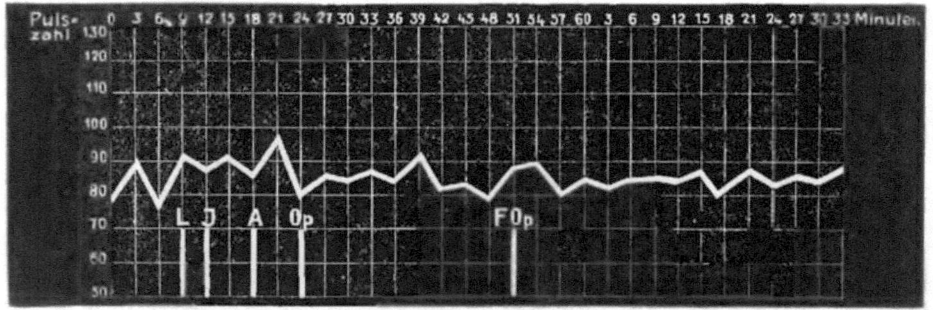

Fig. 29. B. Pulskurve bei der Rachistovainisation.

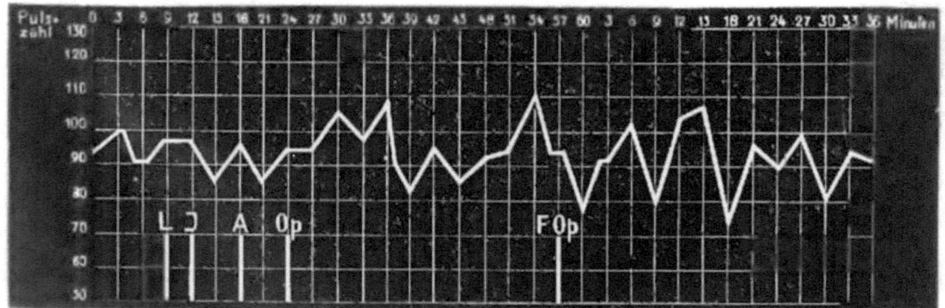

Fig. 29. C. Pulskurve bei der Rachikokainisation.

In Figur 28 ist die Blutdruckkurve abgebildet und zeigt diese Verhältnisse. Wenn man beide Kurven vergleicht, so ersieht man entschieden eine günstigere Wirkung des Stovains auf den Blutdruck.

Man erkennt die gleichen Verhältnisse auch aus dem Verhalten des Pulses. Derselbe ist während der Stovainwirkung gleichmäßig, kräftig, regelmäßig und erleidet wenig oder keine Änderungen, während derselbe aber in der Kokainanästhesie stark gesteigert und äußerst frequent, dabei klein und schwach ist. Dies ist ja der bekannte Einfluß des Kokains. In Figur 29 habe ich die Pulskurven der drei Fälle gezeichnet, indem ich alle drei Minuten den Puls fühlen ließ und die Zahlen notierte. Man ersieht die Unterschiede. Die Kurven A und B sind unter der Stovainwirkung aufgestellt und die Kurve C ist die unter Kokainwirkung.

Die Wirkung und Folgen hängen natürlich auch ab von der in den Duralsack injizierten Dosis. Man verwendet zur Rachistovainisation am besten eine 10%ige Lösung von Stovain in Wasser. Zur Injektion dient eine gewöhnliche Pravazspritze. Von derselben, welche 1 ccm faßt und in zehn Teile geteilt ist, faßt ein Teilstrich 0,01 Stovain oder 1 cg. Man wird also dem Kranken mit jedem Teilstrich, den man injiziert, ein Zentigramm Stovain verabreichen. Es werden gewöhnlich wenigstens 2 cg nötig sein, um Anästhesie zu erzeugen. Allerdings muß man hierbei sehr mit der individuellen Anlage der Kranken rechnen, denn der eine Mensch ist verschieden empfindlich gegenüber dem Stovain, und während bei dem einen 2 cg Stovain eine bis zum Processus xyphoid. reichende Anästhesie erzeugen, bewirken bei dem anderen 2 cg nur eine wenige Minuten dauernde Anästhesie bis zu den Knien. Von 22 Injektionen von 2,5 cg Stovain hat Chaput elfmal Anästhesie der unteren Extremitäten, teilweise oder ganz, fünfmal solche bis zum Nabel und viermal bis zum Proc. xyph. erzielt, während er von 25 Injektionen von 3 cg achtmal teilweise oder totale Anästhesie der unteren Extremitäten, zwölfmal Anästhesie bis zum Nabel, viermal bis zum Brustbein, und einmal bis zu den oberen Extremitäten beobachtete. Von 26 Fällen, in denen er 4 cg Stovain injizierte, erzielte er zwei Anästhesien des ganzen Körpers, während er unter 19 Fällen, bei denen er 5, 6, 7 u. 8 cg Stovain injizierte, nicht in einem Falle eine den ganzen Körper einnehmende Anästhesie erzielte. Ferner hat er gefunden, daß bei Injektion von 4 cg Stovain in 26 Fällen nicht einmal eine Anästhesie eintrat, die nicht bis zur Spina anter. super. gereicht hätte. Man ersieht also aus diesen Befunden, daß eine Dosis von 4 cg für die meisten Fälle genügen wird, um eine brauchbare Anästhesie zu erzielen. Man muß bei der Bestimmung der Dosis den Zustand des Kranken in toto in Betracht ziehen und daraus einen Schluß zu ziehen suchen auf die nötige Dosis. 4 cg werden aber nie üble Nebenwirkungen oder gar Intoxikationssymptome hervorrufen, während 7 cg, wie oben mitgeteilt, solche hervorrufen können. Es ist sehr schwer, sicher vor der Operation die nötige Dosis zu bestimmen, denn sehr leicht kann man eine zu geringe Anästhesie erzielen, oder man kann üble Zufälle fürchten müssen. Es bringt die Übung des Operateurs die Fertigkeit mit sich, von dem Untersuchungsbefund des Kranken aus die Dosis zu bestimmen und dieselbe auch sofort so zu treffen, daß weder Mißerfolge und Gefahren entstehen.

Das Stovain hat aber hinsichtlich der Lumbalanästhesie eine besonders hohe Bedeutung dadurch erlangt, daß es das Kokain hierbei nicht nur an geringerer Giftigkeit übertrifft, sondern demselben auch durch sichere anästhetische Wirkung überlegen ist. Die Lumbalanästhesie tritt bei Verwenden von Kokain oder Tropakokain nicht in allen Fällen vollkommen ein, sondern es bestehen immer einige Prozente von Fällen, in denen entweder mangelhafte Wirkung oder gar keine vorhanden ist. Wenn man nun auch bei der Stovainisation Mißerfolge gelegentlich beobachtet, so sind diese doch äußerst selten und vor allen Dingen seltener als jene Mißerfolge bei der Kokaininjektion. Die Mißerfolge sind natürlich abhängig von der verwendeten Dosis, doch man muß dabei auch den jeweiligen Zustand des Kranken mit berücksichtigen, da das Stovain nicht nur bei verschiedenem Kräftezustand, sondern auch individuell verschieden wirkt. Wenn man aber bei einem nicht zu schwer kachektischen Kranken eine Menge von 0,04 Stovain in den Duralsack injiziert, tritt stets eine brauchbare Anästhesie auf, welche wenigstens bis zur Nabelhöhe reicht. Trotz der wenig toxischen Wirkung des Stovains kann man die Anästhesie nicht über die Nabelhöhe hinaus verwenden, denn wenn man durch höhere Dosen auch eine Anästhesie des ganzen Körpers oder bis zum Hals etc. erzielen kann, so sind diese Maßnahmen doch mit üblen Nebenwirkungen verbunden, und es bestehen dabei die Gefahren der Hirnreizung in zu großem Maße, daß man auf die Vorteile dieser Anästhesie verzichten muß.

Bei solch hohen Dosen von Stovain treten neben Kopfschmerzen, Übelsein und Erbrechen auch Kollapszustände auf, die zu schweren Gefahren führen können. Man muß daher, wie man es ja auch von Anfang der medullären Anästhesierung an getan hat, sich mit der Anästhesie der Körperteile unterhalb der Nabelebene begnügen und die Stovainisation der Medulla spinalis nur für solche Operationen anwenden, welche in den Gegenden des Unterkörpers vor sich gehen sollen. Die Indikationen für die Rachistovainisation sind dennoch ziemlich zahlreich, es gehören zu ihnen alle Operationen an den unteren Extremitäten, am Anus, dem Rectum, dem Damm, den männlichen Genitalien, den äußeren weiblichen Genitalien und den inneren weiblichen Genitalien, soweit die Operationen von der Scheide aus vorgenommen werden und dergleichen. Man ersieht also, daß man diese Anästhesie für viele Operationen brauchen kann und es ist für alle diese Eingriffe die Anästhesie eine vollkommen ausreichende, um dieselben ohne jeden Schmerz für den Patienten ausführen zu können. Prinzipiell muß man alle Laparotomien ausschließen, namentlich dann, wenn man gelegentlich auch über die Nabelhöhe hinaufgehen muß, denn dann läuft man Gefahr, in nicht anästhesierte Gewebe zu geraten. Nur sehr selten wird man Laparotomien vornehmen können, welche sich nur unterhalb des Nabels bewegen. Es würden hierfür z. B. Laparotomien wegen Ventrifixiatio uteri oder Exstirpation kleiner Ovarialtumoren oder sonstiger kleiner Geschwülste in Betracht kommen. Es sind dies seltenere Fälle, können aber doch gelegentlich vorkommen, immerhin ist es geraten, Laparotomien nicht unter dieser Anästhesie auszuführen, weil eben die Anästhesie in der Nabelgegend aufhört oder unsicher wird und man während der Operation leicht einmal gezwungen sein kann, seine Maßnahmen über Nabelhöhe hinauf ausdehnen zu müssen. Was nun die Technik der Anästhesierung anlangt, so ist dieselbe nicht viel von der üblichen verschieden. Bei der Stovainisierung muß man vor allen Dingen folgendes beachten: Das Stovain wird nämlich von allen Alkaloidreagentien aus den Lösungen gefällt, und man muß daher jede Berührung mit Sublimatlösungen etc.

vermeiden. Ferner wird das Stovain von den geringsten Spuren von Alkalien zersetzt, und es muß beachtet werden, daß man die Injektionsspritze und Kanüle, welche man mit Sodalösung ausgekocht hat, nicht sofort zur Injektion verwendet, da an denselben noch Spuren der Sodalösung haften und dieselben die Stovainlösung zersetzen. Man muß entweder die Spritze und Kanülen in Aqua destillata auskochen oder die in Sodawasser ausgekochten Instrumente vor der Verwendung noch mehrmals mit destillierten Wasser durchspritzen, so daß jede Sodaspur entfernt wird. Diese Verhältnisse sind sehr wichtig und müssen strikte beachtet werden, weil sonst die Wirkung des Stovains beeinträchtigt wird. Eventuelle Mißerfolge bei der Stovainanästhesie können durch solche kleine Versehen hervorgerufen werden, und man muß stets erst an diese Umstände denken, ehe man eine mangelhafte oder ausbleibende Wirkung dem Stovain selbst zuschreibt.

Die Injektion in den Sakralkanal wird zwischen zweitem bis viertem Lendenwirbel vorgenommen, und man kann dieselbe sowohl im Sitzen wie im Liegen des Patienten vornehmen. Da das Stovain keine vasokonstriktorische Wirkung besitzt, so kann man ohne Sorge die Injektion im Sitzen vornehmen, denn es treten Kollapse infolge der Stovainwirkung nicht auf. Die Lage des Kranken während des operativen Eingriffes hat nach den Anforderungen desselben eingerichtet zu werden. Die Injektion wird so vorgenommen, daß man mit der Nadel eine Lumbalpunktion vornimmt und nachdem man einige Tropfen Liquor cerebrospinalis hat ablaufen lassen, vier Teilstriche der Pravazspritze, die mit 10%iger Stovainlösung gefüllt ist, langsam in den Duralsack injiziert. Diese Injektion muß sehr langsam erfolgen, damit man nicht eine spontane stärkere Drucksteigerung im Duralraum, die zu unangenehmen Nebenwirkungen Anlaß geben könnte, hervorruft. Nach Beendigung der Injektion wartet man einige Minuten, und es tritt nach spätestens fünf bis zehn Minuten vollkommene Anästhesie ein. Dann beginnt man mit der Operation. Da man bei der Verwendung des Kokains zur medullären Anästhesie die Beobachtung machte, daß eine Kombination desselben mit Suprarenin resp. Adrenalin eine bedeutend bessere und stärkere Wirkung hatte, so veranlaßte mich dieser Umstand, auch das Stovain mit Adrenalin oder dem gleichen deutschen Präparate Suprarenin zu kombinieren. Ich habe schon an anderer Stelle über die Erfolge der Stovainsuprareninanästhesie berichtet und will hier nur kurz die Verhältnisse hinsichtlich der medullären Anästhesie erörtern. Das Stovain wirkt, wie ich nachgewiesen habe, wenig vasodilatatorisch, aber nicht vasokonstriktorisch, und es wird daher nicht zu vermuten sein, daß dasselbe so große Vorteile von dem Suprarenin erlangt wie das Kokain, immerhin kann man eine Verstärkung der anästhesierenden Wirkung erwarten. Es besteht in der Tat eine bedeutend stärkere anästhesierende Wirkung des Stovain-Suprareningemisches und vor allen Dingen wird auch die Wirkung auf die Medulla spinalis durch diese Kombination viel günstiger beeinflußt, und man kann mit einer geringeren Stovainmenge dieselbe Anästhesie in Verbindung mit Suprarenin erzielen, die man mit einer bedeutend höheren Dosis Stovain allein nur erzielen kann.

Diese günstigere Wirkung des Stovain im Duralsack ist von großer Bedeutung, denn man kann dank der geringen Giftwirkung diese Methode auch weiteren Kreisen zugänglich machen und vor allen Dingen wird das Stovain dadurch für die Geburtshilfe wichtig. Bei der geringen Gefahr, welche heute mit der Rachistovainisation verbunden ist, kann man wohl deren Verwendung zur Schmerzstillung bei normalen und pathologischen Entbindungen gerechtfertigt erachten. Gerade für die Schmerzbetäubung in der Geburtshilfe ist die Rachistovainisierung besonders wertvoll, da das Stovain die Kontraktionen des Uterus zur Ausstoßung des Kindes anregt. Dies bedeutet einen Vorzug des Stovains mehr, denn die anderen Anästhetika, vor allen Dingen Kokain und Tropakokain, besitzen eine lähmende Wirkung auf die Uterusmuskulatur. Da Stovain die Wehentätigkeit unterstützt, anregt und vermehrt, kann man den letzten Einwand gegen die medulläre Anästhesierung in der Geburtshilfe zerstreuen, denn das Stovain setzt uns in den Stand, die Frau von den heftigen Schmerzen zu befreien, während wir doch die Wehentätigkeit erhalten, so daß die Geburt normal weiter vor sich gehen kann. Die Narkose wird deshalb in der Geburtshilfe nicht so umfangreich verwendet, wie es eigentlich erwünscht wäre, weil sie die Uteruskontraktionen aufhebt, und dies tun auch die anderen Methoden, vor allem auch die Rachikokainisation. Wenn man diese Vorzüge der Rachistovainisation bedenkt, so wird man in dieser Methode die Anästhesierungsmethode der Zukunft sehen, deren Indikationen mit der Zeit noch bedeutend erweitert werden können.

§ 17. Das **Alypin,** α privativum und $\dot{\eta}$ $\lambda\dot{\nu}\pi\eta$ = der Schmerz, ist als Anästhetikum in den letzten Jahren empfohlen und von der Firma Baier & Co. in Elberfeld in den Handel gebracht worden. Dasselbe ist von I m p e n s und H o f m a n n hergestellt und als Ersatz für das Kokain empfohlen worden. Das Alypin ist das primäre salzsaure Salz des **Benzoyltetramethyldiaminoäthyldimethylkarbinol** und wird durch folgende Formel seiner chemischen Konstitution nach bestimmt:

$$CH_2 - N {<} {CH_3 \atop CH_3}$$

$$C_2H_5 - C - O - CO.C_6H_5$$

$$CH_2 - N {<} {CH_3 \atop CH_3}\ HCl$$

Das Alypin stellt ein weißes, kristallinisches Pulver dar, welches in Wasser und Alkohol leicht löslich ist, und dessen Lösung neutral reagiert. Man kann wässerige Lösungen durch Kochen sterilisieren, ohne eine Zersetzung des Alypins fürchten zu müssen, doch darf das Kochen nicht länger als fünf bis zehn Minuten anhalten. Man kann also leicht diese Lösungen durch öfteres Aufkochen bis fünf Minuten einwandfrei sterilisieren (S e i f e r t). Die Alypinlösungen werden durch einen Zusatz von mäßigen Mengen von Natriumbikarbonat nicht getrübt. Das Salz hat den Schmelzpunkt von 169° C. Wenn man es im Autoklaven 20 Minuten lang unter einem Druck von $\frac{1}{2}$ Atmosphäre erhitzt, so wird die Lösung schwach sauer, was man aber leicht durch Zusatz einer geringen Menge Natrii bicarbonati beseitigen kann.

Die physiologischen Eigenschaften des Alypin sind ganz besonders günstige, und infolge derselben übertrifft das Alypin das Kokain ganz bedeutend. Die Lösungen des Alypin wirken auf die lebende Zelle nicht reizend. Auf den Gefäßapparat wirkt das Alypin in großen Dosen sowohl peripher- wie zentralerweiternd ein. Die Atemfunktion wird von kleinen Dosen etwas verlangsamt, und die Atemzüge werden vertieft, während höhere Dosen die Atmung erheblich beschleunigen und stark vertiefen. Dies beruht auf direkter Erregung des Atmungszentrums (S t e i n d o r f f).

Die Herzfunktion wird durch die üblichen Dosen nicht gestört, erst große Dosen wirken schädigend auf das Herz ein. Die Nierenfunktion, Blutzusammensetzung und die Temperatur des Körpers werden nicht verändert. Auf das Protoplasma wirkt das Alypin lähmend ein. Bringt man Alypin in 4%iger Lösung auf einen freigelegten Nerven, so wird die Reizempfindlichkeit des Nerven an der Applikationsstelle aufgehoben, aber die Leitung des nervösen Impulses wird nicht unterbrochen (Steindorff).

Die Giftigkeit des Alypins ist im Vergleich zu der des Kokains bedeutend geringer, erst nach sehr hohen Dosen, die man in der praktischen Verwendung des Präparates nie braucht, treten Intoxikationssymptome auf. Die toxischen Wirkungen des Alypin sind von Impens genau studiert worden, und er hat folgendes festgestellt. Verwendet man Alypin bei Fleischfressern in Dosen, in denen das Kokain diese Tiere tötet, so beobachtet man nach den Alypindosen keine Intoxikationssymptome, es tritt nur bisweilen bei den Tieren eine mehr oder weniger starke Aufregung ein. Höhere Dosen rufen Intoxikationssymptome hervor, welche denen bei Kokain ähnlich sind. Man beobachtet als Vergiftungssymptome intensive psychomotorische Erregung, welche in klonische Krämpfe übergehen kann. Diese Erregung tritt spontan ein, ohne den reflektorischen Charakter der Strychninkrämpfe zu besitzen. Wenn man den Tieren tödliche Mengen von Alypin injiziert, so steigern sich die Krämpfe so stark, daß die Tiere infolge totaler Erschöpfung des Zentralnervensystems zugrunde gehen. Man kann aber diese Tiere trotz der tödlichen Dosis noch am Leben erhalten, wenn man die Krämpfe durch ein Hypnotikum, wie Isopral, in geringen Mengen verabreicht, lindert und unterdrückt. So behandelte Tiere ertragen die letale Dosis anstandslos. Hieraus kann man schließen, daß die Todesursache bei Alypinvergiftung nicht in einer Lähmung der Atmungs- und Herzzentren besteht. Man hat beobachtet, daß die letale Dosis für Hunde oder Katzen doppelt so groß ist wie die des Kokains. Die Pflanzenfresser besitzen aber gegen Alypin nicht die eigentümliche Immunität, die sie gegen Kokain und diesem verwandte Körper aufweisen. Die kleinste letale Dosis für Kaninchen und Meerschweinchen beträgt 0,05—0,06 g pro Kilogramm Körpergewicht des Tieres. Gibt man dem Tiere zu gleicher Zeit Isopral, so beträgt die Dosis 0,08 g pro Kilogramm Körpergewicht. Die Toxizität des Alypin ist demnach nur gering. Man hat z. B. einem Kaninchen 1,5 g Alypin verabreicht, ohne daß dasselbe irgendwelche Intoxikationssymtome zeigte, während bei demselben Tier durch 1 g Kokain schwere Intoxikation erzeugt wurde (Gebb). In dieser geringen Giftwirkung liegt ein großer Vorzug des Alypin vor dem Kokain (Peckert, Steindorff, Gebb, Seifert, Ohm, Joseph, Kraus, Impens, Neustätter etc.).

Die anästhesierende Kraft des Alypin ist der des Kokains vollkommen gleich, bisweilen sogar überlegen. Das Alypin wird rasch und leicht von den Geweben resorbiert und wirkt auf dieselben nicht reizend, so daß man bei Verwendung isotonischer Lösungen nicht den geringsten Injektionsschmerz beobachtet. Die Anästhesie tritt nach ein bis zwei Minuten ein und dauert 10—15 Minuten bei Applikation auf die Konjunktiven und Hornhaut des Auges an.

In die Haut injiziert ruft das Alypin eine Quaddel hervor, welche der des Kokains im wesentlichen gleicht. Die Quaddel ist blaß und vollkommen anästhetisch. Die Anämie wird hervorgerufen durch den Druck der Flüssigkeit in den Geweben. Nach einiger Zeit läßt dieser Druck nach, und die Quaddel rötet sich. In der Umgebung der Quaddel findet sich ein hyperämischer Hof, innerhalb dessen Anästhesie nach ca. zehn Minuten eintritt. Diese Anästhesie verschwindet nach weiteren zehn Minuten wieder und macht einer Hypästhesie Platz, aus der sie hervorgegangen ist. Die Anästhesie der Quaddel hält bei 1%igen Lösungen 30—35 Minuten, bei 2%iger Lösung 40—45 Minuten an. Nach Verlauf von einer Stunde ist die Quaddelgegend noch deutlich hypästhetisch, während nach $1\frac{1}{2}$ Stunden die normale Sensibilität wiedergekehrt ist (Peckert).

Wenn man eine Alypinlösung in das Auge tropft, so sieht man nach ca. zwei Minuten eine je nach den individuellen Verhältnissen verschieden starke Hyperämie auftreten, welche nach ein bis zwei Minuten wieder verschwindet. Diese hyperämische Wirkung beruht auf der geringen vasodilatatorischen Wirkung des Alypin. Bei der Applikation des Alypins in das Auge beobachtet man ein eine halbe bis eine Minute anhaltendes Brennen, das nach dem einen stärker, nach dem anderen schwächer sein soll als das Brennen bei Kokainverwendung. Jedenfalls ist dieses Symptom gering und schwindet bald mit Eintritt der Anästhesie.

Die vasodilatatorische Wirkung des Alypin hat man durch Kombination mit Nebennierenpräparaten auszugleichen versucht und es sind gute Resultate erzielt worden (Köllner, Peckert, Jacobsohn etc.). Durch Hinzufügen von Adrenalin oder Suprarenin zu den Alypinlösungen kann man die anästhetische Kraft des Alypins bedeutend verstärken und verlängern. Immerhin reicht die Suprarenin-Alypinanästhesie nicht an die Kokain-Suprareninanästhesie heran. Man muß mehr Suprarenin verwenden, um eine bessere Wirkung zu erzielen, denn das Suprarenin muß erst die vasodilatatorische Wirkung des Alypins überwinden, ehe es auf die Gefäße konstriktorisch wirken kann. Immerhin gewinnt man durch diese Kombination, denn die vasodilatatorische Wirkung des Alypins ist nicht sehr stark. Da nun Kokain an sich schon konstriktorisch auf den Gefäßapparat wirkt, so bringt die Kombination mit Suprarenin bessere Erfolge, da man weniger Suprarenin braucht, als man zur Alypinlösung zusetzen muß, um eine gleiche Wirkung zu erzielen.

Das Alypin ist als ein sehr brauchbares Anästhetikum nicht nur für die Ophthalmologie sondern auch für die Chirurgie zu betrachten, und man hat dasselbe mit gutem Erfolge bei den verschiedensten kleinen chirurgischen Operationen an Stelle des Kokains zur Erzielung der Anästhesie verwendet. Es wird hierbei in die Gewebe injiziert. Die Lösungen, welche man dazu verwendet, müssen einwandfrei sterilisiert sein. Ferner setzt man der wässerigen Alypinlösung 0,8 % NaCl zu, um die Lösung isotonisch zu machen. Zur äußeren Applikation dienen 3—5%ige Lösungen, während man zur Injektion 1—2%ige verwendet. Will man das Alypin mit Nebennierenpräparaten kombinieren, so verwendet man am besten folgende Lösungen:

Alypin	1,0	oder	Alypin	2,0
NaCl	0,8		NaCl	0,8
Suprarenin	0,01		Suprarenin	0,15
Aqua dest.	100,0		Aqua dest.	100,0

Von Braun ist dem Alypin vorgeworfen worden, daß es zur Gewebsinjektion vollkommen ungeeignet sei, weil es am Applikationsort heftige Reizung und bei endermatischer Injektion der 5%igen Lösung sogar

Gangrän hervorrufe. Diese Nachteile haben sich bei weiteren Versuchen nicht herausgestellt, und es mag wohl B r a u n s Beobachtung auf irgendwelchen Zufälligkeiten beruhen. Verwendet man sauer reagierende Lösungen, so können Schmerzen bei der Injektion und Gewebsreizung entstehen, doch das Alypin ist dann nicht mehr brauchbar. Saure Lösungen müssen neutralisiert werden.

Auch zur Erzielung der Lumbalanästhesie hat man das Alypin verwendet (S t o t z e r), und es soll auch eine gute Wirkung gehabt haben. Ob es in der medullären Anästhesierung die anderen vorzüglichen Präparate übertreffen wird, muß die Zukunft lehren.

§ 18. Das **Novokain** ist eines der neuesten lokalen Anästhetika. Dasselbe ist 1905 von E i n h o r n dargestellt und von den Höchster Farbwerken in den Handel gebracht worden. Das Novokain ist ein weißes Pulver, welches sich in Wasser leicht, 1 : 1, löst. Die Lösung stellt eine farblose, neutral reagierende Flüssigkeit dar. **Novokain** ist das **salzsaure Salz** des **Para-Amino-benzoyldiäthylaminoäthanol** und hat die Formel:

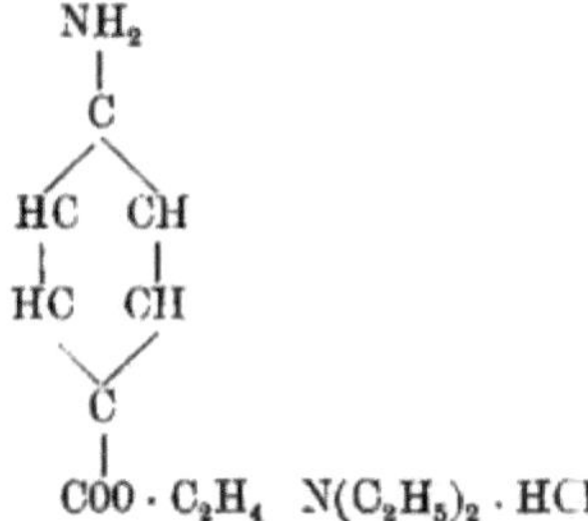

$$NH_2$$
$$|$$
$$C$$
$$HC \quad CH$$
$$HC \quad CH$$
$$C$$
$$|$$
$$COO \cdot C_2H_4 \quad N(C_2H_5)_2 \cdot HCl$$

Die Eigenschaften des Novokain als Anästhetikum sind sehr günstig. Die Lösungen sind vollkommen reizlos, selbst wenn man 20%ige Lösungen oder Novokain in Pulver auf Wunden bringt, entstehen an den Applikationsstellen nicht die geringsten entzündlichen Erscheinungen (G e b b). Die Resorption des Novokain durch die Gewebe geht rasch vor sich. Die Anästhesie tritt nach einer Minute ein und hält bei äußerer Applikation auf die Schleimhaut 10—15 Minuten, bei subkutaner Anwendung 20—30 Minuten an. Die Lösungen des Novokain können gekocht werden, ohne daß das Präparat zersetzt wird. G e b b hat eine 3%ige Lösung acht Tage lang jeden Tag fünf Minuten gekocht und nach dieser Zeit die so sterilisierte Lösung mit einer entsprechend frischen Lösung verglichen. Es ergab sich kein Unterschied zwischen den beiden Lösungen, sie riefen beide eine gleich starke und gleich rasch eintretende Anästhesie hervor. Die toxische Wirkung des Novokain ist sehr gering. Bei sehr hohen Dosen treten tonisch-klonische Krämpfe mit Opistotonus ein, starke Unruhe, Beschleunigung und Verflachung der Respiration, und das Tier stirbt. Die letale Dosis liegt beim Kaninchen zwischen 0,5—0,6 g pro Kilogramm Körpergewicht (B i b e r f e l d, H e i n e c k e, L ä w e n etc.). Das Hornhautepithel erleidet bei Novokainanästhesierung keine dauernde Trübung. Selbst bei Verwendung sehr starker, 10%iger Lösungen wird die Kornea zwar momentan getrübt, erholt sich aber innerhalb zwei Stunden nach der Anästhesie wieder vollkommen und wird wieder glatt und durchsichtig (G e b b).

Die anästhetische Kraft hängt natürlich ab von der Konzentration der Lösung, die man zu deren Erzeugung verwendet. Sie tritt innerhalb drei bis fünf Minuten ein und hält lange Zeit an. Bei externer Applikation z. B. in das Auge oder auf andere Schleimhäute verwendet man zur Erzielung genügender Anästhesie 5—10%ige Lösungen. Beim Eintropfen dieser Lösungen in das Auge entsteht ein geringes Brennen, das aber sehr bald verschwindet. Man kann das Brennen etwas beseitigen, indem man die zu verwendende Lösung etwas erwärmt. Bald nach dem Eintropfen des Novokains in das Auge zeigt sich eine geringe Erweiterung der Blutgefäße, welche aber sehr bald wieder verschwindet, manchmal aber auch $^1/_4$—$^1/_2$ Stunde anhält. Das Novokain besitzt also auch eine vasodilatatorische Wirkung.

Die Pupille wird bei niedrig konzentrierten Lösungen nicht verändert, während bei starken Lösungen, 5—10%igen, etwa nach zehn Minuten eine ganz geringe Midriasis, welche verschieden lange Zeit anhält, auftritt, bisweilen verschwindet sie bald wieder, bisweilen hält sie über eine Stunde an; die erweiterte Pupille reagiert stets deutlich auf Licht und Konvergenz. Wenn man dem 1—2%igen Novokain auf 1 ccm der Novokainlösung 1 g einer 1%₀igen Suprareninum boricum-Lösung zusetzt, so wird auch eine Differenz der Pupillenweite hervorgerufen, jedoch ohne vollständige Lähmung (G e b b). Die Akkommodation wird durch Novokain nicht beeinflußt.

Die geringe toxische Wirkung des Novokains gibt demselben einen großen Vorzug vor dem Kokain. Die anästhetische Kraft ist der des Kokains vollkommen gleich. Ein Nachteil besteht nur in der vasodilatatorischen Wirkung. Derselbe wird aber vorteilhaft durch Kombination mit Suprarenin aufgehoben und beseitigt. Durch den Zusatz von Suprarenin wird die anästhetische Wirkung des Novokains noch wesentlich verstärkt.

Man verwendet das Novokain auf allen Gebieten der Chirurgie als vollwertigen Ersatz des Kokains. Zur äußeren Applikation auf Schleimhäute verwendet man 5—10%ige Lösungen, während bei den Injektionsmethoden 1—3%ige verwendet werden. Die Injektion dieser Lösungen in die Gewebe ist vollkommen schmerzlos, die Anästhesie tritt nach einer Minute ein und hält bis 30 Minuten an. Die Lösungen müssen natürlich osmotisch indifferent sein, damit jeder Quellungsschmerz vermieden wird.

Noch günstigere Resultate liefert die Kombination des Novokain mit Suprarenin. Durch die Suprareninwirkung wird die anästhetische Kraft des Novokain bedeutend gesteigert, und man kann mit geringeren Mengen die gleiche vollkommene Schmerzbetäubung erzielen als mit den stärkeren reinen Novokainlösungen. Die Lösungen, welche bei dieser Kombination am besten verwendet werden, sind folgende :

  Novokain 0,5
  Sol. Suprarenin bor. (1 : 1000) 12 Tropfen
  NaCl   0,9
  Aqua dest. 100,0

Diese Lösung ist geeignet zur Infiltration dicker Gewebsschichten. Will man nur kleine Komplexe lockeren Gewebes anästhesieren, [so verwendet man mit gutem Erfolg die folgende Lösung:

  Novokain 1,0
  Sol. Suprarenin bor. (1 : 1000) gutt. 15
  NaCl   0,8
  Aqua dest. 100,0

Diese Lösungen lassen sich durch Kochen sterilisieren und sind lange Zeit haltbar. Bewahrt man sie aber zu lange auf, so verdirbt die Lösung, da sich Pilze in der Lösung entwickeln. Wenn man dem Novokain kein Suprarenin zusetzt, so muß man höher konzentrierte Lösungen verwenden, und zwar 1—2%ige Lösungen. Die Maximaldosis des Novokains ist 0,5, eine Dosis, die man nicht so leicht erreicht, wenn man diese Lösungen verwendet. Die Anästhesie, welche Novokain in dieser Anwendung erzeugt, ist eine sehr brauchbare, da sie der des Kokains vollkommen gleich kommt, ohne irgendwelche Gefahren für den Kranken mit sich zu bringen (Braun, Sachse, Schmidt, Danielsen, Heinecke, Läwen etc.).

Außer der Verwendung zur Infiltrationsanästhesie hat man das Novokain in neuerer Zeit mit gutem Erfolge auch zur lumbalen Anästhesierung verwendet.

Für eine brauchbare lumbale Anästhesie braucht man 0,12—0,15 g Novokain. Durch Suprarenin wird die Wirkung bedeutend erhöht, während die Nachwirkungen vermindert werden (Sonnenburg). Man kann, wenn man eine Anästhesie bis höher als den Rippenbogen braucht, auch 0,18 Novokain verwenden. Sonnenburg nimmt folgende Lösung:

Novokain   0,2

Sol. Suprarenin bor. (1 : 1000,0) gutt. 5

NaCl   0,018

Aqua dest.   2,0

Von dieser in Glasröhren steril verwahrten Lösung nimmt er $1\frac{1}{2}$ ccm.

Die Anästhesie tritt nach drei bis fünf Minuten ein. Mißerfolge sind meist durch kleine technische Fehler begründet. Die Dauer der Anästhesie beträgt ein bis zwei Stunden, bisweilen weniger, bisweilen mehr.

Als Nebenwirkungen während der Operation hat Sonnenburg bei Laparotomien hin und wieder leichte Kollapse beobachtet, Angstgefühl und Stöhnen der Kranken. Als Nachwirkungen waren in einzelnen Fällen Kopf- und Nackenschmerzen, selten Erbrechen, häufiger Kreuzschmerzen zu finden. Dieselben verschwanden aber sehr bald. Sonnenburg hält das Novokain für ein sehr brauchbares Anästhetikum für die lumbale Anästhesierung.

Ein entscheidendes Urteil läßt sich über diese Verwendung noch nicht fällen, da erst größere Beobachtungsreihen den Wert ergeben können.

§ 19. Mit dem Namen Anästhetika hat man eine ganze Reihe von Körpern chemischer Konstitution benannt, so z. B. Antipyrin, verschiedene Guajakolverbindungen etc. So kann man eine große Menge von chemischen Körpern aufzählen, welche eine gewisse anästhetische Wirkung besitzen, selbst Morphinlösungen sind zur Erzeugung lokaler Anästhesie verwendet worden, ebenso Aqua destillata, physiologische NaCl-Lösung etc.

Ferner sind als Anästhetika zu betrachten Natrium bicarbonicum, Natrium nitricum, Natrium bromatum, Natrium jodatum, Natrium biboricum, Natrium sulfuricum, Natrium phosphoricum, Rohrzucker, Milchzucker, Chlorkalzium, Magnesium sulfuricum, Kalium nitricum, die Chininsalze, Guajakyl, Acidum carbolicum, Koffein, Methylviolett, Antifebrin, Formanilid, Methylenblau etc. Alle diese Körper und noch viele andere erzeugen bei entsprechender Anwendung eine Art von Anästhesie, man kann dieselben aber nicht als reine Anästhetika betrachten. Dazu kommt noch, daß ihre Wirkungen sehr unsicher sind und oftmals toxische Nebenwirkungen beträchtlicher Art mit ihrer Verwendung verbunden sind. Es erübrigt sich, näher auf die Bedeutung all der gelegentlich einmal als Anästhetika verwandten oder der geringe anästhetische Kraft besitzenden Körper einzugehen, da dieselben eine praktische Bedeutung für die Chirurgie nicht besitzen. Es sei hier nur erwähnt, daß die in den vorhergehenden Paragraphen genannten und näher behandelten Anästhetika nicht die einzigen sind, sondern daß außer ihnen noch eine große Menge anderer Körper anästhetische Eigenschaften besitzen. Die hier näher beschriebenen Anästhetika haben alle eine gewisse Bedeutung für die Medizin, während den vielen anderen ein Wert als Anästhetika hinsichtlich der Chirurgie nicht beizumessen ist.

III. Kapitel.

Die Methoden zur Erzeugung lokaler Schmerzbetäubung.

§ 20. In dem vorhergehenden Kapitel habe ich die einzelnen Anästhetika genauer beschrieben, welche zur Erzeugung einer Anästhesie verwendet werden, und ich glaubte dadurch eine bessere Vorbereitung für die nunmehr zu beschreibenden Methoden zur Erzeugung lokaler Anästhesie dem Leser zu geben, indem er vorerst die Anästhetika genau kennen lernte. Bei der Beschreibung der wichtigeren Anästhetika ist auch schon die richtige Methode der Anwendung derselben genauer behandelt worden, so habe ich vor allem bei der Behandlung des Kokains auch die Kokainanästhesie, nach deren Vorbild ja auch alle übrigen Anästhetika zur Erzielung einer lokalen Anästhesie angewendet werden, genau erörtert. Die Verwendung aller Anästhetika zur Erzeugung einer lokalen Anästhesie kann auf mehrere Arten geschehen. Zuerst dadurch, daß man das Anästhetikum in entsprechenden Lösungen auf die Schleimhäute aufträgt oder in die Gewebe injiziert. Diese Methode ist die einfachste und naheliegendste. Ich habe sie in dem § 5 gelegentlich der Behandlung des Kokains genau erörtert und dann bei den übrigen Anästhetika, soweit dieselben auf die gleiche Weise angewendet werden, eine genauere Beschreibung unterlassen, da ich hätte nur müssen das Gesagte wiederholen. Diese einfachste Anwendung der Anästhetika durch Injektion in die Gewebe ist verbessert worden durch die Entdeckung der Wirkung der Nebennierenpräparate auf das Gefäßsystem, und durch Kombination der Nebennierenpräparate mit den verschiedenen Anästhetika sind neue Methoden entstanden, die ich auch der vielen Wechselbeziehungen zwischen Anästhetikum und Nebennierenpräparat wegen mit bei Behandlung der einzelnen Anästhetika beschrieben habe. Des leichteren Verständnisses halber mußte diese Methode vorher behandelt werden. Auch diese ist bei Behandlung des Kokains erörtert worden, und es sind dann nur noch bei Behandlung jeden einzelnen Anästhetikums die jeweilig nötigen Bemerkungen gemacht worden, ohne allemal das Allgemeine zu wiederholen. Wer also die genauere Beschreibung nachlesen will, findet dieselbe in § 5.

Die in den folgenden zu beschreibenden Arten der Schmerzbetäubung stellen Methoden dar, welche meist zuerst mit dem Kokain angestellt wurden, die aber für die meisten Anästhetika ebenso von Bedeutung sind, wie für das Kokain und man kann namentlich die bedeutenderen Anästhetika ebenso wie das Kokain in diesen Methoden verwenden. Es gelten daher die folgenden Methoden nicht allein für Kokain sondern für alle beschriebenen Anästhetika, es wird aber bei der näheren Beschreibung der einzelnen Methoden noch des genaueren erörtert werden, in wie weit auch die anderen Anästhetika für jede Methode in Betracht kommen.

Als man die Kokainwirkung entdeckt hatte und erkannt, welchen enormen Einfluß dieselbe auf die Medizin haben würde, war man bestrebt, Methoden zu finden, um die Verwendung des Kokains derart zu gestalten, daß die mit der Anästhesierung verbundenen Gefahren auf ein Minimum beschränkt wurden. Da ist es nun S c h l e i c h gewesen, welcher als erster eine brauchbare Methode angegeben hat, vermöge deren man ohne große Gefahren eine für chirurgische Eingriffe genügende Schmerzbetäubung hervorrufen konnte. Es ist somit S c h l e i c h das Verdienst zuzuerkennen, die Anästhetologie begründet zu haben, da er der erste war, der das Kokain in möglichst harmloser Form verwendete und eine auf Beobachtungen und Erfahrungen begründete Methode angab, durch welche man eine für kleinere Operationen ausreichende Anästhesie erzielen konnte. Diese Methode ist die **Schleichsche Infiltrationsanästhesie.**

Ehe S c h l e i c h seine bahnbrechenden Lehren der Mitwelt übergeben hatte, war man nur auf die Kokainanästhesie angewiesen, indem man eine 2—5%ige Kokainlösung in die Gewebe injizierte. Wie schnell man auf diese Weise die Maximaldosis, 0,05 g Kokain, erreicht hatte und einen wie kleinen Bezirk man mit dieser Lösung nur anästhesieren kann, das wird jedermann sofort ersehen. Somit konnte man die Lokalanästhesie nur für kleine Operationen verwenden, wodurch die Indikation für die lokale Schmerzbetäubung stark eingeengt wurde. Diesem Umstand hat S c h l e i c h durch seine neue Methode mit einem glänzenden Erfolge abgeholfen, und so wurde die Anästhetologie in ganz andere Bahnen geleitet. Freilich dauerte es lange Zeit, bis man S c h l e i c h das wahre Verdienst zuerkannte, denn auch seine Methode wurde, wie es meist den Neuerungen zu gehen pflegt, mit abfälligen Kritiken überhäuft und man kämpfte mit eiserner Energie gegen dieselbe an. Trotzalledem hatten aber von Anfang an eine Reihe von Chirurgen den Wert der Schleichschen Methode erkannt, und so brach sich dieselbe mit den Jahren mehr und mehr Bahn, bis man endlich den wahren Wert allgemein anerkannte.

S c h l e i c h hatte vor allen Dingen erkannt, daß man die Kokaindosis vermindern müsse, und daß man selbst mit sehr dünnen Kokainlösungen noch einen Einfluß auf die Nerven ausüben könnte. Er hatte die Kokainlösung von 1% in die Haut injiziert und auf diese Weise die bekannte Quaddel erhalten mit dem anästhetischen Bezirk. Nun versuchte er durch Versuche am eigenen Körper festzustellen, wo die untere Grenze der Wirksamkeit verdünnter Kokainlösungen gelegen sei, und er konnte einwandfrei nachweisen, daß noch Lösungen von 0,02% Kokaingehalt imstande waren, ohne jeden Injektionsschmerz vollkommene Anästhesie genau innerhalb des infiltrierten Gebietes zu erzeugen. Dicht neben der entstandenen Quaddel bestand vollkommen normale Empfindlichkeit in der Haut. Es war also nachgewiesen, daß 0,02%ige Kokainlösungen die dünnsten Konzentrationen darstellen, vermöge deren man noch eine Anästhesie erzeugen kann. Wenn man eine 0,02%ige Kokainlösung verwendet, so hat man in einer Quaddel, welche durch Injektion $^1/_{12}$ Teilstriches einer Pravaz-spritze erzeugt werden kann, 0,00001 g Kokain, oder in 1 ccm 0,0002 Kokain. Diese geringen Mengen erzeugen noch eine brauchbare Anästhesie. Ferner beobachtete Schleich, daß die physiologische Kochsalzlösung von 0,6 % eine Quaddel erzeugt, welche mit der intakten Haut vollkommen gleiche Sensibilität aufweist und daß Aqua destillata unter heftigem Injektionsschmerz eine vollkommen anästhetische Quaddel entstehen läßt. Er suchte nun diejenige Kochsalzlösung, welche, zwischen 0,6 % und Aqua destillata gelegen, ebenfalls eine anästhetische Quaddel bildet und fand diese in der 0,2 %igen NaCllösung. Diese 0,2 %ige NaCl-Lösung dient als eigentliches Vehikel für alle seine anästhe-sierenden Flüssigkeiten. Ferner fand Schleich, daß die untere Grenze der Wirksamkeit des Kokains von 0,02 auf 100 Aqua destillata noch um die Hälfte vermindert werden kann, wenn man die Kokaindosis in der 0,2 %igen Kochsalz-lösung auflöst. Kokain zeigte sich in dieser Lösung noch bei einer Konzentra-tion von 0,01 % vollkommen wirksam. Ferner fand Schleich, daß Morphium in einer Lösung von 0,1 % ein vorzügliches, nicht parästhesierendes reines Anästhe-tikum darstellt, und wenn das Morphium in einer 0,2 %igen NaCl-Lösung gelöst ist, es ein sehr brauchbares Anästhetikum darstellt, ebenso bei einer Kon-zentration von 1 : 1000. So gelangte er zur Konstruktion seiner äußerst ver-dünnten Lösungen, von denen man 100—500 ccm verwenden kann, ehe man die Maximaldosis des Kokains erreicht. Es muß aber dabei bedacht werden, daß diese Lösungen immer nur in dem Bereich wirken, in welchen sie direkt injiziert worden sind. Somit ergibt sich als erster Grundsatz für die Verwendung der Schleichschen Lösungen, daß die Gewebe durch die Lösung vollkommen ödemisiert sind. Man erzeugt bei dieser Infiltration im Operationsgebiet ein vollen-detes künstliches Ödem. Bei diesem künstlichen Ödem kommen als die Anästhesie hervorrufende Faktoren erstens das Kokain, zweitens das NaCl in 0,2 %, und ferner die in dem ödemisierten Gewebe entstehende Anämie, ferner der direkte Druck der Flüssigkei in Betracht. Durch den Druck der in dem Gewebe eingepreßten Flüssigkeit werden die Blutgefäße komprimiert und infolgedessen entsteht Blut-leere, welche schon an sich die Sensibilität herabsetzt. Ferner werden durch den bei der Injektion bedeutend gesteigerten Druck der Gewebsflüssigkeiten die Nerven direkt komprimiert und durch diese Kompression in ihrer Leitungsfähigkeit ge-schädigt. Als weiterer Punkt kommt noch die Kälte der Injektionsflüssigkeit in Betracht, denn Schleich beobachtete, daß Lösungen, die bis auf 0° herab ab-gekühlt waren, viel intensiver anästhesierten, während Lösungen, welche erwärmt wurden, an anästhetischer Kraft bedeutend verloren. Er verwendet daher möglichst kühle Lösungen. Zu alledem kommt noch der Umstand, daß das Kokain in ischämischem Gewebe bedeutend stärker wirkt als im normalen, und es besteht gerade in dem ödemisierten Bezirk fast vollkommene Blutleere.

Man ersieht aus allen diesen Erläuterungen, wie viele Momente bei der Schleichschen Anästhesierung maßgebend sind: Ischämie, Druck, Kälte, 0,2 % Kochsalzlösung und endlich das Kokain. Es wäre ja möglich, auch mit der einfachen 0,2 %igen Kochsalzlösung eine genügende Anästhesie zu erzeugen. allein dies ist nur möglich im normalen Gewebe. Sobald man, wie es ja sehr oft bei operativen Eingriffen der Fall zu sein pflegt, entzündete Gewebe vor sich hat, kann man das Anästhetikum Kokain nicht entbehren. Der Zusatz von Morphium und einigen Tropfen einer 5 %igen Karbollösung geschieht aus dem

Grunde, weil im entzündeten Gewebe leicht vor Eintritt der Anästhesie Schmerzen eintreten, welche durch das Morphium beseitigt werden. Ebenso sind oft die Schmerzen nach der Operation ziemlich stark und können durch die Morphiumwirkung gelindert werden. Bei diesen Erwägungen ist S c h l e i c h zu folgenden Grundsätzen gekommen: „Nur das ödemisierte Gebiet ist anästhetisch. Die Anästhesie tritt ein im Momente der Etablierung des künstlichen Ödems. Die Wirkung braucht nicht abgewartet zu werden, sie ist sofort vorhanden. Die Anästhesie wird getragen durch die Flüssigkeit an sich. Sie ist eine mehr physikalische Methode, denn die chemischen Faktoren kommen nur so weit in Betracht, als der Einspritzungsschmerz der Lösung überkompensiert werden soll. Träger der eigentlichen Schmerzlosigkeit ist aber vor allem die wässerige Lösung. Daneben natürlich Anämie, Druck, Temperaturdifferenz.“

In diesen Erwägungen der Wirksamkeit der einzelnen Faktoren hat S c h l e i c h verschiedene Lösungen zusammengestellt, welche folgendermaßen zusammengesetzt sind:

<table>
<tr><td colspan="2">I.</td><td colspan="2">II.</td></tr>
<tr><td>Cocain mur.</td><td>0,2</td><td>Cocain mur.</td><td>0,1</td></tr>
<tr><td>Morph. mur.</td><td>0,02</td><td>Morph. mur.</td><td>0,02</td></tr>
<tr><td>Natr. chlor.</td><td>0,2</td><td>Natr. chlor.</td><td>0,2</td></tr>
<tr><td>Aqua dest. ad</td><td>100,0</td><td>Aqua dest. ad</td><td>100,0</td></tr>
<tr><td colspan="2" align="center">M. D. S.</td><td colspan="2" align="center">M. D. S.</td></tr>
<tr><td colspan="2">Starke Lösung zur Infiltrationsanästhesie</td><td colspan="2">Mittlere Lösung zur Infiltrationsanästhesie</td></tr>
</table>

III.

Cocain mur.	0,01
Morph. mur.	0,005
Natr. chlor.	0,2
Aqua dest. ad	100,0

M. D. S.

Schwache Lösung zur Infiltrationsanästhesie.

Diese drei Lösungen finden verschiedene Verwendung. Von der Lösung I kann man 25 g, von Lösung II 50 g und von Lösung III bis 500 g auf einmal verwenden. Die Lösungen I und III finden nur in Ausnahmefällen Verwendung, die Lösung II stellt die gebräuchlichste dar und kann für die meisten Operationen genommen werden. Dieselbe ist die für die Infiltrationsanästhesie typische Lösung. Die Lösung I verwendet S c h l e i c h in jenen Fällen, wo die Infiltration mit Lösung II an sich erheblichere Schmerzen hervorruft, namentlich in allen jenen Fällen sehr gesteigerter Empfindung, wie in allen Geweben im Zustand der akuten Inflammation, in Narbengeweben mit Neurombildung, bei allgemeiner Hypersensibilität etc. Die schwächste Lösung, Nr. III, wird absolut nicht überflüssig, wie von manchen Seiten bisher angenommen worden ist, man kann dieselbe sehr gut verwenden in Fällen, wo man mit den anderen Lösungen annähernd die Maximaldosis erreicht hat, wo man also von Lösung I schon 20 g oder von Lösung II 40 g injiziert hat und sich noch weitere Mengen von anästhesierender Lösung nötig machen, wo man z. B. noch das Unterhautzellgewebe, Submukosa, die Umgebung der Faszien etc., die als

weniger empfindungsreiche Gewebe anzusehen sind, zu anästhesieren hat. Für
das bedeutend empfindungsreichere Periost empfiehlt sich diese Lösung III
allerdings nicht, denn zu dessen Anästhesierung muß man stets Lösung I verwenden.

Die Lösungen müssen natürlich absolut steril sein. Die Sterilisierung
der Schleichschen Lösungen geschieht nach den Angaben Schleichs
folgendermaßen. Das zu verwendende Kokain und Morphium ist an sich, wenn
es sauber aufbewahrt wurde steril, während das Kochsalz stets Keime, Hyphomy-
ceten und Saprophyten enthält. Man muß daher das Kochsalz durch Erhitzen in
einer Porzellanschale sterilisieren. Das destillierte Wasser wird durch Kochen
vor dem Lösen der Substanzen sterilisiert. Kurz vor dem Gebrauch der Lösung
mischt man sich die einzelnen Bestandteile, d. h. man löst das steril aufbewahrte
Kokain, Morphium und Kochsalz in dem sterilen Aqua destillata auf. Es ist
hierzu zweckmäßig, wenn man sich die einzelnen Bestandteile in solchen
Mengen aus der Apotheke verschreibt, wie sie für 100 g Schleichscher
Lösung erforderlich sind. Wollte man die fertige Lösung durch Kochen sterilisieren, so würde man Gefahr laufen, das Kokain zu zersetzen und somit un-
wirksame Lösungen zu erhalten, wodurch Mißerfolge in der Anästhesie entstehen
werden. Auch das Aufbewahren der Lösungen für längere Zeit ist nicht ratsam, da in denselben beim längeren Stehen, wie in jeder Kokainlösung, Zersetzungen entstehen und Pilze sich entwickeln. Es ist daher Haupterfordernis für
die Schleichsche Anästhesie, die Lösungen stets frisch, kurz vor dem
Gebrauch herzustellen. Natürlich muß man stets eine genügend große Menge
bereiten, damit nicht Mangel eintritt. Die übrig bleibende Menge schüttet man
nach der Operation weg. Wenn man diese Vorschriften genau befolgt, wird
man stets gute Resultate erzielen, man braucht der frisch hergestellten Lösung
kein Antiseptikum zuzusetzen, da dieselbe an sich einwandfrei steril ist. Es
entsteht durch eine so hergestellte Lösung nie eine Infektion. Schleich hat
an einer sehr großen Anzahl von Operationen unter Anästhesie mit seinen
Lösungen nie Infektionen beobachtet, was bei der langjährigen Erfahrung und
Verwendung der Methode wohl als maßgebend zu betrachten ist.

Ebenso wichtig wie die sterile Herstellung der Lösungen ist die Sterilisierung der Spritzen und Kanülen. Die von Schleich zur Infiltrationsanästhesie
verwendete und empfohlene Spritze ist eine 10 ccm fassende mit Vulkanfiber-
stopfen versehene Injektionsspritze, bei welcher die Kanülen nicht über den
Konus, sondern in denselben hinein montiert werden. Diese Spritze geht unter
dem Namen der Schleichschen Injektionsspritze und ist für die Infiltration
äußerst praktisch. Man kann aber auch jede andere gut gebaute und absolut
dichte Spritze verwenden, ja es genügen sogar die kleinen Pravazspritzen schon,
um eine gute Anästhesie zu erzielen. Die Hauptbedingung aller dieser Spritzen
ist absolute Dichtigkeit, die Spritze darf nirgends Flüssigkeit austreten lassen.
Man prüft sie am besten so, indem man sie mit Wasser füllt und den Konus
mit dem Finger fest verschließt, während man auf den Kolben den höchsten
Druck wirken läßt. Wenn die so verschlossene Spritze kein Wasser austreten
oder hinter den Kolben laufen läßt, so ist sie zur Infiltrationsanästhesie brauchbar. Man erhält die Spritzen immer gut dicht, wenn man sie täglich oder alle
zwei Tage wenigstens einmal mit einer antiseptischen Lösung durchspritzt.
Das ist absolut notwendig, wenn man immer eine gut funktionierende Spritze

zur Hand haben will. Natürlich muß die Spritze in allen ihren Teilen sterilisierbar sein, und man kocht dieselbe vor jedem Gebrauch aus. Zur Injektion verwendet man verschiedene Kanülen, und es müssen bei jeder Operation eine große Anzahl der verschiedensten Arten vorhanden und gebrauchsfertig sein. Dieselben werden ausgekocht und in sterilem Mull in einem Glasgefäß aufbewahrt. Wenn man auch zur bequemeren Ausführung der Infiltration und bei größeren Operationen lieber eine eigens für die Methode konstruierte Injektionsspritze verwenden wird, so ist doch gerade darin ein großer Vorzug der Schleichschen Methode gelegen, daß man auch jede beliebige Spritze verwenden kann.

Um die Nachteile, welche die Injektionsspritzen stets mit sich bringen, zu umgehen, hat Moskowicz einen Apparat konstruiert, der entschieden recht brauchbar und praktisch ist, der aber nie die Injektionsspritze wird ganz verdrängen können, denn der praktische Arzt wird immer die Spritze vorziehen, da sie leichter zu transportieren ist und er sie immer bei sich hat, während der eben zu beschreibende Apparat nicht so geeignet für den praktischen Arzt ist, sondern mehr für die Arbeit in der Klinik oder dem Krankenhause paßt. Der Apparat von Moskowicz besteht aus einer starkwandigen Glasflasche, die ca. 300 ccm Flüssigkeit faßt. In dieselbe wird die Injektionslösung gegossen. Die Flasche wird durch einen doppelt durchbohrten Stopfen fest verschlossen. Durch diesen Stopfen führt ein Rohr bis auf den Boden der Flasche. An diesem Rohr ist ein Schlauch außen verbunden durch einen Hahn befestigt; und am Ende dieses ziemlich langen Schlauches ist eine Kanüle angebracht. Durch den Stopfen führt ein zweites Rohr, das dicht unter dem Stopfen abgeschnitten ist und mit einem Gebläse oder einer kleinen Luftpumpe oder Wundspritze mittels eines Gummischlauches verbunden ist. Durch diesen Schlauch, der ebenfalls einen Verschlußhahn dicht an dem Stopfen der Flasche besitzt, kann man in der Flasche erhöhten Luftdruck herstellen, wenn der Hahn des anderen Schlauches geschlossen ist. Um den Apparat zu verwenden, wird zunächst in der Flasche ein erhöhter Druck erzeugt. Dann füllt man den Abflußschlauch durch ein kurzes Öffnen des Hahnes mit der Injektionsflüssigkeit und schließt den Hahn wieder. Nun stößt man die Kanüle in die Gewebe und öffnet den Hahn. Durch den Ueberdruck in der Flasche wird die Flüssigkeit in die Gewebe getrieben und man infiltriert dieselben. Wenn der Druck zu gering wird, kann man ihn stets durch die Luftpumpe ersetzen. Auf diese Weise wird das öftere Wechseln und Füllen der Injektionsspritzen umgangen und die Infiltration erleichtert. Allerdings muß man wenigstens zwei solcher Apparate stets zur Hand haben, in denen zwei verschiedene Lösungen sind. Der Apparat kann in allen Teilen sterilisiert werden. Wenn derselbe auch gewisse Vorteile bietet, so kann man doch nicht behaupten, daß er die Injektionsspritzen verdrängen wird, denn auch diesem Apparat haften Nachteile an, vor allen Dingen ist der Schlauch an der Injektionskanüle immer ein Gegenstand, der die Asepsis gefährdet. Immerhin kann man aber mit demselben eine gute Infiltration erreichen, da vor allen Dingen bei richtiger Handhabung die Flüssigkeit fast unter konstantem Druck in die Gewebe injiziert wird.

Die Technik der Schleichschen Infiltration wird folgendermaßen gehandhabt. Der erste Grundsatz muß auch hier, wie bei allen anderen Methoden der Anästhetologie der sein, dem Kranken jeden Schmerz zu ersparen. Zu diesem Zwecke wird da, wo man mit der Infiltration beginnen will, wo also der erste Einstich in die Haut erfolgt, die Haut durch den Chloräthylstrahl unempfindlich gemacht. Sobald die Haut gefroren ist, sticht man mit einer feinen Kanüle ein und bildet zunächst eine Quaddel. Diese erste Quaddel ist der Ausgangspunkt für alle weiteren Injektionen. Am Rande dieser ersten Quaddel sticht man nun wieder ein und bildet eine zweite Quaddel und von dieser so weiter, bis man den ganzen Teil der Haut, die man inzidieren will, mit Quaddeln anästhesiert hat. Nun sticht man in das Unterhautzellgewebe und infiltriert dies genau auf dieselbe Weise, indem man nach und nach die Kanüle weiter in dem Gewebe vorschiebt und Flüssigkeit dabei injiziert. Handelt es sich z. B. um die Inzision eines Abzesses, wo man bloß Haut und Unterhautzellgewebe zu inzidieren hat, so kann man die Infiltration auf diese Weise leicht ausführen. Bei größeren Operationen aber, vor allen Dingen da, wo man Tumoren oder Gewebe exstirpieren oder exzidieren will, muß man in einzelnen Etappen injizieren; man verfährt dann so, daß man zunächst Haut und Unterhautzellgewebe infiltriert und dieses inzidiert. Von der Wunde aus infiltriert man dann die anderen Gewebsschichten, die Gewebe um den Tumor herum und durchtrennt diese dann, bis man den Tumor frei hat. In Fällen kleinerer Operationen kann man mittels langer Kanülen von der Haut aus das ganze Operationsfeld infiltrieren. So z. B. bei Exstirpationen von Ganglien, Atheromen, Naevi, Lupusknoten, bei Phimosenoperationen etc. Auch die Laparotomieschnitte kann man sehr leicht auf diese Weise schmerzlos ausführen. Man infiltriert von der Haut aus jede Gewebsschicht einzeln. Die Infiltration der Gewebe ist keineswegs eine so einfache Sache, wie es scheint, sondern es gehört schon ein Teil Übung dazu, damit man in korrekter Weise alle Teile beschickt. Fehler in der Technik rächen sich recht empfindlich durch Schmerzempfindung der Patienten. Es muß daher mit peinlicher Genauigkeit und Exaktheit die Injektion in alle Gewebe vorgenommen werden. Vergißt man, einen Gewebsteil zu infiltrieren, so empfindet der Kranke dort Schmerzen, sobald man mit dem Messer daselbst zu arbeiten beginnt. Es ist ja kein großes Unglück, wenn einmal ein solcher Zufall sich ereignet, man muß dann nur sofort die betreffende Stelle infiltrieren. Immer muß man aber bedenken, daß solche kleine Mißerfolge ihren Grund in fehlerhafter Technik haben, und man darf nicht die Methode an sich dafür verantwortlich machen. Dieselbe garantiert vollkommene Anästhesie, sobald nur die Technik in richtiger Weise gehandhabt worden ist. Wenn man Operationen am Knochen vornehmen will, wie Fingeramputationen, so muß man vor allen Dingen das Periost peinlich infiltrieren. Man stößt da am besten eine gebogene Kanüle um den Knochen herum und infiltriert so das Periost. Dann kann man den Knochen ohne Schmerzen für den Kranken mit der Knochenzange entfernen.

Ein Nachteil liegt in dieser Methode, der für manche Operationen wohl andere Anästhesierungsarten vorziehen läßt. Dies ist der Umstand, daß die Gewebe durch die unter höherem Druck injizierte Flüssigkeit bedeutend quellen und somit in ihrem Aussehen stark verändert werden. Wenn es sich also um Operationen handelt, wo man besonderen Wert auf genaue Unterscheidung der einzelnen Gewebe voneinander legt, eignet sich die S c h l e i c h s c h e Methode nicht so gut. Die Gewebe werden durch den gequollenen Zustand so verändert, daß man oft schwer einzelne feine Teile, wie Nervenstränge, auffinden kann. Natürlich kommt auch hier die Übung als unterstützendes Moment in Betracht, und es wird ein in der S c h l e i c h s c h e n Anästhesie viel geübter Operateur auch diese Schwierigkeiten bis zu einem gewissen Grade überwinden können.

Es würde hier zu weit führen, wollte ich die einzelnen Operationen hinsichtlich der Technik und Anwendbarkeit der S c h l e i c h s c h e n Infiltrationsanästhesie genauer behandeln. Es lassen sich da auch keine feststehenden

Vorschriften geben, da man es jedem Operateur überlassen muß, nach seiner Überzeugung, Übung und Erfahrung zu urteilen, welche Anästhesierungsmethode er bei dieser oder jener Operation wählen und anwenden will. Es wird aber das Bestreben jedes Chirurgen sein, die Narkose soviel als möglich einzuschränken und durch eine Methode der Anästhetologie zu ersetzen.

Man kann auch in den Schleichschen Lösungen das Kokain durch andere Anästhetika, wie Eukain β, Tropakokain, Novokain etc., ersetzen, was in allen jenen Fällen zu geschehen hat, wo der Kranke Idiosynkrasie gegen Kokain besitzt. Immerhin wird dies aber nur selten vorkommen, da die dünnen Kokainlösungen nur in ganz seltenen Fällen, selbst bei gegen Kokain empfindlichen Personen höchst selten, üble Erscheinungen bei dem Kranken hervorrufen. Immerhin kann man ja allen Eventualitäten bei bestehender Idiosynkrasie vorbeugen, durch Ersatz des Kokains. Die Schleichsche Methode hat eine überaus große Verbreitung in der Zahl der Operationen gefunden, und man hat selbst große Operationen, Amputationen von Ober- und Unterschenkeln, am Arm, gynäkologische Operationen etc. mit bestem Erfolg unter dieser Methode ausgeführt. Allein es kommt doch bisweilen vor, daß man während der Operation bemerkt, daß die Operation noch erweitert werden muß, was mit der Infiltration unmöglich ist. Man kann dann ohne Sorge sofort eine Äthernarkose einleiten. So hat man auch von Anfang an bei vielen, namentlich sehr lange Zeit dauernden Operationen die Narkose mit der Infiltrationsanästhesie kombiniert. Man verfährt dann so, daß man den Hautschnitt und die weiteren Maßnahmen, soweit dies angängig ist, unter Infiltrationsanästhesie ausführt und erst in dem Moment, wo diese nicht mehr ausreicht, die Narkose einleitet. Dann läßt man den Kranken wieder aus der Narkose erwachen, sobald es wieder möglich ist mit Schleichscher Anästhesie zu operieren. So kann man bei großen Unterleibsoperationen die Laparotomie mit Schleichscher Anästhesie ausführen und Narkose einleiten, während man an den Bauchorganen operiert, während man die Naht der Laparotomiewunde wieder unter Schleichscher Anästhesie ausführt. Diese Kombination der Infiltrationsanästhesie mit der Äther- oder Äthersauerstoffnarkose ist äußerst segensreich und ermöglicht oft noch eine lebenrettende Operation, die der Kranke unter so langer totaler Narkose nicht hätte überstehen können.

Natürlich gelten auch für die Schleichsche Anästhesie die Gesetze strengster Asepsis, die nicht nur in den Apparaten, Spritzen, Kanülen und Lösung zu handhaben ist, sondern auch hinsichtlich des Patienten, des Operationsfeldes, der Haut, Hände des Operateurs etc., beachtet werden muß.

Man hat der Schleichschen Infiltrationsanästhesie eine Menge von Gefahren nachgesagt, die aber bei weitem nicht in dem Maße bestehen, als man es annahm. Die Infektionsgefahr der Gewebe war der erste Punkt, den man der Methode entgegenhielt. Wir haben oben schon gesehen, daß man die Infektion vollkommen verhüten kann und muß. Diese Gefahr besteht also bei richtiger Technik nicht. Ferner glaubte man, daß der hohe Druck, unter welchem die Flüssigkeit die Gewebe infiltriert, den Geweben schaden würde. Auch diese Sorge hat sich als unnötig erwiesen. Es ist auch die prima intentio der Wunden nicht im geringsten durch die Infiltration gestört worden. Man hat sogar in neuester Zeit die Beobachtung gemacht, daß Wunden, welche unter lokaler Anästhesierung gesetzt worden sind, viel besser und schneller heilen und viel seltener eine entzündliche Reaktion aufweisen, als Wunden, die in Narkose oder ohne Infiltration gesetzt wurden. Ein bedeutender Vorteil wird der Kochsalzlösung zugeschrieben (Thomas Spencer, Wells, Walhard). Dieselbe besitzt, nach Angabe dieser Autoren, eine entschieden starke bakterizide Kraft und so ist es nicht unmöglich, daß die Kochsalzlösung im Gewebe oftmals Entzündung und Eiterung verhüten kann (Schleich). Ein weiterer wichtiger Punkt ist die Gefahr der Intoxikation durch das Kokain. Diese Gefahr ist nun aber sehr gering, denn erstens werden nur sehr dünne Lösungen verwendet, und von dieser Lösung fließt ein großer Teil bei der Operation wieder aus dem Gewebe heraus. Der herausfließende Teil ist gar nicht unbeträchtlich. Wenn man nun bedenkt, daß nur bei sehr großen Mengen der Lösung die Maximaldosis des Kokains erreicht wird und daß ein Drittel bis die Hälfte der Lösung wieder aus den Geweben herausfließt, so erkennt man leicht, daß Intoxikationen nicht zu befürchten sind. Alle diese vermeintlichen Gefahren, welche man der Schleichschen Methode zum Vorwurf gemacht hat, sind hinfällig, und es bleiben bei kritischer und objektiver Beurteilung der Methode nur ganz geringe Nachteile bestehen, wie die Quellung der Gewebe und dadurch bedingte erschwerte Unterscheidung der einzelnen Gewebsarten, was ja bei malignen Neubildungen und ähnlichen Tumoren während deren Exstirpation hinderlich sein kann. Diese geringen Nachteile sind aber so wenig schwerwiegend, daß man sie nicht besonders in Betracht zu ziehen braucht, denn jedes Ding hat neben den Vorzügen auch Nachteile.

Man hat also in dieser Methode eine Anästhesierungsart, die vorzügliche Wirkung besitzt und den Grund zu allen unseren neueren Anästhesierungsmethoden gelegt hat. Wenn man auch an der ursprünglichen Schleichschen Methode manches geändert und aus derselben neue Methoden konstruiert hat, so bleibt doch Schleich das Verdienst, die erste wirklich brauchbare Methode angegeben zu haben. Wenn man auch jetzt viele andere Arten der lokalen Schmerzbetäubung noch zur Verfügung hat, so ist doch die Schleichsche Methode in vielen Fällen indiziert und sehr brauchbar, besonders ihrer geringen Gefährlichkeit wegen, und man kann sie mit manchen anderen Methoden, besonders der Leitungsunterbrechung größerer Nervenstämme kombinieren.

Für die Schleichsche Methode kann man anstelle des Kokains jedes der anderen Anästhetika verwenden, wenn auch entschieden hervorgehoben werden muß, daß Kokain für diese Methode am geeignetsten ist. Am besten eignen sich anstelle des Kokains in den drei Lösungen Eukain-β, Tropakokain, Novokain und Stovain. Diese Körper werden in Konzentrationen von 0,2 %, 0,1 % und 0,05 % in den drei Schleichschen Lösungen verwendet und ersetzen das Kokain sehr gut. Da aber bei Verwenden der von Schleich angegebenen Kokainlösungen keine Gefahren bedeutenderer Art vorhanden sind, so ist es auch nicht notwendig, das Kokain durch andere Anästhetika zu ersetzen.

§ 21. **Die Anästhesierungsmethode von Reclus** verfolgt den Zweck, die Gewebe mittels Kokain direkt zu betäuben, wobei man nur die Kokainwirkung im Auge hat und auf die anderen Momente, welche Schleich bei seiner Methode mit benutzte, verzichtet. Diese Methode wird auch indirekte Infiltrationsanästhesie genannt (Mann). Reclus hat nur die 1 %ige Kokainlösung verwendet und gibt den Rat, stets frisch bereitete Lösungen zu gebrauchen, auf keinen Fall sollen dieselben älter als acht Tage sein. Die Methode von R e c l u s hat viel Ähnlichkeit mit der früher schon beschriebenen eigentlichen Kokainanästhesie. Es besteht eben nur der Unterschied, daß R e c l u s nur 1°/₀ige Lösungen verwendet. Es besteht ein großer Unterschied zwischen der Wirksamkeit frischer und alter Kokainlösungen. Eine sechs Monate alte Kokainlösung rief bei den Versuchen L e g r a n d s eine kaum zehn bis zwölf Minuten dauernde Anästhesie hervor, während diese gleich konzentrierte frische Lösung eine Anästhesie von 50—60 Minuten erzeugt. Daraus erhellt, daß man nie ältere Lösungen verwenden soll.

Die Maximaldosis des Kokains ist bekanntlich 0,05 g beim Menschen. Wenn auch verschiedentlich größere Mengen ohne Schaden verwendet worden sind, so kann man doch nicht raten, die Maximaldosis wesentlich zu überschreiten. R e c l u s hat 0,1—0,15 g Kokain injiziert, aber er hat diese Menge nicht auf einmal verwendet, sondern in dünner Lösung nach und nach in die Gewebe injiziert. Dabei muß man bedenken, daß ein großer Teil der Kokainlösung wieder aus den Geweben bei der Operation herausfließt, so daß nicht die ganze Menge resorbiert wird. In dünnen Lösungen kann man ohne Nachteile für den Kranken auch gelegentlich größere Mengen Kokain als 0,05 injizieren, nur darf nicht auf einmal die ganze Menge eingespritzt werden (R e c l u s). Deshalb gibt R e c l u s den Rat, nie stärkere Lösungen als 1°/₀ige zu verwenden.

Die Methode besteht darin, daß man die Kokainlösung mit einer Injektionsspritze in die Haut injiziert. Man verfährt so, daß man die Kanüle in die Haut einsticht, indem man nur in der Cutis bleibt und injiziert dann eine kleine Menge der Lösung. Es entsteht sofort eine weiße Quaddel. Das Entstehen der anämischen Quaddel ist ein Zeichen, daß die Kanülenöffnung innerhalb der Cutis sich befindet. Ist dieselbe in das subkutane Gewebe geglitten, so bemerkt man dies erstens an dem geringeren Widerstand, der sich der Nadel entgegensetzt, zweitens an dem Fehlen der Quaddel. Die Quaddel ist vollkommen empfindungslos, und die Anästhesie verbreitet sich in die Umgebung der Injektionsstelle, soweit das Kokain zu diffundieren vermag. Von der ersten Quaddel, in welcher man die Nadel stecken läßt, anästhesiert man die Haut weiter, indem man die Nadel in der Haut weiter schiebt und dabei Kokainlösung injiziert. Ist die Nadel zu kurz, so zieht man sie heraus und sticht in der letzten Quaddel wieder von neuem ein und schiebt die Kanüle in der Haut vorwärts, bis man die ganze Länge der Schnittlinie anästhesiert hat. Nunmehr wird die Haut inzidiert. Nachdem dies geschehen, anästhesiert man, wenn man noch weiter in die Tiefe der Gewebe operativ vordringen muß, die nächste Schicht auf d i e s e l b e Art, also das subkutane Gewebe, dann die Fascie, die Muskeln und schließlich das Periost, aber jede Schicht einzeln, nachdem man die vorhergehende Schicht inzidiert hat. Diese Methode ist für kleinere Operationen sehr gut brauchbar, nur muß man immer bedacht sein, die Maximaldosis des Kokains nicht wesentlich zu überschreiten.

Die Anästhesie tritt rasch ein und ist in dem beschickten Gewebe vollkommen. Man kann auch die entzündlichen Gewebe vollkommen anästhesieren und erkennt den Eintritt der Anästhesie in denselben ebenfalls an der anämischen Verfärbung der Gewebe, die vorher dunkelrot waren. Die Dauer der Anästhesie ist verschieden, man hat dieselbe bis zu einer Stunde anhalten sehen (R e c l u s), doch ist im Mittel 30—40 Minuten als Dauer anzunehmen.

Die Indikationen für die Reclussche Methode sind verhältnismäßig beschränkt, denn man kann nur kleinere Operationen unter dieser Anästhesie ausführen, Operationen, bei denen nicht zu große Gewebspartien anästhesiert werden müssen. So kommen vor allen Dingen die Operationen der kleinen Chirurgie in Betracht. Es muß bei der Injektion vor allen Dingen beachtet werden, möglichst an Kokainlösung zu sparen. Wenn man darin etwas Übung hat, so kann man mit wenig Lösung verhältnismäßig große Partien anästhesieren. So hat Reclus auch größere Operationen mit bestem Erfolge unter seiner Methode ausgeführt, wie Laparotomien, Ovariotomien, Herniotomien etc., und er gibt den Rat, alle diese Operationen zunächst unter der Reclusschen Anästhesie zu beginnen und, wenn man kompliziertere Verhältnisse findet, noch allgemeine Narkose einzuleiten. Somit ist immerhin eine große Anzahl von Operationen unter dieser Anästhesie ausführbar.

Was die mit dieser Methode verbundenen Gefahren anlangt, so ist vor allen Dingen die Kokainintoxikation zu nennen, welche ev. leicht eintreten kann. Um üblen Wirkungen während und nach der Anästhesie vorzubeugen, gibt Reclus den Rat, jeden Patienten, an welchem man eine Injektion vornehmen will, während derselben auf den Rücken platt zu lagern. Ebenso soll der Kranke nach der Operation zwei bis drei Stunden in Rückenlage verbleiben und erst nach Verlauf dieser Zeit wieder umhergehen. Vor der Operation braucht der Patient nicht zu fasten, im Gegenteil ist es erwünscht, wenn er kurz vorher eine kleine Menge Nahrung zu sich genommen hat. Wenn man diese Vorschriften genau beachtet, werden üble Zufälle nicht eintreten. Natürlich muß man, was schon bei der Behandlung der Kokainanästhesie genau erörtert worden ist, peinlich sterilisierte Lösungen verwenden. die Instrumente und das Wundgebiet etc. einwandfrei sterilisieren und ein reines und unzersetztes Kokain verwenden. Reclus hat mit dieser Methode sehr gute Resultate erzielt und keine Unfälle erlebt. Es erübrigt sich hier, noch des näheren auf die Behandlung des Kranken bei etwaigen Kokainintoxikationen einzugehen, da dies oben schon genau erörtert worden ist.

§ 22. Von besonderer Bedeutung für die Chirurgie ist die **regionäre Anästhesie** geworden. Dieselbe hat verschiedene Phasen der Entwicklung durchgemacht, und man kann zurzeit verschiedene Methoden nennen, welche in die regionäre Anästhesie gehören. Der Umstand, daß die Schleichsche Infiltrationsanästhesie in gewissen Gegenden des Körpers besonderen technischen Schwierigkeiten begegnete, so z. B. bei der Operation des eingewachsenen Nagels, Panaritiumoperationen etc., kurz in strammen, festen, aber entzündeten Geweben, wo wohl eine Anästhesie mit der Schleichschen Methode zu erreichen war, aber die Injektion in dem strammen entzündeten Gewebe schwer auszuführen und mit Schmerzen verbunden war — veranlaßte die Chirurgen, nach einer Methode zu suchen, welche diese Schwierigkeiten nicht bot. Da war es zuerst Mago-Robson und Corning, welche eine neue Beobachtung machten, die dann zu der Begründung der regionären Anästhesie führte. Dieselben bemerkten nämlich, daß man dann, wenn man eine Kokainlösung dicht um einen größeren Nervenstamm eines Gliedes, wie des Fingers, der Zehe, Hand, Arm etc., injizierte und zugleich oberhalb der Injektionsstelle eine Konstriktion um das Glied legte, so daß die Blutzirkulation unterbrochen war, der Nerv in seinem Leitungsvermögen unterbrochen wurde, so daß in dem ganzen Bezirk des

Gliedes, der von dem Nerven innerviert wird, vollkommene Anästhesie entstand. Diese Beobachtung wurde von verschiedenen Chirurgen bestätigt. (Kummer, Oberst, Pernice etc.), und Pernice und Oberst begründeten, gestützt auf diese Beobachtung, eine neue Methode. Allerdings war diese Methode nicht vollkommen neu, denn schon vor Pernice und Oberst hat Schleich dieselbe verwendet und dieselbe bis zum Jahre 1890 ausschließlich als Anästhesierungsmethode gebraucht. Außer Schleich verwendeten dieselbe Methode bereits Helferich, Küster und H. Schmidt, so daß man eigentlich keine ganz neue Methode darin erblicken konnte. Immerhin gebührt Oberst das Verdienst, dieselbe weiter ausgebaut und der Öffentlichkeit übergeben zu haben.

Oberst und Pernice verfuhren bei ihren Operationen an den hierzu geeigneten Gliedern folgendermaßen. Sie verwendeten stets eine 1%ige Kokainlösung. Zuerst wurde oberhalb, d. h. zentripetal von der Operationsstelle ein Gummischlauch oder eine Gummibinde, wie man es für die Erzeugung der Esmarchschen Blutleere ebenfalls tun muß, angelegt, daß die Blutzirkulation in dem Gliede zentrifugal der Konstriktion vollkommen aufgehoben wurde. Nun wird die Kokainlösung in die Gegend der Nervenstämme injiziert. Danach muß man fünf Minuten warten, bis die Anästhesie vollkommen ist. Die Methode ist nur da anwendbar, wo man erstens Esmarchsche Blutleere erzeugen kann, zweitens die Nervenversorgung so geschieht, daß Anastomosen ausgeschlossen werden können von Nerven, die nicht mit der Kokainlösung in Berührung kommen. Es wurde deshalb diese Lösung auch nur für Finger und Zehen empfohlen. Die so hervorgerufene Anästhesie war eine vollkommene, und man konnte selbst am Knochen schmerzlos operieren.

Die Technik dieser Oberstschen Methode ist folgende. Man umschnürt den Finger oder die Zehe an der Basis mit einem Drainrohr so fest, daß der Finger anämisch wird, und knotet den Schlauch mittels einer Unterbindungspinzette. Nun sticht man mit der Injektionsnadel an den vier Seiten des Fingers dicht oberhalb der Konstriktion so ein, daß die Richtung der Nadel nach der Spitze des Gliedes zeigt, und zwar richtet man die Nadel so, daß sie in die Umgebung der vier Nerven des Gliedes gelangt. Hat man tief genug eingestochen, so injiziert man $\frac{1}{4}$—$\frac{1}{2}$ Spritze der 1%igen Kokainlösung. Nachdem man so vier Injektionen an vier verschiedenen Stellen ausgeführt hat, wartet man fünf Minuten. Nach dieser Zeit ist die Anästhesie vollkommen. Man kann auch so verfahren, daß man nur an zwei Stellen, also an den beiden lateralen Seiten des Gliedes, einsticht und von da die beiden zunächst gelegenen Nerven trifft, indem man die Nadel nach der Gegend des Verlaufes des betreffenden Nerven unter der Haut vorschiebt und dann Kokainlösung injiziert. Man muß stets alle vier Nerven des Gliedes mit Kokainlösung beschicken, selbst wenn auch nur auf einer Seite des Gliedes operiert werden soll, wobei eigentlich nur die zwei Nerven dieser Seite in Betracht kämen. Da aber stets zahlreiche Anastomosen von den anderen Nerven vorhanden sind, so würde man eine ungenügende Anästhesie erhalten, wenn die zwei Nerven der gesunden Seite nicht auch mit Kokain beschickt worden wären. So kann man eine vorzügliche Anästhesie erreichen, unter welcher man alle Operationen an Fingern und Zehen schmerzlos ausführen kann. Die Anästhesie hält so lange an, als man die Blutleere bestehen läßt. Nach Lösen des Schlauches verschwindet die Anästhesie langsam.

Der Vorteil dieser Methode liegt darin, daß man mit ganz geringen Mengen Kokain ein Glied anästhesieren kann, und daß man keine Intoxikation zu fürchten hat, da die Blutzirkulation unterbrochen ist und man nur sehr geringe Mengen Kokain verwendet. Die Kokainwirkung wird durch die Blutleere verstärkt, man braucht also nur sehr wenig Kokain zu injizieren. Ein Nachteil dieser Methode war der, daß man sie nur an Zehen und Fingern anwenden konnte.

In der neueren Zeit hat man die regionäre Anästhesie bedeutend weiter ausgebaut und sie zu einer vorzüglichen Methode herangebildet, die jetzt nicht mehr auf Finger und Zehen allein beschränkt ist. Dieses Verdienst, die regionäre Anästhesie bedeutend verbessert zu haben, gebührt B r a u n. Derselbe verwendet noch niedriger konzentrierte Lösungen. Er nimmt $\frac{1}{2}$%ige Kokainlösungen oder $\frac{1}{2}$%ige Tropakokain- oder $\frac{1}{2}$%ige Eukain-β-Lösungen. Durch die dünneren Lösungen erzielt er genau denselben Effekt, wie mit 1%igen Lösungen, da eben durch die Blutleere die anästhetische Kraft der Lösungen bedeutend verstärkt wird. Man erzielte so ganz vorzügliche Anästhesie, wenn man auch zunächst die Methode nur an Fingern und Zehen verwendete. (H o n i g m a n n, B r a u n etc.) Der erste, welcher die regionäre Anästhesie auch auf Hand und Fuß übertrug, war M a n z. Er legte die Konstriktion oberhalb des Hand- oder Fußgelenkes an und injizierte 1%ige Kokainlösung in die Umgebung der Nerven. Die so erzielte Anästhesie war vollkommen und für alle Operationen genügend. Ein Übelstand bei all diesen Methoden ist die Konstriktion, welche den Kranken oftmals sehr große Schmerzen bereitet, so daß sie lieber die Schmerzen der Operation ohne Betäubung aushalten wollen, als die Schmerzen der Konstriktion so lange Zeit ertragen. Es ist diese Empfindlichkeit allerdings sehr verschieden, die einen werden durch die Konstriktion gar nicht belästigt, während andere sie nicht ertragen können. Wenn die Anästhesie eingetreten ist, lassen übrigens die Schmerzen nach. Es kommt aber doch vor, daß man wegen dieser Schmerzen zu einer anderen Methode greifen muß.

K r o g i u s hat die Konstriktion weggelassen und dafür 2%ige Kokainlösung injiziert. Schon wegen der hochkonzentrierten Kokainlösung ist diese Methode nicht zu empfehlen. Auf diese Weise läßt sich eine Verbesserung der regionären Anästhesie nicht erzielen.

Man hat nun in der neuesten Zeit eine bedeutende Vervollkommnung der regionären Anästhesie erzielt, und dies geschah durch die Entdeckung der Einflüsse der Nebennierenpräparate (Suprarenin, Adrenalin etc.) auf die verschiedenen Anästhetika, vor allem Kokain. Ich habe schon oben im Paragraph über Kokain diese Beziehungen genau erörtert und verweise hier auf das dort Gesagte. Es zeigte sich, daß man einen Nerven durch Kokain in seiner Leitung unterbrechen kann, wenn man den Nerven frei legt und in und um denselben Kokainlösung bringt, oder wenn man, wie bei dem oben beschriebenen Verfahren das Glied abschnürt, also Blutleere herstellt und nun in die Umgebung des Nerven Kokainlösung injiziert, oder drittens indem man die Konstriktion wegläßt und Kokain-Suprareninlösung in die Umgebung des Nerven injiziert. Es genügt aber nicht, daß man eine reine Kokainlösung in die Umgebung des Nerven injiziert. Dieselbe erzeugt entweder gar keine oder nur eine höchst unvollkommene Anästhesie im Verbreitungsgebiete des Nerven. Nur in dem Falle, wenn man mit der Injektionskanüle den Nerven selbst ansticht und die Lösung in das Nervengewebe injiziert, erhält man Anästhesie. Da man aber von der Körperoberfläche aus nur in ganz seltenen Ausnahmen den Nerven direkt mit der Kanüle trifft, so muß man auf diese Methode verzichten. Durch die Gegenwart des Suprarenin aber wird in dem Gewebe Anämie erzeugt und das Kokain gelangt zu viel intensiverer und längere Zeit anhaltender Wirkung, so daß es imstande ist, den Nerven in seiner Leitungsfähigkeit zu unterbrechen. Durch diese Methode hat man die **Anästhesie** durch **Leitungsunterbrechung** der **Nerven** geschaffen, eine Anästhesierungsart, welche hervorragende Dienste leistet. Der Vorzug dieser Methode vor der O b e r s t schen liegt darin, daß man nicht allein auf Finger und Zehen die Anästhesie beschränken muß, sondern daß man dieselbe auch an anderen Körperteilen, wie den Armen, Beinen, Genitalien, Analgegend verwenden kann. Überall da ist die Anästhesie durch Leitungsunterbrechung der Nerven anwendbar, wo man einen Gewebsbezirk vor sich hat, der von wenigen größeren Nerven versorgt wird. Da, wo eine große Zahl von Anastomosen anderer Nerven vorhanden ist, kann diese Methode nicht angewendet werden. Immerhin aber ist ihre Indikationsgrenze lange nicht so enge gezogen wie bei der O b e r s t schen Methode. Die geeignetsten Gegenden sind die Extremitäten, die männlichen Genitalien, die Analgegend und die äußeren weiblichen Genitalien, sowie der Kopf. Zur Erzeugung der Anästhesie durch Nervenunterbrechung muß man vor allen Dingen den Verlauf der einzelnen Nerven genau kennen. Ich habe im allgemeinen Teil dieses Bandes zur Orientierung die Nerven und deren Verlauf beschrieben und in den Figuren auch die Stellen mit angegeben, wo man durch Injektion die Nerven am besten treffen kann. Ich verweise hier auf diesen Paragraph. Es ist vermittelst dieser Methode sehr leicht, die ganze Hand und den Fuß vollkommen zu anästhesieren, so daß man, ohne dem Kranken Schmerzen zu bereiten, selbst am Knochen operieren kann. Ich habe auf diese Weise eine Caries des Talus mit dem scharfen Löffel vollkommen ausgekratzt, ohne dem Kranken Schmerzen zu verursachen. Ebenso habe ich an der Hand verschiedene Operationen mit bestem Erfolg unter dieser Anästhesie ausgeführt. Man muß nur genau darauf achten, daß man die Nervenstämme an den geeigneten Punkten mit der Injektion trifft. Für die Hand sind diese Punkte in Figur 8, für den Fuß in Figur 14, 15 und 17 bezeichnet. Es ist aber auch möglich den Unterschenkel zu anästhesieren. Man muß da wie aus Figur 16 ersichtlich ist, erst die Nerven der Kniekehle und den nervus peroneus unterbrechen und endlich noch den nervus saphenus an der in Figur 15 bezeichneten Stelle. Hat man oberflächliche Operationen an der hinteren Fläche des Oberschenkels vorzunehmen, so unterbricht man den Nervus cutaneus femoris poster., wie aus Figur 13 ersichtlich.

Am Kopf kann man die ganze Kopfschwarte anästhesieren, vgl. Figur 5. Von besonderer Bedeutung sind die Verhältnisse der Genitalien und Analgegend. Hier liegen die Verhältnisse für die Leitungsunterbrechung auch sehr günstig. So kann man Hämorrhoiden, Mastdarmfisteln, niedrig sitzende Karzinome des Mastdarms etc. gut mit dieser Anästhesie operieren. Man injiziert an der Stelle, wo die Nervi haemorrhoidales abzweigen, was aus Figur 9 und 10 ersichtlich ist. Der Punkt, wo man all diese Nerven trifft, liegt dicht neben dem Tuber ischii an dessen hinterer Seite. Durch eine Injektion an dieser Stelle anästhesiert man die ganze Analgegend und die äußeren weiblichen Genitalien oder beim Manne die hintere Seite des Scrotum. So lassen sich eine Menge kleinerer Operationen an den weiblichen Genitalien schmerzlos ausführen. Für

Operationen an den männlichen Genitalien kommen noch die Nerven des Penis, siehe Figur 11, die man leicht unterbrechen kann, und des Funiculus spermaticus für die Kastration in Betracht. Für die Kastration müssen die Nerven am Tuber ischii und die Nerven am Grunde des Penis sowie des Funiculus spermaticus je eine Injektion erhalten, dann kann man ohne Schmerz operieren. Alle diese Verhältnisse habe ich früher genau erörtert, und deshalb bin ich jetzt nur flüchtig darüber hinweggegangen. Wenn man auf diese Weise einen großen Nervenstamm unterbrochen hat, so tritt in dessen Verbreitungsgebiet vollkommene Anästhesie ein. Es kommt aber gelegentlich vor, daß man aus dem Bezirk dieses Nerven bei der Operation herauskommt, wie bei Operationen am Rektum, in der Vagina etc. Dann kombiniert man diese Unterbrechungsanästhesie mit einer direkten Methode, wie der Schleichschen, oder der Kokainsuprareninanästhesie etc. So leistet die Leitungsunterbrechung vorzügliche Dienste, selbst wenn man sie nicht allein anwendet. Man braucht z. B. weniger Kokainlösung zu injizieren bei größeren Operationen, wenn man diesen oder jenen größeren Nerven unterbrochen hat. Auch in dieser Kombination der Leitungsunterbrechung mit irgendeiner anderen direkten Anästhesierungsmethode liegt ein großer Wert, man kann durch dieselbe bisweilen sehr große Operationen ohne Narkose ausführen, die ohne Leitungsunterbrechung wegen der zu großen Mengen Kokainlösung, die notwendig sein würden, nicht unter lokaler Schmerzbetäubung ausführbar sein würden.

Für die Unterbrechung der Leitung eines Nerven verwendet man eine Lösung von folgender Zusammensetzung:

Kokain	0,5
Suprarenin	0,015
NaCl	0,8
Aqua dest.	100,0

Diese Lösung reicht für die meisten Fälle aus. Hat man nur einen oder zwei Nerven zu unterbrechen, so kann man auch eine 1 %ige Kokainlösung verwenden, allein dieselbe ist sehr wohl zu entbehren. Man erreicht durch die 0,5%igen Lösungen denselben Effekt und braucht nicht Sorge zu tragen, allzubald die Maximaldosis des Kokains zu erreichen. Die Lösung wird immer frisch hergestellt. Man vermeide peinlich, alte Lösungen zu nehmen, denn sobald eine Kokain-Suprareninlösung einige Tage gestanden hat, verliert dieselbe an Wirksamkeit. Die Sterilisierung geschieht am besten so, daß man vorher das Wasser sterilisiert und dann erst die einzelnen an sich sterilen Teile hinzusetzt. An Stelle des Kokains kann man auch andere Anästhetika, wie Eukain β, Tropakokain, Novokain, Alypin, Stovain etc., verwenden.

Diese Methode ist die an sich gefahrloseste, und man beobachtet nie üble Nebenwirkungen oder Unfälle, wenn nur die Technik eine vollkommene ist. Man muß bei den Injektionen nur daran denken, die meist neben den Nerven verlaufenden Arterien zu schonen. Es ist ja auch nicht notwendig, daß man direkt den Nerven mit der Nadel berührt, es genügt, wenn die Kokain-Suprareninlösung nur in die Nähe des Nerven gebracht wird. Andere Nachteile sind mit der Methode nicht verknüpft.

Man kann auch das Suprarenin vor der Kokainlösung in die Umgebung des Nerven injizieren, doch bietet das keine besonderen Vorteile.

Die mit der Anästhesie durch Leitungsunterbrechung der Nerven erzielten Erfolge sind so gute, daß man nur die allgemeinere Verwendung der Methode empfehlen kann.

§ 23. **Die zirkuläre Anästhesie** von **Hackenbruch** ist ein Verfahren, welches mit der regionären Anästhesie große Ähnlichkeit hat und aus derselben hervorgegangen ist.

Dieselbe besteht darin, daß man um den zu operierenden Gewebsteil einen Kreis von Kokaininjektionen anlegt, so daß eine runde anästhetische Zone um den zu operierenden Teil entsteht. Man muß natürlich alle Schichten, Haut, Muskeln und Periost, mit Kokainlösung beschicken. Dadurch erzielt man, daß der Innenraum dieses Kreises ebenfalls anästhetisch wird. Dies geschieht dadurch, daß alle Nerven, welche aus der Umgebung in das Operationsfeld verlaufen, von der Kokainlösung in ihrer Leitung unterbrochen werden, so daß dann der Schmerz aus dem Operationsfeld nicht mehr nach außen geleitet werden kann. Allerdings kann man nur kleine Nerven so unterbrechen und das Operationsfeld darf auch nicht zu groß sein, vor allen Dingen darf kein Nerv von der Unterlage her in das Operationsfeld eindringen, wie am Thorax, sondern die Nerven müssen alle lateral eintreten. Dadurch wird die Methode in ihrer Anwendbarkeit beschränkt, man verwendet sie am besten an Extremitäten unter Mithilfe der Konstriktion. Sehr gut anwendbar ist die zirkuläre Anästhesie bei der Exstirpation aller kleinen Geschwülste, wie Atherome, Lupusknoten etc., auch die Unterbindung der Vena saphena bei Krampfadern wird sehr gut unter dieser Anästhesie ausgeführt. Der Vorteil der Methode liegt darin, daß man die Gewebe, in denen man operieren will nicht mit der Lösung direkt beschickt, so daß die Deutlichkeit der Gewebsstruktur nicht leider. Hackenbruch hat die Methode noch erweitert und für alle Operationen an Fingern und Zehen, Füßen etc. empfohlen. Er legt z. B. bei der Operation eines Panaritiums um die Basis des Fingers eine Konstriktion und injiziert dicht oberhalb des Schlauches zirkulär um den Finger einen Streifen mit Kokainlösung, und zwar sowohl in die Haut, wie in und unter das Periost. Die Folge ist eine totale Anästhesie des Fingers. So verfährt er bei allen Operationen an den Extremitäten. Man ersieht daß diese Methode große Ähnlichkeit mit der Oberstschen hat.

Für die Injektionen verwendete Hackenbruch früher eine 2%ige Kokainlösung. Später zog er Eukain β vor. Er hat Tabletten konstruiert, welche, in Wasser aufgelöst, gleich die richtige Lösung liefern. Diese Tabletten bestehen aus 0,05 Kokain und 0,05 Eukain β, und jede Tablette wird in 5 resp. 10 ccm Wasser gelöst, je nach dem zu operierenden Falle. Reine Eukain-β-Lösungen verursachten einen beträchtlichen Injektionsschmerz, weshalb er dasselbe wieder verlassen und mit Kokain kombiniert hat. Pito Costa gab den Rat, zu diesen Injektionen eine 50—55° C warme Lösung zu verwenden und meinte dadurch den Eintritt der Anästhesie zu beschleunigen und mit 0,4- bis 0,5%igen Lösungen eine ausreichende Anästhesie zu erzielen. Die Erfolge waren aber nicht genügende. Man beobachtete im Gegenteil nach solchen Injektionen einen sehr starken Nachschmerz, was als Zeichen, daß die Gewebe durch die heiße Lösung gelitten haben, angesehen werden muß (Braun). Noch viel bessere Resultate hat man von dieser Methode erzielt durch die Verwendung von Kokain-Suprareninlösungen. Durch dieselben werden selbst in ½%iger Lösung die Nerven sicher unterbrochen, und man braucht keine Mißerfolge zu fürchten. Seitdem man die Suprarenin-Kokainlösungen zu diesen Injektionen verwendet, ist die Indikation der Methode bedeutend erweitert worden. Selbst in jenen Fällen, wo man am Thorax operieren will und ein Nerv mitten im Operationsfeld in dasselbe eindringt, kann man doch eine vollkommene Anästhesie erreichen, wenn man in die Gegend dieses Nerven eine kleine Menge Kokain-Suprareninlösung injiziert. Dies stellt eine Kombination der Leitungsunterbrechung des Nerven mit der Hackenbruchschen Methode dar. Bei richtiger Beachtung der Technik kann man mit dieser Methode selbst größere Operationen von der Körperoberfläche aus ohne jeden Schmerz operieren. Als Lösung verwendet man eine 0,5 %ige Kokainlösung mit 0,015 % Suprarenin.

Die Technik der Hackenbruchschen Methode ist folgende. Wenn man eine kleine Geschwulst, nehmen wir an, ein Atherom, zu operieren hat, so anästhesiert man zunächst den einen Punkt seitlich des Tumors mit Chloräthyl und sticht daselbst die Nadel der Injektionsspritze in die Haut. Nun injiziert man eine kleine Menge, so daß eine Quaddel entsteht. Von dieser Quaddel sticht man die Nadel weiter in der Haut bis man dieselbe in das Gewebe in ihrer ganzen Länge gestochen hat. Dabei also während des Vorwärtsstoßens der Nadel in die Gewebe injiziert man Kokain-Suprareninlösung durch Vorschieben des Kolbens der Spritze. Nun zieht man die Nadel zurück ohne sie ganz aus der ersten Quaddel zu entfernen, und wendet die Spritze in entgegengesetzter Richtung wieder weiter die Nadel vorstoßend und injizierend. So hat man einen Winkel mit den beiden Schenkeln als die injizierten Streifen bekommen. Hierauf sticht man an den äußersten Punkten dieser Schenkel ein und injiziert in gleicher Weise, bis der ganze Tumor von kokainisierten Streifen umgeben ist. Nunmehr injiziert man in gleicher Weise die subkutanen Gewebe bis auf den Knochen. Nun wartet man einige Minuten, bis die Anästhesie vollkommen ist. Bei ausgedehnterem Operationsfeld muß man natürlich die Nadel öfter einstechen und verfährt so, daß das ganze Operationsfeld von einem mit Kokain-Suprareninlösung beschickten Gewebsstreifen umgeben ist.

Die Anästhesie tritt nach drei bis fünf Minuten vollkommen ein und hält 20—30 Minuten an. Hackenbruch gibt den Rat, das Operationsfeld namentlich bei größerer Ausdehnung desselben nach Beendigung der Injektionen mit Chloräthyl noch zu anästhesieren. Man braucht da, um vollkommene Anästhesie zu erzeugen, die Haut nur so lange mit Chloräthyl zu bespritzen, bis sich dieselbe kalt anfühlt. Dann ist die Anästhesie genügend. Dieses Hilfsmittel ist dann notwendig, wenn man reine Kokainlösung verwendet. Dieselbe wirkt besser und intensiver im kalten anämischen Gewebe. Verwendet man Kokain-Suprareninlösung, so braucht man kein Chloräthyl. Es tritt dann ohne dasselbe eine vollkommene Anästhesie ein, nur muß man einige Minuten nach der Injektion warten. Ebenso wird Chloräthyl unnötig, wenn man Esmarchsche Blutleere verwendet.

Die Hackenbruchsche Methode zeichnet sich dadurch aus, daß man eine Anästhesie in großen Gewebskomplexen ohne Verwendung größerer Kokainmengen erzeugen kann. Somit sind Intoxikationen nicht zu fürchten. Bei Verwenden der Suprarenin-Kokainlösung wird die Kokainmenge noch mehr vermindert und irgendwelche Gefahren werden unmöglich. Allerdings erfordert die Methode, wenn man gute Anästhesie erzielen will, eine exakte Beachtung der Technik und genaue Kenntnis der Nervenversorgung der Gewebe. Wenn

man nicht alle Nerven genau kennt und berücksichtigt, kann man leicht Mißerfolge in der Anästhesie erleben. Natürlich muß man peinliche Sterilisation
beachten und immer nur frische Lösungen verwenden.

Man kann natürlich für diese Methode auch andere Anästhetika als Kokain
verwenden. Die besten Dienste leistet aber doch Kokain, sofern man reine
Lösungen verwendet und sie nicht mit Suprarenin kombiniert, gegenüber den
anderen Anästhetika, die ebenfalls nur als solche verwendet werden. Dann ist
Kokain gegenüber denselben entschieden am wirksamsten. An Stelle desselben
verwendet man mit sehr gutem Erfolg Alypin-Suprarenin-, Novokain-Suprarenin-,
Stovain-Suprareninlösungen, und zwar in $\frac{1}{2}\%$igen Konzentrationen. Mit diesen
Lösungen erzielt man eine ebenso gute und vollkommene Anästhesie als mit
Kokain- resp. Kokain-Suprareninlösungen, und man braucht keine Sorge vor
etwaigen Gefahren bei Patienten mit Idiosynkrasie gegen Kokain zu hegen.

Das zu dieser Methode zu verwendende Instrumentarium ist dasselbe wie
zu jeder Injektionsmethode und wie es früher genau beschrieben ist.

§ 24. **Die medulläre Anästhesie** nach **Bier** ist eine Methode, welche
eigentlich nicht als reine Art lokaler Anästhesie betrachtet werden kann. Man
beeinflußt beim Einleiten derselben sowohl die Nervenstämme der Rückenmarksnerven an sich, sofern sie in der Cauda equina verlaufen, als auch die sensiblen
Ganglien der Medulla spinalis und die sensiblen Wurzeln der Nerven. Insofern
wäre eigentlich eine Beeinflussung des Zentralorganes, der Medulla spinalis, vorhanden und in Anbetracht dessen würde die medulläre Anästhesie nicht zur
Anästhetologie zu rechnen sein. Man hat daher auch für diese Methode den
Namen medulläre Narkose angewendet. Aber dieser Name ist doch recht wenig
zutreffend, und die ganze Methode als eine Narkose aufzufassen ist ebenfalls
nicht richtig. Zum Begriff der Narkose gehört entschieden eine Beeinflussung
der psychischen Zentren, eine Aufhebung des Bewußtseins, was aber bei der
medullären Anästhesie fehlt. Ich habe dieselbe daher unter die Methoden der
lokalen Anästhesierung mit einbegriffen und zwar aus dem Grunde, weil man
die vom Kokain im Canalus spinalis beeinflußten Organe als periphere Nerven
ansehen kann, wobei man natürlich zugeben muß, daß die Ganglien in gewissem
Sinne zum Zentralnervensystem zu rechnen sind, weshalb immer diese Methode
keine reine Methode der Anästhetologie sein wird. Bedenkt man also diese
Wirkung des Anästhetikums auf die Nervenstämme und Nervenwurzeln sowie
die Erfolge dieser Einwirkung als teilweiser Anästhesierung des Organismus, so
wird man zu der Ansicht kommen, daß die lumbale oder medulläre Anästhesie
mit größerem Rechte zur Anästhetologie gerechnet werden muß als zur Narkosiologie.

Man bezeichnet diese Methode als **medulläre Anästhesie nach Bier**,
oder **medulläre Kokainisierung**, medulläre Narkose, intradurale Injektionen etc., teils Namen, welche eigentlich wenig zutreffend sind, wie medulläre
Narkose, denn man kann ebensowenig hierbei von Narkose sprechen, wie man
eine meduläre und zerebrale Narkose unterscheiden kann. Der treffendste Ausdruck, die beste und klarste Bezeichnung ist **medulläre Anästhesie** oder
Medullaranästhesie. Man nennt dieselbe auch noch spinale Anästhesie oder
spinale Analgesie, oder Rückenmarksanästhesie u. dgl.

Die ersten Anfänge der von B i e r begründeten und zur brauchbaren
Methode ausgebauten Medullaranästhesie sind in New York zu suchen, wo im

Jahre 1885 der Nervenarzt Leonhard Corning die Lumbalpunktion ausführte und dabei den Tabikern u. dgl. rückenmarkskranken Leuten Medikamente
zur Linderung der Schmerzen injizierte, so daß diese Narkotika ihre Wirkungen
vom Duralsack aus entfalten konnten. Im Jahre 1891 hat Quincke bei uns
zuerst die Lumbalpunktion zwecks Ablassen von Zerebrospinalflüssigkeit ausgeführt und dieselbe damit sanktioniert. Corning hat schon 1885 in den Duralsack und dessen Umgebung Kokainlösung injiziert, indem er zwischen elftem
und zwölftem Brustwirbel mit einer Kanüle einstach und Kokain injizierte in
der Annahme, dasselbe werde von dem Venenplexus resorbiert und zum
Rückenmark selbst transportiert. Er brachte das Kokain nicht in den Duralsack, denn er fürchtete bei der Injektion das Rückenmark zu verletzen,
sondern gelangte mit seiner Kanüle gar nicht bis in die Rückenmarks-
häute. Neben Kokain verwendete er noch eine Anzahl anderer chemischer
Stoffe wie Strychnin, Antipyrin, Akonit etc., die er in wässerigen Lösungen injizierte. Nachdem er mit diesen Versuchen innerhalb zweier Jahre ein brauchbares Resultat nicht hatte erlangen können, ging er zu Injektionen in den Duralsack selbst über. Er brachte da eine Kokainlösung direkt in die Umgebung
der Cauda equina. Damit erzielte er gute Erfolge mit wechselndem Symptomen-
bilde und publizierte seine Versuche, ohne daß man aber davon genauer Kenntnis
nahm, und die Methode wurde nicht bekannt. Es ist aber Tatsache, daß schon
zehn Jahre ehe Bier seine Methode anwendete, von Corning medulläre
Kokainisierungen ausgeführt wurden. Erst durch Quinckes genauere Erfor-
schung der Lumbalpunktion kam man in Europa zur näheren Kenntnis dieser
Verhältnisse. Auch schon vor Quincke ist die Lumbalpunktion von anderen
ausgeführt worden, wie von Routier in Frankreich und von Essex Wynter
in England, die namentlich bei Meningitis tuberculosa die Lumbalpunktion an-
wendeten. Die Versuche, die Lumbalpunktion therapeutisch zu verwenden, sind
dann von Quincke, Sicard, Chipault, Jaboulay, Jacob etc.
weiter ausgeführt worden, und es haben sich die bekannten Erfolge gezeigt.
Für die Anästhetologie ist die Lumbalpunktion insofern von großem Wert, als
die Lumbalpunktion den ersten Akt der Medullaranästhesie darstellt, und so haben
wir auch die Technik von Quincke besonders zu schätzen. Bier war aber
entschieden der erste, der in Deutschland die Lumbalanästhesie ausführte und
derselben überhaupt Ansehen verschaffte, indem er die Technik genau ausarbeitete
und dadurch zum Begründer derselben wurde. Bier hat 1899 die Medullaranästhesie ohne Kenntnis der amerikanischen Versuche gemacht. Vor ihm
hatte aber Sicard schon an Hunden ausgedehnte Versuche angestellt,
indem er durch Injektionen von 0,005—0,01 Kokain mur. in 2 ccm Wasser gelöst,
pro Kilogramm des Tieres in den Lumbalkanal injizierte und dadurch Anästhesie,
zuerst der Hinterpfoten, hervorrief, die nach und nach, immer höher sich aus-
breitend, bis zum Thorax, den oberen Extremitäten und dem Kopfe sogar
fortschritt. Man hatte auch schon vor diesen Versuchen ähnliche Experimente
in Genf 1898 vorgenommen, indem man am freigelegten Rückenmark Kokainlösung auf das Rückenmark pinselte und dadurch Analgesie erzeugte (Odier).
Es ist aber zweifellos Bier das Verdienst anzuerkennen, daß er die medulläre
Anästhesie für die Chirurgie praktisch verwendbar ausgebaut hat, und somit
ist er auch als deren Begründer anzusehen.

Die ersten Versuche von Bier waren folgendermaßen ausgeführt worden.

Der Kranke wurde auf dem Operationstisch in Seitenlage gebracht und nun eine typische Lumbalpunktion nach Q u i n c k e unter S c h l e i c h s c h e r Anästhesie der Haut etc. ausgeführt. Nachdem man mit der Kanüle in den Duralsack gelangt war, wurde 0,005 Kokain dem Kranken injiziert. Nach Verlauf von sechs bis acht Minuten nach dieser Injektion trat Analgesie der unteren Extremitäten ein. Diese Analgesie reichte bei etwas höheren Kokaindosen bis in die Gegend des Nabels herauf und genügte zur Ausführung größerer Operationen. Die Dauer der Anästhesie war bis 45 Minuten lang beobachtet worden. B i e r machte zunächst sechs größere Operationen unter dieser Methode, z. B. eine Resektion des Kniegelenkes, Resektion am Fuß etc. Die Anästhesie war dabei vollkommen befriedigend, die Kranken empfanden keine Schmerzen bei der Operation.

In Deutschland wurde diese Methode zunächst wenig begeistert aufgenommen, und die Versuche waren sehr zaghaft anfangs. In Frankreich fand dieselbe aber einen begeisterten Anhänger in T u f f i e r, der selbst schon vorher sich mit Kokaininjektionen in den Rückenmarkskanal beschäftigt hatte. Er modifizierte die Technik etwas, indem er 1—2 ccm einer 2 %igen Kokainlösung in den Zwischenwirbelraum zwischen viertem und fünftem Lendenwirbel injizierte und dabei den Kranken in sitzender Stellung vor sich Platz nehmen ließ, weil beim Sitzen der Punkt der Injektion, nämlich der Zwischenraum zwischen den Dornfortsätzen des vierten und fünften Lendenwirbels, besser zu bestimmen ist.

Die Anästhesie tritt nach solchen Kokaininjektionen in den Duralraum bei fast allen Menschen ein, nur ein kleiner Prozentsatz ist vorhanden, bei dem die Methode ganz oder teilweise versagt. Man kann bei manchen Personen die Analgesie entweder gar nicht oder nur recht unvollkommen erzielen. Doch dies sind nur recht seltene Fälle, bei den allermeisten Personen gelingt die Anästhesie tadellos.

Ein Gegner der Medullaranästhesie war anfangs R e c l u s, der dieselbe in der Akademie in Paris besonders angriff und als eine recht gefährliche Maßnahme hinstellte. Er behauptete auf 2000 Anästhesien nach B i e r sechs Todesfälle gesammelt zu haben. Allerdings sind diese Todesfälle nicht einwandfrei, da die meisten wahrscheinlich durch ein durch Autopsie festgestelltes organisches Leiden hervorgerufen wurden, so daß man also hier nicht die Medullaranästhesie verantwortlich machen kann. Ein Fall von T u f f i e r starb an Asphyxie nach der Operation und hatte nebenbei eine Mitralinsuffizienz, ein anderer von J u i l l a r d starb zwei Stunden post operationem, und es fand sich ein Aneurysma der Arteria fossae Sylvii, und auch die anderen vier Fälle können nicht als einwandfrei betrachtet werden. Allerdings waren diese Ansichten der großen Gefährlichkeit der Medullaranästhesie noch durch viele andere Umstände sehr wohl begründet, denn man beobachtete eine Menge von üblen Nebenwirkungen während der Anästhesie und nach derselben, die man entschieden als Intoxikationssymptome von seiten des Kokains auf das Rückenmark, die Medulla oblongata und schließlich das Zerebrum ansehen und anerkennen muß. Es zeigten sich vor allen Dingen nach der Anästhesie oft hohe Temperatursteigerungen des Kranken, bis 40° C, daneben Übelkeit, Erbrechen, Angstgefühl, Atemnot, Störungen der Herzaktion und als Folgen Psychosen etc. D a n d o i s berichtet über einen Fall, bei welchem am neunten Tage nach der Injektion von 0,02 Kokain unter heftigen Schmerzen in der Unterleibs- und Beckengegend eine komplette Paraplegie beider unteren Extremitäten sowie Incontinentia alvi et urinae sich einstellten, ferner fanden sich abwechselnd Bewußtlosigkeit mit Exzitationen und Depressionszuständen. Diese Symptome dauerten während einer Zeit von ziemlich vier Wochen an, worauf Heilung erfolgte. Weiter berichtet Legueu über einen Todesfall unter Lumbalanästhesie, der mangels aller pathologischen Nebenveränderungen auf die Methode bezogen werden muß. Diese und noch viele andere üble Erfahrungen, wie sie von Tuffier, Reclus, Bier, Guinard, Michelé, Schwarz u. a. m. gemeldet wurden, ließen auch die begeisterten Anhänger der Medullaranästhesie weniger enthusiastisch auftreten, und selbst Tuffier und Bier gaben den Rat, man solle zunächst die Methode nur mit größter Vorsicht anwenden und weitere Versuche abwarten.

Wenn man sich die üblen Erscheinungen während und nach der Kokaininjektion in den Duralsack näher erklärt, so erkennt man dieselben als reine toxische Wirkungen des Kokains auf die Medulla oblongata und das Gehirn. Es geschieht nämlich, wie ja leicht erklärlich ist, daß das Kokain vom Ort der Injektion, in dessen Umgebung es allein wirksam sein soll, sich in der Zerebrospinalflüssigkeit verbreitet. Wenn man auch nur eine lokale Wirkung des Kokains auf die Nerven in der Cauda equina und die Wurzeln derselben in der Medulla spinalis resp. den Ganglien beabsichtigt, so kann man doch nicht verhindern, daß dasselbe sich mit der Flüssigkeit im Lumbalsack vermischt, und da man eine ziemlich große Menge von Kokain braucht, so entsteht in der verhältnismäßig geringen Menge von Zerebrospinalflüssigkeit eine ziemlich konzentrierte Kokainlösung. Mit der Zeit wandert das Kokain von der Injektionsstelle aus nach den höheren Teilen des Rückenmarkes, und wenn die Kokainmenge gering ist, so werden die höheren Teile der Medulla spinalis nicht beeinflußt, ist aber eine genügende Menge von Kokain vorhanden, so wird das Rückenmark in den höheren Abschnitten auch beeinflußt, und man beobachtet, daß die Anästhesie höher am Körper heraufsteigt. Man kann dies leicht nachweisen. Wenn aber die Kokainmenge nur sehr gering ist, so wird keine Anästhesie in den höheren Körperregionen erzeugt. Gelangt nun das Kokain, sei es infolge großer Dosis, sei es, weil durch entsprechende Lagerung des Patienten mit tiefliegendem Oberkörper die Kokainlösung rasch und in größeren Mengen nach dem Halsmark fließt in die Umgebung der Medulla oblongata, so werden die in dem verlängerten Marke gelegenen Zentren vom Kokain beeinflußt, und es entstehen unangenehme Nebenwirkungen, die noch viel schlimmer auftreten, wenn das Kokain in die Zerebralflüssigkeit diffundiert und auf die Hirnrinde einwirkt. Es treten dann die genannten üblen Symptome ein, und die Kranken werden von den verschiedensten Leiden befallen, heftiger Schwindel, Ohnmacht, Halluzinationen, Erregungszustände, Delirien, Erbrechen, Übelsein, daneben Palpitatio cordis, Herzschwächezustände, Kollapse, Atemnot, Asphyxie und Apnöe können in schweren Fällen in beängstigender Art und Form auftreten, und nur energisches Einschreiten des Arztes mit dem ganzen Arsenal seiner Hilfsmittel kann einzig und allein den Kranken am Leben erhalten. Neben zu großen Dosen spielen auch besondere Empfindlichkeit des Kranken gegen Kokain und bestehende Idiosynkrasien desselben gegen das Präparat eine gewichtige Rolle.

Man hat diese üblen Zufälle auch durch Verminderung oder durch zu hohe Steigerung des Hirndruckes, des Druckes der Zerebrospinalflüssigkeit auf Gehirn und Rückenmark, welch letzterer durch die Injektion größerer Mengen von Kokainlösung hervorgerufen werden kann, während die Druckverminderung durch zu großen Verlust von Zerebrospinalflüssigkeit während der Punktion entstehen kann, erklärt. Es ist kein Zweifel, daß man natürlich vermeiden muß, bei der Lumbalpunktion größere Mengen von Zerebrospinalflüssigkeit abfließen zu lassen, so daß ein verminderter Druck in dem Duralraum entsteht, der natürlich nicht ohne Einfluß auf die Gehirnfunktionen ist. Ebenso muß man vermeiden, eine zu große Menge von Kokainflüssigkeit in den Duralsack zu injizieren, weil man dadurch einen Überdruck in dem Duralraum erzeugt. Es sind aber immerhin diese Schwankungen im Mengenverhältnis des Liquor cerebrospinalis nicht zu überschätzen, denn einerseits kann man sehr leicht Störungen dieser Druckverhältnisse verhüten, andererseits werden geringe Änderungen des Druckes noch nicht so enorme Beschwerden hervorrufen, denn man muß bedenken, welcher enorme Überdruck manchmal bei Gehirn- und Rückenmarkskrankheiten im Duralraum herrscht, ohne daß derselbe so schwere Symptome, wie sie gelegentlich bei und nach der Lumbalanästhesie beobachtet wurden, hervorruft. Es können solche schwere Symptome, wie oben geschildert, nicht auf die Schwankungen des Gehirndruckes bezogen werden, sondern man muß dieselben dem Kokain und dessen Einwirkung auf die Gehirnrinde zuschreiben.

Diese Einflüsse des Kokains stellen toxische Wirkungen dar, welche nur dann eintreten, wenn das Kokain eine bestimmte Konzentration erreicht hat und bis in die Gegend der Medulla oblongata und des Gehirns vorgedrungen ist. Es waren dies beträchtliche Hindernisse, denn um eine gute Anästhesie zu erzielen, muß man eine bestimmte Menge des Kokains injizieren, und diese Menge war geeignet, toxische Symptome zu erzeugen. Wenn man nun auch bei den verschiedenen Versuchen wechselnde Bilder erhielt, so waren doch in einem großen Prozentsatz, ca. 40 % toxische Erscheinungen vorhanden.

Die Wirkung des Kokains erklärt S t o n e r folgendermaßen. Wenn man Kokain in den Subarachnoidealraum bringt, so werden durch dasselbe die Neurocyten in ihrer Struktur verändert. Diese Wirkung auf die Neurocyten kommt neben dem Kokain noch einer Reihe anderer chemischer Stoffe zu, wie dem Chinin, Antipyrin etc. Mit Sicherheit kann man aber nicht sagen, worin diese Veränderungen bestehen, jedenfalls entsteht eine Lähmung speziell desjenigen Zelldendriten, welcher mit dem Axon des benachbarten Neurons in Beziehung steht. Sofern nun die Fortpflanzung eines Reizes von einem Neuron auf das benachbarte so gedacht werden muß, daß die oszillatorische Bewegung des erregten Neurons durch den Dendriten auf das Axon des folgenden Neurons übertragen wird, so kann, da infolge der Lähmung diese oszillatorische Bewegung aufgehoben wird, der Reiz nicht nach aufwärts zum nächsten Neuron, also auch nicht zum Gehirn gelangen und daher der Schmerz nicht zum Bewußtsein kommen. Zu dem Neurocyt des peripheren sensiblen Neurons kann das Kokain, sofern es in dem außerhalb des Subarachnoidealraumes gelegenen Spinalganglion zu suchen ist, nur dadurch gelangen, daß es von dem im Subarachnoidealraum gelegenen Teil der Nervenwurzel absorbiert und durch deren Gefäße zur Nervenzelle hingebracht wird. Da der lähmende Effekt um so größer sein muß, je konzentrierter die kokainhaltige Flüssigkeit ist, welche die Nervenwurzel umspült, so kann es nicht verwundern, daß die Wirkung je mehr und mehr abnimmt, je weiter man sich von der Injektionsstelle nach aufwärts entfernt. Die unangenehmen Nebenerscheinungen der Medullaranästhesie, wie sie in Schwindel, Übelkeit, Kopfschmerz, Erbrechen, Schweißausbruch etc. gegeben sind, werden dadurch hervorgerufen, daß das Kokain sich in dem Liquor cerebrospinalis verbreitet, wenn es auch daselbst stark verdünnt wird, und die Neurone der zerebralen Hemisphären beeinflußt, allerdings ohne dieselben zu lähmen. Wenn das Kokain dann wieder aus dem Organismus durch das Blut entfernt worden ist, verschwinden auch diese Symptome wieder, und der Status quo ante tritt wieder ein. Daß die motorische Sphäre nicht mit gelähmt wird, obwohl auch die motorischen Nervenwurzeln und das ihnen zugehörige periphere motorische Neuron in gleicher Weise wie das sensible vom Kokain verändert wird, erklärt S t o n e r einmal aus der innigen Verbindung des peripheren Neurons mit dem quergestreiften Muskel, welche eine Trennung nicht zulasse, ferner aber aus dem Bau der motorischen Leitungsbahn im allgemeinen. Dieselbe besteht aus einem zentralen und peripheren Neuron, welche sich im Vorderhorn des Rückenmarkes miteinander vereinen. Da nun das zentrale Neuron, von welchem der Reiz ausgeht, vom Kokain nicht beinflußt werden kann, so ist die Übertragung der oszillatorischen Bewegung vom zentralen auf das periphere Neuron nicht gehindert, und somit ist die Verbindung der Gehirnrinde mit dem quergestreiften Muskel nicht unterbrochen, es kann also die normale Funktion stattfinden trotz der Kokaineinflüsse. Die Aufhebung der Reflexe wird durch die Lähmung des peripheren sensiblen Neuron erklärt.

Eine andere Ansicht über die Wirkung des Kokains auf die Medulla spinalis ist von N i c o l e t t i geäußert worden, welcher die gefäßverengernde Wirkung des Kokains als Ursache der Anästhesie ansieht. Das Kokain rufe im Mark eine Anämie hervor, wodurch die Nervenzelle in ihrer Ernährung gestört werde, wodurch die Anästhesie erzeugt wird. N i c o l e t t i führt als Beweis dafür an, daß auch andere gefäßverengende Stoffe nach Injektion in den Subarachnoidalraum Anästhesie hervorriefen, so hat er an Tieren durch Injektionen von Ergotin, Antipyrin, Chinin etc. verschieden starke Anästhesie erzeugen können. Wenn diese Ansicht die richtige wäre, so müßte doch das Suprarenin, Adrenalin etc. allein injiziert bessere Anästhesie erzeugen als das Kokain! Ferner dürfte das Eukain β, das Stovain etc., welche Stoffe nicht vasokonstriktorisch, sondern sogar vasodilatatorisch wirken, keine Anästhesie erzeugen. Gerade das Stovain aber ist eines der besten Mittel zur Erzeugung der medullären Anästhesie. (V e r f.)

Es ist kein Zweifel, daß eine Menge anderer Stoffe eine ähnliche Wirkung auf die Medulla spinalis haben wie das Kokain, man kann aber aus diesem Umstand nicht die Ursache einer solchen spezifischen Wirkung wie der gefäßverengenden Kraft zuschreiben. Es spielen hier zweifellos nicht rein mechanische Verhältnisse sich ab, sondern das Kokain wird von der Nervenzelle im Protoplasma aufgenommen und geht daselbst chemische Verbindungen oder Umsetzungen ein, welche durch die Einflüsse des Blutes wieder gelöst werden können, so daß nach Eliminierung des Kokains aus dem Protoplasma wieder die normalen Verhältnisse eintreten können. Es sind jedenfalls dieselben chemischen oder physiologisch-chemischen Umsetzungen welche im Protoplasma der Nervenzellen der Medulla spinalis durch das Kokain hervorgerufen werden, wie sie auch die Anästhesie im Gewebe durch die direkte Kokainwirkung hervorrufen (B r a u n). Es spielt dabei das Blut eine gewichtige Rolle, wie oben, bei Gelegenheit der Behandlung des Kokains, näher auseinandergesetzt wurde, und man kann zweifellos der anämisierenden Wirkung des Kokains eine die medulläre Anästhesie begünstigende Kraft nicht aberkennen, welche die Anästhesie vermehrt und begünstigt, aber allein auf derselben beruht die Entstehung der Anästhesie nicht. Man hat ja auch den bedeutenden Fortschritt in der Entwicklung der medullären Anästhesie der Kombination des Kokains mit dem Suprarenin zu danken, aber die anämisierende Kraft wirkt nur insofern begünstigend, als sie die Resorption und Eliminierung des Kokains durch das Blut verzögert, sie kann aber nie allein eine Anästhesie hervorrufen.

Unter den Stoffen, welche ebenfalls Anästhesie erzeugen, wenn man sie in den Subarachnoidalraum bringt, finden sich folgende: Eukain β, Nirvanin,

Peronin, Akoin, Holokain, Anästhesin, Tropakokain, Tinctura opii spl., Aether
sulf., Alkohol, Karbollösungen, Kochsalzlösungen, Aqua destillata etc. (E d e n).
Wenn man in den Duralsack eine genügende Menge von 2%iger Kochsalzlösung
oder destilliertes Wasser, wenigstens 1—10 ccm, injiziert, so entsteht eine bis
eine Stunde dauernde, keine üblen Nebenerscheinungen aufweisende Anästhesie
(E d e n). Es liegt nach E d e n der Wirkung dieser mehr oder weniger indifferenten Flüssigkeiten ein mechanisches Moment zugrunde, welches in der
auch bei Autopsien regelmäßig gefundenen Ödemisierung der Nervenwurzeln
und die durch dieses Ödem in der Medulla entstandene Ischämie oder auch in
dem zwischen der Lösung und dem Organismus zu findenden Unterschied der
Temperatur gegeben sein kann. Morphinlösungen und Chloroform können,
wenn man sie in den Duralsack injiziert, eine Anästhesie nicht hervorrufen.
Es mag ja sein, daß solche mechanische Momente mit vorhanden sind, doch
kann man deren alleinige Mitwirkung bei der Kokaininjektion und der Injektion
der dem Kokain verwandten Stoffen nicht anerkennen, es kommen bei diesen
Körpern die jeweiligen individuellen Beziehungen zum Protoplasma der Zelle in
Betracht, die den Hauptteil der Wirkung ausmachen.

Man ersieht aber aus all diesen Erwägungen, daß man es bei der medullären Anästhesie nicht allein mit einer Wirkung des Kokains gleich der auf
einen großen Nervenstamm, also auf den Stamm der Rückemarksnerven, zu tun
hat, sondern man beeinflußt die Medulla spinalis selbst und vor allen Dingen
die sensible Wurzel der Rückenmarksnerven. In dieser Hinsicht steht die
Lumbalanästhesie den anderen Methoden der Anästhetologie fern, und man
könnte mit einem gewissen Recht die Lumbalanästhesie nicht mit in die Anästhetologie rechnen. Bei allen übrigen Methoden der lokalen Schmerzbetäubung beeinflußt man entweder die Endigungen des Nerven in den Geweben
oder den Stamm eines größeren Nerven. Bei den Methoden der allgemeinen
Narkose in der Narkosiologie beeinflußt man das Zerebrum. In diesen An-
griffspunkten unterscheiden sich ja diese beiden Disziplinen voneinander und
man könnte mit einem gewissen Recht die Lumbalanästhesie als ein Mittelding
zwischen einer Narkose und einer Methode der lokalen Schmerzbetäubung ansehen. Ich habe dieselbe aber unter die Methoden der lokalen Schmerzbetäubung gerechnet und begründe dies damit, daß der Effekt ein solcher ist, wie
man ihn bei allen Methoden der Anästhetologie erreicht, eben eine Lähmung
der Schmerzempfindung ohne Störung des Bewußtseins. Weiter ist der Umstand für mich maßgebend, daß man nicht das Zentralorgan beeinflußt bei der
medullären Anästhesie, sondern nur die sensiblen Bahnen und die sensiblen
Wurzeln der Rückenmarksnerven, welche noch im Gehirn ihr Zentrum besitzen,
das unbeeinflußt bleibt. Während man bei der Narkose die Zentren im Zerebrum beeinflußt, so beeinflußt man hier periphere Bahnen oder periphere Ganglien. Es ist somit ein vollkommen begründetes Recht vorhanden, die spinale
Anästhesie unter die Methoden der Anästhetologie zu rechen, und ich kann auch
diese Methode nicht als ein Mittelding zwischen Narkose und einer anästhetologischen Methode ansehen. Demgemäß ist auch der Ausdruck „Medullarnarkose", oder „spinale Narkose" vollkommen unrichtig und der Wahrheit nicht
entsprechend.

Die Kokainlösung im Duralsack vermag sowohl die sensiblen Nervenwurzeln in der Medulla spinalis als auch die Nervenstämme der Rückenmarks-

nerven selbst zu beeinflussen. Ersteres geschieht dadurch, daß das Kokain in die Ganglien und das Mark selbst diffundiert. Die Rückenmarksnerven werden besonders noch dadurch leicht vom Kokain beeinflußt, daß der Duralsack sich beim Austritt eines Rückenmarksnerven aus der Dura noch einige Millimeter weit scheidenförmig um den Nervenstamm fortsetzt. Die Dura hat also dort Ausstülpungen, wo ein Nerv durch ihre Wand hindurchtritt. Durch die Ausstülpungen der Dura ist der Nerv noch ein Stück im Verlauf außerhalb des eigentlichen Duralsackes vom Liquor zerebrospinalis umspült, und dadurch hat das Kokain Gelegenheit den Nerven in einem größeren Teile zu beeinflussen. als sonst möglich wäre, wenn diese Ausstülpungen nicht vorhanden wären.

Es bestehen nun während der spinalen Anästhesie Gefahren einer Affektion der Medulla oblongata und Gehirnrinde. Je höher im Spinalraum die Kokainlösung längs der Medulla spinalis emporsteigt und das Kokain auch auf die Brustnerven zu wirken kommt, um so höher hinauf nach dem Kopfe zu steigt auch die Anästhesie am Körper. Man kann also die Brust, kann ja den ganzen Körper inklusive dem Kopf gefühllos machen. Man braucht nur an einer höheren Stelle einzustechen oder die Kokainmenge zu erhöhen oder den betr. Patienten längere Zeit mit dem Kopfe tiefer zu legen. Man ersieht also, daß die Ausbreitung der Anästhesie nach dem Kopfe zu abhängig ist von der Schnelligkeit, mit welcher sich das Kokain im Liquor cerebrospinalis verbreitet. Gleichen Schritt hiermit halten auch die üblen Nebenwirkungen, dieselben werden ja zum größten Teil hervorgerufen durch die Einwirkungen des Kokain auf die Hirnrinde und Medulla oblongata. Wenn man also dieselben vermeiden will, so muß man verhüten, daß das Kokain sich rasch im Liquor cerebrospinalis verbreitet und daselbst in höherer Konzentration als der erlaubten vorhanden ist. Eden hat durch Kokaindosen von 0,00005 in 1 ccm Wasser noch gute Anästhesie erzeugt. Bei Katzen, welche sich besonders für die medulläre Anästhesie eignen, wirkten 0,018 g Kokain tödlich. Wenn man die Flüssigkeit von 0,018 Kokaingehalt einer Katze in den Duralsack injiziert, während man um den Hals des Tieres eine Gummibinde gelegt hat, wodurch man im Liquor cerebralis Überdruck erzeugt, so verträgt das Tier diese tödliche Dosis sehr gut, ja diese Tiere vertragen sogar weit höhere Dosen wie 0,01—0,05 g Kokain, ohne nennenswerte Vergiftungssymptome zu zeigen (Eden). Man ersieht daraus, daß das Kokain durch direktes Verbreiten im Liquor cerebrospinalis auf die Medulla oblongata und Hirnrinde wirkt und nicht dadurch, daß es vom Blute resorbiert und nach diesen Teilen des Zentralnervensystems transportiert wurde und nun erst die dortigen Zentren beeinflußt. Je mehr Lösung man in den Duralsack injiziert, um so höher reicht die Anästhesie nach oben. Man ersieht also aus diesen Verhältnissen, daß die üblen Nebenwirkungen nur dadurch verhütet werden können, daß man das Kokain nur in geringen Mengen und auch nur in einer geringen Quantität der Lösung injiziert, ferner daß man durch die Lage des Kranken ein rasches Emporsteigen der Kokainlösungen im Wirbelkanal verhütet. Trotz dieser Vorsicht kann man aber doch nicht in allen Fällen üble Zufälle verhüten und vermeiden. Es gibt aber auch Personen, bei denen das Kokain sehr leicht solche toxische Wirkung hat und wieder andere, bei denen dasselbe eine brauchbare Anästhesie überhaupt nicht hervorruft.

Diese Nachteile der Medullaranästhesie sind verhältnismäßig häufig bei der

Rachikokainisation. Bier gab zur Injektion in den Duralsack 0,005 g Kokain und erzielte dadurch eine 45 Minuten dauernde Anästhesie von zwei Dritteln des ganzen Körpers. Bier versuchte die Methode an Dr. Hildebrandt, doch mißlang sie da wegen eines technischen Fehlers, und es war ein beträchtlicher Verlust von Zerebrospinalflüssigkeit vorgekommen, so daß Hildebrandt an Schwindel während der folgenden acht Tage zu leiden hatte, ebenso zeigte sich Erbrechen und Kopfschmerz. Seldowitsch beobachtete Fieber bis 40° C nach den Injektionen.

Tuffier hat bei 200 Fällen diese üblen Nebenwirkungen sehr oft beobachtet, namentlich Kopfschmerz, weniger Erbrechen etc. Von 252 Fällen ging einer an anderer Krankheit zugrunde, stets war Anästhesie vom Zwerchfell abwärts vorhanden, die jede Operation ermöglichte, bei 20% waren keinerlei üble Wirkungen, die anderen klagten fünf bis acht Minuten nach der Injektion über bis zehn Minuten anhaltende Kurzatmigkeit, Druck auf dem Epigastrium, dann folgte Hitzegefühl oder Schweißausbruch, Übelkeit und Erbrechen. Solche Beschwerden waren bei 40% der Kranken vorhanden. Es wurden 0,025—0,03 Kokain injiziert. Zum Erbrechen kam es selten vor der 10. bis 15. Minute nach der Injektion, in 20% der Fälle, und zwar trat das Erbrechen nur drei- bis viermal ein. Der Puls ist entweder unverändert oder beschleunigt und weich, der Blutdruck sinkt. Die Respiration war unverändert. Bei 40% der Fälle trat gegen Abend lästiges Kopfweh ein. Es beginnt sechs bis acht Stunden nach der Operation und hat migräneartigen Charakter. Es schwindet meist am nächsten Tage, doch hat es auch drei bis vier Tage angehalten. Es kann auch vorkommen, daß der Kopfschmerz am zweiten bis fünften Tage nach der Operation eintritt und bis sieben Tage anhält. In 45% der Fälle traten mäßige Temperatursteigerungen auf. Dieselben treten nie vor der vierten bis sechsten Stunde auf, erreichen in der achten bis zehnten Stunde ihr Maximum, dauern aber nicht über die 20. Stunde hinaus nach der Operation an.

Das Alter des Patienten bildet kein besonders wichtiges Moment, denn man hat vom 10. bis 79. Jahre die Methode verwendet (Tuffier, Legueu, Kendirdjy etc.). Das Geschlecht hat auch keine besonderen Einflüsse, immerhin lassen sich Frauen besser als Männer unter dieser Methode operieren.

Die Dosis des Kokains ist verschieden gewählt worden, Bier nahm 0,005 g, Tuffier 0,025—0,03, Vulliet 0,006—0,03 g, Schwarz 0,015 etc. Man ersieht daraus, daß diese kleinen Dosen noch immer heftige Giftwirkungen hervorrufen konnten, und daß, je höher die Dosis war, um so stärker die unangenehmen Nebenwirkungen waren. Alle diese Verhältnisse bewiesen, daß die Methode noch nicht vollkommen war, und daß man sie nicht als einen harmlosen Eingriff hinstellen konnte (Bier, Tuffier, Eden, Corning, Marcus etc.). Für die allgemeine Verwendung in der Praxis riet man allgemein ab, weil die Wirkung unsicher und gefährlich war. Es war daher naheliegend, daß man versuchte, weniger gefährliche Methoden zu finden, und man vor allen Dingen versuchte, die Einflüsse des Kokains zu mildern. Der Versuch von Bier, durch Stauungen venöser Art im Kopf zu verhindern, daß das Kokain nach der Gehirnrinde sich verbreite, indem er am Hals des Kranken eine Gummibinde anlegte, ist nicht als wesentlicher Fortschritt anzusehen, denn die Erfolge sind zu gering und unsicher. Wenn man nun verbessern wollte, so konnte das entweder dadurch geschehen, daß man das Kokain durch weniger toxische Körper zu ersetzen versuchte oder die Dosen des Kokains wesentlich verringerte und durch irgend welche Mittel die rasche Verbreitung des Kokains im Liquor cerebrospinalis verhütete, was durch die Kombination des Kokains mit Suprarenin bewirkt werden konnte.

Der nächste Körper, der an Stelle des Kokains zu verwenden geeignet erschien, war das Eukain β (L e g u e n , K e n d i r d j y , E n g e l m a n n , F i n k etc.). Das Eukain α ist nicht geeignet, und so hoffte man von dem Eukain β, da dasselbe sich sonst als sehr brauchbares Anästhetikum erwiesen hatte, sehr viel bessere Wirkung durch die intraduralen Injektionen. Es waren aber die Erfolge nicht wesentlich, und man erlebte sogar teilweise Mißerfolge. E n g e l m a n n konnte mit 0,01 Eukain β nur eine ganz unbrauchbare Anästhesie erzielen, F i n k injizierte 2—3 ccm einer 5%igen Eukain-β-Lösung, und er erzielte damit eine bis zum Nabel sich erstreckende Anästhesie, die für Operationen brauchbar war. Allerdings blieben auch hier unangenehme Folgeerscheinungen nicht aus, und es waren dieselben vollkommen gleich denen bei Kokain, in einzelnen Fällen traten sogar Konvulsionen auf. Es sind diese Mißerfolge allerdings der viel zu hohen Dosis zuzuschreiben, doch es haben andere Forscher mit kleineren Dosen nicht bessere Resultate erzielt, als mit Kokain. K o z l o w s k y verwendete Eukain α, doch ebenfalls ohne besondere Vorzüge. Auch B a i n b r i g e hält das Kokain für geeigneter als Eukain und hat dies durch mehr als 40 Fälle bewiesen, ebenso hat T r z e b i c k y bei Eukain α auf fünfzehn Fälle vier Mißerfolge, bei Eukain β auf zwölf Fälle fünf beobachtet.

Nachdem man von dem E u k a i n β keine günstigeren Verhältnisse erwarten konnte, ging man zur Verwendung von T r o p a k o k a i n über (B i e r , M e y e r , T u f f i e r , S c h w a r z etc.). Das Tropakokain hat sich bedeutend besser bewährt als das Eukain, und man hat dasselbe sehr viel verwendet. N e u g e b a u e r stellte fest, daß das Tropakokain in großen Dosen verwendet, sehr üble Nebenwirkungen verursache, und man dürfe nur eben so viel verwenden, daß die Anästhesie bis eben zum Nabel reicht. Wenn man genau die allgemeinen Vorschriften befolgt, so ist die Tropakokainwirkung ganz ausgezeichnet. Die Anästhesie entsteht auf eigentümliche Art, indem die Extremitäten in segmentaler Reihenfolge befallen werden, und dies sei wichtig für die Dosierung als auch den Beginn der Operation, dessen Zeitpunkt dabei bestimmt werde. S c h w a r z hat die Maximaldosis von Tropakokain für die Medullaranästhesie in 0,05—0,06 g festgestellt. 0,05 genügen, um eine Anästhesie für Operationen an den Beckenorganen des Weibes, am Anus, äußeren Genitalien etc. schmerzlos vornehmen zu lassen. Will man höherreichende Anästhesie für Abschnitte des Rumpfes und die oberen Extremitäten erzielen, so muß man 0,06 Tropakokain injizieren. K o z l o w s k i gibt ebenfalls 0,05 g in 1%iger Lösung. Die Resultate waren durchweg vorzügliche. I l l i n g hat nie mehr als 0,1 g Tropakokain injiziert und hat nie Intoxikationssymptome bemerkt. In Verbindung mit Kochsalz aber verursacht es Kopfschmerz, und in der abdominellen Chirurgie ist es deswegen nicht gut zu branchen, weil das Tropakokain die Peristaltik stark anregt. I l l i n g gibt zehn Minuten vor der Injektion des Tropakokain Hyoszin subkutan und rühmt die guten Erfolge seiner Methode. M e y e r gibt auch 0,05 g und erzielt damit eine Stunde dauernde Anästhesie. Für längerdauernde Operationen injiziert er 0,08 g. Es folgen der Tropakokainanästhesie der Medulla spinalis weder Erbrechen, Schüttelfrost, Übelkeit, noch Kopfschmerzen und Fieber.

Es sind noch eine Reihe von vorzüglichen Erfolgen mit der Tropakokaininjektion in den Duralsack gemeldet worden, und man war sich entschieden darin einig, daß das Tropakokain weniger toxisch wirke und viel seltener üble Nebenwirkungen hervorrufe. Es ist darin ein Vorzug dieses Anästhetikums gelegen, doch ist auch ein Nachteil vorhanden, denn das Tropakokain ist weniger stark wirksam als das Kokain und man begegnet daher des öfteren Mißerfolgen, welche bei der Tropakokainverwendung entschieden öfter auftreten als beim Kokain, (S t u m m , S c h w a r z , Z a h r a d n i c k y etc.). Ich habe ebenfalls das Tropakokain an Stelle des Kokain zu intraduralen Injektionen verwendet und dabei die geringere anästhesierende Kraft des Tropakokains gegenüber dem Kokain kennen gelernt. Von vier Fällen war die Anästhesie in zwei Fällen brauchbar, während in den anderen beiden Fällen Mängel bestanden, so daß eine vollkommene Anästhesie fehlte. Trotz alledem ist aber das Tropakokain nächst dem Kokain das für die Medullaranästhesie brauchbarste Mittel. (N e u g e b a u e r , P r e i n d l s - b e r g e r , H e n r i s c o n etc.)

So hatte man durch den Ersatz des Kokains durch andere Anästhetika nur einen geringen Fortschritt erreichen können, denn die Verwendung anderer Anästhetika außer den genannten war von keinem günstigen Erfolg begleitet, denn die Erfolge konnten die Kokainverwendung nicht verdrängen. Immerhin war die Tropakokaininjektion in den Duralsack ein Fortschritt, und man erzielte weniger gefahrvolle Nebenwirkungen, wenn auch die Anästhesie nicht ganz sicher eintrat bei allen Kranken. Diese Verhältnisse konnten die B i e r s c h e Methode aber doch noch nicht zu einer für die allgemeine Praxis verwendbaren Methode machen, und so mußte man weiter bestrebt sein, Verbesserungen zu schaffen. Es war doch noch immer die Kokainanwendung die meist gebrauchte Methode geblieben, und man lernte auch die üblen Nebenwirkungen immer mehr ausschalten, indem man peinlich beachtete, das Kokain ganz rein und unzersetzt zu verwenden und vollkommen sterile Lösungen mit den geringst wirksamen Konzentrationen zu injizieren. So wurden bei Vervollkommnung der Technik auch die Mißerfolge geringer, wenn auch die üblen Nebenwirkungen nicht ganz beseitigt werden konnten.

In der allgemeinen Verwendung des Kokains zur Erzielung lokaler Schmerzbetäubung hatte man durch die Kombination mit den Nebennierenpräparaten die Toxizität des Kokains so wesentlich vermindern gelernt, und so lag es nahe, daß man auch für die B i e r s c h e medulläre Anästhesie die Nebennierenpräparate heranzuziehen begann. Dieser Schritt war ungeheuer wichtig, denn er machte die medulläre Anästhesie zu einer wirklich brauchbaren Methode. Die Suprareninwirkung beruht ja hauptsächlich darin, daß man die rasche Resorption des Kokains verhütet, und dies ist von besonderer Bedeutung im Duralraum, denn man erzielt hierbei folgende bedeutenden Vorteile: 1. macht das Suprarenin das Kokain wirksamer, man braucht also geringere Dosen von Kokain, 2. verzögert das Suprarenin die Resorption des Kokains im Duralraum und verhütet dessen rasche Ausbreitung im Liquor spinalis und cerebrospinalis. Hieraus zieht man die Folgen, die darin bestehen, daß man erstens geringere Dosen von Kokain braucht, zweitens daß infolge derselben die üblen Nebenwirkungen geringer werden, daß die Anästhesie rascher eintritt und längere Zeit anhält, drittens daß die Verbreitung im Liquor cerebrospinalis verzögert wird und das Kokain mehr an Ort und Stelle der Injektion zur Wirkung kommt, so daß dasselbe intensiver auf die Nerven wirken kann. Diese Verwendung der Kokain-Suprareninlösung zur medullären Kokainisierung wurde zuerst von B i e r und D ö n i t z angewendet. Die Giftigkeit des Kokains wird durch die Wirkung der Nebennierenpräparate bedeutend herabgesetzt, sodaß man viel seltener Intoxikationen erlebt, und wenn man das Suprarenin vor dem Kokain zur Wirkung bringt, so wird die Toxizität des Kokains auf ein fünftel der des reinen Kokains herabgesetzt, bei gleichzeitiger Verwendung des Suprarenins aber auf nur ein Drittel der Giftigkeit des reinen Kokains. Die Wirkung des Suprarenin ist also stärker bei vorheriger Injektion von Suprarenin als bei gleichzeitiger, mit dem Kokain vermischt. Die Versuche, welche B i e r und D ö n i t z an Tieren, Katzen eignen sich besser zur medullären Anästhesie als Kaninchen, vornahm, ergaben so gute Erfolge, die Tiere vertrugen selbst starke Suprarenindosen ohne jeden Nachteil, daß man die Methode ohne Sorge am Menschen versuchen konnte. So injizierte D ö n i t z 0,0075—0,015 Kokain, nachdem er vorher in den Duralsack 0,5 ccm einer 1°/₀₀ Suprareninlösung, mit gleichen Teilen Wasser gemischt, injiziert hatte. Er hat also 0,0005 g Suprarenin vor dem Kokain injiziert. Bei diesen Dosen fehlten unangenehme Nebenerscheinungen vollkommen oder waren doch nur sehr gering. Diese Verwendung des Kokain mit Suprarenin hat einen bedeutenden Wandel in der Verwendbarkeit der medullären Anästhesie geschaffen, denn die weiteren Versuche haben gezeigt, daß man mit den denkbar geringsten Mengen dieser beiden Körper vorzügliche Anästhesie erzielt, und daß die toxischen Nebenwirkungen nur sehr selten und in geringerer Intensität auftreten.

Nach diesen guten Erfolgen mit dem Kokain lernte man in neuester Zeit das S t o v a i n kennen, und in Anbetracht der vielen günstigen Resultate, welche man bei der Verwendung des Stovain zur Erzeugung lokaler Anästhesie etc. erzielte, versuchte man auch das Stovain zur lumbalen Injektion, und man erkannte sehr bald, daß das Stovain gerade für diese Methode besonders geeignet ist, denn es wirkt im Duralsack sicher, rasch, lange anhaltend und ohne Nebenwirkungen wesentlicher Art (R e c l u s , B i e r , N e u g e b a u e r etc.).

Als Lösungen für die medulläre Anästhesie hat man am besten die isotonischen Kokain-Suprareninlösungen verwendet. Man muß vor allen Dingen jeden anderen Zusatz oder jede andere Beimengung zu den Lösungen vermeiden, denn etwaige antiseptische oder Sodalösungen, selbst wenn sie auch nur an den Instrumenten in Tropfen hängen, reizen die Dura stark (N e u g e b a u e r). Die erste Hauptsache ist, daß die Lösungen einwandfrei steril sind. Man soll nie alte Lösungen verwenden, sondern dieselben stets kurz vor der Operation herstellen und sterilisieren. Das Kokain muß wie alle dazu verwendeten anderen Anästhetika vollkommen chemisch rein und unzersetzt sein, ferner dürfen demselben keine Bakterien beigemengt sein, es muß schon als trockenes Pulver steril sein, was man durch Aufbewahren in sterilen Glasgefäßen erzielt. T u f f i e r benützt zugeschmolzene Glasröhrchen, in denen 4 cg Kokain in sieben Tropfen sterilen Wassers gelöst sind. Die Lösung ist in diesen Röhren sicher steril verwahrt und kann leicht verwendet werden. S t u m m e empfiehlt das Kokain in sterilen Glaskolben in 50°/₀igem Alkohol zu lösen, den Alkohol verdunsten zu lassen, während man die Glaskolben mit einem sterilen Wattetupfer verschlossen hat, so erhält man steriles Kokain, das man nun in sterilem Wasser je nach Wunsch lösen kann. K o z l o w s k i schüttet trockenes Kokainpulver, 0,05 g, in eine sterilisierte, trockene, erwärmte, mit einer Grammskala versehene Glasschale und läßt in diese Schale 5 g der Zerebrospinalflüssigkeit nach der Punktion fließen, löst das Kokain oder Tropakokain darin und injiziert nun dieselbe Menge der Zerebrospinalflüssigkeit mit dem Kokain in den Spinalkanal. Er verwendet gar kein Wasser und meint dadurch weniger üble Nebenerscheinungen zu erzielen.

Schena hat einer Frau 1 g einer 2%igen Kokainlösung, 1 cg Morphin und einen Tropfen einer 1%igen Trinitrinlösung in den Duralsack injiziert, und es traten gleich nach der Operation hartnäckiges Erbrechen, Kopfschmerz, Schwindel und Tobsucht auf. Dies hielt zwei Tage an mit 38,2° C Temperatur. Solche Lösungen zu injizieren kann man nur entschieden widerraten, denn sie sind natürlich höchst gefährlich. Guinard gibt auch den Rat, das Kokain oder jedes andere Anästhetikum in der vorher entleerten Zerebrospinalflüssigkeit zu lösen. Er benützt 1—2%ige Kokainlösungen.

Es haben diese Lösungen aber keinen besonderen Vorzug vor einer gut sterilisierten, auf 38° C erwärmten wässerigen Lösung des Anästhetikums mit so viel NaCl-Gehalt, daß die Lösung osmotisch indifferent ist. Diese Lösungen sind die besten. Man setzt denselben noch Suprarenin nach Bedarf zu. So hat man folgende Lösungen als maßgebende zusammengestellt:

Cocain mur. 0,005—0,01
Suprarenin 0,0001—0,0005
NaCl 0,008
Aqua dest. 1,0

Man muß immer eine möglichst geringe Menge Flüssigkeit injizieren, da größere Mengen üble Nebenwirkungen hervorrufen. Vom Tropokokain verwendet man folgende Lösung:

Tropakokain 0,03—0,06
Suprarenin 0,0001—0,0005
NaCl 0,008
Aqua dest. 1,0

Man soll nie mehr als 0,06 Tropakokain injizieren, da höhere Dosen üble Nebenwirkungen besitzen (Neugebauer, Preindlsberger, Henrisscou, Schwarz, Bier, Tuffier etc.).

Vom Stovain verwendet man 0,05 g, welches in 10%iger Lösung vorrätig ist, und von welcher Lösung 0,5 ccm injiziert wird, der 0,05 g Stovain enthält. Die Lösung des Stovain ist folgende:

Stovain 0,1
NaCl 0,008
Aqua dest. 1,0

Das Stovain kann ohne Sorge gekocht werden; und so kann man eine vollkommene Sterilität der Lösung erhalten. Man erzielt eine sehr gute Anästhesie mit dieser Lösung, (Tuffier, Sonnenburg, Verf. etc.).

Das Stovain wird ebenfalls mit Suprarenin kombiniert verwendet und man gebraucht da folgende Lösung:

Stovain 0,1
Suprarenin 0,0001—0,0005
NaCl 0,008
Aqua dest. 1,0

Von dieser Lösung injiziert man 0,3 bis 0,5 cbm, also eine Menge von 0,03 bis 0,05 Stovain. Da das Stovain in Verbindung mit Suprarenin stärker wirkt, so kommt man oft mit 0,03 g Stovain aus. Bei sehr kräftigen Personen genügt 0,05 g Stovain sicher zur Erzengung einer brauchbaren Anästhesie.

Auch andere Anästhetika sind noch zur Medullaranästhesie verwendet worden, wie das Alypin, Novokain etc., und es sind deren Lösungen in derselben Weise herzustellen wie die der genannten Anästhetika. Man hat aber bisher noch nicht vermocht, die drei hier genannten Lösungen zu verdrängen, da sie entschieden die besten darstellen.

Was nun die Indikationen der Medullaranästhesie anlangt, so kann man mit Recht sagen, daß den neueren Methoden sehr weite Grenzen gezogen sind, und daß man jetzt eine wesentliche Gefahr nicht mehr mit dieser Methode verbunden findet. Die gefährlichen Nebenwirkungen wie sie der einfachen Kokaininjektion in den Duralsack anhafteten, sind jetzt fast zu vermeiden und zu verhüten, man kann mit Sicherheit auf den Eintritt einer genügenden Anästhesie rechnen und braucht nicht mehr zu fürchten, Mißerfolge zu erleben, die den Arzt und die Methode in den Augen des Publikums diskreditieren. Wenn man diese großen Fortschritte bedenkt, welche nicht nur allein der verbesserten Technik und größeren Fertigkeit in der Ausführung zugeschrieben werden müssen, sondern auch einmal der Kombination des Kokain mit Suprarenin, andererseits der Verwendung des Stovain und Stovain-Suprarenin oder Tropakokain-Suprarenin zugute zu rechnen sind, so kann man wohl behaupten, daß die Medullaranästhesie berufen ist, einen großen Teil der gefährlicheren Inhalationsnarkosen zu ersetzen. Natürlich haftet der Medullaranästhesie immer die große Gefahr einer Infektion der Meningen an, eine Gefahr, die natürlich besondere Beachtung erheischt, aber man ersieht bei dem Studium der Literatur, daß die Infektion sehr wohl vermieden werden kann, denn es sind keine Fälle beschrieben, wo eine akute infektiöse (eitrige) Meningitis im Anschluß an eine Medullaranästhesie durch direkte Infektion der Meningen bei der Injektion entstanden wäre. Diese Gefahr läßt sich also mit Recht ausschalten, denn der moderne Chirurg versteht ja die Infektion bis zu einem hohen Grade bei seinen chirurgischen Eingriffen zu verhüten. Wenn man daher bei der Ausführung der Injektionen in den Duralsack alle Gesetze der Asepsis befolgt, werden Infektionen ausbleiben. Die Indikationen für unsere Methode werden dargestellt von allen jenen Fällen, in denen eine allgemeine Narkose nicht wünschenswert ist, und bei denen es sich um Operationen an der Körperhälfte unterhalb des Nabels handelt. Insofern ist die Verwendbarkeit der medullären Anästhesie begrenzt, als man nur Operationen in derselben ausführen kann, welche die unteren Extremitäten und die Beckenorgane betreffen, während sich Operationen am Thorax und den oberen Extremitäten nicht für diese Methode eignen. Selbst Operationen an den abdominalen Organen, die im Epigastrium und der Oberbauchgegend liegen, wie am Magen, an der Leber etc., sind nicht für diese Betäubung geeignet. Wenn aber auch diese große Einschränkung besteht, so ist doch eine Menge von Operationen für die Medullaranästhesie bestimmt. Da kommen vor allem die geburtshilflichen Operationen und die verschiedenen vaginalen Operationen an den Genitalien der Frauen, ferner Operationen am Anus, dem Rektum und Operationen von Hernien in Betracht, außerdem die verschiedenen Operationen an den unteren Extremitäten.

Prokopin berichtet über acht Fälle von Lumbalanästhesie, die er wegen zwei Amputationen des Oberschenkels, einer Amputation des Unterschenkels, zwei

Hydrozelen, einer Kastration bei Prostatitis und einer Transplantation nach
T h i e r s c h bei ulcera cruris ausführte. S c h w a r z hat die verschiedensten
Operationen an den unteren Extremitäten und an der unteren Rumpfhälfte in
Medullaranästhesie ausgeführt, hielt aber größere Laparotomien nicht für diese
Betäubungsart geeignet, weil nach seinen Erfahrungen das Zerren an den Ein-
geweiden der Patienten meist höchst qualvoll war.

N e u g e b a u e r konnte feststellen, daß die Rückenmarkssegmente bzw.
deren Wurzeln in dem Maße als sie der Injektionsstelle näher liegen das Anästhetikum mehr auf sich einwirken lassen. Da in erster Linie die vom vierten
Sakralsegmente versorgten Körperteile am Damm und den äußeren Genitalien
der Wirkung des in den Duralsack injizierten Anästhetikums ausgesetzt sind,
so kommt man bei Operationen an diesen Stellen mit einer geringeren Dosis aus
als z. B. bei Operationen an der vom ersten und zweiten Lumbalsegment versorgten Inguinalgegend und dem Hypogastrium. N e u g e b a u e r hält die
Medullaranästhesie für ein Verfahren, das, zumal bei Operationen an den unteren
Extremitäten mit anderen Methoden der Anästhesie wohl konkurrieren könne
und vor der allgemeinen Narkose unter Umständen sogar nicht zu unterschätzende
Vorteile bietet. P r e i n d e l s b e r g e r hält die Methode sogar für eine für den
Landarzt ungeheuer wichtige Betäubungsart, die vor allen Dingen bei schweren
Verletzungen demselben von großem Nutzen ist, weil sie Assistenz erspart. Mit
diesen Ansichten stimmen alle anderen Autoren ebenfalls überein, und man hat
die allgemeine Indikationsgrenze so gezogen, daß man die Operationen am Damm,
den äußeren Genitalien, dem Anus, Mastdarm, den inneren Genitalien des Weibes
von der Vagina aus, den Hernien sowie den unteren Extremitäten für die medulläre Anästhesie geeignet hält (B i e r , T u f f i e r , M e y e r , V a l l i e t ,
G u i n a r d , L e g u e n , F i n k , K o z l o w s k y etc.).

Man muß bei den gynäkologischen Operationen und anderen Eingriffen
in der Beckenhöhle sowie bei Bruchoperationen in der Medullaranästhesie immer
beachten, daß das Zerren am parietalen Blatt des Bauchfelles dem Patienten
trotz der bestehenden Anästhesie intensive Schmerzen bereitet. Ich habe sehr
oft beobachtet, daß die Kranken bei solchen Operationen sofort Schmerzen
äußerten, wenn man das parietale Bauchfell berührte und an demselben operierte
und zerrte. Diese Schmerzen sind sehr unangenehm, können aber in vielen
Fällen vom Operateur vermieden werden, wenn er darauf achtet, das Peritoneum
möglichst wenig zu insultieren. Die Schmerzempfindlichkeit des Peritoneum
parietale trotz bestehender Anästhesie der anderen Gewebe der Umgebung ist
so zu erklären, daß das Peritoneum sensible Fasern vom Sympaticus erhält.
Dieselben werden nun bei der medullären Anästhesie nicht mit anästhesiert und
so erklärt es sich, daß der Kranke jede Berührung des Peritoneum parietale
empfindet. Vermeidet man nun stärkeres Zerren am Peritoneum, so kann man
dem Patienten jeden Schmerz ersparen Bei jenen Operationen, wo aber stärkere
Insulte des Peritoneum parietale nicht zu umgehen sind, wie bei Radikaloperationen von Hernien, gynäkologischen Operationen etc. muß man eventuell
eine kurze Ätherrauschnarkose während der Operation am Peritoneum parietale
zu Hilfe nehmen. Dies ist aber nur notwendig, wenn die Patienten sehr
empfindlich sind. In den meisten Fällen ertragen die Kranken diesen Schmerz
sehr gut, denn er ist nicht sehr intensiv und anhaltend, wenn der Operateur
rasch operiert. Man braucht also diesen Schmerz nicht besonders zu fürchten,
muß ihn aber beachten, um ihn nach Möglichkeit zu vermeiden und zu verhüten, was bis zu einem gewissen Grade immer möglich ist.

Es werden für die Medullaranästhesie vor allen Dingen solche Fälle besonders geeignet sein, in denen man eine allgemeine Narkose für gefährlicher
hält als diese Methode und bei denen das Operationsgebiet so gelegen ist, daß

die Anästhesie, welche von der Gegend des Nabels bis zu den Füßen reicht, genügt. Man kann zwar auch durch geeignete Lösung und Injektion eine Anästhesie erzielen, die den Thorax, ja selbst den Kopf befällt, aber es stellen sich bei diesen Methoden stets gefährliche Nebenwirkungen ein, so daß man von denselben absehen muß. Man hat besonders die Geburtshilfe und ihre zahlreichen Operationen herangezogen und erzielt da ganz vorzügliche Resultate. Man hat auch die Medullaranästhesie bei schwer heruntergekommenen, schwachen, entbluteten oder auch herzkranken Personen angewendet, bei denen eine allgemeine Narkose nicht mehr ausführbar war, und die Resultate sind vorzügliche gewesen, selbst schwer herzkranke Personen haben unter der Medullaranästhesie noch große Operationen ausgehalten, und es hat sich gezeigt, daß die Anforderungen, welche die B i e r s c h e Methode an die Kraft des Kranken stellt, nicht sehr große sind, der Chok ist nicht sehr groß, und es werden die inneren Organe nicht so schwer geschädigt, wie bei der Narkose. Die Einflüsse dieser Methode auf den Organismus des Kranken sind nicht sehr schwere, die Widerstandskraft des Kranken braucht nicht sehr groß zu sein. Natürlich gilt dies nur für die moderne Methode, namentlich für die Kokain-Suprarenin- und Stovaininjektionen. Der Chok ist als physischer gering und als solcher viel geringer als der der Narkosen, größer ist schon der psychische Chok. Wenn aber auch an die psychischen Eigenschaften des Kranken große Anforderungen gestellt werden, so sind doch diese Anforderungen nicht besonders hoch, sondern solche wie bei jeder Methode der Anästhetologie, weil eben das Bewußtsein des Kranken nicht getrübt und aufgehoben wird. Man muß daher genau die Operation vorher abwägen und soll nur diejenigen in medullärer Anästhesie ausführen, welche in den oben bezeichneten Grenzen sich halten, denn es treten dann, wenn die Operation in andere nicht betäubte Gegenden plötzlich übergreift, sehr unangenehme Schmerzen und Beschwerden auf, die dem Kranken natürlich sehr lästig sind. In Anbetracht dessen eignen sich nicht alle Laparotomien für diese Anästhesie und manche Autoren raten entschieden ab, Laparatomien unter dieser Methode auszuführen, denn es läßt sich bei solchen Operationen kaum vermeiden, daß man an den Därmen und anderen abdominalen Organen, welche außerhalb des Bereichs der Anästhesie liegen, zerrt und dieselben belästigt, was der Kranke sehr unangenehm empfindet. Das muß eben genau beachtet werden, und wenn man genau nach den Vorschriften verfährt, ist der Chok nur gering und schadet dem Patienten nicht.

Was nun die Gefahren für den Kranken anlangt, die aus der Medullaranästhesie entstehen, so sind dieselben bei der modernen Methode sehr gering. Die Infektion der Meningen kann und muß man vermeiden. Man kann natürlich auch gelegentlich kleine Verletzungen hervorrufen, die man nicht beabsichtigt hat, das sind eben seltene Unfälle. So berichtet B o r g d a n o v i c i über einen Fall, wo der Kranke am zweiten Tage nach der Operation starb. Bei der Autopsie fanden sich Blutkoagula zwischen Pia mater und Arachnoiden des Rückenmarkes an der Injektionsstelle und B o r g d a n o v i c i meint, daß bei der Injektion eine Vene durchstochen worden sei, wodurch eine Hämorrhagie mit Kompression der Medulla spinalis entstanden sei. Andere Fälle sind beschrieben worden, wo meningitische Erscheinungen auftraten, doch ist dies meist bei prädisponierten Individuen zu finden gewesen und sehr selten beobachtet worden. (C a v a z z a n i, W a l t h e r, G u i n a r d etc.) Diese bis acht

Tage anhaltenden meningitischen Erscheinungen gingen meist ohne Nachteil zurück. Neben diesen seltenen Erscheinungen muß man auch die Idiosynkrasien gegen Kokain beachten (Rochard, Chaput etc.). Man kann in solchen Fällen ja leicht Unfälle vermeiden, indem man an Stelle des Kokains Tropakokain oder Stovain verwendet. Viel wichtiger sind die allgemeinen Erscheinungen, wie sie namentlich häufig im Anfang vorkommen und oben des genaueren geschildert sind. Bei den jetzigen Methoden, der Kokain-Suprarenin-, der Tropakokain- und Stovainmethode kommen diese üblen Nebenwirkungen höchst selten vor. Mißerfolge kann man jetzt ganz vermeiden, da die Technik eine so feine und sichere geworden ist, daß in der Hand des Geübten die Methode stets eine vollkommen brauchbare und für die betreffenden Operationer ausreichende Anästhesie erzeugt. Die üblen Nebenwirkungen treten jetzt in höchstens 10% auf und sind auch bei weitem geringer und kürzere Zeit dauernd als früher. Während man früher Delirien, heftige Unruhe, Aufgeregtheit und starken Kopfschmerz, Übelsein, Erbrechen, Fieber bis 40° C etc. auftreten sah, welche Erscheinungen oft tagelang, bis acht Tage, anhielten (Tuffier, Bier, Reclus, Schwarz, Chaput, Guinard, Broca, Legueu, Potherat, Rocher, Meyer, Vulliet etc.), so beobachtet man jetzt Erscheinungen viel gemäßigter Art. Es treten jetzt wohl auch noch gelegentlich Kopfschmerz, Übelsein, Erbrechen auf, es folgen Temperatursteigerungen bis 38° C, aber diese Symptome sind nur schwach und halten nur 24 Stunden, höchstens zwei Tage an. So schwere Symptome wie Delirien und Erregungszustände werden nicht mehr beobachtet (Bier, Dönitz, Neugebauer, Tuffier, Sonnenburg, Verf. etc.). Man beobachtet jetzt in 50—60 % aller Fälle überhaupt keine üblen Nebenwirkungen, während in 12 % Temperatursteigerungen beobachtet werden. Am häufigsten tritt Kopfschmerz ein, der aber nicht sehr schlimm ist, in 25—35%, während andere Zustände höchst selten sind und dann auch nur leicht und rasch vorübergehend auftreten. Der Kopfschmerz wird ja nicht immer allein durch die Anästhesie hervorgerufen werden, sondern es spielen da auch die Aufregung des Kranken bei der Operation und der Shock der Operation eine Rolle in dessen Ätiologie. Diese Ergebnisse der neueren Versuche sind sehr befriedigende, und man muß zugeben, daß die Methode viel an Gefahren eingebüßt hat.

In den letzten Jahren wurden eine Reihe von üblen Nachwirkungen nach Medullären Anästhesien hinsichtlich des Nervensystems beobachtet, so sah man namentlich nach Rachistovainisationen Abduzensparesen, die 6—42 Tage lang anhielten (Feilchenfeld, Deetz, Adam, Hauber, Lampe, Roeder, Baisch) Trochlearisparese (Hofmeyer), Peroneuslähmung (Sänger), Atemlähmung, (Bosse, Steiner, Sandberg, Freund etc.), Paraplegien der Beine, Incontinentia alvi et urinae, (Freund, Géraud, Sonnenburg, Becker etc.), Harnretention (Baisch, Bull, Becker etc.) und diese Zufälle hielten oft recht lange Zeit an. Nach Novocain und Tropacocain wurden solche Lähmungen ebenfalls beobachtet, (Hauber, Dönitz, Loeser, Henkin, Mühsam, Laud, Lindenstein etc.) doch man hat aus der Anzahl und Intensität der Fälle das Resultat gezogen, daß Stovain viel toxischer in dieser Hinsicht wirkt, als Tropacocain und Novocain, ein Umstand, der den Grund für eine geringere Verwendung des Stovains bildet. Die peripheren Lähmungen werden durch protoplasmatische Veränderungen in den motorischen Nervenwurzeln hervorgerufen. Die Augenmuskellähmungen sind das Resultat von peripheren toxischen Neuritiden oder toxischer Kernerkrankungen. Es ist interessant, daß man auch Augenmuskellähmungen beobachtet hat wenn die Medulläre Anästhesie versagte. Der Aduzens ist am häufigsten betroffen. Die Heilung tritt nach 4—6 Wochen ohne jede Therapie ein, und man beobachtet, daß die Augenmuskellähmungen entweder ganz rasch oder nicht vor einer Zeit von 6 Wochen schwinden. Man ist in neuester Zeit wieder vom Stovain zurückgekommen und verwendet wieder hauptsächlich Tropacocain, oder auch Novocain. Alypin ist nicht besser als Stovain. Das Tropacocain oder Novocain kombiniert man mit Suprarenin. Diese Methode liefert die besten Resultate, und man beobachtet selten Unfälle und üble Nebenwirkungen, die dann auch leichterer Natur sind, und bald wieder schwinden.

Todesfälle werden natürlich stets auch vorkommen, doch ob man dieselben auf die medulläre Anästhesie beziehen muß, ist fraglich und kann nicht immer bejaht werden. Es werden oft andere Ursachen zu finden sein, und wenn der Kranke bei dieser Methode stirbt, so kann man annehmen, daß er einer allgemeinen Narkose auch erlegen wäre. Natürlich muß man die Fälle genau auswählen und nur die Kranken wählen, welche nach ihrem somatischen Zustand der Medullaranästhesie gewachsen sein werden.

Man hat bis jetzt 23 Todesfälle nach Lumbalanästhesie publiziert, doch befinden sich unter denselben manche, welche nicht sicher der Methode zur Last gelegt werden dürfen. Diese 23 Todesfälle sind aber auf viele Tausend Medullaranästhesien zu rechnen. Von Dönitz ist ein Fall von Exitus auf über 1000 Anästhesien gemeldet. Eine genaue Statistik kann jetzt noch nicht aufgestellt werden, das ist erst in späteren Jahren möglich. Man ersieht aber bei genauem Studium der beschriebenen Todesfälle und üblen Zufälle, daß die Medullaranästhesie eine relativ ungefährliche Methode ist, und man wird mit dem weiteren Ausbau und Studium die Gefahren noch bedeutend vermindern können. Aber schon jetzt kann man sagen, daß dieselbe oft weniger gefährlich ist als eine Narkose und daher dieselbe ersetzen kann.

Die Technik der Medullaranästhesie ist von ganz besonderer Bedeutung, denn nur durch vollendete Ausführung derselben kann man Unfälle verhüten. Man muß bei derselben zunächst die Lage des Kranken beachten, denn derselbe soll nach der Injektion nicht in Beckenhochlage gebracht werden, damit man nicht dem Kokain das Vordringen in die höheren Partien der Zerebrospinalflüssigkeit erleichtert. Es ist also anzuraten, den Kranken in Rückenlage mit wenig erhobenem Kopf und Thorax zu operieren. Ist Beckenhochlagerung unbedingt erforderlich, so soll man sie erst einige Minuten nach Eintritt der Anästhesie frühestens ausführen, wenn möglich erst während der Operation.

Um ein zu rasches Vermischen der Injektionsflüssigkeit mit dem Liquor cerebralis und ein zu rasches Aufsteigen derselben in die höheren Abschnitte des Duralsackes zu verhüten, gibt Dönitz an, dem Kranken eine Stauungsbinde um den Hals zu legen, so daß im Kopf und Cerebrum Hyperämie eintritt, wodurch der Liquor cerebrospinalis nicht nach dem Gehirn aus dem Duralsack des Rückenmarkes fließen kann, selbst wenn der Patient horizontal oder mit tieferliegendem Kopf gelagert ist.

Die Lösungen sind schon oben des genaueren beschrieben worden, sie müssen einwandfrei sterilisiert sein, ebenso die Instrumente, und letztere müssen vor allen Dingen ganz trocken und frei von Soda oder Antiseptika sein, da diese Stoffe auch in kleinsten Mengen die Meningen enorm reizen (Neugebauer, Vulliet, Bier, Tuffier etc.). Die Anästhesie tritt innerhalb weniger Minuten nach der Injektion ein und hält meist 40 Minuten bis 1½ Stunden an (Bier Tuffier, Henricsson, Neugebauer, Dönitz, Vulliet, Meyer etc.).

Nach der Operation soll der Kranke einige Stunden ruhig zu Bett liegen, denn wenn er sich bald nach der Anästhesie, selbst wenn es die Operation gestatten würde, aufrichtet, stärker bewegt oder gar herumgeht, so können üble Nebenwirkungen entstehen, die man durch Ruhe verhüten kann (Walther, Vulliet, Guinard etc.). Bier legt eine Konstriktion um den Hals des Kranken, um eine Hyperämie des Zerebrum zu erzeugen und gibt an, daß die Stauung gut vertragen wird. Die Hyperämie muß die Operation noch zwei Stunden überdauern, damit die Kokainwirkung auf die Gehirnrinde nicht noch nachträglich eintritt. Günstig wirkt auch die Verabreichung von Speisen und Getränken vor, während und nach der Anästhesie (Bier). Man soll den Kranken aber an den Tagen vor der Operation genau so vorbereiten, wie man es für die Narkose tut. Villar gibt den Kranken vor und während der Operation Kaffee zu trinken.

Die Technik der Injektion, wie sie Bier zuerst angegeben hat, ist folgende. Er führt die Lumbalpunktion in Seitenlage des Kranken aus, der Oberkörper liegt erhöht, später hat er auch die sitzende Stellung des Kranken vorgezogen. Er sticht zwischen drittem und viertem Lendenwirbel mit einer langen Nadel ein. Die Verbindungslinie der Darmbeinkämme schneidet gerade das Spatium des dritten und vierten Lendenwirbels.

Auch Quincke gibt den Rat, den Kranken in Seitenlage mit hochangezogenen Beinen, auf der linken Seite liegend zu punktieren. Das Kinn des Kranken muß den Knien möglichst genähert sein. Der Operateur setzt sich halbseitlich neben das Bett. Quincke gibt den Rat, die Nadel unterhalb des dritten bis fünften Lendenwirbelbogens einzustechen. Die Nadel soll 4—10 cm lang, 0,8—1,6 mm dick, mit einem gut schließenden Stahlmandrin versehen sein, der die Spitze ausgleicht. Der Mandrin ist deshalb wichtig, weil sich bei den tastenden Bewegungen der Nadel, wenn dieselbe ohne Mandrin eingestochen würde, leicht Gewebspartikelchen in die Nadel eindrängen könnten, wodurch dieselbe verstopft wird. Mit dem Mandrin bewaffnet, kann so etwas nicht passieren. Durch das starke Beugen und Anziehen der Beine werden die Wirbelbögen voneinander entfernt und das Einstechen erleichtert. Bei Kindern sind die Wirbelbögen schlanker und lassen einen weiten Raum zwischen sich. Die Dornfortsätze, Bänder und Muskeln sind da noch wenig entwickelt, was ebenfalls die Punktion sehr erleichtert. Man sticht bei Kindern am besten genau in der Medianebene und in der Ebene eines horizontalen Rumpfquerschnittes ein, so daß die Nadel genau die Richtung von vorn nach hinten hat. Man braucht bei Kindern nur 1—2 cm tief einzustechen, um in den Duralsack zu gelangen.

Bei Erwachsenen sticht man besser, wie von einzelnen Chirurgen empfohlen wird, 0,5—1 cm seitlich, rechts von der Mittellinie ein, weil da die Ligamenta interspinalia und Muskeln häufig sehr stark entwickelt sind, und dies würde das Einstechen in der Medianlinie erschweren. Deshalb fixiert man den Punkt des Dornfortsatzes mit dem Zeigefinger der linken Hand und sticht den Trokart mit der rechten Hand 1 cm seitlich in der Richtung nach dem Zeigefinger zu ein. Die Richtung der Nadel ist die nach vorn, oben medial. Man empfindet den Moment, wenn die Spitze durch die einen geringen Widerstand bildende Dura mater einsticht. Zieht man nun den Mandrin heraus, so treten einige Tropfen klarer gelblicher Zerebrospinalflüssigkeit durch die Nadel. Sind dieser Blutmengen beigefügt, so läßt man so viel abfließen, bis der klare Liquor cerebrospinalis erscheint. Darauf setzt man die Spritze an die Nadel und injiziert die betreffende Lösung sehr langsam. Die Menge soll ca. 1 ccm sein, höchstens zwei. Für die Injektion eines ccm Flüssigkeit soll man eine Minute brauchen, so daß sich die Kokainlösung ganz langsam mit dem Liquor cerebrospinalis mischt. Wenn man die Lösung rasch injiziert, so treten sofort üble Nebenwirkungen ein. Je langsamer die Lösung in den Duralsack fließt, um so besser ist die Anästhesie um so geringer sind die üblen Nebenerschei-

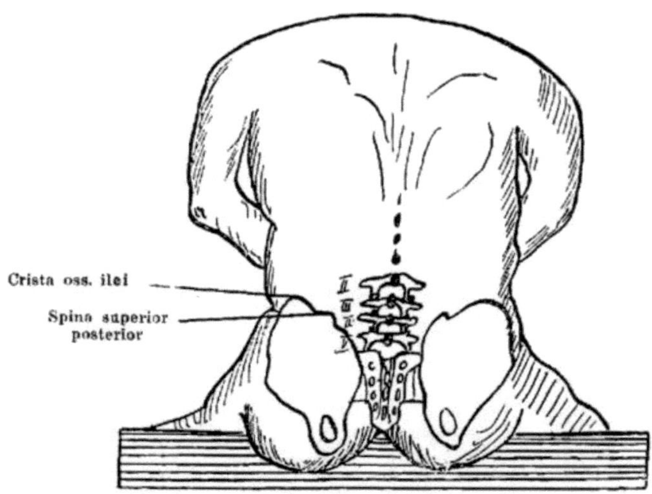

Fig. 30.

Die Injektionsstelle bei sitzender, stark nach vorn gebeugter Haltung des Patienten. Die Verbindungslinie der Cristae schneidet den III. Interarcualraum, die der Spinae poster. super. den IV. Interarcualraum.

nungen. Bei grazilen Erwachsenen, wie Frauen und kleinen Männern, muß man 4—6 cm tief einstechen, ehe man in den Duralsack gelangt. Bei großen, sehr muskulösen, gut genährten Männern kann die Entfernung 7—8, ja 10 cm betragen. Bei Erwachsenen wählt man den dritten Interarcualraum, doch sind der vierte und fünfte ebenso geeignet. Bei Kindern unter zwei Jahren reicht die Medulla etwas weiter herab als bei Erwachsenen, und man muß da im vierten und fünften Interarcualraum einstechen. Die Instrumente sind einfach, eine gute Spritze mit langer, mit einem Mandrin versehener Nadel sind das einzig notwendige Instrumentarium. Dies ist die von Bier geübte und angegebene Technik. Nach der Injektion entfernt Bier den Trokart oder die Nadel sofort. Der Kranke muß nach der Operation wenigstens 24 Stunden zu Bett liegen.

Eine etwas andere Technik hat Tuffier angegeben. Er macht die Injektion nicht in Seitenlage des Patienten, sondern er läßt denselben auf den

Stuhle sitzen und den Oberkörper nach vorn beugen. Vergl. Fig. 30. Durch diese Modifikation werden bedeutende Erleichterungen für die Technik geschaffen, man kann sich besser und leichter über die anatomischen Details orientieren, und dadurch wird die Injektion leichter ausgeführt. Durch leicht nach vorn gebeugte

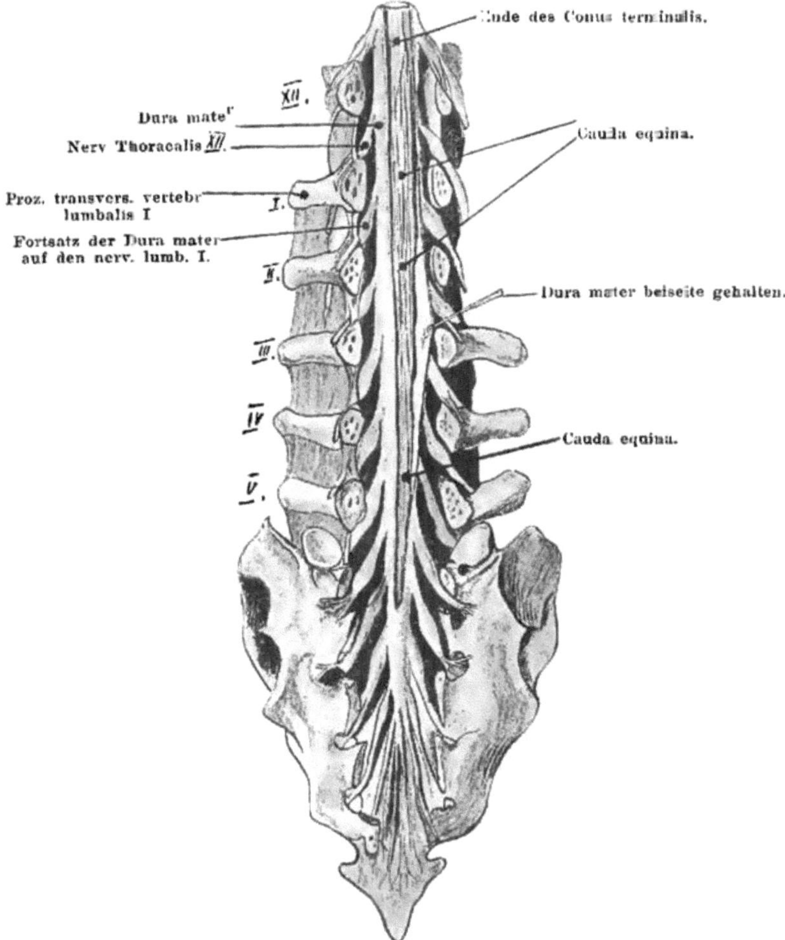

Fig. 31.

Der Canalis lumbalis nach Resection der Wirbelbögen und Eröffnung der Dura mater. Die Cauda equina liegt frei, die abgehenden Spinalnerven werden von einer Scheide der Dura mater umgeben.

Haltungdes Patienten entsteht größere Diastase der Lendenwirbelfortsätze, und man findet zwischen zwei Wirbelbögen einen Zwischenraum von ca. 1 cm. Zur raschen und leichten Bestimmung der Injektionsstelle gibt Tuffier an, die Verbindungslinie der beiden Spinae posteriores superiores oder der obersten Punkte der Cristae ilei zu ziehen. Diese Linie schneidet die Wirbelsäule gerade in dem Punkte, wo die Injektion am besten vorzunehmen ist. Man geht von der Mittellinie 1 cm nach rechts lateral oder bleibt in der Mittellinie und sticht mit der Nadel in der Richtung gegen die Medianlinie ein. So gelangt man in den Interarkualraum des 2. u. 3. oder 3. u. 4. Lendenwirbels. Aus Figur 30 ersieht man deutlich diese Verhältnisse. Das Rückenmark reicht nicht bis in diese Gegend herab und kann also auch nicht verletzt werden. In dieser Gegend verlaufen nur die Nerven mit dem Filum terminale, und man kann durch die Nadel diesen keinen Schaden tun, weil dieselben leicht ausweichen und dadurch nicht verletzt werden. In Figur 31 finden sich die Verhältnisse abgebildet und man ersieht, wie die Medulla spinalis viel höher endet.

T u f f i e r sticht die Nadel in der angegebenen Weise ein und läßt einige Tropfen Liquor cerebrospinalis abfließen. Dann setzt er die mit der Lösung gefüllte Spritze an den Troikart und injiziert langsam die Lösung.

Sehr vorteilhaft ist die Art der Technik, wie sie wohl jetzt allgemein geübt wird, indem man den Kranken quer mit herabhängenden Beinen auf einen Operationstisch setzt, den Rumpf stark nach vorn beugen läßt und nun mit dem Troikart direkt in der Mittellinie zwischen den beiden Dornfortsätzen des II. und III. oder III. und IV. Lendenwirbels einsticht, indem man bemüht ist, den Troikart immer in der Sagitalebene resp. der den Körper genau halbierenden Ebene zu halten. Dadurch gelingt es, genau in der Mittellinie die Dura zu durchstechen. Injiziert man nun die Lösung, so gelangt dieselbe genau in die Mitte des Duralsackes und verbreitet sich gleichmäßig im Liquor. Wenn man aber mit dem Troikart nicht in der Mittellinie einsticht, sondern seitlich, so gelangt man sehr leicht mit der Spitze desselben seitlich in den Duralsack und die injizierte Lösung wird mehr in den seitlichen Sakralraum gelangen, wobei leicht eine ungleiche Verbreitung der Anästhetikumlösung hervorgerufen wird. Daraus resultieren aber Mängel in der Anästhesie, wie ungleiche Verbreitung der Anästhesie oder überhaupt ungenügende Anästhesie, weil die Lösung nicht an alle Teile der Medulla spinalis gelangt. Infolge der vielen Nervenbahnen und Nervengeflechte, die durch den Duralsack verlaufen, wird eine einseitige Ausbreitung der Anästhetikumlösung überhaupt noch sehr befördert. Es ist deshalb unbedingt notwendig, daß man bestrebt ist, die Lösung möglichst in die Mitte des Duralsackes zu injizieren. Nachdem man den Troikart eingestochen hat, läßt man drei Tropfen Liquor cerebrospinalis ablaufen und setzt dann die Injektionsspritze, in welcher sich 1 cbm Lösung befindet, an den Troikart an. Die Spritze muß aber 5 cbm fassen. Nun läßt man so viel Liquor cerebrospinalis in die Spritze fließen, bis 2—3 cbm Flüssigkeit in der Spritze enthalten sind. So vermischt sich die Lösung mit dem Liquor. Ist dies geschehen, so injiziert man die ganze Menge des Gemisches recht langsam, entfernt den Troikart und legt den Patienten flach auf den Rücken. Wenn man genau diese Technik beachtet, ist ein Mißerfolg ausgeschlossen, sofern nicht der Kranke zu den wenigen Menschen gehört, bei denen die Methode κατ' εξοχήν versagt.

Z a h r a d n i c k y beobachtete in einem Falle im Anschluß an diese Injektionen ein Hämatom der Canda equina, welches nach sechs Wochen Dauer unter geringer Reizung der Medulla spinalis langsam zurückging und völlig verschwand. Solche kleine Unfälle können gelegentlich vorkommen, doch sind

dieselben höchst selten. Die Anästhesie tritt nach der Injektion innerhalb fünf
Minuten ein und dauert bis 1½ Stunden.

De Nigris hat versucht, die Punktion und Injektion am Hals zu
machen und hat dadurch eine Anästhesie am Hinterkopf des Tieres erzielt, doch
sind diese Maßnahmen höchst gefährlich, und man kann leicht die Medulla verletzen. Zur Erzielung der Anästhesie am Unterkörper injiziert er zwischen
ersten und zweiten Lendenwirbel in vertikaler Lage des Kranken auf der linken
Seite und hat dadurch eine Anästhesie des ganzen Körpers bis zum Kopf erzielt.
Domenichini injiziert zwischen zweiten und dritten Lendenwirbel.

Die Dosen, welche man allgemein verwendet, sind für Kokain 0,005 bis
0,06 g (Schwarz, Bier, Tuffier, Vulliet etc.), für Tropakokain
0,03—0,06 (Neugebauer, Schwarz, Henricsson), für Kokainsupra-
renin 0,0075—0,015 Kok. + 0,00005—0,0001 Suprarenin (Bier, Dönitz,
Verf, Tuffier etc.), für Stovain 0,005—0,06 (Tuffier, Sonnenburg etc.),
für Novokain 0,15—0,20, für Novokain + Suprarenin, 0,15 Novok. + 0,00005
bis 0,0001 Suprarenin (Sonnenburg).

Man hat auch empfohlen, den Troikart oder die Injektionsnadel liegen
zu lassen und nach Beendigung der Operation wieder etwas Liquor cerebrospinalis abzulassen, oder nach Beendigung der Operation von neuem zu punktieren und Flüssigkeit abzulassen, um dadurch üblen Nachwirkungen vorzubeugen, sofern dieselben durch vermehrten Druck des Liquor cerebrospinalis entstehen. Man ist aber von dieser Methode wieder ganz zurückgekommen, denn
man hat bemerkt, daß üble Wirkungen durch andere Vorsichtsmaßregeln besser
zu vermeiden sind. Vor allen Dingen muß man sich hüten, größere Mengen
Zerebrospinalflüssigkeit abfließen zu lassen und dadurch andere Druckverhältnisse zu erzeugen, ebenso muß man vermeiden, eine größere Menge Flüssigkeit
zu injizieren und darf nur ganz geringe Mengen, 1—2 ccm der anästhetischen
Lösung einspritzen. Diese Injektionen müssen auch ganz langsam vor sich
gehen, jeden ccm Flüssigkeit muß man während einer Minute injizieren, damit
das Kokain sich langsam mit dem Liquor cerebrospinalis vermischt. Durch
rasches Injizieren unter hohem Druck wird eine Verbreitung des Kokains
nach den höheren Markgegenden und dadurch Verbreitung der Anästhesie
am Körper mehr nach oben hervorgerufen, daneben entstehen die bekannten Intoxikationssymptome. Dieser Punkt, sowie gute Sterilisierung aller
Instrumente und Lösungen, sowie der Rückenhaut müssen genau beachtet werden.
Um den Einstich der Nadel schmerzlos auszuführen, verwendet man entweder
den Äther- oder Chloräthylspray oder man betäubt die Haut und das Muskel-
sehnengewebe durch eine Kokaininjektion. Die Gewebe sind daselbst aber sehr
wenig empfindlich, sodaß man auch ohne Schmerzbetäubung den Einstich, bei
dem hauptsächlich der Stich durch die Haut schmerzhaft ist, ausführen kann,
wobei der Kranke nicht viel Schmerz äußert. Vor allen Dingen muß dabei die
Nadel haarscharf sein. Der Stich durch die Dura etc. ist nicht schmerzhaft,
weshalb es sehr wohl genügt, die Haut mit Chloräthyl zu anästhesieren, und
der Kranke empfindet gar keine Schmerzen.

Eine Kombination der Medullaranästhesie mit der Narkose ist in neuester
Zeit angegeben worden. Krönig verwendet zu Gynäkologischen Operationen
und operativen Entbindungen die Skopolamin-Morphin-Narkose in Verbindung
mit der Medullaranästhesie und zwar versetzt er die Patientinnen durch eine
Skopolamin-Morphiuminjektion in einen Dämmerzustand, in welchem er die

Medullaranästhesie ausführt. Der Vorteil dieser Methode liegt darin, daß die Kranken während der Operation schlafen oder bei getrübtem Bewußtsein sind. Sie merken nichts von der Lumbalpunktion, -Injektion und haben auch nach dem Erwachen keine Erinnerung an die Operation. So enthebt man den Kranken der Unannehmlichkeiten der Medullaranästhesie und es sind größere Gefahren damit nicht verbunden. Versagt die Medullaranästhesie einmal, so kann man leicht, ohne daß der Patient es merkt, Narkose einleiten. Diese Kombination wird die Indikationen der Lumbalanästhesie noch sehr erweitern. Durch dieselbe wird die medulläre Anästhesie für den Kranken angenehmer, er empfindet nicht die psychischen Eindrücke; und man umgeht doch eine Narkose, denn man kann leicht den Patienten aufwecken, um mit ihm zu sprechen. Für die meisten Fälle genügt eine Skopolamin-Morphiuminjektion zu 0,0003 Scopol. + 0,01 Morph. eine halbe Stunde vor Beginn der Operation. Üble Nebenwirkungen sind dabei nicht beobachtet worden. Wenn man während der Medullaranästhesie Trübung des Bewußtseins wünscht, ohne vorher Skopolamin gegeben zu haben, so gibt man am besten etwas Äther, der Kranke wird dann rasch betäubt. An Stelle des Äther ist auch Chloroform-Sauerstoff oder Chloraethyl zu empfehlen. Am angenehmsten ist aber die Kombination mit Skopolamin. Die Inhalationsnarkose wird nur ein Notbehelf sein.

Seit den ersten Anfängen der medullären Anästhesierung bis in unsere gegenwärtige Zeit hat sich eine ganz enorme Veränderung in der Chirurgie bemerkbar gemacht, und man erkennt jetzt erst recht deutlich den hohen Wert und die große Bedeutung, welche die Bier'sche Methode für den Chirurgen besitzt. Während man im Anfang mit Hangen und Bangen die medulläre Anästhesie ausführte, ist jetzt die Ausführung derselben bedeutend gefahrloser und harmloser geworden dank der Verbesserung der Technik, Lösungen und Indikationsstellung. Dieser Umstand, daß die Gefahren der Bier'schen Anästhesie nur ganz gering, ja geringer als die mit einer Chloroformnarkose verbundenen Gefahren für den Kranken sind, hat die lumbale Anästhesie nicht nur dem Chirurgen von Fach in seiner Tätigkeit im Hospital und der Klinik, sondern auch dem praktischen Arzte zugänglich gemacht und es ist in dieser Methode dem Arzte ein Ersatz der Narkose gegeben, der in unendlich vielen Fällen unschätzbare Vorteile bietet und segensreich für die leidende Menschheit wirkt. So kann der Arzt selbst im Privathause mittelst der medullären Anästhesie diese Operationen allein ohne ärztliche Assistenz ausführen, zu denen er früher wegen der notwendigen Narkose einen Arzt brauchte, der oftmals recht schwer zu beschaffen war. Gerade die Möglichkeit der Verwendung der medullären Anästhesie in der allgemeinen Praxis gibt dieser Methode einen unschätzbaren Wert, und man muß hierin ein hohes Verdienst des Begründers der medullären Anästhesie erblicken, daß er diese Methode, die ursprünglich wegen der mit ihr verbundenen Gefahren nur in Kliniken und selbst dort selten verwendet werden konnte, so vervollkommnet hat, daß sie geringere Gefahren mit sich bringt, als eine Narkose, und auch vom Arzte in der Praxis leicht ausgeführt werden kann. Wenn man bisher noch verhältnismäßig selten die Rückenmarksanästhesie vom praktischen Arzte verwendet sah, so liegt dies hauptsächlich daran, daß noch ein großer Teil der praktischen Ärzte nicht Gelegenheit genommen hat, sich mit der Technik der medullären Anästhesie vertraut zu machen. Es steht aber sicher zu erwarten, daß in wenigen Jahren die medulläre Anästhesie sich auch allgemein Zugang in die praktische Medizin verschafft haben wird. Wer die Vorzüge dieser Anästhesie an einer Reihe von Fällen kennen gelernt hat, der wird die enorme Bedeutung derselben für die Medizin erkennen und zugeben müssen, daß die Biersche Anästhesie eine der wichtigsten Erfindungen auf dem Gebiete der Medizin darstellt. Wenn man die Entwicklung der medullären Anästhesie genau studiert, so wird man erkennen, daß die ersten Anfänge derselben wohl in Amerika zu suchen sind, daß aber die richtige Ausgestaltung derselben in Deutschland von Bier geschaffen worden ist, wodurch allein die Rückenmarksanästhesie eine für die praktische Medizin geeignete Methode wurde. Somit wird man Bier das Recht und den Ruhm eines Begründers der medullären Anästhesie zu erkennen, und die deutsche Wissenschaft kann stolz darauf sein, daß von unserem Vaterlande und von einem deutschen Gelehrten dieser bedeutende Fortschritt in der Medizin ausgegangen ist.

Eine Modifikation dieser Methode ist von Cathelin angegeben worden und stellt die Schmerzbetäubung durch **epidurale Injektionen** dar. Die Methode besteht darin, daß man durch den offenen Canalis vertebralis im os sacrum einen Troikart einsticht und so in den epiduralen Raum gelangt. Man injiziert eine bestimmte Menge Kokainlösung, und diese verbreitet sich in dem epiduralen Fett- und Bindegewebe, das hoch herauf bis in die Gegend des Brustmarkes durchtränkt wird. Die hier sehr zahlreich verlaufenden Venengeflechte nehmen das Kokain rasch auf, und dadurch soll Anästhesie hervorgerufen werden, indem das Kokain schließlich auch an die Nervenwurzeln der in der Cauda equina verlaufenden Nerven gelangt. Diese Methode unterscheidet sich dadurch von Biers Medullaranästhesie, daß die Flüssigkeit nicht in den Duralsack gebracht wird. Es sollen mit dieser Methode weniger Gefahren verbunden sein. Tierversuche haben ergeben, daß das epidurale Gewebe sehr tolerant gegen große Dosen von Arzneimitteln ist und Intoxikationen nicht leicht auftreten. Nach Cathelin ist die Methode bei Schwangerschaft, verknöchertem Sakralkanal, Spina befida etc. nicht anwendbar.

Die Technik ist eine derartige, daß man sich in Seitenlage des Patienten mit hochangezogenen Knieen durch Palpation die Öffnung des Sakralkanals sucht, welche ein ungefähr dreieckiges Loch darstellt. Diese Öffnung liegt aber nicht vollkommen in der Medianlinie, namentlich in Seitenlage verläuft die Rima unterhalb derselben, und diese Öffnung des Sakralkanals liegt ca. 1—3 cm oberhalb der Rima.

Es kommt aber vor, daß diese Öffnung verknöchert ist, und man mit der Nadel nicht in den Kanal eindringen kann. Immerhin bestehen wie Chipault an Untersuchungen von 100 Becken von Leichen nachgewiesen hat, nur selten Variationen im Verhalten der anatomischen Verhältnisse. Der Arachnoidalsack endet 7 cm oberhalb des Kanalendes, und man kann daher nicht so leicht in den Arachnoidalsack mit der Nadel eindringen. Guinard ist es einmal passiert, daß er diesen Raum punktiert hatte. Man hat mit diesen Injektionen in das Epiduralgewebe aber keine für Operationen brauchbare Anästhesie erzeugen können (Guinard, Brocard, Chipault, Achard, Laubry etc.), wohl aber konnte man bei vielen äußerst schmerzhaften Leiden eine Linderung der Schmerzen erzielen (Ischias, Lumbago, Neuralgien etc.). Chipault hat sogar Anästhesie erzeugen können, in welcher er eine Mastdarmfistel operieren und ein Steißbein schmerzlos entfernen konnte, zu anderen Operationen reichte aber die Anästhesie nicht aus. Ernstliche Störungen sind bei dieser Methode nie beobachtet worden. C h i p a u l t brachte den Patienten in T r e u d e l e n - b u r g s c h e Lage und stach die Nadel 5 cm tief ein, dann injizierte er Kokainlösung. Er verwendete namentlich bei rheumatischen Erkrankungen, Neuralgien etc. die Injektionen, in Zwischenräumen von mehreren Tagen wiederholend und injizierte wässerige oder ölige Kokainlösungen oder Guajakol mit Orthoform. A c h a r d und L a u b r y berichten über Kokaininjektionen in den Sakralkanal bei Lumbago, Herpes zoster, Ischias, gastrischen Krisen bei Tabikern etc. und erzielten sehr gute Erfolge. In drei Fällen war der Erfolg gleich Null, in zehn war ein sichtlicher Erfolg vorhanden, der aber bald vorüberging, in neun Fällen war sehr guter Erfolg zu verzeichnen. Es wurden Mengen von 0,01 bis 0,08 Kokain injiziert (C a t h e l i n, L e j a r s, C h i p a u l t etc.). Doch genügte die dadurch erzielte Anästhesie nicht zu chirurgischen Operationen, nur zur Schmerzstillung bei den genannten Leiden. Wenn man auch diese Injektionen bei allen möglichen Leiden mit teilweise befriedigendem Erfolge verwendet (C a t h e l i n, S i c a r d, G u y o n, C h i p a u l t, L e j a r s), so sind dieselben doch nur von nebensächlicher Bedeutung, da eine Verwendung im Dienste der Chirurgie nicht möglich ist, sobald man die Anästhesie zu operativen Eingriffen verwenden will. Man wird dann immer, wenn man eine brauchbare Anästhesie erzielen will, zur Punktion des Duralsacks schreiten und das Kokain nach B i e r s Angaben in die nächste Nähe der Medulla spinalis bringen müssen. Somit wird kaum eine Verbesserung dieser epiduralen Injektionen möglich sein, denn auch die Kokain-Suprarenininjektionen haben keinen Erfolg geliefert. Man kann wohl durch das Suprarenin eine stärkere Wirkung des Kokains erlangen, doch eine für operative Eingriffe brauchbare Anästhesie kann man auch dadurch nicht erzielen. Ich habe diese Methode in einigen Fällen versucht, aber nur sehr geringe Anästhesie erzielen können, die vielleicht eine kleine Operation in nächster Nähe des Os. sac. schmerzlos ausführen läßt, aber größere Eingriffe nicht gestattet.

Literaturverzeichnis.

Es sind in dem alphabetisch geordneten Literaturverzeichnis die wichtigsten Werke und Abhandlungen aus dem Gebiete der Narkose und lokalen Anästhesie hier aufgeführt. Die im Texte angeführten Namen bestimmter Autoren sind hier leicht wieder zu finden, und man kann die Literaturangaben, auf die im Texte des Buches bezogen wurde, nach dem Namen des Autors finden. Es sind im Texte alle Literaturangaben weggelassen worden, weil am Schluß des Buches das Literaturverzeichnis angefügt wurde, in dem alle Abhandlungen und Literaturangaben, auf die im Texte Bezug genommen wurde, leicht nachgeschlagen werden können.

A.

Abadie, Zum Mechanismus d. Anästhes. b. d. intraduralen Kokaininjekt. Münchner med. W. 1901, Nr. 23. — Abadie, Mort à la suite d'inject. sous conjunctiv. de cocaine. Société d'ophth. de Paris. 1888, 7. Okt. — Abadie, Medull. Anästhes. Société de Biologie de Paris. 1901, 27. April.

Abel, John, J., Ueber den blutdruckerreg. Bestandteil d. Nebenniere, das Epinephrin. Aus dem pharmakolog. Instit. d' John Hopkins University Baltimore, Zeitschrift f. physiolog. Chemie. Bd. XXVIII.

Abonyi, Wien. Klinik. 1891. Heft I.

Achard, Société médic. des hôpitaux de Paris. 1901, 19. April. — Achard, ref. Münchner med. W. 1901, Nr. 23. — Achard, L'injection intra-rachidienne de cocaine dans le traitement de quelques affections douleureuses. Soc. de névrologie de Paris. 1901, T. III. — Achard et Laubry, L'injection intravertébrale de cocaine en thérap. médicale. Gazette hebdomadaire. 1901, Nr. 62. — Achard, Bericht d. Société de Nevrologie. Münchner med. Wochenschr. 1901, Nr. 14, S. 562.

Ackerson, Zahnärztl. Rundschau, 1901 Aug. — Ackerson, Bericht über Eukain-?. Brief an Schering, Berlin.

Adam, Ethyl choride as a general anaesthetic. Glascow medical journal. 1902, Okt. — Adam, Abduzenslähmung nach Rückenmarksanästhesie. Münchner mediz. W. 1906, Nr. 9.

Adams, General remarks on the combinat. of Ether (47 parts) and chlorof. (43 parts) known as the M. S. mixture. Medical News. 1901, Febr. 9.

Adler, Berl. kl. Woch. 1891.

Administration, of chloroform in the street. The lancet. 1899.

Adrénaline etc., Arch. gén. de méd. 1904, Nr. 40.

d'Aglinzeff, Noch ein Wiederbelebungsversuch nach Prus-Moag. Zentralbl. f. Chirurgie 1901, Nr. 21.

Aherton P. Mason, Boston med. and surgic. Journ. 1882. — Aherton P. Mason, Schmidts Jahrb. Bd. CXCVIII. — Aherton P. Mason, Schmidts Jahrb. CCI.

Ahrenfeldt, Zahnärztl. Rundschau. 1896, Nr. 226.

Ajello, Zentralbl. f. Chirurgie, 1896.

Albarran u. Chathelin, Die epiduralen Injektionen bei Harninkontinenz. Société de Biologie de Paris, Séance 13. Juli, 1901. Bericht. — Albarran u. Cathelin, ref. Münchner med. W. 1901, Nr. 36, S. 1429. — Albarran et Bernard, Arch. génér. de médec. 1903.

Albertoni, P. u. Lussana, F., Le Sperimentale, 1874, XXXIV. — Albertoni, P., Archiv f. d. ges. Physiol. Bd. XLVIII. — Albertoni, P., Schmidt's Jahrb. CCXXX.

Albrecht, H., Odontolog. Blätter. 1899, Nr. 2.

Aldrich, A. G., The medic. Standard. 1899, Sept.

Aldrich, Th. B., American Journal of Physiolog. 1901.

Alessandri, Relazione dell' anestesia generale e locale. XII Congresso d. Soc. italia di Chirurgia 28—30 ott, 1897. — Alessandri, Die Schädigung der Nieren etc. nach Chlorof.-Nark. etc. Pavia. 1894.

Alexander, Ref. Münchner med. W. 1901, Nr. 35, S. 1393. — Alexander, Über d. oper. Eröffnung des Warzenfortsatzes in Schleich-scher Lokalanästhesie. Wiener klinische Wochenschr. 1901, Nr. 33.

Allardice, Some notes on 1400 cases of anaesthesia. Glasgow medical Journal. 1896, Dez.

Alleged safety of chloroform in parturition. British med. journ. 1900, Jan 6.

Allen, Hildebrandts Jahresber. d. Chirurgie. 1897. — Allen, Bericht über Eukain-?. Brief an Schering, Berlin. 30. Juli, 1901. — Allen, The effect of anaesth. upon temperature and blood pressure. Amer. journ. of the med. sciences, 1897, March.

Alli, Medical Record. 1903, Jan.

Alpinus, Prosper, De Medicina Aegyptiorum lib. IV. c. 2. lib. III. c. 12. Ed. Venet. 1591.

Alt, On tropacocaine the loc. anesth. Amer. Journ. of Ophthalm. June, 1893.

Althorp, C. F. M., Tod eines Kindes während der Anw. von Chloroform. The Brit. med. Journal. 1890. — Althorp, C. F. M., Therapeut. Monatshefte. 1890.

Amann, Lumbalanästhesie bei gynäkol. Operat. Gynäkologische Gesellschaft zu München. Sitzung. 17. Mai, 1906. — Amann, Münchner mediz. W. 1906, Nr. 23, S. 1189.

d'Amato, V., Bolletino delle malattie veneree, sifilitiche, urinarie e della pelle. Roma. 1902, Nr. 5. — d'Amato, Bollet. delle malatti veneree, sifilit., urin. et della pelle. Roma. 1902, No. 12.

Ambrosius, Archiv für Gynäkol., Bd. V. — Ambrosius, Virchows Arch. CXXXVIII Suppl. 1895.

Ammelburg, Berichte d. d. pharmaceutischen Gesellsch. 1904, Jahrg. XIV, Heft I.

Anaesthetic Tabloids. New inventions, the Practitioner. May, 1896, Nr. 5. — Anaesthetica fatality at Brighton. Medical Times. 1899, June 24 th.

Anderson, Medical. News. 1900, 27. Oktober.

Andrews, E., The relativ Dangers of Anaethetisia. Chicago. 1870. — Andrews, New-York. med. Journ. 1870, June. — Andrews: Chicago med. Exam. Nr. 69, 1869.

Angelesco, Annales de médicine. 1895.

Angiletti, Clin. modern. 1908.

Anglada bei Bouisson. S. 61.

Annandale Administration of anaesth. through a tracheal wound. The Lancet. 1897, Nov. 6.

Aurep, v., Pflügers Arch. f. d. ges. Physiol. 1879, Bd. 21. — Aurep, v., Ueber die physiolog. Wirkung des Kokains. Schmidts Jahrb. Bd. CLXXXVII.

Austie, Simulants and Narcotics. London. 1864.

Appareil à anesthésie du Dr. Raphaël Dubois. Journal de medecine de Paris. 1897, Nr. 15.

Apulejus, Metamorph. X. 218 Oudeup. S. 698.

Aran, Union médic. 1850.

Archangelsky, Ref. Münchener mediz. Wochenschr. 1901, Nr. 51, S. 2053. — Archangelsky, C., Ueber die Verteilung des Chloralhydrat und Aceton im Organismus. Archiv für experimentelle Patholog. und Pharmakolog. 1901, Bd. 46, H. 5.

Areudt, Zentralbl. f. Chirurgie. 1898, Nr. 15. — Arendt, Zentrabl. f. Chirurgie. 1898, Nr. 40.

Argyll Robertson, On the effects of the local applic. of coffeine. Brit. med. Journ. 1885, S. 17.

Arloing, Sur quelques points de l'action physiolog. de la cocaïne. Lyon médicale. 1885, No. 20.

Armaignac, Revue clinique d'oculistique. 1887.

Armand Ch. et J Bertier, Du danger des vapeurs chloroxycarboniques dans la cloroformisation. Revue de Chirurgie XXVe. ann. Nr. 7. — Ch. Armand et J. Bertier, Zentrbl. f. Chir. 1906, Nr. 3.

Armstrong, Med. Times. 1873, March. 1t. — Armstrong. Remarks on lung complic. after anaesthesia. Britisch med. Journal. 1906, May 19 th. — Armstrong, Zentralbl. für Chirurgie. 1906, Nr. 32.

Arnaud: Le monde Pharmaceutique Nr. 17, 1899.

Arnd. Ein Beitrag zur Technik der Aethernarkose, Korrespondenzblatt für Schweizer Aerzte. 1897, Nr. 19.

Arnold, C. u. M. Behrens, Chemiker Zeitung. 1901, Nr. 27.

Arnot, Med. Times and Gazette. 1867. — Arnot, James, Medic. Times and Gaz. 1851—57. — Arnot, James, Medic. Times and Gaz. 1850.

Arnott. The Lancet. 1848, Juli, Sept. — Arnott, James, On the treatement of heatache by bending cold, Brighton. 1849.

Aronheim, Münch. med. W. 1904, Nr. 14.

Aronsohn, Chloroform-Sauerstoffnarkose. Verein f. innere Med. Berlin. 1901.

Aronson, Narkosen mit Chlorof.-Sauerst. Verein für innere Mediz. Berlin, 25. Febr. 1901. Münchner med. W. 1901, Nr. 11.

Artemow, Wratsch. 1901, No. 27.

Asam, Erfahrungen über Orthoform. Münch. med. Wochensch. 1899, Nr. 8.

Asch, Therap. Monatshefte. 1887.

Ascoli, Die Urämie, Jena, Fischer. 1903.

Asman, Erfahrungen über Orthoform. Münch. med. W. 1899, Nr. 8.

Asphyxia under chloroform due to tetanus. The Lancet. 1889, July 8.

Athanasesen, România medicala. 1906, Nr. 1.

Athanasiu, Pflügers Archiv. Bd. 71.

Atkinson, Two cases of death under chloroform. The Lancet. 1899, Nov.

Atthill, L.-Dublin, 40 jähr. Erfahr. bei der Anwend. d. Chlorof. Brit. med. Journ. 1892, Jan. — L. Atthill-Dublin. Therapeut. Monath. 1892.

Aubeau, Gazette des hôpitaux. 1884.

Anderbert, Einfluß der subarachn. Cocaininj. auf die Kontraktilität des Uterus, Toulouse.1902.

Aufrecht, Die Lungenentzündungen, in Nothnagels spez. Pathol. u. Therap. Bd. XIV, Teil II, Wien, 1897.

Aulhorn, Erfahrungen mit der lokalen Anästhesie in der poliklinischen Praxis, Münchener med. W. 1904, Nr. 35.

Austie, Stimulants and Norcoties. London. 1864.

B.

Bab, Excerpta medica Jahrg. XII, No. 6. — Bab, Wiener zahnaerztl. Monatsschr. Oktob. 1902. — Bab, Journal für Zahnheilk. 1903, Nr. 1.

Babacci u. Bebi Policlinico. 1896. — Babacci u. Bebi, Klin. u. experim. Stud. über d. Einwirk. d. Aethers u. Chlorof. auf d. Nieren. Zentralbl. f. Chirurgie. 1897, ref.

Baccarand Solimel. Clinica Chirurgica. 1902, No. 3—4.

Baemges. Ueber traumatische Lähmungen nach Cloroformnarkose. Diss. Heidelberg. 1899.

v. Baeyer, H., Aetherflaschenverschluß, Münchener med. W. 1905, Nr. 6.

Baéza, Berl. klin. W. 1902, Nr. 52.

Bagdanovici. Ein Sterbefall nach Kokaininjekt. in d. Rückenmarkskanal. Revista de chirurgie. 1903, No. 3.

Baily, Eukain-?, Bericht an Schering, Berlin, 1901. 30. Juli. — Baily, G. H., The principles of the ether administration. The Practitioner. 1896, Okt.

Bain, De la Coca de Perou. Faits rélat. à son action physiol. et thérap. Paris, 1875.

Bainbridge, A report of twenty-four operations performed during spinal analgesia Medical News. 1901, May 4 th. — Bainbridge, New-York medic. Record. 1900, Dez. 15 th. — Bainbridge, Zentralbl. f. Chir. 1901, Nr. 22.

Baisch, Deutsche med. W. 1902, Nr. 35—36.

Baker, Cocaine poisoning: report of a case with alarming symptoms. Americ. Journal of ophthalmol. 1893, Nov.

Bakes, Z. oper. Therap. d. kallösen Magengeschwürs. Archiv. f. klin. Chir. Bd. 76, H. IV, 1905.

Bakewell, Brit. gynaekol. Society, Lancet. 1904, March 19 th. — Bakewell, Zentralbl. f. Gynäkol. 1904, Nr. 43, S. 1292.

Balakian, Diran, Beitrag zu d. Kapit. Narkosenlähmungen. Ing.-Diss. Leipzig. 1905.

Balard, Annales de chémie et de physiol. I.

Ballard, On some mental factors in the causation of death under chloroform. The Lancet. 1898, May 7 th.

Bandler, V., Ueber d. Einfluß der Chlor. u. Aethernarkose auf d. Leber. Mitteil. aus d. Grenzgebieten der Medizin u. Chirurg. Bd. I. Heft 3. 1896. — Bandler, Schmidts Jahrbücher. 1896, Bd. 152.

Bandoin, Zentralbl. f. Chir. 1891.

Baudouin, Marcel. Le chloroform et ses usages. Gazette medicale de Paris. 1899.

Baracz, Wiener klin. W. 1892. Nr. 26.

Barbacci u. Bebi Policlinico. 1. Mai, 1896.

v. Bardeleben. Virchow-Hirsch's Jahresbericht. 1891.

Bardescu. Zentralbl. f. Chir. 1905, Nr. 13. — Bardescu, Das Stovain in der Lokal- und

Rückenmarksanästhesie. Spitalul. 1904, Nr. 23, S. 627 (Rumän.). — Bardescu, Nanu, Gerota, Diskussion über die Kelenanästhesie. Revista de Chirurgie. Nr. 7, S. 334.

Bardier und Frenkel, Comptes rendus de la société de biologie. 1899, Bd. LI.

Barenfeld, Münchner med. W. 1894.

Barker On some improvements in the method of local analgesie. The Lancet. 1903, July 25 th. — Barker, On local infiltration analgesia. The Lancet. 1899, Febr. 4 th. — Barker, A note of some further experiences of operations under local analgesia produced by eucaine. The Lancet. 1900, Jan. 20 th. — Barker, Notes on local analgesia. Brit. med. Journ. 1904, Dez. 24 th.

Barnes, Lancet. 1867, No. 23.

Barragan, L'analgesie, Paris, Steinheil. 1901.

Barraja Élimination du chloroform, Marseille méd. 1902, Nov. 15.

Barrand, Étude de la vasoconstrict. produite par l'applicat. loc. de l'extrait aqueux de capsules surrénals. Thèse de Lyon. 1896—97.

Barrucco, N., Il nuovo raccoglitore medico. 1902, Nr. 1.

Barten, Zur Aethertropfnarkose. München. med. W. 1904, Nr. 10.

Bartholinus, Thomas, De nivis usu medico. Hafn. 1661 Cap. XXII, S. 132. — Thomas Bartholinus, Medic. Times. 1867.

Bartholo, R., Medical News. Newyork. 1901.

Bartscher, Berl. Klin. Wochensch. Nr. 33, 1866.

Bastianelli, Societa Lancisiana. 1890. — Bastianelli, Sulla morte tardiva par cloroformio. Bulletino della Società Lancisiana degli ospedali di Roma. 1890, Juli. — Bastianelli, Zentralbl. f. Chirurgie. 1892, Nr. 4.

Bates, W. H., The use of supraren. extr. etc. The Laryngoscope. 1900. — W. H. Bates, Further observat. on the clin. applic. of the suprarenal capsule. Intern. Medic. Journal. 1900. — Bates, The use of extract of suprarenal capsule in the eye. New-York medic. Journal. 1896. — W. H. Bates, Ueber Nebennierenextr. usw. The Laryngoscope. 1899. — Bates, Properties of suprarenal extract. Interstate medic. Journal. 1900. — W. H. Bates, Internat. Medic. Magaz. 1900, A further contribution concerning the efficacy of the supraren. etc. — Bates, Suprarenalextr. as a haemostatic. New-York medic. Record. 1901, 9 II. — Bates, Zentralbl. f. Chirur. 1901, Nr. 22. — Bates, New-York medic. Journ. 1900.

Batrina, Wiener klin. W. 1903, Nr. 31.

Battier und de Nevrezé, Archives de Stomatologie, Paris. 1902, Juillet.

Battistini, L'eucaine, come anestetico locale. Soc. ital. di Chirurgia XII Congresso 28—30. Ott., 1897.

Batzároff, Inaug.-Dissert. Zürich. 1892.

Bauchwitz, Excerpta medica. 1893, Sept.

Baudens, Rèv. des deux mondes 1857 April. — Baudens, Krimkrieg, 1864.

Baudnitz, Therap. Monatshefte. 1892.

Baudouin, Le cinquantenaire de l'anesthésie. Bull. du progrès médical. Le Progrès médical. 1896 No. 31. — Baudouin, Gazette des hôpitaux 1890. — Baudouin, Chlorure d'éthyle comme anesthésique locale. Progrès médic. 1892, No. 10.

Baudry, Korrespondenzbl. f. Zahnärzte. 1892. — A. F. Baudry-Mills, Versuche mit Somnoform, British Dental Assoc. Journal. 1903, Okt. — A. F. Baudry-Mills, Mitteil. über Somnoform, British Dent. Assoc. Journal. 1903, Okt.

Bauer, Tropakokain, Oesterreich.-ungar. Vierteljahrsschrift f. Zahnheilk. 1900, Heft II. — Bauer, Erfahrnheten med Schleichs Infiltrationsanaesthesi, Hygiea. LX. II. 1. — Bauer, Oesterreich.-Ungar. Vierteljahrsschr. f. Zahnheilk. 1900.

Baum, Arch. f. experim. Pathol. u. Pharmakol. 1899, Bd. 42.

Baumgarten, Das Schleichsche Verfahren bei den Operationen der Septumverbiegungen und Leisten. Archiv f. Laryngol. und Rhinol. Bd. 9, H. 3. — Baumgarten, Wien. med. W. 1887.

Baxer, Deutsche med Wochenschr. 1894. Nr. 16—18.

Bayer, K., Prager medizin. Woch. 1884, Jahrg. IX, Nr. 39—41. — Bayer, Zentralbl. f. Chirurgie. 1899.

Bazy, Société de Chirurgie de Paris, Sitz. 25./2. 5./3. 12./3. 1902. — Bazy, Bull. et memoires de la Soc. de Chirurg. 1901, Mai 21. — Bazy, De l'anesthésie chirurginale dans les affections des voies urinaires. La semaine medicale. 1899, No. 10. — Bazy, Société de Chirurg. de Paris, Sitz. 7. u. 15. Mai 1901. Bericht: Münchener mediz. W. 1901, Nr. 27.

Beaucamp, Zentrbl. f. Gynäkol. 1903, Nr. 26.

Bebi u. Babacci, Policlinico. 1896, Mai.

Bechler, Korresp.-Bl. f. Zahnärzte. 1895.

Beck, C., Allg. über d. Kropf u. seine Behandl. Newyork. med. Monatsschr. 1900, Nr. 10. — Beck, C., Zentralbl. f. Chir. 1901, Nr. 19.

Becker, Joh., Ueber Heroin als Sedativum und Narkotikum. Ing.-Diss. Bonn. 1902. — Becker, Ueber eine neue Verbind. des Anästhesins für subkut. Injekt. „Subcutin". Münchener med. W. 1903, Nr. 20. — Becker, Deutsche med. W. 1894, Nr. 16, 17, 18. Die Gefahren der Narkose für den Diabetiker. — Becker, Zur Aethernarkose, Zentralblatt f. Chirurgie. 1901. Nr. 22. — Becker, Sitzungsbericht d. niederrh. Gesellsch. Bonn. 1894. — Becker, Zur Empfehl. der Witzelschen Aethertropfnark. Münch. med. W. 1903, Nr. 20. — Becker, Oper. mit Rückenmarksanästhesie Münchener med. W. 1905, Nr. 28.

Beckmann, Zeitschr. f. physikal. Chemie Bd. II. — F. Beckmann, Inaug.-Dissertation, Würzburg. 1885.

Beddoes, On factitious airs. Bristol. 1795. — Thomas Beddoes, Ueber die Erzeugung und den medizinischen Gebrauch von Gasen. 1784.

Beesly, Post anaesthetic acetonurie etc. Brit. med. Journal. 1906, May 19 th. — Beesly, Zentralbl. f. Chir. 1906, Nr. 32.

Behr, Valentin, Studien über die Wirkung der Einatmung von Dämpfen von Tetrachlorkohlenstoff usw. Ing.-Diss. Würzburg. 1903.

Rehse, Dissertation. Greifswald. 1877.

Belawenz, Renski Wratsch. 1903, No. 7.

Béla Konrád, Ueber d. Sudecksche Aethernarkose. Orvosi Hetilap. 1905, Nr 20—22.

Bell, Chloroform its absolutely safe administration. Robert Love Holmes. Glasgow. 1898.

Bellarminow, Ueber die ungünstige Wirk. d. Kok. auf d. Organism. b. lok. Anwend. auf d. Schleimhaut des Auges. Zentralbl. f. Augenheilk. 1885.

Bellefleur, Zahnarzt in Salem, Eukain-?. Bericht an Schering, Berlin, 1901, August.

Benassi, Alcune alterazioni del sangue prodotte della narcosi cloroformica. Gazzetta degli ospedale e delle cliniche. 1901, No. 21. — Benassi, La permeabilità renale nei cloroformizzato. Gazzetta degli ospedale e delle Cliniche. 1901, No. 27. — Benassi, Diazoreazione e cloronarcosi. La Clinica Chirurgica. 1901, No. 7. — Benassi, Ueber Blutveränder. durch Chlorformnarkose. ref. Münchener med. W. 1901, Nr. 19, S. 760.

Benedlet, Adrenalin i. d. inneren Medizin. Therap. gazette. 1901, Nr 10.

Bennet Wiggs Jahrbuch, 1875.

Bennet, Edinburgh. med. Journal. 1874.

Bennett, „Anaesthesia" gas and ether, New-York medic. Rec. LIII., H. 9., 1898, Febr. — Bennett, Remarks on one of the complications of anesthesia (Asphyxia) Medical News. 1902, Dez. 13 th.

Benoit, Du gaïacol et de la cocaïne considérés comme anesthésiques locaux. Thèse de Paris. 1896.

Benson, F. C., Lokale Anästhesie, The Hahnemannian Monthly, Philadelphia. 1900, July. — Benson jr., Philadelphia. Lokal-Anaesthesia, Read before the Trousseau clinical Club. 1899, 3. Okt. — Benson, The Therapist. 1900, 15. Novemb.

Berend, Chloroformkasuistik, Hannover, 1850. — Berend, Zur Chloroformfrage, Breslau. 1852. — Berend, Med. Zentr. Ztg. 33, 1857.

Berg, John, Einige Worte über die Entstehung, Entwickel. u. d. jetzig. Standpunkt der chirurg. Anästhesie. Hygiea. 1898, Nr. 11.

Berger, Chlorof. Appar. Académie de médec. de Paris. 1905. — Berger, Zentrbl. f. Chirurg. 1905, Nr. 19, S. 532. — Berger, L'emploi de l'eucaïne en ophthalmologie. Société de biologie. 30 mai, 1896. — Berger, Emploi de l'holocaïne en ophthalm. Société de biolog. 26 juin, 1897. — H. Berger, Deutsche med. W. 1901, Nr. 17. — H. Berger, Münchener med. W. 1902, Nr. 2. — Berger, Quelques conseils practiques pour l'administration du chloroform. La France médic. 1898, No. 46. — Berger, Revue de thérapeut. 1896, H. 12. — Berger, Chlorof. Appar. Bull. et mèm. de la soc. de chir. de Paris. 1905, T. XXXI, S. 56. — Berger, Zentrbl. f. Chirurg. 1905, Nr. 36.

Bergeron u. Levy, Gaz. des hôp. 1864.

v. Bergmann, v. Bruns u. v. Mikuliez, Handb. der praktischen Chirurgie. 1902.

Bergouignan, Epidurale Kokaininjekt. etc. Société de Biologie de Paris, Séance. 20. u. 27. Juillet, 1901. — Bergouignan, Ref. Münchner medizin. W. 1901, Nr. 38, S. 1508.

Bergson, Berl. allg. Zeit. 1847. — Bergson, Die Anwendung der Aetherdämpfe. Berlin. 1847. Berlin klin. W. 1859. — Berlin klin. W. 1887.

Bermingham, Newyork. Eukain-β. Bericht an Schering, Berlin. 1901, Aug.

Bernard, Bullet. génér. de thérap. 30. Sept., 1869 u. Leçons sur les anesthésiques. Paris. 1875. — Bernard, Ch., Anesthésie locale par le sulfure de carbone. Gaz. méd. 1874, Nr. 3. — Bernard, Compt. rend. LV, 381. — Bernard, Leçons sur les anesthésiques. Paris. 1875, Baillière.

Berndt, Ueber die Anwendung der regionären Anästhesie bei größeren Operationen an den Extremitäten. Münch. med. Wochenschr. 1899, Nr. 27. — Berndt, Münchn. mediz. W. 1899, Nr. 27. — Berndt, Münchn. med. W. 1903.

Bernhardt, Ueber einen Fall von doppels. traum. Lähm. i. Ber. d. plexus brachial. Neurolog. Zentralbl. 1892. — Bernhardt, in Nothnagel, Erkrankungen der peripheren Nerven. — Bernhardt, Narkosenlähmungen d. Nerv. tib., v. Leyden-Festschrift. Bd. II.

Bernoud et Garel, Lyon médic. 1898, Nr. 13.

Bernstein, Moleschotts Untersuchungen zur Naturl. X, 280. — Bernstein, Zentralblatt f. d. mediz. Wissenschaften. 1867.

Bert, Paul, Verhandl. d. Berl. physiolog. Gesellsch. Dubois-Reymonds Archiv. 1884. — Bert, Paul, Comptes rendus de la société de biologie. Séance du 7. avril et du 4. août. 1883. — Bert, Paul, Sur la zone maniable des anesthésiques, Comptes-rendus de l'Académie des Sciences 1881. — Bert, Zentrbl. f. klin. Medizin. 1886. — Bert, P., Compt. rend. 1867. — Bert, Paul, Comptes rendus hebdomadaires des séances de l'académie des sciences. 1885. — Bert, Paul, Gazette de Paris 1878, No. 9. — Bert, Paul, Gazette de Paris. 1878, Nr. 21. — Bert, Paul, Gazette de Paris. 1878, Nr. 40. — Bert, Paul, Gazette de Paris. 1878, Nr. 47. — Bert, Paul, Compt. rend. 1878, Vol. 87. — Bert, Paul, Gazette de Paris. 1879. — Bert, Paul, Gazette hebd. 1879. — Bert, Paul, Progrès médical. 1880, Febr. — Bert, Verh. d. Paris. Akad. 1878—80.

Bertel, O., Zur Toxizität des Adrenalins. Oesterreich.-ungar. Vierteljschr. f. Zahnheilk. 1905.

Bertelsmann, Aetherrausch, Aerztl. Verein, Hamburg. 8. Januar, 1901. Münchner Med. W. 1901, Nr. 3, S. 123.

Best, Deutsche med. W. 1896, Nr. 36. — Best, Die lokale Anästhesie i. d. Augenheilkunde. Samml. zwanglos. Abh. aus dem Gebiete der Augenheilk. Bd. VI, Heft 3.

Betogh, Osservaz. clin. e ricerche sperim. sugli effetti del chloroformio etc. Policlinico 1904. Ser. chir. No. 12. — Betogh, Zentrbl. f. Chir. 1905, Nr. 25.

Bettelheim, Akute Kokainvergiftung. Wiener med. Presse. 1889, Nr. 12.

Beurmann u. Tanon, Société française de Dermatologie Paris. 1904, Ier Decembre. — Beurmann et Tanon, Bullet. de la Société française de Dermatologie. Bd. XV, 1904, Nr. 9. — Beurman et Tanon, La Stovaine. Journal de med. et de chirurg. pract. 1905. — Beurmann u. Tanon, Zentralbl. f. Chir. 1905, Nr. 34.

Bezold, Münchener med. W. 1898, Nr. 26.

Bibba, E. von, Die narkotischen Genußmittel usw. Nürnberg. 1855.

Biberfeld, Ueber die Druckverhältnisse in der Schleichschen Quaddel. Arch. internat. de pharm. et de thérap. T. VI, fasc. 5 u. 6. — Biberfeld, Pharmakologisches über Novokain, Medizinische Klinik. 1905, Nr. 48.

Bibergeil, Ueber Lungenkomplikat. nach Bauchoper. Langenbecks Archiv f. klin. Chirurg. Bd. LXXVIII, H. 2. — Bibergeil, Zentralblatt f. Chirurg. 1906, Nr. 9.

v. Bibra u. Harless, Die Wirkung des Schwefeläthers. Erlangen, 1847.

Bickerstedt, Archives génér. de méd. 1854. — Bickerstedt, S. Monthly Journal. 1853.

Biedl, Vorl. Mitt. üb. d. physiol. Wirk. d. Nebennierenextr. Wien. med. W. 1896.

Bier, Ueber d. gegenw. Stand d. Rückenmarksanästhesie usw. Zentralblatt für Chir. 1905, Nr. 30, XXXIV. Chirurgenkongreß 1905. — Bier, Weitere Mitteil. über Rückenmarksanästhesie. Vort. a. d. XXX. Kongr. d. d. Ges. für Chirurg. z. Berlin. 1901. — Bier, Münchn. med. W. 1906, Nr. 22. — Bier, Münchener med. W. 1901, S. 724. — Bier, Versuche über Kokainisierung des Rückenmarks. Deutsche Zeitschrift für Chirurgie. 1899, Bd. 51, Heft 3—4. — Bier, Rückenmarksanästhesie. Münchner med. W. 1901. — Bier, Weitere Mitteil. üb. d. Rückenmarksanästhesie v. Langenb. Arch. f. klin. Chirurg. 1901, Bd. 64, H. 1. — Bier und Dönitz, Rückenmarksanästhesie. Münchn. med. W. 1904, Nr. 14. — Bier, Verhandl. des Chirurg. Kongr. 1901. — Bier, Berl. klin. W. 1905. — Bier, Münchener med. W. 1900, Nr. 36. — Bier, Aug., Die Entstehung des Kollateralkreislaufes. Virchows Archiv f. pathol. Anat. Bd. 147, 1897. — Bier, Lettre à M. Reclus, Presse médic. 1901. — Bier, August, Virchows Archiv f. pathol. Anat., Physiol. u. klin. Medizin. Bd. 158, 1898. — Bier, Archiv f. klin. Chirurg. Bd. 77, Heft 1.

— Bier, Münchner med. W. 1905, Nr. 32, S. 1553.

Biernacki, Neurolog. Zentralbl. 1898, Nr. 6.

Bierry, Sitzungsber. d. internat. Physiologenkongresses, Brüssel. 1904.

Bieschele, M., Anleitung zur Prüfung der Arzneimittel.

Bigham, Eukain-β, Ber. an Schernig, Berlin 1901.

Bigelow, Ether and chlorof. 1848, Boston. — Bigelow in einem Brief an das Americ. med. Journ. Jan. 1876. — Bigelow, Boston med. and surg. Journal. July, 1861.

Billeter, Schweizer Vierteljhrschr. f. Zahnheilk. 1902, Jan. — Billeter, Aethylchlorid zur totalen Narkose. Schweizer Vierteljahrsschr. f. Zahnheilk. Bd. VII, 1897.

Billon, F., Sur un médicam. nouv. le chlorhydr. d'amyléïne, Académie de Médec. Paris. 1904, Mars 29.

Billroth, Wiener med. W. 1868, Nr. 47 u. 49. — Billroth, Deutsche Klinik. 1857. — Billroth, Wiener med. Wochensch. Nr. 47, 1868. — Billroth, Die allgemeine chirurg. Pathologie und Therapie. 1875.

Biltz, Archiv der Pharm. 1868.

Binswanger, Berl. klin. W. 1897, S. 496. — Binswanger u. Berger, Zur Klinik u. pathol. Anatom. d. postinfektiösen u. Intoxikationspsychosen. Arch. f. Psychiatrie u. Nervenkrankh. Bd. XXXIV, Heft 1.

Binz-Robert, Berl. klin. W. 1902, Nr. 17. — Binz, Archiv f. experiment. Pathol. Bd. VIII. — Binz, Arzneimittellehre. 1891. — Binz, Berl. klin. Woch. 1902, Nr. 17. — Binz, Der Aether gegen den Schmerz, Stuttgart, Deutsche Verlagsanstalt. 1896. — Binz, Deutsche Rev. XXI. 1896. — Binz, Ueber d. Veränder. d. Chlorof. a. Licht u. d. Aufbewahr. in dunklen Flaschen. Deutsche med. W. 1893, Nr. 41. — Binz, Deutsche med. W. 1893. — Binz, C., Archiv für experim. Patholog. u. Pharmakologie, 1877. — Binz, Archiv. f. experim. Patholog. u. Pharm. Bd. XIII. — Binz, Niederrhein. Gesellsch. f. Natur- u. Heilkunde in Bonn. Sitzungsbericht 1892.

Biousse, Quelques considérations sur l'anesthésie chloroformique. Gazette des hôpitaux. 1902, Nr. 31.

Birnbaum, E., Deutsche Zeitschr. f. Chirurg. 1888, Bd. XXVIII.

Black, London med. Gazette. 1847, March 26th.

Blanchet, Gazette des hôpit. 1847, 30. Dez. — Blanchet, Journ. de chémie, Oct., 1868.

Blank, Deutsche zahnärztl. W. 1901, Nov. 8.

Blasius, Handbuch d. Chirurgie, 1840. — Blasius, Ing.-Diss. Bonn, 1886.

v. Blaskowitsch, Orvosi Hirtilap „Szemészet". 1896, Nr. 5 u. 6. — v. Blaskowitsch, Szemészet. 1896, Nr. 4.

Blauel, Das Verhalten des Blutdruckes beim Menschen während der Aether- u. der Chloroformnarkosen v. Bruns. Beitr. z. klin. Chirurg. 1901, Bd. 31, H. 2. — Blauel, Verh. d. XXX. Kongr. d. deutsch. Ges. f. Chir. zu Berlin a. 10.—13. April, 1901. Ref. Münchner med. W. 1901, Nr. 18, S. 727.

Bloch, Oskar, Om Indskränkning i Invendelse af Inhalationsanästesi, etc. Med. et Tilläg: om de forskjellige Väv's Sensibilitet, Nord. med. Ark. 1899, No. 33. — Bloch, Om Inskränkning i Anvendelse af generel Anästetisering. Bibl. f. Läger. 1898. — Bloch, Heilkunde, 1899, Mai. — Bloch, Bidrag til Belysning Spörgsmaaht etc. Hosp. Tid. 4. R. VI. 26, 1898. — Bloch, Sur l'emploi plus restreint de l'anethésie générale. Revue de Chirurgie. 1900, No. 1. — Bloch, Viertelj. f. Zahnheilk. 1898, H. 3. - Bloch, Wiener zahnärztl. Monatsschr. III. Jhrg., H. 2—3. — Bloch, Beiträge z. Ohrenheilk. 1905. — Bloch, Die Scopolaminnarkose in der Ohrchirurgie. Verhandlungen der deutschen otologischen Gesellsch. 1903. — Bloch, Ueber Einschränkung der Inhalationsanästhesie, besonders über Ausführung großer Operationen mit Hilfe von Aethylchlorid in Verbindung mit primärer Chloroformanästhesia. Anhang: Die Sensibilität der verschiedenen Gewebe. Nordeiht medicinsht Arkiv. 1899, Bd. X Nr. 33.

Blondean, Journal de Médecine et de Chirurgie practiques. Paris. 25 août, 1905.

Blondel, Revue de Thérap. médic. chirurg. 1898, No. 10.

Blos, Ueber die Schneiderlinsche Skopolamin-Morphiumnarkose. Beiträge zur klinisch. Chirg. 1902, Bd. 35, Heft 2. — Blos, E., Beiträge z. klin. Chirurgie. 1902, XIX, Heft 3.

Blum, Ueber Nebennierendiabetes. Deutsch. Arch. f. klin. Med. 1901, Bd. 71.

Blumberg, Eine neue Chloroformflasche. Zentralbl. f. Chirurg. 1900, Nr. 33.

Blumfeld, The relatives of anaesthetics to shock. Medical Press. 1903, Febr. 25 th.

Blumenfeld, Recent work in the field of anaesthetics. (Sammelreferat) The Practitioner. 1904, Sept.

Blumfeld, Recent work in the field of anaesthetics. The Practitioner. 1903, Sept. — Blumfeld, The prevention of sickness after anaesthetics. The Lancet. 1899, Sept. 23 d.

Blumfield, Anaesthetics, a practical handbook. Baillière, Tindall and Co. 1902.

Blumm, Bayr. ärztl. Intelligenzbl. 1878. — Blumm, Deutsche Monatsschr. f. Zahnhlk. 1889, Bd. VII, H. 1.

Boas, Deutsche med. W. 1891.

Bobrow, Was soll man b. eintr. Chlorof.-Synkope tun? Wratsch. 1891. — Bobrow, Was soll man bei eintret. Chlorof.-Synkope tun? Ref. Zentralbl. f. Chirurgie. 1891. — Bobrow, Tod durch Chloroform. Annal. d. chirurg. Gesellsch. zu Moskau. Wratsch. 1888, Nr. 16.

Bock, Untersuch. über d. Wirk. versch. Gifte auf das isolierte Säugetierherz. Archiv für experiment. Patholog. u. Pharmakol. 1898, Bd. XLI. — Bock, K., Ein Fall von schädl. Wirk. des Holokains. Zentralbl. f. prakt. Augenheilk. 1897, September. — Bock, Therap. Monatshefte. 1898. — Bock, Das erste Jahrzehnt der Abteil. f. Augenkranke in Laibach. Wien. 1902.

Bockenham, On benzoyl-pseudotropeïn or etc. Transact. ophthalm. Soc. XIV.

Bockenheimer, Atlas typischer chirurg. Operat. Jena, 1905. — Bockenheimer, Zeitschr. f. ärztl. Fortbild. II. Jhrg., Nr. 15.

Bocquillon, L'eucaïne comme anestésique. Journal de médecine de Paris. 1897, No. 37.

Bodin, Démonomanie des sorciers 1598.

Bodmann, Zentralbl. f. Chirurg. 1898, Nr. 5.

Böhm, Archiv f. experiment. Pathologie. 1878. — Böhm, R., Arch. f. experim. Pathol. u. Pharmak. 1874, Bd. 2.

Böttcher, Virchows Archiv, Bd. XXXII, 1865.

Boehm, Intoxikationen in Ziemssen, Hdbuch. der Pathologie, Leipzig. 1876, S. 90. — Boehm, Archiv. f. klin. Chir. Bd. 35. — Boehm, Einige Beobacht. üb. d. Nervenendwirk. des Kurarin. Archiv. f. experiment. Patholog. u. Pharmakol. 1896, Bd. XXXV.

Boehr, Deutsche Militärärztl. Zschr. 1897, H. 2.

Boennecken, Deutsche mediz. W. 1895, Nr. 2.

Boeri et Sylvestro. Sur la mode de se comporter des différentes sensibil. sous l'action des divers agents. Archives italiennes de biologie. Bd. XXXI.

Boisseau, Propriétés analgésiques de l'orthoforme. Société d'anatom. et de physiol. Journal de médicine de Bordeaux, 1898 No. 9. — Boisseau, Gazette hebdom. des sciences médic.

de Bordeaux. 1898, No. 51. — Boisseau, Thèse pour le Doktorat en Médicine, Bordeaux, 24 Mars, 1899.

Bouisson, Allg. Zeitg. f. Militärärzte. 1847.

Boissou. Traité. 1840.

Bokofzer, Ing.-Diss. Berlin. 1888.

Bologuesi et Touchard. Les nouveaux remèdes. 1899.

Bolten, Diskuss. i. Ver. Schleswig-Holsteinischer Zahnärzte. 1899. Korrespondeuzbl. f. Zahnärzte. 1899, Heft 3.

v. Boltenstern, O., Die neuere Geschichte der Medizin.

Bonachi, Rachistovainisierung. Zentralbl. f. Chir. 1905, Nr. 38. — Bonachi, Rachistovainisierung. Chir. Gesellsch. z. Bukarest, Sitz. 4. Mai, 1905.

Bonnard, Diskuss. über Nirvanin, Société d'odontologie de Paris. 1899. — Bonnard, L'odontologie. 1898, 30. Mai. — Bonnard, L'odontologie. 30. April, 1899.

Bono, La cafeine comme analg. etc. Annale di Ottalm. 1888, XVI, 42.

Bonome u. Mazza, Sull' azzione biologica del bromoformio etc. Riv. di chim. et. farmac. 1884.

Bonsquet, Le centre med. 1901, April 1.

Bonstedt u. Podgoretzki, Zentralbl. f. Gynäkol. 1904, Nr. 95. — Bonstedt u. C. Podgoretzky, Ueber Hedonal-Chloroformnarkose. Verh. d. Abt. f. Gynäkol. u. Geburtsh. des Pyrogoffschen Aerztekongresses in St Petersburg. Januar, 1902.

Booth, Adrenalin-Chlorid. Albany medic. Annals. 1901.

Borchgrevink, O., Lokalanästhesi. Norsk. Mag. for Laegevide. 1906, Nr. 8. — O. Borchgrevink. Zentralbl. f. Chir. 1906, Nr. 37.

Bornstein, Zahnärztl. Rundschau. Nr. 306. — Bornstein, Zahnärztl. Rundschau, 1898, 15. V.

Bornträger, Vierteljhrschr. f. gerichtl. Med. Bd. LII u. LIII 1890. — Bornträger, Wien. med. W. 1885. — Bornträger, Ueber die strafrechtliche Verantwortlichkeit des Arztes bei Anwendung des Chlorof. und anderer Inhalationsanästhetika. Berlin. 1892, bei Aug. Hirschwald.

Borszéky, C., Klin. Erf. üb. neuere Anästhetika. Orvosi hetilap. 1896, Nr. 24—25. — C. Borszéky, Zentralbl. f. Chir. 1906, Nr. 45.

Bose, Korrespondenzbl. f. Zahnärzte. 1890, Nr. 8.

Bosquet, Le centre médic. 1901, 1. April.

Bossart, Berliner klinische Woch. 1889. — Bossart, Zur Chloräthylnarkose. Korrespondenzblatt f. Schweizer Aerzte. 1902, Nr. 19.

Boruttau, Erfahr. üb. d. Nebennieren. Pflügers Archiv. 1899. Bd. 78.

Bosse, Berl. klin. W. 1906, Nr. 12.

Bosserf, Berlin. klin. W. 1889.

Boucart, De la „réanimation" par le massage sousdiaphragmatique du coeur en cas de mort par le chlorof. Revue médicale de la Suisse romande. 1903, No. 10.

Bouchard, De l'anesthésie par l'éther, Journ. de médec. de Paris. 1898, Nr. 7. — Bouchard, Revue de thérapeutique médico-chirurgicale, 1896.

Boucht, Karl, Zwei Fälle von sogen. Narkosenlähmung. Fiuska läkaresänskapets handlingar. 1897, Bd. XXXIX, S. 1895.

Bouisson, Traité théorique et pratique sur la méthode anesthésique. Paris. 1850. — Bonisson: Union méd. T. IX, No. 8—13, 1855. — Bouisson, Gaz. méd. No. 6, 1849. — Bouisson, Traité de la méthode anesthésique. 1855.

Bourcart, M., Zentralbl. f. Gynäk. 1904, Nr. 20. — Bourcart, M., Wiederbelebung durch sousdiaphragmat. Massage d. Herzens b. Chloroformtod. Revue médic. de la Suisse romande. 1903, Nr. 10.

Boureau, Ref. Münchner medic. W. 1901, Nr. 30, S. 1224. — Boureau, M., Le massage du coeur mis à nu. Revue dé chirurg. Jhrg. XXII, No. 10. — Boureau, Observation sur 1200 anasthésies chloroformiques. Revue de Chirurgie. 1901, No. 5. — Boureau, Un cas d'hémorrhagie cérébrale survenue au cours d'une anesthésie chloroformique. Revue de Chirurgie. 1902, No. 7. — Boureau, M., Zentralbl. f. Chirurg. 1903, Nr. 14. — Boureau, Maurice, Revue de Chirurgie, 1892.

Bowditsch u. Minot: Boston med. and surg. Journ., Mai 21, 1874. — Bowditsch, The ether controversy. 1848.

Boyle, G. Edmund, Ueber Somnoform. St. Bartholomew's Hospital Journal. 1904, January.

Braatz, Allgemeinanästhesie und Lokalanästhesie. Berliner Klinik. 1897. Heft 103. — Braatz, Münchner med. W. 1903, Nr. 5. — Braatz, Berl. klin. Woch. 1893. — Braatz, Berl. klin. W. 1893. Heft 62. — Braatz, Berl. klin. W. 1883.

Brackett, Stone, Low, Acetonuria and death after anaesthesia. Boston. med. and surg. journ. 1904, July 7. Ref. in the Lancet. 1904, Nov. 17 th.

Braden, Kyle, Therap. Gazette. 1902.

Bradt, Therapie der Gegenwart. 1903, Dez.

Braid, Neuropneumology. Edinburgh. 1842.

Braine, Brit. med. Journ. 1870, June 4 th. — Braine, Vortr. in d. med. Ges. in London. 1895. — Woodhaus Braine, The administration of ether. The Practitioner. 1890, Oktob.

Bramwell, Milne, Hypnotic anaesthesia. The Practitioner. 1896, Oktob.

Brand, Ueber Holocain als locales Ansthetikum i. d. Zahnheilk. Zahnärztl. Rundschau. 1901, Nr. 468 u. 469. — Brand, Zentralbl. f. Chir. 1891.

Brandenberg, Choroformzersetzung bei offenem Gaslicht. Korrespondenzblatt f. Schweizer Aerzte. 1897, Nr. 22.

Braquehaye, Bulletin de l'Hôpital civil Français de Tunis. No. 6, 1899. — Braquehaye, Nirvanine en chirurgie, et Sciences chirurgicales. Gazette des Hôpitaux 1900 No. 29 XIII. Congrès international.

Brauer, D. med. W. 1905, Nr. 88.

Braun, Münchner med. W. 1901, S. 724. — Braun, Ueber Mischnark. u. deren ration. Verw. Vortrag auf d. XXX. Kongreß der deutschen Gesellsch. f. Chirurgie zu Berlin. — Braun, Dittel, v. Dumreicher: Wiener Wochenblatt. 1857. — Braun, Deutsche Monatsschrift f. Zahnheilkunde. 1905. — Braun, Ueber Drucklähmungen im Gebiet des plexus brachialis. Deutsche med. Wochenschr. 1899, Nr. 3. — Braun, Zentralbl. f. Chirurgie, 1897. — Braun, Experim. Untersuchungen u. Erfahr. üb. Leitungsanästhesie. v. Langenb. Arch. f. klin. Chirurgie. 1904, Bd. 71, H. 1. — Braun, Ueber den Einfluß der Vitalit. der Gewebe auf die örtl. u. allg. Giftwirk. lokalanästhet. Mittel, u. üb. d. Bedeut. d. Adrenal. f. d. Lokalanästh. v. Langenb. Arch. f. klin. Chirurg. 1903, Bd. 69, Heft 1 u. 2. Festschr. f. v. Esmarch. — Braun, Zur Aether-Chloroform-Mischnark. Zentralbl. f. Chirurg. 1903, Nr. 14. — Braun, Ueber Adrenalin. Deutsch. zahnärztl. Wochenschr. 1903, Nr. 45. — Braun, Zur Anwend. d. Adrenal. bei anästh. Gewebsinjekt. Zentralbl. f. Chirurg. 1903, Nr. 38. — Braun, Ueber die Bedeut. d. Adrenal. für die Chirurg. etc. Med. Gesellsch. Leipzig. Münch. med. W. 1903, Nr. 8. — Braun, Die Lokalanästhes., ihre wissensch. Grundlagen etc. Leipzig 1905. — Braun, Verhandl. d. deutsch. Chirurgen-Kongr. 1898. — Braun, Ludwig, Atropin vor d. Aethernark. Zentralbl. f.

Chirurg. 1901, Nr. 17. — Braun, Ueber Aether-Chloroformmischnarkosen. Münch. med. Woch. 1901, Nr. 20. — Braun, Ueber Mischnark. u. d. ration. Verwend. v. Langenb. Arch. f. klin. Chir. 1901. Bd. 64, H. 1. — Braun, Kokain und Adrenalin. Berliner Klinik. Heft 187. — Braun, Archiv f. klin. Chirurgie. 1898, Bd. 57. Heft 2. — Braun, Zentralbl. f. Chirurg. 1887. — Braun, D. med. W. 1905, Nr. 42. — Braun, Bemerkungen zu Herrn C. L. Schleich's Buch: Schmerzlose Operationen. Münchner med. Wochenschr. 1899, Nr. 12. — Braun, Zentralbl. f. Chir. 1903, Nr. 36. — Braun, Samml. klin. Vorträge v. Volkmann. Neue Folge. Nr. 228. — Braun, Ueber Infiltrationsanästhesie u. regionäre Anästhesie. v. Volkmanns Samml. klin. Vorträge. 1898, Nr. 228. — Braun, Region. Anästh. u. Blutleere. Zentralbl. f. Chirurg. 1898, Nr. 43. — Braun, Mediz. Gesellsch. z. Leipzig. 1903, 20. Jan. — Braun, Zentralbl. f. Chirurg. 1897, Nr. 17. — Braun, Experim. Untersuchungen u. Erfahr. über Infiltrationsanästhesie. Sitzung des XXVII. Kongresses für Chirurgie. Berlin. 1898, 13. April. — Braun, Ueber Infiltrationsanästhesie und regionäre Kokainanästhesie. Zentralbl. f. Chirurgie. 1897, Nr. 17. — Braun, Archiv f. klin. Chirurg. Bd. 57, Heft 2, 1898. — Braun, Bericht der chemisch. Fabrik v. Heyden-Radebeul. — Braun, Mischnarkose. Medizin. Gesellsch. z. Leipzig. 1901, 26. Febr. Bericht, Münchner med. W. 1901, Nr. 16, S. 649. — Braun, Münchner med. W. 1905, Nr. 44. — Braun, Zentralbl. f. Chirurgie. 1903, Nr. 38. — Braun, Kokain u. Adrenalin. Berlin. Klinik. 1904, Heft 187. — Braun, Die Technik d. Kok.-Suprar.-Anästh. bei Zahnextrakt. Deutsche Monatsschr. f. Zahnheilk. 1905, Jan.

Brauser, Deutsches Archiv f. klinische Mediz. 1900. Heft 1 u. 2.

Brenner, Lumbalanästhesie. 78 Vers. d. Naturf. u. Aerzte Stuttgart. 1906. — Brenner, Zentralbl. f. Chirurg. 1906, Nr. 47.

Brest, Die lokale Anästhesie i. d. Augenheilkunde. Sammlung zwangloser Abhandlungen, Halle. 1905.

Brettauer, Beilageheft z. 22. Jhrg. v. Zehenders Klin. Monatsblatt.

Breuer, Wiener mediz. Presse, 1891. — Breuer u. Lindner, Wiener klin. W. 1872. — Breuer, Wiener klin. W. 1892. — Breuer, Die Selbststeuerung der Atmung durch den nervus Vagus. Sitzungsber. der k. k. Akademie zu Wien, mathem.-physikal Kl. Bd. LVIII.

Briddon, Death during anaesthesia resultum from the entrance of food into the larynx and trachea. New-York surgical Society. Annals of surgery. 1898, March.

Bridman, Death from swallowing chloroform. The Lancet. 1897, No. 9.

Briegleb. Zeitschrift f. prakt. Aerzte. 1899, Heft 6. — Briegleb, Gazette de Gynécologie. 1897. — Briegleb, Ueber Schleichs Infiltrationsanästhesie. Der Kinderarzt. 1898, Leipzig. — Briegleb, Schleich oder Oberst? etc. Zeitschr. f. prakt. Aerzte. 1898, Nr. 7. — Briegleb, Für Schleich. Zeitschr. f. prakt. Aerzte. 1897, Nr. 9. — Briegleb, Die Schleichsche Infiltrationsanästhesie und der prakt. Arzt. Therapeut. Monatshefte. Dez., 1897, Heft 12.

Brindel, Revue hebdomadaire de laryngologie. 1901, No. 52.

Brinton, Jefferson Hospital, Philadelphia, University medical Magazine. 1896, No. 26, Novemb. — Brinton, Medical and surgical Reporter. 1896, Nov. — Brinton, Gefahr. d. Bromäthylnark. Therap. Monatsschr. 1892, April.

Brit. med. Journal. 1887.

The British medic. Association, Report of the Anesthetics committee. London. 1900.

Broadbent, The Lancet, 1860, Nov. 3 d.

Broca, P., Note sur une nouvelle méthode anesthésique. Compt. rend. de l'Acad. des Sc. T. 49, S. 902. — Broca, Société de Chirurg. de Paris. Sitz. am 26. II., 5. III., 12. III. 02. — Broca, Rachicocaïnisation, suivie de mort. Bull. et mém. de la soc. d. Chir. de Paris. 1901, No. 25. — Broca, Arch. général 1858, Juli. — Broca, Tödl. Zufälle bei d. Rachikokainisation. Société de Chirurgie de Paris, Séance Juillet 3e, 1901. — Broca, Münchn. mediz. W. 1901, Nr. 37, S. 1464 ref.

Brocard, Die epiduralen Injektionen etc. Ref. Münchner med. W. 1901, Nr. 41, S. 1618. — M. Brocard, Les injections epidurales par la méthode de Sicard. La Presse médicale. 1901, No. 49.

Brodie, C., Journal de méd. le Leroux. — Brodie and Dixon, The Journ. of Physiol. Vol. 30, No. 5 u. 6, 1904, Febr. 25.

Brodtbeck, Suggerierte Narkose mittels Aethylchlorid. Schweiz. Vierteljahrsschr. f. Zahnheilk. Bd. VIII, 1898. — Brodtbeck, Internationaler zahnärztl. Kongreß, Paris. 1900.

Broeckaert, J., Des accidents par la cocaine et specialem. etc. Clinique ophthalm. 1896, No. 163.

Brouardel, Inject. de coc. dans une hydrocèle. Mort etc. Ann. d'hygiène publique et de médec. légale. 1905, Heft 4. — Brouardel, Zentralbl. f. Chir. 1905, Nov. 26. — Brouardel, P., Intoxication par cocaine. Ann. d'hygiène publique. 1905, Heft 9. — Brouardel, Zentralbl. f. Chirurg. 1905, Nr. 52.

Bronson, New-York, Bericht über Eukain-? au Schering. Berlin. 1901, 30. Juli.

Brookhause, Brit. med. Journal. 1872, March 29 th.

Brown-Séquard, Compt. rend. de la société de biologie. 1857, Bd. 44. — Brown-Séquard, Compt. rend. de la société de biologie. 1858, Bd. 45. — Brown-Séquard, Archiv de physiolog. 1893. — Brown-Séquard, Recherches expérim. sur la physiol. et la pathol. des capsules surrénales. Compt. rend. de la société de biologie. 1856, Bd. 43. — Brown-Séquard, Compt. rend. de la société de biologie. 1892, Bd. 47. — Brown, Verhütung des Shok. bei langdauernden Operationen. British medical Associat. 69. Jahresvers. 30. Juli 1901 Cheltenham. — Brown, Ref. Münchner medizin. Wochenschr. 1906, No. 38 S. 1509.

Bruck, F., Berl. Klin. Woch. 1900, Nr. 20.

Brudenell, Carter, on holocain etc. Lancet. 1897, S. 1468.

Bruhn, Disc. Deutsche zahnärztl. Woschenschrift. 1899, Nr. 66.

Brundon, Lauder, An answer to Mr. Leonhard Hills rejoinder regarding the hyderabad Commission. British med. Journal. 1898, May 21 st. — Brandon, Lauder, A reply to the causations made by Leonhard Hill etc. British med. Journal. 1898, March 5 th.

Brunner, Henle's u. Pfeiffer's Zeitschrift, Bd. V, 1854, S. 350. — Brunner, Ophthalmol. Soc. of. the N. K. 1892, June 9 th. — Brunner, Die Erfolge mit Lumbalanästhesie bei gynäkol Operat. Gynäkologische Gesellschaft zu München, Sitz.-Ber. 17. Mai, 1906. — Brunner, Münchner med. W. 1906 Nr. 23, S. 1138.

v. Bruns, Anästhetika, Handb. d. chir. Praxis. Tübingen. 1873. — v. Bruns, Handb. d. chir. Praxis. 1873. — v. Bruns, Ueber einige Beziehungen zwischen Zahnheilk. u. Nervenheilk. Deutsche Monatsschr. f. Zahnhlk. 1905. — v. Bruns, Zur Aethernarkose. Berl. klin. W. 1894, Nr. 51. — v. Bruns, Neurolog. Zentralbl. 1895. — v. Bruns, Zur Aethernarkose. Beiträge f. klin. Chirurg. Bd. XIII.

Buch, Max, Finska läkaresällskapets handlingar. 1901, No. 3.

Buchanan, Anaesthesia Iubilee et retrospect. The Edinburgh medical journal. No. I.

Buchheim u. Eisenmenger, Eckhard's Beiträge z. Anat. u. Physiolog. V, 1873.

Bucknill, Reading, Shock, its significance to the anaesthetist. I—II The Medic. Times. 1896, April 4, May 2.

Bucquoy, Académie de médicine. Sitz. 18. V. 02.

Buddee, Zur Würdig. der Wirk. d. Hyoscins. Ing.-Diss. Berlin, 1888.

Budin, De l'état de la pupille pendant l'anesthésie etc. Progrès médic. Paris. 1874. — Budin et Coyne: Gaz. médic. de Paris. Febr., 1875. — Budin et Coyne, Gaz. médic. de Paris. 1874.

Büdinger, Ueber Lähmungen nach Chloroformnark. Arch. f. klin. Chir. Bd. XLVII, Heft 1. — Büdinger, Ueber die Ausscheidung des Chloroforms aus den Respirationsorgan. Wien. klin. Woch. 1901, Nr. 31. — Büdinger, R., Münchner mediz. W. 1901, Nr. 33, S. 1330 ref.

Bukoemsky, Ueber Anästhesierung durch Aether- u. Chlorof.-Inhalat. bei normal. Geburten. Monatsschr. f. Geburtsh. u. Gynäkol. Bd. 3, 1896. — Bukoemsky, Monatsschr. f. Geburtshilfe u. Gyn. Bd. III, Heft 3, 1896.

Bukofzer, Arch. f. Laryngol u. Rhinol. Bd. 13, H. 2, 1902. — Bukofzer, Ueber Adrenalin. Allgem. medizin. Zentralzeit. 1902, Nr. 44.

Bulette, Philadelphia Medic. Journ., 1899. — Bulette, Denwes Med. Times. 1899.

Bull, T., Lokalanästhesie. Disc. Nork. Mag. for Laegevid. 1906, No. 8. — T. Bull, Zentralbl. f. Chir. 1906, Nr. 37. — Bull u. Persh, New-York med. Record. 1884.

Bulletin, de l'Acad. royal. de méd. Paris. 1847 t. XII. — Bulletin de l'Académ. de méd. No. 1. 2. 3. 4, T. XIV. No. 23, T. XIV. — Bullet. de l'Acad. de méd. T. XII, No. 1. 2. 3. 4, Roux, Velpeau etc.

Bum, Ueber lokale Anästhesierung. Wien. 1895

Bumke, Münch. med. W. 1902, Nr. 47.

Bumm, Anaesthésie obstétricale etc. Semaine médicale. 1900, No. 30. — Bumm, E. Grundriß zum Studium der Geburtshilfe. Wiesbaden. 1903.

Bunge, Ueber schädl. Wirk. des Kok. auf die Hornhaut. Klin. Monatsbl. XXIII.

Bünger, Deutsche Monatsschr. f. Zahnheilk. 1905.

Burchardt, Charité annal. 1883. — Burchardt, Charitéannalen. 1883, S. 659.

Burck, Pharmak. Journ. a To. XXII.

Burckhardt, Zur Narkosenfrage. Zentralbl. f. Gynäkol. 1903, Nr. 14.

Burdon Sanderson, John Murray und Turner, Brit. med. Journ. 13. Juni, 1868.

Buri, Le iniezioni epidurali. Policlinico 1906 Ser. chir. No. 4. — Buri, Zentralbl. f. Chir. 1906, Nr. 32.

Burin de Buisson, Compt. rend. LXII. 9, S. 443, 1866.

Burke, Philadelphia, Eukain-α ein neues lokales Anästhetikum. Broschüre von Schering Berlin. 1897.

Burnet, Pure ethyl chloride as a general anaesthetic, with special reference to its use in midwifery. Medical Press. 1902, Dec. 10th.

Unroughs, Brit. med. Journ. 1879, May 21st.

Burton, W. E., New anaesthetic mash. The Lancet. 1897, Sept. 25th. — Burton, J., Booth, Adrenaline chloride. Albany Medical Annals. 1901.

Buschan, Organsafttherapie, Eulenburgs Realencyklopädie. Bd. 18, III. Aufl.

Bussenius, Ing.-Dissert. Berl. 1888.

Butlin, Brit. medic. Journ. Nov. 30, 1872.

Butter, Archiv f. klin. Chir. Bd. XL, 1890.

Buxton, Inhaler for Chlorof. from Vernon-Harcourt, The Lancet. 1904, März 19. — Buxton, Brit. gynäkol. Gesell. Zentralbl. f. Gynäkol. 1904, Nr. 43, S. 1291. — Buxton, D. W. 60th ann. meeting of the Brit. med. Assoc. Brit. med. Journal. 1892. — Buxton, The Story of the dicovery of anaesthesia. The Practitioner. 1896, Oktob. — Dudley Buxton, The nature of the anaesthesia, an appended note. The Lancet. 1896, Febr. I st. — Buxton, Korrespond.-Bl. f. Zahnärzte. 1889. — Buxton, On the advisability of the inclusion of the study of anaesthetics as a compulsory subject in the medical curriculum. British medic. journ. 1901, April 27. — Buxton, Chloroform in surgical anaesthesia, the Vernon-Harcourt inhaler and exact percentage vapours. Medical Press. 1904, March 23d. — Buxton, Deutsche Vierteljahrsschr. f. Zahnh. 1880. — Buxton, Fifty years of anaesthesia, British medic. Journal. 1896, Okt. 17th.

Byron, Robinson, The Peritoneum. Chicago. 1899.

C.

v. Cačković, M., Narkosenbuch, Liečnički viestniki No. 2, 1902. — M. v. Cačković, Zentralbl. f. Gynäkol. 1902, Nr. 19.

Cadol, L'anesthésie per les injections de cocaine sous l'arachnoïde lombaire. Thèse de Paris 1900. — Cadol, Anästhes. durch Kokainein spritz. i. d. Lumbalteil des Wirbelkanals. Gazette hebdom. de Médec. et Chirurg. 1900, June.

Calalb, Internationale Rundschau, Wien. 1892.

v. Calcar, B. P., Bydrage tot de Kennis der Asperobe — pneumonien. Nederl. Tydschr. voor Geneeskunde, Amsterdam. 1899, I 153.

Calderon, Ether narcosis by the rectum. Pacific med. journ. 1900, S. 161.

Caldwell, W. S., Ether and chloroform. The journal of the Am. Med. Ap. Dez. 19th, 1896.

Calliari, Anestesia midollare cocainica colla iniezione subarachnoidea alla Bier. Jl Policlinico, Sezione pratica VIII. Fasc. 8.

Calvet, C., Wirkung der Kokaininjektionen in d. Arachnoidealraum auf die Zusammenziehung des Uterus. Ing.-Diss. Toulouse. 1901.

Campiche, Contribution à l'étude de la narcose à l'éther. — Campiche, Revue médicale de la Suisse romande. 1902. — Campiche, Diss. Lausanne, 1902.

Campo, Sull' analgesia cocainica etc. Bologna. 1901.

Canappe, J., Traité des guides tradiut en français en. 1538.

Canstatt's Jahresberichte 1848—1870 (Husemann, Wiggers, Falk, Clarus, Klencke etc.).

Cantalupo, Ueber die durch allgemeine Aethylchloridnarkose verursachten feineren Veränderungen der nervösen Zentren. Wiener med. Wochensch. 1901. Nr. 46—52. Cantalupo, Wiener med. W. 1902, Nr. 1—3.

Capitan, La Médicine moderne. No. 38, 1899.

Caplescu-Poenaru, Die Resultate der Rachistovainisierung. Zentralbl. f. Chirurg. 1906, Nr. 3. — Caplescu-Poenaru, Spitalul. 1905, No. 19—20.

Carini, Le modificazioni struttinali etc. Roma. 1900.

Carras, Korrespondenzbl. f. Zahnärzte. 1899, H. 3.

Cardenal, Archive de physiolog. et patholog. 1875, Bd. V.

Cardie, Mc., The Lancet. 1901. — W. J. Mc. Cardie, Münchner med. W. 1901, Nr. 20, S. 804 ref. — Mc. Cardie, The posit. and mortal. from ethyl chloride etc. British med. Journ. 1906, March 17th. — Mc. Cardie, Zentralbl. f. Chirurgie. 1906, Nr. 21.

Carlson, Zahnärztl. Wochenblatt, Hamburg, 1895, Juni.

Carnochan, Brit. med. Journal. 16. Juni, 1866.

Carnot et Josserand, Bull. de la Soc. de Biologie, Paris. 1902, Dez.

Caro, Ueber Chloroformnarkose, Allgem. med. Zentralzeit. 1903, Nr. 20.

Carpenter, Nebennierenextr. u. s. Verw. d. Zahnheilk. Dental Revue. 1901. June.

Carrière, Écho médic. du nord. 1901. S. 223.

Carter, Thermo-ether-inhaler. Medical Times. 1895. 24. Aug. — Carter Braine, Journal of British Dental Association. 1895. — Carter, Eukain as a lokal Anaesthetic, The clinical Recorder. 1896, Okt. 4th. — Carter, Brit. med. Journ., Febr. 23 d, 1867. — Carter, Brundenell Robert, Akoïn als lokal. Anästhet. usw. Lancet. 1899. Okt. 21 st. — Carter, The precise and scientific administration of chloroform and ether, The medical Times. 1896, January 11 th. — R. Brudenell Carter, Note on eucaïne as a local anaesthetic. The Lancet. 1896, July 11 th.

Cason, Bericht über Eukain-? an Schering, Berlin. 1900, 24. Aug.

Caspars Wochenschr. 1850, S. 50. — Caspar-Liman, Handbuch d. gerichtlichen Medizin.

Casper, Wochenschr. f. d. gesamt. Heilkunde. 1850. — Casper, Handb. f. gerichtl. Med. 1850. — Casper, Chronische Chloroformwirkung. Caspers Wochenschrift. 1850, S. 80.

Casse, Narkosenlähmungen, Zentralbl. f. Gynäkologie. 1906, Nr. 18, S. 588. — Casse, Bullet. de l'acad. roy. de médec. de Belgique. 1897.

Castle, in Merced. Bericht über Eukain-? an Schering, Berlin. 1901, 5. Aug.

Castreil, Die Chloroformnarkose bei Kindern. Wiener med. Blätter. 1899, Nr. 12.

ten Cate Hoedemaker, Arch. f. Psychiatrie u. Nervenheilk. 1879.

Cathcart, Death under chloroform. British med. journal. 1899, Febr. 25 th.

Cathelin, Les injections épidurales par ponction du canal sacré. Paris, Baillière et fils. 1901. — Cathelin, Die epidurale Injektion durch Punktion des Sakralkanals usw. Paris u. Stuttgart, F. Enke. 1903. — Cathelin, New-York medical Journal. 1885, 31. Okt. — Cathelin, Epidurale Kokaininjekt. Société de Biologie de Paris. 1901, 27. April. — Cathelin, Münchner mediz. W. 1901, Nr. 28.

Cattlin, Med. Tim. and Gaz., June 6 th, 1868.

Cavazzani, Contributo all' analgesia cocainica alla Bier. Jl Policlinico. Sezione pratica. 1901, Fasc. 8. — Cavazzani, La rachicocaïnizzazione nella sciatica ed in altre forme nevrosiche. Revista Veneta di scienze médiche. 1901, Vol. XXXV.

Cecconi, G., Beitrag z. Studium des Empfindungsvermögens gesunder Zähne. Stomatologia I. Nr. 3, Nov.

Ceci, De l'anesthésie locale par la cocaine combinée avec l'action générale de la morphine. La semaine méd. 1899, No. 6.

Centralbl. für Chirurg. 1885, 89, 86, 93, 94, 86, 88.

Centralbl. für prakt. Augenheilkunde. 1897.

Cernezzi, A., Ueber d. Leitungsanästhesie usw. Zentralbl. f. Chirurgie. 1905, Nr. 11.

Chadbourne, British medic. Journal. 1892. — Chadbourne, Ueber Tropakokain, ein Benzoylpseudotropain, eine neue Coca-Base und dessen Wert als lokales Anästhetikum. Therap. Monatshefte. 1892, September.

Chaldecott, The choice of an anaesthetic for short operations upon the throat and nose. The Lancet. 1902, Sept. 13 th.

Chalmers, Jefferson-Hospital, Philadelphia, University Medical Magazine. 1896, Nov. — Chalmers, Jefferson-Hospital, Philadelphia, Medical and surgic. Reporter. 1896, Nov.

Chambert, Des effets physiologiques et thérapeutiques des éthers. Paris, 1848.

Championnière, Lucas, Chloroformappar. Bull. et mém. de la soc. de chir. de Paris. 1905, T. XXXI, S. 56. — Lucas Championnière, Zentrbl. f. Chir. 1905, Nr. 36. — Lucas Championnière, Académie de médec. de Paris. 1905. — L. Championnière, Zentrbl. f. Chir. 1905, Nr. 19, S. 529. — Championnière, Le chloroforme à l'Académie. Chloroformication chez les cardiaques. Nature des accidents. Préceptes pour la sécurité. Organisation de l'anesthésie hospitalière. Journal de Médecine et de Chirurgie. 1902, No. 5. — Championnière, A propos du chloroforme des hôpitaux. Gazette des hôpitaux. 1904, No. 68. — Championnière, Académie de médecine Sitz. 18. Mai 1902. — Championnière, Bulletin de l'Académie de Méd. 1902, No. 20.

Chapeaurouge, Beitrag zur Aethernarkose. Jahrbücher d. Hamburger Staatskrankenanstalten Bd. IV, Jahrg. 1893/94. — Chapeaurouge, Jhrber. d. Hamb. Staatskrankenanstalten II. 527. 1896.

Chapiro, Paris. L'eucaïne-? comme anesthésique local en stomatol. et en chirurgie général. Thèse de Paris, 1898.

Chapman, Postoperative pneumonia with experiments upon its pathogeny. Annals of surgery 1904 May. — Chapman, Med. Times and Gazette 1855, Okt. 23 d.

Chapple, Atlanta Dental College, Brief an Schering, Berlin, 17. Aug. 1900.

Chaput, L'anesthésie de la Stovaïne lombaire. Bull. et mém. de la soc. de chir. de Paris. T. XXXII, 1906. — Chaput, Anästhesie d. intradural. Kok.-Inj. Société de Chirurg. de Paris. 1901, 17. u. 23. April. — Chaput ref. Münchner mediz. W. 1901, Nr. 23, S. 953. — Chaput, Société de Chir. de Paris, Séance 22. u. 29. May 1901. Bericht: Münchener med. W. 1901, Nr. 27. — Chaput, Ueber tödl. Zufälle b. d. Rachikokaïnisat. Société de Chirurg. de Paris, séance. 3. Juillet 1901. — Chaput, La Stovaïne, anesthésique locale etc. Société de Biologie, Paris. 12. Mai 1904. — Chaput, Tödl. Zufälle b. d. Rachikokainisat. Ref. Münchner m. W. 1901. Nr. 37, S. 1464. — Chaput, Résection de caude opérée au moyen de l'anésthésie lombaire. Bull. et mém. de la soc. de Chir. 1901, Nr. 21. — Chaput, L'anésthesie général ou très étendue obtenue par la rachicocaïnisation. La Presse médicale. 1901, No. 90. — Chaput, Sur la cocaine lombaire. Bullet. et mém. de la soc. de Chirurg. 1901, No. 29. — Chaput, Société de chirurg. 1904, 12. Okt. L'Anesthésie rachidienne à la Stovaïne. — Chaput, Indications respectives de la cocaïnisation locale, de la rachicocaïnisation et de l'anésthésie générale. Bulletins et Mémoires de la Société de Chirurgie de Paris. 1902, Nr. 17. — Chaput, Les differents procédés d'anesthésie chirurgicale (éther, chloroforme, chloréthyle, cocaïne locale et lombaire). La Presse médicale. 1902, No. 47. — Chaput, L'anesthésie rachidienne à la stovaïne. Bullet. et mém. de la soc. de Chir. de Paris. 1904, No. 30. — Chaput, Cocaïne locale en chirurgie abdominale. Bull. de l'académie de médecine. 1904, No. 16.

Charles O'Neill, The safe administration of anaesthetics with special reference to chloroform and methylene. British med. journal. 1897, June 12 th.

Charteris, Royal Society of Edinburgh. 1896. — Charteris, Glasgow, The Lancet. 1896, 15. Aug.

Chartier, La rachistovaïnisation en obstétrique, La Gynécologie, Paris. 3. Okt., 1904.

Chassaignac, Recherches cliniques sur le chloroforme. Paris. 1853. — Chassaignac,

Brit. med. Journ. 1877. — Chassaignac, Terrier u. Péraire, Manuel d'anesthésie chirurgicale, 1894, Paris.

Chelius, M. J., Handbuch der Chirurgie. 1857.

Chesseire, Brit. med. Journal. 1867, Sept. 28th.

Chevalier, Revue de thérap. medic.-chirurg. 1902, No. 24. — Chevalier, Académie de médecine, Sitz. 2. Nov. 1904. — Chevalier, L'holocaine en ophtalmologie. Bullet. Générale de Thérapeutique. 1897, Okt. 23.

Chevers, bei Silk, The Lancet. 1897, March 20th.

Chiari, Wien. med. W., 1887.

Chiarleoni, Colemia da cloroformio come complicanza delle celiotomie. Accad. med. chir. di Palermo. 6. Febr., 1898.

Chiene, Scottish Med. and Surg. Journ. Sept., 1904. — Chiene, Erfahrungen in Südafrika. Scottish medic. and surg. journal. 1901, Jan. — Chiene, ref. Zentralbl. f. Chirurg. 1901, Nr. 21.

Chipault, La méthode épidurale. Congrès français de Chirurgie, 1901, S. 377. — Chipault, La ponction lombo-sacree. Acad. de médec. 1897, 6. April.

Chloroform at dental hospitals. The Lancet. 1899, June 10th, S. 1572. — Chloroforme chez les cardiaques et accidents de la chloroformisation; discussion: M. M. Laborde, Le Dentu, Lucas. — Chloroform fatalities and anaesthetic fatalities etc. Medical Times. 1898, Febr. 5th and 12th. — Chloroform fatalities, Medic. Times. 1898, Sept. 3d.

Christeller, Ueber Blutdruckmess. a. Mensch. unt. pathol. Verhältn. Zeitschrift f. klin. Mediz. III.

Christie, The use of stovaine etc. Glasgow medic. Journ. 1906, Febr. — Christie, Zentralbl. f. Chir. 1906, Nr. 19.

Christison, On poisons. Edinbourgh. 1836.

Chrobak, Ueber Einwillig. d. Krank. z. ärztl. Eingriffen. Zentralbl. f. Gynäkol. 1904, Nr. 10.

Chupam, Philadelphia. Scherings Broschüre über Eukain-α. Berlin. 1897.

Cieszynski, Beitrag zur lokalen Anästhesie unt. spez. Berücks. von Alypin u. Novocain, Deutsche Monatsschrift für Zahnheilkunde. 1906.

Cipriani, Ueber den anästhetischen Wert des Eukains. Therapeut. Monatshefte 1898, Heft 6.

Circular VI, War department Philadelphia, 1865.

Cisler J, Neue Anästhetika etc. Casopis lékařů českych. 1906, Nr. 4 u. 5. — Cisler, Zentralbl. f. Chirurg. 1906, Nr. 11.

Claiborne. Revue et archives Suisses d'odontologie. 1887.

Claidborne, J. H. u. E. B. Coburn, Medical News, New-York. 1904, Juli.

Clairmont, k. k. Gesellsch. d. Aerzte in Wien. 1905.

Claey.-Gand, Le Scalpel. 1896, Sept.

Clark, Arzt in Arrogo Grande. Bericht über Eukain-β an Schering. Berlin. 1901.

Clarke, Jackson, Observations on cocaine anaesthesia. The Lancet. 1896, Jan. 18th.

Classen, Therapeut. Monatshefte. 1903.

Claude Bernard. Comptes rend. LV. — Claude Bernard, Leçons sur les effets des substances toxiques et médicamenteuses.Paris,1857. Claude-Bernard, Bullet. génér. de thérap. 1869. — Claude-Bernard, Leçons sur les anesthésiques et sur l'asphyxie, Paris. 1875.

Claus, Vorl. Mitteil. über d. m. Hedonal gewonn. Erfahr. La Belgique Médicale. 1900, No. 19.

Claussen, Die Wirkung des Hyoscin. hydrojod. u. hydrobrom. usw., Ing.-Diss. Kiel 1883.

Clayton, Death under chloroform. British med. journ. 1903, Jan. 31st.

Cleaver, Shiffield med. Journ. 1893.

Clemens, Ein Beitrag zur näheren Kenntnis des Chloroforms usw. Deutsche Klinik. 1850, Nr. 52, 1851, Nr. 7, 3, 8, 9. — Clemens, Charakteristika der Anästhetika unserer Zeit, Arch. f. physiol. Heilkunde. 1854, Heft 4. — Clemens, Theod., 42 schwere Lungenentz. ausschließl. mit Chloroforminhalation behandelt. Allgem. med. Ztg. 1889, Nr. 21 u. 23.

Clements, Water anesthesia in surgery, and its suggestions in medicine. Medical News 1904, June 18th.

Clemesha, Eukain-β, Further note on new lokal anesthetics. Buffalo Medical Journ.. 1897, June.

Cless, Luft im Blut. 1854.

Cloetta Filehne, Lhrb. d. Arzneimittellehre u. Arzneiverordn. 1896, IX. Aufl.

Cloëz, Gaz. des hôp. 1866.

Clover, Brit. med. Journal. 1875. L. — Clover, The Lancet. 1903 II. 168, 323. — Clover, Brit. med. Journ. 1868, June 13th. — Clover, Brit. med. Journ. 1877, Jan. 20th. — Clover, Brit. med. Journal. Nov. 7th, 1868. — Clover, Brit. med. Journ. July 15th, 1876. — Clover, Med. Times. March 17th, 1877.

Coakley, Report on the use of stovaine. Medical News, 1905, April 15th. — Coakley, Zentrbl. f. Chir. 1905, Nr. 27.

Codina Castelvi, Internat. mediz. Kongreß, Madrid. 1903, 23.—30. April. — Codina Castelvi, Analgesie mitt. reinen Sauerstoffes, ref. Münchner mediz. W. 1903, Nr. 22. S. 966.

Cohn, P., Ueber eine neue Form des Eukain, das essigsaure Beta-Eukain. Mediz. Woche. 1901, Nr. 36. — Cohn, D. Monatsschrift für Zahnh. 1891. — Cohn, Ein Fall von protrahierter Chloroformwirkung mit tödlichem Ausgange. Deutsche Zeitschrift f. Chir. 1902, Bd. 64, Heft 1—3. — Cohn, Einige Bemerkungen über die allgemeine Chloroformnarkose. Revista de Chirurgie. 1902, No. 5—6.

Cole, The physiolog. action of ethyl bromide and of Somnoform. British medical journ. 1903, June.

Coleman, Med. Times. 1869. — Coleman, Brit. med. Journ. 1872. — Coleman, St. Bartholom. Hosp. Rep. V. 1869.

Colin, Action anesthésique et antiseptique du gaïacol sur la vessie etc. Journal de médec. et de chirurg. practiques. 1896, 25. Jan.

Collum, R. W., Somnoform als Anästhet. usw. British Dental Assoc. Journal. 1903, May.

Colton, Lancet. Dec. 13th, 1873.

Commission, The Lancet, 1890.

Compaired, El. Sigl. med. 1902.

Comptes rendus des 13. internationalen medizin. Kongresses in Paris 1900. Sitz.-Ber.

Comte, Brit. med. Journal. 1888. — Comte, De l'emploi de l'éther sulfur. à la clinique de Genève. 1882. — Comte bei Hölscher, Archiv f. klin. Chirurgie Bd. LVII, Heft 1.

Contant, Contribution à l'étude des anesthésiques locaux et en particulier du gaïacol en injections intra-cutanées. Thèse de Bordeaux. 1896.

Conteand, Une alerte au chloroforme à Madagascar. Gazette des hôpiteaux. 1902, No. 34

Cook, Stanley, Ueber Somnoform,The Lancet.1903.

Coosemans, Holokain in der Oto-Laryngologie. Revue hebdomadaire de laryngologie etc. 1897, No. 41. — Coosemans, Münchner mediz. W. 1898, Nr. 3.

Cordera, La somministrazione del nitrito d'amile per diminiure i disturbi dorati all'anestesia cocainica per via lombare. Gazzetta degli ospedale e delle cliniche. 1901, No. 72. — Cordera, Semaine médic. 1901, Juin 19e.

Cordero, Ueber d. Anwendung des Amylnitrits gegen die Inkonvenienzen der Kokainanästhesie, Gazzetta degli osped. 1901, No. 72. — Cordero, Ref. Münchner mediz. W. 1901, Nr. 39, S. 1546.

Cormack, Brit. med. Journal. 1877, 22. Aug.

Corning, A further contribution on local medication of the spinal cord etc. Medical Record. New-York, 1888, 31. März. — Corning, Local anaesthesia. New-York, 1886. — Corning, New-York medical Journal. 1887, Bd. XLII, Heft 12. — Corning, New-York med. Journal. 1885. — Corning, Pain in its neuro-pathol., diagnostic., med. legal, and neuro-therap.-relations. Philadelphia, 1904. — Corning, New-York Med. Journ. 1885. II. 31. Okt. — Corning, Medical Record. 1888, 17. März. — Corning, Some conservative jottings apropos of spinal anaesthesia. New-York Medical Record. 1900, Okt. 20. — Corning, Headache and Neuralgia. New-York. 1888. The medic. society of New-York. — Corning, On the prolongation of the anesthetic effects of hydrochlorate of cocaine when subcutaneously injected. New-York medical Journal. 1887.

Cossmann, Ueber Lokalanästhesie. Wissensch. Wanderversamml. der Aerztevereine Duisburg, Mühlheim, Ruhrort. Münchn. med. W. 1900, Nr. 51.

Da Costa, Jefferson Hospit. Philadelphia; University medical Magazine. 1896, Nov. — Da Costa, Jefferson Hospit. Philadelphia; Medical and surgic. Reporter. 1896, 28. Nov. — C. Da Costa and F. J. Kalteyer, Münchner med. W. 1901, Nr. 17, S. 1894. — Da Costa and Kalteyer, The blood changes induced by the administration of ether as an anesthetic. Annals of Surgery. 1901, Sept. — Tito Costa, Eine Neuerung in der Technik der Kokainanästhesie. Deutsche medizin. Zeitung. 1897, Ref.

Courtade, Münchner med. W. 1903, Nr. 41, S. 1794 ref. — Courtade Anästhesin i. d. Rhino-Laryngol. Archives internat. de laryngologie etc. 1903, Nr. 3. — Courtade, Les nouveaux remèdes. 1903, Nr. 4. — Courtade, Paris, Anästhesin in der rhino-laryng. Praxis. Allg. Wiener med. Zeitung. 1903, Nr. 12. — Courtade, L'Anaesthésine en Rhino-Laryngologie. Revue de Thérapeutique, 1. März 1903. Anästhesin in der rhino-laryngologischen Praxis. Allgemeine Wiener med. Zeitung. Nr. 12, März, 1903.

Courtois-Suffit, Société médic. des hôpitaux de Paris. 1901, 19. April.

Coze, Compt. rend. 1849, XXVIII.

Cramer, Deutsche med. W. 1903, Nr. 34.

Craig, Zahnarzt in Volgality, Bericht über Eukain-α an Schering, Berlin. 1896, 23. Sept.

Crile, An experimental and clinical research into cocain and eucain. The journ. of the Amer. Med. Ass. Febr. 22 th, 1902.

Crockett, American Journal of med. Sc. July, 1857.

Crocq, Hedonal. Disc. La Belgique médicale. 1900, Nr. 19.

Cross, Foster, The Lancet. 1903, April 25 th.

Crouch and Corner, Is chloroform more dangerous than ether? Consideration of respiratory troubles following operation during 12 months at a large general hospital. The Lancet. 1902, May 24 th.

Cruet, La Revue de Stomatologie. 1899, Paris.

Csiky, Johan, Studie über Aethernarkose. Magyar Orvosi Archivum. VII. Jhrg., Heft IV u. VI, 1898.

Cullen, 60th annual meeting of the British medic. Association. British medical Journal. 1892, II.

Currier, Malignant Neoplasmas. Annals of Gynaecology and Pediatry, Boston. 1901, Aug.

Cushing, Observat. up. the neural anatom. of the inguin. reg. relat. to the perform. of herniot. under loc. anaesthesia. John Hopkins Bulletin. 1900, March. — Cushing, Harvey, Explor. laparot. under lok. anaesth. for acute abdom. symptome occurring in the course of typhoid. fever. Philadelphia medical. Journal. 1900, March 3d. — Harvey Cushing, Annals of Surgery. 1900, January.

Cushny, Zeitschr. für Biologie. Bd. 28. Cushny, Zeitschrift für Biologie. 1891, Nr. 28.

Custer, Münchner med. W. 1898, Nr. 32. — Custer, Die Verwendbarkeit des Tropakokains in der Infiltrationsanästhesie. Münchner med. W. 1895, Nr. 22. — Custer, Kokain und Infiltrationsanästhesie. Basel. 1898, B. Schwabe. — Custer, Infiltrationsanästhesie, Korrespondenzblatt f. Schweizer Aerzte. 1897, Nr. 13 u. 14.

Custom, Boston medical and surgical journal. 1903, January 12—16th.

Cybulski, Ueber die Funktion der Nebennieren. Wiener mediz. W. 1896, Nr. 6—7.

Cyron, Franz, Ueber den gegenwärtigen Stand der Aetherisierungsfrage, Würzburg, Ing.-Diss. 1895.

Czempin, Zur Narkose. Zentralbl. f. Gynäkologie. 1900, Nr. 5. — Czempin, Die Technik der Chloroformnarkose für Aerzte und Studierende. Berlin. 1897, O. Enslin.

Czermak, Die augenärztl. Operationen.

Czerny-Gurlt, Narkosenstatistik, Verhandl. d. deutschen Chirurgenkongresses, Berlin. 1894. — Czerny, Rückenmarksanästhesie. Verhandl. d. XXXIV. Chirurgenkongress. 26.—29. April, 1905, Berlin. — Czerny, Zentrbl. f. Chir. 1905, Nr. 30. — v. Czerny, Postoperat. Pneumon. Verh. d. d. Ges. f. Chir. 26.—29. April, 1905, XXXIV. Kongr. Berlin. — v. Czerny, Zentrbl. f. Chir. 1905, Nr. 30, S. 45.

Czylarz u. Donath, Zentralbl. f. innere Mediz. 1900, Nr. 13. — Czylarz u. Donath, Ein Beitrag zur Lehre der Entgiftung. Zentralbl. f. innere Medizin. 1900, Nr. 1.

D.

Daccento, S., La cocaine en chirurgie. Jl Nuovo Raccoglitore medico. 1903, No. 12.

Dacanto, Akoin in der Chirurgie. Deutsche Zeitschrift f. Chirurg. 1903, Bd. 69, H. 5—6.

Dalma, Journal de l'anesthésie, Paris, 1902.

Dan McKenzie, Nebennierenextrakt. usw. British medic. Jornal. 1901, 27. April. — Dan McKenzie, Münchner mediz. W. 1901, Nr. 25, S. 1025. — Dan McKencie, The loc. Anesthetic action of stovaine. Brit. med. Journ. 1906, May 12 th. — Dan McKencie, Zentralbl. f. Chir. 1906, Nr. 32.

Dandois, Accidents cérébrospinaux dardifs et prolongés après cocaïnisation de la moelle. Journ. de Chir. et ann. de la soc. belg. de Chir. 1901. c. 4. — Dandois, Spätere u. lang dauernde Beschw. nach Kokainis. der Medulla. Journal de Chirurgie. 1901, No. 4. — Dandois, Münchner mediz. W. 1901, Nr. 32, S. 1298, ref.

Daniell, The administration of chloride of ethyl and somnoform, alone or in conjunction with nitrous oxide or ether. British med. journal, 1904, April 23 d. — Daniell, Lancet. 1905, 21 st of Oktrb. — H. W. Bampfylde Daniell, Eine neue Chloräthylmaske. The Lancet. 1903, Okt. 17 th. — G. W. Bampfylde Daniell, Münchner med. W. 1903. Nr. 51.

Danielsen, Poliklin. Erfahr. mit d. neu. Lokalanästhetikum Novocain. Münchn. med. W. 1905, Nr. 46.

Danin, Ueber die physiol. Eigensch. d. Kokain etc. Charkow, 1873.

Danzel, Langenbeck's Arch. f. klin. Chirurg. Bd. 9.

Darier, Clinique ophthalmique. 1899, Nr. 12. — Darier, Leçons de thérapeutique oculaire. 1903. Merck Jahrb. 1903. — Darier, La

Clinique ophtalmique. Paris. 1899, No. 17. — Darier, Wiener klin. W. 1896, Nr. 40.

Dastre, Les Anesthésiques, Physiologie et application chirurgical. 1890. Paris.

Dauve, O., Les avantages des narcoses mixtes. Gaz. des hôpit. 1906, Nr. 48. — Dauve, Zentralbl. f. Chir. 1906, Nr. 32.

David, Ein Beitr. zur asept. Handhab. der lok. Anästh. Prager med. W. 1901, Nr. 29 u. 30.

Davy, H., Chemical and philosophical researches, chiefly concerning nitrous oxyde and its respiration. London. 1799. — Davy Humphry, Chemische u. physiologische Untersuchungen über das oxydierte Stickgas und das Atmen in demselben. Aus dem Englischen übersetzt. 2 Teile. Lemgo. 1812—1814.

Dawson, New-York med. Record. 1874, May 15 th.

Dayton, Lincoln Nebr. Western Medical Review. 1896, Okt. 15 th.

De Vries, Pringsheims Jahrbücher der wissenschaftl. Botanik. 1884, Bd. 14. — De Vries, Zeitschrift f. physikal. Chemie. Bd. 2.

Deák, Magyar Fogászati Szemle. 1901, Nr. 2.

Dean, The importance of anaesthes. by lumb. inj. etc. Brit. med. journ. 1906, May 12 th.— Dean, Zentralbl. f. Chir. 1906, Nr. 32.

Deaths under anaesthetics. The Lancet. 1899, March 4 th, S. 606. — Deaths under nitrous oxide gas, death under chloroform and ether, overdose of chloroform. Medical Times. 1899, July 15 th. — Deaths under anaesthetics. The Lancet. 1899, June 17 th, S. 1649. — Deaths under chloroform, Medical Times. 1899, July 8th. — Deaths under chloroform. Medical Times. 1899, July 29 th. — Deaths under chloroform. The Lancet. 1899, Febr. 4 th, S. 321. — Deaths under chloroform. The Lancet. 1899, Febr. 25 th, S. 530. — Deaths under chloroform. The Lancet. 1899, Febr. 4 th, S. 338.

Debierre, Anesthésie, Dict. encyclop. des sciences médic. t. XXXVI. 1888.

Debout, Gaz. des hôp. 37, 1857.

Debove, Société médic. des hôpit. de Paris. 1901, 19. April.

Il Decameron, de Giovanni Boccaccio. Leipzig, Brockhaus. 1577, Vol. I, S. 320.

Deetz, E., Erf. v. 360 Lumbalanästhes. mit Stovain-Adren. Münchner med. W. 1906, Nr. 28.

Defranceschi, Tropakok. i. d. Lumbalanästh. 78. Versamml. d. Naturf. u. Aerzte. Stuttgart. 1906. — Defranceschi, Zentralbl. f. Chir. 1906, Nr. 47. — Defranceschi, Lumbalanästhesie. 77. Vers. deutscher Naturf. u. Aerzte. Meran 1905. Zentralbl. f. Chir. 1905, Nr. 49, S. 1339.

Dejardin, F., Die epiduralen Injekt. etc. Arch. prov. de chir. 1904, Nov. — Dejardin, Zentralbl. f. Gynäkol. 1905, Nr. 36.

Dejave, L., Le Scalpel (Liège). 1901, No. 49.

Delap-Kansas, Eukaine in der Augenheilk. Medical Arena. 1897, Sept.

Delbet, Chloroform Académie de médec. d. Paris. 1905. — Delbet, Zentralbl. f. Chir. 1905, Nr. 19, S. 529. — Delbet, Revue de Chirurgie XXV. 1902. — Delbet, Société de chirurgie de Paris. 1904, 12. X.— Delbet, Sur les avantages de la chloroformisation practiquée avec l'appareil de Roth-Dräger. Bull. et mém. de la société de Paris. 1904, No. 28. — Delbet, Chlorof.-Apparate. Bull. et mém. de la soc. de Chirurg. de Paris. 1905, T. XXXI, S. 56.— Delbet, Zentralbl. f. Chir. 1905, Nr. 36.

Armand Delille, Société médic. des hôpit. de Paris. 1901, 19. April. — Armand Delille, Münchner mediz. W. 1901, Nr. 23.

Delpech, Nouvelles recherches sur l'Intoxication spéciale, que détermine le sulfure de carbone. Paris. 1860.

Demaillasson, Les injections analgésiantes loco dolenti dans les nevralgies périphériques. Thèse de Paris. 1905. — Demaillasson, Les injections analgésiantes etc. Révue franç. de méd. et de chir. 1905, Nr. 31. — Demaillasson, Zentralbl. f. Chir. 1905, Nr. 40.

Demarle, Essai sur la coca de Perou. Paris. 1862.

Demarquay, Gaz. des hôp., 90—103, 1872.

Demets, L'eucaïne, succédané de la cocaïne. Belgique médicale. 1896, 22. Okt.

Demme, Anästhetika in Gehrhards Hdbuch. 1882. — Demme, Anästhetika. 1887.

Demmler, Bulletin médical. 1901, No. 43. — Demmler, Die Verbind. d. subkut. Kokaininj. mit d. Inhal. gering. Dos v. Chlorof. Münchner mediz. W. 1901, Nr. 27.

Deneffe et Claeys, Académie royale de Médecine de Belgique, procès-verbal de la séance du 27 Mars 1897, No. 35. — Deneffe, L'eucaine en ophthalmol. Scalpel 13. Sept. 1896, No. 7. — Deneffe, De l'holocaïne en ophthalmologie. Académie de médec. de Belgique 1897, 27. Mars. — Deneffe et van Wetter, Press. méd. belge 44, S. 346, 1874, und Annal. de la Société de méd. de Gand, Okt. u. Nov. 1874 u. Bulletin de l'Acad. de méd. de Belg., 7 u. 8, S. 809, 10 u. 11, S. 1064. — Deneffe, et van Wetter, De l'anesthésie produite par injection intraveineuse de chloral selon la méthode de Mr. le prof. Oré. 8. Paris 1875. Deneffe et van Wetter, Annal. de la Soc. de Méd. de Gand. Janv. et Juillet 1875.

Denigès: Bulletin des travaux de la Société de Pharmacie de Bordeaux, Feb. 1899.

Denissow, Narkosenstatistik i. d. chir. Abteil. des Petersburger Peter-Pauls-Stadtkrankenhauses 1896—97. Rottin Hospitalzeitung 1898 Nr. 35 u. 36.

Dent, Note on a case of asphyxia from pressure of an abscess under the chinwirilst under the influence of nitrous oxide. The Lancet. 1899, April 8 th, S. 959.

Depage, Apropos d'un cas de mort sur le chloroforme. Journ. de Chir. et ann. de la soc. Belg. de Chir. 1902, Febr.

Dermatolog., Zentralblatt. 1899, Nr. 5.

Derocque, Le chlorure d'éthyle anesthésique général. Revue médic. de Normandie 25. février 1902.

Deseniss, Geburtshilfl. Gesellsch. z. Hamburg. Sitz. 24. V. 1904. Zentralbl. f. Gynäk. 1904, Nr. 42.

Desfosses P., et J. Dumont, Techique de la rachicocaïnisat. La Presse médic. 1901, No. 90.

Desjardius, Note sur l'emploi de la scopolam. etc. Bull. et mém. de la soc. de chir. de Paris 1905, T. XXXI, S. 176. — Desjardins, Zentralbl. f. Chir. 1905, Nr. 36.

Determann, Neurol. Zentralbl. 1897.

Deutsche Chirurgie, Lfg. 20 1880. — Deutsche med. W. 1890. — Deutsche militärärztl. Zeitschr. 1889. — Deutsche Monatsschrift f. Zahnhk. 1885.

Devoto, e Caselli Arnoldo, Disordini del ricambio materiale ni seguito alla narcosi clorof. Regia Accadem. medic. di Genova, seduta 10. 6. 1895.

Diarmid-Dundee, Brief an Schering, Berlin vom 26. Sept. 1896.

Dickinson-Mineral Wells, Brief an Schering, Berlin vom 16. Sept. 1896.

Diday, Gazette médic. de Paris. 1849.

Djankonow, Annalen der chirurg. Gesellschaft zu Moskau. Zentralblatt f. Chirurgie. 1891, Nr. 8.

Diederichs, Eutin, Aneson-Roche, Ein Beitrag zur Infiltrationsanästhesie. Die Zahnkunst. 1901, Nr. 18.

Dieffenbach, I. F., Operative Chirurgie. 1848. — Dieffenbach, Der Aether gegen d. Schmerz. Berlin 1897, bei Hirschwald.

Diehl, Vergleichende Zusammenst. der gebräuchl. Anästhetika. Ing.-Diss. Berlin 1888. — Diehl, Vergleich. Experimentaluntersuchungen über die Stärke der narkotischen Wirkung einiger Sulfone, Säureamide und Glyzerinderivate. Ing.-Diss. Marburg, 1894.

Diez, S., Ricerche sulla elim. del chlorof. etc. Giorn. d. accad. di med. di Torino. 1905, No. 4. — Diez, S., Zentralbl. f. Chir. 1905, Nr. 34.

Difficulties of chloroformisation. — Death under chloroform and their prevention. The Lancet. 1904, 17. Sept., 24. Sept., 1. Okt., 8. Okt.

Dilleuz, Cocain muriaticum, Tropacoc. u. Coc. phenylic. in d. Zahnheilk. Inaug.-Dissert. Zürich, 1897.

Dioscorides, opera omnia, Uebers. von Matthiolus Venet. 1554.

Dippe, Deutsche med. W. 1896.

Dipper, Ueber Schleichs Infiltrationsmethode. Deutsche mediz. Wochenschr. 1896, Nr. 50.

Dirk, Ueber Intubationsnarkose. Freie Vereinig. d. Chirurgen Berlins. 14. Mai, 1906. Zentralbl. f. Chir. 1906, Nr. 28, S. 783. — Dirk, Scopol.-Morph.-Nark. Freie Vereinigung d. Chirurgen Berlins. 12. Dez. 1904. Zentralbl. f. Chir. 1905, Nr. 5.

The Discovery of the physiological Method of inducing Respiration in cases of Apparend Death from Drowning, Cloroform etc. by Henry Silvester B. A. M. D. London.

Discussion, Experiments on the cocainisation of the nasal muscous membrane before and during surgical anaesthesia. New-York surgical society. The Dublin journal. 1896, January. — Discussion on local anaesthesia and local anaesthetics. Eastern medical society. Glasgow med. journal. 1899. — Discussion on anaesthetics. Glasgow med. chir. soc. Glasgow medic. journ. 1908, April. — Discussion sur le chloral, Bull. de l'Académ. de Méd. Paris. 1874, No. 22. 23. 24. 27.

Dodson, D. D. S. Paso Robles, Brief über Eukain-β an Schering 15. Nov. 1899.

Döderlein, Arch. f. Gynäk. Bd. 26. — Döderlein, Narkosenlähmungen. Württembergsche geburtshilfl. Gesellsch. Stuttgart. 16. Juli 1904. Zentralbl. f. Gynäkol. 1904, Nr. 39, S. 1167.

Dönhoff, Arch. f. Gynäkol. XLII, 1892. — Dönhoff, Archiv f. Gynäkolog. Bd. XLI, Heft 2.

Dönitz, Wie vermeidet man Mißerfolge bei d. Lumbalanästhesie. Münchner med. W. 1906, Nr. 28. — Dönitz, Chirurgenkongreß 1905. — Dönitz, Münchn. med. W. 1903, Nr. 34. — Dönitz, Arch. f. klin. Chir. Bd. 77, H. 4. — Dönitz, Zentralbl. f. Chirurg. 1905, Nr. 30, S. 9. — Dönitz, Rückenmarksanästhesie. XXXIV. Chirurgenkongreß 26.—29. April 1905. Verhandl.

Dörner, Wiener klinische Rundschau. 1899.

Dogiel, Archiv f. Anat. u. Physiolog. 1866.

Dolbeau, Paris, Contribution à létude de l'anesthésie en chirurgie oculaire par l'emploi de l'eucaine-β. Paris, G. Carre et C. Naud. 1897. — Dolbeau, Contribution à l'étude de l'anesthésie en chirurgie oculaire par l'emploi de l'Eucaine-β. Thèse de Paris 1898.

Dold, Alypin als Lokalanästhetikum, Med. Correspond.-Bl. d. Württemberg. ärztl. Landesvereins. 1906, Juni 30. Zentralbl. f. Chirurg. 1906, Nr. 37.

Doléris, Wehenbefördernde Wirk. der lumbalen Kokaininjektionen. Klinisch - therapeutische Wochenschr. 1901, Nr. 8. — Doléris, Ref. Münchner mediz. W. 1901, Nr. 23, S. 955. — Doléris, Analgésie par injection de cocaine dans l'arachnoïde lombaire. Soc. d'obstétr. de gyn. etc. 1900, Déz. — Doléris, Pédeprade, L'analgésie. Paris, Steinteil. 1901.

Dolganow, Ueber die Wirk. des Eukains auf d. Auge. Wratsch. 1896, Nr. 51. — Dolganow, Zehenders Monatsblatt für Augenheilkunde. 1897, Febr. — Dolganow, Ueber d. Wirk. des Eukains auf das Auge. Klinische Monatsblätter f. Augenheilkunde. 1897, Bd. XX.

Domenichini, Intorno alle cocairizzazione del midollo spinale Il Policlinico. Sez. prat. 1901, Fasc. I.

Dona, Chirurgische Interventionen unter hypnotischer Anästhesie. Spitalul, 1902, Nr. 7, u. Revista de Chir. 1902, Nr. 2.

Donaldson, The Richmond Med. Journal. 1866.

Donath, J., Aethylen. bromat., ein neues Mittel gegen Epilepsie. Therapeut. Monatshefte 1891.

Dor, De l'action vasoconstrict. exercée par l'extr. de caps. surrénales sur le conjonctive oculaire. Semaine médicale. 1896, Nr. 36.

Dorn, R., Odontologische Blätter. 1899, Nr. 2. — Dorn, R., Odontolog. Blätter. 1900, Nr. 2.

Douglas, The Laryngoscope. 1900.

Doyen, Revue critique de médic. et de chirurg. 1901, mars.

Doyer, Die Schädigung der Nieren nach Chloroformnark. etc. Ing.-Diss. Amsterdam. 1892.

Dranske, G., Die Harnsekretion während der Narkose. Inaug.-Dissert. Kiel. 1896.

Dreser, Unters. über d. Wanschersche Narkosenmaske. Beiträge z. klin. Chirurg. Bd. XII. — Dreser, Beiträge z. klin. Chirurg. 1893. — Dreser, Zeitschr. f. physikal. Chemie Bd. XXI, H. 1. — Dreser, Arch. f. Experiment.-Pathol. u. Pharmak. XXXVI, 1895. — Dreser, Deutsche med. Wochenschr., Vereinsbeil. 1896. — Dreser, Beiträge zur klin. Chir. Bd. 27. Ueber d. Zusammensetz. des bei d. Aethernarkose geatmeten Luftgemenges. — Dreser, Die Dosierung der Inhalationsanästhetika. Archiv f. experim. Patholog. 1896, Bd. 37, Heft 4 u. 5. — Dreser, Archiv f. experiment. Patholog. Bd. 29. — Dreser, Pflügers Archiv f. d. gesamte Physiol. 1898, Bd. 71. — Dreser, Therapeut. Monatshefte. 1898, Bd. IX. — Dreser, Ueber Zusammensetz. des b. d. Aethernark. geatmet. Luftgemenges. Beitr. z. klin. Chirurg. Bd. X.

Dreyfuss, Münchner med. W. 1893, Nr. 17.

Drossner, Laborde, Revue de Chirurgie. Bd. XXIV, 1901.

Dsirne, Zentralblatt f. Chirurgie. 1899.

Dubar, La stovaine en Oto-Rhino-Laryngologie. Le progrès med. 1904, No. 48, S. 433.

Dubois, Raphael, Société de Biologie. 1885, Okt. — Raphael Dubois, Société de Biologie 1888. — Dubois, R., L'insensibilisation chirurgicale. 1891, Paris.

Dubois-Reymond, R., Tierversuche mit d. Rückständ. v. d. Rektifikat. d. Chlorof durch Kälte. Therap. Monatshefte. 1892, Nr. VI. — R. Dubois-Reymond, Arch. f. Physiol. 1878. — Dubois-Reymond, Berl. klin. W. 1891, Nr. 51. — Dubois, Arch. f. Physiologie. 1881.

Dubreuilh, Die Orthoformeruptionen. La Presse médicale. 1901, Nr. 40.

Dubreuilh, Orthoformeruptionen, Münchner mediz. W. 1901, Nr. 36 S. 1426. Ref.

Dubuc, Incident chloroformique survenu pendant une opération de lithotritie. Clinique chirurgicale. La France médicale. 1896, No. 14.

Duchenne, Union médic. 1855, März.

Ducray, L'orthoforme et ses indications en laryngologie. Thèse de Paris. 1898.

Dudley, The management of the anaesthetic in cases in which respiratory impediment exists. The Lancet. 1900, June 15th. — Dudley Buxton, Empiricism or science? Anaesthetics 1847—1887. The Lancet. 1897, Nov. 27. — Dudley Buxton, Anaesthetics, their use and administration. London, 1900. — Dudley, L. Reynolds, The therap. value of Adrenalin-Chloride. Americ. Med. 1901.

Dührssen, Dtsch. med. W. 1895. — Dührssen', Berl. klin. W. 1892.

Duflos, A., Prüfung chemischer Arzneimittel. Breslau, Hirt. 1866.

Dufour et Ribault, Bull. des sciences pharmacolog. 1905. — Dufour et Ribault, Apropos de la stérilis des solut. de cocaïne. Revue française de méd. et de chir. 1904, No. 49. — Dufour et Ribault. Zentralbl. f. Chir. 1905, Nr. 5.

Duhot, R., Annales de la Policlinique Centrale de Bruxelles. 1901, Nov. 4. — Duhot, L'Anaesthésine; ses applications en urologie et dermosyphiligraphie. Annales de la Policlinique. Centrale de Bruxelles. No. 2, Février, 1903.

Dujardin-Beaumetz, Art. Ether. Dict. de thérapeut. t. II, 1885.

Duke, Medico. 1893, No. 21. cit.

Du-Mesnil, Eklampsie-Narkose. Altonaer Aerztlicher Verein. 7. Nov. 1900. — Du-Mesnil, Münchner mediz. Woch. 1901, Nr. 6, S. 236.

Duméril, Arch. gén. de méd. 1848. — Duméril et Demarquay, Archiv. général de méd. T. XVI, 4 série, 1848.

Dumont et Legrand, Sitzung der Société de Thérapeutique 1898, 22. Juni. — Dumont et Legrand, Le Bulletin Général de thérapeutique. 1897, 18. Lfrg. — Dumont, Revue de Stomatologie. Paris, 1899. — Dumont, Ueber den gegenwärtigen Stand der Kokainanalgesie. Wiesbaden, bei Bergmann. 1890. — Dumont, Ueber die Verantwortlichkeit des Arztes bei der Chlorof.- u. Aethernarkose. Wiesbaden. 1901. — Dumont, Illustr. Monatsschrift f. ärztl. Polytech. 1888. — Dumont, E. L., Traité de l'anaesthésie générale et locale. Librairie J.B. Baillière, Paris, 1904. — Dumont et Legrand, La Revue de Stomatologie. No. 2, 1899. — Dumont, Illustrierte Monatsschr. f. ärztl. Polytechnik. 1887. — Dumont, Kokainisierung des Rückenmarkes. Korrespondenzbl. f. Schweizer Aerzte. 1900. Nr. 19. — Dumont, Ueber den gegenw. Stand d. Allgemeinanästhesie. Schweizerischer Medizinal-Kalender 1901. — Dumont, die Verantwortlichkeit des Arztes bei der Aether- und Chloroformnarkose. Festschrift zu Ehren Prof. Kochers, Wiesbaden, 1891. — Dumont, Korrespondenzblatt f. Schweizer Aerzte. 1900. — Dumont, Fritz, Korresp.-Bl. f. Schweiz. Aerzte. Bd. XVIII, Nr. 23 — Dumont, Korrespondenzblatt f. Schweizer Aerzte. 1887.

Dunbar, Beitrag zur lokalen Anästhesie unter Anwendung des Para-Amidobenzoesäure-Esters. Deutsch. med. Woch. 1902, Nr. 20. — Dunbar, Deutsche med. W. 1902, Nr. 20 und 22. — Dunbar, Noch einiges über das salzsaure Anästhesin als örtl. Betäubungsmittel. Zentralbl. f. Chirurg. 1903, Nr. 43. — Dunbar, Excerpta medica. Jahrg. XL. — Dunbar, Zentralbl. f. Chir. 1903, Nr. 43.

Duncanson, The therapeutic value of suprarenal gland products. The Lancet. 1904, Okt. 1 st. S. 965.

Duncan, New-York med. Journ. 1889.

Dunzelt, Vergleichende Experimentaluntersuchungen über die Stärke der Wirkung einiger Narkotika. Ing.-Diss. Marburg, 1896.

Duplan, Contribution a l'étude de l'Anaesthésine. Dissertation. Paris, 25. März, 1903.

Duplay, De la folie postopératoire. La Presse médicale. 1899, No. 51. — Duplay et Hallion, Recherches sur la pression artérielle dans l'anesthésie par le chloroforme et par l'éther. Archives générales de médecine. 1900, Août.

Duplessy, Arch. de méd. nav. 1889.

Duret, Indications et contreindications de l'anesthésie. Paris, 1880.

Dzierzawsky, Fortschritte der Chirurgie 1897. Ref. — Dzierzawsky, Kann die ins Zahn-

fleisch injizierte Flüssigkeit bis in den Knochen dringen? Noving lekarskie, 1897, No. 1. — v. Dzierzawski, B., Ueber Anästhesie bei Zahnextraktionen etc. Przeglad denty styczny. 1 u. 2. — v. Dzierzawski, Lektor an der zahnärztl. Schule zu Warschau. Meine Erfahrungen mit Eukain. Zahnärztl. Rundschau. 1896.

E.

Earp, Mercks Archive. 1903, No. L. — Earp, A report of cases in which good results were partly or wholly due to Anaesthesin. Cincinati Lancet-Clinic. 13. Dez., 1902.

Eastham, Narkotile, bichloride of methyl ethylene a new anaesthetic. The Lancet. 1905, April 18th.

Eastes, George, Remarks on the conclusions of the report of the anaesthetics committee of british med. association. British med. journ. 1901, Febr. 23 d. — Eastes, Brit. med. Journal. 1873, März 22 d. — George Eastes, Münchner medizin. W. 1901, Nr. 15, S. 606.

Eberhard, Zentralbl. f. Gynäkol. 1891.

Ebermann, A. u. Dr. Trojanow, Erfahr. mit d. Bromäthylnark. Aus d. russisch. chir. Pirogoffschen Gesellsch. Wratsch. 1891, Nr. 41. — A. Ebermann u. Dr. Trojanow, Therapeut. Monatsh. 1892. — Ebermann, Therapeut. Monatshefte. 1893.

Eden, Tierversuche über Rückenmarkanästhesie. Deutsche Zeitschr. f. Chir. 1902, Bd. 67.

Edinburgh, med. Journal. 1849, Oktober, S. 343.

Edinger, D. med. W. 1905, Nr. 4.

Edlefsen u. Illing, Zentralbl. f. d. med. Wissenschaften. 1881.

Edmunds, The determination of chloroform. A method of determinating with precision minute quantities of chloroform in the blood secretions of organs of animals variously anaesthetised with chloroform. The Lancet. 1900, Sept. 29 th. — Edmunds, Déaths under chloroform. The Lancet. 1900, Jan. 27th.

Edwards-Louisville, Eukaine in dentistry. Liana of Interest. 1897, Aug.

Efferiz, Langsamstes Narkotisieren. Wiener klin. Wochenschrift. 1904, Nr. 51.

Egger u. Petry, Wien. Wochenschr. Nr. 28, 1857.

Ehrenfest, H., A few remarks on the use of medull. narc. in obstet. cases. New-York medic. Record. 1900, Dez. 22 d. — Ehrenfest, Zentralblatt f. Chirurgie. 1901, Nr. 22.

Ehrich, Münch. med. W. 1902, Nr. 34

Ehrlich, Das Operieren im ersten Aetherrausche. Rostocker Aerztever. Münchn. med. Woch. 1902, Nr. 34.

Ehrmann, S., Die Anwendung des Chloräthyls als Lokalanästhetikum in der Dermatotherapie. Wiener mediz. Woch. 1892, Nr. 26. — Ehrmann, S., Therapeut. Monatsh. 1892.

Einhorn, Münchner med. Woch. 1899. — Einhorn, Diskuss. im ärztl. Verein München 1899. — Einhorn, Münchn. medizin. Wochenschrift. Nr. 37, 1899. — Einhorn und Heinz, Orthoform. Ein Lokalanästhetikum für Wundschmerz, Brandwunden, Geschwüre etc. Münch. med. Wochenschrift. 1897, Nr. 34. — Einhorn, Ueber die Chemie der lokalen Anästhetika. Aerztl. Verein. Münch. med. Wochenschr. 1899, Nr. 38—39. — Einhorn, Fortsetzung der Orthoformarbeiten. Münchner med. W. 1898, Nr. 49. — Einhorn u. Heinz, Münch. med. W. 1897, Nr. 34. — Einhorn u. Heinz, Münchner med. W. 1898, Nr. 42. — A. Einhorn u. R. Heinz, Münchner med. W. 1898, Nr. 49.

v. Eiselsberg, Lumbalanästhesie. 77. Vers. d. Naturf. u. Aerzte. Meran 1905. Zentralbl. f. Chir. 1905, Nr. 49, S. 1339. — v. Eiselsberg, Münchner mediz. W. 1905, Nr. 41, S. 1996. — v. Eiselsberg, Versamml. deutscher Naturf.

u. Aerzte. Meran, 1905. Sitz. 26. Sept. Ueber Rückenmarksanästhesie. — v. Eiselsberg, k. k. Gesellsch. d. Aerzte in Wien. 1905.

Eisendrath, Difficulties and dangers of anaesthetics. The journ. of the Amer. Med. Assoc. 1901, May 18th.—Eisendraht, Deutsche Zeitschrift f. Chirurgie. XL. 1895.

Eisenlohr, Ludwig u. Claudio Fermi, Die Zersetzungsprodukte d. Chlorof. b. Chloroformier. in mit Flammen erleuchteten Räumen. Arch. f. Hygiene. Bd. XIII, Heft 2.

Ellis, Robert, Medical Times and Gazette 1870. — Ellis, On the safe abolition of pain by anaesthesia with mixed vapours. London, 1886. — Ellis, On the safe abolition of pain by anaesthesia with mixed vapours. London, 1866.

Embley, The causation of death during the administration of chloroform. British med. journal. 1902, April 5th, 12th, and 19th.

Emmert, Zentralbl. f. prakt. Augenheilk. 1882.

Engelhardt, Experimentelle Beiträge z. Aethernarkose. 75. Vers. d. Naturf. u. Aerzte. 20. bis 26. Septb. 1903. — Engelhardt, Zur Lehre d. postoperat. Seelenstörungen. Deutsche Zeitschrift f. Chirurg. 1900, Bd. 58, H. 1. — Engelhardt, Aerztl. Sachverständigen-Zeitung. 1904, Nr. 17. — Engelhardt, Neue Gesichtspunkte in der Beurteilung der Aethernarkose. Mitteilungen aus d. Grenzgebieten der Medizin und Chirurgie. 1904, Bd. XIII, Heft 4 u. 5. — Engelhard, Münchner medizin. Woch. 1903, Nr. 41, S. 1800.

Engelken, Ein Apparat zur Sicherung der Narkose beim Ueberdruckverfahren. Deutsche med. W. 1904, Nr. 51.

Engelmann, Zentralbl. f. Chirurgie. 1902. — Engelmann, Zentralbl. f. Chir. 1901, Nr. 3. — Engelmann, Ersatz des Kokains durch Eukain-β bei der Bierschen Kokainisierung des Rückenmarks. Münch. med. W. 1900, Nr. 44. — Engelmann, Ueber Erfahrungen mit dem Roth-DrägerschenSauerstoffnarkosenapparat. Zentralbl. f. Chir. 1902, Nr. 37.

Engl. Chloroform-Comité, Med. chir. Transact. XLVIII, 1864. — Engl. Chlorof.-Comité, Medico-chirurgical Transactions. London, 1864, Bd. 47.

Engzelius, Report of 53 cases of anesthesia by the Schleich method. New-York med. Record. Bd. LIII, H. 24. June, 1898.

Erb, Therap. Monatshefte. 1883.

Erdmann, A modified Allis inhaler. Presented bef. the semi-annual meeting of the Medical Society of the State of New-York, held in New-York. Okt. 1903. — Erdmann, Treatment of stranguladet hernia. The Journal of the American Medic Association. 1900, 10th. Feb. — Erdmann, A. F., The modified Allis inhaler. Presendet before the semi-an. meeting of the medic. society of the State of New-York. 1903, Okt. — Erdmann, A. F., Ethyl Chloride as a' general anesthetic. Read bef. the assoc. physicians of Long Island. Jan. 23d, 1904. The medical News. 1904, May 28th.

Erichsen bei Silk, The Lancet. 1897. — Erichsen, Brit. med. Journ. 1872, June 8th.

Erlenmeyer, Kokainsucht, Pharmac. Ztg. 1886.

Ernst, R., Zur Frage über d. Wirk. d. bromwasserstoffsauren Scopolamins. Inaug.-Diss. Dorpat, 1893. — Ernst, Archives internat. de Pharm. et de Thérap. Bd. XI.

Escat, Archives internation. de Laryngologie. 1902, No. 5.

Eschricht, Deutche med. Woch. 1889.

v. Esmarch, Kriegschirurg. Technik. — v. Esmarch, Operationslehre. 1885.

Espagne, Bullet. de Thér. August, 1857.

Essex, Wynter, The Lancet. 1901.

Etiévant, R., Acoin i. d. Augenheilk., La Province Médicale. 1900, Juli 14.

Ettinger, Some practical points on the administration of chloroform. New-York med. record. 1897, Oct. 16th.

Eukain-β, Therapeut. Monatshefte, 1897. S. 330. — Eukain, Sammelref. Sur la préparation, les propriétés et la constitution de l'eucaine, aussi que sur les réactions, qui permettent de la différencier de la cocaine. Nouveaux Remèdes. XII, 1896, No. 16, Aug. 24.

Eulenburg, Ueber Hedonal. Deutsche mediz. W. 1900, Nr. 23. — Eulenburg, Die Deutsche Klinik v. E. v. Leyden u. F. Klemperer 1902, Berlin. — Eulenburg, Zentralbl. der mediz. Wissensch. 1864. — Eulenburg, Deutsche med. W. 1902, Nr. 22.—Eulenburg, Die hypodermat. Injektion der Arzneimittel, Berlin. 1875. — Eulenburg, Neurolog. Zentralbl. 1882. — Eulenburg, Anwendung der Morphiuminjektion etc. Berlin. 1875.

Euler-Rolle, F., Medizin. Blätter. Wien. 1903, Nr. 5. — Euler, Ueber Novokain u. s. Anwend. i. d. Zahnheilk. Vortr. d. zahnärztl. Verein z. Heidelberg 9. April, 1906, Deutsche zahnärztl. Woch., XI. Jarg., Nr. 20.

Eurén, Einige Worte über die Aethernarkose nach der Tropfmethode mit gewöhnlicher offner (Chloroform-) Maske. Hygiea. 1904, Heft 9, S. 1018. — Eurén, Axel, Münchner med. W. 1905, Nr. 6. — Eurén, A., Ueber Aethernarkose etc. Hygiea. Jahrgang LXVI, Folge II. Jahrg. IV, S. 1018.

Evans-Dell Rapids, Brief über Eukain-α an Schering, Berlin. 1896, Sept. — Evans, A brief study of chloroform anaesthesia in relation to seasons and carbon dioxyde. New-York record. 1897, June 19th. — Evans, Brit. med. Journal, April 4th. 1868 u. Aug. 29th. 1868.

Evelt, 500 Chloroformnarkosen in der gynäkologischen Praxis. Münch. med. Woch. 1902, Nr. 48.

Eversbusch, Zentralbl. f. pr. Augenheilk. 1885.

Ewald, Archiv f. d. gesamte Physiologie. 1869, Bd. II. — Ewald, Arzneiverordnungslehre. Berlin. 1892.

Exner, Arch. f. experiment. Pathol u. Pharmakol. 1903, Heft 5.

F.

Faber, Hospitalstidende 1899. Nr. 13—16.

Faisans, Société médic. des hôpit. de Paris, séance. 2. u. 17. Mai, 1901. Bericht: Münchner mediz. Woch. 1901, Nr. 29.

Falck, E., Therapeut. Monatshefte. 1890.

Falk, Beiträge zur Chemie der Chloroform-Sauerstoffnarkose. Deutsch. med. Woch. 1902, Nr. 48.

Famulari, I prodotti di decomposizione del cloroformio alla fiamma del gas illuminante. Il Policlinio. 1898. Sez. chir. n. 6.

Faraday, Quarterly Journel of science. 1818.

Faure, Arch. génér. de méd. 1858, T. 12. — Faure, Arch. génér. 1857. — Faure, Arch. génér. de méd. 1860, T. 1.

Fanvel, gaz. des hôp. 1884.

Fawcitt, J. W., Chloretone gegen Seekrankheit. The Lancet. 1903, 7. u. 21. März. — Fawcitt, Münchner med. W. 1902, Nr. 22, S. 961. ref.

Faye, Norsk. Mag. XXI. 7. p. 86, 1867.

Feaux, Zentralbl. f. Gynäk. 1891.

Feibes, Ernst, Berl. klin. W. 1889.

Feilchenfeld, Zur Prophylaxe der Chloroformnarkose, Zentralbl. f. Chirurg. 1903, Nr. 7. — Feilchenfeld, Zur Prophilaxis bei der Chloroformnarkose, Zentralbl. f. d. ges. Med. 1900, Nr. 4.

Fein, Ueber die Anwendung des Eukain in der Laryngologie u. Rhinologie. Wiener klinische Wochenschrift. 1897, X. 22.

Feinberg, Weitere Mitteil. z. physiolog. Kokainwirk. Berl. klin. W. 1887. — Feinberg u. Blumenthal, Therap. Monatsh. 1887.

Fell, The value of forced artificial respiration (Fell method.) in saving human life in narcosis. The medical Times. 1896, June 27th, July 4th.

Fenney, S. M., Anaesthetic in heart disease. New-York. 1903.

Fenwick, British medic. Journal 1901. 30. XI.

Ferdinande, Clinical observations on tropacocaïne in ophthalm. pract. British medic. Journ. 24. Juni, 1895.

Ferdinands, Adrenalin in d. Augenheilk. British medic. Journ. 1902. March. 22d.

Ferguson, H. Rob., An Inhaler for Etherization etc. The Journ. of Amer. medic. Association. 1905, Dez. 30st.

Ferrand, Aide-memoire de pharmacie. — Ferrand, Sur un mémoire de M. le Dr. Pize concernant l'emploi local du gaïacol pour l'application des pointes de feu. Bull de l'académie de médecine. 1896, Nr. 8.

Ferrier, Albuminurie nach Chloroformnarkosen. Paris, 1884.

Fivarelli, E., Giornale della R. Società Veterinaria. 1904, No. 8.

Fielden, The personal element in the administration of anaesthetics. Med. Press. 1904, Dez. 21st. — Fielden, Anaesthesia during operation for two cases of acute intestinal obstruction. Med. Press. 1904, Jan. 27th. — Fielden, Nitrous oxide and oxygen as an anaesthetic in general surgery. The Dublin. journ. 1902, Sept. 1st.

Finder, Ueber Alypin in d. rhino.-laryngol. Praxis. Berl. klin. W. 1906, Nr. 5.

Fink, Fr., [Prager med. Woch. 1901, Nr. 21. — Fink, Ueber Kokainisierung des Rückenmarks. Prager med. W. 1901, Nr. 15. — Fink, Münchner med. W. 1901, Nr. 17, S. 685.

Finkelnburg, D. Archiv f. klin. Med. Bd. 76. — Finkelnburg, Neurolog. Beobacht. u. Untersuchungen b. d. Rückenmarksanästhesie mit Kokain und Stovain. Münchn. med. W. 1906, Nr. 9.

Fiosi, Gaz. Exped. e. Clin. 1903.

Fish, Importance of blood examinations in reference to general anaethetization and operative procedures. Annals of surgery. 1899, July.

Fischer u. Levy, Zwei Fälle von inkarzeriert. gangrän. Hernie mit kompl. Bronchopneumonie. Deutsche Zeitschrift f. Chirurgie. Bd. XXXII. — Fischer, Ueber den Shok, Volkmanns Smlg. klin. Vorträge. 1870. — Fischer, Plügers Arch. Bd. XXI. — Fischer, Die neuen Arzneimittel. Berlin 1893. — Fischer u. Thiem, Ueber tödliche Nachwirkung des Chloroforms. Deutsche Medizinalzeitung. 1889, Nr. 96. — Fischer, Berl. klin. Wochenschr. 1889. — Fischer, G., Deutsche Zeitsch. f. Chir. Bd. XV, 1881. — Fischer, Ueber eine neue Dispensationsform des Narkosechloroforms. Wien. med. Presse. 1899, Nr. 45. — Fischer, Guido, Beiträge z. lokal. Anästhesie. Deutsche Monatsschrift f. Zahnhellk. Jahrg. XXIV. 1906, Juni.

Fischl, Albert, Ueber lok. Anästh. mit Aethylchlorid. Wiener med. Blätter. 1895.

Flamand, C., La Pharmacie Française. 1901, Octobre.

Flatau, Blutlose Operat. Fränk. Ges. f. Geb. u. Gyn. 24. Okt. 1903. Zentralbl. f. Gynäk. 1904, Nr. 20. — Flatau, G., Narkosenlähm. Zentralbl. f. d. Grenzgeb. der Mediz. und Chirurg. 1901, Bd. IV, Nr. 10. — Flatau, Ueber die Anwendung d. Morph.-Scopol.-Nark. i. d. Gynäk. Münch. med. Woch. 1903, Nr. 28. — Flatau, Nürnberg, med. Ges. u. Poliklin. 5. März, 1903. — Flatau, Fränk. Ges. f. Geb. und Gyn. 1903, 24. Okt. Erlangen.

Fleischmann, Ueber Bau und Inhalt der Dentinkanälchen, Arch. f. mikrosk. Anatom. u. Entwickl. 1905, Bd. 66.

Flemming, Ethyl chloride; a few practical remarks, The Bristol medico-chirurgic. Journ. 1904, Sept.

Fletscher, Jugals, Journ. of americ. med. associat. Bd. XXXVI, No. 17, 1901.

Fliess, Nase u. weibl. Geschlechtsorgane. Leipzig und Wien. 1897. — Fliess, Dysmenorrhoe u. Wehenschmerz.

Plockemann, Die Grenze der Pupillenreaktion gegen Licht in der Chloroformnarkose. Zentralblatt f. Chir. 1901, Nr. 21.

Flourens, Comptes rendus de l'Acad. des Sciences t. XXXII. No. 2, 1851. — Flourens, Compt. rend. Sitzung vom 8. u. 22. Febr. u. 8. März, 1847. — Flourens, Compt. rend. de l'Académie des Sc. Vol. 1, 1847. — Flourens, Comptes rendus, 8. März, 1847. — Flourens, Compt. rend. de l'Académie des sc. 1847. t. XXIV. p. 342. Med. Tim. and Gaz., Jan. 17th.

Flückiger, Pharmazeutische Chemie. Berlin, Rudolf Gärtner, 1879.

Flux, The influence exerted by air upon the exhibition of anaethetics. The Lancet. 1901, April 6th. — Flux, A new chloroform inhaler. The Practitioner. 1899, Nov. Further remarks on the open method of administering nitrous oxide gas. The Lancet. 1890, Febr. 4th. — Flux, Protached anaesthesia following the administration of nitrous oxide Gas. Society of anaesthetists. The Lancet. 1898, Nr. 1, Jan. 1st.

Förster, Hedonal. Psychiat. Wochenschr. 1900, Nr. 23. — Förster, zwei Fälle von parenchymatöser Degeneration im Anschluß an Chloroformnarkose. Diss. Bonn. 1902. — Förster, Walter, Ueber Anästhol, ein neues Narkotikum. Zentralblatt für Gynäkologie. 1903, Nr. 24.

Foissac, Rapports et discussions de l'Académie royale de médecine sur le magnetisme animal. Paris. 1833.

Foisy, Semaine médicale. 1903, Février 23. — Foisy, Das Stovain, ein lokales Anästhetikum. La Tribune médicale. 1904, No. 10. — Foisy, Nouveau procédé d'anesthésie des tissus enflammés. La Presse médicale. 1903, Nr. 29. — Foisy, Trib. méd. 1904, Nr. 37. — Foisy, Lokal. Anästh. etc. Médecine moderne. 1903, No. 7. — Foisy, Zentralbl. f. Gynäkol. 1904, Nr. 20.

Follin, Arch. de médic. 1851, Nov.

Fontaine, J. A., L'Union. 1879.

Forget, L'union. Bd. 38, 1867.

Forné, Contribution à l'anesthésie chirurgic. Referat hievon im Brit. med. Journ. May 29th, 1875.

Forque-Reclus, Traité chir. 1892.

Forster, Anwend. d. Eucainum hydrochlor. bei Nasen- und Halsleiden. Langsdalés Lancet. 1896, Aug.

Fort, gaz. des hôp. 1883.

Foulis, Mechanical impediment to respiration during anaesthesia. British med. Journal. 1898, April 23d.

Fourneau, Anesthésiques locaux. Révue générale des Sciences pures et appliqués 1904, 30. IX. — Fourneau, La Stovaine, anesthésique locale. Bull. des Sciences pharmacologiques. 1904, Bd. IX, Nr. 9. — Forneau, E, Sur les amino-alcools tertiaires. Académie des Sciences, Paris. Février 1904.

Fowler, Cocain analgesia etc. Philadelphia medic. Journal. 1900. — Fowler, A study of eighty-one cases operated under analgesia obtained by intarachnoid spinal cocainization. Medical News. 1901, Jan. 5th. — Fowler, Michel-Nagels Jahresber. 1897. — Fowler, Chirurg. Analgesie durch Kokainis. des Rücken

markes. Annals of Surgery 1900 Dez. —
Fowler, Münch. med. W. 1901 Nr. 15, S.
604. Bericht aus Annals of. Surgery.
Foxt, Gaz. des hôpit. 1883.
Foy, The discovery of modern anaesthetics.
The Dublin journal. 1896, Dez. — Foy, The
discovery of anaesthetics. Medical Press. 1896,
Nov. 11th.
Foysie, E., Das Stovain als lokales Anästhe-
tikum etc. Trib. méd. 1904, Nr. 37.
Fränkel, Virchows Arch. CXXIX 1891. —
E. Fränkel, Ueber Chlorof. Nachwirkungen b.
Menschen. Virchows Archiv Bd. CXXIX 1892.
S. 254. — E. Fränkel, Virchows Archiv
Bd. 127. S. 381. 1892. — Fränkel, Corresp.-
Bl. des Vereins der Aerzte in Reichenberg
1897. — Fraenkel, k. k. Gesellsch. d.
Aerzte in Wien 1905. — Fraenkel, E., Ueber
Chloroformnachwirkungen beim Menschen.
Arch. f. Pathol. Anatomie und Physiol. Bd.
127 u. 129. — Fraenkel, A., Neurolog.
Zentralbl. 1898. — Fraenkel. Ueber kom-
binierte Morphium - Atropin - Chloral - Chloro-
formnarkose. Zeitschr. f. prakt. Aerzte 1896
Nr. 6. — Alex. Fränkel, Kokainanästhesie
bei chirurg. Eingriffen. Wiener med. W. 1887.
— Fränkel, Münch. med. W. 1899. Nr. 46.
— Fränkel, Arzneimittelsynthese Berlin 1901.
Fraetzel, Charité Annalen. 1883.
France. La — méd. 1885.
Franceschi, De. Versamml. d. Deutsch. Natur-
forscher u. Aerzte, Meran 1905. — De Fran-
ceschi, Ueber Rückenmarksanästhes. Münchn.
med. W. 1905, Nr. 41, S. 1996. — De Fran-
ceschi, Rückenmarksanästhesie. Münchn.
med. W. 1905 Nr. 36.
Franck, Deutsche med. W. 1891. — Franck,
Arch. gén. de médec. 1890.
Frank, Zeitschr. f. Biol. N. F. 1895 Bd. 14. —
— Frank, O. Jodd. Adrenalin etc. St. Paul
Medic. Journal 1901.
Franke, Postop. Pneumon. Verh. d. d. Ges. f.
Chir. XXXIV. Kongr. 26. bis 29. April 1905.
— Franke, Zentralbl. f. Chir. 1905, Nr. 80,
S. 47.
Frankenburger, Bemerkungen zur Chloroform-
narkose. Nürnbergs med. Gesellsch. Münch.
med. W. 1900. Nr. 22.
Franz, Nachteile der Beckenhochlagerung.
Zentralbl. f. Gynäkol. 1903, Nr. 32.
Frantz. Experimentelle Untersuchungen über
Aetherwirkung. Ing.-Diss. Würzburg 1895.
Fraser, A case of cocaine poisoning. The Lancet,
1901, July 20th.
Fretti, G., Sul valore del segno della nuca
nolle cloronarkosi. Gazette degli ospedali.
1903, No. 131.
Freeman, Chlorof. od. Aether? The Bristol-
medico-chirurgical journal. 1896, Vol. XIV.
No. 52. — Freeman, The quiet production
of anaesthesia. Bristol med.-chir. journal.
1901, Dezemb.
Frenkel, Klin. Untersuch. über d. Wirk. d.
Koffein, Morph. etc. auf d. arteriell. Blutdruck.
Archiv f. klin. Medizin, Bd. XXXXIV.
Freud, S., Ueber Coca. Heitlers Zentralbl. f.
Therapie. 1884, II.
Freudenthal, Eine Modifikation des Verfahrens
von Laborde zur Wiederbelebung etc. Deutsch.
Zeitschr. f. Chirurgie. 1898, Bd. 49, Heft 6.
Freund, Zentralbl. f. Gynäk. 1905 Nr. 39. —
Freund, Lokalanästhesie mittels Eukain-
Adrenalin. Zentralbl. f. Gynäkol. 1904, Nr. 48.
Frey, Wiener med. W. 1887. — Frey, Wiener
klin. Wochenschr. 1894, Nr. 23—24.
Fricke, Korrespondenzbl. f. Zahnärzte. 1899,
H. 3, Diskussion. — Fricke, Kiel, Bericht
über Eukain-α an Schering, Berlin. 1897.
v. Friedländer, Erfahrungen über die Lokal-
anästhesie nach Schleich. Wiener klin. W.

1900, Nr. 50. — Friedländer, Friedr. v.
Vjhrschr. f. ger. Med. Suppl. 1894. — C. Fried-
länder u. Herter, Zeitschr. f. phys. Chir.
II. 1899. — Friedländer, Ing.-Dissert.
Breslau. 1893. — Friedländer u. Herter,
Ueber die Wirksamkeit d. Kohlensäure auf d.
tierischen Organism. Zeitsch. f. physiolog.
Chemie. 1878, Bd. II.
Friedmann, Adrenalin. Hofmeisters Beitr. Bd. 6.
Friedrich, Postoperat. Pneumonie. Verhandl. d.
d. Ges. f. Chir. XXXIV. Kongr. 26.—29. April
1905, Berlin. — Friedrich. Zentralbl. f.
Chir. 1905, Nr. 30, S. 49.
v. Frisch, Adrenalin i. d. urolog. Praxis. Wiener
klin. Woch. 1902, Nr. 31.
Frohmann, Ueber Schleichsche Anästhesie bei
Zahnextraktionen. Therapeut. Monatshefte
1896, Nr. 5.
Fromaget, Wirk. d. Nebennierenextr. auf die
Konjunktiva. Annales de la Policlin. de Bor-
deaux. 1898. — Fromaget, Presse médicale.
1901. 29. juin. — Fromaget, Journal de
l'anesthésie. 1901.
Fromann, Bericht über Eukain-α an Sche-
ring. 1897.
Frommer, Zentralbl. f. Gyn. 1903, Nr. 45.
Fronmüller, Prager Vierteljahrsschrift. 1863,
Bd. LXXIV.
Fuchs, Zur Narkose in d. Gynäkol. mit bes.
Berücks. der Witzelschen Aethertropfnarkose.
Münch. med. W. 1905, Nr. 46. — Fuchs,
Ueber Kokain. Wien. kl. Wochenschr. 1902
Nr. 38. — J. Fuchs, Zahnärztl. Rundschau,
XI. Jahrg. Nr. 499.
Fuerth, Mahnung zur Vorsicht beim Gebr. d.
Nebennierenpräp. Deutsche med. W. 1902,
Nr. 43.
Fueter, Klin. und experiment. Beobacht. über
die Aethernarkose. Ing.-Dissert. Bern 1888.
— Fueter, Fritz, Deutsche Zeitschr. f. Chir.
XXIX. 1888. — Feuter, Zeitschr. f. Chir. 1889.
Fürbringer, P. W., Die Störungen der Ge-
schlechtsfunktion des Mannes. Wien 1901.
Fürth, v. Otto, Zur Kenntnis der brenzkatechin-
ähnl. Substanz d. Nebenniere. Zeits. f. physio-
logische Chemie. Bd. XXIX, 1900. — v. Fürth,
Zeitschr. f. physiolog. Chemie. 1897, Bd. 24.
— v. Fürth, Zeitschr f. physiolog. Chemie.
1898, Bd. 26.
Füster, O., Erf. über Spinalanalgesie. Beitr. z.
klin. Chirurg. Bd. XLVI, Heft 1. — O. Füster,
Zentralbl. f. Chir. 1905. Nr. 36.
Fuller - Houston (Texas), Eukain in minor
surgery, report of a case. The international
Journal of Surgery. 1896, Nr. 9.
Funke u. Deahna. Archiv f. Physiologie. Bd. IX.
Furnell, Lancet, March 26th, 1891.

G.

Gad, Verh. d. physiolog. Ges. z. Berl. Archiv f.
Physiolog. 1876.
Gading, Ing.-Diss. Berlin, 1878.
Gärtner, Ueber einen neuen Blutdruckmesser.
Wien. mediz. Wochenschrift. 1899, Nr. 30. —
Gärtner, Ueber das Tonometer. Münch. med.
W. 1900, Nr. 35. — Gärtner, Wiener klin.
W. 1902, Nr. 28.
Gärtner, Ueber einen Apparat zur Kontrolle des
Pulses in der Narkose. Münch. med. Woch.
1903 Nr. 24. — Gärtner, Ein neuer Apparat
zur Pulskontr. i. d. Nark. Wiener med. Presse.
1903, Nr. 27. — Gärtner, Ueber einen Appar.
zur optisch. Kontr. d. Puls. währ. der Nark.
Zentralbl. f. Chirurg. 1903, Nr. 9. — Gaertner,
Optisch. Pulskontrolle. 32. Chirur. Kongr.,
Berlin, 1903.
Gaetano Vinci, Ueber Eukain-β. Virchow's Arch.
f. pathol. Anat. 1897 Bd. 149. — Gaetano
Vinci, Ueber ein neues lokal. Anästhet.,
das Eukain. Virchow's Arch. f. pathol. Anat.
u. allg. Pathol. Bd. CXLV. S. 1.

Gagnol, Ueber den therap. Wert der subarachn. Inj. v. Kokain und Chinin. Thèse de Lyon, 1902.

Gaine, Med. Times und Gaz. 1871. Febr. 25 th.

Galezowski. De la valeur du nystagm dans l'intoxic. chloroform. et cocain. Rec. d'ophth. 1896 p. 659. — Galezowski, Rec. d'ophth. ref. Zentralbl. f. pr. Augenheilk. 1886. — Galezowski u. Petit, Progrès méd. 1889.

Galiguani's Messenger 18. Febr. 1847.

Gall, Inauguraldissertation. Tübingen 1856.

Gallant, Etherization etc. New-York medic. journ. 1899 Dez. 30 st.

Galloway, D. H.. Respiratory paralysis (chloroform). The journal of the american med. ass. 1899 Febr. 4 th. — Galloway, Anesthesia. The journal of the Amer. med. assoc. 1900 Aug. 25 th.

Gamgee, Lancet. 1867 II.

Gaudiani, V., L'anestesia generale col cloruro d'etile. Il. Policlinico. Sez. practica 1903. Fasc 13.

Gangitano, F., Analgesia cocaina-adrenalinica in chirurgia generale. Riforma medica 1903 Nr. 36.

Gans, Edgar, Ueber Aethylchlorid, Ther. Monatsh. 1893.

Gant, Ulcerations of the Rectum. Medical Times 1901. June. — S. G. Gant. Sterile water anaesthesia etc. New-York medic. Record 1904, Okt. 29 th. — S. G. Gant, Zentralbl. f. Chir. 1905 Nr. 11.

Gantkowski, Ueber Schleichsche Lokalanästhesie. Nowing lekarskie Nr. 5, 1898.

Garcia, Madrid, Eukain-a in Urethra u. Blase. Revista mensual de Medecine, Chirurgie, Farmacie et Veterina. 1897, Nr. 1.

Gardner, The history of surgical anaesthesia. Baillière, Tindall et Comp. 1896. — H. Bellamy Gardner, Anaesthesia in cases with obstructed air passages. Society of anaesthetistst. The Lancet 1896, 5 th of December. — Gardner, On some practical points in conducting the administration of anaesthetics. British med. Journ. 1900 April 28th. — Gardner, A regulating inhaler for gas and ether. The Lancet 1903 July 18 th. — Gardner, Nitrous oxide gas and oxygen as an anaesthetic in surg. and dent. operations. The Lancet 1899 April 22 d. — Gardner, The corneal reflex. the most reliable guide in anaesthesia. British. med. Journ. 1905 February 4 th.— Gardner, Zentralbl. f. Chir. 1905 Nr. 25.

Gargam, Louis le, Aethylchlorid als allg. Betäubungsmittel, Thèse de Paris 1902.

Garré, Die chirurg. Behandl. der Lungenkrankheiten. Mitteil. a. d. Grenzgeb. d. Mediz. u. Chirurg. 1902 Bd. IX. — Garré, Beiträge z. klin. Chir. XL. I. 1894. — Garré, Münch. med. Woch. 1891. 7. — Garré, Zur Aethernarkose, Deutsche med. W. 1893 Nr. 40. — Garré, Die Aethernarkose. Tübingen 1893. — Garré in Berend's Chloroformkasuistik, Hannover 1850. — Garré, Beitr. z. klin. Chirurg. Bd. XI.

Garrigues, J. Henry, Anaesthesia paralisis. The American journal of the Med. sciences. Jan. 1897.

Gaskel u. Shore, A report on the phys. action of chloroform with a criticism of the sec. Hyderabad Commission. British. medic. Associat. 1893.

Gaubet, De l'anesthésie chirurgic. et obstétricale-Paris.

Gauchet, L'Union méd. 1857. No. 19.

Gaudini, Il Policlinico. 1902/03, IX.

Gaullier, L'Hardy, Ueber die Furcht als Ursache des Todes in der Chloroformnarkose. Wien. med. Blätter. 1904, Nr. 34.

Gauman, Stoppage of respiration during chloroform administration treated by tracheotomy. British medic. journal, 1896, Dez. 5th.

Gaupp, Zentralbl. f. Chir. Bd. XXI.

Gauss, Monatsschr. f. Geb. u. Gyn. Bd. 22 H. 4. — Gauss, Scopolamin-Morphininjekt. bei Gebärenden. Versamml. d. Naturf. u. Aerzte, Meran, 1905, Sitz. 26. Sept. — Gauss, Zentralbl. f. Gynäkologie. 1905 Nr. 42.

Gauthier, Rev. gén. de chir. et de thérap. 1893 p. 597.

Gavazzani, Azione della cocaina sulla retina e sul nenor ottico. Boll. d'ocul. XIV. 23.

Gay von Chauliac, Chirurgia, Tr. I. doctr. 1 c. 8.

Gazeau, Nouvelles recherches expérim. sur. pharmacol., la physiolog. et la thérap. de la Coca, Paris 1870.

Gazette des hôpitaux 1885. — Gazette des hôpitaux 1893.

Gebb, Alypin, Ein neues Anästhetikum. Ing.-Diss. Gießen 1905. — Gebb, Ueber Novocain u. seine anästhet. Wirkung a. Auge. Arch. f. Augenheilk. 1906, Bd. LV. Heft 1/2.

Gebhardt, Chloroform oder Aether? Ing.-Diss. Leipzig 1901 Oktober.

Geigel. R., Sitz.-Ber. d. physikal.-med. Gesellsch. zu Würzburg 1893.

Geissler, A., Schmidt's Jahrb. 1885 Bd. CCV.

Gelati, F. e L. Vaccari, Sulle alterazioni del ricambio materiale in seguito alla narcosi choroformica. Bolletino della Società medicochirurgica di Modena, 1902—03.

Gelbke, Ausscheidung von Chloroform durch den Brechakt. Korrespondenzblatt f. Schweizer Aerzte, 1904, Nr. 13.

Geppert, Ueber die Regulation der Atmung. Pflügers Archiv, Bd. 42. — Geppert, Eine neue Narkosenmeth. Deutsche med. Wochenschrift 1899, Nr. 27—29 und Vereinsbeilage der Deutsch. med. Wochenschr. C. 111.

Gerhardt, Ueber die Wirkung d. blutdrucksteigernd. Substanz der Nebennieren. Arch. f. experim. Pathologie u. Pharmakol. 1900 Bd. 44. — Gerhardt, Handb. d. Kinderkrankheiten.

Gerhardi, Zur Infiltratione-Anästhesie nach Schleich. Münch. med. Wochenschr. 1897 Nr. 6. — Gerhardi, Zur regionären Anästhesie nach Oberst. Münchner med. W. 1898 Nr. 39.

Germuseus, A., Stovain, ein neues Lokalanästhetik. Ing-Diss. Bern 1905. — Germuseus, A., Stovain. Zentralbl. f. Chir. 1905, Nr. 38.

Gerster, New-York med. Record 1887.

Gerster, Árpad G., Anaesthesia after cocainisation of nares. Annals of surgery. 1896, January.

Gersuny, Wiener klin. Woch. 1906. — Gersuny, Wiener klin. Wochenschr. 1889.

Gerulanos, M.. Lungenkomplikationen nach operat. Eingriffen. Deutsche Zeitschr. f. Chirurg. Bd. LVII, Heft IV, 1900. — Gerulanos, Zentralbl. f. Chir. 1901, Nr. 3.

Gessner, Virchow-Hirsch. 1896, II.

Geyer, Praktische Erfahrungen über Kokainolpräparate. Reichs-Medizinal-Anzeiger Nr. 23. November, 1903.

Géza Diéballa, Ueber d. quantit. Wirks. versch. Stoffe der Alkoh.- u. Chlorof.-Gruppe etc. Arch. f. experimentelle Patholog. Bd. XXXIV.

Giacomini. Traité philosophique et expérimental de Matière médicale et de Thérapeutique.

Gibb, S.. Philadelphia. Eukain in Nase und Hals. American. Therapist. 1897, Nr. 8. — Gibb, S.. Carcinoma of the Larynx. Laryngeotomy. The Laryngoskope. 1900, Okt. — Gibbs u. Reichert, Archiv f. Anatom. u. Physiol. 1892. Suppl.-Bd. — W. Gibb. Dun. Case of chloroform poisoning etc. Glasgow med. journal. 1898, May.

Gibbon, Local anaesthesia. Philadelphia medic. journal I. 3. Januar 1898.

Gibert, Sur l'anesthésie par l'éther. Thèse de Paris 1897.

Giesel. Pharmazeut. Zeitung 1891.

Gilg u. Schumann, Notizbl. d. Kgl. Botan. Gartens u. Museums. 1901, S. 92.

Gille, Berl. klin. Woch. 1892, Nr. 8—9.

Gilmour, W. H., Somnoform. Dental Record. 1903. Nov.

Ginestous. Sem. medic. 1898, Nr. 20.

Giraldès, Anesthésie chirurgicale in Nouveau diction. de méd. et chir. Paris. 1865, Bd. II. — Giraldès, Gaz. hebd. IV. 11, 1857.

Girard, Zentrbl. f. Chir. 1874. — Girard, Zentrbl. f. Chirurg. 1903 Nr. 11. — Girard, Le chlorure d'éthyle en anesthésie générale. Revue de Chir. 1902 Nr. 10—12. — Girard, Sur un travail intitulé: Recherches sur l'anesthésie générale en chlorure d'éthyle. Bull et mém. de la soc. de Chir. 1902 Nr. 20. — Girard (aus der Lueckeschen Klinik in Straßburg). Deutsche Zeitschrift f. Chirurgie. III. Bd., 5. u. 6. Heft. — Girard, Revue de Chirurgie. Paris, 1902. Okt.-Dez.

Gires, Un nouvel anesthésique local, la Stovaine. Rev. de Stomatolog. 1904. Mai. — Gires, La Revue de Stomatologie 1899. Paris. Discuss. — Gires, Anesthésie générale par le chlor. d'éthyle pur en inhalation. Revue de Stomatologie. 1900, Januar.

Girhardi, Münch. med. W. 1898, Nr. 39.

Giroux-North, Uxbridge, Bericht über Eukain-α an Schering. 1897.

Gisevius. Berlin. klin. W. 1892 Nr. 26.

Githgens, The Therap. Gazette. 1887.

Givel, A., De l'emploi du bromure d'éthyle dans les accouchements naturels. Ing.-Diss. Bern 1883.

Glandot, Contribution à l'étude etc. Gand. 1901.

Glas, Die Anästhesinbehandlung bei Nebenhöhlen. Vortrag in der Sitzung der Wiener laryngologischen Gesellschaft, 3. Dezember 1902. (Ref. Wiener klinische Wochenschrift Nr. 1, Januar 1903.)

Glatz, Otto, Ein Beitrag zur Frage der Aetherpneumonie. Ing.-Diss. München 1896.

Gleich, Wiener Zeitsch. f. Ther. 1892. I. — Gleich, Wien. klin. W. 1891.

Gleisb, Berl. klin. W. 1894, Nr. 20. Disc.

Glitsch, Zur Pathogenese der Narkosenlähmung. Münchner med. W. 1904 Nr. 42. — Glitsch, Narkosenlähmung. Württembergsche geburtshilfl. Gesellsch., Stuttgart, 16. Juli 1904. Zentralbl. f. Gynäkol. 1904 Nr. 39, S. 1166.

Glover, Edinburg, med. and surg. journ. 1842.

Godon, Société d'odontologie de Paris 1899. Discuss.

Görl, Ueber Eukain in d. urolog.-dermatolog. Praxis 1896. — Görl, Nürnberg, Eukain in d. Dermatologie. Therapeut. Monatshefte 1896, Nr. 7.

Göschel, Festschrift z. Feier des 50jähr. Bestehens d. ärztl. Vereins. Nürnberg 1902.

Goebel, Rückenmarksanästhesie, Verh. d. d. Gesellschaft f. Chirurg. XXXIV, Kongreß, 26.—29. April 1905, Berlin. — Goebel, Zentralbl. f. Chir. 1905 Nr. 30, S. 12.

Goffe, Cocain anesthesia etc. New-York medic. News. 1900, Nov. 23d. — Goffe, Cocaine anesthesia by lumbar puncture, two cases of hysterectomy. Medical News, 1900 Okt. 13th.

Goilow, Bull. et. memoires de la Soc. de chir. de Paris. 1901.

Goldan, Some observations an anaesthesia by intraspinal injections of cocaine. Medical News, 1900 Nov. 10th.

Golden, Intraspinal cocainisation etc. Philadelphia medic. Journal. 1900.

Goldmann, Ueber Heroin, Allgem. Medizin.

Zentralzeitung. 1899, Nr. 33. — Goldmann, Ueber Hedonal usw. Bericht d. deutsch pharmazeut. Gesellsch. 1900, Heft 4.

Goldschmidt u. Dittersdorf, Ueber Hedonal. Deutsche Medizinalzeit. 1900, Nr. 21. — Goldschmidt, Bruno, Erfahrungen über Rhenoform usw. Therapie der Gegenwart. 1903, Heft 7. — Goldschmidt, Bruno, Ueber einige neue Anwendungsformen des Nebennierenextraktes, Die ärztl. Praxis. 1904, Nr. 18. — Goldschmidt, Monatsschrift für Ohrenheilk. 1902.

Goldstein, Arch. d. ges. Phys. 1878, Bd. 17.

Goltstein u. Zuntz, Pflügers Archiv Bd. 17, 1. u. 2. Heft, 1878.

Goltz, v. d., New-York med. Press. 1888.

Gonka, Ueber Anästhesierung der Haut durch elektrische Ströme. Przeglad lekarski. 1899, Nr. 40—42.

Gorbunnow, Journal de l'anesthésie. Paris 1900.

Gordon, Death und chloreform. Brit. med. Journal. 1897, Dez. 24th. — Gordon King, L'Adrénaline etc. Annales des malad. de l'oreille. 1902, Juillet.

Gorré, Observation sur un cas de mort causée par l'inhalation du chloroforme. 1849.

Gosse, Monographie de l'Erythroxylon Coca. Mém. couronnés etc. publié par l'académie royale etc. Bruxelles. 1861.

Gosselin, Arch. générales de méd. 1848 Dez.

Gotard, Die Bedeutung des Chloroforms bei plötzlichen Todesfällen während der Operation. Gazeta lekarska. 1902, Nr. 40.

Gottlieb und Magnus, Ueber d. Einfl. d. Digitaliskörp. auf d. Hirnzirkulat. Arch. f. exp. Pathol. u. Pharmak. Bd. XLVIII. — Gottlieb, Ueber d. Wirk. d. Nebennierenextr. auf Herz u. Gefäße. Arch. f. experim. Pathol. u. Pharmakol. Bd. XLIII, 1900. — Gottlieb, M., Die allg. gebräuchl. Method. d. allg. u. lok. Anästhesierung. Chirurgia 1898, Juli. — M. Gottlieb, Lokale Anästhesie nach Schleich. Chirurgia. Bd. XI. — Gottlieb, Arch. f. klin. Chir. Bd. 43. — Gottlieb u. Magnus, Arch. f. klin. Chir. Bd. 48.

Gottstein, Die Verwend. d. Schleichschen Infiltrationsanästhesie. Berl. klin. Wochenschr. 1896 Nr. 41. — Gottstein, Arch. f. klin. Chir. Bd. 57, Heft 2, 1898. — Gottstein, Arch. f. d. ges. Physiol. 1878, XVII. — Gottstein, Erfahrungen über Lokalanästhesie an der Breslauer chirurg. Klinik. Verh. d. 27. Chirurg. Kongresses 1898. Bericht.

Gouillioud, Lyon méd. 1903. Juin 28 e.

Goure, La Revue de Stomatologie. Paris 1899. Discuss.

Grabower, Berl. Klin. W. 1894, Nr. 1.

Grad, Journal d'accouchement. 1903, Nr. 45.

Gradenwitz, Ueber die spezifische lokal anästhesierende Kraft einiger Substanzen. Berlin. klin. Wochenschr. 1899 Nr. 4. — Gradenwitz, Ueber die spez. Wirk. einiger Substanz. etc. Inaug.-Dissert. Breslau, 1898.

Gräfe, Ein Beitrag zur Erleichterung der Narkose, bes. i. d. Praxis. Chirurgische Beiträge, Festschrift für Benno Schmidt, Leipzig Ed. Besold. 1896.

Graeser, Münchn. med. W. 1903 Nr. 30.

Granjon, Emploi de l'adrénaline en chirurg. dentaire. Paris 1903, bei A. Michalon.

Gray, The international Journal of Surgery. 1896, Nr. 9. — Gray, A. A., Zentralbl. f. Chirurgie. 1901, Nr. 19. — Albert El. Gray, Münchner med. W. 1901 Nr. 20, S. 804 ref. — Gray, Albert El., A further note on the production of lokal anaesthesia in the ear, nose and throat. The Lancet. 1901, March 9th.

Green, Verw. d. Adrenal. i. d. Aug.-, Nas.-, Ohrpraxis. Brit. medic. Journ. 10. V. 1902.

Greenwood-New-York. Bericht über Eukain-? an Schering, 1901, Aug.

Greer, On surgical analgesia by spinal cocaïni-sation. The Bristol medico-chirurgical Journal. 1904 Sept.

Gregor, J., Zentralbl. f. Chirurg 1906, Nr. 45. — J. Gregor, Ueber Sauerstoff-Chlorof. Nark. Časopis lékařů českých. 1906.

Greiffenhagen, W., Ueber schwere Respirations-störungen infolge medullärer Stovainanästhe-sie. Zentralblatt f. Chirurg. 1906 Nr. 19.

Grekow, J. J., Zur Frage v. d. Psychosen nach Operationen. Annalen d. russisch. Chirurgie, 1901 Heft 1.

Greve, Deutsche zahnärztl. Wochenschr. IV. Jhrg. Nr. 15.

Grevsen, Nochmals die Morph.-Skopolamin-nark. Münch. med. W. 1903 Nr. 32.

Griffiths, Progrès dentaire. 1901, Août.

Grinewitsch, Beobacht. über d. Wirk. d. He-roins. Wratschebuaja Gaseta 1901 Nr. 5.

Grimaldi, Sull antagonismo fra la cocaina ed il cloralioidrato in rapporto alla cocainizza-zione del midolla spinale. Il Raccoglitore medico. 1901, Nr. 12.

Groenouw, Bericht über die XXV. Versamml. d. ophthalmol. Gesellsch. 1896, S. 198. Ueber d. Anw. d. Kok. hei glaukomatösen Zuständen.

Grosjean, bei Bernard, Leçons.

Gross, Société d'odontologie de Paris. 1899. Discuss.

Grossmann, Die Aethernarkose. Deutsche med. Wochenschr. 1894 Nr. III u. IV. — Groß-mann, Deutsche med. Woch. 1894. XX. — Großmann, Die Bronchitiden u. Pneu-mon. bei d. Aethernark. Deutsche med. W. 1895 Nr. 29. — Großmann, Eine neue Aethermaske. Deutsche mediz. Woche 1894 Nr. 21. — Großmann, The Lancet 1891.

Grube, Zur Lehre v. d. Chloroformnarkose. Arch. f. klin. Chirurg. 1898. Bd. 56, Heft I.

Grünbaum, Supraren. extr. as a haemostatic. British medic. Journal. 1900, 3. XI.

Grüneberg, Altonaer ärztl. Ver. Sitz. 30. III. 1804.

Grützner, Pflügers Archiv. Bd. 58.

Guarnieri et Zuoo, Recherch. exp. sur l'action tox. de l'extr. aqueux des caps. surrénals. Arch. ital. de la biologi. 1888 Bd. X.

Gubb, The induction of general anaesthesia by intraspinal injection of cocaine. The Bristol medico-chirurgical journal. 1904, Sept. — Guhb, Intraspinal cocainization. Brit. med. Journ. 1904, April 23th.

Guéniot, Lumbalinjektionen v. Kokain bei Enthindungen. Académie de médecine de Paris. Sitz 21. u. 29. Januar 1901. Ref. Münchner med. W. 1901 Nr. 8, S. 321. — Guéniot, Sur l'anesthés. médullaire appliquée aux accouchements. Bull. de l'acad. de mé-dicine. 1901. No. 3.

Guibert, Compt. rend. séance du 18e mars 1872. — Guibert, La Clinique ophthalmique. Paris 1899, No. 17.

Guillain u. Marie, Intralumbale Kokaininj. Société méd. des hôpit. de Paris. séance 29. III. bis 19. IV. 1901. — Guillain u. Marie, ref. Münchner med. W. 1901 Nr. 23.

Guillot. Manuel de matière médicale de M. Bouchardat. 2 édit., 1844.

Guinard, Soc. de Chir. de Paris. séance, 22. u. 29. May 1901. Ber. Münchner mediz. W. 1901. Nr. 27. — Guinard, Bull. et Mémoires de la Soc. de Chirurgie. 4e Février, 1902. — Guinard, Eine rationelle Technik d. Kokainisation des Rückenmarks. Bericht Münchner med. W 1901 Nr. 46, S. 1858. — Guinard, Seringue pour la rachicocaïni-sation. Bulletins et Mémoires de la Société de Chir. de Paris. 1902 No. 34. — Guinard, Société de Chirurg. de Paris. Sitzung am

25. II., 5. III., 12. III., 1902. — Guinard Technique rationelle de la rachicocaïnisation. Congrès français de chirurgie. 1901, S. 275. — Guinard, Technique nouvelle de la rachi-cocaïus. Gazette des hôpitaux. 1901, No. 79. Guinard, Lapins cocaïnisés. Discussion. Bullet. et mém. de la société de Chirurg. de Paris. 1901, Nr. 26. — Guinard, A propos de la rachicocaïnisation. La Presse médicale. 1901, Nr. 91.

Guisoni, Louis, Ueber Kokaininjektionen in den Arachnoidealraum in der Geburtshilfe. Ing.-Diss. Lyon 1902.

Gumpertz, Deutsche med. W. 1896.

Gumprecht, Klin. Blutdruckmessung mit d. Riva-Roccischen Sphygmomanometer. Bericht der 71. Versamml. deutscher Naturforscher u. Aerzte, München 1899.

Gunntow, A., Ueber d. Chloroformgehalt der Organe während der Narkose. Ing.-Diss. med. vet. Gießen 1904.

Gunn. Marcus, Ophthalm. Soc. 1890.

Gunning, Klin. Beitrag zur Kenntnis der Aether-narkose. v. Bruns, Beitr. f. klin. Chirur. 1900 Bd. 28, H. 1.

Gunter, Threatened death under chloroform. British medical journal 1899, June 10th S. 1396.

Gurlt, Verhandlungen der Deutschen Gesellsch. f. Chirurgie. 6. Bericht 1895—97. — Gurlt, Verhandl. der deutschen Gesellsch. f. Chirurg. 1892, Berlin. — Gurlt, Narkosenstatistik XXVI. Chirurgenkongreß. — Gurlt, 20—27. Chirurg. Kongreß 1891—97 — Gurlt, 22 Chirurgenkongr. — Gurlt, Zur Narkoti-sierungsstatistik v. Langenbecks Archiv 1897. Bd. 55. Heft 8. — Gurlt, Narkosenstatistik XXVI. Chirurgenkongr. Zentrbl. f. Chir. 1897. — Gurlt, Z. Chloroformstatistik XX. Ch-. rurgenkongreß 1891. — Gurlt, Therapeut Monatshefte. 1891. — Gurlt, Archiv f. klin. Chirurg. Bd. 42.

Gussenbauer, Verh. d. XXX. Kongr. d. deutsch. Ges. f. Chir. z. Berlin 10.—13. April 1901. — Gussenbauer, Münchner mediz. W. 1901 Nr. 18, S. 727. ref. — Gussenbauer bei Lesshaft, Virchows Archiv Bd. CXXVIII.

Guthrie, The Lancet. 1897, Jan. 24th. — Guthrie, The Lancet. 1903, July 4th. — Guthrie, The Lancet. 1906, Aug. 26th.

Gutmann, Ueber Holokain. ein neues Anästhe-tikum. Deutsche med. Wochenschrift. 1897 Nr. XI. — Gutmann, Therapeut. Monatsh. 1894.

Guy, William, British Dental Journal. April. — Guy, La Presse médic. 29. Juni.

Guyon, Anestésie générale, Annales des ma-ladies des organes génito-urinaires. 1896, No. 10.

Guyon, Technique de l'administration du chloro-forme pour opérer dans la vessie. Journal de médicine de Paris. 1897, No. 2.

Gwilym, Annals of surgery. 1901, Jan.

H.

Haab, Korrespbl. f. Schweizer Aerzte, 1891.

Haalbroek Curtis, Medical Record. 1900.

Haas, Allgem. med. Zentralzeitung. 1900, Nr. 48.

Haberer, Rückenmarksanästhes. 77. Vers. d. Naturf. u. Aerzte. Meran 1905, Zentrbl. f. Chir. 1905 Nr. 49 S. 1339.

Hackenbruch, Ber. üb. d. Verhandl. d. deutsch. Gesellsch. f. Chirurgie, Berlin 1898. — Hackenbruch, Oertliche Schmerzlosigkeit bei Operationen. Erfahrungen über Anwen-dungen der lokalen Analgesie bei über 260 Operationen. Wiesbaden 1897. Bechthold und Co. — Hackenbruch, Arch. f. klin. Chir. Bd. 57 Heft 2, 1898. — Hacken-bruch, Zentralbl. f. Chir. 1906 Nr. 13—14. — Hackenbruch, Ueber lokale Analgesie bei Operation. Verhandlungen des 27. Chirurgenkongresses 1898. — Hackenbruch, Zur Technik der Rückenmarksanalgesie, Zentralbl. f. Chir. 1906 Nr. 14. — Hackenbruch, Verh. d. XXX. d. Chirurgenkongreß. Berlin, 3.—7. April 1906. — Hackenbruch, Zentrbl. f. Chirurg. 1906 Nr. 28 S. 111.

Hacker, Ueber die neueren Fortschritte der allgem. u. lok. Anästhesie und ihre Bedeut. f. d. poliklin. Krankenbehandl. Internat. klin. Rundschau, Wien 1893, Bd. VII. — v. Hacker, Wiener klin. Woch. 1893 März. — Hacker, Gesellsch. d. Wiener Aerzte. 1891, Nr. 11 u. 12. — Hacker, Ilaku, Lennander, v. Bramann, Czerny. Chirurg. Kongresse 1889—94.

Hackley, Zeitschr. f. Ohrenh. 1882.

Hägler. Korrespondenzbl. f. Schweizer Aerzte. 1892, Nr. 6. .

Härdy. Schweizer Vierteljahrsschr. f. Zahnheilk. 1898.

Haffter, Korrespbl. f. Schweizer Aerzte 1890 Nr. 4 u. 5. — Haffter, Korrespondenzbl. f. Schweizer Aerzte. 1891, Juli.

Hagen, Münchn. med. W. 1906 Nr. 20.

Hager, Handb. der pharm. Praxis. Berlin, Springer, 1876. Hager, Handb. d. pharmazeut. Praxis 1900.

Hahn, Gerh., Ueber d. Wirk. d. Nebennierenpräp. usw. m. bes. Berücks. d. Oto-Rhino-Laryngol. Inaug.-Diss. Breslau 1903. — Hahn, Ueber das Wesen und d. Ursache der im Anschluß an die Narkose auftretenden Lungenentzündungen. Inaug.-Diss. Leipzig 1899. Hahn, Therapeut. Monatshefte. 1892. — Hahn, Ueber subarachnoideale Kokaininjekt. nach Bier, Zentrbl. f. d. Grenzgeb. der Mediz. u. Chir. 1901. — Hahn, Chirurgenkongreß. 1894. — Hahn, Om Ilt-Kloroformnarcose med Roth-Drägers Apparat. Nyeskrift for Leeger. 1903, S. 337 Copenhagen. — Hahn, Zentrbl. f. d. Grenzgeb. d. Med. u. Chir. Bd. 4. Nr. 1. — Hahn, F., Ueber subarachnoideale Kokaininjekt. nach Bier, Zentrbl. f. d. Grenzgeb. d. Mediz. u. Chirurg. 1901, Bd. IV Nr. 9.

Haike. Terapie der Gegenwart. 1903, Mai.

Halbeis, Joh.. Therapeut. Monatsh. 1889.

Hall, The dangers of cocaine, Brit. medic. Journal. 1896, Febr. 8th.

Hamburg. Zeitschrift f. physiol. Chemie, Bd. VI 1890.

Hamburger, Zentralbl. f. Physiologie, Bd. VII. — Hamburger, Archiv f. Anat. u. Physiol. Physiolog. Abt. 1886. — Hamburger, Archiv f. Anatom. u. Physiolog. 1887. Supplement-Band.

Hamecher, D. Monatsschr. f. Zahnh. 1891, 1889. Hamecher, Oester.-ung. Viertelj. f. Zahnheilk. 1892. — Hamecher, Deutsche Monatsschr. f. Zahnheilk. VII. 1. 1889. Hamecher, Verhandl. d. 62. Naturforschervers.

Hamer, Niederländische ophthalmolog. Gesell. 1894, 28. Dez.

Hamilton, Eucaine as a local anaesthetic. The Lancet. 1899, 26. Aug. — Hamilton Cartwright, Brit. med. Journal, July 25th, 1874.

Hamm, Suprarenin-Höchst, Deutsche med. W. 1904 Nr. 52.

Hammer, Eine neue Spritze zur Schleichschen Anästhesie, Münchner mediz. W. 1901 Nr. 26. — Hammer, Zentrbl. f. Gynäk. 1903 Nr. 38.

Hammes, Th., Leerboek der Narkose. 1906, Amsterdam. — Hammes, Narkose in d. Obstetrie. Niederl. gynäkol. Gesellsch. 10. Jan. 1904. — Hammes, Zentralbl. f. Gynäkolog. 1904 Nr. 10, S. 330. — Hammes, Nederl. Tijdschr. v. Geneesk, 1904 I, No. 26.

— Hammes, Over chloroformsyncope. Ned. Tijdschr. v. Geneesk. Dl. I. S. 1445. — — Hammes, Iets over lachgasnarcose. Ned. Tijdschr. v. Geneesk. II, S. 652. — Hammes, Aethylchloride als Anaestheticum inhalatorium. Ned. Tijdschr. v. Geneesk. II. S. 1439.

Hammet, Nederl. Tijdschrift v. Geneeskunde 1903 II, No. 26.

Hang, Archiv f. Ohrenheilk. 1903 Nr. 3.

Hanke, H., Zentralbl. f. d. mediz. Wissenschaften 1867.

Hankel, Handbuch der Inhalationsanästhetika Chloroform, Aether, Stickstoffoxydul, Aethylbromid, Pentol in Berücksichtigung der strafrechtl. Verantwortlichkeit bei Anwendung derselben. Leipzig 1897, A. Langkammer.

Hansen, Beh. d. Lupus vulg. d. Erfrier. mit Chloräthyl. Hospitalstidende. 1903, Nr. 33. — Hansen, Münchner med. W. 1903 Nr. 41.

Harcourt, E., A perfected method of chloroform administration. Medical. Press. 1903 March 18th. — Harcourt, E., New form of Chloroform regulator. Soc. of. anaesthetics. The Lancet. 1903 March 21th.

Hare, Improved methods of anaesthesia. College of physicians of Philadelphia. Annals of surgery. 1898 August. — Hare, H. A., A motified method of administering oxygen and ether. Medical times and hospital gazette, London, 1896 Oktob. 17th.

Harless u. Bibra, Aether. 1847, Erlangen.

Harley. British medic. Journal. 1868.

Harmer, Wiener klin. Wochenschr. 1901 Nr. 19. — Harmer, Münchner med. W. 1901 Nr. 21, S. 849 ref. — Harmer, Wiener klin. W. 1901 Nr. 19.

Harnack. Münchner mediz. W. 1899 Nr. 27.

Harold Barnard, Transactions of the Society of Anaesthetists. London, 1901.

Harras, Paul. Ueber d. narkot. u. krampferreg. Wirk. aliphat. u. aromat. Säuren u. ihrer Amide. Ing.-Diss. Jena. 1903.

Hart, Brief an Schering, 1897, Ueber Eukain-α.

Hartley, Anesthetics from the general practitioners point of view. The practitioner, 1896, Oktob.

Hartmann, Die Anwendung des Anästhesins in der chirurgischen Praxis. Therapie der Gegenwart, Oktober 1902. — Hartmann, Ueber die Wirkung des Chlorof. Gießen 1855. Hartmann, Therapeut. Monatshefte. 1893. Hartmann et Bourbon, Le bromure d'éthyle comme anesthésique général. Revue de Chirurgie. 1893. Septemb.

Hartog, Die Aethernarkose in Verb. m. Scopol.-Morph.-Injekt. Münch. med. W. 1903 Nr. 46.

Hartwig, Wiener zahnärzl. Monatsschr. Jahrg. V. Nr. 6. — Hartwig, Zentralblatt für Chirurgie, Nr. 32. 1877. — Hartwig, F., Ueber d. Kombinat. v. Adrenalin u. Kokain zu Zwecken der Lokalanästhesie in der Zahnheilk. Wiener zahnärztliche Wochenschrift. 1903. Juni.

Haslebacher, Adolf, Experiment. Beob. üb. d. Nachwirk. bei der Bromäthyl- u. Chloräthylnarkose. Ing.-Diss. Bern 1901.

Hattyasi, L., Versuche mit Aethylchlorür. Petersburger medic.-chirurg. Presse, 1892 Nr. 22. — Hattyasi, L., Oesterr.-ungar. Vierteljhrschr. f. Zahnheilkunde 1896.

Hauenstein, John, First uses of chloroform and ether in Buffalo. The Buffalo medical journal. 1896 April.

Haug, Das Anästhesin i. d. Therap. d. Gehörgangsentz. u. zur lokal. Anästhesie bei Trommelfellparazentese. München 1902.

Haward, Deutsche Chir. 1880. — Haward, Brit. med. Journ. 1878 May 25th.

Hawksley, Brit. med. Journ. 1878, Aug.

Hawskes, Michel Nagels Jahresber. 1897.
Hays, Columbia. Bericht über Eukain-β an Schering. 1901. Juli.
Haynes, Brit. med. Journ. 1875, July.
Head in Braun. Vol. XVI. 1893.
Hearn, University Medical Magazine. 1896, No. 26 Nov. — Hearn, Medical and Surgic. Reporter. 1896 26. Nov. — Hearn, Jos. W., Illustrierte Monatsschr. i. ärztl. Polytechnik. 1883.
Hecht, Suprarenin, Münchner med. W. 1904 Nr. 5.
Hecker, Ueber Chloroform. Ing.-Dissert. Berlin 1898, Juli.
Hedbom, Hygiea 1896. — Hedbom, Medicin. 1897.
Hedin, Skand. Archiv. f. Physiologie. Band 2. — Hedin, Zeitschr. f. physikal. Chemie. Bd. XVII.
Heelas, British medic. Journal. 1901 — Heelas, Wiener kl. W. 1901.
Hegar u. Kaltenbach, Virchows Archiv Bd. 49. — Hegar u. Kaltenbach, Operative Gynäkologie 1874.
Hegele, Ein Beitrag zur Narkosenfrage, aus der Privatpraxis Mediz. Korrespondenzbl. des württembergschen Landesvereins. 1898, Nr. 44 5. Nov.
Heiberg, Berl. klin. W. 1874 H. 36 u. 52.
Heichelheim, Deutsche mediz. W. 1900, 6. XII.
Heidenhain, Trepanation unt. Lokalanästhes. etc. Zentralbl. f. Chirurgie. 1904 Heft 9. — Heidenhain, L., Münchner med. W. 1904 Nr. 14.
Heimann, Ein Beitrag zur regionären Kokainanästhesie. Zentralbl. f. Chirurgie. 1899 Nr. 1.
Heinatz, W. N., Ueber Scopolaminnarkose. Russ. chir. Archiv. 1902, Heft 6.
Heineck, Newer local anaesthetics, Holocain, Nirvanin, Orthoform. The Bacillus. Januar, 1901.
Heinecke u. Läwen, Deutsche Ztschr. f. Chir. Bd. 80 H. 1—2, 1905. — Heinecke u. Läwen, Zentralbl. f. Chirur. 1906 Nr. 10.
Heintz, J. H., Der protrahierte Chloroformtod. Inaug.-Diss. Freiburg i. B. 1896, Rotterdam M. Wyt u. Zoner.
Heinz, Inaug.-Dissert. Rotterdam 1896. — Heinz, W., La mort tardive par le chloroforme. Leyden 1896. — Heinz, Zur Wirk. des Holokain. Zentralbl. f. prakt. Augenheilk. 1897. — Heinz, P., Virchows Archiv für pathol. Anat. u. Physiol. 1898 Bd. 153. — Heinz u. Schlösser, Holokain, ein neues Anästhetikum. Klin. Monatsblätter f. Augenheilk. 1897, 8. April.
Heinze, Münchner med. W. 1899 Nr. 49. — Heinze, Paul, Archiv f. pathol. Anat. u. Physiol. Bd. 153, Heft, 3. 1898.
Hele, Lancet, Febr. 15th. 1874.
Heller, J. Benjamin, Der Puls während der Chloroformanästhesie. 1890.
Hellin, Anleit. z. Chloroformieren, Leipzig 1898.
Helmsing, Ueber d. Nachweis des Kokains im Tierkörper, Inaug.-Diss. Dorpat, 1886.
Helsmoortel, Ponction lombaire dans les affect. de l'oreille, Annal. de la soc. méd.-chir. d'Anvers 1905, Nov. — Helmsmoortel, Zentralblatt f. Chirurgie. 1906, Nr. 13.
Helsted, Universel Kloräthylnarcose. Bibliothek for Leeger B. III, Copenhagen 1902. — Helstedt, A., Universelle Chloräthylnarcose. Bibliothek Mag. for Laegevid, Bd. III. — Helstedt, Zentralbl. f. Gynäkologie. 1902, Heft 34.
Hempel, Ueber einen Selbstmordversuch mit Kokain etc. Inaug.-Diss. Leipzig, 1904, Febr.
Henius, Die Anästhesin-Behandlung d. Erysipels. Therapie der Gegenwart, Januar, 1903.
Henke, Postoperat. Pneumon. Verh. d. d. Ges. f. Chir. XXXIV. Kongr. Berlin 26.—29. April 1905. — Henke, Zentralbl. f. Chir. 1905 Nr. 30, S. 49.

Henle, Pneumonie u. Laparot. Vortr. geh. a. 3. Sitz. d. XXX. Kongr. d. deutsch. Gesellsch. f. Chirurgie in Berlin, 1901, 12. April, Ber. — Henle, Pneumonie u. Laparotomie. Archiv f. klin. Chirurg. Bd. LXIV, Heft 2, 1901. — Henle, Zentralbl. f. Chir. 1904. — Henle, Kongreß d. deutsch. Gesellsch. f. Chir. Berlin, 1901.
Hennicke, Vergl. Untersuchungen über die Gefährlichk. d. gebräuchl. Inhalationsanästhetika. Inaug.-Diss. Bonn, 1895.
Henning, Le météthyle, nouvel anesthésique local. Journal de médecine de Paris, 1897, No. 24.
Henriesson, Operationen bei medull. Tropakok.-Analgesie. Finska läkaresänskapets handlingar, 1903. Bd. XLV, Heft 7, S. 28.
Henry, L. Swain, New-York medic. Journal 1898. — Henry, L. Swain, Yale, medic. Journ. 1900.
Hensen. Archiv f. Gynäkol. Bd. 55.
Herapath, Assoc. med. Journ., 21. Sept. 1854.
Herbermann, Bericht über Eukain-α, ein neues Ersatzprod. f. Kokain, an Schering, Berlin 1897, April.
Herbst, Jul., Sauerstoff-Chlor.-Nark. Medizin. Gesellsch. zu Leipzig 12. Jan. 1904. Münchner med. W. 1904 Nr. 12, S. 539.
Heresco u. Strominger, Erschwerte, schmerzhafte Atmung infolge Rückenmarksanästhesie. Zentralbl. f. Chirurgie 1905, Nr. 38, S. 1014. — Herosco et L. Strominger, La rachistovainisation dans les maladies des voies urinaires. Annal. des malad. des org. génito-urin. 1905 No. 8. — Heresco, Ueber Rachistovainisierung. Société de Chirurg. in Bukarest, 1905, März 2. — Heresco, Zentralbl. f. Chir. 1905, Nr. 36. — Heresco u. Strominger, La Rachistovainisation etc. Ann. des malad. des org. genito-urin. 1905 No. 8. — Heresco u. Strobinger, Zentralbl. f. Chir. 1905 Nr. 38.
Herff. Berl. klin. Wochenschr. 1889.
Hermann, L., Archiv f. Anat., Physiol. u. wissenschaftl. Med. 1896. — Hermann, Referat in Schmidts Jahrb. CXC. — Hermann, Lehrb. der exper. Toxikologie. Berlin, 1874, Hirschwald. — Hermann, Ueber Lokalanästhesie u. die Grenzen ihrer Anwendung. Wiener klinische Woch. 1898 Nr. 50. — Hermann, Berl. klin. W. 1886. — Hermann, L., Archiv f. Anat. u. Physiolog. 1866, Nr. 27. — Hermann, L., Archiv für Anatomie und Physiologie 1864 S. 520 und 1865 S. 469. Toxikologie S. 243 und Berlin. Klin. Wochenschrift. Nr. 11, 1866.
Hermes, O., Weitere Erfahr. über d. Rückenmarksanästhesie mit Stovain u. Novokain. Medizin. Klinik. 1906, Nr. 13. — Hermes, Rückenmarksanästhesie. Verhandl. d. d. Gesellsch. f. Chirurgie, XXXIV Kongreß zu Berlin 26.—29. April 1905. — Hermes, Zentralbl. f. Chir. 1905, Nr. 30 S. 10.
Hernette, L'eucaine. Thèse de Paris. 1897.
Herpin, Rev. méd., 30. April 1858.
Herrenknecht, Ueber Aethylchlorid und Aethylchloridnark. Leipzig 1904 (b. Georg Thieme).
Herrheiser, Prager med. W. 1886.
Herter u. Wakemann, Arch. f. pathol. Anat. u. Physiol. u. klin. Mediz. Bd. CLXIX Heft 3. — Herter u. Wakemann, Deutsche med. W. 1902.
Hertwig, Wiener zahnärztl. Monatsschr. 1903 Nr. 6.
Herz-Fränkel. Oesterreich.-ungar. Vierteljahrsschrift f. Zahnheilk. Jahrgang. VIII. — Herz, Akute Kokainvergiftung. Przeglad lekarski. Nr. 20.
Herzfeld, Berl. klin. W. 1894 Nr. 20.
Herzog. S. W., Zur Wertschätzung einiger Belebungsmethoden für Ohnmachten während

allgemeiner Narkose. Aus dem Kabinett f. chirurg. Pathologie von Prof. L. W. Orlow, Wratsch. 1897, Nr. 18.

Herzog. Ueber den Wert einiger Wiederbelebungsmethoden beim Scheintod während der allgem. Narkose. Deutsche Zeitschr. f. Chir. 1899, Bd. 56. Heft 3—4. — Herzog, Deutsche Zeitschr. f. Chirurgie Bd. 49, Heft 2 u. 3. — Herzog, Zur Würdigung einiger Belebungsmethoden bei Ohnmachten während der allgem. Narkose. Wratsch. 1896, Nr. 44.

Hess, A., Therapie der Gegenwart. 1902. Juni.

Hesse, O., Pharm. Z. a. Tr. XXI u. XXII 1891. — Hesse, O., Annalen der Chemie und Pharmak. Bd. CCLXXI.

Heufeld, Narkosekorb. Wiener mediz. Klub. Wiener klin. Wochenschrift. 1897. Nr. 8.

Heurteloup, Compt. rend. 1857, Bd. XLV, Aug. 5th.

Heusler, Deutsche med. W. 1864. — Heusler, Ueber Tetrachlorkohlenstoff. Inaug.-Dissert., Bonn, 1891. — Heusler, Deutsche med. W. 1894, Nr. 20. — Heusler, Erfahrungen über 2000 Aethernarkosen. Deutsche med. W. 1894, Nr. 38.

Heusner. Postoperat. Pneumon. Verh. d. d. Ges. f. Chir. XXXIV. Kong. 26—29. April, 1905 Berlin. — Heusner, Centralbl. f. Chir. 1905 Nr. 30. p. 48.

Hewes, H. J., Boston medic. and. Surgic. Journ. 1899.

Hewitt, Chlinical observations on the anaesthetic effects of methyloxide, ethyl chloride and the so-called „Somnoform", The Lanc.1904, Nov. 19 u. 26th. — Hewitt, The anaesthetisation of so-called „difficult" and „bad" subjects. The Lancet. 1903, Jan. 10 u. 17th. — Hewitt, Cantab. The past, present and future of anaesthesia. The Practitioner. 1896, Okt. — Hewitt, Münchner med. W. 1901, Nr. 20, S. 804 ref. — Hewitt, Anaesthetics and their Administration. Lond. 1893. — Hewitt, Shoemaker, Guttmann. Correspond.-Bl. f. Zahnärzte 1888, 1890. — Hewitt, On some recent developements in the administration of anaesthetics. The Lancet. 1901 March 30th. — Hewitt, Death's under Nitrous oxide. The Lancet. 1899. — Hewitt, Lancet. 1904. 18. und 25. Nov. — Hewitt, Remarks on 6657 administrations of anaesthetics conduced at the London Hospital during the year 1897. The Lancet. 1898. Febr. 19th, March 15th u. 19th. — Hewitt, Die anästhet. Wirk. d. Methyloxids, des Chloräthyls und Somnoforms. Münchner med. W. 1905, Nr. 2. rf.

Heyfelder, O., Lehrbuch der Resektionen. 1863. — Heyfelder, O., Virchows Archiv für Pathol., Anat. etc. 1857, Bd. XL. — Heyfelder, Zeitschr. für physiol. Heilkunde. IV, 1847. — Heyfelder, Versuche mit Schwefeläther, Salzäther etc. Erlangen, 1848.

Heymans und Dehuck, Archives internat. d. Pharmakodyn. et de Thérapie. Bd. I, S. 19.

Heymann, Deutsch. m. W. 1885.

Hezewinkel, Michel-Nagels Jhrbericht. 1901.

Hielscher, Deutsche zahnärztl. Woch. 1899, Nr. 66. Diskuss.

Hilbert, Richard, Ueber d. Wirk. d. Tropakokains etc. Ophthalmolog. Klinik. 1899, Nr. 11.

Hildebrandt, Berl. klin. Woch. 1905, Nr. 1. — Hildebrandt, Beitrag zur Chloroformanästhesie. Deutsche med. W. 1898. Nr. 48. — Hildebrandt, Berl. klin. W. 1905, Nr. 34. — Hildebrandt, Zur Geschichte der Lumbalanästhesie. Berlin klin. W. 1906, Nr. 27.

Hill and Barnard, Chloroform and the heart. British med. Journal. 1897, Nr. 29. — Leonard Hill, The Hyderabad commission: a rejoinder to Dr. Lander Brunton. British medic. journal. 1898, March 19th.

Hilliard, Further notes on the use of the naso-pharyngeal tube for prolouged nitrous oxide anaesthesia. The Lancet. 1902, June 28th. — Hilliard, Ethylchloride as an anaesthetic in general practice. The Lancet. 1904, Dez. 17th.

Hillischer, Schlafgas. Wien 1891. — Hillischer, Wiener med. W. 1885. — Hillischer, Bericht d. deutsch. Naturforsch. und Aerzteversamml. Berlin 1886.

Hinshelwood, Münchner mediz. W. Nr. 6, S. 236. — Hinshelwood, James, Ueber akutes Glaukom nach d. Gebrauch v. Kokain. Ophthalmic. Review. 1900, Nov. — Hinshelwood, Ueber die Anwend. des Holocains in der ophthalmolog. Praxis. Klin.-therapeut. Wochenschr. 1898. Nr. 35. September. — Hinshelwood, Observations on some of the newer remedies in the treatment of diseases of the eye. Glasgow medical Journal. 1904, Juni.

Hinterstoisser, Aus d. allgem. Krankenhaus in Teschen. Jahresberichte d. chirurg. Abteil. 1897—1899. Zentralbl. f. Chirg. 1901, Nr. 21. ref.

Hinz, Inaug.-Diss. Freiburg. 1896.

Hirsch, Die subconjunktival. Einspr. m. Akoin. Arch. f. Augenheilk. Bd. XLII, Heft 3. — Hirsch, 78. Vers. d. Naturf. u. Aerzte. Stuttgart. 1906. — Hirsch, Zentralbl. f. Chir. 1906, Nr. 47. — Hirsch, Ueber den Shock. Diss. Halle, 1901. — Hirsch, Zur Elektro-guajakolanästhesie. Deutsch. med. Wochenschr. 1897 Nr. 19. — Hirsch, Max, Bemerk. z. d. Artikel v. Hackenbruch etc. Zentralbl. f. Chirurg. 1906, Nr. 19. — Hirsch, Maximil. Zur Technik der Rückenmarksanästhesie. Zentralbl. f. Chirurgie. 1906, Nr. 18. — Hirsch, Maxim. Instrumentar. Technik u. Erf. d. epidur. Injekt. Zentralbl. f. Chirurg. 1906, Nr. 21. — Hirsch, Zentralbl. f. Harnkrankh. Bd. XVI. H. 12. — Hirsch, Therap. Monatshefte. H. 12. 1888. — Hirsch u. Schneider, Kommentar z. Arzneibuch f. d. Deutsche Reich. 1891. — Hirsch, Rückenmarksanästhesie etc. 77. Vers. d. Naturf. u. Aerzte. Meran 1905. Zentrbl. f. Chir. 1905, Nr. 40, S. 1339. — Hirsch, Epidurale Inj. 77. Vers. d. Naturf. u. Aerzte. Meran 1905. Zentrbl. f. Chir. 1905, Nr. 99, S. 1341.

Hirschberg, Zentralbl. f. prakt. Augenheilk. 1881. — Hirschberg, Zentralbl. f. prakt. Augenheilk. 1896. — Hirschberg, Berl. kl. W. 1885. — Hirschberg, Zentralbl. f. prakt. Augenheilk. 1897. Jan. — Hirschberg, Berl. klin. W. 1885. — Hirschberg, 25jähr. Bericht über die Anästhes. a. Auge. 1895. — Hirschberg, Sitz. c. ärztl. Ver. in Frankfurt a. M. a. 6. Nov. 1905. — Hirschberg, Zentralbl. f. prakt. Heilkunde. 1884. — Hirschberg, Deutsche med. Wochenschr. 1891, 3 u. 4.

Hirschbruch, Berl. klin. W. 1897, Nr. 51.

Hirschfeld, Klin. Monatsschr. f. Augenheilk. 1897. Mai. — F. Hirschfeld, Die Zuckerkrankheit, Leipzig. 1902.

Hirt, Die Krankheiten der Arbeiter, I. 2.

Hirtenhuber, Ueber die Vorteile und Nacht. d. Bromäthylnark. Wiener klin. W. 1892. Nr. 19.

Hirstoy of the discovery of anaesthesia. British medic. Journal. 1896. Okt. 17th.

Hobbs, Jour. of laryng. Vol. VI.

Hoddes, D. Monatsschr. f. Zahnh. 1892.

Hodgen-Lebanon, Brief über Eukain-? Schering, Berlin. 1900.

Hoffmann, Wiener med. Presse, 1884. — Caspar Hoffmann, De Thorace lib. II, c 29, p. 77, Ed. de 1625. — Hoffmann, Zur Anwendung des Aethers als allgemeines Betäubungsmittel. Aethertropfnarkose. Deutsche Zeitschr. f. Chir. 1902, Bd. 65, Heft 5—6.

Hofmann, Ueber die einz. Phasen der Betäub. zu Beginn der Narkose. Zentralbl. f. Chirurg.

1903, Nr. 11. — Hofmann, Wie erreicht man am besten ein tiefes regelmäßiges und ruhiges Atmen zu Beginn der Narkose? Zentralbl. f. Chirurg. 1901, Nr. 3. — Hofmann, Münch. med. W. 1903, Nr. 46 — Hofmann, Frühnarkose. Münchner med. W. 1904, Nr. 10. — Hofmann, D. Ztschr. f. Chir. Bd. 65, H. 6.

Hofmeister, Narkosenlähm. Württembergsche geburtsh. Ges. Stuttgart. 16. Juli 1904. Zentralblatt f. Gynäk. 1904, Nr. 39, S. 1167. — Hofmeister, F., v. Bruns' Beiträge zur klin. Chirurgie. Bd. 28, Heft III. — Hofmeister, F., Zur Schleichschen Infiltrationsanästhesie, Bruns' Beiträge z. klin. Chirurg. Bd. 15, Heft 2. — Hofmeister, Arch. f. experim. Pathol. u. Pharm. Bd. 28. — Hofmeister, Beiträge z. klin. Chirurg. 1896.

Högyes, Arch. f. exper. Pathologie. 1876.

Hölscher, Friedrich, Der Chloroformgehalt v. Blut und Gehirn während der Narkose. Ing.-Dissert. Gießen. 1906. Mai. — Hölscher, Beitrag zur regionären Anästhesie. Münch. med. Woch. 1899, Nr. 8. — Hölscher, Experiment. Untersuchungen über die Entstehung der Erkrankungen der Luftwege nach Aethernarkosen. Archiv f. klin. Chir. Bd. 57 Heft I. — Hölscher, Experiment. Untersuch. ü. d. Entsteh. d. Erkrank. der Luftwege nach Aethernarkosen. Inaug.-Diss. Kiel 1898.

Hönigschmied, Die Heilkunde. VIII. Jahrgang, 2. Heft.

Hörstel. Bedrohl. Erschein. nach einer Eukaininjekt. Zahnärztl. Rundschau 1896. 30. Aug.

Hörmann, Lumbalanästhes. b. gynäk. Oper. Gynäkolog. Gesellsch. z. München. Sitz.-Ber. 17. Mai 1906. — Hörmann, Münchn. med. Wochenschr. 1906 Nr. 23. S. 1133.

Hoguer, Journal of Eye, Ear, and Throat diseases. 1900.

Hohenemser, Diss. München. 1892.

Holden, Americ. Journal of med. Sc. Juli. 1870.

Holger Mygind, Krankheiten der oberen Luftwege. Lehrbuch. Berlin. 1901. Oscar Coblentz.

Holländer, Berl. klin. W. 1868, Nr. 11. — Holländer, Deutsche med. W. 1892, Nr. 33. — Holländer, Mitteil. der 69. Naturforscherversamml. Halle. 1889. — Holländer, Berl. klin. W. 1867, Nr. 49. — Holländer, Therapeut. Monatshefte. 1891. — Holländer, Therapeut. Monatshefte. 1892.

Holmes, Report of a death from chloroform anasthesia. The journ. of the Amer. Med. Ass. 1902, Jan. 25 th. — Holmes, Pharmak. Journ. a. Tr. XXII.

Holmgren, Upsala Läk. Sällsk. Handl. II, 3, 134. 1867. — Holmgren, Upsala, Schmidts Jahrb. 1869, CXLII.

v. Holst, Handfessel zur bequemen Uebersicht und Ausführung von Narkosen. Münchner med. W. 1904, Nr. 1. — v. Holst, Gynäkol. Ges. zu Dresden, Sitz. 19. Nov. 1903.

Holtey-Weber, Deutsche zahnärztl. Woch. Nr. 66, Disc.

Holtzke, Zehr. Monatbl. 1884.

Holz, Beiträge zur klinisch. Chirurgie 1890. — Holz, Beiträge z. klin. Chir. Bd. VII, 1891, Ueber das Verhalten der Pulswelle in der Aether- und Chloroformnarkose.

Hopton, Ralph, Ueber Somnoform. Brit. dental Associat. Journ. 1903.

Honigmann, Adrenalin und Lokalanästhesie. Zentralbl. f. Chirurg. 1903, Nr. 25. — Honigmann, Zur Lokalanästhesie. Zentralbl. f. Chirurgie. 1897, Nr. 51. — Honigmann, Ueber Mischnarkosen. v. Langenbecks Archiv. 1899, Bd. 58, Heft 3. — Honigmann, Archiv f. klin. Chirurg. Bd. 64, H. I. — Honigmann, F., Ueber Anästhesie b. Mundopera-

tionen, Deutsche Mouatschrift für Zahnheilkunde 1905.

Honigschmied, Emploi de l'anesthésine. Journ. de méd. 1904, No. 20, S. 792.

Hopkins, The Laryngoscope. 1901. — Hopkins, The Laryngoscope 1900. — Hopkins, Anesthesia by cocainization etc. Philadelphia medic. Journ. 1900, 3. Nov. — Hopkins, M. F., XVII. Kongreß d. amerikan. laryngol. Gesellsch. 1901. — Hopkins, Revue hébdom. 1901.

Horne, Eucaine as a local anaesthetic in the surgery of the throat, nose and ear. British med. journal. 1897, Nov. 27 th. — Horne and Yearsley, Eucaine as a local anaesthetic in the surgery of the throat, nose and ear. British med. journal. 1897, Jan., 16 th.

Horsley, Surgical shock. New-York and Philadelphia med. Journ. 1904, Dezemb., 24 th. — Horsley, Zentralbl. f. Chirurg. 1905, Nr. 10 — Horsley, Discussion on chloroform anaesthesia. Brit. med. Journal. 1904, Sept. 24 th.

Horstmann, Therap. Mitteil. über Hedonal. Psychiat. Wochenschr. 1900, Nr. 37.

Horwitz, University Medical Magazine. 1896, No. 26, Nov. — Horwitz, Medical and Surgical Reporter. 1896, 28. Nov.

Hoton, Un procédé nouveau d'anesthésie génér. par le chlorûre d'éthyle. Arch. médic. belg. 1906, Febr. — Hoton, Zentralbl. f. Chirurg. 1906, Nr. 26.

Hotz, Schweiz. Vierteljschr. f. Zahnheilk. 1900, Juli.

Howe, Univ. Buffalo. Brief an Schering über Eukain-α. 1897, April.

Huchard, Quelques faits thérapeut. sur la Stovaine. Bull. de l'académie de Médicine. 1904, 5, VII, — Huchard, Le chloroforme chez les cardiaques. Bullet. de l'académie de médic. de Paris. 1866, ann. III ser. No. 6—10. — Huchard, Le chloroforme chez les cardiaques et discussion. Bull. de l'académ. de med. 1902, No. 6, 7, 8, 9, 10, 12, 13. — Huchard, De l'anesthésie chloroformique chez les cardiaques. Journ. de médecine practique. 1901, No. 10. — Huchard, H., Quelques faits thérapeut. sur la Stovaine. Académie de médec. Paris, Juillet, 1904. — Huchard, Académie de médecine. Sitz. 18. V. 02. — Huchard, Jornal. de Prat. 1904, Bd. 33. — Huchard, Zentralbl. f. Chirurgie. 1902, Nr. 27.

Hübner, O., Deutsche zahnärztl. Wochenschr. 1904.

Würthle, Deutsche med. W. 1895.

Hüter, C., v. Langenbecks Arch. f. klin. Chirurg. 1867, Bd. VIII. — Hüter, Deutsche Zeitschr. f. Chir. IV, 1873. — Hüter, Deutsche Ztschr. f. Chir. 1874. — Hüter, Deutsche Zeitschr. f. Chirurg. IV. Bd., 2. Heft, S. 105 u. IV. Bd. 4. Heft. — Hüter, Zentralbl. f. Chirurgie. Nr. 43, 1877.

Hugenschmidt, Revue internation. d'Otontologie. 1898.

Huggard, Lancet. 1903, Sept. — Huggard, Bromide of ethyl as a gener. anaesth. and as a preliminary to ether. The Lancet. 1903, Sept. 12 th.

Hughes, Reid Davies, A note on a fatality occurring under anaesthetics. The Lancet. 1897, April, 10 th.

Hugo, Mitteilungen über Eukain-α an Schering, Berlin. 1897, April.

Hultgren und Andersson, Studien zur Physiolog. u. Anat. d. Nebennier. Skand. Arch. f. Physiolog. Bd. IX. — Hultgren u. Andersson, Studien zur Phys. etc. Leipzig, 1899.

Hummelsheim, Ueber die Wirk. d. Alypins, eines neuen Anaesthetikums, auf das Auge. Archiv f. Augenheilkunde. Bd. LIII, Heft 1

Hunter, Bericht über Eukain-ß an Schering. 1901, Juli.

Husemann, Beiträge zur chir. Anästhesie im Mittelalter. Deutsche Zeitschr. f. Chir. 1900, Bd. 54, H. 5—6. — Husemann, Handb. der Arzneimittellehre, 1875. — Husemann u. Hilger, Die Pflanzenstoffe. II. Edit. 2.

Huss, Klin. Monatsbl. f. Augenheilk. 1902, Nov.

Hutington, New-York Record. XVIII, 1880. — Hutington, Med. and surg. hist. of the Brit. army etc. 1851—56, London 1858. — Hutington, Med. and surg. hist. of the War of the Rebellion. Washington, 1883.

Hyderabad-Commission, The Lancet. 1890. — Hyderabad-Chloroform-Commission, Therap. Monatshefte. 1890.

J.

Jaboulay, Subkut. Kokinj. u. Aetherinhalation. Bullet. médic. 1901, No. 43, Ber. von Demmler. Jaboulay, Action locale et générale de la cocaïne. Lyon médical. 1901, No. 7. — Jaboulay, Drainage de l'espace sous arachnoidien. Lyon médic. 1898, Mai, 15.

Jackson, Wolverhampton, Suprapubic Cystotomy painlessly performed after a hypodermic injection of Eucain-ß. The Lancet 1900. 31 st. of March. — Jackson, 1861. Boston, A manual of etherisation.

Jacob, Duralinfusion. Berl. klin. Woch. Nr. 21 u. 22, 1901. — Jacob, Duralinfusion. Berlin. klin. Woch. 1898, Mai.

Jacobi, Ueber die Wirk. d. Heroins. Wiener mediz. Woch. 1901, Nr. 40—43.

Jacobs, Un cas de folie postopératoire. Journal de médec. de Paris. 1896, No. 26. — Jacobs, Progrès médicale belge. 1901.

Jacobson, Brit. med. Jour. 1876, Dez. — Jacobson, Bulletin de la Société méd. de la Suisse romande. 1876. — Jacobsohn, Wochenschr. f. Therapie u. Hygiene des Auges. 1905, Nr. 52.

Jacoby, Zeitschr. f. physiol. Chemie. Bd. XXX, 1900.

Jayle, Nouvel appareil pour la chloroformisation. La Presse médicale. 1902, No. 102.

Jamieson, Allan, British med. Journal. 1902, 21. Juni.

Jansen, Medical. Times. 1867.

Jianu, Joan, Spitalul, 1905, Nr. 13.

Jaquet, De l'éther ou de chloroforme etc. La semaine méd. 1904, No. 49.

Jaubert, Gaz. des hôp., 27, 1857.

Juval, Progrès médical. 1886.

Idzikowski, Ueber die Anästhesierung in Provinz-Spitälern. Gazeta lekarska. 1902, Nr. 5—7. — Idzikowski, F., Das Chloroform in der Zahnheilkunde. Przeglad dentystyczny No. 5 u. 6, 1898.

Jellinek, Nachträgl. Bemerk. zur vorläuf. Mitteilung „Chloroformnarkose u. Elektrizität". Wiener klin. W. 1901, Nr. 48. — Jellinek, Ref. Münchner med. W. 1901, Nr. 47, S. 1892.

Jendritza, Ein Fall v. Bromäthylintoxikat. Berlin, Therap. Monatsh. 1892.

Jenewitsch, Médic. obstétr. 1891.

Jennings, Eukain-α, a new local anesthetic. Amer. Journ. of ophthalm. 1896, Nov.

Jessen, Deutsche zahnärztl. Woch. Nr. 10, 1898.

Jessop, Lancet, 1875, Aug.

Iljin, Physiologische Narkose nach Schleich. Zentralbl. f. Chirurgie, 1900, S. 690 ref.

Illig, Münch. med. W. 1895, Nr. 33.

Illing, The use of tropa-cocain in spinal anesthesia. The journal of the Amer. Med. Ass. 1902, March, 22 d.

Impens, Deutsche med. Woch., 1905, Nr. 29.

Ingenhous, Miscellan. medico-physic. S. 8.

Joanin, Bulletin général de Therapeutique, 23. Juni 1899.

Jobert de Lamballe, Union médic. 1853, No. 104.

Jobert de Lamballe, Bull. de l'académ. des scienc. 1853, Juni.

Jobson, Eucain as a local Anaesthetic. in surgery of the Throat, Nose and Ear. British Medical Journal, 1897, Jan. 16 th.

Johner, Zentralbl. f. Chir., 1882.

Johnson, G., Brit. med. Journ. 1868, Sept. 5th.

Jokichi Takamine, Therapeutic. Gaz. 1901.

Jolyet u. Blanche, Compt. rend. LXXVII, S. 59, 1873.

Jonas, Correspbl. f. Schweizer Aerzte. 1893.

Jones, Jefferson-Hospit. Philadelphia, University. Medical Magazine. 1896, No. 26. Novemb. — Jones, Cocainisation of the spinal cord. Med. Press. 1901, Nov., 30th. — Jones, Brit. med. Journ., Nov. 30, 1872. — Jones, Herkimer, Bericht über Eukain-ß an Schering, Berlin. 1901, Juli. — Jones, Jefferson Hospit. Philadelphia. Medical and Surgical Reporter. 1896, Nov. 28 th.

Jannescu, Chirurg. Gesel sch. z. Bukarest, Sitz. am 6. April 1905.

Joseph u. Kraus, Deutsche med. W. 1905, Nr. 49.

Jofeyko und Stefanowska, Zentralbl. f. d. Grenzgeb. der Chir. u. Medic. 1901, Bd. IV, No. 10.

Jettkowitz, J., Diss. Berlin, 1890.

Joy Jeffries, Dr., Bost. med. and surgic. Journ., 1872, Oct. 3 d.

Journ. of Anat. and Physiol. 1869.

Journ. of Laryng. vol. IV.

Journal des connaissances médico-chirurgical. Mars, 1847.

Israel, Skopol-Morph.-Nark. Freie Ver. d. Chir. Berlins, 12. Dez. 1904. Zentralbl. f. Chir. 1905, Nr. 5.

Iterson, Berliner klinische W., 1888.

Jüngken, Anwdg. des Chlor. bei Augenop. Berlin 1850. — Jüngken, Med. Zentr. Zeitg. 19, 20, 27, 29, 1857.

Julliard, Monatsschr. f. ärztl. Polytech. 1887. — Julliard, Correspondbl. f. Schweizer Aerzte. 1888. — Julliard, Anesthésie par la cocaïne. Revue médicale de la Suisse romande. 1901, No. 4. — Julliard, L'éthérisation. 15. Congrès franç. de Chir. Révue de Chir. 1902, No. 11. — Julliard, L'Éther est il préférable au Chloroforme? Genève. 1894.

Julien, Stanislaus, Compt. rend. de l'Acad. des sciences. t. XXVIII.

Jumon, Anesthésie par le Protoxyde d'Azote. Paris, 1895.

Junker, Descript. of a new apparatus for. administr. narcot. vapours. Med. Times. 1867, Nov., 30th. — Junker, Med. Times and Gaz. 1868, Febr. 15 th. — Junker, Ueber fettige Entartung infolge von Chloroforminhalation. Inaug.-Dissert. Bonn. 1843.

Just, Zentralbl. f. praktische Aerzte.

Juvet, bei Bouisson l. c. S. 31.

Iversen, Künstl. Ischämie bei Operationen. Kiel, 1873.

K.

Kader, Erfahrung. über d. für d. Ueberstehen der Nark. bei herzschwachen Individuen günstige Wirk. der Herztonica, Digitalis u. Strophantus. Allgemeine. medizin. Zentralzeitung. 1896, Nr. 26 u. 27. — Kader, Verhandlungen d. deutsch. Gesellsch. f. Chirurg. 1901, Berlin, ref. Münchn. med. W. 1901, Nr. 18.

Kaefer, Ueber Aethernarkose. St. Petersburger mediz. Wochenschr. 1898. — Kaefer, Zentralbl. f. Chirurgie. 1898. Nr. 21.

Kallenberger, Inaug.-Diss. Münch. 1897. Ueber Orthoform, ein neues Lokalanästhetikum. — Kallenberger, Berl. klin. W. 1898, Nr. 12.

Kallfonzis, A propos de l'analgésie chirurgicale par la voie rachidienne, injections sousarachnoidiennes de cocaïne. Révue de Chirurgie. 1901, Nr. 10.

Kanln, Ueber chirurg. Analgesie mittels Koka- inisierung des Rückenmarks. Ing.-Diss. Leipzig. 1901, Nov.

Kapelusch, Ueber Chloroformnarkose. Wiener med. Wochenschr. 1899, Nr. 41. — **Kape- lusch,** Zur Kokainanalgesie. Wiener med. Woch. 1902, Nr. 12 u. 13.

Kaposi, Chirurgie der Notfälle. Wiesbaden, bei Bergmann. 1903.

Kappeler, Die Chloroformnarkose. Kocher's Enzyklopädie der Chirurgie. — **Kappeler,** Correspbl. f. Schweiz. Aerzte. XIX, 1889. — **Kappeler,** Chloroform versus Aether. Corre- spondenzbl. f. Schweizer Aerzte. 1889, Nr. XXIX. — **Kappeler,** Arch. f. klin. Chir. Bd. XL, 1891. — **Kappeler,** Arch. f. klin. Chir. Bd. XXXV, 1887. — **Kappeler,** Arch. f. klin. Chir. Bd. XXXVII, 1888. — **Kappeler,** Festschrift, 1892. — **Kappeler,** Anästhetika. Deutsche Chir. Lief. 20, Stuttgart, 1880. — **Kappeler,** Chloroform od. Aether, Corre- spondenzblatt für Schweizer Aerzte. 1889, Nr. 29.

Kapsammer, Wiener klinische Wochenschrift. 1889. — **Kapsammer,** Blutdruckmessungen mit dem Gärtnerschen Tonometer. Wiener klin. W., 1899.

Karczewski, A., Ein Narkotisierungsapparat bei Operat. i. d. Mundhöhle. Kronika lekarska. Nr. 24, 1896.

Karewski, Tisch für den Sauerstoffnarkosen- apparat nach Roth-Dräger. Centralbl. für Chirurg. 1904, Nr. 42.

Karlow, Von der medullären Anästhesie. Hygiea. 1902, Bd. 2, H. 10.

Kasaurow, Zentralbl. f. pr. A.-Heilk. 1886.

Kassel, Monatsschr. f. Ohrenheilkunde. Nr. 6, 1889. — **Kassel,** Therap. Monatsh. 1902, Juli. — **Kassel,** Ueber Orthoformemulsion. The- rapeut. Monatshefte. 1898, Heft 10.

Kast und Messter, Ueber Stoffwechselstörungen nach längerdauernden Chloroformnarkosen. Zeitschrift f. klin. Med. Bd. 18. — **Kast,** Zeitschr. f. physiolog. Chemie. Bd. XI. — **Kast,** Zeitschr. f. physiolog. Chemie. Bd. VIII.

Katholicky, Chlorof.-Aethernark. 78. Vers. d. Naturf. u. Aerzte in Stuttgart. 1906. — **Katho- licky,** Zentralbl. f. Chirurgie. 1906, Nr. 47.

Kaufmann, Inaug.-Dissert. 1874.

Kausch, Beiträge zum Diabetes in der Chirurg. Archiv für klin. Chirurgie. 24. Bd. Heft 4. — **Kausch,** Berl. klin. W. 1903, Nr. 33. — **Kausch,** Postop. Pneumon. Verh. d. d. Ges. f. Chir. XXXIV. Kongr. 26.—29. April 1905. Berlin. — **Kausch,** Zentralbl. f. Chir. 1905, Nr. 30, S. 47.

Kavenski, Deutsche med. W. 1895.

Kayser, F., Drei unter Kokainisierung des Rückenmarks nach Bier ausgeführte Opera- tionen. Hygiea. 1901, Nr. 1, S. 37.

Keefe-Springfield. Chloroform and Aether. Boston med. and surgical journal. 1897 Dez. 23 d.

Keen, Biersche Lumbalanästhesie mit. Eukain-β. Philadelphia medical Journal. 1900. — **Keen,** Difficulties of chloroformisation. The Lancet. 1904, Sept. 17th. — **Keen,** Large scrotal hernia, oper. under spinal anesthes. etc. The Phila- delphia med. Journ. 1900, Nov. 3 d. — **Keen,** A case of total laryngectomy etc. Therapeutic gaz.1904 April 15 th. — **Keen,** Herzmassage etc. Zentralbl. f. Chir. 1905, Nr. 13.

Kegel. The Lancet. 1891.

Kehr. Gallensteinlaparotomien etc. München. 1904. C. F. Lehmann.

Keightley. Bericht über Eukain-β an Schering. 1901, Aug.

Keller. Therap. Monatsh. 1902, Oktb.

Kelling. G., Ueber d. Sensibil. i. Abdom. etc. Archiv f. Verdauungskrankh. Bd. XI Heft 6. — **Kelling, G.,** Zentralbl. f. Chirurg. 1906 Nr. 9. — **Kelling,** Zentralbl. f. Chir. 1905. Nr. 30 S. 44. — **Kelling,** Postoperative Pneumonien. Verh. d. d. Ges. f. Chir. XXXIV. Kongr. 26.—29. April. 1905. Berlin.

Kelly, Bromide of ethyl anaesthesia in operations in the throat. Brit. med. journ. 1902, Aug. 30 th. — **Kelly,** bei Cullen. British medic. Journal 1892, II.

Kemp, Ueber d. Wirkung d. versch. Anästhetika a. d. Nieren. New-York med. journ. 1900, Nov. 18 th. 25 th. Dez. 2 d. — **Kemp,** Nitrous oxide anaesthesia. British journ. 1897 Nov. 20 th.

Kemperdick-Reydt, Bericht über Eukain-β an Schering, Berlin. 1897, April.

Kempler, Bericht über Eukain-α an Schering 1897. April.

Kendrick, John G. Mc., Joseph Coats u. David Newmann. Bemerk. z. d. Ber. d. II. Hyder- abad-Chloroform-Kommission.

Ken, Pringle. A plea for chloroform. The Practitioner. 1897, Dez.

Kendirdjy et Bertaux, 140 neue Fälle von Rachi-Stovainisation. Allgem. med. Zentral- zeitung. 1905, Nr. 24. — **Kendirdjy, L. et Burgand, V.,** Cent quarante nouveaux cas de rachistov. La Presse médicale, Paris 31. may 1905. — **Kendirdjy-Berthaux,** L'anesthé- sie chirurg. par injection sous-arachnoïdienne de stovaïne. La Presse méd, 1904 No. 83. — **Kendirdjy,** L'anesthésie chirurgicale par la cocaine, Paris 1902. — **Kendirdjy u. Legueu,** Anästhes. durch intralumb. Injekt. von Kokain und Beta-Eukain. Presse médicale. 1900, 27. Okt.

Kennel, Berl. klin. W. 1902, Nr. 52. — **Kennel,** Therapeut. Monatshefte. 1902, Juli. — **Kennel,** Anästhesin (Dr. Ritsert), ein therapeutischer Versuch. Berliner klin. Wochenschrift. Nr. 52, Dez. 1902.

Keppler, Die akute Saponinvergiftung. Berl. klin. W. 1878, Nr. 31.

Ker Hugh Richard, Med. Tim. and Gazette. 1876, April 6 th.

Kidd, Mathem.-physikal. Cl. Bd. LVIII. — **Kidd,** Chloroform and its substitutes. London, 1872.

Kiesel, Eukain, ein neues lokales Anästhetik. Zahnärztl. Rundschau. 1896, Nr. 196. — **Kiesel,** Die lokale Anästhesie durch Eukain-β. Zahn- ärztl. Rundschau. 1898, Nr. 316. — **Kiesel,** Eukain, ein neues lokal Anästhet. Zahn- technische Reform. Jahrg. XVI, 1896, Nr. 6.

Kijewski, Ueber die Anästhesierung des Rücken- markes d. Kok. Gazeta lekarska. 1900, Nr. 49 bis 50.

Kjennerud Reichbom, Narkose og local anästhesi. Tidsskr. f. d. norske Lägeforen. XVIII. 11. 1898.

Kjer-Pelissen, Ein Fall von Chloroformtod mit direkter Herzmassage und Lufteinblasung durch Trachealkanule behandelt. Hospital- stidende. 1900, Nr. 47. Kopenhagen.

Kindler, Orthoform. Fortschritte der Medizin. 1899, Nr. 7. — **Kindler,** Fortschritte der Mediz. 1898, Nr. 7.

Kionka, Grundriß der Toxikologie. 1901. — **Kionka,** Narkose, Eulenburgs Encyclopädie III. Aufl. Bd. 16. 1898. — **Kionka,** Ueber Narkotisierungsapparate. v. Langenbecks Archiv. 1899, Bd. 58, Heft 3. — **Kionka,** Therap. Monatshefte. 1897. — **Kionka,** Ueber die Anwendung der Inhalationsan- ästhetika. Therap. Monatshefte. 1897, Nr. 3. — **Kionka u. Krönig,** Mischnarkosen mit genauer Dosierung der Dampfkonzen- tration. Archiv f. klin. Chirurgie. Bd. 75, H. 1. — **Kionka,** Internationales Archiv f. Phar- makodynamie und Therapie. Bd. 7. — **Kionka,** Archiv f. klin. Chirurg. Bd. 50, Heft 2.

Kirchner, Ueber Adrenalin, Ophthalmolog.

Klinik. 1902, Nr. 12. — Kirchner, M., Unters. über d. Einwirk. d. Chlorof. auf Bakt. Zeitschr. f. Hygiene. Bd. VIII. — Kirchner, H., Ueber Adrenalin usw. Ophthalmolog. Klinik. 1902, Nr. 12.

Kirk, On auskultation of the heart during chloroform narcosis. British medic. Journal. 1896. Dez. 12 th.

Kirkpatrick, Somnoform as an anaesthet. in dental prac. Medical Press. 1903, April 22 d. — Kirkpatrick, The use of chloroform as an anaesth. for dental oper. Medical Press. 1903, Febr. 11 th.

Kirkpatrik, On the use of some of the newer anaesthetic agents. Medical Press. 1904, Jan. 20th. — Kirkpatrik, Ueber Somnoform. The Lancet. 1903, April 25 th. — Kirkpatrik, The prolongation of nitrous oxide anaesth. f. dental operat. by Pattersons method. Medical Press. 1902, July 16 th.

Kirmisson, Sur l'emploi du chloroforme associé à l'oxigène, au moyen de l'appareil de Roth. Bull. et mém. de la Société de Chirurgie de Paris. 1904, Juillet 20. — Kirmisson, Chloroformapparate usw. Académie de médecine de Paris. 1905. — Kirmisson, Zentralbl. f. Chir. 1905, Nr. 19, S. 528. — Kirmisson, Chloroformapp. Bull. et mém. de la soc. de chir. de Paris. 1905, XXXI. S. 56. — Kirmisson, Zentralbl. f. Chir. 1905, Nr. 36.

Klamann, Monatsschr. f. Unfallkunde. 1895.

Klapp, Zur spinal. Anästhesie. Greifswalder mediz. Verein. 9. Jan. 1904. Münchner med. W. 1904, Nr. 12. — Klapp, Deutsche Zeitschr. f. Chirurg. Bd. LXXI, Heft 3—4. — Klapp, Vers. d. deutschen Ges. f. Chirurg. 1904. — Klapp, Experimentelle Studien über Lumbalanästhesie. Archiv f. klin. Chirurgie. 75. Bd., 1. H.

Klarré, C., Aether od. Chloroform? Münchn. med. W. 1891, Nr. 7.

Klaussner, Diskuss. i. ärztl. Ver. München. 1899. — Klaussner, Münchner med. W. 1898, Nr. 42. — Klaussner, Münchner med. W. 1897, Nr. 46.

Kleindienst, Pental als Anästhetikum. Ing.-Dissert. Bern. 1892.

Kleine, Ueber Entgiftung im Tierkörper. Zeitschr. f. Hygiene. 1901, Bd. XXXVI.

Kleinert, Ing.-Diss., Halle. 1873.

Kleinhaus, Einschränkung d. Narkose bei gynäkolog. Operationen. Verein deutscher Aerzte in Prag. 6. Dez. 1901. Münchner mediz. W. 1902, Nr. 13. — Kleinhaus, Lokalanästhes. Münch. Med. W. Nr. 13, 1902.

Kleinsorgen, F., Beiträge zur Vitalität des Zahns. Zahnärztl. Rundschau. 1906, Nr. 8—9.

Klemich, Bericht über Eukain-α an Schering. 1897, April.

Klemm, Zentralbl. f. Chirurgie. 1899.

Klencke, Zur Geschichte des Schwefeläthers, Canstatt's Jahresbericht pro 1847, S. 156.

Kleussner, Münchner mediz. W. 1897, S. 1289.

Klikowitsch, Arch. f. Gynäk. XVIII. — Klikowitsch, St. Petersburger med. Woch. 1880.

Knapp, Archiv für Ophthalmologie. 1884, Dezember. — Knapp, Note on the use of Holocain. Archives of ophthalmologie. 1899, May. — Knapp, The medical record. 1884, Dez. 13th.

Knigth, A., Notes on ethyl chloride. Brit. med. Journ. 1906, March 17 th. — Knight, Zentralbl. f. Chirurg. 1906. Nr. 21.

Knik, Rol. A new theory of Chloroformsynkope. Edenb. 1890.

Knoll, Ber. d. Wien. Akad. 1876. — Knoll, Ueber d. Wirk. v. Chlorof. u. Aether auf Atmung und Blutkreislauf. Ber. d. Sitzung der k. k. Akademie zu Wien. 1876. — Knoll, Ber. d. Akad. z. Wien, Mathem.-physik. Kl. Bd. LVIII. — Knoll, Ph., Wiener akad. Sitzungsber. LXXIV, 1876. — Knoll, Wiener akad. Sitzungsber. LXVIII, 4 u. 5. Heft. S. 245. — Knoll, Wiener akad. Sitzungsber. LXXIV, Okt. 1876.

Knox, University medic. Magazine. 1896, Nr. 26. — Knox, Medical and surgic. Reporter. 1896, Nov. 28.

Kobert, Arch. f. experim. Pathol. und Pharm. Bd. 22, S. 77. — Kobert, Arch. f. klin. Chir. Bd. XXII. — Kobert, Berl. klin. W. 1902, Nr. 17. — Kobert, E. R. Jahresber. über d. Fortschritte der Pharmakotherapie. Straßburg. 1885. — Kobert, E. R., Therapeut. Monatshefte. 1887. — Kobert, E. R., Therapeut. Monatsh. 1886. — Kobert, Lehrb. d. Intoxikationen. Stuttgart. 1893 — Kobert, Therap. Monatsh. 1889. — Kobert, Therap. Monatshefte. 1890. — Kobert, Therapeut. Monatshefte. 1891. — Kobert, Therap. Monatsh. 1892.

Koblanck, Zur Narkose, Zentralbl. f. Gynäk. 1900, Nr. 1 u. 9. — Koblanck, Die Chloroform- u. Aethernark. in der Praxis. Bergmann. Wiesbaden. 1902.

Koch, F., Indikationen u. Wirkung des Rhenoformpulvers. Mediz. Woche. 1905, Nr. 4. — Koch, Volkmanns Samml. klin. Vorträge. Nr. 80. — Koch, W., Volkmanns Samml. klin. Vortr. Nr. 86. — Koch, Ueber das Chloroform, Volkmanns klin. Vorträge. Nr. 80. 1874.

Kocher u. De Quervain, Enzyklopädie d. gesamt. Chirurgie. Leipzig. 1901. — Kocher, Chirurgische Operationslehre. — Kocher, Deutsche Zeitschrift f. Chirurgie. Bd. XLIV. 1896. — Kocher, Enzyklopädie der Chirurgie.

Kochmann, Morph.-Scopolam.-Nark. Münchn. med. W. 1905, Nr. 17. — Kochmann, Zur Theorie der Narkose. Internation. Archiv f. Pharmakodyn. u. Therapie. Bd. VII. — Kochmann, Martin, Internation. Archiv f. Pharmakodynamie u. Therapie. 1902, Bd. X. — Kochmann, M., Ueber Mischnarkosen, Ing.-Diss. Jena. 1902. — Kochmann, Therapie der Gegenwart. 1903, Mai. — Kochmann, Zur Frage der Morphin-Scopolaminnarkose. Münchner med. W. 1905, Nr. 17.

Köhler, Bemerkungen zu Radestocks „Kriegschirurgischen Beiträgen zur Narkosenfrage". Heft 7 der deutsch. militärärztl. Zeitsch. Deutsche militär. Zeitsch. 1897, Heft 8 u. 9. — Köhler, Die neueren Arbeiten über Anästhetika. Schmidts Jahrb. Bd. 142, 145, 151. 1869—71. — Köhler, Zentrbl. f. Chir. 1894, II. 2. — Köhler, Lokale Anästhesierung durch Saponin, Halle. 1873. — Köhler, Ueber die Anästhetika, Schmidts Jahrbücher. 1871, Bd. 151. — Köhler, A., Transfus. u. Infusion seit 1830 usw. v. Leuthold, Gedenkschrift Bd. II. — Köhler, A., Zentralbl. f. Chir. 1906, Nr. 22.

Koelner, H., Ueber d. Bed. d. Alypin i. d. Augenheilk. Berl. klin. W. 1906, Nr. 43.

v. Köllicker, Die Aether-Chloroformnarkose. 73. Deutsche Naturforscher- und Aerzte-Versamml. zu Hamburg, 22—28. Sept. 1901. Zentralbl. f. Chirurg. 1901, Nr. 47. — v. Köllicker, Zentrbl. f. Chir. 1891. — v. Köllicker, Festschrift. 1888.

Köllner, Berliner klin. Woch. 1905, Nr. 43. — Köllner, Berl. klin. W. 1903.

König, Postoper. Pneumon. Verh. d. d. Ges. f. Chir. XXXIV. Congr. 26—29. April. Berlin. 1905. — König, Zentrbl. f. Chir 1905, Nr. 30, S. 49. — F. König, Bleibend Rückenmarkslähm. nach Lumbalanästhesie. Münchner med. W. 1906, Nr. 23. — König, Bleibende Rückenmarkslähmung nach Lumbalanästhesie. Münchner mediz. W. 1906, Nr. 23. — König, Lehrbuch der Chirurgie. — König, Archives de Stomatologie et Journal de l'Anesthésie. No. 6. et 7. 1900. — König, Fritz, Ueber Aethylchlorid-Narkose. Inaug.-Diss. 1900. Bern. — König, Zentralbl. f. Chirurgie, Nr. 39, 1877. — König, Altonaer ärztl. Verein. Sitzung 30. März 1904. — König, Chirurgenkongr. 1893. — König, Zentralbl. f. Chirurg. 1877. — König, Deutsche Klinik Nr. 24. 1873.

Königshöfer, Fortschritte i. d. Behandl. d. Augenerkrank. Deutsche med. W. 1905, Nr. 50.

Königstein, Wiener med. Presse. 1884. — Königstein, Die Anwendung des Extract. suprarenale als Hämostat. Wiener mediz. Presse. 1898, Bd. 38, Nr. 27.

Köppe, Zeitschr. f. physikal. Chemie, Bd. XVI.

Köppel, Aspir. u. Infusionsapparat. Münchner mediz. W. 1904, Nr. 6.

Körte, Zum Vergl. d. Chlorof. u Aethernark. Berlin. klin. W. 1894. — Körte, Berl. klin. W. 1892, Nr. 36.

Köster, Beitrag z. Lehre von d. chron. Schwefelkohlenstoffvergiftung. Archiv. f. Psychiatrie. 1899, Bd. 32.

Köttschau, Münchner mediz. Woch. 1880.

Kofmann, Erwiderung auf den Artikel von Dr. H. Braun, Zentralbl. 1898, Nr. 43. Zentralbl. f. Chir. 1899, Nr. 7. — Kofmann, Blutleere als Lokalanästhesie, Zentralblatt f. Chirurgie. 1898, Nr. 40.

Kohlhardt, Ueber Entgiftung des Kokains im Tierkörper. Verhandl. d. deutschen Gesellschaft f. Chirurgie. Berlin. 1901. Sitzungsber. — Kohlhardt, Ueber Entgiftung des Kokains im Tierkörper, v. Langenb. Archiv f. klin. Chirurg. 1901, Bd. 64, H. 4.

Kolaczek, Zur Narkosenfrage. Deutsche med. W. 1896, Nr. 12.

Kolb, Eine Strumaexstirpation in Hypnose. Zentralbl. f. Chirurg. 1897, Nr. 25.

Kolewski. Deutsche zahnärztl. Wochensch. 1899, Nr. 66.

Koller, K., Ueber die Verw. des Kokains zur Anästhesie a. Auge. Wiener mediz. Wochenschrift. 1884. — Koller, Wiener med. Blätt. VII. — Koller, C., Americ. Journ. of ophthalmologie. May, 1895.

Komver, B. J., Bericht over 1200 chloroformnarcoses. Nederl. tydschr. vor geneesk. 1898. II.

Kopfstein, Erfahrungen mit der spinalen Anästhesie nach Bier. Wiener klin. Rundschau. 1901, Nr. 49. — Kopfstein, Münchner med. W. 1901, Nr. 52, S. 2122.

Koranyi u. Tauszk, Zeitschr. f. klin. Med. Bd. 33.

Korff, Weitere Erfahrungen zur Skopolamin-Morphin-Narkose. Berliner klinische Wochenschr. 1904, Nr. 33. — Korff, Oberrheinischer Aerztetag. 1905, 6. Juli. — Korff, Münch. med. W. 1902, Nr. 27. — Korff, Münchn. med. W. 1903, Nr. 46. — Korff, Die Narkose des Herrn Dr. Schneiderlin. Münch. med. W. 1901, Nr. 29. — Korff, Münchn. med. W. 1902, Nr. 33. — Korff, Zentralbl. f. Chirurgie. 1901. — Korff, Zentralbl. f. Chirurgie. 1902.

Korn, Therapent. Monatshefte. 1891. — Korn, Aerztl. Praxis. 1898, Nr. 13.

Korsch, Ueber Infiltrationsanästhesie. Deutsche militärärztl. Zeitschr. 1896, Nr. 3.

v. Kossa. Die Resorption der Gifte an abgekühlten Körperstellen. Archiv. f. experiment. Patholog. und Pharmakolog. Bd. 36.

Kossel, Bericht über Eukain-α an Schering. 1897, April.

Koster, Aanbeekening over den invloed der cocaine op de accomadatie Nederland; bijdragen. 1896, I. 5.

Kozlosky, Bedeutung der Corning-Bierschen Analgesie des Rückenmarks f. Kriegschirurgie. Wiener med. W. 1901, Nr. 46.

Kozlowski, Ueber ein neues Verf. bei d. Lumbalanästhesie. Zentralbl. f. Chirurg. 1902, Nr. 45.

Krakowski, Pental und dessen Verwendung. Przeglad dentystyczny No. 2. Komplikatorische Arbeit Przebieky.

Krakowsky, St. Peterburg, Zahnärztl. Bote. 1901, Nr. 8.

Kramer, On the influence of anaesthesia etc. Annals of surgery. 1900, Sept.

Kraske, Münchner med. W. 1903, Nr. 24. — Kraske, Arch. f. klin. Chir. XXXVI. 1888. — Kraske, Verh. d. d. Gesellsch. f. Chirurg. zu Berlin. 1903. — Kraske, Verh. d. Chirurgenkongresses. Berlin 1887. — Kraske, Semaine médicale. 1903, No. 23.

Kratschmer, Wiener akad. Sitzungsber. LXII, 2. Juniheft, 1870.

Kraus, D. med. W. 1906, Nr. 1. — Kraus, Allgem. Wiener mediz. Zeitung. 1903, Nr. 5.

Krauss, Münchn. med. W. 1905, Nr. 34.

Krautwig, P., Der Essigäther als Erregungsmittel. Zentralbl. f. klin. Medic. 1893, Nr. 17.

Krawkoff, N. P., Wratsch. 1901. Nr. 11 u. 12. — Krawkoff, Russky Wratsch. 1903, Nr. 48.

Krawkow, Ueber Hedonal-Chloroform-Nark. Russki Wratsch. 1903, Nr. 48.

Krecke, Diskuss. i. ärztl. Verein i. München. 1899. Krecke, Zur Schleichschen Infiltrationsanästhesie. Münchn. med. Wochenschr. 1897, Nr. 42.

Kreibisch, Bei Aufrecht, in Nothnagels Pathologie u. Therapie, Bd. XIV. Teil II. Wien. 1897.

Kreiss, Ueber Medullarnarkose bei Gebärenden. Zentralbl. f. Gynäk. 1900, Nr. 28.

Kreisler. Bericht an Schering über Eukain-β. 1899, 29. Juli.

Kreuzmann, Zentrbl. f. Chir. Bd. XIV. 1887, Nr. 35.

Kricheldorf, H., Odontologische Blätter. 1903/04.

Krille, Deutsche Monatsschr. f. Zahnheilk. 1889.

Kroemer, Zentralbl. f. Gynäk. 1905, Nr. 42. — Kroemer, Zentralbl. f. Gynäkolog. 1903, Nr. 1. — Kroemer, Versamml. deutscher Naturforscher u. Aerzte, Meran. 1905, 26. Sept. — Kroemer, Die Technik der Aethernarkose a. d. Frauenklinik zu Gießen. Zentralbl. Gynäk. 1903, Nr. 1.

Krönig, Chirurgenkongreß. 1906, 4.—7. April. — Krönig, Oberrhein. Aerztetag, 6. Juli 1905. — Krönig, Ueber Lachgasmischnarkosen. Münchn. med. Woch. 1903, Nr. 42. — Krönig, Narkosenapparat usw. Gesellsch. f. Geburtshilfe zu Leipzig, Sitz. 16. Mai 1904. Zentralbl. f. Gynäkol. 1904, Nr. 31. — Krönig, Ueber Rückenmarksanästh. bei Laparot. im Skopolamindämmerschlaf. Verh. d. d. Gesellsch. f. Chirurg. XXXV. Kong. 1906, 4.—7. April, Berlin. — Krönig, Zentralbl. f. Chirurg. 1906, Nr. 28, S. 19.

Krönlein, 30. Kongr. d. deutsch. Ges. f. Chir. Berlin. 1901, 12. April. — Krönlein, Münchn. med. W. 1901. — Krönlein, Totale Oberkieferresektion unt. Inhalationsnarkose. Archiv. f. klin. Chir. Bd. LXIV. Heft 2. 1901. — Krönlein, Ueber Pharynxkarzinom und Pharynxexstirpation. Beiträge für klin. Chirurgie. Bd. XIX. — Krönlein, Postoper. Pneumon. Verh. d. d. Ges. f. Chir. XXXIV. Kongr. Berlin 26.—29. April 1905. — Krönlein, Zentrbl. f. Chirurg. 1905, Nr. 30, S. 50.

Krogius, Zentrbl. f. Chir. 1894. — Krogius, Zur Geschichte der sogen. region. Kokainanästhesie. Deutsche Zeitschr. f. Chirurgie. 1903, Bd. 70, H. 1—2.

Kron, Deutsche Medizinalzeit. 1894.

Kronacher, Die complierte Aethernarkose. Zentralbl. f. Chirurg. 1901, Nr. 19.

Kronecker, Dubois-Reymonds Archiv. 1884.

Kronfeld, Dr. R., Anästhesie in der konservierenden Zahnheilkunde. Oesterr.-ung. Vierteljahrsschr. f. Zahnheilk. 1904. — Kronfeld, Oesterr.-ungar. Vierteljahrsschr. f. Zahnheilkunde. 1900, Heft 2.

Krumm, Ueber Narkosenlähmung. Volkmanns Smlg. klin. Vortrg. 1895, Nr. 139.

Koymow, Einige Bemerk. z. Frage d. lok. Kokainanästhesie. Russki Wratsch. 1903, Nr. 33.

Kühn, Deutsche mediz. Woch. 1902, Nr. 3. — Kühn, Ueber 200 Nark. m. d. Braunschen Aether-Chloroformgemisch. I.-Diss. Leipzig, 1903.

Kühner, Berl. Klinik. 1892.

Külbs, Münchner med. W. 1905, Nr. 44. — Külbs, Experim. Stud. über d. Wirk. d. Nebennierenextr. Arch. f. experim. Pathol. u. Pharmakol. Bd. 53, Heft 2.

Kümmell, Roth-Drägerscher Narkosenapparat zur beliebigen Anwendung von $CHCl_3 +$ Aether. Aerztl. Verein in Hamburg, 18. Okt. 1904, Ref. i. d. Deutsch. med. Wochenschr. 1904, Nr. 52. — Kümmell, Kongreß d. deutsch. Ges. f. Chir. Berl. 1901 — Kümmell, Herm., Ueber Narkose u. lokale Anästhesie. Leipz. 1896, Festschrift zur Feier des 80. Stiftungsfestes des ärztl. Vereins zu Hamburg. — Kümmell, Zur Geschichte der allgemein. Anästhesie. Aerztl. Verein Hamburg, Deutsche med. Wochenschr. 1897, Nr. I. — Kümmell, Aetherrausch. Aerztl. Verein Hamburg, 8. Januar 1901, Münchner med. W. 1900, Nr. 3, S. 123. — Kümmell, Verbessert. Chlorof.-Sauerstoffnark. - Apparat. Aerztl. Verein zu Hamburg am 24. Febr. 1903. ref. Deutsche mediz. W. 1903, Nr. 32, S. 252. — Kümmell, Postoper. Pneumon. Verh. d. d. Ges. f. Chir. XXXIV. Kong. 25.—26. April 1905, Berlin. — Kümmell, Zentrlbl. f. Chir. 1905, Nr. 30, S. 45.

Küster, E., Berl. klin. W. 1888, Nr. 14—15.

Küttner, Sauerstoffinfusion. Münchner med. W. 1904, Nr. 12, S. 541. — Küttner, Experim. Untersuch. z. Frage d. künstl. Blutersatzes. Beitr. z. klinischen Chirurgie Bd. 40. 1904, S. 609. — Küttner, Das Operieren im Aetherrausch. Beitr. z. klin. Chirurg. 1902, Bd. 35, H. 2. — H. Küttner, Beitr. z. klin. Chir. Bd. 35, H. I.

Kugel, I., Stovain, ein neues Anästhetikum. Wiener klin. therap. W. 1906, Nr. 7.

Kuhl, Bericht über Eukain-ß an Schering. 1901, August.

Kuhn, Nasenrachentumoren u. perorale Tubage. Zentralbl. f. Chirurg. 1906, Nr. 9. — Kuhn, Vers. D. Naturforscher u. Aerzte. Karlsbad, 1902. — Kuhn, Pulmonale Narkose, Münch. med. W. 1902, Nr. 40. — Kuhn, Appar. z. Liefr. d. Druckes zur Ueberdrucknarkose. Deutsche Zeitschr. f. Chir. Bd. LXXXI. — Kuhn, Münch. med. W. 1902, Nr. 35. — Kuhn, Pulmonale Narkose. Therapeut. Monatshefte. 1903, H. 9. — Kuhn, Kein Brechen u. Pressen bei Nark. Berlin. klin. W. 1903, Nr. 17. — Kuhn, Perorale Narkose. Verh. d. d. Ges. f. Chir. XXXIV. Kongr. 26.—29. April 1905 zu Berlin. — Kuhn, Zentrbl. f. Chir. 1905, Nr. 30, S. 34. — Kuhn, Kurt, Ueber 200 Narkosen mit dem Braunschen Aether-Chloroformgemisch. Ing.-Diss. Leipzig, 1903. — Kuhn, Die Ueberdrucknarkose mittels peroraler Intubation. Zentrbl. f. Chirurgie. 1904, Nr. 42. — Kuhn, Pulmonal-Narkose. 74. Naturforsch.-Vers. 1902.

Kuhn, Zentrbl. f. Chir. 1902. Nr. 46. — Kuhn, Berliner klin. W. 1902, Nr. 46. — Kuhn, Deutsche Ztschr. f. Chir. Bd. 78, H. 4. — Kuhn, Ueberdrucknarkose i. d. Thoraxchirurgie. XV. internationaler medizinischer Kongreß. 19.—26. April 1906 in Lissabon. — Kuhn, Münchner mediz. W. 1906, Nr. 24, S. 1182. — Kuhn, Perorale Intubat. u. pulmonale Nark. 75. Vers. d. Naturf. u. Aerzte, Kassel, 20.—26. Sept. 1903. Kuhn, Münchner med. W. 1903, Nr. 41, S. 1801. — Kuhn, Perorale Tubage. Deutsche Zeitschr. f. Chir. Bd. 76. — Kuhn, Perorale Intubat. Nark. 77. Vers. d. Naturf. u. Aerzte, Meran 1905. Zentrbl. f. Chir. 1905, Nr. 49, S. 1341.

Kuljabko, A., Russ. medz. Rundschau. 1902/03, Nr. 3.

Kummer, Revue médicale de la Suisse romande. 1890, Mai.

Kunard, Wiener klin. W. 1895.

v. Kundrat, Zur Kenntnis des Chloroformtodes, Wiener klin. W. 1895, Nr. 1—4.

Kunkel, Toxikologie. 1895. — Kunkel, Ueber d. Zersetzung des Chloroformdampfes bei Gaslicht. Münch. med. W. 1899, Nr. 9.

v. Kunowsky, Ing.-Diss. Berlin. 1888.

Kurrer, Selbsttätiger Aetherflaschenverschluß f. d. Narkose. Münch. med. Woch. 1902, Nr. 48.

Kurzwelly, Medullaranästhesie usw. D. Ztschr. f. Chirurg. Bd. 78, H. 1—2.

Kussmaul, Prager Vierteljahrsschrift. Bd. 67. — Kussmaul, Virchow's Archiv, Bd. XIII.

Kuthe, Versuche mit dem örtlichen Betäubungsmittel Holokain. Zentrbl. f. prakt. Augenheilk. 1897, S. 55, Februar.

L.

Labarre, Journ. de médec. de Bruxelles. 1901. — Labarre, Révue hébdom. 1901. II. La cocaïnisation de la moelle comme moyen d'insensibiliser des régions étendues du corps. La semaine méd. 1899, Nr. 20.

Labbé et Goujon, Compt. rend. de l'Acad. des sc. 26. Févr. 1872.

Laborde, Sur un travail de Reverdin rélative à l'anesthésie opératoire. Bull. d. l'académie de méd. 1900, No. 26. — Laborde, Sur les accidents primitives de la chloroformis. Bullet. de l'Académie de Médecine. 1902, Nr. 19. — Laborde, Sur les injections intra-rachidiennes de cocaïne. Bull. de l'académie de méd. 1901, Nr. 12. — Laborde, Cocaïne, théine et coféïne. Société de biologie 18. avril, 1885. — Laborde, Abeille médic. 1892, Décembre. — Laborde, Sur l'action physiologique de la société de biologie. 1887, Okt.

Labordy, François. Bullet. de l'académie de médecine. 1890.

Lach, De l'éther sulfurique. Paris, 1847.

Lachmund, Ueber lokale u. regionäre Anästhesie sowie deren Verwendb. bei größeren Operationen. I.-Diss. München. 1903.

Ladenburger, Münch. med. W. 1905, Nr. 49.

Läwen, Die örtliche Anästhesie bei Zahnextraktionen mit besonderer Berücksichtigung der Kokain-Adrenalingemische. v. Langenbecks Archiv f. klin. Chir. Bd. 72, H. 2. 1904. — Läwen, Quantitative Untersuchungen über die Gefäßwirkung von Suprarenin. Archiv f. experiment. Pathologie. Bd. 51. — Läwen, Deutsch. Ztsch. f. Chir. Bd. 74, H. 2. — Läwen, Arch. f. experm. Pathol. u. Pharm. Bd. 51, H. 4—6. — Läwen, Deutsche Ztschr. f. Chirurg. 1904. — Läwen, Quantitative Untersuchungen über die Gefäßwirkung von Suprarenin. Archiv f. experiment. Pathologie u. Pharmakolog. Bd. 51. — Läwen, Die örtl. Anästh. b. Zahnextr. mit bes. Berück-

sichtlg. der Kokain-Adrenalingemische. Arch. f. klin. Chirurgie Bd. LXII, Heft 2.
Laffont, Thèse de Paris. 1877, IV.
Lafont. Compt. rend. de l'acad. — Lafont, France médic. 1886.
Lagrange, Société d'ophthalm. et de laryng. de Bordeaux. 1893, 18. avril. — Lagrange, Gaz. des sciences médicales de Bordeaux. 1888, S. 227. — Lagrange u. Cosse, Valeur comparative de l'Holocaine et de la Cocaine en ophthalmologie. Verlag Tours imprimerie Tourangelle. 1897.
Lakhdbin, Intermittent pulse under chloroform. The Lancet. 1901, Sept. 14th.
Lallemand, Zur Pharmakolog. u. Toxikol. des Alkohol, Aethers usw. L'Union 109. 1860. — Lallemand, Perrin et Duroy, Du rôle de l'alcool et des anesthésiques dans l'organisme. Paris. 1860. — Lallemand, Der Aether, 1863. — Lallemand, Perrin et Duroy, Compt. rend. de l'académ. des Scienc. XXIV. — Lallemand, Perrin et Duroy, Gazette de Strasbourg. 1857.
Lamb, Cessation of respirat. dur. anaesth., recovery after one and a quarter hours. The Lancet. 1903, May 16th.
Lambert. Anesthésie chirurgicale et obstétricale. Anvard et Gaubet, Paris.
Lancet, Aug. 1875. — Lancet, Febr. 6th. 1869. Lancet, Febr. 1st, 1873. April 14th, 1877 u. Med. Tim. and Gaz. April 7th, 1877. Sitzungsbericht der Gesellschaft deutsch. Chirurg. II. S. 92. — Lancet, Dez. 7th, 1872.
Landau, Tod in der Skopolamin-Morphin-Narkose. Deutsche mediz. W. 1905, Nr. 28.
Landerer, A., Lokale Anästhesie mit subkut. Kokaininjektionen. Zentralbl. f. Chirurg. 1885. Landerer, Handbuch der allgem. chirurg. Pathol. u. Therap. II. Aufl.
Landois. Die Lehre vom Arterienpuls. Berlin, Hirschwald, 1872.
Landolt, Zentralbl. f. Augenheilk. 1899, Nov. — Landolt, Ueber Alypin. Wochenschr. f. Therapie u. Hygiene des Auges. Jahrg. IX. Nr. XVI.
Landouzy, Bull. d. l'Acad. royale, XII.
Landow, M., Ein Fall von doppelseit. Abducenslähmung usw. nach Rückenmarksanästhesie. Münchner med. W. 1906, Nr. 30.
Landström. Ueber Aetherrausch. Hygiea. 1903, Heft 3, S. 220.
Lanelongue, Bordeaux méd. Nr. 42, S. 334, 1875.
Lang, Zahnärztl. Rundschau. 1900. — Lang, J., Gyogyaszat. 1899, 10. Dez.
Langaard, A., Therapeut. Monatsh. 1887.
Lange, Deutsch. med. W. 1893. — Lange, Münch. med. W. 1903, Nr. 2.
Langemak, Zentralbl. f. Chirurg. 1902.
v. Langenbeck, Cannstatts Jahresbr. 1864. — v. Langenbeck, Berl. klin. Wochenschr. 1874, Nr. 42. — B. v. Langenbeck, Berl. klin. Wochensch. Nr. 33, 1870. — v. Langenbeck, B., Deutsche Klinik. 1859, Nr. 4. — v. Langenbeck, in Berends Chloroformkasuistik. Hannover. 1850.
Langley, Journ. of physiol. 1901—1902, Vol. 27.
Langlois, Les capsules surrénales. Paris. 1897. — Langlois, Arch. f. Physiol. Bd. VII. 1895.
Lannois, Mémoires et comptes rendus de la Société des sciences médicales de Lyon. 1901, Novembre.
Lantsheere, De l'Holocaine connue anesthésique dans l'oculistique. Bullet. médical de Bruxelles. 1898, Jan.
Lanz, Adrenaline en Heelkunde. Ned. Tijdschr. v. Geneesk. Dl. I. S. 1335. — Lanz, Zentralbl. f. Chirurg. 1891, Nr. 50.
De Lapersonne. Un nouvel anesthésique local. La Stovaïne. La Presse médicale. 1904, No. 30.

Laplace, Cocain anesthesia etc. Philadelphia medic. Journ. 1900, Nov. 3 d.
Laqueur, Ueber Chloroformtod durch Herzlähmung. Deutsche med. Woch. 1902, Nr. 7.
Larisch, 1263 Bromäthyl-Narkosen. Ing.-Diss. Breslau. 1899.
Larne, Vansant. Sothern Californe Practitioner. 1899.
Laroyenne, Gaz. méd. de Lyon. 1813.
Lašek, F., Ueber Somnoformnarkose. Časopsis lékařů českých. 1905. — F. Lašek, Zentrbl. f. Chirurg. 1906, Nr. 11.
Latamendi, Un descubrimiento sobre la anesthesia locale. La Indepencia med. de Barcelona. 1875, 1. Mai.
Latte, Ing.-Dissert. Berlin. 1888.
Landolt, Zentralbl. f. Augenheilk. XXIII.
Lauenstein, Aetherrausch. Aerztlich. Verein Hamburg. Sitzungsbericht v. 8. Jan. 1901. Münchner medizin. Woch. 1901, Nr. 3, S. 123. — Lauenstein, Zur Frage der Sauerst.-Chloroformnark. Zentralbl. f. Chirurg. 1903, Nr. 6.
Lannoy et Perrier, Sur la contractilité du protoplasma usw. Comptes rend. de l'Académ. de sciences de Paris. 1904, 11. VII. — Launoy, et Billon, Comptes rendus de l'Académ. des sciences. 1904, 15. März. — Launoy, L. et Billon, F., Sur la toxicité du chlorhydr. d'amyléine. Académie des Sciences. Paris, 15 mars. 1904. — Launoy, L., Sur la contractibil. du protoplasm. Académie des Sciences. Paris, 11. juin, 1904. — Launoy, L., Académie des Sciences, Paris, 24. oktobre 1904.
Lauwers, Journ. de chir. et ann. de la soc. belg. de Chir. 1901, H. 3. — Lauwers, Die Gefahr v. Morph.-Einspritz. nach d. Chlorof.-Nark. Journal de Chirurgie. 1901, März—April. — Lauwers, Münchner mediz. W. 1901, Nr. 32, S. 1298 ref.
Lawrie, Edward. Partial anaesthesia with chloroform. British med. journal. 1897. July 31st. — Edward Lawrie, Chloroform and the heart. British journal. 1897, July 17th. — Lawrie, Notes on some cases illustrating the advantages of partial chloroform anaesthesia. The Lancet. 1899, April 15th. — Lawrie, The production of chloroform anaesthesia. The Lancet. 1898, June 18th. — Lawrie, Edw., A case of accidental overdose of chloroform. The Lancet. 1898, Okt. 1st.
Lawson, Tait, Brit. med. Journ. 1873, März.
Lazarus, P., Zur Lumbalanästh. Medizin. Klinik. 1906, Nr. 4.
Le Dentu, Academie de médicine. Sitz. 18. 5. 1902.
Lea, Arnold W. W., Spinal anaesthesia by cocaine in gynecology. Medical chronicle. 1901, Dez. — Lea, Arnold W. W., Zur Frage der spinal. Anästh. Journ. of obstetrics 1902, Jan. — Lea, Zentrbl. f. Gynäk. 1903, Nr. 25, S. 781. — Arnold, W. W. Lea. Münchner med. W. 1902, Nr. 32.
Lebet. Sur les effets physiologiques du chlorure d'éthyle. Thèse inaugurale, Berne. 1901. — Lebet, Bull. Acad. Roy. de Belgique, 25. Mai 1902.
Lee-New. Castle. Bericht an Sehering über Eukain-α. 1896, 10. Sept. — Lee, Subarachnoidean Injections. Philadelphia medical Journal. 1900, Nov. 3 d.
Legrain, Action de l'éther et du chloroforme sur le rein. Révue critique. Annales des maladies des organes génito-urinaires. 1897. Nr. 2.
Legrand, Société de Thérapie. 1899, Février. — Legrand-Dumont, Die Anwend. d. Eukain-β usw. Le Bullet, général d. Thera-

peutique, No. 18. — Legrand, De l'anesthésie locale par le chlorure d'éthyle à la cocaïne. Bulletin général de thérapeutique. 1899, Nr. 8. — Legrand, Nouvelle aiguille pour l'anesthésie locale des surfaces courbes et en particulier de la région anale. Bulletin général de thérapeutique. 1897. Nov. 8. — Legrand, L'anesthésie locale en chirurgie. XIII. Congrès international de médecine. Gazette des hôpitaux. 1900, No. 94. — Legrand, Société de Thérapeutique. Paris, 1898, 22. Juni. — Legrand, L'anesthésie locale en chirurgie générale. Paris, 1900. — Legrand, Bulletin de thérapeutique. 1899, 8. 2.

Leguen et Libou, De l'eucaïne en chirurgie. L'association française d'urologie, 1897. Révue de Chirurgie. — Leguen, Deux cas de mort immédiate par rachicocaïnisation. Discussion. Bull. et mém. de la soc. de Chirurg. 1901, No. 34. — Leguen, Deux cas de mort immédiate par rachicocaïnisation. La Presse médicale. 1901, No. 90. — Leguen, Bull. et mémoires de la Soc. de chirurg. 28. Mai 1905. — Leguen et Kendirdjy, De l'anesthésie par l'inj. lomb. intrarachidienne de coc. et eucaïne. La Presse médic. 1900, No. 89, 27. Okt. — Leguen, Felix, De l'anesthésie locale par l'eucaïne. L'association française d'urologie. Annales des maladies des organes génito-urinaires. 1896, No. 11, Novembre. — Leguen, Leçons de clinique chirurgicale, Paris. 1902. — Leguen, Annales des maladies des organes genito-urinaires. 1896, Nov. — Leguen u. Libon, Gazette des hôpitaux. 1897, No. 18 u. 20. — Leguen, Soc. de Chir. de Paris, séance 22. u. 29. May 1901. Ber. Münchn. mediz. Woch. 1901, No. 27.

Lehmann, Münchner mediz. W, 1902, Nr. 49. — Lehmann, Allgemeine med. Zentralzeitung. 1898, Nr. 86.

Leichtenstern, Lumbalanästhesie. 78. Vers. d. Naturf. und Aerzte zu Stuttgart 1906. — Leichtenstern, Zentralbl. f. Chirurg. 1906, Nr. 47.

Lejars, Chirurgie d'urgence III. édition. — Lejars, Société de Chirurg. de Paris. Sitz. 22. u. 29. Mai 1901. Ber. Münchn. mediz. W. 1901, Nr. 27.

Lengemann, Sind die schädlichen Nachwirkungen des Chloroforms von der Technik der Narkose abhängig? Beiträge z. klin. Chirurg. Bd. 27. — Lengemann, Zentrbl. f. Chir. 1902, Nr. 22. — Lengemann, Zentralbl. f. Chirurg. 1901, Nr. 22. — Lengemann, Mitteil. a. d. Grenzgeb. d. Mediz. u. Chir. Bd. 12. — Lengemann, Wiener mediz. Presse. 1903. — Lengemann, Statistisches über Chloroformverbrauch. v. Bruns, Beitr. f. klin. Chir. 1901, Bd. 31, H. 3. — Lengemann, Sind die schädl. Nachw. d. Chlorof. v. d. Technik der Nark. abhängig? v. Bruns Beitr. z. klin. Chir. 1900, Bd. 27, H. 3.

Lenhartz, Postoper. Pneumon. Verhandl. d. d. Ges. f. Chir. XXXIV. — Lenhartz, Zentrbl. f. Chir. 1905, Nr. 30, S. 50.

Lennander, Ueber lokale Anästh. u. Sensibilit. i. Organ u. Gewebe. Beobacht. II., Mitteil. aus d. Grenzgeb. d. Chirurgie und Medizin. 1905, Bd. XV., Heft 5. — Lennander, Jaktagelser öfver känseln i bukbälan. Hygiea. 1901. — Lennander, Zentralbl. f. Chirurg. 1899. — Lennander, Ueber die Sensibilität der Bauchhöhle u. über lokal. u. allg. Anästhes. bei Bauch- u. Bruchoperat. Zentralbl. f. Chirurg. 1901, Nr. 8. — Lennander, Weitere Beobachtungen über Sensibilität in Organ und Gewebe und über lokale Anästhesie. Deutsche Zeitschr. f. Chirurgie, Bd. 73. — Lennander, Upss. Läk. Förh. Bd. VI. Häft 5 u. 6. 1901. — Lennander, Beobachtung über d. Sensib. in der Bauchhöhle. Mitteilung aus dem Grenzgebiet der Medizin und Chirurgie. Bd. X. 1902. — Lennander, Observations on the Sensibility of the Abdom. Cavity. Translated by Arthur E. Barker. F. R. C. S. London. 1903. — Lennander, Fortsatta studier öfver känseln i organ och rädnader och öfver lokal anästesi. Ups. Läk. Förh. Bd. IX, Häft 6. — Lennander, Nord. Tidschr. f. Ter. Bd. I, 1902. — Lennander, Mitteilungen aus d. Grenzgeb. d. Mediz. u. Chirurg. Bd. XIII. 1904. — Lennander, Weitere Beob. üb. d. Sensib. i. Org. u. Gew. u. üb. lokale Anästh. Deutsche Zeitschrift f. Chir. Bd. LXXII, S. 348. — Lennander, Ueber Appendizitis, Mitteil. a. d. Grenzgeb. d. Medizin u. Chirurg. 1904. — Lennander, Nord. Tidskr. f. Ther. 1903. — Lennander, Upsala. Läkaref's Förh. Jahrg. 1903—1904. — Lennander, Upsala läkarefören. förhandl. 1900—1901. — Lennander, Deutsche Zeitschr. f. Chirurg. 1902, März. — Lennander, Upsala läkarefören. förhandl. N. F. Bd. IV u. V. — Lennander, British medic. Journ. 1900, Vol. II. — Lennander, Upsala Läkareförenings Förhandl. N. F. Bd. X, S. 465. — Lennander, Schmerzen im Bauch, ein Vers. einige davon zu erklären, Zentralbl. f. Chirurgie 1906, Nr. 9.

Leute, New-York medic. and surgic. Journal. 1868.

Lenz, Der Aetherrausch, eine experimentelle Intoxikationspsychose. Wiener klinische Wochenschr. 1901, Nr. 37. — Lenz, Hedonal usw. Wiener klin. W. 1900, Nr. 35. — Lenz, Inaugural-Dissertation. Dorpat, 1853.

Leopold, Mitteil. an Schering über Eukain-α. 1897, April. — Leopold u. Liebreich, Therapeut. Notizen. Therapeut. Monatshefte. 1897, Nr. 2.

Lepage et Lorier, Journ. d'accouchement. 1902, No. 29.

Leppmann, Experimentelle Untersuchungen über die Wirkung der Aethernarkose. Mitteilungen aus den Grenzgebieten der Medizin und Chirurgie. 1898, Bd. 4, Heft I.

v. Lerber, Ueber die Einwirk. der Aethernarkose auf Blut und Urin. Inaug.-Diss. Basel, Bern, Schweizer Verlagsdruckerei. 1896. — Lerber, Zentrbl. f. Gynäkol. 1897. — Lerber, Ing.-Diss. 1897.

Lermitte, British medic. Journal. 1899, 25. II.

Lermoyez, Un grand médicam. de l'avenir, l'adrénaline. La Presse médicale. 1902, No. 37.

Leser, Die allgemeine Chirurgie in 50 Vorlesungen. Jena, G. Fischer. 1906.

Lesshaft, Ueber die nach Lösung inkarzerierter Hernien auftretenden Langenerscheinungen. Virchows Archiv f. exp. Pathol. u. Pharm. Bd. CXXVIII.

Leszczynsky, L., Soll Bromäthyl oder Pental zu kurzen Narkos. verwendet werden? Medycyna. 1898, Nr. 1—13.

Leszynsky, The paralyses following general anaesthesia. New-York med. record. 1899, Okt. 21st.

Lettre adressée par M. Jackson à l'Académie des sciences de Paris, 12. Nov. 1846. Compt. rend. 1847, t. XXIV.

Levi, A. G., A regulat. chlorof. inhaler. The Lancet. 1905, May 27th. — A. G. Levi, Zentrbl. f. Chir. 1905, Nr. 27.

Lévy, Technique de l'administration du chloroforme. Journal de médecine de Paris. 1897. Nr. 40. — Levy, Lancet. 1905, Mai 27th. — Levy, Georges, Journal de médecine de Paris. 1898, No. 2. — Lévy, Georges,

Technique de l'administration du Chloroform. Journal de médec. de Paris. 1897, Nr. 47.

Lewandowski, Wirk. d. Nebennierenextr. auf die glatt. Musk. d. Haut. Zentralbl. f. Physiol. 1900, Bd. XIV.

Lewin, Nebenwirkungen der Arzneimittel. 1893, Berlin. — Lewin, Das Erbrechen durch Chloroform u. andere Inhalationsanästhetika. Deutsche med. W. 1901, Nr. 2.

Lewis, S., Somers, The use of the aqu. extr. of the supraren. gland etc. Philadelphia Med. Journal. 1901. — Lewis, S., Somers, Aqueoses extr. of the suprarenal gland. Marks Archives. 1900, June. — Lewis, S., Somers, Mercks Archives. 1901.

Lewitt, M., Sammelreferat. Deutsche med. W. 1902, Nr. 47 u. 48.

v. Leyden, Münchn. med. W. 1898, Nr. 25. Disk. Herzfeld, Jastrowitz, Goldscheider, A. Fränkel. — v. Leyden, Münchner mediz. Woch. 1901, Nr. 5, S. 205, Verein f. innere Medizin. Berlin.

Libou. Gazette des hôpitaux. 1897, Nr. 18 u. 20.

Lichtwitz, Archives internat. de laryngologie. 1900, No. 2. — Lichtwitz u. Sabragès, Bulletin. médic. 1897, No. 26. — Lichtwitz, Bullet. médic. 1898, No. 7. — Lichtwitz, Arch. internat. de Laryng. 1898, No. 1.

Liebermann, Bericht der deutschen chemischen Gesellschaft. 1891. — Liebermann, Bericht der deutschen chemischen Gesellschaft. 1892. — Liebermann, C., Pharm. I. a. Tr. 1891, XXII.

Liebl, Ueber Lokalanästhesie mit Novokain-Suprarenin. Münchner med. W. 1906, Nr. 5.

Liebreich, Kompendium. 1889. — Liebreich, Berl. klin. Wochensch. Nr. 31, 1870. — Liebreich, Therapeut. Monatshefte. 1888, Nov.

Liégard, De la compression circulaire très exacte des membres au dessus du point malade, avant et pendant l'opération. Mélange de médicine et de chirurgie practique. Caën. 1837, S. 350.

van Lier, Regionäre Anästhesie. Ned. Tydschr. v. Geneesk. 1, S. 507.

Lilienthal, Howard, Operations without ether or chloroform narcosis. Annals of surgery, 1898, May. — Lilienthal, Howard, Operations without ether or chlorof. narcos. General observat. and report of illustrative cases. Discuss. New-York surgical Society. Annals of surgery. 1898, May. — Lilienthal, New-York, Imperative Surgery for the general Practitioner, Specialist and the recent Graduate. 1900, Chapter IV u. XIV. — Lilienthal, New-York, Presentation of a Sebaceous Tumor or cyste. Journal of Cutaneous and Genito-urinary Diseases. 1900, March.

Lilly, Americ. Journ. of Pharmacy, März, 1869.

Liman, Caspar, Hdb. d. gerichtl. Med.

v. Limbeck, Archiv f. experiment. Patholog. Bd. 30.

Lindemann, Ueber d. Wirk. d. Aetherinhalat. auf d. Lungen. Zentrbl. f. allgem. Pathol. 1898, Nr. 11 u. 12. Bd. IX. — Lindemann, Jahrbücher f. Chirurgie v. Hildebrandt. 1898.

Lindt, A., Zusammenstell. d. Narkosenstat. der nord. Länder. Nord. med. Ark. 1895.

Linhart, Kompendium d. Operationslehre, 1862.

Lipsburger, Pulmonale Narkose. 75. Vers. d. Naturf. u. Aerzte. Kassel, 20.—26. Sept. 1903. — Lipsburger, Münchner med. W. 1903, Nr. 41, S. 1801.

Link, Ueber Anästhesie durch künstl. Oedem. Diss. Würzburg. 1897.

Linke, Therapeutische Monatshefte. 1903, Aug. — Linke, Brooklyn, Bericht an Schering über Eukain-α. 1896, 20. Sept.

Lippmann, Etude sur la coca du Perou. Thèse de Strassbourg. 1868.

Littauer, Narkosenlähmungen, Gesellsch. f. Geburtshilfe zu Leipzig. Sitz. 15. II. 1904. Zentralbl. f. Gynäk. 1904, Nr. 18, S. 586. — Littauer, Narkosenapparat. Geburtshilfl. Gesellsch. zu Leipzig. Sitz. 16. Mai 1904. Zentralbl. f. Gynäkol. 1904, Nr. 31, S. 951.

Litten, Virchow's Archiv f. pathol. Anat. usw. Bd. 70.

Littlewood, Operations under analgesia produced by intraspinal injections of cocaine. The Lancet. 1902, Sept. 27th.

Livon, Action de l'Adrenaline sur les vaisseaux. Société de Biologie. 1902, Feberario 27.

Lloyd, The administration of anaesth. in rectal disease. Medic. Press. 1903, July 15th. — Lloyd, The field of view of the anaesthetist. Medical Press. 1902, Okt. 16th.

Loeb, Monatshefte f. prakt. Dermatolog. 1898, 28. Jan.

Leobisch, Realenzyklopädie der gesamten Heilkunde. III. Aufl.

Löffler, Aerztl. Verein in Frankfurt a. M. Sitz. am 6. Nov. 1905.

Löhers, Deutsche med. W. 1890. — Löhers, H., Ueber d. Einfl. d. Bromäthyls a. Atm. u. Kreislauf. Ing.-Dissert. Berlin. 1890.

Löhr, Ing.-Diss. Berlin. 1895.

Lönngvist, Ueber Aetherrausch. Zentrbl. f. Chir. 1905, Nr. 34. — Lönngrist, Ueber Aetherrausch. Finska läkaresällkapets Handlingar. 1904, Bd. 46, H. 3.

Löschke, J. C., Arch. f. Zahnheilk. Nr. 22—23.

Löser, Abduzenslähmung nach Rückenmarksanästhesie. Medizinische Klinik. 1906, Nr. 10.

Löwenfeld, L., Sexualleben und Nervenleiden. Wiesbaden. 1903.

Löwenstamm, Ueber weitere Versuche mit dem Holocain. muriat. Therapeut. Monatsh. 1897, S. 268.

Loewit, Ueber die Entstehung des Lungenödems, ein Beitrag usw. Zieglers Beiträge zur patholog. Anatomie. Bd. XIV.

Loewy u. Müller, Zur Kenntnis d. anästhesierend. Wirk. des Yohimbins (Spiegel). Münch. med. W. 1903, Nr. 15. — A. Loewy, Berl. klin. Wochenschr. 1900, Nr. 42. — A. Loewy, Therapie der Gegenwart. 1901, Juli. — A. Loewy, Untersuchungen über Respiration und Zirkulation. Berlin, A. Hirschwald, 1895.

Lohmann, Infiltration und Chemismus, Kokain und. α- u. β-Eukain. Therapeut. Monatshefte. 1900, Nr. 9. — Lohmann, Das Eukain-β als Lokalanästhetikum in der Chirurgie. Therap. Monatsh. 1897, Heft 8.

Lohnstein, Allgem. mediz. Zentralzeitung. 1905, Nr. 47.

Longard, Therapeut. Monatshefte. 1902, Mai, — Longard, Beitrag z. Aethernark. Münch. med. W. 1903, Nr. 24. — Longard, Ueber Verwend. des Thermophors b. d. Wagner-Langardschen Aethermaske. Zentralbl. f. Chirurg. 1900, Nr. 34.

Longet, Expériences relatives aux effets de l'inhalation de léther sulfurique. Arch. général. de méd. Mars, 1847.

Lorand, A., Deutsche Praxis. 1903, Nr. 15.

Lord 1848, Boston, A defence of Dr. Jacksons claims.

Lorenz, Wiener klinische Wochenschr. 1889, Nr. 9.

Di Lorenzo, G., Giornale internat. delle scienze mediche. 1902, Fasc. 13.

Lorier, Gaz. hebdom. de médec. et de chirurg. 1902.

Lossen, W., Ueber d. Kokain. Annalen d. Chemie u. Pharmakol. 1865, Bd. CXXIII.

Lotheissen, Deutsche Monatsschrift f. Zahnheilkunde. 1903. XXI. — Lotheissen, Ueber d. Gefahren der Aethylchloridnark. Münch.

med. W. 1900, Nr. 18. — Lotheissen, Zentrbl. f. Chir. 1903, Nr. 19. — Lotheissen, Zur Statist. der Aethylchloriduarkose. Zentralbl. f. Chirurg. 1903, Nr. 20. — Lotheissen, Anästhesin bei chirurgischen Erkrankungen usw. Wiener klin. Rundschau. 1904, Nr. 44. — Lotheissen, Wiener klin. Rundschau. 1904, Nr. 40—43. — Lotheissen, Ueber die Narkose mit Aethylchlorid. v. Langenb. Arch. f. klin. Chirurg. 1898, Bd. 57, Heft 4. — Lotheissen, Ueber Narkose mit Aethylchlorid. Beiträge zur klin. Chirurg. 1899. — Lotheissen, Archiv f. klinische Chirurgie. 1896, Bd. LVII, Heft 4. — Lotheissen, Anästhesin usw. Wiener klin. Rundschau. 1904, Nr. 44. — Lotheissen, Ueber Narkose mit Aethylchlorid. Beiträge zur klin. Chirurgie. 1897, Bd. X. — Lotheissen, Zentralbl. f. Gynäkol. 1903, Nr. 24.

Loves, J. C. E., Die Zahnkunst. 1902, Nr. 26.

Lucas, Hildebrandts Jahresbericht d. Chirurgie. 1897. — Lucas, A question for anaesthetists. The Lancet. 1897, Febr. 20th. — Lucas-Championnière, Chloroformapparate. Académie de médec. de Paris. 1905. — Lucas-Championnière, Zentralbl. f. Chir. 1905, Nr. 19, S. 529.

Lucien, Americ. Journal of ophthalmology. 1900.

Lucius, Friedrich, Narkose und Atmung, Ing.-Diss. ref. Gießen. 1905.

Lucke, R., Die Lokalanästhesie in Blase und Harnröhre. Monatsschr. f. Harnkrankheiten u. sexuelle Hygiene. 1905, Heft 10. — Rob. Lucke, Ueber Novokain i. d. Urologie. Monatsschr. f. Harnkrankh. u. sexuelle Hygiene. 1906, Heft 3.

Ludlow, Med. Tim. and Gaz., Oct. 19th, 1866.

Ludger, L'Union. 1860, 109.

Ludwig, Ueber Narkose mit Aethylchlorid. Beiträge zur klinisch. Chirurgie. 1897, Bd. 19, Heft 3. — Ludwig, Beiträge z. klin. Chirurgie. 1898, Bd. XIX, Heft 3.

Lücke, A., v. Langenbecks Arch. f. klin. Chirurg. 1862, Bd. III.

Luer, Injektionsspritze. Münchner med. W. 1902, Nr. 51, S. 2169.

Luke, The product. of anaesthesia etc. Edinburgh med. Journal. 1904, July — Luke, Zentrbl. f. Chir. 1905, Nr. 10. — Luke, What is pure chloroform? Edinburgh. med. journal. 1902, June. — Luke, Edinburgh. Med. Journ. Nov. 1903. — Luke, Edinburgh. Medic. Journ. 1905, Sept. — Luke, Ethyl chlorid narcosis. The Lancet. 1903, July 18th. — Luke, The use of, ethyl chloride as a general anaesthetic. Edinburgh. journal. 1903, Nov. — Luke, Anaesthesia in Dental Surgery. 1903. London, Rebman, Limited. Ref. in The Lancet. 1904, Okt. 1st. — Luke, Eine Aufforder. z. häufigeren Benutz. d. Aethers in d. Chirurgie. Scottish medic. and surgical Journal. 1901, March. — Luke, Münchner med. W. 1901, Nr. 21, S. 860 ref. — T. D. Luke, 22 Fatalities, which have occured under ethyl chloride. The Lancet. 1906, Mai 5th. — Luke, T. D., Zentralbl. f. Chirurg. 1906, Nr. 26.

Lund, Recent advances in the methods of local anaesthesia. Medic. and. surgic. reporter of the Boston City Hospital. 1896.

Luniatschek, F., Renoform in Verbindung mit Anästheticis. Deutsche zahnärztl. Wochenschr. Nr. 4. 1906.

Luria, Die Bedeutung der Narkose in der modern. Chirurgie. Deutsche med. W. 1901, Nr. 25—31.

Lustgarten, Wien. med. W. 1887.

Luther, Münchner med. W. 1892. — Luther, Klin. Zeit- u. Streitfragen. Bd. 7, Heft 3. 1893.

Luther, Münchner mediz. W. 1893. — Luther, E., Ueber Chlorf.-Nachwirkungen. Centrbl. für Chir. 1892, Nr. 4.

Luton, Archiv. général. Febr. 1857.

Lutze, Ueber den Einfluß d. Chloroformnark. auf d. menschl. Niere. Ing.-Diss. Würzburg. 1890.

Luxemburger. Diskuss. i. ärztl. Ver. i. München. 1899.

Luxemburger, Dr. A., Ueber das neue Lokalanästhetikum „Nirvanin“. Münchner mediz. Wochenschr. Nr. 1 u. 2. 1899.

Lydston, Antipyrin as a local anästhetic. Journ. of cutaneous and genito-urinary diseases. 1898, May.

Lympius, Tödliche Fettembolie in der Narkose bei Brisement forcé. Jahrb. d. Hamburgisch. Staatskrankenanstalten. Bd. IV. Jahrgang 1893/94.

Lyon médicale, 1899. Nr. 30.

M.

Maag, Ein Versuch zur Wiederbeleb. eines in Chloroformnark. verstorb. Mannes. Centralbl. f. Chirurg. 1901. — Maag, Ein Versuch der Wiederbelebung eines in Chloroformnarkose gestorb. Mannes. Zentralbl. f. Chirurgie. 1902. Nr. 1.

Maas, Berl. klin. W. 1902.

Maass, Die Methode der Wiederbelebung bei Herztod nach Chloroformeinatmung. Berl. klin. Woch. 1902, Nr. 12.

Mc. Cardie, The management and preparation of the patient for gener. anaesth. includ. the first stage of that shate. Birmingham Medic. Review. 1903, March. — Mc. Cardie, Ethylchlorid etc. Zentralbl. f. Chir. 1905, Nr. 52. — Mc. Cardie, Ethylchloride as a gener. anaesth. etc. The Lancet 1905, Okt. 7th. — Mc. Cardie, Ethylchloride as a general anaesthetic. The Lancet. 1903, April 4th. — Mc. Cardie, A few cases of ethylchloride narcosis. The Lancet. 1901, July 20th. — Mc. Cardie, Treatment. 1903, March. — Mc. Cardie, N. Aethylchlorid. The Lancet. 1901. — Mc. Cardie, Narkose mit Aethylchlorid. The Lancet. 1901, March 9th. — Mc. Cardie, Weitere Fälle v. Nark. mit Aethylchlorid, The Lancet. 1901, July 20th. — Mc. Cardie, Neuere Entwickel. d. Narkosentechnik. Ref., Münchner med. W. 1903. Nr. 22, S. 962. — Mc. Cardie, Death under Chloroform. British med. Journal. 1898, Febr. 5th. — Mc. Cardie, The Lancet. 1903, April 25th. — Mc. Cardie, Treatment. 1903. — Mc. Cardie, W. I. Ref. Münchner mediz. W. 1901. Nr. 43, S. 1714.

Macdonald, Bull. et mémoires de la Société de chirurg. 1901, Mai 20.

Mc. Hill, Brit. med. Journal. 1873/II, July 5th.

Mackenzie, Supraren. glandext. etc. British med. Journal. 1901, 27. IV.

Maclead Yearsley, London. Eurain as a loc. Anaesth. in surgery of the Thoat-Nose and Ear. British medic. Journ. 1897, Jan. 16th.

Maclennan, Report on some cases of stoppage etc. British medic. Journal. 1896, Nov. 21st.

Macnaughton, Jones, Brit. gynaekol. Society. Lancet. 1904, March 19th. — Macnaughton, Jones, Zentralbl. für Gynäkologie. 1904, Nr. 43, S. 1292.

Mac Quillan, Deutsche Klinik. N. 29. 1869.

Mactier, The dangers of cocaine. Brit. med. Journ. 1896, Dez. 14th.

Mader, Status thymic. und Chloroformnarkose. Aus d. Jahrb. des bosnisch. herzegow. Landesspital in Sarajewo. Wien 1898. S. Safát. Mader, Status thymic. u. Chloroformnarkose. Allgem. Wiener med. Zeitung. 1899. Nr. 7. u. 8.

Madelung, Verhandl. d. deutsch. Chirurgenkongresses 1891. Berlin. Sitz.-Bericht. — Madelung, Leistungen des Gärtnerschen Pulskontrolleurs. Unterelsässischer Aerzteverein. Münch. med. W. 1903, Nr. 34.

Madlener, Kombinierte Aether-Chloroformnarkose mit der Sudeckschen Aethermaske. Münchner med. Wochenschr. 1904, Nr. 14. — Madlener, Aether-Chlorof.-Mischnarkose. Münchner gynäkolog. Gesellsch. 20. Januar 1904. Zentralbl. i. Gynäkol. 1905, Nr. 15. — Madlener, Ueber Narkosenlähmung. Münch. med. Woch. 1897, Nr. 37. — Madlener, Myomoperat. ohne Narkose. Münch. gynäkol. Gesellsch. 20. Januar 1904. Zentralbl. für Gynäkol. 1905, Nr. 15. — Madlener, Narkosenlähmungen. Zentralbl. i. Gynäkol. 1904, Nr. 18, S. 587. — Madlener, Münch. med. Woch. 1897, Nr. 37.

Maduro, The status of general anaesthesia in 1900. Medical News. 1900, Sept. 8 th. — Maduro, The Petrol. ether mixtur of Schleich for general anaesthesia. College of physicians of Philadelphia. Annals of surgery. 1898, August.

Madzar, J., Narkosen mit Gemischen von niederem Siedepunkte (Narkoform, Somnoform). Mitteilung. a. d. zahnärztl. Klinik der Königl. Univ. zu Budapest. Orvosi Hetilap. 1904, Nr. 15 u. 16.

Magendie, Compt. rend. t. XXIV. 1847.

Magill, Anaesthesia and analgesia. Medical News. 1901, Okt. 5 th. Nr. 1499.

Magnani, La Clinica Moderna. 1902, Nr. 35. — Magnani, Annali di Ottalmologia. 1903, Fasc. 5. — Magnani, Zur anästhesier. Wirk. des Yohimbin (Spiegel). Münch. med. W. 1903, Nr. 28.

Magnire, Ernest, Die Anwendung des Somnoform, The Lancet. 1903, August 5 th.

Mahe, G., Statist. Angab. über Anästhesie mit N_2O u. Somnoform. Brit. Dent. Ass. Journal. 1903, April.

Maisch, Americ. Journ. of Pharmacy. 1868.

Maisonneuve, Gaz. des hôp. 1853.

Malenjuk, W., Zur Lehre v. Chlorof. Klin. Beobacht. und Unters. über Ausscheid. d. Chloride u. ander. mineral. Stoffe unter dem Einfluß v. Chloroform. Aus der chirurgisch. Fakultätsklinik v. Prof. Grube in Charkow. Letopis russkoi chirurgii. 1896, Heft 3.

Malgaigne, Bulletin de l'Académie de méd. t. XII.

Malherbe u. Stépinski, Révue de Chirurgie. 1901. — Malherbe, Chloräthyl f. allgem. Anästhesierung zu chirurg. Eingriffen. Congrès de chirurgie de Paris. 21.—26. Okt. 1901. Bericht. — Malherbe et Roubinowitch, Anesthésie générale par le chlorure d'éthyle. Bulletin de l'Académie de Médecine. 1902, Juin 10. — Malherbe, Congr. français. de chirurg. de Paris. 1900. — Malherbe, Chloräthyl zur allgem. chirurg. Anästhesie. Ref. Münchner med. W. 1901, S. 1858. — Malherbe, Eine neue Art allgem. Anästhesie mit Chloräthyl. Nowing lekarskie.. 1902, Nr. 8. — Malherbe, De l'anesthésie au bromure d'éthyle dans la position de Rose pour les petites opérations pratiques sur les voies respiratoires supérieures. Révue hébdom. de laryngol. d'otol. etc. rhinol. 1900, Nr. 26. — Malherbe, Ethyle chlorure. XVII. Congr. franç. de chirurgie. 17.—22. Okt. 1904. Révue de Chirurgie. Bd. XXIV, Nr. 11. — Malherbe, Zentralbl. i. Chirurgie. 1905, Nr. 16. — Malherbe, Nouveau procédé pour l'anesthésie générale par le chlorure d'éthyle. Congrès franç. de chirurgie. 1901.

Mally, Les paralyses post anaesthésiques. Révue d. Chir. 1899. Bd. XX., H. 2. — Mally, Zentralbl. i. Gynäkologie. 1904. Nr. 18, S. 587.

Malot, Des injections souscutanées de gaïacol chloroformé comme analgésique local. Thèse de Paris. 1897.

Manega, Rückenmarksanästhesie. La rif. med. 1901, Nr. 235 u. 236. — Manega, Münchner mediz. W. 1901, Nr. 19, S. 760. ref.

Manfalcon, Dictionnaire des sciences médic. T. 37. Paris 1813.

Mangnat, Le Nirvanin. Bulletin méd. 1899, Nr. 94.

Mauninger, W.. Ueber die neueren Methoden der Anästhesierung. Orvosi Hetilap. 1904, Nr. 46.

Mannheim, Zeitschrift f. klin. Medizin. 1831, Nr. 17. — Mannheim, P., Zeitschrift f. klinische Mediz. 1890.

Mantegazza, P., Sulle virtu igien. e med. della loca. Milano 1859.

Manteuffel, Petersburger mediz. Woch. 1894. — Manteuffel, Petersburger mediz. Woch. 1896. — Manteuffel, Petersb. med. Woch. 1895.

Manz, Zentralbl. f. Chir. 1898, Nr. 7. — Manz, Ein Glaukomanf. nach Kokain. Sitzungsber. d. Heidelberger ophthal. Gesellsch. 1885. — Manz, Zentralbl. i. Chirurgie. 1898.

Maramaldi, L'Anaesthesia. Giornale internationale delle Scienze Mediche. Bd. 2. 31. Januar 1903. — Maramaldi, L., Giornale internazionale delle scienze mediche. 1902, Fasc. 13.

Marcus, Medullary narcosis, its history and developement. New.-York med. Record. 1900, Okt. 13 th. — Marcus, Deutsch. Zahnärztl. Wochenschr. Nr. 39. 1898. — Marcus, Erfahrungen mit Nirvanin. Deutsche zahnärztl. Woch., Nr. 39. 1899.

Marchetto-Dalborgo, Contrattilità e sensibilità elettriche durante l'analgesia chirurgica. Revista critica di clinica medica. 1901, pag. 338.

Marcinowski, Das Eukain-β, Deutsche Zeitschr. f. Chirurgie. 1902. Bd. 65, Heft 5—6.

Marfan, Kokainomanie als Ursache der Idiotie bei Kindern. Révue mensuelle des maladies de l'enfance. Sept. 1901.

Margrath in Berends Chloroformkasuistik. Hannover. 1850.

Marie, P., et Guillain, Société médic. des hôpitaux de Paris. Séance 29. III. et 19. IV. 1901. — Marie, P., et Guillain, ref. Münch. med. W. 1901, Nr. 23, S. 952. — Marie, P., et Gillet, Société méd. des hôpit. de Paris, séance 3. V. 1901.

Marion Sims, Brit. med. Journ., April 11th. 1868. — Marion Sims, Deutsche mediz. Zeitung 1886.

Markoe, Francis H., Observations on the use of oxygen gas with ether for anaesthesia. New-York surgical society. Annals of surgery. 1896, Febr.

Marks, Philadelphia medic. Journ. 1900, Nov. 3d.

Marshall, P., Med. Times and Gaz. 1868, July. — Marshall-Hall, The Lancet. 1856, No. 9, 15, 16. — Marshall, P., Medic. Times and Gaz. 1867, Dez. 14th. — Marshall, Note on a case of failure of respiration under anaesthesia. The Lancet. 1900, June 9th. — Marshall, On the mode of action of narcotics. The medical chronicle. 1901, Nov.

Martens, Deutsche Zeitschr. f. Chirurg. 1897. Bd. 49.

Marthen, Ueber tödl. Chloroformwirkung. Berl. klin. Wochenschr. 1906, Nr. 10. — Marthen, Ueber tödl. Chloroformnachwirkung. Berl. klin. Woch. 1896, Nr. 10.

Martin, Die Anästhesie in der ärztl. Praxis.

München. 1905. I. F. Lehmann. — Martin, Zahnarzt in Alameda, Scherings Bericht. 1901, Aug. Ueber Eukain-β. — Martin, Lumbalanästh. Gebärender. 76. Vers. d. Naturf. u. Aerzte, Breslau, 18.—24. Septbr. 1904. — Martin, Zentralbl. f. Gynäk. 1904, Nr. 43. — Martin u. Binswanger, Das Chloroform in seinen Wirkungen auf Menschen und Tiere. Leipzig 1848. Brockhaus. — Martin, Die Rückenmarksanästhesie bei Gebärenden. Ref. Berlin. Klin. Wochenschr. 1904, Nr. 42. — Martin, Allg. med. Zentr.-Ztg. 1861. — Martin, Chas., The Cleveland medical Journal. 1902, Juli.

Martinez, La anestesia clorof. y las cardiopatias. Revista de med. y cir pract. de Madrid. 1906, Nr. 944. — Martinez, Zentralbl. für Chir. 1906, Nr. 48.

Martinier, Discus. Société d'otontolog. à Paris. 1899.

Marvaud, A., Les aliments Départne. Paris 1874.

Marx, Medullary narcosis during labor. New-York med. Record. 1900, Okt. 6th. — Marx, Analgesia in obstetrics etc. Philadelphia medic. Journal. 1900.

Maslemnikoff, Zeitschr. f. Augenheilk. 1900.

Masselon, De l'holocaïne en ophtalmologie. Archives d'Ophtalmologie. 1897, Okt.

Matas, The Treatment of the Arteriovenous-aneurisms of the subclavian vessels. The Boston medical and surgical Journal. 1901, June 28th. — Matas, New-Orleans, Local and Regional Anaesthesia with cocain and other Analgesie Drugs including the subarachnoid Method as applied in gen. surg. practice. The Philadelphia medic. Journal. 1900, Nov. — Matas, Local and regional anaesthesia etc. The Philadelphia medic. Journal. 1900, Nov. 3d. — Matas, The Boston Medical and surgic. Journal. 1901, June 28th. — Matas, The growing import. and value of loc. and region. anaesth. in minor and major surgery. Transactions of the Louisiana State medical Society. 1900.

Mathaei, Zentralbl. f. Chirurg. 1899.

Matthai, Die Alkoholnarkose. Zentralbl. f. Chir. 1899, Nr. 48.

Mattern, Berl. klin. Wochenschr. 1896.

Mattison, Medical Record. 1894, Jan. 14th.

Mauclaire, La chloroformisat. l'éthéris. et la cocaïnisat. lombaire. Gazette de hôpitaux. 1901, Nr. 140.

Maurance, A propos des accidents de la chloroformisation. D'une méthode d'anesthésie mixte destinée à les prévenir. Soc. de thérap. 1904, Juni 22.

Maurange, P. u. G., Arch. für Physiol. 1895. Bd. VII. — De l'emploie de l'extr. aqueux de caps. surrén. en ophthalmolog. Gazette médic. de Paris. 1897, No. 75.

Maurel, La cocaine, ses propriétés toxiques et thérapeutiques. Paris 1895. — Maurel, Die durch Kokain verursachten tödl. Zufälle, Société de Biologie de Paris, Séance. 29. Juni u. 6. Juli 1901. — Maurel, Toulose Ref. Münchner mediz. W. 1901, Nr. 36, S. 1429. — Maurel, Therapeut. Monatshefte. 1892.

Maurice, Leo, Das Stovain i. d. zahnärztl. Praxis. Zahnärztl. Rundschau. 1905. Jahrg. XIV. Heft 46.

Mauretta, De l'anesthésie générale en obstetrique par le chlorure d'éthyle pur. 1903.

Maurette, E., Die allgem. Anästh. i. d. Geburtsh. m. Aethylchlorid. Thèse de Toulouse. 1903. — Maurette, Zentralbl. f. Gynäk. 1904, Nr. 46.

Mayer, Siegmund, Sitzungsber. der mathem. naturwissensch. Klasse der k. k. Akademie z. Wien. Bd. LXVII. — Mayer, Emil, Philadelphia medic. Journal. Bd. VII., Nr. 17.

— Mayer, Theod., Dermatolog. Zeitschr. Bd. XIII, Heft 3. — Mayer, Sitzungsbericht des internationalen Physiolog. Kongresses. Brüssel. 1904. — Mayer, Heinr., Arch. f. exp. Pathol. und Pharmakol. Bd. XXI. — Mayer, Xaver, Ueber Anästhesie und seine Verwendung i. d. Ohrenheilkunde. Inaug.-Diss. München. 1903. — Mayer, Emil, Philadelphia, Mediz. Journ. 1901.

Mayershausen, W. m. Pr 1885.

Maygrier und Blondel, Revue de Thérapeutique médico-chirurgicale. 1898.

Mayo Robson, Brit. gynaecolog. Ges. Lancet, 1904, March 19th. — Mayo Robson, Zentralbl. f. Gynäkol. 1904 Nr. 43, S. 1292.

Mazzoni, Il Policlinico. 1902/03. IX. Sez. prat.

Medic. Times and Gaz. 1368, Jan. 18th.

Mehler, Ueber Infiltrat.-Anästhesie. Münchner med. W. 1896, Nr. 45 u. 46.

Meisel, Postop. Pneum. Verh. d. d. Ges. f. Chirurg. XXXIV. Kongr. Berlin 26.—29. April 1905. — Meisel, Zentralbl. 1905, f. Chir. Nr. 30, S. 50.

Mellinger, Schädlicher Einfl. des Coc. mur. auf die erste Verein. v. Hornhautwunden. Beiträge zur Augenheilk. Festschrift von Prof. Schieß-Gemuseus Jubiläum. 1892.

Meltzer u. Langmann, Zentralbl. f. innere Mediz. 1900, Nr. 87. — Meltzer, Berl. klin. W. 1906, Nr. 3. — Meltzer-Auer, Einfluß der Nebennierenextraktes auf Resorption und Transsudation. Zentralbl. f. prakt. Anat. 1904, Nr. 21.

Mendel, Virchows Archiv, 1870. — Mendel, E., Therapie der Gegenwart. 1900, Juli.

Ménière, Zentralbl. für Chirurgie. 1905, Nr. 48, S. 1301. — Ménière, Essai critique sur la position de Rose à propos des opérat. dans le nez, l'arrière le nez et la gorge. Annales des maladies de l'oreille etc. 1904, April.

Menz, Hedonal. Heilkunde. 1900, Nr. 11.

Menzel, Zur Statistik der Narkose. Zentralbl. f. Chir. 1877, Nr. 5.

Mérat et de Lens, Dictionnaire de thérapeutique. t. III, 1831.

Mercier Charles, Independent movements of the eyes in coma. Brit. med. Journ., March 10th. 1877.

Merck, Jahresber. Jahrg. XVII, 1903. — Merck, E., Jahresbericht. 1902. — Merck, E., Jahresbericht. 1898. — Merck, E., Jahresber. für das Jahr 1899 und 1901. — Merck, E., Bericht über d. Jahr 1895. — Merck, E., Bericht über d. Jahr 1900.

Mercuse, Excerpta medica 1892, Januar.

Merklen, Société médic. des hôpit. de Paris, séance 29. III. u. 19. IV. 1901. — Merklen, Ref. Münchner mediz. W. 1901, Nr. 23.

Mertens, Archives internat. de l'harmacodynie et de Thérapie. Bd. II — Mertens, Ein Beitrag zur Statistik der Aetkernarkosen. Inaug.-Diss. München. 1901.

Mester, Zeitschr. f. physiolog. Chemie. Bd. VIII.

Messter, Zeitschr. f. klin. Medizin. 1891.

De Mets, Annales de la société médico-chirurgicale d'Auvers, 1896.

Metzgar, Zahnarzt i. Prescott (Arizona), Scherings Bericht über Eukain-β. Berlin. 1901, Aug.

Meyer, Berl. klin. W. 1894. — Meyer, Edm., Sonderabdr. d. Laryngol. Gesellsch. 1893. — Meyer, Willy. The improvement of general anesthesia on the basis of Schleichs principles. The journ. of the Amer. med. ass. 1900, Febr. 28th. and March 7th. — Meyer, A., Zwei neue Lokalanästhetika i. c. rhinolog. Praxis etc. (Euk. u. Stov.) Therapeut. Monatshefte. 1905, Bd. V, Heft 5. — Meyer, Hans, Zur Theorie der Alkoholnarkose, Arch. f. exp. Pathol. u. Pharmak. 1899 Bd. 42. — Meyer, Berlin. klin. W. 1900, XXXVII 32. — Meyer, J., Ueber Chloroform-Sauerstoffnarkose. Wiener klin. Rundschau. 1904, Nr. 46. — Meyer, Zentralblatt f. intern. Medic. 1901, Nr. 22. — Meyer, New-York medic. News. 1901, April. — Meyer, Archiv f. experim. Patholog. u. Pharmakol. Bd. 46, 1901. — Meyer, H., Münchner medizin. Wochenschr. 1901, Nr. 51, S. 2053. — Meyer, Nephrectomie for tuberculosis under spinal anaesthesia with tropacocaine. New-York Surgical society. Annals of Surgery. 1901, Sept. — Meyer, Willy, Tumor of bladder removed under spinal anaesthesia, New-York surgical society. Annals of surgery. 1901, Oktob.

Mialhe, Journ. des conaiss. médic. Janv. 1851.

Miall, Brit. med. Journ. 1870, Jan. 1 st.

Michaelis, M., Ueber Sauerstoff-Therapie, Verhandl. des XVIII. Kongreß f. innere Medizin. Sitzungsbericht. — Michaelis, Therap. Monatsh. 1894. — Michaelis, Zur Chemie der Sauerstoff-Chloroformnarkose. Deutsche Zeitschr. f. Chirurg. 1902, Bd. 66, Heft 1—2.

Michailow, N., Beobachtungen über die Narkose. Westnik chirurgie. 1901, Nr. 22.

Miescher, Bemerk. zur Lehre v. d. Atembewegungen. Arch. f. Anatom. u. Physiol. 1885.

Micheli, Clinica chirurgica. 1902, No. 3. — Micheli, Bull. et mémoires de la soc. de chirurg. de Paris. 1901, Heft 15, 17, 18, 19, 24.

v. Mikulicz, Ueber die Narkose, Deutsche Klinik, Urban u. Schwarzenb. 1901. — v. Mikulicz, Berl. klin. W. 1894, Nr. 46. — v. Mikulicz, Münch. med. W. 1901. Nr. 18. — v. Mikulicz, Die Methoden die Schmerzbetäub. u. ihre gegenseit. Abgrenzung. v. Langenb. Arch. f. klin. Chirurg. 1901, Bd. 64, Heft 4. — v. Mikulicz, Zentralblatt f. Chirurg. 1898, Nr. 26. — v. Mikulicz und Kausch, Handbuch der prakt. Chirurgie. Stuttgart. 1900. — v. Mikulicz, Chloroform oder Aether, Berlin. klin. W. 1899, Nr. 46.

Mignon, Adrenalin in d. Rhinol. Münchner med. W. 1903, Nr. 41, S. 1794. — Mignon, Arch. internationales de laryngol. 1903, No. 3. — Mignon, Société de Chirurg. de Paris. Sitz. a. 25. II., 5. III., 12. III. 1902. — Mignon, Un cas de mort subite sous le chloroforme chez un sujet atteint d'hypertrophie du thymus Bulletins et Mémoires de la Société de Chirurg. de Paris. 1902, No. 9.

Milian, Tapping of the lumbar region. Medic. Press 1904, Nov. 2 d. — Milian, Anaesthésie locale par chlorure d'éthyle cocaine. La presse médicale. 1899, No. 24.

Milkó, Ueber Lumbalanästh. mit Stovain. Budapesti Orvosi újság. 1906, Sebészet 2. — Milkó: Zentralbl. f. Chirurgie. 1906. Nr. 45.

Millard, Société méd. des hôpit. de Paris. 26. IV. u. 3. V. 1901. — Millard, ref. Münchner med. W. 1901, Nr. 28.

Millée, Note sur un cas d'hyperesth. coc. Réc. d'ophthalm. 1891, Juin. — Réc. d'ophth. 1891.

v. Millener, Dessicated suprarenal Extract etc. Buffalo Medic. Journal. 1900.

Miller, Nitrous oxide and ether anaesthesia by the open method. Annals of surgery. 1899. — Miller, The present. status of the subarachnoidean injection of cocaine for anesthesia. Medical News. 1901, March 9 th.

v. Milligan, Nebennierenextr. als Hämostatik. b. Hämophilie. Brit. medic. Journal. 1902, 1. II.

van Millingen, Zentr. f. pr. Augenhk. 1885.

Milne, Murrag, cit. u. Buxton. 60 th annual meeting of the Brit. med. Assoc. 1892. Britisb medic. Journal. 1892.

Minot, Boston. med. and surgic. Journ. Bd. XCIV.

Mintz, H., Hedonal-Chloroformnarkose. Zentralbl. f. Chir. 1905, Nr. 3.

Miodowski, Ein weiterer Mißerfolg bei der Wundbehandlung mit Orthoform. Münch. med. Wochenschr. 1899, Nr. 12.

Mitchell Banks, Impressions about chloroform and ether. The Lancet. 1901, Nov. 16th.

Mitscher, Archiv f. Anat. u. Phys. 1885.

Mocardie, Spasmodic. closure of the larynx during the administration of ether. Brit. med. journ. 1900, Jan. 20 th.

Moeller, Fr., Zahnärztl. Rundschau. 1902, Nr. 532.

Mohaupt, Der gegenwärtige Stand der Kenntnis von der Wirkung des Chloroforms und Aethers auf den tierischen Organismus. Leipzig. Diss. 1899.

Mohr, R., Ueber Zerrung des Nervus ischiad. währ. d. Nark. Ing.-Diss. Leipzig. 1898.

Molek, A., Beitr. zur lumbal. Analgesie. Časopis lékařů českejch. 1906, pag. 948. — Molek, Zentralbl. f. Chirurg. 1906, Nr. 95.

Moll, Zentralbl. f. Augh. 1895.

Möller, Deutsche Monatsschrift f. Zahnheilk. Sept. 1902. — Möller, F., Mitteilungen über die Wirkung des Nebennierenextraktes als lokales Anästhetikum und Hämostatikum. Zahnärztl. Rundschau. XI.

Mollow, Arbeiten aus dem pharmakolog. Laboratorium zu Moskau. I. Moskau. 1876.

Monod, Chlorof.-App. Bull. et mém. de la soc. de Paris. 1905. T XXXI, p. 56. — Monod, Zentralbl. f. Chirurg. 1905, Nr. 36.

Montgomery, Amer. Journ. of obstet. 1885.

Montprofit, Congrès de Chirurgie de Paris. 1905. — Montprofit, Zentralbl. f. Chir. 1905, Nr. 19, S. 529. — Montprofit, Chlorof.-Appar. Acad. de médec. de Paris. 1905. — Montprofit, L'inhalateur chloroformique de Vernon-Harcourt. Bull. et mém. de la Soc. de Chir. de Paris. 1904, Nr. 37.

Moor, James, A method of preventing and Diminishing pain in several operations of surgery. London. 1874. — Moor, De-, Hedonal etc. Allgem. mediz. Zentralzeitung. 1900. Nr. 31.

Moore, Journal of physiology. Bd. XXI. 1897. — Moore and Purinton, Ueber den Einfluß minimaler Mengen des Nebennierenextr. auf d. arter. Blutdruck. Pflügers Archiv. Bd. 81. 1900. — Moore, Journal of physiology. 1895. Bd. XVII. — Moore, Jannes, A method of preventing or diminishing pain in several operations of surgery. London. 1784. — Moore, A method of preventing pain. London. 1875.

Moos, Klinik d. Ohrenk. 1866.

Morel u. Lavallée, Héroin etc. Rêvue de Médecine. Nov. 1901. — Morel-Lavallée, Münchner mediz. W. 1901, Nr. 7, S. 271. — Morel, Compt. rend. LXXXIV. 1877. — Morel, Lavallée, aus Virchow-Hirsch. Jahresber. 1884.

Morenoy, Maiz. Recherches chim. et physiol. sur l'Erythrox. Coca du Perou et la Cocain. Thèse de Paris. 1868.

Morgan, J., Brit. med. Journ. Okt. 12th, Nov. 23 d, Dez. 12 th. 1872. — Morgan, Dublin. Journ. of medic. Science. 1872, Nov. — Morgan, John, Brit. med. Journ. 1872. Okt. 12th.

Mori, Das Verhalten des Blutdruckes bei der Lumbalauästhesie. Deutsch. Zeitschr. f. Chir. Bd. 74, Heft 1—2.

Morrow, Ethylchloride etc. Journ. of cutan. diseases. 1905, April. — Morrow, Zentrbl. f. Chir. 1905, Nr. 44.

Morse, Local and general anaesthesia in certain cases of abdominal surgery. The Lancet. 1901, May 12 th.

Morton, Simultaneous administrat. of oxygen and ether for general anaesthesia. College of physic. of Philadelphia. Annals of surgery. 1898, Aug. — Morton, Journ. of the amer. medic. associat. 1902. — Morton, Geschichtl. Beiträge z. Entdeck. d. Anästhesie etc. Wiener mediz. Presse. 1906, Nr. 37—39. — Morton, J., Memoranda relat. to the discovery of surg. anaesthesia. Post-graduate. 1905, April. — Morton, A. W. M. D., The subarachnoid-injection of cocaïn for operations on the upper part of the body. The journ. of the Amer. Med. Ass. 1902, Nr 8. — Morton, Lancet. 1876, Okt. — Morton, Brit. med. Journ. Jan. 20th, 1866. — Morton, J., Zentralbl. f. Chir. 1905, Nr. 25. — Morton, Brit. med. Journ. May, 1868.

Mosbacher, Aneson als Ersatz des Kokains in der Schleichschen Infiltration und der Oberstschen regionären Anästhesie. Münch. mediz. Wochenschr. 1899, Nr. 3. — Mosbacher, Münch. med. Wochenschr. 1897. Nr. 46.

v. Mosettig, Versamml. deutscher Naturf. und Aerzte. Meran. 1905. — v. Mosettig, Münch. med. W. 1905, Nr. 41, S. 1996.

Moskowicz, Ein Apparat für Schleichsche Infiltrationsanästhesie. Zentralbl. f. Chir. 1901, Nr. 19.

Mosse, Deutsche mediz. Wochenschr. 1898, Nr. 25—26.

Mosso, Virchows Archiv. Bd. 106. — Mosso, Archiv f. exper. Pathol. u. Pharm. 1885. — Mosso, U., Arch. f. experim. Pathol. und Pharm. 1887, Bd. XXIII.

Mougeot, Anesthésie chloroformique. Bulletins et Mémoires de la Société de Chirurgie de Paris. 1902, No. 10.

Moure and Brindel, Adrenal i. der Oto-Rhino-Laryngol. Révue hébdomadaire de laryng. 1901, Nr. 52. — Moure and Brindel, Révue hébdomadaire de laryngologie 1901, Nr. 52.

Moureau, Zahnärztl. Rundschau. Nr. 353, 1899.

Müller, W. B., Stovain als Anästhetikum. Samml. klin. Vorträge v. Volkmann. Nr. 428. — Müller, W. B., Zentralbl. f. Chir. 1906, Nr. 39. — Müller, W. B., Ueber den Einfluß d. Gasgemischnarkosen auf d. inneren Organ. Arch. f. klin. Chir. Bd. 75, H. 2. — Müller, W. B., Zentralbl. f. Chir. 1906, Nr. 11. — Müller, W. B., Ueber Herzmassage bei Tod durch Erstick. etc. u. Synkope in der Narkose. Wiener klin. Rundschau. 1905, Nr. 50 u. 52. — Müller, E., Hedonal, Münchner med. W. 1901, Nr. 10. — Müller, W., Beiträge zur Theorie der Respiration. Sitzungsber. d. Wiener Akademie. 1858, Bd. XXXIII. — Müller, Anästhetika. Ueber die verschied. gebräuchl. Anästhetika, ihre Wirkungsweise u. d. Gefahren bei ihrer Anwendung. Welches Anästhetikum eignet sich am besten für den Gebrauch im Felde. Berlin. 1898. Mitscher u. Röstell. — Müller, W. B., Ueber d. Verwend. d. Nebennierenpräparate. Wiener klin. therapeut. W. 1904, Nr. 51. — Müller, W. B., Rückenmarksanästhesie etc. Wiener klin. Rundschau. 1906, Nr. 18—21. — Müller, Ch., Münch. med. W. 1905, Nr. 40. — Müller, P., Berl. klin. W. 1885. — Müller, W. B., Ueber Anämisierung und Lokalanästhesie. Zentralblatt für Gynäkol. 1905, Nr. 2. — Müller, W. B., Münch. med. W. 1904, Nr. 5—6. — Müller, W. B., Ueber Fettmetamorphose etc. Langenbecks Arch. f. klin. Chir. Bd. 75, Heft 4. — Müller, Münchn. med. W. 1904, Nr. 17. — Müller, W. B., Münchn. mediz. W. 1904, Nr. 13. — Müller, B., Arch. f. klin. Chir. Bd. 77, H. 2. — Müller, Johannes, Anästhetika. Berlin. 1898. — Müller, W. B., Ueber Mischnarkosen in Vergleich zur reinen Chlorof.- oder Aethernarkose. Deutsche med. Wochenschr. 1905, Nr. 8. — Müller, B., Zentralblatt für Gynäkolog. 1905, Nr. 2. — Müller, B., Wiener klin. Rundschau. 1905,

Nr. 49. — Müller de la Fuente, Deutsche Medizinalzeitung. 1903, Nr. 50.

Münchner med. W. 1901, Nr. 29. 1902, Nr. 23. Scopol.-Morph.-Nark. — Münchner med. W. 1902, Nr. 33. — Münchner ärztl. Intelligenzbl. 1885.

Mühsam, Postop. Pneumon. Verh. d. Ges. f. Chir. XXXIV. Kongr. 26.—29. April 1905. Berlin. — Mühsam, Zentralbl. f. Chirurg. 1905, Nr. 30, S. 47. — Mühsam, W., Augenmuskellähmung nach Rückenmarksanästhesie. Freie Verein. d. Chirurg. Berlins. 11. Juni 1906. Zentralbl. f. Chir. 1906, Nr. 32.

Munoz, I., El Médico Practico. 1901, No. 1.

Murphy, T. W., The surgical use of suprarenal extr. Cincinnati Lancet-Clinic. 1900. — Murphy, Further experience with subarachnoidean injections of cocaine for analgesia etc. Medical News. 1900, November 10th. — Murphy, Analgesia from spinal subarach. cocainisat. The journ. of the Amer. med. Ass. 1901, Febr. 9th.

Murray, Flora, The Lancet. Nov. 25th. 1905. — Murray, Med. Times and Gaz. 1868, May 10th. — Murray, McFarlane. Adrenalin, the new. hemostatic. Canad. Journ. med. and surgic. 1901.

de Mussy, G., Dict. de Thérapeutique. II. 1885.

N.

Nachod, Archiv f. klinische Chirurg. 1895. — Nachod, Langenb. Archiv f. klin. Chirurg. 1894. — Nachod, Langenbecks Arch. f. klin. Chir. Bd. L, H. 1.

Nagel, Allgem. Wiener medizin. Zeitung. 1878, Nr. 53.

Napp, Köln, Scherings Broschüre über Eukain-α. 1897, April.

Nasse, Pflügers Archiv f. Pathol. Anat. usw. Bd. II, 1869. — Nasse, Pflügers Archiv. Bd. XI, 1875.

Natanson, Ueber die Wirkung und Anwendung eines neuen lok. Anästhet. des Holokains. St. Petersburger medizin. Wochenschr. 1897, Nr. 32.

Nauwerck, Deutsche mediz. Wochenschr. 1895, Nr. 8.

Nawrocki, Studien des physiol. Instituts zu Breslau. Leipzig, 1868, II. 146 Anm.

Nebelthau, Archiv f. experim. Pathol. u. Pharmakol. Bd. 36, 1895.

Nerb, Ueber Chlorof.- u. Aethernarkose. Ing.-Diss. Freiburg. 1893.

Negri, G., L'anesthesia locale con la cocaina. La Clinica chirurgica. 1903.

Nélaton, Société de Chirurg. de Paris. Séance du 3. juillet 1901. — Nélaton, Société de Chirurgie de Paris. Sitz. 7. u. 15. Mai 1901. ref. Münchner med. W. 1901, Nr. 27. — Nélaton, Deutsche Medizinal Ztg. 1889. — Nélaton, Tödl. Zufälle bei der Rachikokainisat. Ref. Münchner med. W. 1901, Nr. 37, S. 1964. — Nélaton, Bull. et mémoires de la Soc. de chirurg. 1901, mai 14.

Nernst, Theoretische Chemie. Stuttgart. 1893.

Nesmejanow, N., In Anlaß des 50 jähr. Bestehens der Anästhesie u. d. Verdienste der Odontologie um die Chirurgie. Chirurgia 1898, Januar.

Nettel, Ueber einen Fall von Thymustod bei Lokalanästhesie nebst Bemerkungen über die Wahl des allgemeinen Anästhetikums. v. Langenbecks Arch. f. klin. Chir. Bd. 73, H. 3.

Neuber, Untersuch. u. Erfahr. über künstl. Blutleere. Ing.-Diss. Kiel. 1878.

Neudörfer, Zentralbl. f. Chirurgie. 1899. — Neudörfer, Deutsche Zeitschrift f. Chirurg. 1899. — Neudörfer, D. Ztschr. f. Chir. Bd. XVIII. — Neudörfer, Zur intravenösen Sauerstoffinfusion. Wiener klinische Woch. 1904, Nr. 4. — Neudörfer, Zentralbl. f. Gynäkol. 1905, Nr. 15.

Neuenborn, Aethylchloridnark. usw. Archiv f. Laryngol. u. Rhin. Bd. XVII, H. 1.

Neugebauer, Eine Gefahr d. Adrenalins. Zentralbl. f. Chirurg. 1903, Nr. 51. — Neugebauer, Erfahrungen über Rückenmarksanästhesie. 74. Naturforscherversamml. Zentralblatt f. Chirurg. 1902, Nr. 46. — Neugebauer, Zentrbl. f. Chir. 1903, Nr. 51. — Neugebauer, Zeitschr. für Heilkunde. 1896. — Neugebauer, Spinalanalgesie usw. Zentrbl. für Chir. 1905, Nr. 44. — Neugebauer, Ueber Rückenmarksanalgesie mit Tropakokain. Wiener klin. W. 1901, Nr. 50—52. — Neugebauer, Rückenmarksanalgesie usw. Münchner mediz. W. 1902, Nr. 18. — Neugebauer, Erfahrung. über Medullarnarkose. Wiener med. W. 1903, Nr. 7—10. — Neugebauer, Rückenmarksanästhesie. Verhandl. d. d. Gesellsch. f. Chirurg. XXXIV. Kongr. 26—29. April, Berlin, 1905. — Neugebauer, Zentrbl. f. Chir. 1905, Nr. 30, S. 11.

Neumann, P. G., Ueber d. Halbnarkose b. norm. Entbindung, Hygiea N. F. Bd. I. — Neuman, Zentralbl. f. Gynäkol. 1902, Nr. 19.

Neumann, Deutsche med. W. 1906, Nr. 15. — Neumann, Wiener klin. Wochenschr. 1904, Nr. 91.

Neumayer, Münchner med W. 1897, Nr. 44. „Ueber Orthoform".

Neusser, Erkrank. d. Nebennieren. Spezielle Patholog. u. Therap. v. Nothnagel. Bd. VII. 3. Wien, 1897.

Neustätter, Münchn. med. W. 1905, Nr. 42.

Neve, Chloroform in Jndia. 66 meetings of the british medical association. Brit. med. Journal 1898, Nov. 5 th.

De Nevrezé et Bottier, Arch. de Stomatologie. 1902, Paris, juillet.

Newman, A note on decomposition of chloroform and sickness. The Lancet. 1897, Jan. 23 d.

New-York med. Journ. 1842. — New-York medical Record. 1889 (Stadtchemikers Untersuch. v. Chlorof. u. Aether etc.). — New-York medic. Record. 1898, 1. Okt. Schleichs general anaesthesie not a success.

Nicolescu, Ueber einige lokale Störungen nach Kokaininjekt. i. d. Stomatologie. Spitalul. 1903, Nr. 3.

D. v. Niederhäusern, Skopolam.-Morph.-Nark. Ing.-Diss. Bern. 1905.

Niedzielski, Zur Lokalanästhesie nach Schleich. Kronika lekarska. 1900, Nr. 7.

Niemand, Korresp.-Bl. f. Zahnärzte. 1899, Heft 2.

Niemann, A., Ueber eine neue Base i. d. Cocablättern. Ing.-Dissert. Göttingen. 1860. Niemann, Annal. der Chem. und Pharmakol. Bd. CXIV.

Niemeyer, Delmenhorst, Scherings Bericht über Eukain-α 1897, April.

Nieriker, Die elastische Inhalationsmaske. Schweizerische Vierteljahrsschrift f. Zahnheilkunde. 1902, Bd. 12, H. 1. — Nieriker, Ueber einen Apparat. f. Aethylchloridnark. Versamml. deutsch. Aerzte u. Naturf. in Karlsbad. Zentralblatt f. Chirurgie. 1902, Nr. 49.

Nigoul, M., Constatations cliniques au sujet de la Stovaine etc. Concours médical. Paris. 1905, No. 25.

De Nigris, Ricerche sperimentali sulla cocainizzazione del midollo spinale. Il Policlinico. Sez. pract. VII. Fasc. 8.

Nikolaewkoff, L'anesthésie par la cocaïns. de la moelle. Paris, L. Boyer, 1900.

Nikolaysen, Hämatoporphyrinurie nach Chloroformnarkose. Norsk. Magazin for Laegevidenskabeni. 1901, Bd. LXII, H. 1, S. 24.

Nipperdey, Deutsche Monatsschr. für Zahnheilk. 1899. — Nipperdey, Einig. üb. Acoinanästhesie i. d. Zahnhlk. Deutsche Monatsschrift f. Zahnheilk. 1902, XX. Jhrg., Nov.

Noack, Erfahrungen über die Schleichsche Infiltrationsanästhesie. Münch. med. Wochenschrift. 1897, Nr. 6.

Noebel, Zur Methodik d. lokal. Anästhesie in d. oberen Luftwegen. Samml. zwangloser Abhandl. aus d. Gebiete d. Ohren-, Nasen- u. Halskrankh. v. Bresgen. Bd. VI. Heft 1. Halle, Carl Marhold.

Noël, L., Contribution à l'histoire des anesthésiques. Bullet. de l'Acad. de méd. de Belgique, t. X. No. 8.

Nogué De l'anesthésie par le protoxyde d'azote et l'oxygène en chirurgie courante. La France médicale. 1899, No. 49. — Nogué, R., La Stovaïne etc. Archives de Stomatologie, Paris, avril et mai 1904. — Nogué, Journal de l'Anesthésie. 1900. — Nogué, La Stovaïne anesthésique local en stomatologie. Archives de Stomatologie. 1904, Heft IV u. V. — Nogué, Ann. des maladies des organs genito-urinaires. 1898. — Nogué, Sur l'anesthésie générale par le chlor. d'éthyle pur. Archives de Stomatol. et Journ. de l'Anesthés. 1901, Sept.

Nonne, Deutsches Arch. f. klin. Medic. 1887.

v. Noorden, Deutsche med. W. 1902, Nr. 17. — v. Noorden, Münchner med. W. 1902, Nr. 18, ref. — v. Noorden, Berl. klin. W. Bd. XXXIX, 1902, Nr. 17.

Norris, Brit. med. Journal. 1873. — Norris, Scopolamine-morphine anaesthesia. Univ. of Pennsylvania med. bull. 1905, Okt. — Norris, Zentralbl. f. Chirurg. 1906, Nr. 4.

Nothnagel, Berl. klin. W. 1866. — Nothnagel, Berl. klin. Wochenschrift. 1868.

Nové-Josseraud, Sur le chlorure d'éthyle comme anestésique général. Soc. de méd. Lyon. médical. 1903, Nr. 28. — Nové-Josserand, Lyon médicale. 1903, 47 to 54.

Nunneley, Brit. med. Journ. 1867, June. — Nunneley, Transactions of provinc. med. and surgic. Association. 1849. — Nunneley, Provinc. medic. and surgic. Journal, März 1849.

Nussbaum, Anaesthetika in Pitha-Billroth. Hdb. d. Chirurg. Erlangen, 1867. — Nußbaum, Köllickers Festschrift. — Nußbaum, Bayer. ärztl. Intelligenzbl. 1867, Nr. 47. — Nußbaum, Bayrisches ärztl. Intelligenzblatt. 1863, 15. Aug. — Nußbaum, Bayerisches ärztliches Intelligenzblatt. 1863, Okt. 10. — Nußbaum, Sitzungsberichte der Gesellschaft deutsch. Chirurg. II. — Nußbaum, Bayr. ärztl. Intelligenzbl., 41, 1863 u. Billroth-Pithas Handb. d. Chirurgie. — Nußbaum, Ueber Chloroformwirkung. Vortrag gehalten in München. 1884.

Nyström, Gunnar, Några ord om lokal och regionär anästesi med kokain och kok.-adrenalin. Allm. Sv. Läkartidning. 1904, Nr. 33, 34, 35. — G. Nyström, Einige Worte über lok. u. region. Anästhesie mit Kokain u. Kokain-Adren. Centralbl. f. Chir. 1905, Nr. 38.

Nysirlin, Einiges über lokale und regionäre Anästhesie mit Kokain und Kokain-Adrenalin. Allmänna svenska Läkartidningen. 1. Jahrg. 1904.

O.

Oberwarth, E., Virchow's Archiv. 1898, Nr. 292.

Oberst u. Pernice, Deutsche mediz. Wochenschr. 1890, Nr. 14. — Oberst und Pernice, Eukain-β in der Volkmannschen Klinik, siehe

Braun, Archiv f. klinische Chirurgie, Bd. 57, Heft 2.
Obersteiner, Zeitschrift f. Therapie 1888.
Oertel, Ueber Narkosen mit dem Roth-Dräger-schen Sauerstoff-Chloroform-Narkosenapparat. Deutsche Zeitschr. f. Chir. Bd. 74.
v. Oettingen, Zur Methodik der Anästhesierung nach Oberst, Zeitschr. f. ärztl. Fortbildung 1904, Nr. 19.
O'Followell, L'anesthésie locale par le guaiacol etc. Thèse de Paris. 1897. — O'Followell, L'anesthésie locale par le guaïacolle, carbonate de guaïacol et le guaïacyl. Thèse de Paris. 1897.
Offergeld, Experimenteller Beitrag zur toxischen Wirkung des Chloroforms auf die Nieren. Archiv f. klin. Chirurgie, Bd. 75, H. 3.
Ohlemann, v. Langenbecks Archiv f. klin. Chirurg. 1875, Bd. XVIII.
Ohm, Wochenschrift f. Therapie u. Hygiene des Auges. 1905, Jhrg. IX, Nr. 6. — Ohm, Beitrag zur Verwendung des Alypins. Wochenschrift f. Therap. u. Hygiene d. Auges. IV, 6.
Oliver and Schäfer, Journ. of physiol. 1895, Vol. 18, Heft 3.
Olsson, E., Hygiea. 1901. — E. Olsson, Mitteil. a. d. Grenzgeb. d. Medizin u. Chirurg. Bd. X, S. 90—91.
O'Neill, Charles, The safe administrat. of anaesthetics etc. Brit. medic. Journ. 1897.
v. Openchowsky, Archiv f. klin. Medizin. 1878.
Opitz, Münchn. med. W. 1906, Nr. 18.
Oppelt, Inaug.-Diss. Leipzig. 1892.
Oppenheim, Lehrb. d. Nervenkrankh. Berlin. 1902.
Oppenheimer, New-York medic. Journ. 1900. — Oppenheimer, Beitrag zur Verwend. der Nebennierenpräparate. Deutsche med. W. 1904, Nr. 41.
Oré en Dastre, Les Anestésiques. Paris. 1890. — Oré, Compt. rend. LXXIX. 24, S. 1416. 7, S. 531 und LXXVIII 18, S. 1311, 1874. — Oré, Compt. rend. LXXX. 3, S. 199, 1875 u. LXXXI 5, S. 241, 1875.
Orensbey, The Lancet. 1885.
Orfila, Toxicologie générale, Leipzig. 1830, Bd. II.
Origines, Wilkins Concilia Magnae Britanniae et Hiberniae Vol. II, S. 162.
Orgler, Zur Physiologie der Nebennieren. In-aug.-Diss. Berlin. 1898.
Ormsby, Brit. med. Journ. 1877, April.
Ornstein, Erfahrungen mit Eukain. Journal für Zahnheilkunde. 1897, Nr. 19. — Ornstein, Erfahrungen mit Eukain. Oester. ungar. Vierteljahresschr. für Zahnheilk. 1897, Bd. XIII, Heft 2.
Orsbey, Lancet. 1885.
Oschwadt, Kriegschirurg. Erfahrungen während des Krieges gegen Dänemark, 1864.
Osio, Diuna speciale azione della cocaina sulla funzione visiva. Ann. di Oftalm. XXV, 257.
Ostermayer, Allg. Zeitschr. f. Psychiatr. 1891.
Ostertag, Virchows Arch. Bd. 118, S. 250. 1889. — Ostertag, Ueber tödliche Nachwirkung des Chloroforms. Ing.-Diss. 1891. — Ostertag, Virchows Arch. CXVIII. 1890.
Osthelder, A., Ueber die Verschiedenheit der Einwirk. d. Chlorof. u. des Aethers auf d. Herztätigkeit. Ing.-Diss. Würzburg. 1896.
Ostmann, Arch. f. Laryngol. u. Rhinol. Bd. 9. 1899.
Ostojatniski, Ueber die neueren Anästhesierungs-methoden ohne Anwendung von Chlorof. u. Aether. Ing.-Diss. Würzburg. 1900.
Ostwalt, Ueber Alkohol-Kokaininjekt. b. Trigeminusnearalgie usw. ref. Zentralbl. f. Chirurg. 1906, Nr. 25. — Ostwalt, Berl. klin. W. 1906, Nr. 1. — Ostwalt, Lehrb. d. allgem. Chemie, Leipzig. 1885.
Ott, Kokain, Veratrin u. Gelsem. Toxikol. Studien. Philadelphia. 1874.
Ottolengui, Exstirpation of the Pulp under Pressure Anesthesia, Including a Study of After-Results. Dental Cosmos. Aug. 1904.
Ouvarow, M., Wratsch. 1900, Nr. 23.
Overton, E., Studien über die Narkose usw. Jena. 1901.
Owen, Death under chloroform. Medic. Times. 1896, Nr. 14.
Ozanam, L'Union méd. 5. 1857. — Ozanam, Compt. rend. No. 8. Fébr. 1858. — Azanam, Archiv. de méd. 1858. — Ozanam, L'anesthésie, histoire de a douleur. 1857.
Ozenne, Note sur les paralysies postopérat. après narcose par le chloroforme. Un cas de paralysies radiale. Journal de méd. de Paris. 1899, Nr. I.

P.

Pagenstecher, Jan Antonio (Texas), Scherings Bericht über Eukain-u. 24. Sept. 1896.
Pal. Semaine médicale. 1901, No. 44.
Palma, Les injections sousarachnoidiennes de cocaine au point de vue de ses inconvénients. Paris. 1902.
Paltauf, Ueber die Beziehungen der Thymus z. plötzl. Tod. Wiener klin. W. 1880—1890. — Paltauf, Wiener klin. W. 1890, Nr. 9.
Panas bei Dolbeau, Contributions à l'étude de l'anesthésie en chirurgie oculaire par l'emploi de l'eucaine-. Paris. G. Carré et C. Naud. 1897. — Panas, Sur la valeur de l'erythrophleine en ophthalmologie. Archiv. d'ophthalmologie VIII. 2.
Panthès, Michel, Die chirurg. Schmerzlosigk. d. lumb. Cocaïnis. Thèse de Paris. 1903.
Pantović, S., Novocain i. d. lumb. Anäs. Časopis lékařu ceskych. 1906, pag. 1007. — Pantovic, S., Zentralbl. f. Chir. 1906, Nr. 45.
Pappalardo, Sull'anestesia cocainica eudorachidea. Rivista Veneta di scienze mediche. 1901.
Pappenheim u. Good, Compt. rend. de l'académ. des scienc. 1847, T. XXIV.
Paralyses and psychoses following prolonged anaesthesia. The Lancet. 1899, June 3 d.
Parker, Dental register. 1869, May. — Parker, Dental register. 1869, Febr. — Parker, A simple method for the administration of ethyl chloride. British medic. journal. 1904, Feb. 20 th.
Parlughy, Zahnarzt in Berck-Plage (France). Scherings Broschüre über Eukain-?. 1899, 2. Aug.
Parmenter, J., Chlorof.-its method of administrat.-its dangers, and their treatment. The Buffalo medical Journal 1893, April.
Partsch, Scherings Broschüre über Eukain-u. Berlin. 1897, April. — Partsch, Bresl. med. Taschenkalender. 1892.
Parvin, Schleichs lokal anaesthesia in surgery medic. and surgic. reporter. 1896, Nr. 6.
Pasini, Delle alterazioni del miocardio e dei ganglio del cuore nelle morte tardiva per cloroformio. La Clinica medica italiana. 1901, Nr. 4.
Pastena, L'arte medica. II. 1900, Nr. 31 u. 32.
Path, Post. med. chir. Presse. 1887.
Patrubau, Wiener med. W. 1868, Nr. 5—6. — Patruban, Wiener allgem. medic. Zeitung. Nr. 3. 1866.
Patterson, F. D., Spinalanalgesie etc. Vol. I. Fasc. 6. Vol. II. Fasc. 1. — Patterson, Zentralbl. f. Chirurg. 1905, Nr. 5. — Patterson, Praktitioner. 1889.
Panel. Aerztl. Rundschau. München 1893.
Pauschinger, Münchner med. W. 1877.
Payer, Postop. Pneumon. Verh. d. d. Ges. f. Chir. Berlin. XXXIV. Kongr. 26—29. April 1905. — Payer, Zentralbl. f. Chirurg. 1905, Nr. 30, S. 50.
Pearson, Richard, Annal. de méd. de Duncan. 1798.

Pech, Disk. über Wright, Extract. of live pulps with immediate Root filling using Cocain etc. 1899, 18th a. 20th. July. The Dental Digest. Chicago. 1900, Jan. — Pech, Die relativ. Gefährlichk. von Kok. u Eukain. Vortrag im amerikan. Zentralärztever. Zahntechnische Rundschau. 1899, Nr. 382.

Peckell, The influence of ether administrat. on nitrogen. metabolism. British med. journ. 1903, June 20th.

Peckert, Dr., Ueber Lokalanästh. Habilitationsschrift. Heidelberg. 1903. — Peckert, Lokalanästhesie mit Alypin. Deutsche Zahnärztl. Wochenschr. Bd. VIII. H. 3.

Pedersen, Acute oedema of the lungs secund. to ether narkosis. Annals of surgery. 1906, No. 1. — Pedersen, Zentralbl. f. Chirurg. 1906, Nr. 19. — Pedersen, The difficulties of anesthetization and their correction. Med. News. 1904, Dez. 31st.

Peiser, A., Ueber Anw. d. Kok.-Adren. Anästhesie in d. großen Chir. Straßburger med. Zeitschr. 1905, Heft 1. — Peiser, Zentralbl. f. Chirurg. 1905, Nr. 16.

Pelikan, Bullet der kaiserl. Akademie zu Petersburg. 1867, XII. — Pelikan, Berl. klin. Wochenschr. 1867, Nr. 36.

Pellakani, Archive pour la science médicale. 1879. Pensylvania Hospital, Death under Aethyl chloride. American Journal of the medical Sciences. 1903, Dezemb.

Penkert, Münch. med. W. 1906, Nr. 14.

Penzoldt, Lehrb. der klin. Arzneibehandl. 1900. V. Aufl.

Péraire, Anaesthésie générale par chloroforme. Congrès français de Chirurg. 1901.

Perl, Virchow Archiv f. path. Anat. etc. 1859.

Pernice, Deutsche med. W. 1890, Nr. 14. — Pernice, Deutsche mediz. Wochenschrift. 1900, Nr. 14.

Perrin, Anesthésie chir. en diction. encycloped. des sciences médic. Paris. 1866.

Peters, E., British medic. Journal. 1899. — Peters-Nanthes, Scherings Broschüre über Eukain-α. Berlin. 1897, April. — Peters, Die schmerzstillende Wirkung d. Nebennierenextr. The Lancet. 1901, 2 d. March. — Peters, Münchner med. W. 1901, Nr. 20, S. 804 ref. — Peters, Der Frauenarzt. 1904, Nr. 1 u. 2.

Peterson, Jahresbericht d. Heidelberg. chirurg. Klinik f. d. Jahr 1900.

Pétavel, Le Chloroforme. Inaug.-Diss. Berne. 1865.

Pétrequin, Gaz. hébd. 2 série, III. 2. 1866. — Pétrequin, Gaz. hebd. 2 série, IV. 4—6. 1867.

Petruschky, Ueber die Einwirk. d. Chlorof. u. anderer Gifte a. d. alkal. Reaktion d. Körpersäfte. Deutsche med. W. 1891, Nr. 20.

Petter u. Coleman, Brit. medic. Journ. May 9 th. 1868.

Pfannenstiel, Zentralbl. f. Gynäkol. 1903, Nr. 1.

Pfeffermann, Darstell. der ges. Zahnheilk.

Pflüger, Zehenders Monatsbl. 1886. — Pflüger, Kokain. Zentralbl. f. prakt. Augenheilk. 1885. — Pflüger, Korrespondenzbl. f. Schweizer Aerzte. 1902.

Phelps, Subarachnoidinjections of cocain etc. Philadelphia medic. Journal. 1900, Nov. 3 d.

Philipp, Arch. f. klin. Chir. 1892.

Phocas, Thérapeutique chirurgicale et clinique journalière. 1901. — Phocas, Le Nord medical. 1896. — Phocas, Allgem. med. Zentralzeitung. 1897. — Phocas, Paralysies post.-opératoires. Journal de médecine de Paris. 1898, No. 41.

Pick, Archiv f. Gynäkologie. Bd. 64. Heft 3. — Pick u. Knoll, Ueber die Erscheinung.

bei Wiederbelebung der durch Erstickung oder Chloroformzufuhr vernichteten Atmung. Archiv für experim. Pathologie. Bd. 46, Heft 1—2.

Pickard, Max, Die Therapie der Gegenwart. 1903, Juni.

Piédallu, La Stovaine. Paris. 1905.

Pietkiewicz, La Révue de Stomatologie. Paris. 1899.

Pilsky, Altonaer ärztl. Ver. Sitz. 30. III. 1904.

Pietrzikowski, Bezieh. d. Lungenentzünd. z. eingeklemmten Brüch. Verhandl. d. Deutsch. Gesellsch. f. Chirurg. Berlin. XVIII. Kongr.

Picqué, L., Chloroforme et psychopathie. Bull. et mém. de la soc. de chir. de Paris T. XXXII, pag. 116. — Piqué, L., Zentralbl. f. Chir. 1906, Nr. 26.

Pinol et Viau, D'Otontologie. 1893, Janvier.

Pinner, Lehrb. d. organ. Chemie.

Pircher, Ueber Aethylchloridnarkose. Wiener klin. Woch. 1898, Nr. 21.

Piessek, Deutsche Klinik. 1859.

Piorry, Diction. des sciences médicales. T. 51. Artik. Sensibil. Paris. 1821.

Pirogoff, Grundriß d. allg. Kriegschirurg. 1864.

Pirquet, Apparat zur steril. Inj. v. Flüssigkeit. Münch. med. W. 1904, Nr. 12.

Pitha, Wiener Wochenschr., 25 u. 26. 1861.

Pitres, Ponction lombaire et effets physiologiques des injections intraarachnoïdiennes de cocaïne. Société de médec. et chirurg. de Bordeaux. 1901, Mars 3. — Pitres et Abadie, Zum Mechanismus der Anästh. bei d. intradural. Kokaininjekt. Société de Biologie de Paris. 1901, 27. IV. — Pitres und Abadie, Münchner mediz. W. 1901, Nr. 23. ref.

Pize, De l'action anesthésique locale du guaïacol pour l'applic. des pointes de feu. Journal de médec. et de chirurgie pratiques. 1896, Mars 10.

Pluczek, Narkosenlähmungen, Jahresber. über d. Fortschr. d. Chirurg. 1895.

Plagge, Handb. der Pharmak. 1874.

Plant and Steele, Treatment of serous effus. by inj. of adrenalin-chloride. Brit. med. Journ. 1905, July 15 th. — Plant and Steele, Zentralbl. f. Chir. 1905, Nr. 41.

Pletzer, H., Aethernark. u. postoper. Lutzünd. d. Luftwege. Mediz. Klinik. 1905, Nr. 20.

Plinius secundus. Historia naturalis lib. XXV, c. 94.

Plouviez, Gaz. méd. de Paris. 1848, No. 4.

Pochhammer, Zur Technik und Indikationsstellung der Spinalanalgesie. Deutsche med. W. 1906, Nr. 24.

Podhoretzki, Beitrag zur Frage der gemischten Hedonal-Chloroformnarkose. Deutsche med. W. 1904, Nr. 50.

Poenaru-Caplescu, Zentralbl. f. Chir. 1905, Nr. 19. — Poenaru-Caplescu, Beitr. z. Stud. d. Stovains. Revista d. chirurgie. 1905, Nr. 1. Poenaru-Caplescu, Das Stovain in der Chirurgie. Spitalul. 1904, Nr. 21—22. — Poenaru-Caplescu, Zentralbl. für Chir. 1905, Nr. 13.

Poggiale, Compt. rend. de l'académie des Sc. XXVI. 337.

Pohl, Arch. f. experim. Pathol. u. Pharmak. Bd. XVIII. — Pohl, J., Ueber die Aufnahme und Verbreitung des Chloroforms im tierischen Organism. Archiv f. exper. Pathol. u. Pharmakolog. Bd. 28. 1891.

Poirier, Tödl. Zufälle b. d. Rachikokainisation. Société de Chirurgie de Paris. Séance d. 3. Juillet. 1901. — Poirier et Charpy, Traité d'Anatomie humane. T. III, pag. 112. — Poirier, Ref. Münchner med. W. 1901, Nr. 37, S. 1464. — Poirier, Mort par le chloroforme. Discussion. Bull. et Mémoires de la Société de Chirurgie de Paris. 1902, No. 2, 3. 4. 6, 7, 8. — Poirier, Bull. et mémoires de la Soc. de chir. de Paris. 1901, 28. Mai.

Poisoning during chloroform administration from decomposition in the presence of a flame. The Lancet. 1899, June 24 th.

Poitou-Duplessy, Univers. médic. 1893. — Poitou-Duplessy, Nouveau procédé d'anesthésie mixte. Clermont. 1892.

Polák, J., Ueber das neue Anästhetikum Stovain. Casopis lékaru ceskych. 1905. — Polák, Zentralbl. f. Chirurg. 1906, Nr. 11

Pollatschek, Therapie der Gegenwart. 1903, Sept. — Pollatschek, Beitrag zur Behandlung der Kehlkopftuberkulose. Magyar Orvosok Lapja, Nr. 1. Januar 1903. — Pollatschek, Elemer, Die Frage der Anästhesier. b. Kehlkopftuberkulose. Ungar. med. Presse. 1903, Nr. 1.

Pollosson, Société de chirurg. de Lyon. 31. Mai 1900. — Pollosson, Province médicale, No. 43. 1900, Juni.

Poltawzeff, A. P., Russki Journal poschnych i veneritscheskich bolosnej. Juli 1902. — Poltawzeff, Russische med. Rundschau. 1903, Nr. IV.

Polte, Paranephrin, ein neues Nebennierenpräparat. Archiv f. Augenheilkunde. Bd. 51.

Polter, The med. Rec. Bd. XXXVI. 1889.

Pomeranzew, D. S., Eine Charakteristik des Bromäthyl bezüglich der Gefahr seiner Anwendung als Narkotikum. Chirurgia. Bd. I, Heft I. — Pomeranzew, D., Bemerkung. z. Charakteristik des Bromäthyls von seiten der Chemie. Chirurgia. 1898, Juni.

Pouchet, Les nouveaux analgesiques. Le Progrès médical. 1899, No. 18, 19, 23, 25.

Pont, A., Bulletin du Lyon médical. Lyon, 15. mai 1904.

Poole-Detrait. Beta-Eukain as an anesthetic in eye, nose and throat work. Medical News. 1899, 31st. Oktob.

Popoff, Contribution à l'étude de l'albuminurie après l'éthérisation. Thèse de Genève. 1896. F. Taponnier.

Poppert, Ueber d. heutig. Stand der Narkosenfrage. Zeitschrift f. prakt. Aerzte. 1896, Nr. 1. — Poppert, Ueber d. Einwirk. d. Narkose insbesondere d. Aethernarkose auf d. Lungen. Med. Gesell. in Gießen. Allgem. med. Zentralz. XL. Aug. 1897. — Poppert, Experimentelle u. klin. Beitr. z. Aethern. u. Aether-Chloroformmischnark. Deutsche Zeitschr. f. Chirurgie. 1902. Bd. 67. — Poppert, Deutsche mediz. W. 1897. — Poppert, Ueber einen Fall v. Aethertod etc. Deutsche med. W. 1894, Nr. 37.

Porak, Lumbalinjekt. von Kokain bei Entbindungen. Académie de Médecine de Paris, séance 21. u. 29. Jan. 1901. — Porak, Ref. Münchner med. Woch. 1901, Nr. 8. S. 322. — Porak, Sur l'anesthésie par voie rachidienne en obstétrique. Bull. de l'académie de méd. 1901, No. 4.

Poroschin, Zur Frage von den pathol. anat. Veränd. in den Organen beim Chloroformtod. Inaug.-Diss. Kasan. 1899.

Port, Deutsch. Zahnärztl. Wochenschr. Nr. 56. 1899.

Porta, Magia naturalis. Anvers. 1561.

Porter, Sheff, med. Journal. 1893.

Poska, Scherings Bericht über Eukain-β. Berlin. 1901, Aug.

Posner, C., Berl. klin. W. 1901, Nr. 44.

Potherat, Chlorof. Académie de médec. de Paris. 1905. — Potherat, Zentralbl. f. Chirurg. 1905, Nr. 19, S. 532 — Potherat, Rachicocaïnisation dans la lithotritie. Bull. et mém. de la soc. de Chir. de Paris. No. 27.

Potherezki, Hedonal-Chloroformnark. Deutsche med. W. 1904.

Pototzky, Versuche zur Auffindung neuer Lokalanästhetika. Ing.-Diss. Breslau. 1903.

Poucet, A propos de la chloroformisat. et de l'éthérisation. Gazette hébdomadaire. 1902, No. 19. — Poucet. A propos de la chloroformisat. et de l'éthérisation. Gazette des Hôpitaux. 1902, No. 27 — Poucet, A propos de la chloroformisat. et de l'éthérisation. Lyon Médical. 1902, No. 10.

Pouchet, Leçons professées à la faculté de médecine. Paris, Doin. 1899. — Pouchet, Action physiologique de l'eucaïne. Société de Therap. 1897, Janvier 27. — Pouchet, De l'eucaïne comme anestésique. Journal de médecine de Paris. 1897, No. 10 — Pouchet, Bull. de l'acad. de méd. 1904, 12. Juillet — Pouchet, Academie de médecine. Sitz. 2. Nov. 1904. — Pouchet und Chevalier, Das Nascyl, Société de Thérapeutique de Paris. 1904, 26. Okt. u. 9. Nov. — Pouchet u. Chevalier, Münchner mediz. W. 1905, Nr. 2. S. 99.

Ponloppidan, L'extrait de capsules surrenales etc. Annales de maladies etc. 1902.

Poulzon, Arch. f. experim. Pathol. u. Pharmak. 1890. XXVII.

Pousson et Chavannaz, Trois cas d'injection sous-arachnoïdienne de chlorhydrate de cocaïne après la méthode de Bier. Journal de méd. de Bordeau. 1900, No. 5.

Powell-Collinsville, Scherings Bericht über Eukain-β. 1901, Oktob. — Powell, The administration of chloroform with CO_2. British med. journal. 1897, No. 20.

The Practitioner. 1896, Oktob. The Mouth: The Jubilee of anaesthesia. The discovery of anaesthesia. Experiments on animals and the discovery of anaesthesia. Jubilee celebrations Ether and Chloroform.

Prager med. W. 1884, Nr. 47. — Prager med. W. 1886.

Pre-anaesthetics surgery. A medico-litary causerie. The practitioner. 1896, Oktob.

Preindlsberger, Rückenmarksanästhes. 77. Vers. d. Naturf. u. Aerzte. Meran. 1905. Zentrbl. f. Chir. 1905, Nr. 49, S. 1389. — Preindlsberger, Rückenmarksanästhesie. Verh. d. d. Ges. f. Chir. XXXIV. Kongr. 26.—29. April 1905, Berlin. — Preindlsberger, Zentralbl. für Chirurgie. 1905, Nr. 30, S. 11. — Preindlsberger, Ueber Rückenmarksanästhesie mit Tropakokain. Wiener med. W. 1903, Nr. 32, 33. — Preindlsberger, Versamml. deutscher Naturf. und Aerzte. Meran. 1905. — Preindlsberger, Wiener klin. W. 1905, Nr. 26. — Preindlsberger, Wiener klin. W. 1905, Nr. 3. — Preindlsberger, Versamml. d. d. Naturf. u. Aerzte. Meran. 1905. Sitz. 26. Sept. Bemerkungen z. Rückenmarksanästhesie. — Preindlsberger, Münchner mediz. W. 1904, Nr. 41, S. 1996.

Preleitner, k. k. Gesellsch. d. Aerzte in Wien. 1905.

Prescott le Breton, Anaesthesia by nitrous oxide gas and ether. Buffalo med. journ. 1900, Sept.

Prince, Scherings Ber. über Eukain-β. Berlin. 1901, Aug.

Prior, S., Om Kokain og dets Anvendelse i Kirurgien som lokalt Anaestetikum. Myeskrift for Laeger. 1903, pag. 9. Copenhagen.

Pringle, H., Maunsell, S. Pringle, Clinic. effects of ether anaesthesia etc. Brit. med. Journ. 1905, Sept. 9 th. — Pringle, H., Maunsell, S. Pringle. Zentralbl. f. Chir. 1905, Nr. 63.

Probyn-Williams, Transactions of the Society of Anaesthetists. London. 1901. — Probyn-Williams, P. J., A practical guide to the administration of Anaesthetics. New-York. 1901. — Probyn-Williams, The use and abuse of ether as a general anaesthetic. The Edinburgh. med. journal. 1902, Mai.

Prochnow, Zentralbl. f. Chir. 1892.

Prochownick, Münchner med. W. 1895, Nr. 42. — Prochownick. Die regelmäß. Anwend. von Sauerstoffinhalationen nach Narkosen. Münchner med. W. 1895, Nr. 31.

Procopia, Ueber die Anästhesie durch Kokaininjektionen i. d. Rückenmarkskanal. Revista de Chirurg. 1092. Nr. 4, S. 167.

Protheroe-Smith, Lancet. 1867, June.

Preuß, Tödl. Zufälle b. d. Rachikokainisation. Société de Chirurgie de Paris. Séance, 3. juillet. 1901.

Prus, Zentralbl. f. Chirurgie. 1900. — Prus, Ueber die Wiederbelebung etc. Wiener klin. Woch. 1900, Nr 20—21. — Prus-Maag, Zentralbl. f. Chir. 1901, Nr. 1.

Puch, Les injections sousarachnoïdiennes de cocaine en obstétrique. Gazette des hôpitaux. 1901. No. 86.

Puricelli, La pressione sanguigna in rapp. agli acc. della narc. chlorof. Gazz. med. di Torino. 1900. — Puricelli, Zentralbl. f. Chirurg. 1900, Nr. 27. Ref.

Pasching, Zur Lagerung der Arme in der Narkose. Zentralbl. f. Gynäkol. 1904, Nr. 25. — Pasching, Ueber neuere Narkosenmittel und -methoden insbesond. d. Morphin-Scopolamin. Wiener klin. Wochenschr. 1905. Nr. 16.

Q.

Quéré, Étude critique sur l'anesthésie dentaire. Thèse de Bordeaux. 1896.

Quénu, Chlorof.-Appart. Acad. de médec de Paris. 1905. — Quénu, Zentralbl. f. Chir. 1905, Nr. 19, S. 529. — Quénu, Chloroformisation. Bull. et mém. de la soc. de chir. de Paris. 1905. T. XXXI. — Quénu, Zentralbl. für Chir. 1905, Nr. 36.

Quérineau, Amputation de Cuisse pratiquée sans douleur sous l'influence des manoeuvres hypnotiques. Gaz. méd. de Paris. 1860, Nr. 2.

Quervain, Zentralbl. f. Chir. 1895.

Quincke, Berl. klin. W. 1891, Sept. 21, 28. — Quincke, Die Lumbalpunktion des Hydrocephalus. Berlin. klinische W. 1901, Sept.

R.

Rabe, L., Deutsche Zeitschr. f. Chirurg. Bd. III. 1873.

Rabot, Bullet. de thérapeut. 1864, LXVI, S. 233.

Rabuteau, Compt. rend. de l'Acad. 1876.

Racoviceano, Congrès internat. de médecine. Paris. 1900, Août. — Racoviceana-Pitesti, Rachikokainisation. Discussion. Revista de chirurgie. No. 12, S. 556, 1901. — Racoviceano-Pitesti, Ein Sterbefall nach Chloroform. Revista de Chirurgie. 1903, No. 6.

Radestock, Kriegschirurg. Beiträge zur Narkosenfrage. Deutsche militärärztl. Zeitschr. Juli, 1897, Heft 7.

Radman, Two cases of medullary narcosis. Philadelphia medic. Journal. 1900, Nov. 3 d.

Radwitzky, Ein Fall v. ak. Glaukomanfall nach Kokaingebrauch. Westnik Oftalm. 1895, jun.

Radziek, Med. obosrenje. 1902, Nr. 4.

Radzieh, Nebennierenextr. i. d. Rhino-Laryngol. Therapie der Gegenwart. 1902, Nr. 5.

Raehlmann, Wiener med. W. 1894. — Raehlmann u. Witkowsky, Dubois-Reymond's Archiv f. Physiolog., 1878, 1. u. 2. Heft.

Rahn, Münchn. med. W. 1903, Nr. 22.

Rammstedt, Zentralbl. f. Chir. 1902, Nr. 38. —

Rammstedt, Ueber die Verwendung des salzes Anästhesin zur lokal. Betäubung, Zentralbl. f. Chirurg. 1902. Nr. 38.

Ramsay, Pure anaesthetics. Discussion. Society of anaesthetics. The Lancet. 1898, Nov. 26th.

Randolph, Ophthalmic Record, 1899, Aug.

Ranke, Zentralblatt d. med. Wissenschaften, 1867. — Ranke, Die Lebensbedingungen de Nerven. Leipzig, 1868.

Ratimoff, Dubois Reymonds Archiv, 1884.

Rauber, Lehrb. d. Anatomie d. Menschen.

Raviean, Sitzungsbericht d. internat. mediz. Kongresses, Paris. 1900.

Ravaut et Aubourg, Le liquide céphalo-rachidien après le rachicocaïnisation. La Presse médic. 1901, No. 49. — Ravaut et Aubourg, La Gazette des hôpitaux. 1901, No. 69.

Raymond, Frontgous, Allgem. rasche Narkose mit Somnoform. Thèse de Bordeaux. 1903.

Reboul, J., Anesthésie génér. par le chloroforme, l'éther, le chlorure d'éthyle. Bullet. et mém. de la soc. de Chirurg. de Paris. t. XXVIII, 1902, 25. février. — Reboul, Normandie médic. Rouen. 1903, XVIII. — Reboul, De l'anesthésie localisée à la cocaine dans l'opération de la hernie inguinale. Gazette des hôpitaux. 1904, No. 121. — Reboul, Surs l'anaesth. générale par le chlorof., l'éther, le bromure, d'éthyle etc. Bulletins et Mémoires de la Société de Chirurgie de Paris. 1902. Nov. 7.

Réc, d'ophthalm. 1894.

Recasens, Rachistovainisation in d. Geburtshilfe. Span. Gynäk. Gesellsch. 29. März, 1905. — Recasens, Rachistovainisation in d. Geburtshilfe. Rec. de Med. y Cir. Práct. 28. Mai 1905. — Recasens, Münchner mediz. W. 1905, Nr. 31, S. 1509. — Recasens, Span. gynäkol. Ges. 14. Juni 1905, ref. Münch. med. W. 1906, Nr. 16.

Recent improvements in regulating chloroform inhalers. The Lancet. 1898, June, 4th.

Reeke, Vergleichende experimentelle Untersuchungen lokalanästhesierender Mittel. Ing.-Diss. Leipzig. 1904.

Reclus, Société de Chirurg. de Paris. Sitzung 7. u. 15. Mai 1901. Bericht Münchn. med. W. 1901, Nr. 27. — Reclus, Le Bulletin médical. No. 26, 1898. — Reclus, L'Eucain, Le Bull. médical. 1898, No. 20. — Reclus, P., La cocaine en chirurgie. Paris. 1895. — Reclus, L'Eucaine Acad. d. médecine. Sitzung 29. März 1898, Ber. — Reclus, De l'anesthésie locale au moyen de cocaïne. Académie de médec. Séance du 10. May. La semaine médicale. 1896, No. 26. — Reclus, Valeur comparée de l'eucaïne et de la cocaïne etc. Académie de médec. de Paris. 1897, 16. février. — Reclus, L'analgésie locale par la Stovaine, Académie de médecine, Paris, 5 juillet, 1904. — Reclus, Stérilisation des solutions de cocaïne. Bull. et mém. de la soc. de Chir. 1901, No. 8. — Reclus, De la Méthode de Bier. Bulletin de l'académie de médicine de Paris. Ann. 65. Sér. 3. 1901, No. 11. — Reclus, L'anesthésie localisée par la cocaïne. Paris, Manon à Co. 1903. — Reclus, L'analgésie locale par la stovaïne. La Presse médicale, 1904, Nr. 55. — Reclus, Cocaïnisation. Bull. et mém. de la soc. de Chir. 1903, No. 13. — Reclus, De l'analgésie localisée par la cocaïne. Incision du panaris. discussion. Bull. de l'académie de médecine, 1903, No. 6. — Reclus, L'analgésie locale par la stovaïne. Révue de Chirurgie. 1904, No. 9. — Reclus, De la méthode de Bier. Bull. méd. 1901, 20. Mai. — Reclus, Le Bulletin Médicale. 1901, No. 22. — Reclus, La Presse Méd. 1901, No. 38. — Reclus, Bull. de l'acad. de méd. 1904, 5. Juli. — Reclus, Sur la valeur comparée du gaïacol et de la cocaïne dans l'anesthésie locale. Bullet. de l'académie de médecine. 1896, No. 20. — Reclus, Recueil des principaux mémoires concernant la Stovain. Paris (Augustin Challamel). 1904. — Reclus, L'analgésie locale par la stovaine. Bull. de l'Académie de Médecine. 1904, No. 27. — Reclus, Société de Chirurgie de Paris. 1904. Sitz.-Ber. 12. X. — Reclus, Lumbalinject. v. Coc. bei Entb. Académie de Médecine de Paris, séance de 21. u. 29. Janvier 1901. Bericht, Münchner med. W. 1901, Nr. 8, S. 822. — Reclus, L'analgésie locale par la stovaine. Bull. de l'acad. de médec. 68 ann. 3. ser., No. 27. — Reclus, Zentralbl. f. Chir. 1905, Nr. 41.

Redard, Genf, Jahresvers. d. Schweizer zahnärztl. Gesellschaft 1902. Anästhesie durch blaues Licht.

Reeve, J. C., Amerc. Journ. N. S. G. VIII, 1867, Oktob.

Regli, Experimentelle Beiträge zur Kenntnis der Wirkung des Bromäthyls auf Herz u. Nieren. Ing.-Dissert. Bern. 1892.

Regnier, Bull de la societé de chirurg. de Paris. Bd. XV.

Rehn, Postoperat Pneum. Verh. d. d. Ges. f. Chir. XXXIV. Kongr. Berlin 26.—29. April 1905. — Rehn, Zentralbl. f. Chir. 1905, Nr. 30, S. 48. — Rehn, Verhandl. des 24. Chirurgenkongresses. — Rehn, Berl. klin. Woch. 1899, Nr. 42.

Reich, Wien. med. Woch. 1893. — Reich, Therap. Monatshefte. VII, 1893. — Reich, Ing.-Diss. 1893.

Reichborn-Kjennerud, La narcose et l'anaesthesie locale. Bulletin general de Thérapeutique. 1899, 2—4.

Reichenheim, Zehenders Monatsbl. 1884.

Reichert, E. F., Medical Bull. of the University of Pennsylvania. 1901, April. — Reichert, Berlin. Mitteil. über Eucain-α an Schering, 1896, 16. April.

Reichold, Zur Schleichschen Infiltrationsanästhesie. Münch. med. Wochenschr. 1897, Nr. 42.

Reid, A case of chloroform poisoning in wich nearly half a grain of strychnine was injekted: recovery. British med. journal. 1897, No. 20.

Rein, Zentralbl. f. Chirurg. Bd. XXII, 1895.

Reinbach, Bruns Beiträg. z. klin. Chirurg. Bd. XXV.

Reinhard, Ein Beitrag zur Aethernarkose. Zentralblatt f. Chirurg. 1901, Nr. 11. — Reinhard, Atrop.-Morph.-Aethernarkose. Zentralbl. f. Chirurg. 1901, Nr. 21.

Reiss, Note sur l'emploi de la Coca. Bull. de Thérap. 1866.

Reissenbach, F., Deutsche zahnärztl. Zeitung. 1902, Nr. 5.

Reissig, Die Chloroformnasennarkose. Münch. med. W. 1903, Nr. 23.

Remak, Berlin. klin. W. 1877.

Remedi, Zentralbl. f. Chir. 1898, No. 27. — Remedi, Modificazioni della pressione sanguigna nelle operat etc. Estratto degli Atti della K. Academi dei Fisicerstici. Ser. IV. Vol. 8. 1898.

Remy, Hildebrandts Jahresber. d. Chirurgie, 1897.

Rendle, Brit. med. Journ. 1869, Dez. 4th.

Rendu, Société méd. des hôpit. de Paris. 1901, 29. III. — Rendu, ref. Münchner med. W. 1901, Nr. 23.

Report, of the Committee of the odontological Society on nitrous oxyde as an anaesthetic. Med. Tim. Jan. 16th. 1869. u. Brit. med. Journ. Nov. 9th. 1872. — Reports of medical and surg. practice in the hospitals and asylums of great Britain. Brit. med. Journ. 1875—1876. — Reporte of special chloroform commitee of the british medical association.

British med. journal. 1904, July 23 d. — Report of the House of Representatives of the United States of America vindicating the rights of Charles T. Jackson to the Discovery of the anaesthetic Effects of Äther Vapours and disproving the Claims of W. T. G. Morton to that Discovery. Washington, 1853.

Reyenschoot, Virchow-Hirsch, Jahresber. 1892.

Reynier, Chlorof. Bull. et mém. de la soc. de Chir. de Paris. 1905, T. XXXI, S. 56. — Reynier, De l'anesthésie chloroformique etc. Bullet. et mém. de la soc. de chir. de Paris. T. XXXII. — Reynier, Zentralbl. f. Chir. 1906, Nr. 26. — Reynier, Chlorof.-appar. Acad. de médec. de Paris. 1905. — Reynier, Zentrbl. f. Chir. 1905 Nr. 19, S. 529. — Reynier, Sur les accidents de la chloroformisation. Bullet. de l'académie de médecine No. 45, Séance du 17 novembre. 1896. — Reynier, Dupont, Acad. de médec. de Paris. 1905. — Reynier, Bull. de la soc. de chir. de Paris XV. Reynier, Lapins cocaïnisés. Bull. et mém. de la soc. de Chir. 1901, No. 26. — Reynier, Revue de Thérapeutique No. 15, 1899.

Reznier, Grossers deutsche Medizinal-Zeit. 1889.

Rhodes u. Scott, Zwei Fälle v. Blutung, die durch Nebennierenextrakt geheilt wurden. St. Bartholom. Hospit. Journal. 1901, November.

Ricard, Appar. du chlorof. Bull. et mém. de la soc. d. Chir. de Paris T. XXXI. — Ricard, Zentralbl. f. Chirurg. 1905, Nr. 36. — Ricard, Société de chirurgie de Paris, Sitz. 7. u. 15. Mai 1901. Ber. Münchn. med. W. 1901, Nr. 27. — Ricard. Chlorof. Apparat. Académie de médec. de Paris. 1905. — Ricard, Bull. et mémoires de la Soc. de chirurg. de Paris. 1901, 21. Mai. — Ricard, Zentrbl. f. Chir. 1905, Nr. 19, S. 529. — Ricard, L'anesthésie dans les hôpitaux des Londres. Gazette des hôpitaux. 1904. No. 141.

Richardson, Assoc. med. Journ., June 8d, 1853. — Richardson, Medic. Gazette. 1847, New. Ser. Vol. IV. — Richardson, On the vaporisation and condensation of narcotic vapours. Med. Tim. and Gaz. 1868. — Richardson, Med. Tim. 1865 Nr. 796, 1867 Nr. 913, 1871 Nr. 1109. — Richardson, Med. Tim. 1868. — Richardson, Medic. Times and Gaz. 1869, Dez. 4th. — Richardson, Med. Times and Gaz. 1870. — Richardson, Chem. Soc. 1891. — Richardson, Benjamin, Med. Times. 1870, July 23 d. Richardson, On death from Chloroform, Medic. Times. 1870, May 7th. — Richardson, Med. Times and Gaz. 1870, May — Richardson, Med. Times and Gaz. 1873, June 5th. — Richardson, On voltaic narcotism. etc. Med. Times. 1859, Febr. June. — Richardson, Med. Times and Gaz. 1877. — Richardson and Greenhalgh, Med. Times. 1866, April. — Richardson, British med. Journal. 1374, Aug. 22d. — Richardson, Brit. med. Journ. 1870, April u. Juni. — Richardson, Med. Times and Gaz. 1867, Okt. Nov. Dez. — Richardson, Brit. med. Journ. 1869, Nov. 6th. — Richardson, Med. Times. 1872, Nov. — Richardson, B., Medic. Times. 1866, Febr., March, April. — Richardson, Med. Tim. 1871, September 30th. — Richardson, Med. Tim. September 30th, 1865.

Richelot, Hommage à la cocaine. Bull. de l'académie de méd. 1903, No. 17. — Richelot, Académie de méd. Sitz., 18. 5. 1902. — Richelot, Zur Kokainanästhesie. Académie de médecine de Paris. Sitz. 28. April 1903, Münchner med. W. 1903, Nr. 24, S. 1054.

Richet, De l'Anesthésie localisée. Bullet. de Thérap. 1864, Mai. — Richet, Charles,

Dictionnaire de Physiolog. Premier fascicule du Tome V. Paris. 1900. — R i c h e t, Gaz. des hôpitaux. 1854, No. 63, 66, 67. — R i c h e t, Récents travaux sur anesthésiques, Révue scientique, 1er semestre. 1880. — R i c h e t, Société de Biologie. 1899.

Richter, Ber. über Eukain-α an Schering. 1897, April.

Ricord, Union médicale, 4. Dec. 1852, 22. März 1853. Gaz. des hôpit. 1853.

Riddle Goffe, Medullary anaesthesia in gynecologie. The journ. of the Amer. Med. Ass. 1900, No. 17.

Ridgen, Lancet, Oct. 31st, 1874.

Riecke, Sterilisationsapparat für lokal anästhesierende Lösungen. Münchner med. W. 1901, Nr. 42.

Ried, Zur Infiltrationsanästhesie. Beiträge zur klinisch. Chirurg. 1897, Bd. 19, Heft 3. — R i e d, F., Resektionen der Knochen. 1847.

Riedel, Zur Frage d. Nark. b. d. Ovariotomie, Zentralbl. f. Chirurgie. 1882, Nr. 9. — R i e d e l, Zur Technik d. Kropfoper. Deutsche mediz. W. 1905, Nr. 22. — R i e d e l, Berl. klin. W. 1902, Nr. 27 — R i e d e l, Berl. klin. W. 1896, Nr. 39. — R i e d e l, Verhandl. d. XXX. Kongr. d. d. Ges. f. Chir. a. 10.—13. April 1901 in Berlin. ref. Münchn. med. W. 1901, Nr. 18, S. 726. — R i e d e l, Berl. klin. W. 1896, Nr. 33. — R i e d e l, Die minimale Narkose usw. Berl. klin. W. 1902, Nr. 27. — R i e d e l, Berl. klin. Wochenschr. 1903, Nr. 11.

Riessel, Nothnagels spez. Pathol. u. Therap. Bd. XIV, Teil II (Aufrecht).

Rieth, v. Bruns Beiträge zur klin. Chirurg. Bd. X.

Rigaud, Gaz. hébd. IV. 10, 1857.

Rindskopf, D. med. W. 1893, Nr. 40, Klin. Beobachtungen über d. Einfluß der Chloroformnarkose auf die menschliche Niere. — R i n d s k o p f, Deutsche mediz. W. 1892.

Ritschel, Zentrbl. f. Chir. 1894.

Ritschl, Referate über Narkose, Narkotika usw. Hildebrands Jhresber. 1895. — R i t s c h l in Hildebrands Jahresber. über d. Fortschritte d. Chirurgie. 1896. — R i t s c h l in Hildebrand's Jahresber. über d. Fortschritte d. Chirurgie. 1897.

Ritter, Die Einwirk. d. Adrenalin auf d. Lymphgefäße. Medizin. Klinik. 1906, Nr. 13. — R i t t e r, Die natürl. schmerzlindernden Mittel des Organismus. Arch. f. klin. Chir. 1902, Bd. 68, H. 2. — R i t t e r, 31. Deutscher Chirurgenkongreß. 1902, S. 520.

Robert, Kommissionsbericht von 1853. Gaz. des hôpitaux 71 u. 72, 1853. — R o b e r t, Bull. de Thér. LII, Mai 1857.

Roberts, Brit. med. Journ. 1895, No. II.

Robertson u. Kronecker, Ueber die Wirkung des Aethers auf das Froschherz. Verhandl. der phys. Gesellsch. Berlin. 1881. — R o b e r t s o n, E. A., Mixedanästhesie usw. New-York medical Record. 1904, January 9th. — R o b e r t s o n, Zentralbl. f. Chirurgie. 1905, Nr. 13.

Robin, Compt. rend. de l'Acad. de sc. 1852. T. XXIV.

Robinson, Med. Rec. 1901, Nov. 10th. — R o b i n s o n in Berends Chloroformkasuistik, Hannover. 1850. — R o b i n s o n, Med. Times. 1847. — R o b i n s o n, Field, Der Gebrauch des Somnoform. Brit. Dent. Assoc. Journ. 1903, Okt.

Robson, W. Mayo, British medic. Journ. 1886.

Rochard, Ref. Münchner medizin. W. 1901, Nr. 37, S. 1464. — R o c h a r d, Tödl. Zufälle b. d. Rachikokain. Société de Chirurg. de Paris. Séance 3 juillet 1901.

Kocher, Deux interventions à la cocaïne, osteo arthrite suppurée de pied etc. Soc. d'ana-

tomie etc. Journal de méd. de Bordeaux. 1901, No. 3.

Rochier, Les dangers et les contraindications de l'anesthésie générale chez les sujets atteints de hernie étranglée, d'occlusion intestinale. Thèse de Lyon. 1896.

Rode, Wiener klin. Rundschau. 1902, Nr. 33—34.

Rodier, La Révue de Stomatologie de Paris. 1899.

Rodmann, New-York medical Record. 1898, Bd. LIV, 14th. Oktbr. — R o d m a n n, Schleichs general anaesthesia not a success. New-York medic. record. 1898, Okt. 1st.

Roeder, Paul, Zwei Fälle von linksseitiger Abduzenslähmung, nach Rückenmarksanästhesie, Münchner medizin. W. 1906, Nr. 23. —

Röhricht, Rud., Glycosurie nach Aethernarkosen. Zentralbl. f. Chir. 1905, Nr. 38. — R ö h r i c h t, Zentrbl. f. Chirurg. 1905, Nr. 40.

Römer, R., Infiltratie-anaesthesie. Weekbl. v. h. Nederl. Tydschr. v. Geneeskunde. 1896.

Roger, Williams, The Lancet. 1890, 8th. Febr.

Rogers, M. H., Administration of nitrous oxyde preliminary to ether anaesthesia. Bristol medic.-chirurgical. journal. 1896.

Rogman, Gent, Ueber den Wert der lokalen Anästhetika in der Augenheilk. Ophthalmolog. Klinik. 1897, Nr. 2 u. 3.

Rogmann, Sur la valeur des anesthesiques locaux en ophtalmologie, la cocaïne l'eucaïne, l'holocaïne et le tropacoc. Belg. méd. IV. 1897, No. 40.

Rogner, Zeitschr. f. d. Therapie, Wien. 1892.

Rohn, Ueber Aethylchloridnarkose. Prager med. W. 1900, Nr. 21.

Roith, Gynäkol. Gesellsch. München. 1903, 14. Jan. — R o i t h, Münchn. med. W. 1905, Nr. 46.

Rolland, Georges, Brit. Dent. Assoc. Journ. 1903, Okt. Ueber d. Einfl. d. allg. Nark. durch Somnoform auf die Nervenzentren usw. — R o l l a n d, Archives nationales de Stomatologie, Bordeaux. 1901.

Roosa, Zeitschr. f. Ohrenheilk. 1882. — R o o s a, The med. Record. 1884.

Rose, Freie Vereinigung Berliner Chirurgen. Sitzungsbericht, 13. Nov. 1893. — R o s e, Deutsche medizinische Wochenschrift. 1894. — R o s e, Eklampsie u. Narkose, Geburtshilfl. Gesellsch. z. Hamburg. Sitz. 24. V. 1904. Zentralbl. f. Gynäk. 1904, Nr. 42. — R o s e, Archiv f. klin. Chirurg. Bd. XXIV. 1879. — R o s e, Bristol Med. Chir. Journal. 1902. — R o s e, Archiv f. klin. Chir. 1874, März, Bd. XVII. — R o s e, Notes on ethyl chloride as a general anaesthetic. Brit. med.-chir. journ. 1902, March.

Rosenbach, O., Ueber Chlorof.-Iinhal. als sedat. Mittel b. Lungen- u. Herzkrankheiten. Intern. klin. Rundschau. 1889.

Rosenberg, Berl. klin. W. 1895, Nr. 1 u. 2. — R o s e n b e r g, Révue hébd. de laryngol. etc. 1902, No. 1. — R o s e n b e r g, Beiträge zur Injektionsanästhesie. Deutsche Monatsschr. f. Zahnheilk. 1905. — R o s e n b e r g, Lokalanästhesie i. d. Zahnheilk. Berl. klin. W. 1905, Nr. 39. — R o s e n b e r g, Berliner klinische W. 1902, Nr. 26.

Rosenberger, Deutsche zahnärztl. Woch. 1888, Nr. 38.

Rosenfeld, Arch. f. experim. Pathol. u. Pharm. Bd. XXXVIII. — R o s e n f e l d, Wiener medic. Woch. 1893. — R o s e n f e l d, Archiv für experim. Pathol. u. Pharmakol. Bd. 37, 1896. — R o s e n f e l d, Erfahrungen bei 150 Aethernarkosen. Prager mediz. W. 1896, Nr. 23.

Rosenthal, Berl. klin. W. 1895.

Rossa, Erfahrungen über Aethernarkosen. Wiener medizin. Woch. 1896, Nr. 4.

Rossbach, Nothnagel-Roßbach, Handbuch d. Arzneimittellehre Berlin. 1884.

Rossier, Sur l'act. physiol. des feuilles de coca. Echo médicale. 1861.

Rotenberger, Deutsch. Zahnärztl. Wochenschr. Nr. 38, 1898. — Rotenberger, W., Orthoform u. Nirvanin usw. Deutsche zahnärztl. Wochenschr. Nr. 88, 1899. — Rotenberger, Zahnärztl. Rundschau Nr. 370, 1899. — Rotenberger, Deutsche zahnärztl. W. 1898, Nr. 33.

Roth, Sauerstoff-Chloroformnark. Zentralbl. f. Chirurg. 1905, Nr. 1. — Roth, Deutsche med. W. 1903, S. 168. — Roth, Zentrbl. f. Chir. 1904, Nr. 52 — Roth, Zur Sauerstoff-Chloroformnarkose. Zentralbl. f. Chirurg. 1902, Nr. 46. — Roth, Münch. med. W. 1894. — Roth, Demonstr. eines verbesserten Apparat. z. Sauerst.-Chlorof.-Narkose. 31. Chirurgenkongreß 1902. — Roth, Zur Sauerstoff-Chloroformnarkose. Zentralbl. f. Chirurgie. 1902 Nr. 45 u. 46. — Roth, Zur Chemie der Sauerstoff-Chloroformnarkose. Zentralbl. f. Chirurg. 1903, Nr. 12. — Roth, Zur Chemie der Sauerst.-Chlorof.-Nark. Deutsche med. W. 1903, Nr. 10.

Rothe, Narkosenlähmungen u deren Vermeidung. Zentralbl. f. Gyn. 1903, Nr. 7. — Rothe, Die Lagerung der Arme in der Narkose. Zentralbl. f. Gynäkol. 1904, Nr. 12 und 35. — Rothe, Zentralbl. f. Gynäkol. 1904, Nr. 36.

Rothfuchs, R., Zur Frage d. Sauerstoff-Chloroformnark. Münchner med. W. 1905, Nr. 15.

Rothschild, Zentralbl. f. Gynäkolog. 1903, Nr. 32. — Rothschild, Ueber Kohlensäurenarkose. Beitr. z. klin. Chir. 1902, Bd. 35, H. 2. — Rothschild, Société médic. des hôpitaux. Paris, 27. April 1906. — Rothschild, Beiträge zur klin. Chirurgie. 1902.

Rotter, Skop.-Morph.-Nark. Freie Verein. d. Chir. Berlins. 12. XII. 1904. Zentrbl. f. Chir. 1905, Nr. 5. — Rotter, Postoper. Pneum. Verh. d. d. Ges. f. Chir. XXXIV. Kongr. 26.—29. April, 1905, Berlin. — Rotter, Zentralbl. f. Chir. 1905, Nr. 30, S. 49.

Rouget, Sur la contractil. des capillaires sanguines. Comptes rendus de l'Académ. des sciences, Tome 88, 1879.

Routier, Bull. et mém. de la société de chirurg. de Paris. 1892. — Routier, Chlorof.-App. Académ. de médec. de Paris. 1905. — Routier, Bull. et mémoires de la soc. de chir. d. Paris, 1901, 28. Mai. — Routier, Zentralbl. f. Chir. 1905, Nr. 19, S. 530. — Routier, Chlorof. App. Bull. et mém. de la soc. de chir. de Paris. 1905, T. XXXI, S. 66. — Routier, Zentrbl. f. Chir. 1905, Nr. 36.

Roux, Korrespondenzblatt f. schweiz. Aerzte. 1888.

Rowell, The work of Simpson, Snow, Lister and the hyderabad chlorof. commission. The Practitioner. 1896, Oktob. — Rowell, The anaesthetisation of children. Discussion. The Lancet. 1897, May 8th. and 15th. — Rowell, 60th meeting of the British medic. Association. British medical Journal. 1892.

Royals, Thèse de Paris 90.

Rubinstein, Ueber lokale Anästhesie insbes. größerer Gelenke. Verhandl. des 27. Chirurgenkongresses. Berlin, 1898.

Rubinovitch, Bull. médic. 1902, Juin 12.

Rubzow, J. J., Zur Frage der Bromäthylnarkose. Letopis russkoi chirurgii. 1897, Heft 2.

Rudolph, Die Zersetzung von Chloroformdämpfen durch Gaslicht. Ing.-Dissert. Würzburg 1891.

Ruegg, Schweizer Vierteljahrsschrift f. Zahnheilk. 1897, Bd. VII, Nr. 4. — Ruegg, Narkosen unter Anwendung von Aethylchlorid. Medizin. Rundschau 1898, Nr. 45. — Ruegg, Aethylchlorid zur Narkose. Schweizer Vierteljahrsschr. f. Zahnheilkd. Bd. VIII, 1898, Juli. — Ruegg, Aethylchloridnark. Zahnärztl. Wochenblatt. 1898.

Ruge, Charitéannalen XXI. 1896.

Rumboll, The aftereffects of etherinhalation upon the respir. system. Society of anaesthetits. Brit. med. journ. 1900, Febr. 13th.

Rump, Ueber die Prüfung des Chloroforms. 1887.

Runge, M., Lhrb. d. Geburtshilfe. Berlin, 1901.

Rushmore, How to prevent the dangers and disagreeable effects of ether. Discussion. Transactions of the New-York surgical Society. Annals of surg. 1898, Oktob.

Russel, Howard, Transactions of the Society of Anaesthetists. London. 1901.

Ruthon, Sur un nouvel anesthésique, la Stovaine. Thèse de Paris. 1904.

Rutter, Williamson J., New-York medic. Journal. 1901, Okt. 12th.

Rydygier, Die Kryoskopie des Harnes nach Chloroformnarkose. Medycyna. 1902, Nr. 37. — Rydygier, Samml. klin. Vorträge, Nr. 93. — Rydygier, Medycyna. 1902, Nr. 37. — Rydygier, Volkmanns Slg. klin. Vortr. N. F. Nr. 69, 1893. Wie soll man chloroformieren? — Rydygier, Zentralbl. f. Chirurgie. 1903, Nr. 14. — Rydygier, Verhandl. d. XXX. Kongr. d. deutsch. Gesellsch. f. Chirurg. Berlin. 10.—13. April 1901. Ref. Münchner mediz. W. 1901, Nr. 18, S. 726. — Rydygier, Anton, Rückenmarksnarkose mit Tropakokain. Przeglad Lekarski. 1904, Nr. 7.

S.

Saalfeldt, Berlin, Nouveaux Remèdes. XII, 1896, No. 16, 24. Aug. — Saalfeldt, Schmidts Jahrbücher C. CLIII.

Sabarth, Das Chloroform Würzburg, 1866. — Sabarth in Berends Chloroformkasuistik, Hannover. 1860.

Sachanski, Beitrag zur Frage der Adrenalin-Kokain-Anästhesie. Wratschebnaja Gazetta. 1904, Nr. 2.

Sachs, Cairo, Deutsche Klinik. 1867, Nr. 45 bis 47.

Sachse, Dr. B., Novokain, ein neues örtliches Anästhetikum. Deutsche zahnärztl. Wochenschrift. 1905, Nr. 45. — Sachse, Münchener med. Wochenschrift, 1900.

Sackur, Virchows Archiv. Bd. 130.

Sage, Dental-Register, 1889.

Sänger, Berl. klin. Woch. 1874, Nr. 38. — Sänger, Narkosenlähmungen. Zentralbl. f. Gynäkol. 1904, Nr. 18, S. 587.

Salaskin, Zeitschr. f. physiolog. Chemie. Bd. XXV.

Salecker, Erfahrungen über die Verwendung von Nebennierensubstanzen zur örtlichen Analgesierung. Deutsche militärärztl. Zeitschr. 1904, H. 11.

Salen u. Wallis, Zwei Fälle von sogenanntem späten Chloroformtod. Hygiea. 1899, Bd. LXI, Heft II.

Saling, The relation of the operator to the anaesthetist. New-York medic. Record. LIII, 7 1898, Febr.

Salkowski, Ueber die antisept. Wirk. d. Chloroformwassers. Deutsche mediz. W. 1888, Nr. 16. — Salkowski, E., Zur Kenntn. der Wirkungen d. Chlorof. Virchows Arch. Bd. CXV.

Salli, Jacoby, Inaug.-Diss. Freiburg, 1895.

Salmon, De l'analgésie. Paris. Carré et Naud. 1900.

Saloga, Eukain in der ärztl. Praxis. Die Chirurgie. 1898, Nr. 14, Moskau.

Salomonson, H., Wochenschr. f. Therap. u. Hygiene des Auges. Jarg. VI, Nr. 28. — Salomonson, Zentrbl. f. Augenheilkunde. 1904, Nr. 47.

Salvioli, Ueber die Wirk. d. Nebennierenextr. Gazette di ospedale, 1901. — Salvioli u.

Pezzolini, Extract der Nebennieren. Rivista di freniastria. 1901. — Salvioli u. Pezzolini, Münchner med. W. 1902, Nr. 13, S. 544.

Samberger, Wirk. d. Nebennierenextr. auf Hunde. Wiener mediz. Wochenschr. 1902, Nr. 29.

Samson, British medical. Journ. 1873.

Samter, Diss. 1894.

Samu, Fr., Deutsche zahnärztl. Woch. Nr. 156.

Sandberg, J., Respirationsparalyse efter Stovain. Medicinsk Revue. 1906. Februar. — Sandberg, J., Spinalanalgesie. Medicinsk Revue. 1905, Dezember. — Sandberg, J., Zentralblatt f. Chirurg. 1906, Nr. 16.

Sander, Beiträge zur Aetiologie u. pathol. Anatomie akuter Geistesstörungen.

Sanit.-Bericht über die deutschen Heere im Kriege gegen Frankreich 1870/71. 1890, Bd. III.

Sansom, Chlorof., London 1865. — Sansom, The chemistry of chloroform in s. Werk Chloroform, its action etc. S. 17. — Sansom, Chloroform its action and administration. 1865. — Sansom, Med. Times and Gaz. 1866, März, 24th. — Sansom, Medic. Times and Gaz. 1867, Sept. 10th. — Sansom, Brit. med. Journal. 1867, No. 349 — Sansom, Medical Times and Gazette, 1861. — Sansom, Londoner Chloroform-Comité. Med. chir. Transactions. 1864, Bd. XLVII.

Delli Santi, L'anaesthesia etc. Giornale medico glincurabili. Anno XV.

Santer, Supraren. liqu. with Chloretone in Rinology. New-Orleans Med. and Surg. Journ. 1901.

Santesson, Münchner med. W. 1899, Nr. 42.

Sassard, Journal de physique. 1781.

Sauer, Berl. klin. Wochenschr., 37, 1868. — Sauer, Pharm. Zentralblatt 14. — Sauer, Schmidts Jhrb. CXC. — Sauer, Deutsche Vierteljahrschrift für Zahnheilk. 1869.

Sauerbruch, Bericht über d. ersten in d. pneum. Kammer ausgeführt. Oper. Münchner med. W. 1906, Nr. 1.

Sauvez, Soziete d'odontologie de Paris. 1899. Disk. über Nirvanin. — Sauvez, E., La Stovaine. Société d'odontologie, Paris 9. avril 1904. — Sauvez, Un nouvel anesthésique local, la stovaine. L'Odontologie. Avril, 1903. — Sauvez, Ueber Licht- und Schattenseiten der lokalen und allgemeinen Anästhesie. Deutsche Monatsschr. f. Zahnheilk. 1900. S. 104.

Savage, Relationship between the use of anaesthetics and insanity. Soc. of anaesthetists. The Lancet. 1899, Nov. 11th.

Savitzky, Jefferson-Hospital Philadelphia. University Medical Magazine. 1896, No. 26, Nov. — Savitzky, Medical and Surgical Reporter. 1896, Nov. 28th.

Scanzoni, Geburtsh. Würzburg, 1855.

Schacht, Arch. d. Pharm. 1867, S. 213, 1868.

Schaer, Mascoutah. Scherings Bericht über Eukain-?. August, 1901.

Schäfer, Artificial respir. in the human subject. Royal med. et chir. soc. The Lancet. 1903, Dez. 12th. — Schäfer, TherapeutischeMonatshefte. 1892. — Schäfer-Stuckert, Vortrag auf d. Kongreß für Zahnärzte, München, Aug. 1902. — Schäfer, British medical Journal. 1901, April 27th. — Schäfer, Breslau, Ueber Blasenoperat. ohne Narkose und Anästhetika. Versamml. Deutscher Naturforsch. u. Aerzte in Hamburg. 1901, 22.—28. Sept. — Schäfer, E. A. Zur prakt. Anw. d. Nebennierenextraktes. British medical Journal. 1901, April 25th. — Schäfer, Münchner med. W. 1901, Nr. 25, S. 1025. — Schäfer-Stuckert, Anästhesin Ritsert u. s. Verw. i. d. Zahnheilk. Verhandl. des zahnärztl. Kongresses i. München. 1902.

Schäffer, Skopolam.-Morph.-Inject. bei Gebärenden. Versamml. d. Naturforscher und Aerzte, Merau. 1905. — Schäffer, Zentralblatt f. Gynäkol. 1905, Nr. 42. — Schäffer, Sensibil. d. weibl. Genital. 76. Versamml. d. Naturf. u Aerzte. Breslau, 18.—24. Septbr. 1904. Zentralbl. für Gynäk. 1904, Nr. 43, S. 1271.

Schaik, New-York City. Tonsillotomy on Children. The Internation. Journal of Surgery. 1900, July.

Schalenkamp, F., Reichs-Medizinal-Anzeiger. 1901, Nr. 12.

Schapira, S.W.,Remarks on local anaesthetica etc. Americ. Journ. of surgery. 1906, March. — Schapira, S. W., Zentralbl. f. Chir. 1906, Nr. 19.

Scharff, P., Monatshefte f. prakt. Dermatologie. 1894.

Schatz, Versamml. deutsch. Naturf. u. Aerzte, Meran. 1905. — Schatz, Skopol.-Morph.-Injekt. bei Gebärend. Versamml. deutscher Naturforscher u. Aerzte, Meran. 1905. — Schatz, Zentralbl. f. Gynäkol. 1905, Nr. 42.

Schech, Münch. ärztl. Intbl. 1885. — Schech, Münch. med. W. 1898, Nr. 26.

Schede, Luftblasen in den Arterien. 1887. — Schede in Miculicz, Hdb. der prakt. Chirurg. 1901.

Scheeps, Bromäther, Breslau. 1887.

Scheeff. Hdb. d. Zahnheilk. 1892.

Scheinesson, Untersuchungen über den Einfluß des Chlorof. auf die Wärmeverhältnisse der Organe etc. Diss. Dorpat. 1868. — Scheinesson, Wagners Arch. f. Heilk. 1869. — Scheinesson, Archiv für Heilkunde X.

Schellmann, Inaug.-Diss. Berl. 1898.

Schena, Anesthesia cocainica midollare. Il. Policlinico. Sezione prat. 1901, Fasc. 32.

Schenk, Sitzungsber. d. Wiener Akademie. 1868. Bd. LVIII. — Schenk, Zeitschr. f. Heilkunde. 1896. — Schenk, Vierteljahrsschrift f. Heilkunde. 1899. — Schenk, Wien. akad. Sitzungsbericht. Mathem.-naturwissenschl. Kl., LVIII. 1868, Nov. — Schenk, Zur tödlichen Nachwirk. des Chloroforms, Zeitschr. f. Heilkunde. Bd. 29, 1898. — Schenk, Zeitschrift f. Heilkunde, 1899.

Scheps, Das Bromäthyl u. seine Verw. bei zahnärztl. Oper. Inaug.-Diss. Breslau, 1886.

Scherer, A report on four cases treated by Anaesthesine. The Medical and Surgical Monitor. No. 11, November 1902.

Schering, Mitteilungen über Eukain. 1896—1901.

Scheuerer, Beiträge zur Frage nach der Chloroformpsychose. Psychiatr.-neurolog. Wochenschrift. 1904, Nr. 46.

Schicklberger, Beitr. z. Morph.-Scopol-.Nark. Wiener klin. Wochenschr. 1902, Nr. 51.

Schiff, Erfolge mit Stovain. Chir. Klinik d. Charite Berlin. Archiv f. med. Literat. 1906. — Schiff, D. med. W. 1905, Nr. 35. — Schiff, Vortr. gehalten in der physikalischmed. Gesellsch. zu Florenz 1875, März. — Schiff, Nota sulla pupilla nella narcosi chlorof. Imparc. Firenze. 1876.

Schiffer. Ueber die Bedeut. des Stensonschen Versuchs.

Schilling, Münchner med. W. 1893, Okt.

Schirmer, Deutsche Monatsschr. f. Zahnheilkunde, 1893, Nr. 44.

Schläger, Die Veränder. d. Pupill. i. d. Chloroformnarkose. Zentralblatt f. Chirurgie, 1877.

Schlatter, Ueber Lokalanästhesie. Korrespond.-Blatt. f. Schweizer Aerzte. 1896, Nr. 10. — Schlatter, Correspondenzbl. f. Schweizer Aerzte, 1901.

Schlachter, Beiträge zur Embolie der Lungenarterie. Inaug.-Diss., Zürich. 1895.

Schlechtendahl, Münchner med. W. 1902, Nr. 6.
Schleich, Die Selbstnarkose der Verwundeten in Krieg u. Frieden. Berlin, 1906, Springer. — Schleich, Ueber Narkose. Zeitschr. für praktische Aerzte. 1896, Nr. 10. — Schleich, Ueber d. therapeut. Verwend. anästhesierender Flüssigkeiten. Hufeland-Gesellschaft. Berliner klinische Wochenschrift 1896, Nr. 19. — Schleich, Lokalanästhesie und Narkose. Berlin. klin. Woehenschr. 1900, Nr. 13. — Schleich, Schmerzlose Operationen. Oertliche Betäubungen mit indifferenten Flüssigkeiten, Psychophysik des natürlichen und künstlichen Schlafes. Berlin, J. Springer. 1899, 4. Aufl. — Schleich, Deutsche Klinik am Ende des 19. Jahrhunderts. — Schleich, C. L., Therapeut. Monatshefte. 1894. — Schleich, Berliner mediz. Gesellsch. 1891. — Schleich, Bericht d. XXI. Sitzung der deutschen Gesellschaft f. Chirurgie. Berlin. Bd. XXI. — Schleich, Gutacht. über Eukain-β. 24. Sept. 1898. Berlin.
Schlesinger, H., Zentralbl. f. Chirurg. 1906, No. 12. — Schlesinger, H., Ueber Sensibil. — Störung. hei ak. lok. Ischämie Deutsche Zeitschrift f. Nervenheilkunde Bd. XXIX. — Schlesinger, Einatmen d. Aeth. Leipzig, 1847.
Schlichthaar, Paul, Ueber einen neuen Narkosen-Apparat mit Verwendung dosierter Gemische. Inaug.-Dissert. Bonn, 1895.
Schlösser u. Heinz, Klinische Monatsblätter f. Augenheilk. 1897, April.
Schloffer Bakteriolog. Bruchuntersuchung. Beiträge für klin. Chirurg. Bd. XIV.
Schmey, Diss. Berlin. 1885. — Schmey, Therap. Monatsh. Ueber den Chloroformtod u. d. Wirk. d. Chlorof. auf das Herz. II. 141, 1888. — Schmey, Zur Kenntnis der Gefahren der Chloroformnarkose.' Aerztl. Sachverständigen-Zeitung. 1899, Nr. 24.
Schmidlechner, Zentralbl. f. Gynäk. 1905, Nr. 4.
Schmidt, Ueber Veränderung der Herzganglien durch Chloroformnarkose. Ing.-Diss. Würzburg. 1898, Dez. - Schmidt, Tod 30 Stunden nach einer längeren Narkose. Mediz. Korrespond.-Bl. des württemberg. ärztl. Landesvereins. 1898, 15. Oktob. — Schmidt, A propos des eucaïnes. Société de thérapeutique. 9 juin, 1897. — Schmidt-Rimpler, Anästhesierung des Auges mitt. Erythrophleinum muriat. Berl. klin. W. 1888, Nr. 4. — Schmidt, L., Ueber d. Wirk. d. Chlorof.- u. Aethernark. auf d. versch. Organe des Menschen. Ing.-Diss. Leipzig. 1905. — Schmidt, Novokain - Höchst. Zentralbl. f. Chir. 1906, Nr. 8. — Schmidt, Münchn. med. W. 1905, Nr. 46. — Schmid, Hans, Münch. med. W. 1894, Nr. 26. — Schmidt, Therapeut. Monatshefte. 1890. — Schmidt u. Schweigger-Seidel, Sächs. akad. Sitzungsber. Mathem.-physik. Kl., 1867. — Schmidt, Zeitschrift f. Biologie, Band 37. — Schmidt, Dr. E., Ueber Novokain-Höchst. Münch. mediz. Wochenschrift. Nr. 46. 1905. — Schmidt, Zeitschrift für Biologie. 1899. — Moritz Schmidt-Frankfurt, Münchn. Versammlung deutsch. Naturforscher u. Aerzte. 1899.
Schmiedeberg, Archiv der Heilkunde, 1851. — Schmiedeberg, Ueber d. quantitat. Bestimm. d. Chlorof. i. Blute usw. Ing.-Diss. Dorpat. 1867. — Schmiedeberg, Arch. d. Heilkunde, 1867, S. 273. — Schmiedeberg, Petersburger med. Zeitschr. 1868. — Schmiedeberg, Grundriß der Arzneimittellehre. 1888.
Schmitt, Ad., Ueber Bauchoperat. ohne Narkose. Münchner med. W. 1901, Nr. 29. — Schmitt, Chirurg. Mitteil. f. d. Praxis. Operat. unter Kokainanästhesie. — Schmitt, Münchner mediz. Wochenschr. 1896, Nr. 24. — Schmitt, Disk. im ärztl. Verein, München. 1899.
Schnaudigel, Das Suprareniuum hydrochloric. Ophthalmolog. Klinik. 1903, Nr. 13.
Schneider, D. Monatsschr. für Zahnheilk. 1890. — Schneider, Ein Todesfall bei Aethernarkose. Deutsch med. Wochenschr. 52, 1899. — Schneider, Deutsche Monatsschr. f. Zahnheilkunde VIII, 1890.
Schneiderlin, Aerztl. Mitteil. aus od. für Baden. 1900, Nr. 10. — Schneiderlin, Die Skopolom. (Hyoscin)-Morph.-Nark. Münch. med W. 1903, Nr. 9.
Schnurpfeil, Medull. Anästhesie usw. Casopis lékaru ceskych. 1906, Nr. 13 u. 14. — Schnurpfeil, Zentralbl. f. Chir. 1906, Nr. 45.
Schoemaker, John, The danger of spinal anesthesia. The journal of the Americ. medic. Assoc. 1900, Nr. 24.
Schönborn, D. Ztschr. f. Nervenhlk. Bd. 21.
Schoenemann, A., Entsprechen d. jetzt gebräuchl. Aethermasker d. Grundprinzip. d. Hygiene? Korrespondenzblatt für Schweizer Aerzte, Jahrg. XXXI, Nr. 14, 1901.
Schönheimer, Berl. klin. W. 1891.
Schon, Jens, Infiltrationsanästhesi ad moduns Schleich. Ugeskrift for Läger, Nr. 5, Kopenhagen. 1897.
Schopf, Zahnärztl. Wochenbl. 1892.
Schrant, Das Lachgas und seine Verwendbarkeit in der Chirurgie. Volkmanns Samml. klin. Vorträge, Nr. 281.
Schrauth, Samml. klin. Vortr. Nr. 86. — Schrauth, Ing.-Diss. 1886.
Schreiter, D. Monatsschr. f. Zahnh. 1886.
Schröder, Unters. über d. Blutdruck vor und nach Operat. Vortr. geh. a. d. 72. Vers. deutsch. Naturforscher u. Aerzte, Aachen, 1900, Ber. — Schröder, Dr. G., Pulpa und Anästhetika. Deutsche Monatsschr. f. Zahnheilk. 1905. — Schröder, Korrespodenzbl. f. Zahnärzte. 1899, Heft 5, Disk. — Schröder, Lhrb. der Geburtshilfe. Bonn. — Schröder, Beitr. z. Geburtsh. u. Gynäk. 1902.
Schrötter, Wiener allg. Ztg. 1884. — Schrötter, Krankh. des Kehlkopfes. 1893.
C. v. Schroff, Wochenschr. d. k. k. Gesellsch. d. Aerzte in Wien. 1862.
Schubiger-Hartmann, Ueber Adrenalin. Korrespondenzbl. für Schweizer Aerzte. 1902.
Schücking, A., Münchner med. W. 1904, Nr. 5.
Scüller, M., Berl. klin. W. 1874, Nr. 26.
Schuh, Wiener Wochenbl. 23, 1857.
Schultz, Archiv f. Augenheilk. 1900, Bd. 40. — Schultz, Ueber Aetherlähmungen. Deutsche militärärztl. Zeitschr. 1903, H. 6. — Schultz, Friedr., Die Aethernark. der Königl. Frauenklinik zu Halle. Ing.-Diss. Halle. 1898. — Schultze, A report of 27 cases of pneumonia follow. the inhal. of ether and chlorof. Med. and surgic. reports of the Presbyterian hospital in the city of New-York. 1898, Jan. — P. Schultz-Pawtucket, Scherings Mitteil. über Eukain-α. 1897, April. — H. Schultz, Die älteren u. neueren Midriat. Mikotika u. Anästketika in der Augenheilk. Arch. f. Augenheilk. XL. Heft 2, 1899. — E. Schultz, Ing.-Dissert. Zürich, 1892.
Schumburg, Ueber die Art der Bildung von Zersetzungsprodukt. des Chlorof. bei Gaslicht. Hygienische Rundschau. 1898, Nr. 19.
Schuppert, Deutsche Zeitschr. f. Chir. Bd. III, Heft 5—6.
Schwartz, Les paralysies post anesthésiques, Gazette des hôpitaux. 1897, Nr. 128. — Schwartz, Des paralysies post anesthésiques. Onzième congrès de chirurgie, La semaine médic. 1897, Nr. 50. — Schwartz,

Société de chirurg. de Paris. Sitz. 7. u. 15. Mai 1901. Sitzungsber. Münchn. mediz. W. 1901, Nr. 27.

Schwarz, Medulläre Narkose. Zentralbl. f. Chir. 1901, Nr. 9. — Erfahrungen über 100 medull. Tropakok.-Analges. Münch. med. W. 1902, Nr. 4. — Schwarz, Erfahrungen über die medulläre Kokainanalgesie. Wiener mediz. W. 1900, Nr. 48. — Schwarz, Bull. et mémoires de la Société de Chirurgie. 1901, Mai 14. — Schwarz, Zur Frage der medullären Narkose. Zentralbl. für Chirurgie. 1901, Nr. 1. — Schwarz, Tödl. Zufälle b. d. Rachikokainisat. Société de Chirurgie de Paris, séance 8 Juillet 1901. — Schwarz, Ref. Münch. med. W. 1901, Nr. 37, S. 1464. — Schwarz, Verhandl. d. XXX. Kongr. d. d. Gesellsch. f. Chir. Berlin, 10—13. April. 1901. Ref. Münchner med. W. 1901, Nr. 18, S. 726.

Schweigger, Zentralbl. f. praktische Heilkunde. 1885. — Schweigger u. Silex, Therapeutische Monatsschrift. 1892.

Schweinitz, G. de, Thérap. Gazette. 1902.

Schwertzel, Altonaer ärztl. Ver. Sitz. 30. März. 1904.

Scotte Carmichael, G. W., and J. M. Beattie, Delayed chlorof. poisoning, Zentralbl. f. Chir. 1905, Nr. 40. — Scott-Carmichael u. Beattie, The Lancet. 1905, Aug. 12th.

Scrini, La Stovaine, Archives d'Ophthalmologie. Paris, 15. juin. 1905. — Scrini, Recherches sur les collyres huileux. Archives d'Ophthalmologie. 1899, Jan.

Secretan, W. Bernard, Die Anwend. d. Somnoform. The Lancet. 1903, Aug. 15th.

Sédillot, Bulletin de thérapeutique. 1851. — Sédillot, Gaz. hébdom. v. 8. März. 1867. Sédillot in Sabarths Chloroform. Würzburg. 1866. — Sédillot, De quelques phénomènes physiologiques par le chloroforme etc. Straßburg. 1865. — Sédillot, Traité. 1848.

Seelig, Zentralbl. f. innere Med. 1903, Nr. 8.

Seeligsohn, Deutsche med. W. 1905, Nr. 35.

Segond, Soc. d. chir. de Paris. 1894. — Segond, Zentralbl. f. Chirurgie. 1894. — Segond, Bull. et mémoires de la société de chirurg. de Paris. 1895.

Seidel, Ueberdruckverfahren etc. Freie Vereinigung der Chirurgen. Berlin, 8. Juni. 1906. Zentralbl. f. Chir. 1906, Nov.

Seifert, Deutsche mediz. W. 1905, Nr. 34. — Seifert, Internation. klin. Rundschau. 1893.

Seitz, Deutsche zahnärztl. W. 1902, Nr. 5. — Seitz, A., Mediz. Woche. 1902, Nr. 48. — Seitz, Deutsche zahnärztl. W. 1901, Nr. 2 n. 3. — Seitz, G., Die zahnärztl. Narkose. Leipzig. 1900. — Seitz, A. Felix, Deutsche zahnärztl. W. 1901, Nr. 14, 15 und 25. — Seitz, Chloräthyltod. Korrespondenzbl. f. Schweizer Aerzte. 1901, Nr. 4. — Seitz, Zum Chloräthyltod. Korrespondenzblatt f. Schweizer Ärzte. 1901, Nr. 13. — Seitz, Gynäkol. Gesellsch. München. 1903, 14. Jan. — Seitz, Chloräthyltod. Korrespondenzbl. f. Schweizer Aerzte. XXXI. Jhrg. Nr. 4. — Seitz, Deutsche Monatsschrift für Zahnheilk. 1902. Seitz, Münch. mediz. Woch. 1901, Nr. 9, S. 354.

Selbach, Arch. f. exp. Path. u. Pharm. 1894. — Selbach, Ist nach längeren Aetherinhalat. eine tödliche Nachwirk. zu fürchten. Inaug.-Diss. Bonn. 1894.

Selberg, Ueber Narkosen mit Schleichs Siedegemischen. v. Langenb. Archiv f. klin. Chir. 1901. Bd. 63, Heft 2.

Seldowitsch, Ueber Kokainisierung d. Rückenmarks nach Bier. Zentralbl. f. Chirurg. 1899, Nr. 41.

Semaine médic. 1893.

Semazki, J., Ueber kombin. Bromäthyl-Chloroformnarkose. Wratsch. 1901. Nr. 34.

Semon, Zentralbl. f. Laryngologie. 1902.

Senator, Vierteljahrsschr. f. ger. Med. 1904.

Seneca, Lucius Annaeus, de beneficiis III, 24.

Senger, Deutsche med. W. 1894, Nr. 37. — Senger, Deutsche med. W. 1892.

Senn, Schweizer Vierteljahrsschr. f. Zahnheilk. Bd. XIII, Heft 2. 1903. — Senn, Schweiz. Vierteljahrsschr. für Zahnheilk. 1900. Bd. X, Heft IV. — Senn, A., Schweizer Vierteljahrsschrift f. Zahnheilk. 1901. Bd. X, Heft IV.

Serger, Therapeut. Monatshefte. 1900.

Serre, Bei Bouisson, Traité de la méthod. anesthés. 1850.

Severan, Sitzungsbericht d. internation. mediz. Kongresses zu Paris. 1900.

Severeanu, Cocaïne injectée dans le canal vertébral. II. Sciences chirurgical. XIII. Congrès internation. Gaz. des Hôpitaux. 1900, No. 34. — Severeanu, Die allgem. Anästhesie mit Kelene. (Chloräthyl). Spitalul. Nr. 1, S. 22.

Seydel, Handbuch der Kriegschirurgie. 1893.

Sharp, J. C., New-York. Medic. Journal. 1899.

Shaw, Scherings Mitteil. über Eukain-α. 1897, April.

Sheild, M., The need for better instruction in the administration of anaesthetics. The Practitioner. 1896, Okt.

Shlenker, Scherings Bericht über Eukain-β. 1901, Okt.

Shuter, Failure of respiration during ether administration. British medic. journal. 1900, April 28th.

Sicard, Münch. med. W. 1901, Nr. 23, S. 953. — Sicard, Des injections sous-arachnoidiennes etc. La Semaine médicale. 1899, No. 23. — Sicard, Essais d'injections microbiennes. Soc. de Biologie. 1898, 30. April.

Sick, Excerpta medica. 1893, Mai.

Sicherer, v., Ophthalmolog. Klinik. 1905, Nr. 16.

Sidney Rumboll, Anaesthetica with special reference to the use of nitrous oxide in minor surgery. British medical Associat. 1892.

Siebert, Deutsche zahnärztl. Wochenschr. 1899, Nr. 66.

Siedler, Dr. P., Stovain, ein neues Anästhetik. Berlin. J. D. Riedel.

Siegel, Sitz. d. ärztl. Ver. i. Frankfurt a. M. am 6. Nov. 1905.

Sigmund, Allgem. Zeitg. für Militärärzte, Nr. 18, S. 570. 1847.

Sikemeyer, Arch. f. klin. Chir. Bd. 78, Heft 2. — Sikemeyer, Zentralbl. f. Chirurg. 1906, Nr. 4.

Silbermark, Ueber Spinalanalgesie. Wiener klin. Wochen. 1904, Nr. 46. — Silbermark, Gesellsch. d. Aerzte i. Wien. 1904. Sitz. am 4. Nov. — Silbermark, Rückenmarksanästhesie. Verh. d. d. Gesellsch. für Chirurg. XXXIV. Kongreß. 26.—29. April 1905 zu Berlin. — Silbermark, Zentralbl. für Chirurg. 1905, Nr. 30, S. 10.

Silberstein, Ueber einige neue ungiftige anästhesierende Präparate (Kokainolpräparate). Allgem. Wiener med. Zeitung. 1904, Nr. 14. — Silberstein, Aerztliche Zentralzeitg. Wien. 1902, Nr. 7.

Silex, Weitere Mitteil. üb. Eukain-β. Therap. Monatshefte. 1897. — Silex, Med. Woche. 1901. Nr. 36. 9. Sept. — Silex, Berl. klin. Woch. 1890. — Silex, Berl. klin. W. 1894. — Silex, Therap. Monatshefte. 1892, S. 473. — Silex, Deutsche med. W. 1897, Nr. 6. — Silex, P., Weiteres über Eukain-β. Therapeut. Monatshefte. 1897, Juni. — Silex and Dolbeau, Thèse inaugurale de Paris. 1897.

Silk, Fred, A question for anaesthetists. Pneumonia after surgical operations: on anaesthetists point of view. The Lancet. 1897. March 20th.

Simi, L'abuso dei colliri di   Bull. d'ocul. XIV. 17.

Simon, Erfahrungen mit Lokalanästhesie durch Eukain und Eukain-Adrenalin. Münch. med. Woch. 1904, Nr. 29.

Simonin, De l'emploi de l'éther sulfur. etc. Paris, Baillière. 1849—77. — Simonin, Bull. de l'acad. de méd. de Belgique. t. X.

Simons, E. M., Allgem. mediz. Zentralzeitung. 1902, N.∙. 52.

Simonson u. Cohn, Die Bedeutung d. Schleichschen Infiltrationsanästhesie für den prakt. Arzt. Berliner klinisch. Wochenschr. 1897, Nr. 30.

Simpson, Monthly Journ. of med. Sc. 1847 bis 1848. — Simpson, An account of a new anaesthetic agent. 1848. — Simpson, Account of a new anaesthetic agent as a substitute for sulfuric ether etc. Communication to the medic. chir. Society of Edinburgh etc. 1847. — Simpson, J. Ch., Strong thoughts on the chloroform problem. Medical Press. 1898, August 10th. and 17th. — Simpson, On Etherisation in Surgery, Monthly Journal of med. Sc. 1847—1848. — Simpson, On Superinduction of Anaesthesia in natural and morbid parturition. Edinbourgh Monthly Journ. 1847. — Simpson, Monthly Journ. of med. Sc. April. 1848. — Simpson, Monthly Journal of medic. Sc. April. 1848. — Simpson. Discovery of a new anaestetic agent more efficient than sulfuric ether. Medic. Tim. Nov. 1847. — Simpson, Med. Times and Gaz. 1866, Dez. 16th.

Sims, British med. Journ. 1874, Aug. 22nd. — Sims, Marion, The bromide of ethyl as an anaesthetic. New-York medic. Record. 1880.

Sinclair. Journ. of cutan. Diseases. July 1905. — Sinclair, Gangrene of the skin following the use of stovain etc. Zentralbl. für Chir. 1905, Nr. 40.

Sinell, Ther. Monatschr. 1895.

Singer. Die Nebennieren und ihr wirksames Prinzip. Therap. Monatsh. 1902, Nr. 1 u. 2.

Sippel. Ein Beitrag z. Chloroformtod. Deutsche med. Wochenschr. 1899, Nr. 44.

Sitzung der Berliner medizin. Gesellsch. 1885. Hirschbergs Zentralbl. 1885.

Skarp, Anwend. d. Nebennierenextr. etc. New-York medic. Journal. 1899, Aug. 12th.

Skinner, Brit. med. Journ. 1862. — Skinner, Brit. med. Journ. 1875. — Skinner, Brit. med. Journal. 1858. July.

Skliossowski, P. F., Ueber Nark. d. Chloroformäther und andere Mittel. Letopis russkoi chirurgii. 1896, Heft 4.

Slabaugh, South Omaha. Scherings Mitteil. üb. Eukain-β. 1897.

Slajmer. Erfahr. mit Lumbalanästhes. Wiener med. Presse. 1906, Nr. 22 u. 23. — Slajmer, Zentralbl. f. Chir. 1906, Nr. 32. — Slajmer, E., Zur Frage d. Progn. und Anästhesie bei Radikaloper. des Leistenbruches. Liecnicki viestnik. 1905, Nr. 2. — Slajmer, Zentrbl. f. Chir. 1905, Nr. 14.

Slocknm, M. J. von, Chloräthylnarkose. Nederl. tijdschr. v. geneesk. 1901, I. S. 1098.

Smee, Brit. med. Journ. 1877.

Smith, A. W., New-York. med. Journ. 1871, July. — Smith, R., and R. Daglish, Chlorof. syncope and direct manipulation of the heart. British med. Journal. 1905, Novemb. 18th. — Smith and Daglisch, Zentralbl. f. Chir. 1906, Nr. 5. — Smith, Virchow-Hirsch, Jhrber. 1871. — Smith, W. J., Med. Tim. and Gaz., Sept. 23d. 1865. — Smith, Brit.

medic. Journal. May 23d. 1868. — Smith, A new Methode of local anaesthesia for surface operations. The Lancet. 1902. June 14th. — Smith und Daglisch, British med. Journ. 1905, Novemb. 18th. — Protheroe Smith, The Lancet. 1867. — Smith, Die Alkoholfrage etc. Tübingen. 1894. — Smith und Sterling, Scherings Mitteil. über Eukain-β. 1901, Okt. — Smith, Judds Cornees. Scherings Mitteil. über Eukain-β. 1901. Oktob.

Sneguirew, Ueber d. Einf. d. Holokain auf die Diffusion v. Flüssigkeiten vom Bindehautsack nach der vorderen Kammer. Vortrag in der Moskauer ophthalmolog. Gesellschaft. 1898, 24. März. — Sneguirew, Die ophthalmologische Klinik. 1898, Nr. 8 u. 9.

Snel, Weckbl. van het Nederl. Tijdschr. voor Geneeskunde. 1902, II., Nr. 3. — Snel, Immunität u. Narkose. Berl. klin. W. 1903, Nr. 10. — Snel, Een schadelyk gevolg der Narcose. Ned. Tijdschr. v. Geneesk. II., S. 339. — Snel, T. J., Weckbl. van het Nederl. Tijdschr. voor Geneeskunde. 1902, Nr. 7.

Snow, On Chloroform and other anaesthetic agents. London. 1858. — Snow, Paperson narcoticum by inhalation. London medic. Gaz. vol. 41.—42. — Snow, London. Journal of med. 1852. — Snow, The Lancet. 1856. — Snow, On Chloroform and other Anaesthetics London. 1855. — Snow, On the inhalation of the vapour of Ether in surgic. operations. Lond. med. Gaz. 1847. — Snow, Med. Tim. 1857, Mai 9th. — Snow, Med. Tim. and Gaz. April 11th, April 18th u. Aug. 8th. 1857. — Snow, J., On Chloroform and other Anaesthetics etc. London. Churshill. 1858 u. 1865. — Snow, Anaesthesia. edited by Dr. W. Richardson. 1858.

Snyder, Scherings Mitteil. über Eukain-β. 1901, August.

Sobotta, Ueber die Kokainisation des Rückenmarks nach Bier u. d. neueren Bestrebungen zur Verbess. des Verfahrens. Allgem. med. Zentralzeitung. 1901, Nr 92.

Société méd. l'emulation. Bericht der Union méd. 1855.

Sohrt, Pharmakotherap. Studien üb. d. Hyoszin. In.-Diss. Dorpat. 1886.

Sokoloff, S., Yohimbin. muriat. in der Augenheilk. Inaug.-Diss. 1904.

Soloweitschik, O., Ueberblick üb. 1000 Chloroformnarkosen chirurgisch Kranker mit dem Junkerschen Apparat. Leptopis russkoi chirurgii. 1897, Heft 2.

Solowiejezyk, 1000 Chloroformnarkosen mit dem von Krohne und Sesemann verbesserten Junkerschen Apparat. Medycyna 32 u. 33.

Sonnenburg, Deutsche med. W. 1905, Nr. 9. — Sonnenburg, Deutsch. med. W. 1894. — Sonnenburg, Die Rückenmarksanästhesie mitt. Stovain u. Novokain nach eigenen Erfahrungen aus d. v. Leuthold Gedenkschrift. II. Band. Berlin. 1906. — Sonnenburg, Rückenmarksanästhesie mitt. Stovain. Deutsch. med. W. 1906, Nr. 9. — Sonnenburg, Zentralbl. f. Chir. 1906, Nr. 23.

Sonntag, Ueber die infolge von Aether- und Chloroformnarkosen nach Laparot. entstehenden Pneumonien. In.-Diss. Erlangen. 1896.

Sorel, Bull. et mémoires de la Société de chir. 1901, 21. Mai.

Spellissy, A death during the administration of ether. College of physician of Philadelphia. Annals of surgery. 1897, Febr.

Spencer, Archiv f. experiment. Patholog. und Pharmakol. Bd. 33. — Spencer-Philadelphia, Jefferson-Hospital. Medical and Surgical Reporter. 1896, Nov. 28th.

Spencer-Philadelphia. Jefferson-Hospital. University Medical Magazine. 1896, Nr. 26, Nov. — Spencer Wells, Lancet, II. 1891. — Spencer Wells, London medic. Gazette. 1847. New. Ser. T. V. — Spencer, O., Arch. f. exp. Path. u. Pharm. 1894. — Spencer Wells, Lancet. 1891. — Spencer Wells, Lancet. 1871, April. — Spencer Wells, Diseases of the ovaries. London. 1872. — Spencer Wells, Med. Times and Gaz. 1866. March 17th. —

Spiegel, L., Ber. d. deutsch. Pharm. Gesellsch. XII. 272. — Spiegel, Bericht d. deutsch. Chem. Ges. 1903 und 1904. — Spiegel, Apothekerzeitung. 1897, Nr. 81. — Spiegel, L., Chem.-Zeitung. 1899, Nr. 7. — Spiegel, Chemik.-Zejtg. 1899, Nr. 7—9. — Spiegel, Chemik.-Zejtg. 1896, Nr. 20. — Spiegel, Chemik.-Zejtg. 1897, Nr. 21. — Spiegel, Zur Technik der Infiltrationsanästhesie, eine selbstwirk. Injektionsspritze. Zentralbl. für Chirurg. 1903, Nr. 18.

Spiegelberg, O., und F. Lohmeyer, Deutsche Klinik 20. 1857.

Spieß, Zentralbl. f. innere Med. 1902. Nr. 9. — Spieß, Anästhesin, ein neues Lokalanästhetikum, vom Gesichtspunkte der Heilwirkung der Anästhetika. Münch. mediz. W. Nr. 39. 1902. — Spieß, Dr., Die Bedeutung der Anästhesie i. d. Entzündungstherapie. Münch. med. Woch. 1906, Nr. 8.

Spindler, W., Wraischebnaja Gazeta. 1902, No. 14. — Spindler, Bericht d. chemisch. Fabrik von v. Heyden-Radebeul-Dresden. — Spindler, Comparative duration of the anaesthesia produced by Cocain, Tropacocain, Eucain und Acoin. Arch. de Stomat. 1903, Mai.

Sporer, Petersburger medizin. Zeitschr. Okt. 1866.

Squibb, New-York. med. Journ. 1872.

Squine, W., The first operat. under ether in Great-Briton. Brit. med. Journ. 1896, Okt. 17th.

Stadelmann, Deutsche Aerztezeitung. 1900, Heft 18.

Stafford, Scherings Mitteil. über Eukain-β. 1901, Aug.

Stallard, Prince. Pental and its administration. Society of anaesthetists. The Lancet. 1896, March 14th.

Stanelli, Deutsch. Klinik. 1850. — Stanelli, Was ist der Chloroformtod und wie ist er zu verhüten.

Stanislaus Julien, Comptes de l'académie des sciences. Paris. 1849. XX. VIII.

Stankiewicz, Zur Kokainisierung des Rückenmarks i. d. Gynäkologie u. Geburtsh. Czasopismo lekarskie. 1900, Nr. 12.

Stansbury, Scherings Mitteil. über Eukain-β. 1901. Aug.

Staslaski, Jan., Die Therapie d. Gegenwart. 1901, Nr. 5.

Statements supported by Evidence of W. T. G. Morton on his claim to the Discovery of the Anaesthetic Properties of Ether, submitted to the Honourable the Select Committee appointed by the Senate of the United States. Washington. 1853.

Stefani u. Vachetta, Annal. universal. di medicina e chirurgia. 1880.

Steffelaar, Over scopolamin-morphinenarkose. Medeelingen nit de klinik van Prof. Korteweg, Geneesk. Courant. Nr. 1.

Steffen, A., Berl. klin. Wochen. 1872, Nr. 6. — Steffen, Brit. med. Journal. 1878. Jan.

Stein, J., Beiträge z. Chloroformnarkose. Zentralbl. f. Gynäkol. 1903, Nr. 51. — Stein, Beitr. z. Chloroformnark. Prag. med. Woch. 1903, Nr. 23 u. 24.

Steinbüchel, v., Zentralblatt für Gynäk. 1903, Nr. 46, S. 1373. — v. Steinbüchel, Die Skopol.-Morph.-Halbnark. in der Geburtsh. Chrobak. Festschrift I. Wien. 1903. — v. Steinbüchel, Skopolam.-Morph.-Inj. bei Gebärend. Zentralbl. f. Gynäkol. 1905, Nr. 42. — v. Steinbüchel, Vorläufige Mitteil. über d. Anwendung d. Skopol.-Morph.-Inj. i. d. Geburtsh. Zentralbl. f. Gynäk. 1902, No. 68. — v. Steinbüchel, Versamml. deutsch. Naturf. u. Aerzte. Meran. 1905. — v. Steinbüchel, Schmerzverminderung u. Narkose in der Geburtshilfe mit spez. Berücksichtig. d. kombin. Morph.-Skopolaminanästhes. Leipzig, Wien. 1903. Franz Deuticke.

Steindorff, Kurt. Alypin in der Augenheilk. Berlin. 1905.

Steiner, F., Ueber d. Elektropunktur d. Herzens als Wiederbelebungsmittel bei Chloroformsynkope. Langenbecks Arch. f. klin. Chirurg. Bd. XII. — Steiner, Deutsche med. W. 1890.

Steinhäuser, Experimenta nouvella de sensibilitate et functione intestini crassi, Lipsiae. 1831.

Steinschneider, Münchn. med. W. 1905, Nr. 2, Adrenalin b. Gebärmutterblutung.

Steinthal, Novokain-Lumbalanästh. 78. Vers. d. Naturf. und Aerzte. Stuttgart. 1906. — Steinthal, Zentralbl. f. Chirurg. 1906. Nr. 47. — Steinthal, Narkosenlähm. Württemb. Geburtsh.-Ges. Stuttgart. 16. Juli 1904. Zentralblatt für Gynäk. 1904, Nr. 39, S. 1167. — Steinthal, Korrespondenzbl. d. württemberg. Landesver. 1896, Nr. 5. — Steinthal, Die lokale Anästhesie. Mediz. Korrespondenzbl. 1896. Bd. 66. Nr. 34. — Steinthal, Wandl. i. d. Narkosenfrage. Korrespondenzbl. d. württemberg. ärztlichen Landesvereins. 1906, 25. Aug. Steinthal, Zentralbl. f. Chir. 1906, Nr. 45.

Stephenson, Sydney, A note upon Alypin etc. The Ophthalmoskope. Vol. III, Nr. 11. 1905.

Stépluski und Malherbe, Revue de Chirurgie. 1901.

Stepp, Münch. med. W. 1889, Nr. 8.

Sternberg, L., Ueber Anesonanästhesie. Klin. therapeut. Woch. 1898, Nr. 39. — Sternberg, Eine wichtige Neuerung auf d. Geb. d. Lokalanästhesie. Sammelref. 1905.

Sternfeld, Münch. med. W. 1890.

Stevenson, Threatened death under chloroform. British medic. Journal. 1899. March. 18th. — Stevenson, W. F., Note on a case of death from chlorof. The Lancet. 1896. Sept. 26th.

Stiel, Allgem. ärztl. Verein zu Köln. Sitz. 16. März. 1903.

Stierling, R., Ueber Darmokklussion, Kasuistisches und Kritisches. Korrespondenzbl. für Schweizer Aerzte. 31. Jahrg., Nr. 14. 1901. — R. Stierling, Münch. med. W. 1901. Nr. 32, S. 1297 ref.

Stiles and Mc. Donald, Scottish med. and surg. journ. 1904, Aug. — Stiles and Mc. Donald, Delayed chloroform poisoning medical Press. 1904, June 8th.

Stimmel, Mediz. Gesellsch. z. Leipzig. 26. Febr. 1901. Sitzungsber. Münchn. med. W. 1901, Nr. 16, S. 699.

Stobwasser, Berl. klin. W. 1889. — Stobwasser, Chloroformmaske mit Stirnbinde. Deutsche med. W. 1896, Nr. 42.

Stöck, Experimentalkritik d. Wausch. Maske, Bonn. 1894. Diss.

Stoeker in Graefes Archiv. 23.

Stockmann, R., Schmidts Jahrb. CCXXIV, 22.

Stokes, Ante operative asphyxia. Annals of surgery. 1897, Sept.

Stoltz, Ueber Zahnextraktionen mit Kokain-Adrenalinanästhesie. Deutsche med. W. 1904, Nr. 48. Unterelsässischer A.-V. — Stoltz,

Münchn. med. W. 1903, Nr. 25. — Stoltz, Die Spinalanalgesie in der Gynäkologie etc. Archiv f. Gynäkol. Bd. 73, H. 3.

Stoltzer, Deutsche med. W. 1905, Nr. 36.

Stolz. Unterelsässisch. Aerztever. Sitz. 23. Mai. 1903. — Stolz, Arch. f. Gynäkol. Bd. 75, Heft 3. — Stolz, Kokain-Adrenalanästhesie. Münch. med. W. 1903, Nr. 22 ref. — Stolz, Unterelsässisch. Aerztever. Sitz. 2. Juli. 1904. — Stolz, Vers. d. d. Gesellsch. f. Gynäk. 1903, 6. Juni. — Stolz, Kokain-Adrenalinanästhesie i. d. Chir. Unterelsäss. Aerztever. Münch. med. W. 1903. Nr. 22. — Stolz, Zur Skopol.-Morph.-Nark. Wiener klin. W. 1903, Nr. 41. — Stolz, Alb., Archiv f. öffentl. Gesundheitspflege in Elsaß-Lothringen. Bd. XXII, Heft 5.

Stemmel, Inaug.-Diss. Bonn 1889.

Stone. Anästhesia by the Schleich method. New-York med. record. Bd. LIII. H. 6. 1898. — Stone, A death from the Schleich mixture. New-York med. Record. 1900, Aug. 11th.

Stoner, A theory of the physiology of spinal anesthesia. Medical News. 1900. Dez. 29th.

Stones, Brit. med. Journ. 1867, Okt. 12th.

Stongaard. Kloroformnarcose. Ugeskrift for Lager m. 11. Copenhagen. 1899.

Stoos, Ueber Aethernarkose im Kindesalter. Medizinisch-pharmazeutischer Bezirksverein. Bern. 1897. Korrespondenzbl. f. Schweizer Aerzte. 1897, Nr. 7.

Storkowski, Prakt. Pupillenzeichen bei d. Verw. d. Chlorof. z. chirurg. Zwecken. Gaz. lek. Warszawa. 1876.

Stoß. Naturforschervers. 1896. — Stoß, Die Aethernarkose im Kindesalter. Archiv für Kinderheilkunde. 1896. Bd. 63, H. 2 u. 3.

Stotzer, Das Alypin, ein neues Lokalanästhetikum. Ing.-Diss. Bern. 1905. — Stotzer, Alypin, ein neues Lokalanästhetikum. Deutsche med. W. 1905, Nr. 36.

Stoynanow, Une suture sans fils perdus dite à la machine à coudre. La Presse méd. 1899, No. 52.

Strassmann, Virchows Arch. Bd. 118. — Strassmann, Virchows Archiv, Bd. 95. — Strassmann, Zeitschr. f. Geb. u. Gynäk. Bd. 29. — Strassmann, Virchows Arch. Bd. CXV. 1889. — Strassmann, F., Der Tod durch Chloroform in gerichtsärztl. Beziehung. Berl. Klinik, H. 116. 1898. — Strassmann, P., Die Chloroformnarkose der Frau. Zeitschr. f. Geburtshilfe u. Gynäk. 1894, Bd. 29.

Straub, Niederl. ophthalmol. Ges. Sitz. 28. Dez. 1894. Weekblad. 1894, S. 976.

Straus, Sitz. d. ärztl. Ver. in Frankfurt a. M. a. 6. Nov. 1905.

Strauss, Scherings Mitteil. über Eukain-β. 1901, Aug. Berlin.

Street, Scherings Mitteil. über Eukain-β. Aug.

Strehl u. Weiss, Beitr. z. Physiolog. d. Nebennieren. Pflügers Archiv. Bd. 86. 1901.

Streng, Zur Chloroformwirkung. Zeitschrift f. praktische Aerzte. 1896, Nr. 18.

Stricker, Vorlesung über allgem. experiment. Pathologie. 1883.

Strube, Berl. klin. W. 1898, Nr. 45.

Strubell, A., Wiener klin. Wochenschr. 1903, Nr. 24. — Strubell, A., Monatsschrift f. Ohrenheilk. 1904, Nr. 4. — Strubell, Wiener klin. W. 1901.

Struthers Observat. on Oberst's method of induc. lok. anaesth. Edinburgh. medical journal. 1903, Aug.

v. Stubenrauch, Disk. i. ärztl. Verein München. 1899. — Stubenrauch, Münchner mediz. W. 1897, Nr. 44-45. — Stubenrauch, Münchner med. W. 1899, Nr. 38.

Stürtz, Ztschr. f. diätet. u. physikal. Therapie, Bd. VII. H. 3. 1903.

Stumpf, Münchner med. W. 1906, Nr. 23, S. 1139. — Stumpf, Lumbalanästh. b. gynäkol. Oper. Gynäkol. Gesellsch. z. München, Sitzber. 17. Mai 1906.

Stumme, Unsere Erfahr. üb. d. Kokainis. d. Rückenm. n. Bier. Beitr. z. klin. Chir. 1902, Bd. 35, H. 2.

Suchannek, Scherings Mitteil. über Eukain-α. Berlin. 1897 April.

Sudeck, Excerpta medica Bd. X. — Sudeck, Aetherrausch. 73. Versml. deutscher Naturforscher und Aerzte in Hamburg. 22.—28. Sept. 1901. Münchner med. W. 1901, Nr. 41. — Sudeck, Narkosentropfglas, Unglücklich verlaufener Fall von Skopolam.-Morph.-Narkose. Aerztl. V. Hamburg, 28. III. 1904. Deutsche med. Woch. 1904, Nr. 34. — Sudeck, Beitrag zur Aethernarkose. Aerztl. Verein, Hamburg, Münchn. med. W. 1901, Nr. 3. — Sudeck, Das Operieren im ersten Aetherrausch. Deutsch. med. W. 1901, Nr. 7. — Sudeck, Maske zur Aethernarkose. Aerztl. Verein Hamb. Münchn. med. W. 1903, Nr. 27. — Sudeck, Zentralblatt f. Chir. 1902, Nr. 13. — Sudeck, Ueber Lokalanästhesie. Deutsche mediz. Woch. 1898, Nr. 8. — Sudeck, Aetherrausch, Aerztl. Verein Hamburg, 8. Jan. 1901. — Sudeck, Münchner medizin. Woch. 1901, Nr. 3, S. 123.

Sulzyusky, Diss. Dorpat 1365.

Sussard, Journal de physique. 1781.

Sweet-Philadelphia. Eukain in der Augenheilkunde. American Therapist. 1897. Nr. 8.

Swiecicki, Zentralbl. f. Gynäkol. 1888.

Swan, Ueber Somnoform. The Lancet. 1903, April 25th. — Swan, J., Ueber Somnoform, Brit. medic. Journal. 1903 Mai 16th.

Sydney-W. Cole, Die physiol. Wirk. d. Aethylchlorid u. Somnoform. British med. Journ. 1903 June 20th.

Symes. Note on the concentration of chloroform vapour in air drawn from beneath a Skinners mask. The Lancet. 1904. July 9th.

Szczypionski, Anesthesie en chlorure d'éthyle avec applic. de la bande d'Esmarch suivie de gaugrène. Gazette des hôpitaux. 1896, Nr. 6.

Szephacy-Trenes. Scherings Mitteil. über Eukain-α. 1897, April.

Szuman. L., Zentralblatt für Chirurgie 1900.

Szumann, Therap. Monatshefte 1888. — Szumann, Virchows Arch. CXV. 1889. Szumann, Therap. Monatsh. 1880. — Szumann, Nirvanin als lokales Anästhetikum usw. Nowing lekarskie. 1899, Nr. 10 u. 11.

Szwaycarski, Société d'odontologie de Paris. 1899, Discuss.

Szymonowicz, Die Funktion der Nebennieren. Pflügers Archiv, Bd. XLIV. 1896.

T.

L. Tait. Bantock, Table of 238 Cases of completed ovariotomy. Gynäkol. Journ. 1889, Nov.

Takamine, The Therapeutic Gazette. Bd. III.

Talbot R., Chambers, Skingrasting on the bals of the eye for symblepharon. Medical Record 1893. April.

Tamboise. De l'emploi de la cocaïne dans la chirurgie des organes genito-urinaires de l'homme. Thèse de Lille. 1895—1896.

Tappeiner. Arzneimittellehre. 1895, II. Aufl.

Taptas, Annales des maladies de l'oreille etc. 1902. — Taptas, Münchner med. W. 1903, Nr. 41. — Taptas, Ma chaise d'opération et la narc. bromethyl. Annales des maladies de l'oreille. 1903, No. 2.

Taptos. Révue hébdomadaire de laryngologie. 1900.

Taramasio, Révue médic. de la Suisse Roman. 1902.

Täuber, Ueber Holokain, ein neues lok. Anästh. usw. Bericht. d. deutsch. pharmazeutisch. Gesellsch. 1897. Heft 7. — Täuber, Ueber p-Diäthoxyanäthenyldiphenylamidin, ein neues lok. Anästhet. Zentrbl. f. Augenheilk. 1897, Febr.

Tauber, Anästhetika 1881. — Tauber, Ueber p-Diäthoxyäthenyldiphenylamin ein neues Anästhet. Zentralbl. f. prakt. Augenhlk. 1897.

Tausini, Narcosi a narici chiuse. Accad. med. chir. Universit di Palermo. 6 marzo. 1898.

Taylor, Scherings Mitteil. über Eukain-ß. Berlin 1901, Okt. — Taylor, Ueber die physiol. Wirk. des Chlorof. in Schmedickes „Zahnarzt" 1851, Nr. 10. — Taylor, Lancet 1876, Sept.

Tayrer, Langenbecks Arch. Bd. 64.

Tedeschi, Alessandro, Ricerche anatomiche esperimentali sugli effetti del chloroformio. Pisa. La clinica moderna. Anno III u. 36 e seg.

Telemann. Narkosenlähmungen, Ing.-Diss. Berlin, 1899.

Tereg, Prof., Ueber das Gehörorgan. In Ellenbergers Physiologie der Haussängetiere. Berlin, 1892.

Terillon Anaesthésie locale et générale prod. par le bromure d'éthyle. Compt. rend. 1880. Terillon, L'Union méd. 1880.

De Terra, Deutsche Monatsschrift f. Zahnh. 1891.

Terrelt, Cocain and Eucain in local Anaesthesia as applied by the combined infiltration and regional methods in Major Surgery of the Extremities, with Illustrative Cases. New-Orleans Medical and Surgery Journal III. 1901. — Terrett, New-Orleans Medic. and Surgery Journal. 1901, III.

Terrier u. Péraire, Manuel d'anesthésie chirurgicale. 1894, Paris. — Terrier, Bull. de la société de chirurgie. 1892. — Terrier, Jahrbüch. v. Virchow-Hirsch, Jahrg. 23. I. — Terrier, Skopolaminuark. Bull. et mém. de la soc. de chir. de Paris. 1905. T. XXXI. S. 176. — Terrier, Zentrbl. f. Chir. 1905, Nr. 36. — Terrier et Desjardins, Münchner med. W. 1905, S. 1803. — Terrier et Desjardins, Skopolam. als Narkot. in d. Chirurgie. Presse médic. 1905, Nr. 18. — Terrier et Desjardins, Münchner med. W. 1905, Nr. 44, S. 2148. — Terrier et Desjardins, Bericht der Société médicale de Paris. 1905. — Terrier et Desjardins, Münchner med. W. 1905, S. 835.

Teufel, S., Nephritis mit lct. Ausg. inf. Chlorof. Narkosen. Licenicki viestnik. 1906, Nr. 2. — S. Teufel, Zentralbl. f. Chir. 1906, Nr. 48.

Teuffel, Illustrierte Vierteljahrsschr. für ärztl. Politechnik, 1878, Nr. 1.

Teweles, Ueber d. Aetherrausch u. s. Anwend. Wiener klin. W. 1901, Nr. 37.

Thanlow, Morgenblad, 1848.

Thelemann, Ueber Narkosenlähmungen. Diss. Berlin. 1899.

Theodoricus cerviensis, Nach Bouisson traité. Paris. 1850. — Theodoricus cerviensis, Chirugia in der Collectio chirug. veneta.

Thiem, Chirurgenkongr. XIX. 1890, Berlin.

Thieme, O., u. P. Fischer, Deutsche Mediz. Zeitg. 1889.

Thiersch, Zentralblatt für Chirurgie, Nr. 9, 1877.

Thiéry, Les accid. graves du chlorof. etc. XVII. Congr. franç. de chirurg. 17—22. Okt. 1904. Revue de chirurgie. 1904. XXIV. ann. No. 11. — Thiéry, Zentrbl. f. Chir. 1905, Nr. 16.

Thierry, Französ. Chirurgenkongreß, Paris, Oktob. 1902.

Thies, Der Gebrauch des Adrenalin zur Unterstützung der Lokalanästhesie. Inaug.-Diss. Leipzig, 1903. — Thies, Wird die Giftigkeit des Kokains durch Kombinat. mit Adrenalin herabgesetzt? Deutsche Zeitschr. f. Chirurgie Bd. 74.

Thiesing. Deutsch. Monats. f. Zahnh. Bd. XX, H. 12. — Thiesing, Herm., Die Lokalanästhesie u. ihre Verwendung in der zahnärztlichen Praxis. Leipzig. 1902. — Thiesing, Ueber Ethylchlorid. Deutsche Monatsschr. f. Zahnheilk. 1896, XIV. Jahrg. April.

Thöle, Allgem. Nark. u. lokal. Anästhesie. Eine neue Aethermaske. Deutsche militärärztl. Zeitschr. 1901, H. 1. — Thöle, Aerztl. Polytechnik. 1901, Febr. — Thöle, Eine neue Aethermaske. Zentralbl. f. Chirurgie 1901, Nr. 22.

Thomas, Bartholinus, Medical Times. 1867, Mai 4th. — Thomas, Suprarenalextr. as a haemostatic. British medic. Journal. 1900, 23th. XI. — Thomas. British medic. Journal. 1901. — Thomas, Therapeutische Monatshefte. 1902, ref.

Thompson, W. H., Anesthetics and venal activity etc. British medic. Journ. 1906, March 17th u. 24th. — Thompson, Zentralbl. f. Chirurg. 1906, Nr. 21.

Thoms, H. Compt. rend. du XII. Congr. internat. Vol. II. — Thoms, H., Zur Kokainbasenforsch. Pharmakol. Zentralbl. 1889, Nr. 30. — H. Thoms, Pharmak. Zentralbl. 1891.

Thomson u. Kemp, Experim. researches on the effects of different anaesthetics. New-York medic. record. 1898 Sept. 3 d.

Thorbern, William, Injurie of the cauda equina. M. D. Brain. vol. X. S. 381.

Thorp, Des accidents observès pendant et après l'éthérisation. Thèse, Paris. 1897.

Tillie, Archiv f. klin. Chir. Bd. 27. Heft I. 1890.

Tillmanns, H., Lehrb. d. Chirurgie. 1897.

Tilmann, Lumbalanästhesie mit Stovain. Berlin. klin. W. 1905, Nr. 34. — Tilmann, Zentralbl. f. Chirurg. 1906, Nr. 3. — Tilmann, Berl. klin. W. 1905. Nr. 24.

Tinker, Bloodles perineal prostatect. under local anaesthesia. Journal of the Amer. med. association. 1905, Nov. 2 d. — Tinker, Zentrbl. f. Chir. 1905. Nr. 17.

Toff, E., Deutsche med. W. 1904, Nr. 43.

Tomson, A case of sudden death shortly after operation. The Lancet. 1900 Aug. 4th.

Töpel, Mischnarkosen. Ing.-Diss. Leipzig. (Sammelreferat mit ausführl. Liter.)

Topham W. and W. Ward. Account of a case of successful amputation of the thigh during the Messmeric state without the knowlegde of the patient. London, 1842—1843.

Törnquist, G. W., Om användningen af allmän och lokal bedöfning vid kirurgiska kliniken i Lund under aret 1900 i sjukhusets arsberättelse utej. af. Prof. Bordins i April. 1901.

Torger, Zahnärztl. Rundschau. 1900. — Torger, Zahnärztl. Rundschau Nr. 351—52, 1899.

Toth, Zentrbl. f. klin. Mediz. 1888. — Toth, Zentrbl. f. klin. Mediz. 1888.

Touchard, De l'eucaïne en chirurgie dent. Les nouveaux remèdes. 1897, Nr. 10. — Touchard, De l'eucaïne en chirugie dentaire. Bulletin général. 1897.

Tourdes, Gaz. de Strassburg 1, 1857. Compt. rend. 1857. XLIV. — Tourdes, Gez. de Strassb. 23, Gaz. hebd. IV. 10, 1857 u. Recherches sur les substances anesthésiques, Strassb. 1857. — Tourdes u. Hepps, Gaz. médic. de Strassbourg. 1868, Nr. 3. — Tourdes u. Hepp, Gaz. hebdom. 1868, No. 8—9.

Touvet-Faulon, D'otontologie Paris. 1901.

Trapp, Ueber die Dosierung des Chloroforms mit der Maske. Experimentelle Untersuchung. Ing.-Diss. Giessen. 1904 Febr.

Trautenroth, Zentralbl. f. Chirurg. 1906, Nr. 19.
— Trautenroth, Ein Fall von schwerer Stovainvergiftung nach Lumbalanästhesie nebst Bemerk. über halbseitige Anästhesie. Deutsche med. Wochenschr. 1906, Nr. 7.

Trebitsch, Oesterr. Zeitschr. f. Stomatologie 1. H. 6.

Treiber, Ueber den Wert der Mischnarkosen, Ing.-Diss. Giessen. 1902.

Trendelenburg, Verhandl. d. deutschen Chirurgenkongreß. 1894, Sitz.-Ber. Berlin. — Trendelenburg Mischnarkose. Leipziger mediz. Gesellsch. Sitzungsbericht vom 26. Febr. 1901. Münchn. med. W. 1901, Nr. 16. — Trendelenburg, Postoperat. Pneumonie. Verh. d. d. Ges. f. Chir. Kong. XXXIV. 26.—29. April 1905. — Trendelenburg, Zentrbl. f. Chirurg. 1905, Nr. 30. S. 46.

Treves, Anaesthetics in operative surgery. The Practitioner. 1896 Okt.

Triesch, Odontolog. Blätter VII, H. 15.

Trivas L'adrénaline etc. Revue hebdomad. 1902.

Trolldenier, Die anästhetischen Eigenschaften der Akoine. Therapeutische Monatshefte. 1899, Jan. — Trolldenier. Zeitschrift für Tiermedizin. 1901, Bd. V. — Trolldenier, Die anästhesierenden Eigenschaften der Akoine. Med. vet. Dissert. Gießen. 1901. Febr.

Trommsdorf, Neues Jahrb. f. Pharmacie, XXX, 1868.

Trousseau, Velpeau, Denonvillier, Nélaton, Gaz. hebdomad. 1859, Nr. 49—50. 1860, 1. 2. 3. — Trousseau, Intoxication à la suite d'instillation de cocaïne. France médicale. 1893, S. 299. — Trousseau, Anesthésie. La Presse Médicale. 1898 April, No. 37.

Truman, The Lancet, 1895. Vol. I. Febr. 16 th.

Trumpp. Münchn. med. W. 1902, Nr. 6. — Trumpp, Münchner med. W. 1902, Nr. 10. — Trumpp, Die unblutige operative Behandlung von Larynxstenosen mittels der Intubation. Leipzig. 1900.

Trus, Ueber die Widerbeleb. in Todesfällen infolge v. Erstick. durch Chloroform usw. Wiener klin. W. 1900, Nr. 20 u. 21.

Trzebicky, Zur Kokainisierung des Rückenmarkes nach Bier. Wiener klin. W. 1901, Nr. 22. — Trzebicky, Ueber Scheichsche Infiltrationsanästhesie. Wiener med. Wochenschr. 1899. — Trzebicky, Münchner med. Woche. 1901, Nr. 24, S. 981.

Tschernogouboo, Semaine médicale. 1897, No. 16.

Tschirjew, Arch. f. Psych. Bd. 8.

Tschmarke, Die bisherigen Erfahr. bei Aethernark. Deutsche med. W. 1894, Nr. 4.

Tuffier et Hallion, Mécanisme de l'analgésie cocaïn. etc. Semaine médicale. 1900, No. 51. — Tuffier, Société de chirurgie de Paris, 1901, Sitz. am 7. u. 15. Mai, Bericht. Münch. mediz. Woch. 1901, Nr. 27. — Tuffier, Anesthésie médull. chirurgic. Semaine médical. 1900, No. 20. — Tuffier, Tödl. Zufälle b. d. Rachikokainisat. Société de Chirurgie de Paris. 1901. 3 juillet. Tuffier, Société de Chirurgie de Paris. Séance 12. X. 1904. Sitz.-Bericht. — Tuffier, L'analgésie cocaïnique par voie rachidienne. Bull. et mém. de la soc. de chir. de Paris. T. XXVII. — Tuffier, Petite Chirurgie pratique. 1903. — Tuffier, Semaine médicale. 1892, No. 49. — Tuffier, Sitz. der Pariser chirurg. Gesellsch. 29. Mai 1901. — Tuffier, Presse médic. 1901 8. Juni — Tuffier, L'analgésie chirurgicale. Paris. 1901 Mason. — Tuffier, Analgésie chirurg. etc. Semaine médic. 1899. No. 49. — Tuffier, Th., Wiener klinische therapeutische Wochenschr. Wien. 1905, Nr. 15. — Tuffier, Anästh. durch intradurale Kokaininjekt. Société de Chirurgie de

Paris. 1901, 17. u. 23. April. — Tuffier, ref. Münchner med. W. 1901, Nr. 23. — Tuffier, De la stérilisation des solutions de cocaïne. La Presse médicale. 1901, No. 15. — Tuffier, Sur la rachiecocaïnisation. La Presse médicale. 1901, Nr. 46. — Tuffier et Reclus. Stérilisation des solution de cocaïne. Bull. et mém. de la soc. de Chirurg. 1901, Nr. 9. — Tuffier, L'analgésie cocaïnique par voie rachidienne. La Presse médicale. 1901, Nr. 33. — Tuffier. L'analgésie cocaïnique par voie rachidienne. Bull. et mém. de la soc. de Chirurg. 1901. No. 14. — Tuffier, Analgésie cocaïnique par voie rachidienne. La semaine médicale. 1900, No. 51 u. No. 21. — Tuffier, Un mot d'histoire à propos de l'analgésie chirurgicale par voie rachidienne. La presse médicale. 1900, No. 92, 7. Nov. — Tuffier, Technique act. de la rachicoc. La Presse médicale. 1902, No. 97. — Tuffier. Bericht Münchner medizin. Wochenschr. 1901, Nr. 46, S. 1858. — Tuffier. Analgésie chirurgicale par l'injection de cocaïne sous l'arachnoïde lombaire. La Presse méd. 1899, No. 91. — Tuffier, L'analgésie chirurgicale par voie rachidienne, Paris. 1902. — Tuffier, Tödl. Zufälle b. d. Rachikokainisat. Ref. Münchn. med. W. 1902, Nr. 37, S. 1464. — Tuffier, Chlorof. Académie de médec. de Paris. 1905. — Tuffier, Zentralbl. f. Chirurgie. 1905, Nr. 19, S. 532.

Tuller, R. B., Druckanästhesie. Dental Review. Vol. XVIII. 3.

Turcau, Louis, Das Aethylchlorid als allgem. Betäubungsmittel. Thèse de Paris. 1902.

Turk, Shock produced by general anesthesia. The journal of the Amer. med. ass. 1903, May 2d.

Turnauer, Ueber Heroinwirkung. Wiener mediz. Presse. 1899, Nr. 12.

Turner, The present state of the law as to the administrat. of anaesthetics. The Practitioner. 1896, Oktober.

Turney, Post-anaesthetic paralysis. Society of anaesthetists. Brit. med. journ. 1899, May 6th.

Tuttle, Experiences with kélène in general anesthesia. Read in a discuss. on anesthesia before the New-York County medical Association. 1900, February. — Tuttle, James, Experiences with ethylchlorid in general anestesia. The journal of the Amer. Med. Ass. 1900, March 24th.

Twain, Internation. Zentralbl. f. Laryngologie. 1899.

Tyrell, New method of combining the vapours of chloroform and ether. Society of anaesthetics. The Lancet. 1898. Jan. 1 st u. March 26th. — Tyrell. Transactions of the society of Anaesthetists. London. 1898.

U.

Uhlich, Zur Technik der Aethernarkose. Deutsche militär-ärztl. Zeitschr. 1904, Jhrg. 33, H. 5.

Ullmann, Fortschritte der Chirurgie in den letzten Jahren. Wien u. Leipzig, bei Deuticke. 1902.

Ulrich, Ueber Lebensrettung bei Asphyxie nach Chloroform, Wien. 1885.

Umber, Therapie der Gegenwart. 1902.

Ungar, Vierteljschr. f. gerchtl. Medizin. Jahrg. 47, 1890. — Ungar, Vierteljschr. f. gerichtl. Mediz. 1887, S. 98. — Ungar. Vierteljahrsschrift f. gerichtl. Mediz. Bd. XXVII. — Ungar, Deutsche med. W. 1894.

Unna, Die Anwend. d. Chloroformwassers z. Lös. v. Medikamenten. Monatsschrift f. prakt. Dermatol. 1888, Nr. 9. — Unna, Monatsschrift f. prakt. Dermatol. 1898.

Urbantschitsch, Dr. E., Versuche über die Wirkung von Suprarenin-Kokain-Tabletten (Braun) auf die Pulpa. Oesterr.-ung. Viertelj. f. Zahnheilk. 1905.

Uristoderescu, Andronescu, Diskuss. über Anästhesie mit Kelene. Revista de Chirurgie, No. 1, S. 35.

Uterhart, Berl. klin. Wochenschr. Nr. 32, 1868 und Deutsche Klinik Nr. 20.

V.

Vaccari, Luigi, Dell' azione dell' adrenaline sul parenchima renale. Policlinico, Vol. XII. C, 1905.

Vachell, Note on a case of ether pneumonia. The Lancet. 1898. March 26th.

Vacher, Emploi du chlorure d'éthyle etc. Société de médecine du Loiret. 1901, Okt. — Vacher, Annales des maladie d'oreille. du larynx etc. t. XXVIII. No. 6. Juin 1902. — Vacher, Annales des malad. de l'oreille. 1902.

Vaciori, L., Dell' azione dell' Adrenalina sub parench. renall. Policlinico. 1905, Ser. chir. Fasc. IV. — Vaciori, Zentralblatt f. Chir. 1905, Nr. 34.

Vajna, Pester med.-chir. Presse. 1894.

Vallas, Discuss. à la Société de Chir. de Lyon. Séance du 7 juin 1900.

Valliet, Über Anästhesie nach subarachnoidaler Kokaininjektion in den Lumbalsack des Rückenmarks. Therapeutische Monatshefte. 1900, H. 12.

Vamossy, Über die Gefahren des Kokains und über Tropakokain als Ersatzmittel des Kokains. Therapeut. Wochenschr. 1896, Nr. 6. — Vamossy, Deutsche med. W. 1897. Nr. 36. — Zoltán von Vamossy, Deutsche med. W. 1897, Nr. 32.

Van de Velde, Niederl. gynäkol. Gesellsch. Nov. 1903. — Van de Velde. Niederl. gynäkol. Gesellsch. Sitz. v. 11. Okt. 1903.

Vauvers, Rôle de trachéotomie dans les accidents graves de l'anesthésie. Thérapeutique Chirurgicale.

Veasey, New-York med. Journ. 1893, Nov. 25th. — Veasey, Gazette hebdomadaire de méd. et de chirurg. 1896, No. 3.

Veit, Über gynäkol. Operat. ohne Chloroformnarkose. Graefes Sammlg. zwangl. Abhandl. 1901, Bd. IV. — Veit, Sectio caesarea in Euleuburgs Encyklopäd. Jahrb. Bd. IX.

Velich, Wiener medizin. Blätter. 1896, Nr. 15 bis 21. — Velich, Wiener medizin. Blätter. 1897, Nr. 45.

Ver Eecke, Sur l'action physiologique de chlorhydr. l'eucaïne. Acad. de méd. de Belgique. 1897, Avril 24.

Verhoogen, Extrait du Journ. médical de Bruxelles. 1896.

Vernueil, De l'anesthésie général. par le chlor. d'éthyl. Scalpel. Juin 1901. — Verneuil, Gazette des hôpitaux. 1901.

Vernon-Harcourt, Brit. gynaekol. Society the Lancet. 1904, March 19th. — Vernon-Harcourt, Zentralbl. f. Gynäkol. 1904, Nr. 43, S. 1292.

Verth, Zur, Münchn. med. W. 1906, Nr. 19.

Viau, Odontologische Blätter. 1902. Nr. 507, 509, 511. — Viau, Dr. G., Tropakokain. Zahnärztliche Rundschau. XI. Jahrg. — Viau, Lokale Anästh. b. Zahnextrakt. 1886.

Victor, F., und Vecki, G., The Pathology and treatment of Sexual Impotence. Philadelphia und London. 1901, by Saunders and Cy.

Vierordt, Arch. f. physiolog. Heilk. 1856.

Vigouroux, Gazette méd. de Paris. 1861. — Vigouroux, Neurolog. Zentralblatt. 1898, Nr. 8.

Villar, Sur la rachi-cocaïnisation. Congrès français de chirurgie. 1901, S. 26. — Villar, De la trachéotomie sui vie d'insufflation etc.

etc. Société de médec. et de chirurgie de Bordeaux. Journal de médecine de Bordeaux. 1896, Nr. 42.

Villard, Dangers de l'anesthésie dans le rétrécissement mitral. Société des sciences médicales. Lyon médical. 1904. Nr. 32. — Villard, Trachéotom. pour accid. anesthésiques des plus graves; quéri son. Thérapeutique chirurgicale. Gazette hébdomadaire de médec. 1896, No. 18.

Villinger, Altonaer ärztl. Verein. Sitzg. 30. März 1904. — Villinger. Ueber Aether-Chloroformnarkosen. Altonaer ärztl. Ver. Münchner med. W. 1904, Nr. 28.

Vincent, Sur la méthode d'anesthésie par la cocaïnisation rachidienne. Bull. et mém. de la société de chirurgie de Paris. T. XXVII.

Vinci, Ueber die Wirkung des Eukain u. einiger d. Eukain homologer Körper i. Bez. z. chem. Konstitution. Virchows Archiv für patholog. Anat. etc. Bd. 154. 1898. — Vinci, Virchows Arch. Bd. 149, 1897. — Vinci, Ueber ein neues Anästhetikum, das Eukain. Archiv für pathol. Anat. u. Physiol. Bd. CXLV, Heft 1, 1896. — Vinci. Ueber Eukain. ein neues Lokalanästhetikum. Berl. klin. Woch. 1896, Nr. 27. — Vinci, Gaetano, Bgl. klin. Wochenschr. 1896. Nr. 27. — Vinci, Ueber das Eukain. Therapeutische Monatshefte. 1892, Nr. 2. — Vinci-Berlin, Ueber Eukain, ein lokales Anästhetikum. Sitzung der Hufelandschen Gesellsch. zu Berlin. 1896, 16. April. — Vinci. Ueber die anästhesierenden und toxischen Wirkungen eines dem Kokain nahestehenden Körpers. Verhandlungen der physiologischen Gesellsch. zu Berlin. Archiv f. Chemie und Physiologie. 1897.

Vinet und Viau, L'odontologie. 1893, Jan.

Virchow, Ges. Abhandlungen. II. 1879.

Völker, Monatsschrift f. Geb. u. Gyn. Bd. XXII. — Völker. Naturhistorisch-medizin. Verein in Heidelberg. 16. Mai 1905.

Vogel, Beobach. über die Veränd. der menschl. Pupille währ. der Chloroformnarkose. Petersburger mediz. Wochenschr. 1879. — Vogel, Berl. klin. Wochenschr. 1894, Nr. 17 u. 18. Zur Aethernarkose.

Vogl, Dr. F., Ueber Tropakokain. Oesterr.-ung. Viertelj. f. Zahnheilk. 1902, Jan.

Vogler, Altonaer ärztl. Ver. Sitz. 30. März 1904.

Vogt, Berl. klin. Woch. 1894. — Vogt, Paris. Société de Thérapeutique. Sitzungsbericht v. 10. Febr. 1897.

Voigt, Erfahr. mit der Morph.-Scopolam.-Narkose bei gyn. Operat. Ing.-Diss. Jena, 1906. Voigt, Münchn. med. W. 1904, Nr. 15. - Voigt. Monatsschr. für Geb. und Gynäk. Bd. XXII, H. 6.

Volkmann, Deutsche med. Woch. 1903. Nr. 51.

Vollert. Ueber den Wert des Eukains in der Augenh. Münchner med. W. 1896, Nr. 22. - Vollert, Noch einmal das Eukain etc. Münchner med. W. 1896, Nr. 36.

Vorderbrügge. Ueber schädliche Chloroformwirkung. Deutsche Zeitschrift für Chirurgie Bd. 74, H. 1—2.

Vossius, Ueber Holokain. Vortrag in der med. Gesellschaft zu Gießen. 29. Juni 1897. — Vossius. Deutsche med. W. 1897, Nr. 25.

Vulliet, Therapeut. Monatshefte. 1900, Dezbr. Vulliet. Analgésie par injection sous-arachnoidienne lombaire de cocaine. Revue médical de la Suisse romande. 1901, Nr. 11.

Vulpian, Sur l'action anesthés. chlorhydr. de cocaïn. Journal de Pharmac. et Chim. 1885. — Vulpian, Compt. rendus de l'académie de Paris. Bd. 43. 1856.

W.

Wagener, Over de Uitscheiding van Chloroform langs de nieren. Nederl. Tijdschr. v. Geneeskunde. 1900, II 3, 624. Amsterdam.

Wagner, Zentralbl. f chirurgie. 1898, Nr. 48. — Wagner, Weekblad v. h. Nederlandsch Tijdschr. v. Geneesk. 1900. — Wagner, Ueber die Ausscheid. von Chloroform d. die Nieren. Nederl. Tijdschr. v. Geneeskunde. Nr. 3, II, 1901. — Wagner. Münchn. med. Wochenschr. 1901, Nr. 5, S. 195. Wagner und Longard, Eine neue Aethermaske. Zentralbl. f. Chir. 1898, Nr. 48.

Wainwright, Clin. stud. in blood-pressure and shock in traum. surg. Medic. news. 1905, March 25 th. — Wainwright, Zentralbl. für Chir. 1905, Nr. 28. — Wainwright, Holocain hydrochlorid. The Americain Therapist. 1904, Nr. 1.

Walcher, Narkosenlähmungen. Württemberg. geburtsh. Gesellsch. Stuttgart, 16. Juli 1904. Zentralbl. f. Gynäk. 1904, Nr. 39, S. 116.

Waldvogel, Das Wesen der Acetonurie. v. Langenb. Archiv f. klin. Chir. 1902, Bd. 66.

Walker. Chloroform poisoning: stoppage of hearts action: etc. British med. Journal. 1900, April 28th.

Walkhoff, Dr. O., Das sensible Dentin und seine Behandlung. Braunschweig, 1899. — Walkhoff, Dr. O., Die normale Histologie menschlischer Zähne. Leipzig, Arth. Felix, 1901.

Wallace, The behaviour of ethyl chloride. British med. Journal. 1906, June 9 th. — Wallace, Zentralblatt für Chirurgie. 1906, Nr. 34.

Waller and **Geets**. The rapid estimation of the quantity of chlorof. vapour present in mixt. of chlor. vap. and air. British med. Journal. 1903, June 20th. — Waller. The action of anaesthetics upon nerve: ether and chloroform. A Discussion on anaesthetics. British medical Journal. 1897, No. 20. — Waller, On the quantitative estimation in animal tissues. British med. Journal. 1901, Dez. 28th. — Waller, A criticism of the report of the anaesthetics committee of the british med. association. Brit. med. Journ. 1901. Febr. 23d. — Waller and Wells, An examination of apparatus proposed for the quantitative administration of chloroform. The Lancet. 1904. July 9th. — Waller, On the admin. of chlorof. to man and to the higher animals. The Lancet. 1903, Nov. 28th. — Waller, Medic. Times and Gaz. 1859, March 19 th. — Waller, A physiological contribution to the problem of chloroform anaesthesia. Brit. med. Journal. 1904, Dez. 24th. Waller, Remarkes on the dosage of chloroform. Brit. med. Journal. 1898. April 23 d.

Wallrath, Scherings Mitteil. über Eukain-β. 1901, Juli.

Walter. Experimentelle und klin. Beob. üb. die Wirkung des Hyoscins in der Augenheilk. Ing.-Diss. Dorpat, 1887.

Walters. Hopkins, Death's under chloroform. The Lancet. 1896, April 25 th.

Walther. Société de Chirurg. de Paris. Sitzg. v. 25. Febr., 5. u. 12. März 1902. — Walther, Méningo-myélite consécutive à une rachicocaïnisation. Bull. et mém. de la société de Chirurgie de Paris. T. XXXI, p. 241. — Walther, Zentralbl. f. Chir. 1905, Nr. 36.

Wanitschek. Ein Fall von plötzl. Tod während der Narkose. Prager med. Wochenschr. 1899, Nr. 37.

Wanscher, Berl. klin. W. 94. — Wanscher, Aether versus Kloroform. Nordisht medicincht Arkiv. N. F. Bd. IX, 1898, H. 6, Nr. 29.

Ware, Zentralbl. für Chirurgie. 1903, Nr. 11. — Ware. One thausand personally conducted cases of ethyl chlorid narcosis. The Journal of the Americ. Med. Ass. 1902, Nov. 8th. — Ware. The administration of ethylchloride as a general anaesthetic with description of a mask for its use. New York Medical News. 1901, Aug. 3d. — Ware, Field for Ethyl Chloride Narcosis. Med. Rec. 1901, April 6th. — Ware, 53. Jahresvers. der Amer. med. assoc. Journ. of the americ. medic. associat. 1902, Nov. 8 th.

Warnekros-Berlin, Scherings Mitteilungen über Eukain-α. 1896.

Warren-Hill, New York medical Journal. 1897. — Warren, Journal Eye, Ear etc. diseases. 1900. — Warren, History of Anaesthetics from an American Point of View. 1890. — Warren, Brit. med. and surgic. Journ. 1847. — Warren, Origin of Inhalation of Ethereal Vapour for the Prevention of pain in surgical operations. Bost. med. and surgic. Journal. 1847. — Warren, J Collins, The influence of Anaesthesia on the surgery of the 19 th century. Boston, 1900.

Warrington-Haward, Medico-chirurgic. Transactions. Vol. 55, 1872 and Brit. med. Journ. Nov. 9th, 1872.

Warner, Loss of associated movements of the eyes under Chloroform etc. Brit. med. Journ. March 10th, 1877.

Wartapetian, Ueber Morphium-Scopolaminhalbnarkose in der Geburtshilfe. Ing.-Diss. Jena, 1904.

Waterhause u. **Gibbs**. Brit. med. Journal. 1896.

Watkins-Montclair, Scherings Mitteilung. über Eukain. 1896, 23. Sept.

Waugh, W. F., Alcaloid Clinic. (Chicago). 1902, Febr. — Waugh, Surgical Clinic. (Chicago). 1902, Mai.

Weber, Ueber chirurg. Erfahr. Berlin, 1859. — Weber, O., in v. Pitha-Billroths Chirurgie. Bd. III. — Weber. Action préventive de l'eau chloroformée contre les accidents postanesthésiques dus au chloroforme. Bulletin général de thérapeutique. 1899, Nr. 13. — Weber. Ueber die Verwendbark. d. Braunschen Appar. zur Chloroform-Aethernarkose. Ing.-Diss. Straßburg, 1903. — Weber, E. H., Der Tastsinn und das Gemeingefühl in R. Wagners Wörterbuch der Physiologie. Bd. III, II. Braunschweig, 1846.

Wehmer, Scherings Mitteilung. über Eukain-α. 1897, April.

Wehrung, Ing.-Diss. 1891.

Weiger, Unschädl. des Schwefeläth. Wien, 1850.

Weil, „Alypin". Allg. med. Zentralzeitung. 1905. Nr. 36. — Weil, Der Stensonsche Versuch. Inaug.-Diss. Straßburg. 1873.

Weingarten, Ueber Schmerzlinderung in der Geburt usw. Inaug.-Diss. Gießen, 1904.

Weinlechner. Zentralblatt für Gynäk. 1893. — Weinlechner, Zentralblatt für Gynäkol. 1904. Nr. 18, S. 587.

Weir-Mitchell. S., Injuries of Nerves etc. Philadelphia, 1872.

Weiss a. Son, A mouth-opener. New inventions. The Lancet. 1897, Nov. 20th. — Weiss, Wien. med. W. 1885. — Weiss, Franz, Wiener med. W. 1901, Nr. 25.

Weljaminow, N., Sitzungsprotokoll d. St. Petersburger medizin. Gesellsch. 1891.

Wells, 1847, A history of the discovery etc. — Wells, Horace, History of application of Nitrous-oxyd-gas, Ether and other vapour to surgical operations. Wantford U. S., 1847. — Wells, Horace, History of application of Nitrous oxyde gas, Ether and other vapours to Surgical operations. Hartford U. S., 1847.

Wendt-Berlin, Scherings Mitteil. über Eukain-α. 1897, April.

Wenzel. Ueber den Tod in der Chloroformnarkose. Medizin. Gesellsch. zu Magdeburg. Münchn. med. Wochenschr. 1899, Nr. 48.

Wesenberg, Pharmazeut. Zeitung. 1898, Nr. 90.

Westermark, Ein Beitrag zur Frage der Lokalanästhesie b. komplizierten Bauchoperationen. Hygiea. 1899, Bd. LXI, H. 6, S. 667.

Westphal, Ueber ein Pupillenphänomen in der Chloroformnarkose. Archiv für pathologische Anat. Berlin, 1863, Bd. XXVII. — Westphal, Virchows Archiv XXVII. — Westphal, Archiv für Psych. und Nervenkrankh. Bd. 7. — Westphal, Sitzungsbericht der k. k. Akademie zu Wien. 1876. — Westphal, Sitzungsbericht d. Wiener Akademie. Bd. LXXIV. 1876.

Westphalen, Kokain in der geburtshilfl. Praxis. Zentralbl. f. Gynäkol. 1901, Nr. 37. — Westphalen, Ref. Münchn. med. Woch. 1901, Nr. 39, S. 1544.

Wex, Demonstration des Appar. der Sauerstoff-Chloroformnarkose usw. Zentralbl. f. Chirurg. 1902, Nr. 42. — Wex, Demonstration des Appar. zur Sauerstoff-Chloroformnarkose u. f. Sauerstoffinhalat. n. Roth-Dräger. Korrespondenzblatt d. allg. Mecklenburg. Aerztevereins. 14. Juni 1902. Vortrag im Rostocker Aerzteverein.

Weyert, M., Ueber Narkosenlähmungen. Ing.-Diss. Berlin, 1903.

White, The condit. of the pupil in anesthesia. 60th ann. meeting of the Brit. med. Association. British med. Journal. 1892, II. — White, The choice of anaesthetic. Society of Anaesthetists. The Lancet and Brit. med. Journ. 1892, Jan. 7th. Fortsetz.: The Lancet. Febr. 4th. — White, Possibilities of liquid air to the physician. The Journal of the Americ. med. Assoc. 1901. Febr. 16th.

Whiteford, One thousand consecutive inductions of general anaesthesia. Bristol. med. chir. Journal. 1900, Sept. — Whiteford, Ethyl chloride as a general anaesthetic. The Bristol med. chir. Journal. 1904, March.

Wicherkiewicz, Beiträge zur Kokainintoxikat. Therapeut. Monatshefte. II, S. 522.

Widal, Société médic. des hôpitaux de Paris. Sitz. 2. u. 17. Mai 1901. Bericht. Münchner med. W. 1901, Nr. 29.

Wiechowski, Ueber das Kokain und Atropin im Tierkörper. Archiv für experim. Pathol. und Pharmakologie. Bd. 46. H. 1, 1901.

Wiedemann u. Hamecher, St. Petersburger med. W. 1885.

Wieland, Korrespondenzbl. für Schweiz. Aerzte. 1894.

Wiener, Die Extraktion periostit. Zähne unter gefahrlos. totaler Lokalanästhesie. Schweizer Vierteljahrsschrift für Zahnärzte. 1896. Nr. 4. — Wiener, Lumbalanästh. bei gyn. Operat. Gynäk. Gesellsch. zu München. Sitz.-Bericht v. 17. Mai 1906. — Wiener, Suprapubic prostatect. without ether of Chlorof. Annals of Surgery. 1905, Nr. 4. — Wiener, Zentralblatt für Chirurgie. 1905, Nr. 31.

Wiener med. W. 1887, 1885, 1883. — Wiener med. Presse. 1885. — Wiener med. Zeitung. 1888. — Wiener med. Blätter. 1884.

Wiesinger, Aerztl. Verein in Hamburg. Sitz. 19. April 1904. — Wiesinger, Erfahrungen über Scopolamin-Morphiumnarkose. Aerztl. Verein in Hamburg. 19. April 1904. Deutsche med. Wochenschr. 1904, Nr. 36.

Wiesner, Wiener med. Wochenschr. 1899. — Wiesner, Mitteilg. über Heroin. Deutsche Aerztezeitung. 1900, 1. Febr. — Wiesner, Ueber Aethylchloridnarkose. Wiener mediz. Wochenschrift. 1899, Nr. 28.

Wilcox, R. W., Medical News. New York, 1902. Juni.

Wild, Ueber die Skopol.-Morph.-Narkose. Berl. klin. W. 1903, Nr. 9.

Wille, Deutsche Zeitschr. f. Chir. 1874.

Wilms, Deutsche med. W. 1906, Nr. 24.

Wilmshurst, Lancet. March 2d, 1861.

Wilson, Clinical notes on adrenalin. The Laryngoscope. 1902. — Wilson. J., Scherings Mitteil. über Eukain-β. 1901, Aug. — Wilson, The treatment of accidents under chloroform. Medical Chronicle. 1901, April and May. — Wilson. Alex., The mechanism of death from chloroform. The Lancet. 1897, Sept. 11th. — Wilson, A case of death under chloroform with remarks. The Lancet. 1898, July 30th.

Windrath, Ein Beitr. z. Narkosenfrage sp. der Sauerstoff-Chlorof.-Nark. Med. Blätter. 1903, Nr. 23.

Windscheid, Ueber Narkosenlähmungen usw. Geburtshilfl. Gesellsch. zu Leipzig. Sitzung 15. Febr. 1904. Zentralbl. f. Gynäkol. 1904, Nr. 18, S. 586.

Wingrave, Note on Eucain, when applied to Mucous Membranes. Medical Record. 1901, May 4th.

v. Winkel, Zur Geschichte d. Betäubungsmittel für schmerzlose Operat. München, 1902. — v. Winkel, Ueber Narkosen m. d. Schleichschen Gemisch. Münchn. med. Woch. 1903, Nr. 1. — v. Winkel, F., Zentralblatt für Gynäkologie. 1903. Nr. 24.

Winselmann, Klin. Monatsblatt für Augenheilk. 1897, Mai.

Winslow, Chlorof. and the pupil. Philadelphia. Medic. Times. 1876.

Winter, Zentralblatt für Gynäkol. 1892, Nr. 47.

Winterfeld, Münchn. med. Woch. 1896, 22. Dez.

Wiskemann, Berl. klin. Woch. 1891.

Witte, Vergleich. Versuche über den Einfl. des Chlorof. u. Aethers auf den Blutkreislauf bei Anwendung dosiert. Gemische. Inaug.-Diss. Göttingen, 1898. — Witte, Untersuchungen über die Einwirkungen des Chloroforms auf die Blutzirkulation. Deutsche Zeitschrift für Chirurgie. Bd. IV, H. 5—6.

Witthauer, Zentralblatt für Gynäkol. 1901. — Witthauer, Heroin. Münchner med. W. 1901, Nr. 23, S. 953.

Wittkowsky, Ueber die Verwendung von Orthoform usw. Odontolog. Blätter. 1898, Nr. 15.

Wittmeyer, Deutsche Klinik. 1862, Nr. 19—21, 24, 27, 30, 31.

Witzel, Zentralbl. f. Chir. 1893. — Witzel, Deutsche medizin. Woch. 1894. — Witzel, Deutsche Zahnheilk. 1891 I. Vortr. 5. u. 6. Heft. — Witzel, Wie narkotisiert man. Münchn. med. W. 1902, Nr. 40. — Witzel, Deutsche Monatsschr. f. Zahnheilk. 1891. — Witzel, Münchn. med. W. 1902, Nr. 48. — Witzel, Prakt. Erwägungen über das Operieren unter Anwendung der Narkose. Deutsche med. W. 1894, Nr. 30—31.

Wohlgemuth, Narkosengemisch. Verein f. inn. Medizin. Berlin, 21. Jan. 1901. Münchn. med. W. 1901, Nr. 5, S. 204. — Wohlgemuth, Archiv f. klin. Chirurgie. Bd. LXIV. H. 3. — Wohlgemuth, Ueber den gegenw. Stand der lokalen Anästh. Deutsche med. W. 1898, Nr. 44. — Wohlgemuth, Heinz, Die Narkosenfrage. Medizin. Rundschau. 1898, Nr. 16—47. — Wohlgemuth, Zur Sauerstoff-Chlorof.-Narkose. Zentralbl. f. Chirurg. 1902, Nr. 45. — Wohlgemuth, Sauerstoff-Chloroformnarkose. Münchn. med. W. 1901. — Wohlgemuth, Narkose u. Narkotiseur. Mediz. Klinik. 1905, Nr. 20. — Wohlgemuth, Eine neue Chloroform - Sauerstoffnarkose. v. Langenbecks Archiv für klin. Chirurgie. 1901, Bd. 64, H. 3. — Wohlgemuth, Chirurgenkongr. 1901. — Wohlgemuth, Verein f. innere Medizin. Berlin, 1898. Sitzungsbericht.

Wohlhardt, Ueber Entgiftung des Kokains im tierischen Körper. Verh. des XXX. Kongr. der deutsch. Gesellsch. f. Chirurgie. Berlin,

10.- 13. Apr. 1901. Wohlhardt, Münchn. med. W. Bericht. 1901, Nr. 18, S. 726.

Wolfer. Ein Fall von Hysterie und hysterischer Psychose im Anschlusse an Aethereinwirkung. Inaug.-Diss. München, 1901.

Wolfes. Dr. L., Die Chemie uns. Anästhetika. Deutsche Monatsschr. f. Zahnheilk. 1905.

Wolff, Charakteristik d. Arterienpulses. Leipzig, Engelmann. 1865. — Wolff, Gebrauchsanweisung zu Eukain für Zahnärzte und Zahntechniker. Zahnärztl. Wochenbl. 1896, Nr. 472. — Wolff, Gebrauchsanw. zu Eukain für Zahnärzte u. Zahntechniker. Zahntechnische Reform. 1896, Nr. 257. — Wolff, Eine prakt. aseptische Spritze zur subkutanen Injektion. Münchner med. W. 1901, Nr. 43.

Wölfler, Wiener medizin. Wochenschr. 1894, Nr. 18. — Wölfler, Ueber die anästhesier. Wirkung d. subkutan. Kokaininjektion. Wien. medizin. Wochenschr. 1885. — Wölfler, Wiener allg. med. Zeit. 1878. — Wölfler, Zur lokalen Kokainanästhesie. Wiener med. W. 1887. — Wölfler. Zur toxischen Wirk. des Kokains. Wiener med. W. 1889.

Wolownik. B., Exp. Unters. über d. Adrenalin. Virchows Archiv. Bd. CLXXX.

Wood, A. C., Philad. med. Journal. 1899, April. Wood and Cerna. The Dental Cosmos. Juli 1892. — Wood, X. Intern. med. Kongr. Berlin. 1890. — Wood, H. C., Dental Cosmos. 1892. — Wood, H. C., und H. A. Hare, Die Ursachen des Chloroformtodes. Medical News. 1890. — Wood, The Therap. Gazette. 1885. — Wood, H. C., und H. A. Hare, Therapeut. Monatshefte. 1890. — Wood, Anästhetika. Intern. Kongr. Berlin, 1890.

Wormer, Zentralbl. f. Gynäkol. 1905, Nr. 29.

Wormser, Ueber die Verwendung v. Adrenalin-Kokain in d. Geburtsh. u. Gynäk. Korrespondenzbl. z. Schweiz. Aerzte. 1904, Nr. 23.

Woskresenski, Ueber lokale Stovain-Anästhesie. Fortschritte der Medizin. 1905, Nr. 18.

Wossidlo, Das Eukain als lokales Anästhetikum f. Harnröhre u. Blase. Zentralbl. f. d. Krankh. d. Harn- u. Sexualorg. 1897, Bd. VIII, H. 2.

Wratsch, Zentrbl. f. Chir. 1885.

Wreden, R. K., Kokain in der heutig. Chirurg. Letopis russkoi chirurg. 1898, Heft 5. — R. Wreden. Ueber Lokalanästhesie in der Bauchchirurgie. Ljetopis russkoi chirurgii. 1901, H. 1.

Wróblewsky. Ueber Anästhesierung d. Schleimh. mit 25% alkohol. Kokainlös. bei Oper. i. d. Nase, Pharynx usw. Arch. f. Laryngol. Bd. 12, H. 3. — Wróblewsky, Anästhesierung mit 25% alkohol. Kokainlös. v. Nase, Rachen usw. Gazeta lekarska. 1902, Nr. 1.

Würdemann u. Black, A further report of Holocain as a local anesthetic in ophtalmic work. The Ophtalmic Record, Chicago. 1898, January.

Würdinger. Münch. m. W. 1886.

Wüstenfeld, Ueber die Verwend. des Eukain in der Augenheilkunde. Münchner med. W. 1896, Dez., Nr. 51.

Wuhrmann, Narkose mit Chloroform-Bromäthyl ää Gemisch. Korrespondenzbl. f. Schweizer Aerzte. 1904, Nr. 24.

Wunderlich. Beiträge zur klin. Chirurgie. 1890. — Wunderlich, Zur Anwendung von Orthoform. Münch. med. Wochenschr. 1899, Nr. 40. — Wunderlich, Beitr. z. klin. Chir. Tübingen, Bd. XI. — Wunderlich, Bruns Beiträge zur klin. Chirurg. 1894.

Y.

Yearsley. British medical Journal. 1897, Jan. — Yearsley, Révue hébdom. 1901.

Yonge, Eugene, Brit. med. Journ. 1898, 5. II.

Young. Threatened death under chloroform. British medical journal. 1899, April 15th. — Young, The use of a bag pervious to air in ether anaesthesia. British medic. journal. 1901 Nov. 16th.

Yunker, Diss. Bonn 1883.

Yvonneau, 1854. Chloroform. — Yvonneau, De l'emploi du chlorof. Paris. 1853.

Z.

Zacharissen, Ueber die Schädigung der Nieren usw. nach Chlorof. Nark. usw. Ing.-Dissert. Freiburg. 1895.

Zagórski, K., Ueber allgemeine und lokale Anästhesie. Medycyna, No. 16—17.

Zahradnicky, Ueber medull. Anästh. Wiener med. Woche. 1902, Nr. 44—47.

Zangemeister, Narkosenlähmungen. Zentralbl. f. Gynäkol. 1904, Nr. 18, S. 587.

Zawadzki, Zweckmäß. u. billig. Spritze für Inject. v. Schleichscher und physiolog. Kochsalzlösung. Zentralbl. f. Chirurgie. 1901, Nr. 35.

Zeidler et Seldowitsch. Valeur pratique de la cocainisation de la moelle etc. La Semaine médicale. 1899, Nr. 44. — Zeidler, Hedonal-Chlorof.-Nark. Russischer Chirurgenkongreß. St. Petersburg. 1903.

Zeller, Deutsche Medizinal-Ztg. 1889. — Zeller, Zeitschr. für physiolog. Chemie, Bd. VIII. — Zeller, Berlin. klinische W. 1889.

Zesas, Zur Frage der Herzmassage beim Chloroformkollaps. Wiener med. Woch. 1904, Nr. 32. — Zesas, Ueber Massage des freigelegten Herzens bei Chloroformkollaps. Zentralbl. f. Chirurg. 1903, Nr. 22.

Zidewicz. Verhandl. des 18. Chirurgenkongresses.

Ziemssen, Die Elektrizität in der Medizin, Berlin. 1864.

Zillesen, Ueber Erkältung als Krankheitsursache. Inaug.-Dissert., Marburg. 1899.

Zoege von Manteuffel, Die „üblen Zustände" bei und nach Chloroform- und Aethernarkosen. Münchner mediz. W. 1896, Nr. 12.

Zschesch, Versuche über die Entstehung von Hautalterationen u. Glykosurie bei der subkut. Anwend. der Nebennierenpräparate. Inaug.-Dissert., Greifswald. 1904, Mai.

Zuckerkandl, Lumbalanästhesie. 78. Vers. deutsch. Naturforscher u. Aerzte. Stuttgart, 1906. — Zuckerkandl, Zentralbl. f. Chirurg. 1906, Nr. 47. — Zuckerkandl, Zentralbl. für Chirurg. 1891, Nr. 43. — Zuckerkandl, Zentralblatt f. Chirurgie 1891. — Zuckerkandl, Zentralbl. f. Chir. Bd. XVIII, 1892.

Zuntz, Ueber d. Regulat. d. Atmung. Pflügers Archiv. Bd. 42.

Zuelzer, Berl. klin. W. 1901, Nr. 48. — Zuelzer, Virchows Archiv. Bd. 66.

Zweifel, Berliner klin. Wochenschr. 1888. — Zweifel, Berl. klin. W. 1889, Nr. XXVI. — Zweifel, Archiv f. Gynäkologic XII. — Zweifel, Ueber Lungenentzündung nach Laparot. etc. Berl. klin. W. 1889, Nr. 15. — Zweifel, Vorles. über klin. Gynäkol. Berlin. 1892.

Zwintz, Ueber Stovain. Wiener mediz. Presse. 1906, Nr. 5.

Zwillinger-Budapest, Ueber das Eucainum hydrochloricum, ein neues lokalanästhetisches Mittel in der Rhino- u. Laryngologie. Pester medizinisch-chirurgische Presse. Jahrg. XXXII. 1896, Nr. 44—45.

Register.